ATIVIDADE PUBLICITÁRIA NO BRASIL

ASPECTOS JURÍDICOS

ATIVIDADE PUBLICITÁRIA NO BRASIL
ASPECTOS JURÍDICOS

2021

Larissa Andréa Carasso Kac
Coordenadora

ATIVIDADE PUBLICITÁRIA NO BRASIL
ASPECTOS JURÍDICOS
© Almedina, 2021
COORDENAÇÃO: Larissa Andréa Carasso Kac

DIRETOR ALMEDINA BRASIL: Rodrigo Mentz
EDITORA JURÍDICA: Manuella Santos de Castro
EDITOR DE DESENVOLVIMENTO: Aurélio Cesar Nogueira
ASSISTENTES EDITORIAIS: Isabela Leite e Larissa Nogueira

DIAGRAMAÇÃO: Almedina
DESIGN DE CAPA: FBA

ISBN: 9786556273624
Dezembro, 2021

Dados Internacionais de Catalogação na Publicação (CIP)
(Câmara Brasileira do Livro, SP, Brasil)

Atividade publicitária no Brasil : aspectos jurídicos
Coordenação Larissa Andréa Carasso Kac. -- 1. ed. -- São Paulo : Almedina, 2021.

Vários autores
ISBN 978-65-5627-362-4

1. Publicidade (Direito) - Brasil 2. Publicidade - Legislação - Brasil 3. Publicidade e direito
4. Regulamentação - Brasil I. Kac, Larissa Andréa Carasso.

21-79445   CDU-34:659.1(81

Índices para catálogo sistemático:

1. Brasil : Publicidade : Direito 34:659.1(81)
Maria Alice Ferreira - Bibliotecária - CRB-8/7964

Este livro segue as regras do novo Acordo Ortográfico da Língua Portuguesa (1990).

Todos os direitos reservados. Nenhuma parte deste livro, protegido por copyright, pode ser reproduzida, armazenada ou transmitida de alguma forma ou por algum meio, seja eletrônico ou mecânico, inclusive fotocópia, gravação ou qualquer sistema de armazenagem de informações, sem a permissão expressa e por escrito da editora.

EDITORA: Almedina Brasil
Rua José Maria Lisboa, 860, Conj.131 e 132, Jardim Paulista | 01423-001 São Paulo | Brasil
editora@almedina.com.br
www.almedina.com.br

*Ao meu maior incentivador, Dennis,
obrigada por tudo sempre,
ao nosso David, minha razão de viver*

SOBRE A COORDENADORA

Larissa Andréa Carasso Kac
Pós-graduada em Propriedade Imaterial – Direitos Autorais – Propriedade Industrial – Direito da Personalidade e Comunicação pela Escola Superior de Advocacia – ESA da OAB/SP. Bacharel em Direito pela Universidade Presbiteriana Mackenzie.

Reconhecida entre as advogadas mais admiradas do Brasil pela Análise Advocacia Mulher – 2021. Coordenadora e Professora do curso Aspectos Jurídicos Pertinentes à Atividade Publicitária no Brasil na Escola Superior de Advocacia – ESA da OAB/SP. Professora convidada do curso de pós-graduação em Direito Digital da Escola Paulista de Direito – EPD. Professora da pós-graduação (*lato sensu*) em Propriedade Intelectual, Direito do Entretenimento, Mídia e Moda da Escola Superior de Advocacia – ESA da OAB/SP. Professora do curso de pós-graduação em Fashion Law da Faculdade Santa Marcelina.

Autora da Coluna Entretenimento no cenário jurídico da Revista da Associação Paulista da Propriedade Intelectual – ASPI. Integrante do Corpo de Árbitros da Câmara Nacional de Arbitragem e Mediação na Comunicação. Diretora Cultural da Associação Brasileira de Direito Autoral – ABDA. Membro da Comissão de Direito do Entretenimento do IASP. Advogada.

SOBRE OS AUTORES

Ana Flávia Costa Ferreira
Bacharel em Direito pela Universidade Federal de Minas Gerais. Pós-Graduada em Propriedade Intelectual e Novos Negócios pela FGV/SP. Advogada.

Ana Paula Varize Silveira
Bacharel em Direito pela Faculdade de Direito da Universidade de São Paulo. Especializada em Direito Digital pela FGV/SP e em Privacidade e Proteção de Dados pelo *Data Privacy Brasil*. Advogada.

Carla Cavalheiro Arantes
Mestre em Direitos Difusos e Coletivos pelo programa de pós-graduação em Direito da Pontifícia Universidade Católica de São Paulo. Pós-graduada em responsabilidade civil pela Escola de Direito de São Paulo da Fundação Getúlio Vargas. Bacharel em Direito pela Pontifícia Universidade Católica de São Paulo. Professora convidada na Escola Superior de Advocacia da Ordem dos Advogados do Brasil – Seção São Paulo. Advogada.

Carla Cristina Rizek Munhoz
Especialista em Direito Empresarial pela PUC-SP. Bacharel em Direito pela Faculdade de Direito da Universidade de São Paulo. Advogada.

Cássio Nogueira Garcia Mosse
Mestre em Direito pela *Queen Mary, University of London*.

David Fernando Rodrigues
Especializado em Direito da Propriedade Intelectual pela Escola Superior de Advocacia da OAB/SP – ESA, em Intervenção Sistêmica pela Universidade Federal de São Paulo – UNIFESP e em Direito e Tecnologia da Informação pela Escola Politécnica da USP – POLI / USP. Advogado.

Débora Araujo Lopes
Advogada especialista em Direito Empresarial pela Unisantos e Propriedade Intelectual, Direito do Entretenimento e Mídia pela Escola Superior de Advocacia – ESA /SP. Presidente e fundadora da Comissão de Propriedade Intelectual da OAB Santos – 2017-2021. Membro da Comissão Especial de Propriedade Intelectual da OAB- SP. Palestrante e Professora. Idealizadora do curso Marca na Prática. Ceo da M&A Propriedade Intelectual Ltda.

Denise Figueira
Pós-graduada em Direito do Entretenimento, Fundação Getúlio Vargas / FGV. Pós-graduada em Direito Contratual, Pontifícia Universidade Católica de São Paulo / PUC-SP. Bacharel em Direito pela Universidade Presbiteriana Mackenzie. Advogada.

Durval Amaral Santos Pace
Pós-graduado em Direito de Informática e Novas Tecnologias pela ESA – OAB/SP. Pós-graduado em Direito Processual Civil pela PUC-SP. Pós-graduado em Direito Empresarial pela Universidade Mackenzie. Bacharel em Direito pela Universidade Mackenzie.

Ernesto Makoto Morita
Bacharel em Direito pela Universidade Estadual de Londrina – UEL. Pós-graduado em Direito Empresarial pela Universidade Presbiteriana Mackenzie. LLM em Direito e Prática Empresarial pela CEU Law School. Coordenador Jurídico do CENP. Advogado.

Fernanda Kac
Pós-Graduada em Direito Processual Civil pela PUC-SP. Advogada atuante na área de Direito Digital e Proteção de Dados. Autora de artigos e coautora de livros na sua especialidade.

SOBRE OS AUTORES

Flavio Rubinstein
Professor da FGV Direito SP e da FGV EAESP. Doutor e Mestre pela Faculdade de Direito da Universidade de São Paulo. Mestre em Direito (LL.M.) pela Harvard Law School. Advogado.

Gabriel Leoncio Lima
Advogado Especialista Tributação dos Negócios de Tecnologia e de Propriedade Intelectual. Pós-graduado em Direito Empresarial ambos pela FGV-Law/SP. Pós-graduando em Propriedade Intelectual, Direito do Entretenimento, mídia e moda pela ESA-OAB/SP.

Gabriela Pires Pastore
Pós-Graduada em Processo Civil pela UCAM-RJ. Pós-Graduada em Direito do Entretenimento e Comunicação Social pela ESA-SP. Extensão de Direitos Autorais pela FGV-RJ. Advogada.

Gustavo Gonçalves Ferrer
LL.M. – New York University. Mestrando em Direito pela Universidade de São Paulo. Advogado.

Henrique Fabretti Moraes
Membro do Conselho Consultivo para Publicações da International Association of Privacy Professionals (IAPP). Coordenador e professor dos cursos para capacitação de DPOs e preparatórios para as certificações CIPP/E e CIPM pela Opice Blum Academy. Certificados CIPP/E, CIPM, FIP e CDPSE. Especialista pela Fundação Getúlio Vargas-SP em Direito Tributário.

José de Araujo Novaes Neto
Especialista em Propriedade Intelectual pela FGV. Procurador do Município de São Paulo. Advogado.

José Mauro Decoussau Machado
LL.M. – Stanford University. Mestre em Direito pela Pontifícia Universidade Católica de São Paulo. Advogado.

Juliana Nakata Albuquerque
Mestre em Direitos Difusos, Pós-graduada (lato sensu) em Direito Constitucional e Bacharel em Direito pela Pontifícia Universidade Católica de São Paulo. Diretora de Acompanhamento Processual e Coordenação do Conselho de Ética do CONAR.

Karina Pereira dos Santos
Pós-graduanda em Direito Digital pela Escola Brasileira de Direito – EBRADI. Advogada atuante nas áreas de gerenciamento de mídias digitais, marketing, publicidade digital e proteção de dados

Letícia Mara Vaz Livreri
Pós-Graduada em Direito Empresarial pela FMU – Faculdades Metropolitanas Unidas. Pós-Graduada em Propriedade Intelectual e Novos Negócios pela FGV – Fundação Getúlio Vargas. Advogada.

Liliane Agostinho Leite
Advogada. Especialista em Direito Contratual pela PUC-SP e Propriedade Intelectual e Novas Tecnologias pela FGV-SP.

Lisa Worcman
Bacharel em Direito pela Universidade Presbiteriana Mackenzie. Extensão em Entertainment Law, New York University. MBA em Gestão Econômica e Financeira pela FGV-SP. Especialização em Tributário pela Pontifícia Universidade Católica de São Paulo. Advogada.

Lucia Ancona Lopez de Magalhães Dias
Doutora em Direito Civil pela Universidade de São Paulo. Diretora do Brasilcon e ex-diretora de relações de consumo do IBRAC. Autora de diversos artigos e livros, dentre eles Publicidade e Direito. Advogada.

Luiz Cassio dos Santos Werneck Netto
Especialista em Contratos pela FGV-SP.

Manoel J. Pereira dos Santos
Professor do curso de Propriedade Intelectual e Novas Tecnologias do Programa de Pós-Graduação Lato Sensu da FGV DIREITO SP (FGVlaw) e do Curso de Especialização em Direito e Tecnologia da Informação da Escola

SOBRE OS AUTORES

Politécnica da USP. Doutor e Mestre em Direito pela Faculdade de Direito da Universidade de São Paulo. Mestre em Direito pela New York University School of Law. Advogado. Ex-membro do Conselho Nacional de Direito Autoral e Ex-Presidente da Associação Brasileira de Direito Autoral – ABDA.

Márcio Costa de Menezes e Gonçalves
Presidente do ICI – Instituto do Capital Intelectual. Diretor Jurídico da ABRAL – Associação Brasileira de Licenciamento de Marcas e Personagens. Primeiro Secretário Executivo do Conselho Nacional de Combate à Pirataria, do Ministério da Justiça (2005 a 2006). Diretor do Departamento de Relações Internacionais e Comércio Exterior da FIESP – Federação das Indústrias do Estado de São Paulo. Membro das Comissões de Propriedade Intelectual e Direito da Moda, da OAB/SP e da Comissão de Inovação, Propriedade Intelectual e Combate à Pirataria, da OAB/SC. Autor do livro "A pandemia da pirataria", lançado no ano de 2020.

Maria Claudia Garcia Moraes
Advogada inscrita na Ordem dos Advogados do Brasil na seção de São Paulo, especialista em Propriedade Intelectual, Direito do Entretenimento e Mídia pela Escola Superior de Advocacia da OAB/SP, membro da Comissão de Propriedade Intelectual da Ordem dos Advogados do Brasil – São Paulo – subseção Jabaquara/ Saúde, sócia da Freitas Lins Sociedade de Advogados.

Maria Luiza de Freitas Valle Egea
Bacharel em Direito pela Pontifícia Universidade Católica de São Paulo. Advogada com atuação em Direito Autoral, com especialização em cursos promovidos pela Organização Mundial da Propriedade Intelectual – OMPI.

Mariana Rodrigues de Carvalho Mello
Bacharel em Direito pela Faculdade de Direito da Universidade de São Paulo. Bacharel em Letras Português e Francês pela Faculdade de Filosofia, Letras e Ciências Humanas da Universidade de São Paulo. Cursou Direitos Autorais e Conexos na Organização Mundial da Propriedade Intelectual. Membro da Associação Brasileira de Direito Autoral e da Comissão de Propriedade Intelectual do IASP. Foi membro da Comissão de Direito do Entretenimento da OAB-SP. Advogada.

Mariana Sceppaquercia Leite Galvão

Bacharel em Direito pela Universidade Presbiteriana Mackenzie. Especialista em Propriedade Intelectual pela FGV-GVLaw. Professora no Curso de Pós-graduação Lato Sensu em Propriedade Intelectual, Direito do Entretenimento e Mídia na Escola Superior de Advocacia ESA – OAB-SP. Advogada.

Martha Macruz de Sá

Advogada. Membro da Comissão da Propriedade Intelectual da OAB-SP, 2004/2006. Membro da Comissão do Direito do Entretenimento da OAB-SP, 2006/2008.

Paula Luciana de Menezes

Mestre e Bacharel em Direito Civil pela Faculdade de Direito da Universidade de São Paulo. Cursou Direito de Autor na Sociedade da Informação, ministrado na Universidade de Lisboa. Especializou-se em Direito do Entretenimento e da Comunicação Social pela ESA-OAB/SP. Membro das Comissões de Propriedade Intelectual da OAB/SP, do IASP e da Seccional do Jabaquara da OAB/SP. Membro da Associação Brasileira de Direito Autoral – ABDA. Advogada.

Paulo Gomes de Oliveira Filho

Bacharel em Direito pela Faculdade de Direito da Universidade de São Paulo. Professor no Curso de Pós-graduação Lato Sensu em Propriedade Intelectual, Direito de Entretenimento e Mídia na Escola Superior de Advocacia ESA – OAB-SP.

Pedro H. Ramos

Doutorando em Comunicação e Práticas de Consumo na ESPM. Mestre em Direito e Desenvolvimento pela FGV-SP. Bacharel em Direito pela USP. Foi pesquisador visitante no Center of Internet & Society - Stanford Law School. Professor de Direito da Inovação no Mackenzie. Conselheiro e professor no IAB Brasil. Advogado.

Raquel Alexandra Romano

Advogada. Formada pela Universidade de Taubaté – UNITAU. Especialista em Direito Processual Civil pela PUC-SP. Especialista em Arbitragem e Imobiliário pela Escola Paulista de Direito – EPD.

SOBRE OS AUTORES

Regina Cirino Alves Ferreira

Advogada especialista em empresas de moda. Doutora e mestre em Direito Penal pela Universidade de São Paulo (USP). Bacharel em Direito pela Universidade Presbiteriana Mackenzie. Especialista em Direito Penal Econômico e Europeu pela Faculdade de Direito da Universidade de Coimbra. Especialista em Direito Penal pela Faculdade de Direito da Universidade de Salamanca. Coordenadora da pós-graduação em Fashion Law da Faculdade Santa Marcelina (FASM). Reconhecida como "Most Influential Voice of Fashion Law in Brasil – 2019" pelo Fashion Law Institute Istanbul. Pós-graduada em Moda e Criação pela Faculdade Santa Marcelina. Joalheira pelo SENAI.

Renata de A. Botelho da Veiga Turco

Formada pela Universidade Mackenzie – Faculdade de Direito em 1994, com Título de Especialização em Direito Contratual proferido pelo Centro de Extensão Universitária; e Título de Especialização em Direito Imobiliário proferido pela Universidade Secovi; Capacitada como Conciliadora e Mediadora pelo Instituto dos Advogados de São Paulo – IASP; Uma das fundadoras da ABDA – Associação Brasileira de Direito Autoral; Sócia do Instituto dos Advogados de São Paulo (IASP); Membro da Comissão de Direito do Entretenimento do IASP; Sócia da Associação Brasileira de Mediação, Arbitragem e Conciliação – ABRAMAC; autora de vários capítulos nas áreas de Direitos Autorais, Direitos Personalíssimos e Direito do Entretenimento; coordenadora do Curso "Atualidades de Direito de Autor" realizado para produtores, advogados, empresários e profissionais do meio na Casa Mario Andrade e palestrante do tema "Noções Básicas de Direitos Autorais, Conexos e Personalíssimos"; participou da XII Jornada CITRAT e da III Jornada TRA-DUSP no Evento "Copyright, Plágio e Tradução", proferindo a Palestra "Violação de Direitos do Tradutor e Penalidades", Evento esse organizado por CITRAT (Centro de Tradução e Terminologia da FFLCH), pelo Departamento de Letras Modernas da FFLCH, e pelo Programa de Pós-Graduação em Estudos de Tradução da USP (TRADUSP); palestrante no curso "Direito de Imagem" promovido pela Central Prática e direcionado às empresas e aos profissionais do meio; Participou do Fórum de Produção Publicitária atuando como advogada da ABAM.

Renato Opice Blum
Mestre pela Florida Christian University. Patrono Regente do Curso de Pós-graduação em Direito Digital e Proteção de Dados da Escola Brasileira de Direito – EBRADI. Professor coordenador dos cursos de Direito Digital e Proteção de Dados da FAAP; e Professor em cursos no INSPER. Diretor da International Technology Law Association. Membro do Conselho da Euro-Privacy (Senior Expert em Proteção de Dados); Juiz do Inclusive Innovation Challenge do MIT (Massachusetts Institute of Technology). Presidente da Associação Brasileira de Proteção de Dados (ABPDados). Vice-Presidente da Comissão Especial de Direito e Inovação da OAB/SP. Advogado. Economista.

Rony Vainzof
Mestre em Soluções Alternativas de Controvérsias Empresariais pela Escola Paulista de Direito. Coordenador e professor da pós-graduação em Direito Digital da Escola Paulista de Direito. Coordenador do Curso de Extensão em Proteção de Dados da FIA.

Taís Satiko Utsumi Okada
Pós-graduanda em Direito Digital pelo Instituto de Tecnologia e Sociedade do Rio de Janeiro (ITS). Especialista em Fashion Law – Aspectos Jurídicos da Moda pela Faculdade Santa Marcelina. Extensão em Direito Digital e Autoral pela internet pelo INSPER, Compliance pela Fundação Getúlio Vargas (FGV) e Propriedade Intelectual pela World Intellectual Property Organization (WIPO). Bacharel em Direito pela Universidade Estadual de Londrina. Advogada.

Talita N. Sabatini Garcia
Especialista em Contratos pela FGV/SP. Especialista em Propriedade Intelectual e Inovação pela FGV/SP.

NOTA DA COORDENADORA

Permitam-me compartilhar que são quase duas décadas de carreira profissional e projetos gratificantes realizados nesse período. Encontrei na oportunidade de lançamento dessa obra uma forma de celebrá-los.

Com alegria, reuni os profissionais que tive a honra de conhecer ao longo dessa trajetória e pelos quais nutro extrema admiração para compartilhamento de aprendizados e experiências a respeito do Direito voltado ao segmento publicitário. Este trabalho pioneiro complementa os programas de cursos desenvolvidos nessa jornada e, para tanto, contém preciosas contribuições.

É inegável a importância da publicidade como uma ferramenta de comunicação e divulgação de informações sobre produtos e serviços para a decisão de compra do consumidor. Além desse papel fundamental, a mensagem reflete a evolução da sociedade na qual se insere, apresentando novas maneiras de pensar e de se expressar artisticamente.

Diante da complexidade do processo de sua criação e desenvolvimento, atenta-se para o fato de que, dentre outros fatores, o sucesso decorrente da veiculação de um conteúdo publicitário está diretamente atrelado ao cumprimento das normas dispostas na legislação, assim como das diretrizes éticas contidas no Código Brasileiro de Autorregulamentação Publicitária. Com base nessa premissa, esta obra, além de visar a apresentação sobre a amplitude do cenário jurídico no qual se encontra a publicidade, busca auxiliar os atores da cadeia publicitária de maneira a fornecer um norte para a atuação e definição de decisões estratégicas.

Nesse passo, destaca-se a importância de o jurídico trabalhar lado a lado de todos que participam desse processo. O envolvimento da assessoria jurídica a cada etapa resulta em planejamentos mais assertivos, servindo o presente trabalho como um incentivo a esse movimento.

ATIVIDADE PUBLICITÁRIA NO BRASIL

Com esse propósito, o foco do trabalho é a publicidade e sua inter-relação com áreas correlatas do Direito. Os temas apresentados contemplam o panorama legislativo, regulatório e de autorregulamentação no Brasil, representando um manual para os profissionais interessados em navegar nessa seara. Assim, é dividido da seguinte forma:

Os conceitos e definições necessários para a compreensão da matéria e do segmento são dispostos preliminarmente na obra.

Diante do exercício artístico para desenvolvimento de conteúdo publicitário, questões atinentes à proteção da propriedade intelectual, contemplando o direito autoral decorrente da criação da publicidade e de todas as obras envolvidas nesse gênero de produção, integram este estudo.

Nesse âmbito, destacam-se os temas relacionados à titularidade dos direitos autorais na obra publicitária, a proteção das obras musicais em campanhas publicitárias, o uso da paródia nessa atividade, o grafite e sua exibição em publicidade, assim como o uso de memes e emojis em conteúdo publicitário. O *slogan* publicitário também foi objeto de análise.

No panorama da propriedade intelectual, a importância do registro da marca pelo anunciante foi a proposta de capítulo com direcionamentos para a sua realização. Nessa vertente, a pirataria foi contemplada com alerta aos cuidados necessários para evitar a sua ocorrência.

Transitando pelos direitos de personalidade, o direito à imagem foi aprofundado.

No cenário atual de crescimento de espaço ocupado pelos influenciadores digitais em campanhas publicitárias, a sua contratação foi tratada com apontamentos relevantes inclusive sobre os principais aspectos a serem observados durante a redação das cláusulas contratuais.

Nesse embalo, a transição da publicidade dos meios tradicionais para as mídias digitais foi devidamente comentada, com enfoque nos cuidados jurídicos nesses ambientes. Dentre outros temas atuais, o livro trata também sobre os reflexos da Lei Geral de Proteção de Dados nas atividades de *marketing* e publicidade, publicidade direcionada ao perfil do consumidor e a nova realidade da compra de mídia *online*: mídia programática.

Em seguida, os aspectos tributários no mercado publicitário brasileiro, assim como especificamente na publicidade digital, foram apreciados.

As cautelas necessárias destinadas à construção de publicidade em geral, assim como de certos produtos ou serviços, seja com relação as suas características, às informações divulgadas e ao público ao qual se destinam também foram esmiuçadas, como a publicidade na visão do Código do Consumidor,

NOTA DA COORDENADORA

publicidade direcionada ao público infantil, anúncios de alimentos, bebidas alcóolicas, medicamentos.

Além do olhar sob o ponto de vista civil e do consumidor, as consequências penais da publicidade ilícita foram exploradas.

Certas particularidades existentes no segmento de publicidade foram tratadas com cautela, incluindo a publicidade comparativa e seus critérios de admissibilidade, *puffing, product placement*, promoções comerciais, uso dos materiais publicitários em portfólios pessoais e empresariais, assim como providências para registro da obra publicitária pela ANCINE.

Temas de igual relevância fazem parte para retratar as discussões mais recentes envolvendo o atendimento do setor, tal como a importância do jurídico preventivo e o *Visual Law*.

Há capítulos destinados também aos meios de solução de litígios envolvendo a matéria, seja por meio do Judiciário, CENP, CONAR e Câmara Nacional de Mediação e Arbitragem na Comunicação.

Saliento que essa obra não esgota a matéria, uma vez que a todo momento a criação publicitária se inova e novos formatos surgem. Assim, é uma iniciativa para o incentivo de reflexões.

Esclareço, por fim, que esta obra, embora integre uma coleção denominada Obras Coletivas, representa uma compilação de artigos, cujos textos, perfeitamente individualizáveis e autônomos e cujas respectivas autorias estão devidamente indicadas, são compostos por opiniões que não necessariamente estão em conformidade com o pensamento desta coordenadora, que respeita todas as manifestações livres sobre o tema. Os debates são frutíferos e agregam evolução do olhar jurídico sobre a atividade publicitária no Brasil.

Aproveito a oportunidade para manifestar os meus sinceros agradecimentos. À minha família por todo carinho e suporte durante toda a trajetória: ao meu marido, filho, mãe, pai, irmãos, sogros, cunhadas e sobrinhos, muito obrigada por estarem comigo sempre. À D'us pela iluminação no meu caminho. A todos os autores que participaram deste projeto tão inspirador em um ano de tantos desafios para todos: o empenho e dedicação de cada um foram essenciais para tornar este livro realidade. À Dra. Maria Luiza de Freitas Valle Egea pelos valiosos conselhos. À Dra. Mônica Martins Cattini Maluf pela apresentação dessa matéria que tanto me envolveu e me direcionou profissionalmente. Ao Dr. José Carlos Costa Netto, pela confiança no trabalho e pelo precioso prefácio, que muito me deixa honrada. À Dra. Manuella Santos de Castro e a toda a equipe da Editora Almedina pela excelência do trabalho realizado para esta publicação.

Registro, por fim, não menos importante, meu agradecimento ao Dr. Sérgio Famá D'Antino, que abriu meus caminhos nesta jornada no universo jurídico e ao qual presto minha homenagem. Advogado, agente artístico, produtor cultural, proprietário de espaço cultural, grande pessoa e profissional com quem tive a honra de trabalhar durante todos esses anos. Amante do Direito e das Artes, deixou-nos no ano de 2021. Este livro, com certeza, é parte de seu legado.

Desejo uma ótima leitura!

São Paulo, julho de 2021, em plena pandemia.
Larissa Andréa Carasso Kac

PREFÁCIO

Recebi, da renomada advogada e professora Larissa Andréa Carasso Kac, com grande alegria, o honroso convite para prefaciar a obra, elaborada sob sua coordenação, intitulada *"Atividade Publicitária no Brasil: Aspectos Jurídicos"*.

Antes mesmo de me debruçar sobre o substancioso trabalho jurídico, não relutei em aceitar a incumbência, pois tive a oportunidade de conviver profissionalmente com a Dra. Larissa, tendo, inclusive, participado junto com ela em três obras relevantes: a mais recente *"Direito Autoral Atual" (Editora Elsevier, São Paulo, 2015)*, e as duas anteriores *"Manual do Direito do Entretenimento" (Editora Senac/Sesc, São Paulo, 2009)* e *"Direito do Entretenimento na Internet" (Editora Saraiva, São Paulo, 2014)*, estas últimas co-coordenadas pelo saudoso advogado, precursor da matéria, Sergio Famá D'Antino e a advogada Andréa Francez.

Aliás foi graças ao querido amigo Sergio D'Antino que eu conheci a Dra. Larissa Carasso, que atuou vários anos em seu prestigioso escritório. Mas sua carreira, além de ser atuante jovem advogada, já coleciona várias realizações importantes, entre elas, cabe destacar que é pós-graduada em propriedade imaterial – direitos autorais – propriedade industrial – direito da personalidade e comunicação pela Escola Superior de Advocacia da OAB/SP – ESA, é coordenadora e professora do curso Aspectos Jurídicos Pertinentes à Atividade Publicitária no Brasil na Escola Superior de Advocacia da OAB/SP – ESA, é também professora convidada do curso de pós-graduação em Direito Digital da Escola Paulista de Direito – EPD, professora da pós-graduação (lato sensu) em propriedade intelectual, direito do entretenimento, mídia e moda da Escola Superior de Advocacia da OAB/SP – ESA , professora do curso de pós-graduação em Fashion Law da Faculdade Santa Marcelina. É autora da Coluna *'Entretenimento no cenário jurídico'* da Revista da Associação Paulista da Propriedade Intelectual – ASPI e integrante do Corpo de Árbitros da Câmara Nacional de Arbitragem e Mediação na Comunicação.

Com toda essa qualificação, e incansável empenho, evidente está que ela iria acertar em cheio. A área publicitária, presente em muitos momentos em nossa vida cotidiana, se reveste de grande importância para a atividade jurídica, em especial ao direito autoral e à justa proteção dos seus geniais criadores.

Nesse sentido, vale lembrar a emblemática monografia, aprovada como tese de doutorado pela renomada Faculdade de Direito da USP, publicada em 1981 *(Revista dos Tribunais, São Paulo)*, de autoria do saudoso professor Carlos Alberto Bittar, intitulada *"Direito de Autor na Obra Publicitária"*. Há exatamente quarenta anos, o grande doutrinador já examinava, com inovação e lucidez, sempre ancorado nas lições do precursor jurista Antônio Chaves, as sensíveis inquietações e reflexões que a matéria demandava. Estava mais do que na hora de uma obra jurídica de fôlego que retomasse essa sinuosa trilha. Quem sabe não seria esta?

Enfim, quando comecei a leitura dos primeiros artigos *(capítulos)* desta compilação vi que não me enganara: *"Atividade Publicitária no Brasil: Aspectos Jurídicos"* está, sem dúvida, entre os trabalhos mais completos na matéria publicados no Brasil na atualidade.

Primorosamente planejada e organizada, notando-se, também, aqui, a costumeira excelência do labor editorial de Manuella Santos de Castro, esta obra traz temas contemporâneos minuciosamente esmiuçados por grandes autores especialistas na área, como, apenas para trazer um pequeno exemplo inicial: *A titularidade dos direitos autorais na obra publicitária*, por Maria Luiza de Freitas Valle Egea, *A obra musical em campanhas publicitárias*, por José de Araujo Novaes Neto, *Publicidade e mídias digitais*, por Renato Opice Blum e Karina Pereira dos Santos, *Tutela de urgência como medida para suspender campanha publicitária*, por Raquel Alexandra Romano, *A Câmara Nacional de Arbitragem e Mediação na Comunicação como meio de solução de conflitos em publicidade*, por Paulo Gomes de Oliveira Filho.

E o elenco de grandes doutrinadores autoralistas não para por aí. Nesse iluminado caminho, é inegável a grande atualidade dos temas *"A Paródia na atividade publicitária"*, trazido por Martha Macruz de Sá, *"Reflexos da Lei Geral de Proteção de Dados nas atividades de marketing e publicidade"*, por Rony Vainzof e Henrique Fabretti Moraes, *"A publicidade direcionada ao perfil do consumidor"*, por Carla Cavalheiro Arantes, *"Mídia programática : conceito e responsabilidades"*, por Pedro H. Ramos, Ana Flávia Costa Ferreira e Ana Paula Varize Silveira,

"Publicidade de medicamentos", por Letícia Mara Vaz Livreri, e *"Publicidade Comparativa e seus critérios de admissibilidade"*, por David Fernando Rodrigues.

Todos os louros, da mesma forma, aos demais juristas pela excelência de seus artigos e pela indiscutível relevância e ineditismo dos temas: *"Uso de memes e emojis no âmbito publicitário e direito de autor"*, por Manoel J. Pereira dos Santos, *"A proteção legal dos slogans"*, por Durval Amaral Santos Pace, *"A Contratação de influenciadores digitais para participação em publicidade"*, por Larissa Andréa Carasso Kac, *"Direitos intelectuais e de personalidade de terceiros na divulgação de portfólios pessoais e empresariais"*, por Renata de A. Botelho da Veiga Turco, *"O Grafite e sua exibição na publicidade"*, por Paula Luciana de Menezes e Mariana Rodrigues de Carvalho Mello, *"A pandemia do Fake"*, por Márcio Costa de Menezes e Gonçalves e Gabriel Leoncio Lima, *"Especificidades de anúncios dos segmentos de bebidas alcoólicas e cervejas"*, por José Mauro Decoussau Machado e Gustavo Gonçalves Ferrer, *"Puffing : uma ferramenta publicitária lícita ?"*, por Talita N. Sabatini Garcia e Luiz Cassio dos Santos Werneck Netto e *"Product Placement no cinema e na TV"* por Denise Figueira.

E a riqueza de temas e do significativo elenco de autores não para por aí, uma vez que são trinta e quatro os artigos que compõem essa abrangente e atual compilação e que, sem dúvida alguma, já passa, a partir de sua publicação, a ser considerada como obra fundamental no campo jurídico publicitário brasileiro.

São Paulo, 30 de julho de 2021

José Carlos Costa Netto
Desembargador do Tribunal de Justiça de São Paulo

SUMÁRIO

SOBRE A COORDENADORA	7
SOBRE OS AUTORES	9
NOTA DA COORDENADORA	17
PREFÁCIO	21

1. CONCEITOS E DEFINIÇÕES PRESENTES NO MERCADO PUBLICITÁRIO
Maria Claudia Garcia Moraes — 29

2. A TITULARIDADE DOS DIREITOS AUTORAIS NA OBRA PUBLICITÁRIA
Maria Luiza de Freitas Valle Egea — 39

3. A OBRA MUSICAL EM CAMPANHAS PUBLICITÁRIAS
José de Araujo Novaes Neto — 55

4. A PARÓDIA NA ATIVIDADE PUBLICITÁRIA
Martha Macruz de Sá — 77

5. O GRAFITE E SUA EXIBIÇÃO NA PUBLICIDADE
Paula Luciana de Menezes
Mariana Rodrigues de Carvalho Mello — 99

6. USO DE *MEMES* E *EMOJIS* NO ÂMBITO PUBLICITÁRIO E DIREITO DE AUTOR
Manoel J. Pereira dos Santos — 119

7. A PROTEÇÃO LEGAL DOS *SLOGANS*
Durval Amaral Santos Pace ... 129

8. A IMPORTÂNCIA DO REGISTRO DA MARCA PELO ANUNCIANTE
Débora Araujo Lopes ... 151

9. A PANDEMIA DO FAKE
Márcio Costa de Menezes e Gonçalves
Gabriel Leoncio Lima ... 165

10. DIREITO À IMAGEM NA OBRA PUBLICITÁRIA
Liliane Agostinho Leite ... 173

11. A CONTRATAÇÃO DE INFLUENCIADORES DIGITAIS PARA PARTICIPAÇÃO EM PUBLICIDADE
Larissa Andréa Carasso Kac ... 185

12. PUBLICIDADE E MÍDIAS DIGITAIS
Renato Opice Blum
Karina Pereira dos Santos ... 205

13. REFLEXOS DA LEI GERAL DE PROTEÇÃO DE DADOS NAS ATIVIDADES DE MARKETING E PUBLICIDADE
Rony Vainzof
Henrique Fabretti Moraes ... 223

14. A PUBLICIDADE DIRECIONADA AO PERFIL DO CONSUMIDOR
Carla Cavalheiro Arantes ... 247

15. MÍDIA PROGRAMÁTICA: CONCEITO E RESPONSABILIDADES
Pedro H. Ramos
Ana Flávia Costa Ferreira
Ana Paula Varize Silveira ... 261

16. CENÁRIO TRIBUTÁRIO DA PUBLICIDADE
NO MERCADO BRASILEIRO
Lisa Worcman — 281

17. TRIBUTAÇÃO DA PUBLICIDADE DIGITAL
Flavio Rubinstein — 293

18. PUBLICIDADE NO CÓDIGO DE DEFESA
DO CONSUMIDOR. ENGANOSA. ABUSIVA. INFANTIL
E DE ALIMENTOS
Lucia Ancona Lopez de Magalhães Dias — 313

19. ESPECIFICIDADES DE ANÚNCIOS DOS SEGMENTOS
DE BEBIDAS ALCOÓLICAS E CERVEJAS
José Mauro Decoussau Machado
Gustavo Gonçalves Ferrer — 335

20. PUBLICIDADE DE MEDICAMENTOS
Letícia Mara Vaz Livreri — 351

21. PUBLICIDADE ILÍCITA E CONSEQUÊNCIAS PENAIS
Regina Cirino Alves Ferreira
Taís Satiko Utsumi Okada — 365

22. PUBLICIDADE COMPARATIVA E SEUS CRITÉRIOS
DE ADMISSIBILIDADE
David Fernando Rodrigues — 381

23. *PUFFING*: UMA FERRAMENTA PUBLICITÁRIA LÍCITA?
Talita N. Sabatini Garcia
Luiz Cassio dos Santos Werneck Netto — 397

24. *PRODUCT PLACEMENT* NO CINEMA E NA TV
Denise Figueira — 413

25. PROMOÇÕES COMERCIAIS
Mariana Sceppaquercia Leite Galvão — 421

ATIVIDADE PUBLICITÁRIA NO BRASIL

26. DIREITOS INTELECTUAIS E DE PERSONALIDADE DE TERCEIROS NA DIVULGAÇÃO DE PORTFÓLIOS PESSOAIS E EMPRESARIAIS
Renata de A. Botelho da Veiga Turco   435

27. O REGISTRO DE OBRA PUBLICITÁRIA PELA ANCINE
Gabriela Pires Pastore   451

28. ADVOCACIA PREVENTIVA NO ÂMBITO PUBLICITÁRIO
Carla Cristina Rizek Munhoz   461

29. *VISUAL LAW* COMO ALTERNATIVA PARA ATENDIMENTO JURÍDICO NO ÂMBITO PUBLICITÁRIO
Cássio Nogueira Garcia Mosse   469

30. AÇÕES JUDICIAIS RELACIONADAS AO MERCADO PUBLICITÁRIO
Fernanda Kac   483

31. TUTELA DE URGÊNCIA COMO MEDIDA PARA SUSPENDER CAMPANHA PUBLICITÁRIA
Raquel Alexandra Romano   509

32. A CÂMARA NACIONAL DE ARBITRAGEM E MEDIAÇÃO NA COMUNICAÇÃO COMO MEIO DE SOLUÇÃO DE CONFLITOS EM PUBLICIDADE
Paulo Gomes de Oliveira Filho   525

33. O SISTEMA DE AUTORREGULAMENTAÇÃO PUBLICITÁRIA NO BRASIL: A ATUAÇÃO DO CONAR NA ANÁLISE DE CAMPANHAS PUBLICITÁRIAS
Juliana Nakata Albuquerque   537

34. A AUTORREGULAÇÃO ÉTICO-COMERCIAL NO MERCADO PUBLICITÁRIO BRASILEIRO – ASPECTOS HISTÓRICOS E TÉCNICOS DO MODELO DE NEGÓCIOS PUBLICITÁRIOS
Ernesto Makoto Morita   557

1.
CONCEITOS E DEFINIÇÕES PRESENTES NO MERCADO PUBLICITÁRIO

Maria Claudia Garcia Moraes

Introdução

A comunicação é uma das características intrínsecas ao ser humano em sua formação como ser coletivo e social. Instrumento de conexão entre os seres, serve à sociedade, em suas inúmeras formas, como fonte de conhecimento e troca de experiências, sendo a principal ferramenta para a criação de cultura e valores sociais, tais quais os costumes, hábitos e crenças comuns.

A evolução do ser humano, como ser social que é, se deu com a revolução cognitiva, onde este se afastou do modo de vida nômade, e conscientemente empreendeu esforços para ampliar a oferta de alimentos, passando a viver estabelecido em uma única localidade, desenvolvendo a pesca, a agricultura e a pecuária.

Com essa nova forma de vida, obtida através da domesticação das plantas e animais, houve um aumento da população, moldando a sociedade aos contornos hoje conhecidos, onde o acesso a produção em maior escala a apresenta ao excedente e a criação da atividade do escambo. Essa troca direta se tornou base para a formação da sociedade econômica moderna.

Dentro dessa sociedade produtiva que exerce relações sociais e econômicas de forma abundante, a comunicação é instrumento essencial, tanto para estabelecer vínculos entre os indivíduos, em suas relações pessoais, quanto nas suas relações comerciais e econômicas, propagando suas ideias e produções.

E nesse propagar se encontra a atividade publicitária, que originalmente centrava-se na informação, e passa, em tempos mais recentes, a ser marcada

ATIVIDADE PUBLICITÁRIA NO BRASIL

pela informação, persuasão e criação de prestígio junto ao consumidor, relacionada diretamente com a modernização da produção, reflexo da Revolução Industrial e Capitalista. Este período histórico, onde a sociedade migra da sua vida rural para as cidades, inicia uma nova forma de convívio social, pautada na entrega de bens e serviços em massa, aumento de concorrência e na necessidade de escoamento de produção, com a criação de novos mercados consumidores, no que se conhece como sociedade de consumo.

Para tanto, com o passar do tempo, tecnologias surgem para auxiliar esse processo, iniciando com a imprensa, evoluindo para a rádio transmissão, a televisão, a globalização da internet, e recentemente o streaming e as mídias sociais, demonstrando a força do alcance da comunicação do ser humano nas relações estabelecidas, sejam elas pessoais, políticas, comerciais e econômicas. De acordo com Gabrielli e Hoff:

> Em outros termos, a publicidade, juntamente com outros tipos de narrativas como os filmes (cinematográficos e/ou televisivos), a radionovela ou a telenovela, a notícia jornalística, a crônica policial e a literatura, divulgou a visão de mundo capitalista, centrada nas mercadorias e nas práticas de consumo, e ajudou a promover as transformações socioculturais da modernidade rumo à contemporaneidade. As culturas do consumo se desenvolveram porque, entre outros acontecimentos, apoiaram-se num sistema de divulgação massivo que tanto informou sobre o cotidiano e suas dinâmicas socioculturais quanto engendrou novos imaginários e promoveu novos estilos de vida[1].

A produção em massa, típica da sociedade de consumo, exigiu um maior controle da comunicação, de modo a persuadir os indivíduos e estimular seu impulso de compra, trazendo o conceito de status à aquisição de produtos e serviços, e assim, permitindo o escoamento da produção.

Dessa maneira, se vê a comunicação publicitária como um reflexo da sociedade de consumo, refletindo interesses e valores culturais, através da prática da oferta e obtenção de lucro, com a utilização da linguagem aplicada aos recursos tecnológicos contemporâneos, sempre apoiada na sua função de informar, persuadir e agregar valor e engajamento.

---

[1] Hoff, Tânia Redação publicitária/Tânia Hoff, Lourdes Gabrielli. – 2. ed. – Rio de Janeiro: Elsevier, 2017, p. 46.

1. CONCEITOS E DEFINIÇÕES PRESENTES NO MERCADO PUBLICITÁRIO

1. Origem histórica e conceito da atividade publicitária

A comunicação social se mostra uma ciência dinâmica, composta por uma tríade interdependente de pessoas, meios e linguagem. Os meios seriam os suportes utilizados para a entrega da mensagem que se busca comunicar (mídias, tecnologias, canais); as linguagens seriam as formas dos códigos utilizados para repassar a mensagem (visuais, verbais, sonoros, olfativos, táteis, gustativos), e as pessoas são os polos ativos e passivos, de origem e destino da mensagem que está sendo comunicada.

Essa troca de mensagens presente na sociedade sofre os efeitos da normatização jurídica, na busca da proteção do social sobre as condutas individuais, evitando qualquer abuso ou engano no recebimento da comunicação pelo consumidor, ou pelo excesso no exercício da liberdade de expressão.

Compreender a publicidade, como ciência e arte, se faz necessário para o entendimento da sua proximidade do direito e do controle que este exerce sobre ela na sua influência e dinâmica perante os indivíduos que são por ela atingidos.

Isso traz a compreensão de que a publicidade deixa de ser meramente uma atividade singela de publicizar a existência de um produto ou serviço, transformando-se na arte de desenvolver uma conexão extrema entre o consumidor e a marca de um anunciante. Utilizando-se do poder de persuasão e de conexão para criar vínculos de desejos, ideais e convencimento, pode se valorar suas funções sociais e econômicas.

Sendo parte integrante da comunicação social, a atividade publicitária existe como bem tutelado pela Constituição Federal em seu artigo 220[2], vez que dotada das características ali explícitas: manifestação do pensamento, criação, expressão e informação.

A referida evolução da publicidade, que carrega a ciência da comunicação de arte, transforma o mero propagar de informações sobre um produto ou serviço no agregar aprofundado à marca de valores que irão criar uma conexão pessoal com seu consumidor final. Com base em confiança, respeito, experiência e qualidade; leva o consumidor a ser tornar um verdadeiro advogado da marca, ou seja, um cliente fidelizado e divulgador.

---

[2] Constituição da República Federativa do Brasil, Capítulo V, Artigo 220. "A manifestação do pensamento, a criação, a expressão e a informação, sob qualquer forma, processo ou veículo não sofrerão qualquer restrição, observado o disposto nesta Constituição".

ATIVIDADE PUBLICITÁRIA NO BRASIL

Podendo assim ser conceituada, enquanto ciência e arte, a publicidade é uma forma de comunicação vinculada diretamente ao desenvolvimento econômico de uma sociedade. Em sua formação alia arte e técnica, voltada para uma conexão com o indivíduo, utilizando inúmeras mídias, através de um trabalho intelectual de criação. E, por consequência, com reflexo jurídico.

Em que pese o entendimento coletivo de publicidade e propaganda muitas vezes seja único para ambas as expressões, especialmente na prática comercial e dentro da análise jurídica, seja pela doutrina, jurisprudência ou legislação específica[3], importa destacar que a origem das palavras é distinta, diferenciando também a maneira de que cada uma delas é exercida.

No que se refere a origem do vocábulo, "propaganda" e "publicidade" se diferem: sendo propaganda aquilo que deve ser propagado ou tornado conhecido, e publicidade aquilo que deve ser dado conhecimento ao público[4].

Sabe-se que a diferença entre as atividades transpassa a questão da origem dos vernáculos. Estes se distinguem essencialmente pelo seu fim comercial, sendo a propaganda utilizada com a intenção de influenciar terceiros quanto a ideologias, sejam essas religiosas, políticas, cívicas, entre outras que venham a existir; e a publicidade, destinada a divulgação de produtos e serviços ao ponto de trazer o interesse dos consumidores.

Na sua evolução conceitual, a publicidade pode ser vista como uma ciência diante da sua organização principiológica, com causas e efeitos analisados e comprovados[5], criando assim métodos, conceitos e institutos que levam à uma prática com fundamentos acadêmicos, aprofundando a técnica de dar conhecimento dos produtos e serviços para seu público destinatário. Como também, diante do processo de evolução social, se dedica a estudar

---

[3] Tanto a Constituição da República Federativa do Brasil em seu Capítulo V, Artigo 220, § 4º, traz a menção ao termo propaganda – "A propaganda comercial de tabaco, bebidas alcoólicas, agrotóxicos, medicamentos e terapias estará sujeita a restrições legais, nos termos do inciso II do parágrafo anterior, e conterá, sempre que necessário, advertência sobre os malefícios decorrentes de seu uso"- quanto o Código de Defesa do Consumidor do Brasil, no seu Capítulo VII, Artigo 56, Inciso XII – "imposição de contrapropaganda", ambos com intenção de tratar da atividade comercial da publicidade.
Já a Lei 4.680, de 18 de junho de 1965, quando trata sobre a profissão de publicitário usa o vocábulo propaganda em seu artigo 5º como um sinônimo de Publicidade: "Compreende-se por propaganda qualquer forma remunerada de difusão de ideias, mercadorias ou serviços, por parte de um anunciante identificado".

[4] Entendimento compartilhado por Bittar, Carlos Alberto. Direito de Autor na Obra Publicitária. São Paulo: Ed. Revista dos Tribunais, 1981, p. 70.

[5] Neste sentido, Hopkins, Claude C.. *Scientific Advertising. Wiz Publishing.* Edição do Kindle, p. 1.

1. CONCEITOS E DEFINIÇÕES PRESENTES NO MERCADO PUBLICITÁRIO

a técnica de estímulo a inovação, resultado do acirrar da competição e concorrência entre indivíduos do mesmo mercado de atuação.

E tornando esse instituto ainda mais interessante, não se pode afastar sua característica estética e intelectual, permeando e refletindo a importância do papel que a publicidade assumiu como espelho da transformação da sociedade. Apoiando-se na liberdade de expressão e utilizando-se de elementos da literatura, música, fotografia e artes plásticas, persegue a conexão íntima com o público consumidor em níveis intelectuais e sentimentais, sofrendo a influência das alterações da relação do indivíduo com conceitos de estética, beleza, ética, bem como, com questões sociais de sexualidade, religião, mitos, educação, economia, entre outros[6].

Pode-se ver a publicidade como um espelho da evolução da sociedade em sua forma de comunicar. Na atualidade sofre os efeitos da globalização dos mercados de atuação e do abandono do consumidor à influência vertical que sofria das campanhas de marketing. Este consumidor deixa de ser mero ouvinte do recado que eventual campanha tinha intenção de propagar, para se apoiar, de modo mais ativo, em sua percepção social, tornando-se influenciado pelas comunicações do seu círculo de convivência, essencialmente através das novas ferramentas de comunicação digitais[7], e, quando fidelizado, assumindo o papel de influenciador.

O consumidor se torna cada vez mais o centro da aplicação da arte e da ciência da publicidade, sendo aqui entendida como uma das etapas do conceito macro do Marketing[8], sofrendo impacto direto do que é entendido como função de tal ferramenta de comunicação, através do *plano de marketing*, a saber: identificação e diferenciação dos produtos ofertados, informação quanto às características e ponto de venda (análise de tendências), estímulo ao consumo de novos produtos e sua distribuição entre regiões distintas; intensificação do consumo; agregação de valor, com o objetivo de fidelizar

---

[6] Como detalhado por Rabelo, Cláudio. *Faixa Preta em Publicidade e Propaganda: conceitos, contextos e ferramentas em 63 lições*. Edição do Kindle, p. 22.

[7] Kotler, Philip; Kartajaya, Hermawan; Setiawan, Iwan. *Marketing 4.0: Do tradicional ao digital. Sextante. Edição do Kindle*, p. 48.

[8] Sendo o macro do Marketing formado pelos quatro elementos essenciais para atuação de uma organização no mercado: Produto, Preço, Praça (ponto de venda) e Promoção (comunicação), como pontuado por Zenone, Luiz Claudio Marketing: conceitos, ideias e tendências. São Paulo: Atlas, 2013, p.106.

públicos (conhecimento de preferências) e minimizar custo no processo de venda[9].

Quem exerce funções nesse plano de marketing tem como premissa básica o guiar dos consumidores por todas as etapas indicadas, fazendo com que estes iniciem com a absorção da informação, após o reconhecimento das tendências e preferências, e terminem como grandes embaixadores da marca do produto ou serviço divulgado[10].

Daí, em razão de suas características sugestivas em sobrepor a persuasão e criação de engajamento à informação, surge a interação entre o Direito e a publicidade, como meio de equilibrar o interesse do Estado em proteger o consumidor, evitando a má prática através de meios abusivos ou enganosos, com a garantia de uma comunicação livre, transparente e sustentável.

2. Os atores do setor publicitário

A comunicação publicitária é realizada através das obras publicitárias, resultado do trabalho desenvolvido conjuntamente pelos, e para, os principais atores do segmento: os Anunciantes, os Veículos, as Agências e os Consumidores.

Tais personagens desenvolvem múltiplas relações durante a formação da obra publicitária que será comunicada, vínculos que merecem cuidados e regulamentações específicas, com a intenção de trazer segurança na sua aplicação prática.

Essas relações, tuteladas pelo Direito, se iniciam com o interesse do fornecedor (Anunciante) em promover a venda do seu produto ou serviço, influenciando seu consumidor alvo, o que o torna o primeiro, e principal, ator da atividade publicitária.

Seu interesse é direcionado aos responsáveis pela agência de publicidade[11] que serão os especialistas designados para trabalhar no planejamento,

---

[9] Como se vê na classificação apresentada por Forechi, Marcilene. Concepções teóricas na propaganda [recurso eletrônico] / Marcilene Forechi, Karla Natário dos Santos, Fernanda Lery Pereira Constante; [revisão técnica: Cristina Russo Geraldes da Porciúncula]. (p.21.22) – Porto Alegre: SAGAH, 2018.

[10] Kotler, Philip; Kartajaya, Hermawan; Setiawan, Iwan. Marketing 4.0: Do tradicional ao digital. Sextante. Edição do Kindle, p.09.

[11] A agência de Propaganda é conceituada pela Lei Federal n. 4.680, de 18 de junho de 1965, regulamentada pelo Decreto no 57.690, de 17 de fevereiro de 1966: "A Agência de Propaganda é pessoa

1. CONCEITOS E DEFINIÇÕES PRESENTES NO MERCADO PUBLICITÁRIO

elaboração e veiculação da mensagem publicitária que será direcionada ao consumidor final.

Entre suas atividades principais está a assessoria dada ao seu cliente (Anunciante), aprofundando o conhecimento sobre seu produto, seja ele um bem ou serviço, e elaborando a melhor maneira de comunicar ao mercado a mensagem que atrairá a atenção do consumidor alvo, sopesando as condições do mercado, concorrência, estimativa de venda e refletindo tal estudo na criação artística de campanhas publicitárias.

Referidas campanhas publicitárias são intermediadas pelas Agências junto aos Veículos de Comunicação, que são os meios de comunicação disponíveis, durante um recorte de tempo, para divulgação das mensagens ao consumidor.

Esses veículos evoluem e se modificam com o tempo, sendo consequência direta do desenvolvimento de meios de comunicação e interação social.

As mídias de suporte da mensagem publicitária ao público-alvo podem ser classificadas de diferentes formas, uma delas, que facilita a percepção, é pela sua natureza: gráfica (jornais, revistas e impressos), visuais (outdoor, folhetos, cartazes, catálogos, displays, vitrines, entre outros), auditivas (rádio, autofalantes, jingles), audiovisuais (televisão, cinema, VOD, entre outras mídias digitais) ou funcionais (brindes, concursos, amostras)[12]. Outra forma de classificação é pelo alcance da mensagem: maciço (imprensa diária, cinema, rádio, televisão, mídias sociais, digitais) ou demais meios (publicações, feiras e exposições, ponto de venda, por exemplo).[13]

Os consumidores são os destinatários da mensagem publicitária, a quem se busca informar, influenciar, gerando interessante sobre a existência de um produto ou serviço, fortalecendo seu desejo e provendo ação[14]. São o foco do estudo e esforço persuasivo dos demais atores e a quem o Estado busca proteger.

---

jurídica especializada na arte e técnica publicitárias que, através de especialistas, estuda, concebe, executa e distribui propaganda aos veículos de divulgação, por ordem e conta de clientes-anunciantes, com o objetivo de promover a venda de produtos e serviços, difundir ideias ou informar o público a respeito de organizações ou instituições colocadas a serviço deste mesmo público".

[12] Dias, Lucia Ancona Lopez de Magalhães. Publicidade e direito. 3 ed. São Paulo. Editora Saraiva, 2018, p. 31.

[13] Bittar, Carlos Alberto. Direito de Autor na Obra Publicitária. São Paulo: Ed. Revista dos Tribunais, 1981, p. 122.

[14] Kotler, Philip; Kartajaya, Hermawan; Setiawan, Iwan. Marketing 4.0: Do tradicional ao digital. Sextante. Edição do Kindle, p. 58.

ATIVIDADE PUBLICITÁRIA NO BRASIL

Cada uma das relações estabelecidas entre os atores da atividade publicitária é regulamentada e tutelada de modo específico por normas e legislações próprias, na busca constante por equilíbrio entre os direitos existentes, mitigando abusos e vantagens excessivas.

3. Estrutura da obra publicitária

A criação de uma obra publicitária evoluiu da simples prática comercial de anúncio e oferta de produtos e serviços para ser exercida através da ciência e arte de entretenimento, refletindo estratégias baseadas no conhecimento detalhado do produto (bem ou serviço) a ser anunciado, da concorrência do anunciante e do seu público-alvo (*target*), junto ao conhecimento financeiro do que será investido e do tempo e espaço de veiculação.

Referido estudo aprofundado refletirá o objetivo final do anunciante através da elaboração de um *briefing*, que nada mais é que o resumo elaborado das informações coletadas junto ao anunciante-cliente pelos profissionais responsáveis da agência de publicidade, guiando a criação da mensagem a ser propagada com base em breve diagnóstico e proposta para soluções dos problemas identificados.

Em seguida, com a definição do tema e objetivo da campanha, e, consequente elaboração do *briefing*, inicia-se o processo de criação. Esse time de profissionais usualmente está ligado à vertente artística da atividade publicitária, sendo composto por ilustradores, fotógrafos, designers, artistas, escritores, desenhistas, músicos, entre outros profissionais, que criarão um argumento cuja narrativa se comunica com o imaginário do consumidor, traçando vínculos sentimentais entre o que se pretende dizer e a quem se dirá, até a elaboração de um conceito criativo que refletirá a identidade do anunciante.

O conceito criativo levará ao esboço da campanha publicitária, que indicará o início da fase de produção da obra publicitária e poderá ser desenvolvido pela agência de propaganda responsável ou por profissionais terceirizados, criando mais uma rede de relações que deve ser objeto de tutela e regulamentação.

Estabelece-se após a produção a aplicação efetiva das estratégias que foram inicialmente alinhadas com o anunciante para a escolha da melhor forma de veiculação da campanha produzida. Nesse momento, serão revisadas as decisões tomadas para o lançamento da campanha publicitária, com a definição e contratação de espaço de divulgação junto às mídias e veículos selecionados. Este trabalho minucioso por parte da agência permite alcançar os melhores resultados, com a maximização de uso da verba financeira destinada pelo anunciante.

Toda a estruturação que fora detalhada, tradicionalmente, está organizada dentro da agência de propaganda conforme as seguintes etapas: atendimento, pesquisa, planejamento, criação, mídia, área de RTVC (rádio, televisão e cinema), produção e tráfego.

Com a compreensão da estrutura e detalhes de produção, realiza-se que a atividade publicitária é uma cadeia produtiva de grande porte, envolvendo inúmeras relações entre os atores do setor, e um investimento significativo de esforços, criação e aportes financeiros, que exigem a intervenção normativa e tutela de entidades organizacionais, e do próprio Estado, na busca pela mitigação de abusos e equilíbrio entre a sua força de impulsionar a criação, ampliação de mercados e engajamento pessoal com a marca, e a persuasão, com ética, do consumo, fundamentada na sua experiência sensorial.

REFERÊNCIAS

BITTAR, Carlos Alberto. Direito de autor na obra publicitária. São Paulo. Editora Revista dos Tribunais, 1981.

BRASIL. Constituição da República Federativa do Brasil de 1988. Brasília: 1988. Disponível em: http://www.planalto.gov.br/ccivil_03/Constituicao/Constituicao.htm. Acesso em: 29 de janeiro de 2021.

BRASIL. Lei nº 8.078, de 11 de setembro de 1990. Dispõe sobre a proteção do consumidor e dá outras providências. Brasília: Presidência da República, 1990. Disponível em: http://www.planalto.gov.br/ccivil_03/leis/L8078compilado.htm. Acesso em: 18 de janeiro de 2021.

DANTAS, Edmundo Brandão. A agência de comunicação publicitária como empresa: o lado menos charmoso da publicidade e da propaganda. São Paulo. Editora Atlas, 2015.

DIAS, Lucia Ancona Lopez de Magalhães. Publicidade e direito. 3 ed. São Paulo. Editora Saraiva, 2018.

FERNANDES NETO, Guilherme. Direito da comunicação social. São Paulo. Editora Revista dos Tribunais, 2004.

FORECHI, Marcilene; SANTOS, Karla Natário; CONSTANTE, Fernanda Lery Pereira. Concepções teóricas na propaganda [recurso eletrônico]; [revisão técnica: Cristina Russo Geraldes da Porciúncula]. Porto Alegre, Editora SAGAH, 2018.

GALHARDI, Luciana Pletsch, TREVISAN, Nanci Maziero. Redação publicitária [recurso eletrônico]; revisão técnica: Marcielly Cristina Moresco. Porto Alegre. Editora SAGAH, 2020.

HADDAD, Helder; MARANGONI, Matheus M.; KUAZAQUI, Edmir, (org.). Gestão de Marketing 4.0. São Paulo, Editora Atlas, 2019.

HOFF, Tânia; GABRIELLI, Lourdes. Redação publicitária. 2. ed. Rio de Janeiro. Editora Elsevier, 2017.

HOPKINS, Claude C. Scientific Advertising. Wiz Publishing. Edição do Kindle.

KOTLER, Philip; KARTAJAYA, Hermawan; SETIAWAN, Iwan. Marketing 4.0: Do tradicional ao digital. Editora Sextante. Edição do Kindle.

PEREZ, Clotilde; BARABOSA, Ivan Santo, (org.). Hiperpublicidade: fundamentos e interfaces, v.1. São Paulo, Editora Cengage Learning, 2007.

RABELO, Cláudio. Faixa Preta em Publicidade e Propaganda: conceitos, contextos e ferramentas em 63 lições. Edição do Kindle.

SANT`ANNA, Armando; JUNIOR, Ismael Rocha; GARCIA, Luiz Fernando Dabul. Propaganda: teoria, técnica e prática. 9. ed. rev. São Paulo. Editora Cengage Learning, 2015.

ZENONE, Luiz Claudio Marketing: conceitos, ideias e tendências / Luiz Claudio Zenone. – São Paulo: Atlas, 2013.

2.
A TITULARIDADE DOS DIREITOS AUTORAIS NA OBRA PUBLICITÁRIA

Maria Luiza de Freitas Valle Egea

Introdução

A obra publicitária pertence a um segmento complexo de atividades, dado o envolvimento interdisciplinar de uma série de matérias, de relações jurídicas diversas envolvendo a contratação dos mais diferentes autores, colaboradores, criadores de obras intelectuais de distintas espécies, tendo relevância cultural e importância econômica diante de sua destinação como meio específico de divulgação de marcas, promoção e venda de produtos e serviços por diversos canais em um amplo universo.

Em geral, a obra publicitária se realiza por empresas, – as agências de publicidade, ou pode dar-se individualmente. No caso das agências de publicidade, as ações publicitárias que envolvem manifestação de criação intelectual, tomam por base o processo de criação do qual poderão participar várias pessoas cujas relações jurídicas podem se dar sob diversas formas, seja na condição de empregados laborais ou de prestadores de serviços e mediante contratação por encomenda, cujo encadeamento das atividades criativas destes personagens: – em alguns casos não permite a identificação do modo individual e subjetivo de determinadas participações de autores na feitura da obra e – em outros, há clara distinção das obras e seus autores, dos fonogramas, videofonogramas, obras audiovisuais, seus produtores para alcançar o fim a que se destina.

Neste rol de criativos no desenvolvimento da obra publicitária, poderão ser integradas obras preexistentes de diversos gêneros: literárias, artísticas e científicas de autorias definidas de vários criadores.

ATIVIDADE PUBLICITÁRIA NO BRASIL

A organização do trabalho nas agências com profissionais capazes de desenvolver ideias, textos e imagens para a transmissão e comunicação das mensagens dos variados produtos e serviços tem relação direta com o desenvolvimento científico-tecnológico ocorrido nos tempos.

Na Idade Média, a forma mais utilizada de comunicação era a linguagem oral. A imprensa gráfica inventada por Johann Gutenberg ampliou os horizontes de leitura pela multiplicação dos livros, das publicações periódicas de notícias e informações, dando origem aos jornais nas primeiras décadas do século XVII, nos quais os anúncios eram publicados.

O aspecto histórico do desenvolvimento da mídia, bem tratado pela Prof. Ana Lúcia Furquim Campos-Toscano[1], demonstra que os anúncios publicados pelo meio impresso naquela época e durante um bom tempo, atingiam uma pequena parcela de pessoas em função do analfabetismo.

O movimento cultural do Iluminismo na França, no século XVIII, nascido do processo de transição do modo de produção feudal para o modo capitalista de produção, com a participação de importantes filósofos como Voltaire, Jean-Jacques Rousseau, Diderot[2] seguido no final do século pela revolução industrial, dinamizou a expansão econômica e produtiva[3] e posteriormente a revolução científico-tecnológica iniciada em meados do século XIX, dando margem ao surgimento dos mais variados produtos que alteraram os padrões de consumo da sociedade.[4]

---

[1] Campos-Toscano Ana Lucia Furquim. *O percurso dos gêneros do discurso publicitário*. Acesso: https://static.scielo.org/scielobooks/pr4v9/pdf/campos-9788579830112.pdf. Disponível em 22 fev. 2021.

[2] "Em virtude da valorização, soberania e liberdade da razão é que surgiu um novo ideal, a ideia de progresso. Como o homem é racional e capaz de produzir conhecimentos, ele era capaz de dominar a natureza e de melhorar suas condições e vida. O século das luzes foi de notável efervescência cultural e científica, como a multiplicação das academias científicas e a produção de avanços tecnológicos, entre eles, o aperfeiçoamento de telescópicos e microscópios. Os intelectuais da época tinham como ambição intervir nos acontecimentos e desenvolver intensa atividade cultural. Em função disso, organizaram a *Enciclopédia*, publicada entre 1751 e 1785, despertando a consciência política e transmitindo conhecimento." p.64

[3] "Enfim, a revolução industrial significou uma mudança nos paradigmas econômicos, impulsionando o mundo para a tecnologia, para a industrialização, para a expansão de mercados e a diminuição do tempo e do espaço. Nada mais impediu o crescimento da industrialização e o desenvolvimento tecnológico, nada mais deteve a ambição dos homens de negócio." p.66

[4] "Como resultado desse desenvolvimento científico-tecnológico apareceram os automóveis, os aviões e os transatlânticos, os meios de comunicação – como o telégrafo, o telefone, o cinema e a televisão –, a iluminação elétrica e, em decorrência, os eletrodomésticos, os remédios e uma variedade de produtos industrializados, como o sorvete, o papel-higiênico, o sabão em pó, os enlatados, as bebidas gasosas e, não se poderia deixar de mencionar neste trabalho, a Coca Cola." p.66

2. A TITULARIDADE DOS DIREITOS AUTORAIS NA OBRA PUBLICITÁRIA

Esta sequência histórica incentivou o campo publicitário que, cada vez mais, aperfeiçoou-se no desenvolvimento de uma linguagem própria para a mensagem publicitária dirigida à sociedade, que, por sua vez, passou a ficar cada vez mais exigente, diante do aumento e disponibilidade de diferentes produtos de distintas marcas.

A comunicação – que antes se dava em formatos tradicionais, orais ou impressos, por meio dos anúncios classificados nas páginas dos jornais ou por outras formas como cartazes, posteriormente como peças de rádio, spots, jingles veiculados em comerciais de empresas de radiodifusão, modernamente como *product placement*[5] e por meio de ações na internet em redes sociais e sites diversos entre outras formas de enunciação, – tratou, em cada fase, de dar maior importância ao processo criativo de concepção da mensagem publicitária, mantendo como base a criação artístico-literária no desenvolvimento da obra e para isto necessitou cada vez mais de obras intelectuais de todas as espécies.

No Brasil, de acordo com o Glossário de Marcelo Serpa, a propaganda inicia-se em 1926, formando os profissionais básicos da primeiríssima geração de publicitários brasileiros. Aqui destaca-se desta geração a presença de Orígenes Lessa, premiado diversas vezes pela literatura, um dos imortais da Academia Brasileira de Letras, jornalista, contista, novelista, romancista, ensaísta, o que mostra a influência e valoração dos criadores de expressões intelectuais na obra publicitária, inclusive para dar-lhe a capacidade de, à vista do esforço criativo, tornar-se uma obra intelectual protegida por direitos autorais nas mais diversas leis do mundo.

De acordo com Marcelo Serpa, esse surgimento se deu com o Departamento de Propaganda da General Motors no Brasil, com cinco profissionais orientados por padrões internacionais, resultando em atividade inovadora, seguindo-se posteriormente pelo atendimento àquela empresa pela agência J W Thompson, primeira agência americana a chegar no Brasil, mostrando que a formação, herança e doutrinas técnicas brasileiras seguiram os padrões americanos.[6]

---

[5] *Product placement:* estratégia de incluir marcas e produtos em conteúdo de entretenimento como filmes, séries, jogos, novelas.

[6] No Brasil, um pouco da história desse surgimento da propaganda inicia-se em 1926, com o Departamento de Propaganda da General Motors no Brasil – que forma os profissionais básicos da primeiríssima geração de publicitários brasileiros. O Departamento inicia-se com cinco profissionais. Em 1927, já conta 34 pessoas. Entre outros Francisco Teixeira Orlandi, Aldo Xavier da Silva, Charles Dulley, Orígenes Lessa, Sebastião Borges; Jorge Martins Rodrigues, João Barata,

ATIVIDADE PUBLICITÁRIA NO BRASIL

1. A criação e elaboração da obra publicitária

A criação da obra publicitária passa pela concepção da ideia, do conceito, cujos elementos servem para a elaboração de um projeto da mensagem publicitária até a realização da obra, com posterior ações de planejamento, produção, veiculação.

Em geral, a coordenação dessas atividades é feita pela agência de publicidade, cuja definição legal é a de "pessoa jurídica e especializada na arte e técnica publicitárias que, através de especialistas, estuda, concebe, executa e distribui propaganda aos Veículos de Divulgação, por ordem e conta de Clientes Anunciantes, com o objetivo de promover a venda de produtos e serviços, difundir ideias ou instituições colocadas a serviço desse mesmo público".[7]

Para o que aqui interessa, destaca-se a função de criação, que conta com profissionais como o diretor de arte, o redator, e outros necessários e que são os responsáveis pela transformação das ideias em textos e imagens a serem utilizadas nas campanhas.

No desenvolvimento deste trabalho, lembra o saudoso Carlos Alberto Bittar que fazem parte "escritores, artistas, pesquisadores; produtores de fonogramas e filmes; intérpretes e técnicos de produção; os veículos; representantes, corretores e empresas de fiscalização".[8]

Uma série dramática de época americana, amplamente aclamada da crítica, criada por Matthew Weiner e produzida pela Lionsgate Television intitulada *MAD MEN*, destacou a posição de um talentoso diretor de criação da simulada agência Sterling Cooper onde se teve oportunidade de ficcionalmente

---

Dieno Castanho, Oscar Fernandes da Silva e Henrique Beccherini. Esta equipe e uma orientação profissional que segue padrões internacionais resulta em atividade, sem dúvida, inovadora. Em 1929 a GM desativa seu Departamento e é atendida pela J. W. Thompson, primeira agência americana a chegar ao Brasil, a qual se sucedem a Ayer & Sons em 1931, e a McCann-Erickson em 1935. Toda a Propaganda brasileira – sem exceção – forma-se do núcleo original, de J W. Thompson, Ayer & Sons e McCann-Erickson. Com o desaparecimento da Ayer & Sons do terreno brasileiro, a J. W. Thompson e a McCann-Erickson são as grandes formadoras de toda a segunda geração de publicitários brasileiros. A formação, herança e doutrina técnicas brasileiras são americanas – nada mais natural de que a propaganda brasileira tenha fortes marcas americanas. http://serpa.eco. br/2021/01/22/propaganda-e-sucesso-glossario/ p. 25, acesso em 23/02/2021

[7] BRASIL. Lei n. 4.680, de 18 de junho de 1965. Dispõe sobre o exercício da profissão de Publicitário e de Agenciador de Propaganda e dá outras providências. Art. 3º.

[8] Bittar, Carlos Alberto. *Direito de Autor na Obra Publicitária*. 1ª. ed. São Paulo/SP – Ed. Revista dos Tribunais, 1981, p. 127.

2. A TITULARIDADE DOS DIREITOS AUTORAIS NA OBRA PUBLICITÁRIA

vivenciar os momentos vibrantes da criação de várias campanhas publicitárias, desde a apresentação das ideias e conceitos, a colaboração dos criativos, o resultado final da mensagem traduzida na obra publicitária.[9]

Adequadamente a série dá destaque ao departamento de criação, e de outro lado, mostra o papel da agência na coordenação das atividades, na contratação de artistas, escritores e outros talentos.

A par da autenticidade histórica de *Mad Men*, no plano real, a coordenação para a feitura de uma obra publicitária utiliza-se dos mesmos recursos como os apresentados na série de ficção, de igual modo, relevando o departamento de criação que sinaliza pela necessidade de contratação de outras expressões intelectuais para o desenvolvimento de material visual e escrito, como slogans, fotografias, arte, música, vídeos e gráficos, incluindo a utilização de obras de arte preexistentes de vários gêneros (textos, poesias, música, outros), ou mesmo a contratação de empresas ou pessoas especializadas na produção de fonogramas contendo a fixação de sons de uma execução ou interpretação, assim também das produtoras de obras audiovisuais.

Aqui, desde logo, destaca-se que, no desenvolvimento da criação da obra publicitária, havendo trabalhos individualizados com direitos de autor, automaticamente tais direitos pertencerão aos autores. A titularidade da agência sobre a obra publicitária dependerá dos acordos escritos e contratos realizados que poderão, inclusive, transferir os direitos patrimoniais de autor de determinado trabalho para a agência, ou quando for o caso de criação

---

[9] *Mad Men* começa na agência de publicidade fictícia Sterling Cooper na Madison Avenue em Manhattan, Nova York e mais tarde na recém-criada empresa Sterling Cooper Draper Pryce (mais tarde chamada Sterling Cooper & Partners), localizada perto do Time-Life Building em 1271 Sixth Avenue. De acordo com o episódio piloto, a frase "Mad Men" era uma gíria cunhada na década de 1950 por anunciantes que trabalhavam na Madison Avenue para se referir a si mesmos, sendo "Mad" a abreviação de "Madison". (Na realidade, o único uso documentado da frase daquela época pode ter sido nos escritos do final dos anos 1950 de James Kelly, um executivo de publicidade e escritor.)
O personagem principal da série é o publicitário Don Draper (interpretado por Jon Hamm), que é inicialmente o talentoso diretor de criação da Sterling Cooper e, posteriormente, sócio fundador da Sterling Cooper Draper Pryce. A trama acompanha as pessoas em sua vida pessoal e profissional. Conforme a série avança, ela retrata as mudanças de humor e costumes sociais dos Estados Unidos ao longo das décadas de 1960 e 70.
Mad Men recebeu ampla aclamação da crítica por sua escrita, atuação, direção, estilo visual e autenticidade histórica; ganhou muitos prêmios, incluindo 16 Emmys e 5 Globos de Ouro. O programa também foi a primeira série básica a cabo a receber o Prêmio Emmy de Série Dramática Excepcional, ganhando o prêmio a cada ano em suas primeiras quatro temporadas (2008–2011). É amplamente considerada como uma das maiores séries de televisão de todos os tempos, e como parte da Idade de Ouro da televisão do início do século 21.

ATIVIDADE PUBLICITÁRIA NO BRASIL

de obra por empregado, se não houver disposição em contrário, os direitos autorais passam diretamente à agência, como empregador, por se entender, nesse caso, que há uma autorização do empregado.

Em todos os casos, os direitos morais de autor não são negociáveis e, portanto, seguem pertencendo aos autores, mesmo quando a titularidade sobre os direitos patrimoniais tenham sido transferidos à agência em qualquer condição, uma vez que tais direitos são inalienáveis e irrenunciáveis.[10]

No caso de utilização de obras preexistentes na obra publicitária, a agência sempre deverá preceder da autorização do autor ou de quem o represente em cumprimento ao que exige a Lei 9.610/98 que regula os direitos autorais, especificamente no capítulo dos direitos patrimoniais de autor, cujo exercício é exclusivo do autor, conforme preceito constitucional e previsão da Lei que regula os direitos autorais.[11]

As obras publicitárias se espraiam nos demais terrenos de obras literárias e artísticas, de modo que podem até ser objeto de exposições e mostras específicas, como ensina Carlos Alberto Bittar, diante das diferentes formas em que se apresenta "...de obras orais, musicadas, escrita e outras, bem como representar combinação de gêneros diferentes", com exemplos expressivos "desde as primeiras manifestações da publicidade e, até hoje, cartazes de enorme valor povoam o mundo publicitário, gerando a realização de exposições e mostras específicas".[12]

O cunho estético da obra publicitária que contenha um mínimo de originalidade criativa na sua expressão, e desde que fixada por qualquer meio ou em qualquer suporte, tangível ou intangível, conhecido ou que se invente

---

[10] BRASIL. Lei 9.610, de 19 de fevereiro de 1998, Altera, atualiza e consolida a legislação sobre direitos autorais e dá outras providências. Art. 27. Os direitos morais do autor são inalienáveis e irrenunciáveis.

[11] BRASIL. Constituição Federal – Artigo 5º XXVII: XXVII – aos autores pertence o direito exclusivo de utilização, publicação ou reprodução de suas obras, transmissível aos herdeiros pelo tempo que a lei fixar;

BRASIL. Lei n. 9.610 de 19 de fevereiro de 1998. Altera, atualiza e consolida a legislação sobre direitos autorais e dá outras providências. Art. 28. Cabe ao autor o direito exclusivo de utilizar, fruir e dispor da obra literária, artística ou científica. Art. 29. Depende de autorização prévia e expressa do autor a utilização da obra, por quaisquer modalidades, tais como: ...

[12] Bittar, Carlos Alberto, *Obr. Cit.*, p. 182/183

2. A TITULARIDADE DOS DIREITOS AUTORAIS NA OBRA PUBLICITÁRIA

no futuro,[13] a submete, no seu todo, à proteção da lei que regula os direitos autorais[14].

Em relação ao critério legal de proteção que exige estar a obra publicitária expressa por certa forma, cabe lembrar que as ideias utilizadas para a realização da obra publicitária, nascidas da discussão de um grupo de pessoas com o objetivo de estimular a imaginação, não são protegidas, podendo, inclusive serem aproveitadas em novas campanhas.

A propósito, o jurista e desembargador José Carlos Costa Netto esclarece "que o objeto da proteção não deve ser a ideia (que originou a obra) mas, sim a sua concepção estética – a sua forma de expressão – materializada como "obra intelectual". [15]

Destacando algumas decisões proferidas por Tribunais, mesmo sob a égide da Lei nº 5.988/73 que mantinha o entendimento atual da Lei nº 9.610/98 sobre a ausência de proteção autoral da ideia, o jurista narra um caso referente à "ideia publicitária" que ora se se reproduz:

> "Uma empresa utiliza publicidade contínua e famosa para apresentar seu produto branqueador com tema publicitário, dito de brancura comparada, que consiste em representar simultaneamente duas ou mais peças de roupa branca para fazer aparecer a similitude, ou diferença de sua brancura. O litígio consistiu em reprovar uma empresa concorrente de ter indevidamente repetido este tema nos seus anúncios publicitários, sustentando que se a ideia não é protegível, a exposição da ideia é: alegou que a brancura é uma ideia, mas a comparação das brancuras é um modo de exploração da ideia da brancura. A Corte de Apelação pronunciou-se pela improcedência da demanda, pois "o fato de comparar as brancuras obtidas com outros produtos constitui um argumento publicitário e a concepção assim como a escolha deste argumento encontra-se no domínio da ideia."

---

[13] BRASIL. Lei n. 9.610 de 19 de fevereiro de 1998. Altera, atualiza e consolida a legislação sobre direitos autorais e dá outras providências. Art. 7º: São obras intelectuais protegidas as criações do espírito, expressas por qualquer meio ou fixadas em qualquer suporte, tangível ou intangível, conhecido ou que se invente no futuro, tais como: (relação exemplificativa)

[14] BRASIL. Lei n. 9.610 de 19 de fevereiro de 1998. Altera, atualiza e consolida a legislação sobre direitos autorais e dá outras providências.

[15] Costa Netto, José Carlos, *Direito Autoral no Brasil, 3ª. ed. São Paulo/SP – Ed. Saraiva, 2020, p. 173 – edição eletrônica.

ATIVIDADE PUBLICITÁRIA NO BRASIL

Ainda em relação às "ideias publicitárias", cite-se outra decisão trazida pelo mesmo jurista, cuja discussão se deu sob a Lei nº 9.610/98, em ação proposta por autor de monografia de conclusão de curso em face de determinada agência de publicidade, que comprovou a autoria e titularidade da campanha publicitária sem qualquer vínculo com a monografia do autor.

> "Desenvolvimento de linha de produtos voltados ao público infantil. Aproveitamento da ideia de obra não goza de proteção autoral (art. 8º, VIII, da Lei n. 9.610/98). Inexistência de relação direta com o objeto da monografia (marketing esportivo). Ausência de originalidade."[16]

Uma vez que as ideias e os conceitos sejam concretizados e contenham um mínimo de originalidade criativa na sua expressão, nasce, a partir de então, a proteção pelo direito de autor na obra publicitária, como se viu da doutrina apresentada.

Antes disto, reforce-se com o magistério de António Maria Pereira segundo o qual:[17]

> "Quando a ideia e a sua realização não provém da mesma pessoa, só o contributo da segunda é protegido; e, – dado que a proteção do direito de autor se limita à forma, as ideias utilizadas numa campanha publicitária podem, em princípio, ser livremente aproveitadas noutra campanha publicitária".

2. A titularidade da obra publicitária

Ultrapassada a fase das ideias apresentadas em campanhas publicitárias, é certo que, em função da dinâmica que se estabelece no processo de criação de uma obra publicitária, a agência poderá ser considerada titular originária de direitos de autor sobre a obra publicitária quando esta resultar unicamente

---

[16] Costa Netto, José Carlos, Obr. Cit. página 186.

[17] Pereira, António Maria – Advogado português especializado em Direito da Propriedade Intelectual, Delegado da Organização Mundial da Propriedade Intelectual – (1924 – 2009). *O direito de autor na publicidade*. p.91. Acesso: https://portal.oa.pt/publicacoes/revista/ano-1991/ano-51-vol-i-abr-1991/doutrina/antonio-maria-pereira-o-direito-de-autor-na-publicidade. Disponível em 24 fev. 2021.

2. A TITULARIDADE DOS DIREITOS AUTORAIS NA OBRA PUBLICITÁRIA

de participações criativas indefinidas de funcionários ou prestadores de serviços, que sejam fundidas naquela obra.

Destaca-se que a condição da agência será de titular originária e não autora originária, considerando-se que autor é somente a pessoa física criadora de obra literária, artística ou científica nos termos da lei, que estende essa proteção às pessoas jurídicas em determinados casos. [18]

Por outro lado, a agência poderá ser considerada titular derivada da obra publicitária em relação as obras intelectuais devidamente individualizadas que foram objetos de contratos de transferências com seus autores.

No primeiro caso de titularidade originária, a obra publicitária poderá ser considerada obra coletiva, somente ou na parte que se compuser exclusivamente de participações criativas indefinidas que tenham sido fundidas por um organizador, no caso alguém que represente a agência, que por sua vez, poderá estar na condição de empregado ou de prestador de serviços. Neste caso, a relação com o organizador e a agência definirá a titularidade dos direitos de autor sobre o resultado da obra.

Para que se caracterize obra de natureza coletiva deverá ter como pressuposto a existência de uma diretriz e um esquema previamente estabelecidos para a seleção e coordenação das participações individuais que permitam que o resultado seja uma criação autônoma. É esta, pois, a razão do legislador, atribuir ao organizador a titularidade da obra coletiva, considerando o pressuposto de um esforço criativo realizado pelo organizador na junção das partes individuais, de forma a que a obra publicitária seja, de fato, considerada uma criação de obra autônoma.[19]

Sobre o regime jurídico da obra coletiva, o jurista e desembargador Costa Netto, desta feita trazendo as lições extraídas de parecer de autoria dos juristas mineiros Hildebrando Pontes Neto e Leonardo Machado Pontes, com destaques doutrinários e jurisprudenciais estrangeiros sobre o tema, assinala ser "majoritária na França a visão de que obras divisíveis e identificáveis,

---

[18] BRASIL. Lei n. 9.610 de 19 de fevereiro de 1998. Altera, atualiza e consolida a legislação sobre direitos autorais e dá outras providências. Art. 11. Autor é a pessoa física criadora de obra literária, artística ou científica. Parágrafo único. A proteção concedida ao autor poderá aplicar-se às pessoas jurídicas nos casos previstos neste Lei.

[19] BRASIL. Lei n. 9.610 de 19 de fevereiro de 1998. Altera, atualiza e consolida a legislação sobre direitos autorais e dá outras providências. Art. 5º, VIII, h) coletiva – a criação por iniciativa, organização e responsabilidade de uma pessoa física ou jurídica, que a publica sob seu nome ou marca e que é constituída pela participação de diferentes autores, cujas contribuições se fundem numa criação autônoma; Art. 17, § 2º- Cabe ao organizador a titularidade dos direitos patrimoniais sobre o conjunto da obra coletiva.

no corpo da obra coletiva, não podem integrá-la no sentido jurídico, permanecendo com seus autores, a plenitude do direito autoral."[20]

E nessa linha de entendimento sobre a obra coletiva, prossegue Costa Netto, desta feita, com base na legislação brasileira para o que aqui interessa, esclarecendo sobre a ressalva "no parágrafo único do próprio artigo 11, que "a proteção concedida ao autor" apenas esta, "poderá aplicar-se às pessoas jurídicas nos casos previstos em lei". E quais seriam esses casos? Seriam:

(a) Diretamente: os casos em que a pessoa jurídica é titular originária da obra, neste caso apenas no que se refere aos direitos patrimoniais do conjunto da obra coletiva, tendo em vista que as demais titularidades originárias que podem ser atribuídas à pessoa jurídica correspondem aos direitos conexos aos de autor – e não a direito de autor – em relação a bens intelectuais, como produção de fonogramas e emissões de radiodifusão e não obras intelectuais propriamente";

O saudoso jurista Carlos Alberto Bittar apresenta a mesma visão em relação à obra publicitária e o direito de autor, quando destaca que em relação a ela, "à agência compete os direitos pecuniários nas obras nascidas sob a sua coordenação, permanecendo na esfera do autor (quando possível a individualização e a obra for de criação livre), os direitos não compreendidos por expresso no negócio jurídico correspondente." [21]

A propósito da obra intelectual resultante de vínculo empregatício, uma vez que a Lei n. 9.610/98 não possui regra expressa acerca do direito autoral relativo às obras produzidas sob regime de trabalho, faz-se necessário perquirir de forma sistemática os dispositivos aplicáveis à espécie, tendo em vista o caráter contratual da relação de emprego.

A Lei n. 9.610/98 faculta ao autor a transferência dos direitos autorais patrimoniais total ou parcialmente[22], e em relação aos direitos morais considera-os inalienáveis e irrenunciáveis.[23]

---

[20] Costa Netto, José Carlos. Obr. cit. pág. 201

[21] Bittar, Carlos Alberto. Ob.Cit. p. 191

[22] BRASIL. Lei n. 9.610 de 19 de fevereiro de 1998. Altera, atualiza e consolida a legislação sobre direitos autorais e dá outras providências. Art. 49 – Os direitos de autor poderão ser total ou parcialmente transferidos a terceiros...

[23] BRASIL. Lei n. 9.610 de 19 de fevereiro de 1998. Altera, atualiza e consolida a legislação sobre direitos autorais e dá outras providências. Art. 27 – Os direitos morais do autor são inalienáveis e irrenunciáveis.

2. A TITULARIDADE DOS DIREITOS AUTORAIS NA OBRA PUBLICITÁRIA

A interpretação sistemática da Lei n. 9.610/98, analisada à regra geral contida no art. 884 e seguintes do CC/02, que coíbe o enriquecimento sem causa, permite inferir que, havendo vínculo empregatício, o salário pago ao empregado contratado com a finalidade de criação representa a remuneração pela autorização e uso patrimonial da obra resultante do regular exercício do seu trabalho. Em outras palavras, como contrapartida pelo salário recebido mensalmente, o empregado autoriza seu empregador a explorar economicamente as obras provenientes do trabalho para o qual foi contratado, conforme orientação proferida em acórdão pelo Superior Tribunal de Justiça na análise desta matéria.[24]

A propósito, cite-se Carlos Alberto Bittar para quem "isso se deve ao fato de o criador ser remunerado exatamente para o objetivo final visado pelo encomendante (nos casos, as empresas), a que se relaciona por vínculo de subordinação".[25]

Entretanto, aqui há que se esclarecer que a titularidade sobre os direitos patrimoniais de autor do empregador é adquirida de forma indireta e não originária, o que se dá pela autorização do empregado para a agência em decorrência do vínculo de emprego, salvo a existência de convenção em contrário.

Prosseguindo na orientação, o acórdão comentado anota que: "com efeito, a transferência ao empregador dos direitos patrimoniais sobre essas obras – oriundas exclusivamente da relação de emprego – exsurge como consequência lógica da remuneração recebida pelo empregado, sendo razoável supor a existência de acordo tácito nesse sentido, como forma de justificar o pagamento do salário. Por outro lado, esse mesmo salário não tem o condão de desfazer o liame subjetivo do autor com sua obra, persistindo o vínculo de caráter moral, que pertence à própria essência do direito de autor."[26]

Quer dizer que, os direitos morais de autor permanecerão na esfera do autor e a agência de publicidade só poderá atribuir-se a titularidade sobre os direitos patrimoniais e nunca sobre a "autoria" pressuposto único atribuído ao autor, como pessoa física.

Uma vez considerado que a transmissão dos direitos se limita ao aspecto patrimonial, no caso de vínculo laboral entende-se que esta se realiza mediante autorização, salvo convenção em contrário, persistindo, reitere-se,

---

[24] STJ. Recurso Especial nº 1.034.103 – RJ – (2008/0040376-9). Relatora: Ministra Nancy Andrighi. D.J. 21/09/2010

[25] Bittar, Carlos Alberto. *Direito de autor*. 4ª ed. Rio de Janeiro: Forense Universitária, 2003, p. 42

[26] Acórdão citado

ATIVIDADE PUBLICITÁRIA NO BRASIL

o vínculo de caráter moral e também a presunção de que a transmissão dos direitos patrimoniais foram somente aqueles indispensáveis e consentâneos com a finalidade da atividade exercida pelo empregado (autor da criação) na empresa para a exploração na obra publicitária para a qual foi criada.

Esta independência de direitos está prevista na Lei n. 9.610/98[27], o que segundo Bittar em comentário específico sobre a matéria, "remanescem na esfera do autor os direitos morais e todos os demais direitos patrimoniais não alcançados por sua atuação específica (...), a menos que os transfira por meio de contratos adequados".[28]

A esse respeito, ainda sob a orientação do acórdão do Superior Tribunal de Justiça comentado, "a demarcação exata dos limites em que se dá a transmissão constitui tarefa árdua e complexa, que exige, salvo melhor juízo, soluções distintas conforme as peculiaridades de cada caso."[29]

É certo, porém, que os criadores sob vínculo laboral, salvo convenção em contrário, sabem que os direitos de exploração de seus trabalhos, desde que contratados para a função de criação, pertencem à agência empregadora, que os remunera mensalmente em contrapartida desse trabalho. Na prática, muitos criativos sob esse vínculo são concitados a cederem definitivamente à agência todos os demais direitos patrimoniais, além daqueles específicos para a finalidade contratada, junto com o contrato de trabalho, de modo que tais direitos patrimoniais sobre as obras individualizadas presentes e futuras passam à titularidade da agência.

Ressalve-se, a respeito das obras futuras criadas por empregado ou prestadores de serviços sob contratos, que a previsão legal que concede prazo para a validade da cessão de direitos sobre obras futuras, sejam elas criadas em decorrência do vínculo laboral ou as encomendadas a terceiros, não pode ultrapassar o prazo de 05 anos.[30]

---

[27] BRASIL. Lei n. 9.610 de 19 de fevereiro de 1998. Altera, atualiza e consolida a legislação sobre direitos autorais e dá outras providências. Art. 31 – As diversas modalidades de utilização de obras literárias, artísticas ou científicas ou de fonogramas são independentes entre si, e a autorização concedida pelo autor, ou pelo produtor, respectivamente, não se estende a quaisquer das demais.

[28] Bittar, Carlos Alberto Ob. Cit., p. 42.

[29] Acórdão citado

[30] BRASIL. Lei n. 9.610 de 19 de fevereiro de 1998. Altera, atualiza e consolida a legislação sobre direitos autorais e dá outras providências. Art. 51. A cessão dos direitos de autor sobre obras futuras abrangerá, no máximo, o período de cinco anos.

2. A TITULARIDADE DOS DIREITOS AUTORAIS NA OBRA PUBLICITÁRIA

A titularidade derivada de direitos de autor e dos que lhes são conexos sobre a obra publicitária vai, portanto, depender das relações jurídicas estabelecidas em contratos com autores e titulares dos direitos conexos.

A Lei n. 9.610/98 prevê diversas formas de transferência dos direitos de autor, o que se aplica também aos direitos que lhes são conexos.[31]

Os contratos de licença permitem uma autorização temporária outorgada à agência de publicidade para utilizar ou explorar economicamente a obra. Em geral, este tipo de contratação se dá, além de outras, principalmente em relação a inclusão de obras preexistentes na obra publicitária, de forma que o direito patrimonial de autor permanece com o autor, havendo, apenas o consentimento, muitas vezes não exclusivo, de se permitir a utilização naquela obra, respeitado o aspecto moral do direito de autor em relação ao criador da obra.

Já os contratos de cessão de direitos autorais, são, muitas vezes, os instrumentos praticados no caso de obras contratadas por encomenda pela agência de publicidade, o que estabelece uma restrição aos direitos exclusivos do autor, porque haverá transmissão dos direitos patrimoniais de autor sobre a obra ou sobre aqueles que detenham os direitos conexos, de forma que a agência de publicidade adquire a posição jurídica que pertencia ao titular do direito, passando a ser titular por modo derivado.

É muito comum também que haja a participação de empresas produtoras de fonogramas ou audiovisual, que não tem relação direta com a agência, mas participará na obra publicitária. Tais relações devem ser estabelecidas pela agência diretamente com as empresas que normalmente adquirem naquela obra a posição de coparticipantes, mantendo integralmente seus direitos conexos.

Sendo assim, a produtora do fonograma ou ainda a produtora de obra audiovisual serão titulares de seus direitos autorais relativamente ao que por elas foi produzido para a obra publicitária.

Não se perca de vista também as contratações que são realizadas com artistas, atletas, pessoas comuns para participarem na obra publicitária, as quais deverão ter seus contratos regulados seja em relação à atuação que poderá envolver direitos conexos ou direitos de personalidade pelo uso de imagem, quando for o caso. Em geral, tais contratos estabelecem as condições

---

[31] BRASIL. Lei n. 9.610 de 19 de fevereiro de 1998. Altera, atualiza e consolida a legislação sobre direitos autorais e dá outras providências. Art. 89. As normas relativas aos direitos de autor aplicam-se, no que couber, aos direitos dos artistas intérpretes ou executantes, dos produtores fonográficos e das empresas de radiodifusão.

ATIVIDADE PUBLICITÁRIA NO BRASIL

essenciais do exercício do direito de utilização, em especial quanto a remuneração a ser paga ao artista para a execução da campanha, modalidades de utilização devidamente especificadas, com indicação dos formatos de execução, período de utilização de veiculação, território e outras.

Em razão da titularidade originária ou derivada da agência de publicidade na obra publicitária, dependendo de cada caso, a ela caberá assumir integralmente junto ao cliente anunciante a responsabilidade sobre as contratações de todos os envolvidos, sejam os criativos com vínculo empregatício, como também em relação aos demais participantes, tais como fotógrafos, designers, artistas intérpretes, atores, compositores e outros.

3. Os direitos de exploração econômica adquiridos pelo anunciante

Em geral, o anunciante adquire somente o direito de utilização da obra publicitária, ainda que a solicitação de encomenda tenha sido por ordem e conta daquele à agência de publicidade, não acarretando com isto qualquer cessão de direitos autorais sobre a obra publicitária, cuja titularidade, salvo convenção em contrário, permanecerá com a agência, com os demais coparticipantes e titulares, respeitados os contratos firmados com todos os criativos e participantes.

Para tanto, alerta Paulo Gomes que a cada reutilização da obra publicitária, "... uma vez vencidos os prazos em que os direitos de uso foram concedidos pelas partes criadoras, produtoras e prestadoras de serviços (agências, produtoras cinematográficas, produtoras de som, atores, etc), há necessidade de novos pagamentos pelo anunciante."[32]

Conclusões

A complexidade da realização da obra publicitária pode gerar dificuldade no entendimento sobre a titularidade dos direitos autorais dela resultantes.

A agência de publicidade poderá ser considerada titular originária da obra publicitária, nos casos em que as participações criativas de autores

---

[32] Gomes de Oliveira Filho, Paulo, *Os direitos autorais sobre a criação publicitária*: http://sinaprodf. com.br/2019/02/08/os-direitos-autorais-sobre-a-criacao-publicitaria/

2. A TITULARIDADE DOS DIREITOS AUTORAIS NA OBRA PUBLICITÁRIA

sejam indefinidas e fundidas na obra publicitária. Neste caso, admite-se o regime de obra coletiva, desde que haja por parte do organizador um trabalho intelectual relevante no tratamento das participações individuais de forma a que o resultado venha ser considerado uma criação autônoma, cabendo ao organizador a titularidade dos direitos patrimoniais sobre o conjunto da obra coletiva.

Em relação aos autores participantes da obra coletiva, a Constituição Federal assegura a proteção às suas participações individuais, inclusive, no exercício de seus direitos morais, podendo os autores proibir que se indique seu nome na obra coletiva, sem o prejuízo de haver a remuneração contratada, na forma da lei, conforme disposição infraconstitucional prevista na Lei n. 9.610/98.[33]

Eventuais obras divisíveis e identificáveis, no corpo da obra coletiva, não podem integrar a obra coletiva no sentido jurídico, como se viu da doutrina apresentada, mantendo seus autores o exercício de seus direitos exclusivos, que poderão ser transferidos por força da relação contratual, na forma de autorização, mediante certas condições ou de cessão de direitos patrimoniais de autor, estritamente nos termos do contrato.

Havendo participação de produtores de fonogramas e de obras audiovisuais na obra publicitária, esta poderá se dar na forma de coparticipação junto à agência de publicidade, conservando aqueles seus direitos, na forma do contrato.

Ainda e no caso da realização de obras mediante contratação por encomenda, alerta o jurista José Carlos Costa Netto que, na vigência da lei anterior nº 5.988/73, estabelecia-se um *"exercício comum"* de forma que a obra pertenceria a ambas as partes, encomendante e autor. Este *"exercício comum"* tratava-se de um *"princípio criticável em face do categórico mandamento constitucional que prevê a exclusividade de utilização da obra pelo seu autor..."* Entretanto, a Lei 9.610/98 não regulou essa matéria o que pode apresentar, "no campo de aplicação prática, sérias dúvidas."[34]

---

[33] BRASIL. Constituição Federal. Art. 5º, XXVIII – são assegurados, nos termos da lei: a) a proteção às participações individuais em obras coletivas e à reprodução da imagem e voz humanas, inclusive nas atividades desportivas.
BRASIL. Lei n. 9.610 de 19 de fevereiro de 1998. Altera, atualiza e consolida a legislação sobre direitos autorais e dá outras providências. Art. 17. É assegurada a proteção às participações individuais em obras coletivas. Par. 1º Qualquer dos participantes, no exercício de seus direitos morais, poderá proibir que se indique ou anuncie seu nome na obra coletiva, sem prejuízo do direito de haver a remuneração contratada.
[34] Costa Netto, José Carlos, Obr. cit. pág. 218

No nosso entender, as dúvidas deverão ser resolvidas nos contratos, conforme as particularidades de cada relação jurídica, que deverão estabelecer o regime da contratação e todos os seus limites em relação aos direitos patrimoniais de exploração da obra sem "jamais colocar em discussão a titularidade dos direitos morais de autor (*indissociáveis da pessoa de seu autor e inalienáveis e irrenunciáveis por imperativo legal*").[35]

REFERÊNCIAS

Bittar, Carlos Alberto. *Direito de Autor na Obra Publicitária*. (1ª. Edição). (São Paulo, SP): Editora Revista dos Tribunais, 1981.

Bittar, Carlos Alberto. *Direito de autor*. 4ª edição. Rio de Janeiro: Forense Universitária, 2003.

BRASIL. Decreto n. 57.690, de 1 de fevereiro de 1966. Aprova o Regulamento para a execução da Lei n. 4.680, de 18 de junho de 1965.

BRASIL. Lei n. 9.610 de 19 de fevereiro de 1998. Altera, atualiza e consolida a legislação sobre direitos autorais e dá outras providências.

BRASIL. Lei n. 4.680, de 18 de junho de 1965. Dispõe sobre o exercício da profissão de Publicitário e de Agenciador de Propaganda e dá outras providências.

Campos-Toscano Ana Lucia Furquim. *O percurso dos gêneros do discurso publicitário*: https://static.scielo.org/scielobooks/pr4v9/pdf/campos-9788579830112.pdf

Costa Netto, José Carlos. *Direito Autoral no Brasil*. 3ª. Edição. São Paulo: Editora Saraiva, 2019. Livro eletrônico.

Gomes de Oliveira Filho, Paulo. *Os direitos autorais sobre a criação publicitária*: http://sinaprodf.com.br/2019/02/08/os-direitos-autorais-sobre-a-criacao-publicitaria/

Pereira, António Maria. *O direito de autor na publicidade*: https://portal.oa.pt/publicacoes/revista/ano-1991/ano-51-vol-i-abr-1991/doutrina/antonio-maria-pereira-o-direito-de-autor-na-publicidade

Rabelo, G. (1956). "Os tempos heroicos da propaganda"

Serpa, Marcelo H. N. Propaganda no Brasil/Glossário p. 25 Propaganda no Brasil / Glossário – Marcelo Serpa.

STJ. Recurso Especial n. 1.034.103 – RJ – (2008/0040376-9), Relatora: Ministra Nancy Andrighi. D.J: 21/09/2010.

TJSP. Apelação n. 0120169612010826000 SP 0120169-61.2010.8.26.0100, Relator: Paulo Eduardo Razuk. D.J: 11/06/2013.

TJPR. AC – 1187758-6. Curitiba. Relator: Victor Martim Batschke. D.J: 03.03.2015.

---

[35] Costa Netto, José Carlos, Obr. cit.pág. 218

3.
A OBRA MUSICAL EM CAMPANHAS PUBLICITÁRIAS

José de Araujo Novaes Neto

Introdução

A obra musical é a mais bem sucedida das criações intelectuais do homem. O seu produto mais conhecido – a canção popular – influenciou e influencia gerações, desde o início da era do rádio, nos anos 1930 do século passado.

Acetatos, gramofones, discos de vinil, CDs, streaming. As ferramentas através das quais as canções se espalharam pelo mundo foram várias, e a cada uma delas sua influência mais se projetou e consolidou através das gerações. Mesmo nas obras audiovisuais, que representam outra modalidade de criação artística de grande sucesso e projeção nos últimos 100 anos, as canções e a música em geral são produtos indissociáveis e fundamentais de cada filme. Esta, aliás, é mais uma demonstração do poder das canções e da música em geral: imagine um filme ou uma série sem a trilha sonora. Imagine "Casablanca" sem "As time goes by". Ou "Embalos de sábado à noite" sem as canções dos Bee Gees. Ou o ótimo filme franco-canadense "Incêndios", sem a impactante "You and whose Army", do Radiohead. Ou "Laranja mecânica" sem "Singing in the rain". E por aí vai.

A canção popular é uma obra literomusical, com uma duração média de três a quatro minutos, cujo modelo se desenvolveu e aperfeiçoou no decorrer do século XX, moldada por dois elementos fundamentais que surgiram durante esse período: a invenção do disco com a consequente criação do mercado fonográfico; e o surgimento e a popularização do rádio. O surgimento dessas duas novidades foi essencial para que essa modalidade de criação intelectual se tornasse o produto mais bem-acabado e influente já criado pelo espírito humano, inspirando gerações e marcando a vida de milhões de pessoas em todo o mundo.

A força da obra musical está na sua capacidade de nos alcançar, onde quer que estejamos. Ao contrário da literatura (na qual é necessário abrir um livro para fruir da leitura, e levar horas ou dias para conclui-la); da obra audiovisual (na qual é preciso se deslocar ao cinema, ou ligar a TV, ou o computador, e lá ficar por cerca de duas horas), ou de outra qualquer modalidade de criação artística, a música nos atingirá em qualquer lugar – na aula, na rua, no metrô, no ônibus, no restaurante, mesmo à nossa revelia. Sua audição será breve, e sua execução transmitirá emoções, seja numa canção popular, seja num concerto gravado, ou através de um músico de rua.

Ou por meio de um jingle, ou trilha de um comercial.

Muitas das obras literomusicais que mais marcaram nossas vidas foram incluídas em peças publicitárias. E essas obras, na grande maioria dos casos, são criadas especialmente para vender um produto, seja utilizado somente como áudio (os *jingles* de rádio) ou como parte de uma obra audiovisual publicitária. Além disso, muitas vezes os comerciais utilizam canções já gravadas ou conhecidas, para divulgação de produtos.

A inserção de uma obra musical numa peça publicitária – seja ela criada especificamente para essa peça, seja através da reutilização de uma obra ou fonograma preexistente – representa um produto cujo tempo de duração é muito inferior ao de uma canção popular, em seu formato tradicional. Uma peça publicitária pode ter apenas 15 segundos, ou 30, ou 45, ou um minuto. Portanto, a criação de um *jingle*, ou a reutilização de uma canção numa propaganda deve observar esse desafio, de adequar o produto a tal formato tão curto.

Na história da publicidade brasileira, raríssimos comerciais de TV ou rádio ultrapassaram tal exíguo tempo de duração. Entre as exceções, com mais de três minutos de duração, registramos as campanhas da revista Época, em 1998 (com trilha original de Jarbas Agnelli[1]) ; das sandálias Rider, em 2004 (utilizando o fonograma de "Vamos fugir", de Gilberto Gil, interpretada pelo grupo Skank[2]); da Vivo, em 2011 (utilizando o fonograma de "Eduardo e Monica", de Renato Russo, interpretada pelo grupo Legião Urbana[3]);

---

[1] AGNELLI. Jarbas. **Época a semana Full HD**. Disponível em: <<https://youtu.be/f_QqXHSJoWI>>. Acesso em 23.03.2021.

[2] PERFECT10GIRL7. **Skank – Rider – Vamos Fugir**. Disponível em: <<https://youtu.be/_yFSVaBgChs>>. Acesso em 23.03.2021.

[3] ROSSET. Moises Escorsi. **Eduardo e Monica – Vivo**. Disponível em: <<https://youtu.be/TYy6-zUwrIY>>. Acesso em 23.03.2021.

3. A OBRA MUSICAL EM CAMPANHAS PUBLICITÁRIAS

e da Vivo Internet em 2015 (utilizando o fonograma de "Exagerado", de Cazuza. Leoni e Ezequiel Neves, com interpretação do próprio Cazuza)[4].

Como as obras musicais são utilizadas nas peças publicitárias? Como o direito aborda e normatiza a inclusão dessas obras num meio tão específico? Quais os direitos envolvidos? Como os titulares de direitos relativos a tais obras são remunerados pela utilização de suas criações?

Procuraremos trazer as respostas a tais indagações ao longo das próximas linhas.

1. Conceito e natureza da obra musical

De acordo com o disposto no artigo 7º da Lei 9.610/98, são "obras intelectuais protegidas as criações do espírito, expressas por qualquer meio ou fixadas em qualquer suporte, tangível ou intangível, conhecido ou que se invente no futuro".

E o inciso V desse mesmo artigo define como uma das modalidades de tais obras "as composições musicais, tenham ou não letra".

Para que seja reconhecida uma obra como intelectualmente protegida, três são os requisitos: a criatividade, a originalidade e a exteriorização. A originalidade não deve ser entendido como "novidade", mas sim como um elemento que possibilite diferenciar aquela obra das demais, previamente existentes. E nessa consideração não se deve levar em conta o seu mérito ou valor artístico. Já o requisito da exteriorização pode ser atendido, nos termos do já mencionado artigo 7º, através de "criações expressas por qualquer meio ou fixadas em qualquer suporte, tangível ou intangível".

Quem cria a obra intelectualmente protegida é seu autor. E este só pode ser **pessoa física**, conforme a regra expressa do artigo 11 da Lei 9.610: "autor é a pessoa física criadora de obra literária, artística ou científica".

Segundo José de Oliveira Ascenção, num plano genérico, "o princípio deve ser fixado com toda a clareza: o autor é o criador intelectual da obra. A obra literária ou artística exige uma criação, no plano do espírito: autor é quem realiza esta criação".[5]

Avançando mais na direção específica da obra musical, Eliane Abrão a define como "a combinação de sons (melodia) ou de sons e texto (letra) feita

---

[4] VIEIRA. Robson. **Cazuza – Exagerado – Homenagem da vivo o dia dos namorados**. Disponível em << https://youtu.be/JDM3CrX0bjo>>. Acesso em 23.03.2021.

[5] ASCENSÃO, José de Oliveira. Direito Autoral. 1ª Ed. São Paulo: Forense, 1980, p. 70.

por um ou mais compositores, destinada à interpretação através do uso canoro da voz humana e/ou de instrumentos que emitam sons. O verso musical pode ser editado apenas como letra, e a melodia por meio de partitura, com ou sem letra. Ambas são obras protegidas isoladamente, o verso como texto literário e a melodia como obra musical. A respectiva combinação, interpretadas e fixadas em suporte mecânico, resulta em uma composição musical".[6]

Já do ponto de vista técnico-musical, a obra musical é caracterizada pela união de três elementos constitutivos: a melodia, a harmonia e o ritmo. Segundo José Carlos Costa Netto, a melodia é caracterizada pela "emissão de um número indeterminado de sons sucessivos"; a harmonia "forneceria a roupagem, o estofo e o adorno da melodia", e o ritmo seria "uma sensação determinada seja por diferentes sons consecutivos, seja por diversas repetições periódicas de um mesmo som, normalmente marcando o andamento da melodia".[7]

Alguns autores e estudiosos da música identificam outros elementos distintivos da obra musical, como o timbre, a forma e a textura.[8]

Um outro aspecto muito importante do direito do autor é que o criador é titular de dois feixes de direitos: os direitos **morais** e os direitos **patrimoniais.** Os primeiros integram os direitos de personalidade, e estão ligados a elementos como a paternidade da obra, sua integridade, elaboração e divulgação. Segundo Rodrigo Moraes, constituem "uma série de direitos de ordem não-patrimonial que visam a proteger criador e criação. Esta constitui um reflexo da personalidade daquele e, consequentemente, uma emanação de sua própria dignidade como pessoa humana".[9] Já os direitos patrimoniais consistem basicamente na exploração econômica das obras protegidas.

Por fim, uma regra muito importante do direito de autor é a que dispõe que "interpretam-se restritivamente os negócios jurídicos sobre os direitos autorais" (artigo 4o. da lei autoral). Nesse sentido, é fundamental ter o máximo rigor e cuidado na formalização de todo e qualquer ato jurídico que diga respeito ao uso e à transferência dos direitos autorais.

---

[6] ABRÃO, Eliane. Comentários à lei de direitos autorais e conexos, 1ª Edição, São Paulo: Lumen Juris, 2017, p. 45.

[7] COSTA NETTO, José Carlos. Direito autoral no Brasil, 3ª Edição, São Paulo: Saraiva, 2019, p. 120/121.

[8] BENNETT, Roy. Uma breve história da música, 1ª Edição, Rio de Janeiro: Zahar, 1986.p. 12.

[9] MORAES, Rodrigo. Os direitos morais do autor: repersonalizando o direito autoral", 1ª. edição, Rio de Janeiro : Lumen Juris, 2008, p.9).

3. A OBRA MUSICAL EM CAMPANHAS PUBLICITÁRIAS

Também invocamos, como fundamentais, as regras dos artigos 22 ("pertencem ao autor os direitos morais e patrimoniais sobre a obra que criou"), 28 ("cabe ao autor o direito exclusivo de utilizar, fruir e dispor da obra literária, artística ou científica") e 29 ("depende da autorização prévia e expressa do autor a utilização da obra, por quaisquer modalidades", elencando em 10 incisos, quais seriam essas modalidades.

Esses artigos da lei 9610 representam o arcabouço fundamental da defesa do autor, necessário para que possamos prosseguir na presente análise.

2. A peça publicitária

Carlos Alberto Bittar define publicidade como "a arte e a técnica de elaborar mensagens para, por meio de diferentes formas de manifestação e de veiculação, fazer chegar ao consumidor determinados produtos ou serviços, despertando nele o desejo de adquiri-los ou deles dispor".[10] Já a obra publicitária é definida como "criação intelectual, da regra breve e expressiva, que se destina a promover a comunicação ao público de determinado produto ou serviço. Contém sempre uma mensagem voltada para a sensibilização do público".

Em outra obra, o mesmo festejado professor define publicidade como "atividade complexa e de enorme importância datada de organização especial – em que se mesclam conotações de arte ciência e de meio de comunicação. Sobressai-se, neste contexto, o aspecto estético, acionado pelo acirramento da concorrência, a sofisticação dos mercados e outros fatores que tem imposto o aprimoramento das criações publicitárias, em que se utilizam, regularmente, artistas, escritores, cientistas, e, enfim, intelectuais inseridos dentre as expressões maiores da cultura em geral, em que se distingue como manifestação de índole própria e bem definida, gerando inclusive, obras de grande valor e exposição e mostras de caráter especial".[11]

Já Antonio Chaves chama a atenção para o fato de que "para a feitura do filme publicitário convergem, na generalidade dos casos, duas empresas: a agência de propaganda, que elabora o roteiro literário fornecendo às vezes desenhos (story-boards) que indicam como poderão ser realizadas cenas do filme, e a produtora, que convoca todo um conjunto de artistas

[10] BITTAR, Carlos Alberto. Direito de autor na obra publicitária, 1ª Edição, São Paulo: Revista dos Tribunais, 1981, p. 73.
[11] BITTAR, Carlos Alberto. O direito de autor nos meios modernos de comunicação, 1ª Edição, São Paulo: Revista dos Tribunais, 1989, p. 38.

e profissionais : o diretor do filme, cenógrafo, decorador, o produtor do elenco (casting), o iluminador, o operador de câmera, diretor de arte, costumista, maquiador, cabeleireiro, técnico de som, técnico de efeitos especiais, eletricistas, maquinistas, carpinteiros, pintores, diretor de produção, assistente de produção, guarda-roupeira, contra-regra, montador, assistente de montagem, e inúmeros outros profissionais e auxiliares, dependendo das exigências de cada roteiro, além de artistas, modelões, figurantes, extras, etc., que obedecem "a sua diretriz ou orientação.".[12]

A obra publicitária, portanto, envolve uma multiplicidade de criações artísticas independentes, cada qual com seu criador, que deverá ter sua proteção autoral respectiva.

3. As formas de utilização da obra musical na peça publicitária

Existem duas formas de utilização das obras musicais em peças publicitárias:

a) A primeira delas é quando é **encomendada ao compositor a criação de uma obra musical específica**, seja litero-musical, seja apenas instrumental (trilha), para utilização numa determinada peça publicitária. Nesse caso, o criador da futura obra musical deverá receber todas as informações possíveis sobre o produto publicitário em elaboração, para que sua criação possa ser a mais adequada possível, e condizente com o objetivo da agência ou da produtora que fizeram a encomenda.

b) A segunda diz respeito à **reutilização de fonogramas preexistentes ou a regravação de obras preexistentes,** escolhidas pela agência ou pela empresa produtora do produto publicitário, e contratadas junto aos titulares de direitos (editoras, quando aos direitos autorais, e produtoras fonográficas, quanto aos direitos conexos).

Vamos falar um pouco sobre cada uma dessas formas de utilização.

---

[12] CHAVES, Antonio. Cinema, TV. Publicidade cinematográfica, 1ª Edição, São Paulo: Edição Universitária de Direito, 1987.p. 236.

3. A OBRA MUSICAL EM CAMPANHAS PUBLICITÁRIAS

3.1 O jingle ou a música criada especificamente para a obra publicitária

A forma mais frequente de utilização de uma obra musical em um produto publicitário é através da contratação de um compositor para a criação de uma canção específica, ou de uma trilha musical, identificada com a campanha de venda ou divulgação de um determinado produto.

Como surgiu essa modalidade de contratação?

Embora o rádio tenha surgido no Brasil no ano do centenário da independência (1922), foi no início dos anos 1930 que a propaganda se intensificou e popularizou. Desde então, a música passou a ser utilizada nas transmissões das mensagens publicitárias, muitas vezes como fundo musical para os textos dos "reclames", em outras ocasiões com canções criadas especificamente para determinados produtos. Nos anos 1940, com o apogeu da "era do rádio", as peças publicitárias passaram a ser mais elaboradas, e surgiram então os primeiros jingles profissionais.

Segundo Pyr Marcondes, "jingle é uma peça fonográfica criada por profissionais do meio publicitário para vender produtos. É um recurso da propaganda para convencer o consumidor, cantando no seu ouvido".[13]

Nos anos 1960 e 1970, jingles memoráveis foram criados, marcando gerações. Exemplos são a canção de Natal do Banco Nacional, de autoria de Lula Vieira e Edson Borges, em 1975 ("quero ver você não chorar, não olhar pra trás, nem se arrepender do que faz")[14]; e o tema de Natal da empresa aérea Varig em 1960, criado por Caetano Zamma ("Papai Noel voando a jato pelo céu")[15], exibido durante duas décadas.

O jingle ou a trilha são peças criadas especificamente para uma campanha publicitária. Nesse cenário, é fundamental identificarmos qual a relação existente entre o criador dessa obra musical, em relação à agência ou produtora da gravação. Existem várias situações a serem observadas, para identificarmos quais as formas de relação jurídica, e como o direito brasileiro cuida da titularidade dessas obras. Tais pontos serão melhor detalhados mais adiante.

---

[13] MARCONDES, Pyr. Uma história da propaganda brasileira, 1ª Edição, Rio de Janeiro: Ediouro, 2002, p. 243.

[14] PONTOKOM. Bosco. **Quero ver você – Banco Nacional**. Disponível em: <<https://youtu.be/fFkVVB4sxRc>>. Acesso em 23.03.2021.

[15] MENDONÇA. Gustavo. **Jingle da Varig**. Disponível em: <<https://youtu.be/G1VT3B7LW7U>>. Acesso em 23.03.2021.

ATIVIDADE PUBLICITÁRIA NO BRASIL

Em qualquer desses casos, todos os direitos dos autores devem ser respeitados, observada, prioritariamente, a já citada regra do artigo 4o. da Lei 9.610, referente à interpretação restritiva dos negócios jurídicos sobre direitos autorais.

Da mesma forma, os direitos conexos também têm a mesma proteção, no dizer de Carlos Alberto Bittar, que esclarece que, "com respeito aos direitos autorais, impõe- o seu respeito em toda a atividade publicitária, estendendo-se aos conexos (interpretação e reproduções)".[16]

Os detentores dos direitos conexos não têm relação direta com a criação ou elaboração da obra publicitária, mas de alguma forma dela participam, seja na sua interpretação, produção ou difusão. Tal modalidade abrange, portanto, os direitos conferidos aos artistas, intérpretes ou executantes, aos produtores fonográficos e às empresas de radiodifusão, presentes nos artigos 89 e seguintes da Lei 9.610. A observância destes direitos, e a elaboração documental adequada são de extrema importância na execução de uma campanha publicitária, para que se evitem problemas futuros.

3.2 A utilização de fonogramas e a reutilização de obras preexistentes

A escolha, pelo produtor ou agência, na inclusão, na peça publicitária, de canções já existentes – muitas das quais fizeram sucesso, criadas por compositores consagrados, ou interpretadas por artistas de sucesso – pode envolver apenas o direito do autor, através da editora (regravando a obra, com outro arranjo ou outro intérprete diferente do original), ou então envolver também o direito conexo do produtor fonográfico, caso opte pela utilização de um fonograma da obra. Na condição de titular de direitos conexos, o proprietário do fonograma deverá autorizar a utilização da gravação escolhida, para o fim almejado, pelo tempo ajustado entre as partes, e pela remuneração contratada.

Essa modalidade de utilização de obras já existentes como trilha de uma campanha, tem por objetivo se aproveitar do impacto da canção e/ou do artista para mobilizar a memória afetiva de um potencial consumidor em torno de uma marca ou produto. Tal prática é utilizada no meio publicitário brasileiro desde os anos 1950. Como exemplos dessas utilizações nos

[16] BITTAR, Carlos Alberto. Direito de autor na obra publicitária, 1ª Edição, São Paulo: Revista dos Tribunais, 1981, p. 107.

3. A OBRA MUSICAL EM CAMPANHAS PUBLICITÁRIAS

últimos anos, podemos citar a canção "Blame" (Tiago Iorc) como trilha para a campanha das Lojas Rener[17],"What a wonderful world" (Bob Thiele e George David Weiss), música conhecida na interpretação de Louis Armstrong, regravada por Joey Ramone para a propaganda da Coca Cola[18], "Aquarela" (Toquinho, Maurizio Fabricio e Guido Morra) para a Faber Castell[19];"Emoções" (Roberto Carlos / Erasmo Carlos) para a campanha Nestlé 90 anos[20] ; "We will rock you" (Brian May), sucesso do grupo Queen, que foi regravada por Britney Spears, Beyonce, Pink e Enrique Iglesias para a campanha da Pepsi[21].

Outras formas de utilização da obra, envolvendo a imagem do artista (criador e/ou intérprete da obra) vem sendo utilizadas pelas agências de publicidade. Em 1999, Sting celebrou contrato com a marca de veículos Jaguar. O carro apareceu em seu clipe, e o filme comercial da marca teve a participação do próprio artista. O resultado foi que Sting vendeu mais CDs, e a Jaguar mais carros.[22] Isso ocorreu também com a cantora Anitta, em parceria com a empresa Mondelez (fabricante de chocolates, biscoitos e bebidas em pó), com relação ao videoclipe da música "Deixa ele sofrer", na qual divulgou o suco da marca Tang. Em março de 2021, o clipe já alcançava mais de 160 milhões de *views* apenas no youtube[23].

Em todos esses exemplos, ocorreu um feliz casamento entre uma canção de sucesso preexistente, com a utilização da imagem do artista, visando promover a divulgação de uma marca específica.

Como já dito, nesses casos de utilização dos fonogramas preexistentes, serão necessárias **duas autorizações**: a **fonográfica** (pois o produtor fonográfico detém os direitos sobre a gravação), e a **autoral**, através da editora que administra os direitos do autor.

---

[17] FCTIAGOIORC. **Renner – Outono / Inverno 2010 – Com Blame**. Disponível em:<<https://youtu.be/-CUbRqlCdew>>. Acesso em 23.03.2021.

[18] MASALOMASS. **What a wonderful world (version coca cola)**. Disponível em: <<https://youtu.be/MI5XzH-7K0I>>. Acesso disponível em 23.03.2021.

[19] MARQUES. **Paula. Faber Castell** – Aquarela (1983) "Versão Original". Disponível em: << https://youtu.be/mlzJd0xKubA>>. Acesso em 23.03.2021

[20] BRANDÃO. Thales. **São tantas emoções: Nestlé 90 anos**. Disponível em: <<https://youtu.be/V5u7W_aSYRM>>. Acesso em 23.03.2021.

[21] GLASSWORKSVFX. Pepsi **Commercial HD – We Will Rock You (Feat. Britney Spears, Beyonce, Pink e Enrique Iglesias**. Disponível em: <<https://youtu.be/W7jkygJ_QNo>>. Acesso em 23.03.2021

[22] BOYD. Paul. **Jaguar Sting 60 tv**. Disponível em:<< https://youtu.be/UqItWzmnrD4>>. Acesso em 23.03.2021.

[23] ANITTA. **Deixa ele sofrer (Official Music Video)**. Disponível em: <<https://youtu.be/geFj_kMvasQ>>. Acesso em 23.03.2021.

Já na modalidade de **regravação** de canções conhecidas, sem utilização, portanto de fonogramas já registrados, normalmente são escolhidas canções que fizeram sucesso, fixando-as com outros intérpretes e arranjos, diferentes da gravação original. Um dos exemplos mais bem-sucedidos dessa modalidade foi a campanha da marca Rider, da agência /Brasil, que contou com artistas da MPB cantando sucessos de outros, com arranjos diferentes. Lulu Santos gravou, por exemplo, "Descobridor dos sete Mares" (Gilson Mendonça/Michel), sucesso na voz de Tim Maia.[24] Este, por sua vez, gravou "Como uma onda" (Lulu Santos/Nelson Motta), sucesso de Lulu.[25] Marina Lima deu nova versão a "Nem luxo, em lixo,", de Rita Lee e Roberto de Carvalho.[26] A série, que envolveu mais de 15 recriações de sucessos da MPB, foi um grande sucesso, não apenas publicitário, mas também fonográfico.

Nesses casos de regravação, reiteramos que será necessária tão somente a autorização do autor, através de sua editora. Em determinados casos, poderá haver a necessidade de autorização de versionista ou adaptador, caso esteja sendo utilizada a versão ou a adaptação da obra original.

Nesses casos de utilização de fonograma em obra publicitária, estamos diante do direito de sincronização, que se refere à necessidade de colocar em sincronia a obra musical com a imagem. Na verdade, trata-se do direito de inclusão da obra em produção audiovisual, como uma variação do direito de reprodução.

4. Titularidade de direitos

4.1. Obra sob encomenda

Quando falamos da peça publicitária, estamos falando de uma obra sob encomenda.

Este é o ponto de partida para a análise da titularidade dos direitos do autor da obra musical incluída em uma peça publicitária.

---

[24] WBRASILONLINE. Rider – Descobridor dos sete mares. Disponível em: <<https://youtu.be/MgRS6jjSh1M>>. Acesso em 23.03.2021.

[25] MARTINS. Samuel. **Comercial propaganda Rider como uma onda no mar Tim Maia 1993**. Disponível em: << https://youtu.be/l7cEhJirT6I>>. Acesso em 23.03.2021.

[26] SCALLA. Luana. **O ritmo da w/Brasil nas campanhas "hits" da Rider**. Disponível em: << https://adnews.com.br/o-ritmo-da-w-brasil-nas-campanhas-hits-da-rider/>> Acesso em 23.03.2021.

3. A OBRA MUSICAL EM CAMPANHAS PUBLICITÁRIAS

A Lei 9.610/98 é omissa a respeito da regulação da obra sob encomenda, razão pela qual a questão da titularidade dos direitos relativos à criação da obra publicitária tem suscitado polêmica. A lei brasileira de direitos autorais anterior (5.988, de 1973) estabelecia, em seu artigo 36, que "se a obra for produzida em cumprimento a dever funcional ou a contrato de trabalho ou de prestação de serviços, os direitos de autor salvo convenção em contrário pertencerão a ambas as partes, conforme for estabelecido pelo Conselho Nacional de Direito Autoral".

Tal texto, portanto, criava uma regra objetiva – embora polêmica, à época – acerca dos direitos patrimoniais da agência ou produtora, de um lado, e do criador da obra musical, de outro.

Com relação a esse ponto, Bruno Jorge Hammes reclama que "é uma situação que a nova lei de direitos autorais não disciplinou, com sérios prejuízos para o mundo das artes em geral".[27]

No mesmo sentido, Plinio Cabral lembra que "a antiga Lei 5.988, no seu art. 21, declarava que o autor é o titular de direitos morais e patrimoniais sobre a obra que cria. O problema surge com a obra sob encomenda ou, então, realizada em função de contrato de trabalho, o que não foi contemplado pela Lei 9.610/98. Ela é omissa a esse respeito. Neste caso, quem é o autor?".[28] O mesmo autor lembra que "a encomenda tem uma longa história na vida das artes. Obras magníficas e geniais foram feitas sob encomenda: Mona Lisa, a Santa Ceia, Moisés, os afrescos da Capela Sixtina – foram produzidos sob encomenda"[29].

Carlos Alberto Bittar, há quatro décadas (em 1981), muito antes, portanto, da edição da Lei 9.610, já registrava que "a orientação consagrada universalmente é a de que ao autor cabem direitos morais e os patrimoniais sobre a obra. [...] A exceção prende-se ao substrato jurídico da encomenda, que constitui forma derivada de aquisição de direitos patrimoniais de autor. Assim, à agência competem os direitos pecuniários nas obras nascidas sob sua coordenação, permanecendo na esfera do autor (quando possível a individualização, e a obra for de criação livre), os direitos não compreendidos por expresso no negócio jurídico correspondente"[30].

---

[27] HAMMES,Bruno Jorge, 2002, O Direito de Propriedade intelectual conforme lei 9610 de 19.2.1998", Editora Unisinos, 3a. Edição, 2002, p.54.
[28] CABRAL, Plínio. A nova lei de direitos autorais: comentários. 4.ª ed. São Paulo: Harbra, 2003., p. 36
[29] ob. cit., página 15.
[30] BITTAR, Carlos Alberto. Direito de autor na obra publicitária, 1ª Edição, São Paulo: Revista dos Tribunais, 1981., p. 191).

ATIVIDADE PUBLICITÁRIA NO BRASIL

Conforme já dito, a lei autoral brasileira não permite que uma pessoa jurídica seja considerada autora de qualquer tipo de obra. No entanto, é possível – e esta é uma prática recorrente no mercado publicitário – que uma empresa, como uma agência de publicidade ou produtora, contrate um autor (pessoa física) para criar uma obra musical, nos termos de determinados critérios e diretrizes impostos pelo comitente (empresa) ao comissário (autor). Essa modalidade de contratação geralmente é cumulada com a cessão de direitos patrimoniais de autor.

Diante desse cenário, como deve ser tratada a titularidade de tal obra musical?

José Carlos Costa Netto, em opinião que endossamos, considera grave equívoco a atribuição de autoria de obra coletiva à produtora ou à agência publicitária ("empresa organizadora"). Segundo o eminente autor, tal entendimento "significa atribuir indevidamente à pessoa jurídica um direito essencial à pessoa humana, uma reconhecida ramificação dos 'direitos da personalidade', atribuição essa totalmente inaceitável, no meu entender"[31]. Em lastro a esse entendimento, invoca a regra dos artigos 11 e 17 da Lei 9610/98. O primeiro, já mencionado, é o que estabelece que "autor é pessoa física". O segundo é o que estabelece ser assegurada a proteção às participações individuais em obras coletivas", restringindo ainda, em seu parágrafo 2° a titularidade do "organizador" da obra coletiva a direitos patrimoniais de autor ("cabe ao organizador a titularidade dos direitos patrimoniais sobre o conjunto da obra coletiva").

Frente à omissão da lei e à possibilidade de interpretações lesivas aos direitos dos criadores, em decorrência de conflitantes interpretações sobre o tema, José Carlos Costa Netto, na mesma obra acima mencionada chama a atenção para lúcida crítica de Samuel Macdowell e Figueiredo quanto à questão:

> "Como era previsível, a complexidade destas relações jurídicas estabeleceu um sério conflito entre as partes interessadas. Produtoras, anunciantes em muitas vezes, agências de publicidade reivindicam, cada um para si, a paternidade da obra e a exclusividade dos seus direitos autorais.
>
> Essa disputa, inócua e certamente infrutífera, se reflete na constante expedição de "circulares", divulgadas no mercado pelas associações de classe de uns ede outros, cujo intuito, marcadamente corporativo, peca, de início, pela flagrante desconsideração da disciplina legal da matéria.

---

[31] ob. cit., página 187.

3. A OBRA MUSICAL EM CAMPANHAS PUBLICITÁRIAS

Exemplo disso reside nas manifestações das associações de anunciantes, das produtoras e das agências de publicidade, que declaram a propriedade dos seus respectivos associados sobre os direitos autorais e os concitam a incluir, nos contratos de produção, cláusulas que lhe reservem o exercício exclusivo desses direitos. Nessa reivindicação predomina o sentido corporativista que ignora direitos de terceiros e procura alcançar, por via oblíqua, o controle sobre a exploração econômica de obras"[32].

E, com efeito, essa preocupação deve ser compartilhada por toda a comunidade de autores. Consoante o escopo da lei autoral vigente no país, deve ser prestigiado o verdadeiro criador da obra, pessoa física, e reconhecido como o efetivo titular dos direitos a ela referentes.

4.2. Formas de contratação e remuneração

No caso da inclusão da obra musical em publicidade, temos o comitente (que pode ser a agência ou a produtora de áudio), e o comissário (no caso, o criador da obra musical, que poderá ser funcionário da empresa, prestador de serviços sem vínculo empregatício, ou desvinculado de qualquer participação na elaboração da obra publicitária).

Na ilustração desse cenário, Carlos Alberto Bittar opina que "a obra publicitária resulta, invariavelmente, de encomenda, seja na criação pela agência, seja na elaboração pelo produtor de fonogramas, seja na atuação de departamento ou agência do próprio anunciante"[33].

José Carlos Costa Netto aprofunda a análise sobre esse ponto afirmando que "a relação do titular originário de direito de autor e conexos com tais empresas poderá se realizar, principalmente, de três formas:

- De **forma desvinculada**, sem participação do usuário na elaboração da obra, em que o titular, mediante certas condições de aproveitamento da obra e remuneração, autoriza a utilização de sua obra sem cessão

---

[32] Contratos em matéria de direito autoral e obra publicitária", texto de conferência proferida em 12.10.1996, no "Seminário Nacional da OMPI sobre propriedade intelectual para magistrados e membros do Ministério Público", em São Paulo, página 4, apud José Carlos Costa Netto, obra citada, p. 182.

[33] BITTAR, Carlos Alberto. Direito de autor na obra publicitária, 1ª Edição, São Paulo: Revista dos Tribunais, 1981, p. 109.

ou transferência de direito (Por exemplo, o compositor de determinada obra musical autoriza sua utilização em determinado programa de televisão);

- Sob o **regime de prestação de serviços, sem vínculo empregatício**, quando o usuário encomenda e remunera o autor para criação de uma obra que será utilizada por aquele (por exemplo, uma agência de publicidade encomenda a determinado autor um filme ou uma música, ou uma fotografia sobre determinado tema, e remunera-o para tanto);
- Sob o **regime de prestação de serviços com vínculo empregatício**, quando o usuário contrata empregado para as funções de criação ou interpretação de obra intelectual (por exemplo, um jornalista é contratado, sob regime de emprego, para redação e matérias de sua especialidade, ou um ator é contratado, com vínculo empregatício, por uma emissora de televisão para atuar em determinada novela"

A questão da inclusão da obra musical numa peça publicitária pode estar contemplada em cada uma dessas três hipóteses.

A primeira delas se refere, por exemplo, à utilização, pela agência ou pela produtora, de uma obra musical preexistente, para inclusão numa peça publicitária, como em vários dos exemplos que apresentamos no item 3.2. Como já dito, no caso da mera utilização de um fonograma preexistente, estamos diante da necessidade de duas autorizações: a primeira delas, do produtor fonográfico, detentor dos direitos sobre aquela fixação. A segunda, do autor – ou diretamente, ou através de sua editora, caso a obra esteja editada –, com relação à parte autoral. No caso da regravação, será necessária apenas esta autorização do autor da obra ou seu representante. Com relação a essa modalidade, Costa Netto comenta que "nesta hipótese, o autor autoriza – ou não – a utilização de sua obra nas condições que considere adequadas. Não havendo tal autorização a utilização de sua obra resultará na prática de ato ilícito sujeito à reparação indenizatória — de natureza moral e patrimonial —, além das demais sanções inclusive penais, previstas em lei".

Na segunda e terceira hipóteses mencionadas pelo ilustre autor, estaremos diante de situações nas quais o autor recebe a encomenda para a criação de uma obra musical para determinada peça publicitária, em relação de prestação de serviços, sem ou com vínculo empregatício. Vamos imaginar, inicialmente, a hipótese em que a agência ou produtora faça a encomenda a um compositor, para criação de uma obra musical especificamente para incluir em um determinado filme publicitário, propondo remuneração por essa criação.

3. A OBRA MUSICAL EM CAMPANHAS PUBLICITÁRIAS

Nesse caso, José Carlos Costa Netto opina, à vista da omissão da atual lei autoral no tocante à obra sob encomenda, que "na inexistência de contrato válido entre as partes de concessão (autorização ou licenciamento) ou cessão de direitos patrimoniais de autor, que o "exercício comum" de direitos de autor como restrição à exclusividade constitucional consagrada ao autor da obra somente poderá ser considerado na hipótese em que haja uma participação efetiva e relevante do comitente na execução da obra, interagindo diretamente em sua criação. Em caso contrário, o interesse econômico comum entre autor e comitente (ou encomendante) – ou mesmo a atuação deste apenas auxiliando, devendo atualizando, fiscalizando ou dirigindo na produção da obra – não poderá resultar em enfraquecimento da sólida tutela constitucional da exclusividade de direitos atribuída ao autor da obra intelectual"[34].

Se é verdade, diante do que dispõe a lei, que o autor ou o intérprete são livres para contratar com a agência ou produtora determinada remuneração, não é menos verdade que tal contratação de natureza patrimonial não implica em cessão de direitos. Costa Netto insiste nesse ponto, destacando que "a utilização... da obra ou interpretação pelo comitente se limitará ao tempo e às condições autorizadas – prévia e expressamente por escrito – pelos respectivos titulares originários, que, assim não sofrem nenhuma restrição quanto à titularidade e quanto ao exercício dos seus direitos exclusivos consagrados constitucionalmente". Mesmo no caso de autorização implícita do titular, esta só poderia ser entendida a "título temporário e limitada ao objetivo imediato da encomenda, no campo restrito das atividades diretas do comitente", tudo conforme a regra já mencionada da restritividade das interpretações conferidas aos negócios jurídicos sobre direitos autorais.

Quanto à terceira hipótese considerada pelo ilustre jurista ("a criação ou interpretação de obras intelectuais, sob o regime de prestação de serviços com vínculo empregatício", ele utiliza a analogia da relação do jornalista com a empresa jornalística (artigo 36 da Lei 9.610/98)para concluir que "a simples subordinação hierárquica, o caráter de continuidade ou mesmo o recebimento de salário não interferem na criação intelectual e, por isso, não propiciam titularidade originária de direitos de autor ou conexos ao empregador". Conclui asseverando, que, "salvo raras exceções", "não há falar em atribuição de titularidade originária ou autoria – ou mesmo, coautoria – ao empregador, mas somente em direito de exploração econômica, que, nos

---

[34] ob. cit., página 186.

casos de obras que puderem ser objeto de individualização no contexto da obra coletiva, deverá ser sempre limitada a determinado período e restrita ao objeto imediato próprio à natureza da atividade do empregador"[35].

4.3. A titularidade é do criador

Frente ao que já se expôs até aqui, concluímos que a titularidade da obra musical inserida na peça publicitária será sempre do seu criador original, pessoa física.

Passemos a uma análise mais pormenorizada dessa titularidade.

Quanto à titularidade do direito moral, Carlos Alberto Bittar opina que "os elementos em questão não respondem à natureza especial dos direitos envolvidos, principalmente no que respeita aos direitos de autor e aos da personalidade. Envolvendo direitos ligados à própria índole humana – o direito moral de autor, relacionado com a criação da obra, e o direito à imagem, referente à própria expressão humana – não satisfazem os documentos às exigências necessárias, de cunho conceitual e legal (contratação expressa; requisitos de especificação de cada direito cedido; inacessibilidade dos direitos morais de autor; registros de contratos e outros). Assim, por exemplo, mesmo na cessão total de direitos, permanecem intactos os direitos morais que dizem respeito à preservação da paternidade e da integridade da obra"[36].

A propósito, o artigo 27 da Lei 9.610/98 estabelece que os direitos morais não podem ser alienados ou renunciados. Nesse compasso, mesmo que o autor, por hipótese, deseje promover a transferência ou cessão de seus direitos morais – como por exemplo atribuindo a autoria a outrem –, estará impedido de fazê-lo, por determinação legal.

No que tange à titularidade patrimonial, a solução deve estar negociada no contrato de trabalho ou de serviço. E tal contrato deve atentar para o disposto no artigo 4º e inciso VI do artigo 49 da Lei 9.610/98, quanto à interpretação restritiva dos termos a serem celebrados. Ademais, consoante as regras do artigo 50 do mesmo diploma, tal documento deverá ter forma escrita, presume-se onerosa, e nele deverão constar como elementos essenciais o objeto e as condições de exercício do direito quanto a lugar, preço e tempo.

---

[35] ob. cit., páginas 190/191.
[36] BITTAR, Carlos Alberto. Direito de autor na obra publicitária, 1ª Edição, São Paulo: Revista dos Tribunais, 1981.p. 142.

3. A OBRA MUSICAL EM CAMPANHAS PUBLICITÁRIAS

Quanto a este último, é importante que seja determinado no contrato o período de tempo pelo qual a campanha será veiculada. Nesse sentido, já se decidiu que "a dúvida quanto aos limites da cessão de direitos autorais milita sempre em favor do autor, cedente, e não em favor do cessionário, por força do art. 49, inciso VI, da Lei n.º 9.610 de 1998".

Não raro nos defrontamos com situações nas quais se pretende tirar do autor o direito a direitos patrimoniais e mesmo morais, baseado em supostos contratos ou acordos verbais. No âmbito das produtoras de áudio e das agências de publicidade, qualquer limitação a tais direitos deve ser expressa num documento objetivo e inequívoco, tratando de tal objeto, observados os dispositivos legais acima apontados. Se tal documento não existir, não haverá nenhuma possibilidade de se requisitar eventual parceria na autoria da obra, ou pleitear acordos ou percentuais financeiros. O autor é o titular inconteste do direito moral do autor, e, caso não exista documento idôneo e específico tratando de eventual divisão dos direitos patrimoniais, será também o titular integral de tais frutos. Se um dos sócios da produtora, por exemplo, for o criador exclusivo das obras musicais utilizadas em peças publicitárias, será o único titular dos direitos morais, e eventual divisão dos direitos patrimoniais somente poderá ser aceita caso seja celebrado qualquer modalidade de acordo entre os demais sócios ("licenciamento, cessão, concessão, ou por outros meios admitidos em direito", segundo o artigo 50).

A produtora, no entanto, torna-se detentora dos direitos conexos relativos à obra, como esclarece Paulo Gomes de Oliveira Filho, no sentido de que "no campo publicitário, na produção de "jingles", trilhas musicais dos comerciais e outros materiais de propaganda, é inegável que a titularidade originária dos direitos conexos aos de autor relativa à produção fonográfica seja atribuída à produtora fonográfica, uma vez que sua participação determina o direcionamento artístico e musical em todos os detalhes necessários à materialização da gravação, contribuindo, de forma criativa, para o resultado final da fixação da obra musical publicitária. Ressalta ainda que "isso não quer dizer, em absoluto, que não sejam protegidas as participações individuais dos artistas (cantores, locutores, intérpretes e executantes), arranjadores, maestros e outros profissionais que contribuem para a produção musical publicitária final"[37].

---

[37] GOMES DE OLIVEIRA, Paulo. Os direitos fonográficos ou fonogramas publicitários, Paulo, Disponível em <<http://paulogomesadv.com.br/os-direitos-fonograficos-ou-fonogramas-publicitarios/>> Acesso em 25 de fevereiro de 2021.

ATIVIDADE PUBLICITÁRIA NO BRASIL

Ainda assim, em perfeita consonância com o que expusemos até aqui, o mesmo autor considera que "derivada ou originária, a titularidade dos direitos conexos aos de autor sobre a produção fonográfica, notadamente na publicidade, da produtora fonográfica não implica em subtrair de terceiros titulares de direitos autorais e conexos que participam da obra final musical publicitária, impede que a cessão desses direitos seja definitiva, mesmo porque não havendo a possibilidade de cessão e transferência definitiva dos direitos autorais e dos conexos dos profissionais envolvidos (na forma estabelecida pela Lei 6.533), a produtora não poderá ceder definitivamente os direitos conexos sobre a obra fonográfica, já que não é ela titular exclusiva desses direitos. Para cada utilização, na forma pactuada, a produtora deverá efetuar o pagamento dos direitos autorais e conexos dos terceiros".

Há ainda um outro ponto que merece registro. Não é incomum nos depararmos com confusão que se faz entre os jingles e trilhas criados para peças publicitárias de um lado, e eventuais obras criadas por encomenda para uma novela ou abertura de programa de TV de outro. No caso destes, estamos nos referindo à execução pública, através de cadastro de fonogramas, que, nos termos do inciso X do artigo 10 da Lei autoral, correspondem a "toda fixação de sons de uma execução ou interpretação ou de outros sons, ou de uma representação de sons que não seja uma fixação incluída em uma obra audiovisual".

Cada fonograma cadastrado no sistema do Ecad (escritório central de arrecadação e distribuição) gera o chamado ISRC (*International Standard Recording Code*, ou "código de gravação padrão internacional"), que serve para identificar a fixação de uma obra musical. A execução pública de um fonograma (rádios, bares, shows, etc.) é identificada através do ISRC. Nele estão registrados os nomes dos autores, intérpretes, editores, produtores fonográficos, músicos executantes, cujos dados permitirão que cada um dos titulares de direitos seja devidamente remunerado. E isso porque quando uma obra musical é executada em rádio, TVs, meios digitais ou em shows e concertos, e se não estiver em domínio público, gerará proveito econômico ao seu autor, decorrente dos direitos de execução pública, previstos no artigo 99 da Lei 9.610.

Ocorre que as obras musicais utilizadas em peças publicitárias, sejam elas originárias (como os jingles) ou não, também são executadas em rádio e TV e nos meios digitais, mas não geram direitos de execução pública aos seus criadores.

Essa é a regra vigente no sistema brasileiro de gestão coletiva de direitos autorais, em modelo que prevalece na quase totalidade dos países, com raríssimas exceções, como na Argentina e Alemanha. Nesses países, são fixadas "tarifas mínimas para o uso de obras musicais em atos de natureza publicitária", conforme disciplinado pela Sadaic (Sociedade Argentina de Autores e Compositores de Música). Nesses casos, as obras musicais incluídas em peças publicitárias geram dividendos financeiros através do pagamento de uma taxa separada, à parte do regime geral de arrecadação e distribuição pelas sociedades de gestão coletiva.

É importante a compreensão sobre a diferença entre o regime de execução pública de um lado, e de outro lado as relações contratuais, de natureza privada, que tratam da inclusão das obras musicais em peças publicitárias. Nesse caso, não há ISRC, nem há registro dos fonogramas.

São duas modalidades absolutamente diferentes. No entanto, há quem ainda confunda tais conceitos. Dou aqui um exemplo. Imaginemos que um autor de obras musicais, sócio de uma produtora de áudio, seja o criador exclusivo de todos os jingles e trilhas produzidos por tal empresa. Imaginemos que tal autor também crie temas de programas e novelas de TV, e que decida celebrar um instrumento de cessão com sua empresa, exclusivamente com relação a tais obras. Nesse caso, todas as obras gerarão fonogramas, que terão os respectivos ISRCs, a partir dos quais deverá ocorrer o recolhimento dos direitos pagos pela TV ao Ecad, com respectiva distribuição, através de uma das associações integrantes do sistema de gestão coletiva. Imagine, por fim, que os sócios desse criador na referida empresa tentem utilizar esse instrumento de cessão, advogando que o mesmo deveria ser estendido também a todas as obras publicitárias criadas por ele. Tal pretensão, certamente, não poderá encontrar êxito, sendo que, para refutar tal tentativa, bastaria a invocação do sempre lembrado artigo 4º. da Lei 9.610/98, quanto à natureza restritiva da interpretação de negócios relativos a direitos autorais, bem como dos artigos 49 e 50 do mesmo diploma, conforme já exposto.

Conclusões

1. A obra musical incluída em peça publicitária é considerada obra sob encomenda.
2. A lei autoral brasileira não permite que uma pessoa jurídica seja considerada autora de qualquer tipo de obra. No entanto, é possível – e esta é uma prática recorrente no mercado publicitário – que uma empresa, como uma agência de publicidade ou produtora, contrate um autor

ATIVIDADE PUBLICITÁRIA NO BRASIL

(pessoa física) para criar uma obra musical, nos termos de determinados critérios e diretrizes impostos pelo comitente (empresa) ao comissário (autor).

3. A peça publicitária envolve uma multiplicidade de criações artísticas independentes, cada qual com seu criador, que deverá ter sua proteção autoral respectiva.

4. Os direitos dos criadores deverão ser preservado em cada utilização, a teor do disposto no artigo 4º. da Lei 9.610/98.

5. São duas as modalidades de utilizações de obras musicais nas peças publicitárias: a) a encomenda para a criação original de um jingle ou trilha; b) a reutilização de fonogramas preexistentes, ou regravação de obras musicais preexistentes. No primeiro caso, existe a necessidade de celebração de instrumento, sob a forma de "cessão, concessão ou por outros meios admitidos em direito" (artigo 49 da Lei 9.610/98).

6. No caso da reutilização de fonogramas, será necessária a autorização do titular do direito conexo referente ao fonograma (produtor fonográfico), bem como da editora (com relação ao direito de autor). No caso da regravação de obras musicais preexistentes, sem reutilização de fonogramas, será necessária tão somente a autorização da editora.

7. A relação do titular originário de direito de autor e conexos (comissário) com as empresas comitentes (que fazem a encomenda da obra) pode ser da seguinte forma : a) De forma desvinculada, sem participação do titular na elaboração da obra, quando este, mediante certas condições de utilização da obra e remuneração, autoriza a utilização da mesma sem cessão ou transferência de direito; b) Mediante o regime de prestação de serviços, sem vínculo empregatício, quando o usuário encomenda e remunera o autor para criação de uma obra que será utilizada por aquele ; e c) Mediante o regime de prestação de serviços com vínculo empregatício, quando o usuário contrata empregado para as funções de criação ou interpretação de obra .

8. A titularidade da obra musical inserida na peça publicitária será sempre do seu criador original, pessoa física.

REFERÊNCIAS

ASCENSÃO, José de Oliveira. *Direito Autoral*. 1a. Ed. São Paulo: Forense, 1980.

ABRÃO, Eliane. *Comentários à lei de direitos autorais e conexos*, 1a. Edição, São Paulo :Lumen Júris, 2017.

3. A OBRA MUSICAL EM CAMPANHAS PUBLICITÁRIAS

COSTA NETTO, José Carlos. *Direito autoral no Brasil,* 3a. Edição, São Paulo :Saraiva, 2019.

BENNETT, Roy. *Uma breve história da música,* 1a. Edição, Rio de Janeiro: Zahar, 1986.

BITTAR, Carlos Alberto. *Direito de autor na obra publicitária,* 1a. Edição, São Paulo: Revista dos Tribunais, 1981.

BITTAR, Carlos Alberto. *O direito de autor nos meios modernos de comunicação,* 1a. Edição, São Paulo: Revista dos Tribunais, 1989.

CHAVES, Antonio. *Cinema, TV. Publicidade cinematográfica,* 1a. Edição, São Paulo: Edição Universitária de Direito, 1987.

MARCONDES, Pyr. *Uma história da propaganda brasileira,* 1a. Edição, Rio de Janeiro: Ediouro, 2002.

HAMMES,Bruno Jorge. *O Direito de Propriedade intelectual conforme lei 9610 de 19.2.1998,* 3a. Edição, São Leopoldo :Unisinos, 2002.

CABRAL, Plínio. *A nova lei de direitos autorais: comentários.* 4. ed. São Paulo: Harbra, 2003.

GOMES DE OLIVEIRA, Paulo. *Os direitos fonográficos ou fonogramas publicitários,* Paulo, http://paulogomesadv.com.br/os-direitos-fonograficos-ou-fonogramas-publicitarios/. Acesso – 25 de fevereiro de 2021.

MORAES, Rodrigo. *Os direitos morais do autor: repersonalizando o direito autoral",* 1ª. edição, Rio de Janeiro: Lumen Juris, 2008.

AGNELLI. Jarbas. **Época a semana Full HD**. Disponível em: <<https://youtu.be/ f_QqXHSJoWI>>. Acesso em 23.03.2021.

PERFECT10GIRL7. **Skank – Rider – Vamos Fugir**. Disponível em: <<https://youtu. be/_yFSVaBgChs>>. Acesso em 23.03.2021.

ROSSET. Moises Escorsi. **Eduardo e Monica – Vivo**. Disponível em: <<https://youtu.be/ TYy6-zUwrIY>>. Acesso em 23.03.2021.

VIEIRA. Robson. **Cazuza – Exagerado – Homenagem da vivo o dia dos namorados.** Disponível em << https://youtu.be/JDM3CrX0bjo>>. Acesso em 23.03.2021.

PONTOKOM. Bosco. **Quero ver você – Banco Nacional**. Disponível em: <<https://youtu. be/fFkVVB4sxRc>>. Acesso em 23.03.2021.

MENDONÇA. Gustavo. **Jingle da Varig**. Disponível em: <<https://youtu.be/G1VT 3B7LW7U>>. Acesso em 23.03.2021.

FCTIAGOIORC. **Renner – Outono / Inverno 2010 – Com Blame**. Disponível em: <<https://youtu.be/-CUbRqlCdew>>. Acesso em 23.03.2021.

MASALOMASS. **What a wonderful world (version coca cola)**. Disponível em: <<https:// youtu.be/MI5XzH-7K0I>>. Acesso disponível em 23.03.2021.

MARQUES. **Paula. Faber Castell** – Aquarela (1983) "Versão Original". Disponível em: << https://youtu.be/mlzJd0xKubA>>. Acesso em 23.03.2021.

ATIVIDADE PUBLICITÁRIA NO BRASIL

BRANDÃO. Thales. **São tantas emoções: Nestlé 90 anos.** Disponível em: <<https://youtu.be/V5u7W_aSYRM>>. Acesso em 23.03.2021.

GLASSWORKSVFX. Pepsi **Commercial HD – We Will Rock You (Feat. Britney Spears, Beyonce, Pink e Enrique Iglesias.** Disponível em: <<https://youtu.be/W7jkygJ_QNo>>. Acesso em 23.03.2021.

WBRASILONLINE. Rider – **Descobridor dos sete mares.** Disponível em: <<https://youtu.be/MgRS6jjSh1M>>. Acesso em 23.03.2021.

MARTINS. Samuel. **Comercial propaganda Rider como uma onda no mar Tim Maia 1993.** Disponível em: << https://youtu.be/l7cEhJirT6I>>. Acesso em 23.03.2021.

SCALLA. Luana. **O ritmo da w/Brasil nas campanhas "hits" da Rider.** Disponível em: << https://adnews.com.br/o-ritmo-da-w-brasil-nas-campanhas-hits-da-rider/>> Acesso em 23.03.2021.

BOYD. Paul. **Jaguar Sting 60 tv.** Disponível em:<< https://youtu.be/UqItWzmnrD4>>. Acesso em 23.03.2021.

ANITTA. **Deixa ele sofrer (Official Music Video).** Disponível em: <<https://youtu.be/geFj_kMvasQ>>. Acesso em 23.03.2021.

REsp 750.822/RS, Rel. Ministro LUIS FELIPE SALOMÃO, QUARTA TURMA, julgado em 09/02/2010, DJe 01/03/2010).

4.
A PARÓDIA NA ATIVIDADE PUBLICITÁRIA

Martha Macruz de Sá

Introdução

A atividade publicitária no Brasil foi regulada com a promulgação da Lei n. 4.680, de 18 de junho de 1965, dando ênfase à regulamentação da profissão de publicitário e de agenciador de propaganda.

Quanto à atividade publicitária propriamente dita, a Lei n. 4.680/1965 prescreveu que ela seria "[...] regida pelos princípios e normas do Código de Ética dos Profissionais da Propaganda, instituído pelo I Congresso Brasileiro de Propaganda, realizado em outubro de 1957 [...]" (artigo 17).

O mencionado Código de Ética, transformado pelo legislador infraconstitucional em lei de observância obrigatória, prevê que "Com o objetivo de incentivar a produção de ideias novas de que tanto necessita a propaganda, presume-se sempre que a ideia pertence à Empresa criadora e não pode ser explorada sem que esta dela se beneficie."; e, ainda, que "O plágio, ou a simples imitação de outra propaganda, é prática condenada e vedada ao profissional." (normas 15 e 17).

Em 1º.02.1966, foi editado o Decreto n. 57.690, que "Aprova o Regulamento para a Execução da Lei n. 4.680/1965", trazendo regras sobre a atividade relativa à criação de obras publicitárias.

Na data de 5 de maio de 1980, por iniciativa de publicitários, anunciantes e veículos de comunicação, foi constituído o CONAR – Conselho Nacional de Autorregulamentação Publicitária (associação privada), e instituído o Código Brasileiro de Autorregulamentação Publicitária, que emanou normas éticas. Em razão do tema deste trabalho, destacam-se as normas inseridas na Seção 12 – Direito e Plágio:

ATIVIDADE PUBLICITÁRIA NO BRASIL

"Em toda a atividade publicitária serão respeitados os direitos autorais nela envolvidos, inclusive os dos intérpretes e dos de reprodução." (artigo 38);

"O anúncio não utilizará música de fundo, 'vinhetas', ou trechos de composições de autores nacionais ou estrangeiros sem o devido respeito aos respectivos direitos autorais, a não ser no caso de músicas que sejam ou se tenham tornado de domínio público, de acordo com a legislação específica, respeitados os direitos de gravação." (artigo 39);

"Este Código protege a criatividade e a originalidade e condena o anúncio que tenha por base o plágio ou imitação, ressalvados os casos em que a imitação é comprovadamente um deliberado e evidente artifício criativo." (artigo 41).

O Código de Ética dos Profissionais de Propaganda buscou resguardar a exploração das criações publicitárias às empresas criadoras (agências de propaganda) e coibir o plágio ou imitação de obras publicitárias pelos próprios publicitários. O Código Brasileiro de Autorregulamentação Publicitária ampliou o âmbito de previsão de respeito aos direitos autorais, mesmo que desprovido de força coercitiva. É certo, portanto, que as disposições citadas revelam que o próprio setor da atividade publicitária se mostrou preocupado em difundir respeito às criações intelectuais e ao Direito de Autor.

1. Da atividade publicitária

Nos termos da Lei n. 4.680/1965, a atividade publicitária é realizada por agência de propaganda, sendo essa definida como a pessoa jurídica

> [...] especializada na arte e técnica publicitária, que, através de especialistas, estuda, concebe, executa e distribui propaganda aos veículos de divulgação, por ordem e conta de clientes anunciantes, com o objetivo de promover a venda de produtos e serviços, difundir ideias ou informar o público a respeito de organizações ou instituições colocadas a serviço desse mesmo público. (artigo 3°).

Com o surgimento da internet, a atividade publicitária sofreu modificações, mas continua sendo instrumento eficaz de competitividade entre empresas concorrentes e, nesse contexto, ainda é essencial que sejam criadas

4. A PARÓDIA NA ATIVIDADE PUBLICITÁRIA

obras publicitárias nas quais estejam inseridos artifícios que, além de prender a atenção do público consumidor, tenham o efeito de induzi-lo à aquisição do produto ou do serviço divulgado.

Por ser realizada exclusivamente para induzir o público a consumir o produto ou o serviço divulgado, a atividade publicitária é dotada de caráter comercial, já que sua finalidade é, por meio de veiculação de mensagens publicitárias, aumentar o consumo do que está sendo oferecido pela empresa anunciante com objetivo lucrativo.

2. Da obra publicitária

Como a atividade publicitária busca sensibilizar o público consumidor, despertando nele a vontade de adquirir o produto ou o serviço anunciado, vale-se de anúncios produzidos por meio de recursos artísticos e de técnica especializada.

O artigo 1º do Decreto n. 57.690, de 1º.02.1966, dispõe que o publicitário exerce "[...] funções artísticas e técnicas através das quais estuda-se, concebe-se, executa-se e distribui-se propaganda.".

O mencionado Decreto considera atividades artísticas as que se relacionam com trabalhos gráficos, plásticos e outros, também de expressão estética, destinados a exaltar e difundir pela imagem, pela palavra ou pelo som, as qualidades e conveniências de uso ou de consumo das mercadorias, produtos e serviços a que visa a propaganda (artigo 4°).

A obra publicitária é dotada de expressão estética e normalmente é composta de obras artísticas e/ou literárias, como textos, desenhos, artes plásticas, obras musicais, obras lítero-musicais, ou qualquer outra, podendo conter combinações e formas diversas.

A criação e a produção de obras publicitárias demanda, portanto, a participação de escritores, roteiristas, desenhistas, compositores, cantores, artistas, entre outros talentos contratados e, por vezes, de relevante projeção profissional na sua área artística de origem.

Pode ocorrer também de o publicitário conceber a obra publicitária a ser confeccionada no interesse do anunciante aproveitando-se de obra artística ou literária preexistente, com o que, deverá obter prévia e expressa autorização do titular dos direitos de autor, salvo se já pertencente ao domínio público.

Por outro lado, a concepção de obra publicitária poderá prever a criação de obra artística ou literária inéditas e, para isso, são contratados profissionais para tal tarefa (músicos, escritores, artistas plásticos, entre outros) e negociados os direitos de autor por meio de contrato de cessão de tais direitos autorais ou de licença de utilização.

É recorrente o uso de obras intelectuais (artísticas e literárias) em mensagens publicitárias, porque aquelas cumprem função estética, tornando mais fácil obter a empatia do consumidor, sensibilizá-lo e fixar em sua memória mensagem positiva sobre o que é divulgado.

Várias estratégias criativas e persuasivas são utilizadas na composição de obras publicitárias. A paródia, intrigante e complexo recurso de linguagem, pode ser uma delas e, quando associada ao humor, torna-se bastante eficaz para persuadir o potencial consumidor.

3. Do objeto deste trabalho

Sendo a paródia de obras artísticas ou literárias um dos recursos que pode ser utilizado na criação de novas obras também artísticas ou literárias, este capítulo pretende analisar o seu uso na atividade publicitária, que tem finalidade estritamente comercial.

O cerne proposto é verificar se a legislação pátria, que regula os direitos autorais, condiciona a criação e o respectivo uso de paródia em mensagens publicitárias à prévia e expressa autorização do titular dos direitos autorais da obra parodiada (original); ou se, ao contrário, confere aos publicitários licença automática para inseri-la em obras publicitárias sem a concordância do autor da obra parodiada.

A questão não é pacífica. A redação da norma do artigo 47 da Lei Autoral, inserida em capítulo que prevê hipóteses de limitação aos direitos autorais, tem levado a interpretações diferentes. Ademais, é comum pessoas erroneamente nominarem de paródia qualquer imitação ou modificação cômica de obra intelectual preexistente, trocadilhos de obra artística ou literária, pasticho, caricatura, entre outras formas de humor.

Resulta da interpretação sistemática e teleológica do ordenamento jurídico vigente que a utilização lícita de paródia de obra artística ou literária para **fins publicitários** exige prévia e expressa autorização do autor da obra parodiada.

4. Da previsão de criação de paródias

A Lei n. 9.610, de 19 de fevereiro de 1998, que "Altera, atualiza e consolida a legislação sobre direitos autorais e dá outras providências.", prevê em seu artigo 47 que são livres as paródias que não forem verdadeiras reproduções da obra originária nem lhe implicarem descrédito.

A interpretação literal, isolada e afoita de mencionada regra poderá levar o intérprete a erro e, consequentemente, à prática de violação de direitos autorais, principalmente se extrair a conclusão equivocada de que o uso de paródia é livre para qualquer finalidade.

Outro equívoco corrente é o de ser considerada paródia o resultado de qualquer modificação pretensamente engraçada de obra artística ou literária preexistente e, uma vez considerada paródia, livre seria também o seu uso, inclusive para fim comercial, do qual o publicitário é a expressão mais pura.

O disposto no artigo 47 da Lei Autoral não pode ser interpretado de forma isolada do sistema normativo positivado. A tarefa de verificar se há ou não autorização legal para utilização de paródias de obras artísticas ou literárias na produção de obras publicitárias, independentemente da aquiescência do autor da obra parodiada, impõe o cotejo do citado artigo 47 com comandos que protegem as obras artísticas, literárias e científicas.

5. Do direito

5.1 Da Convenção de Berna

Lembramos que o Brasil é signatário da Convenção de Berna, que estabelece princípios de proteção internacionais dos direitos autorais, assegurando aos autores "...o direito exclusivo de autorizar a reprodução das suas obras, de qualquer maneira e por qualquer forma." (Artigo 9,1).

No mesmo artigo 9, a mencionada Convenção prevê que:

> "2. Fica reservada às legislações dos países da União a faculdade de permitirem a reprodução das referidas obras, em certos casos especiais, desde que tal reprodução não prejudique a exploração normal da obra nem cause um prejuízo injustificado aos legítimos interesses do autor."

ATIVIDADE PUBLICITÁRIA NO BRASIL

Em seu artigo 10 bis, a citada Convenção também faz previsão de que:

"É reservada às legislações dos países da União a faculdade de permitir a reprodução pela imprensa, ou a radiodifusão ou a transmissão por fio ao público, dos artigos de actualidade de discussão econômica, política ou religiosa, publicados nos jornais ou compilações periódicas, ou das obras radiodifundidas que tenham a mesma natureza ,..."

6. Do direito positivo brasileiro

6.1 Da Constituição da República

A Constituição da República, no Título II, Dos Direitos e Garantias Fundamentais, Capítulo I, Dos Direitos e Deveres Individuais e Coletivos, prescreve que "aos autores pertence o direito exclusivo de utilização, publicação ou reprodução de suas obras, transmissível aos herdeiros pelo tempo que a lei fixar;" (inciso XXVII do artigo 5°).

Constata-se, pela redação do comando ora transcrito, que o legislador Constituinte conferiu aos autores privilégio legal (monopólio) pelo qual somente eles, autores, poderão utilizar, publicar ou reproduzir as obras artísticas, literárias ou científicas que criarem. Logo, terceiros somente poderão utilizar obras protegidas pelas normas que regulam os direitos autorais se obtiverem a necessária e prévia licença dos autores.

A mencionada regra é, inclusive, oponível "erga omnes", isto é, todas as pessoas devem respeitar a exclusividade positivada pelo comando do inciso XXVII e, quem pretender utilizar licitamente obra intelectual, deverá obter prévia e expressa autorização de seu titular, normalmente o seu autor.

Relembramos que as normas constitucionais vinculam o legislador ordinário, de forma que não poderá contrariar a Constituição da República ao produzir leis infraconstitucionais, sob pena de serem declaradas inconstitucionais e, consequentemente, banidas do ordenamento jurídico.

6.2. Da legislação Infraconstitucional – Lei n. 9.610/1998

Da leitura do mandamento do inciso XXVII, extrai-se que o legislador constituinte não conferiu ao legislador infraconstitucional margem para restringir

4. A PARÓDIA NA ATIVIDADE PUBLICITÁRIA

o direito exclusivo de utilização, publicação ou reprodução conferido por ele, constituinte, aos autores, e positivado, ressalte-se, na categoria dos direitos e garantias fundamentais.

Conferiu ao legislador infraconstitucional, é certo, a atribuição de fixar o prazo pelo qual os autores, ou seus sucessores, poderão exercer, com exclusividade, os direitos autorais decorrentes das obras que criarem, pois ao prever o direito exclusivo de utilização, publicação ou reprodução das criações por seus criadores, prevê textualmente "[...] pelo tempo que a lei fixar".

Assim, com relação aos direitos autorais decorrentes de obras literárias, artísticas e científicas, reputados como bem móveis (artigo 3°), o monopólio de utilização deverá ser respeitado pelo tempo que transcorrer até a ocorrência dos eventos hoje previstos na Lei n. 9.610/1998 (artigos 41 a 45), diferentemente de propriedade de outra natureza, que não deixam de integrar o patrimônio do titular a não ser que esse venha espontaneamente aliená-la, gratuita ou onerosamente, como ocorre com a propriedade imóvel, por exemplo.

Findo o prazo de proteção garantida pela exclusividade de utilização pelo autor ou por seus herdeiros, a obra artística, literária ou científica passará a pertencer ao domínio público, de forma que poderão ser livremente utilizadas e sem outorga de prévia autorização, competindo ao Estado a defesa da integridade e autoria da obra caída em domínio público (artigo 24, § 2º, da Lei n. 9.610/1998).

Destacamos que o legislador ordinário, em obediência ao princípio constitucional da **exclusividade** conferida ao autor para utilização, publicação ou reprodução da obra que criar, reitera em vários dispositivos da Lei Autoral deter o autor o monopólio de uso de suas obras.

É o que pode ser constatado com o exame da regra contida no artigo 28, que dispõe que "cabe ao autor o direito exclusivo de utilizar, fruir e dispor da obra literária, artística ou científica".

Nesse mesmo sentido, o comando do artigo 29 prescreve que "depende de autorização prévia e expressa do autor a utilização da obra, por quaisquer modalidades, tais como: ..." seguida de rol meramente exemplificativo.

A exclusividade positivada pelo Texto Maior é reiterada também pelo comando do artigo 33 da Lei Autoral, que determina que "ninguém pode reproduzir obra que não pertença ao domínio público, a pretexto de anotá-la, comentá-la ou melhorá-la, sem permissão do autor.".

Outros dispositivos da Lei Autoral revelam o cuidado de o legislador ordinário garantir ao autor o direito exclusivo de propriedade e/ou utilização de suas obras como ilustram, por exemplo, a regra geral da incomunicabilidade dos direitos patrimoniais, salvo pacto antenupcial (artigo 39); e a regra pela qual a aquisição do original de uma obra não confere ao adquirente qualquer dos direitos patrimoniais do autor, salvo convenção em contrário e os casos previstos na Lei (artigo 37).

Com o intuito de inibir a ocorrência de utilização de obra intelectual sem autorização do autor, isto é, de desencorajar o desrespeito ao direito exclusivo de utilização que lhe fora atribuído pela Constituição da República, a Lei Autoral prevê capítulo que positiva as sanções a serem aplicadas aos violadores de direitos autorais decorrentes das obras artísticas, literárias e científicas (artigos 101 a 110), tanto de ordem patrimonial como moral, com reflexo monetário, sem prejuízo das sanções previstas no Código Penal.

Em síntese, o ordenamento jurídico brasileiro garante aos autores, de forma rígida e severa, a exclusividade de fruição dos direitos autorais decorrentes das obras que criarem e pelo tempo que a lei fixar. Essa exclusividade, que chamamos de monopólio é, no nosso entendimento, o alicerce da proteção da propriedade intelectual oriunda da criação de obras artísticas, literárias e científicas.

Esse regime jurídico, entendido como o conjunto de prerrogativas, deveres, garantias e penalidades a serem observadas nas relações jurídicas tendo por objeto a fruição de obras artísticas, literárias ou científicas, cujos autores figurem em um dos polos, certamente foi previsto pelo ordenamento jurídico como forma de garantir que os criadores intelectuais, que tanto contribuem para a formação do indivíduo, para o desenvolvimento e progresso da sociedade; que criam obras que sensibilizam e contribuem para o desenvolvimento do ser humano, tenham garantido o aproveitamento por eles próprios de suas criações, mesmo que por tempo limitado, e encontrem condições materiais para satisfazer suas necessidades de sobrevivência e possam continuar criando novas obras intelectuais.

Não por outro motivo, o Constituinte prevê que a lei ordinária assegure aos autores o direito de fiscalização do aproveitamento econômico das obras que criarem (artigo 5º, XXVIII, "b").

Intencionalmente relembramos o regime jurídico positivado pela Lei Maior e pela Lei n. 9.610/1998, relativamente aos direitos autorais, mesmo que de maneira superficial, com o intuito de levar o leitor a considerar desde logo que, se um sistema jurídico prevê regras tão rígidas para regular a propriedade intelectual, não poderá ele próprio abrandar tal regime de forma a aniquilar o que na origem, por meio de ordem hierarquicamente superior, outorgou aos autores: o direito exclusivo de utilização, publicação

4. A PARÓDIA NA ATIVIDADE PUBLICITÁRIA

ou reprodução de suas obras. Em outras palavras: o direito exclusivo de explorar economicamente as obras que criarem.

Assim, em caso de dúvidas que possa ter o intérprete, inclusive em razão de se deparar com interpretações diversas de dispositivos legais infraconstitucionais sobre a paródia, impõe-se a interpretação harmônica com o princípio vetor da propriedade intelectual, repita-se, a exclusividade conferida ao autor para utilizar, publicar ou reproduzir suas obras, ou seja, de explorá-las economicamente.

7. Das limitações aos direitos autorais

Apesar de a Constituição da República expressamente outorgar aos autores o direito exclusivo de utilização das obras que criarem, o que foi reiterado pelo legislador ordinário, a Lei Autoral prevê hipóteses especiais de utilização de obras artísticas, literárias e científicas cuja exclusividade sofrerá limitações além daquela temporal anteriormente mencionada.

Assim, para algumas utilizações especiais, a Lei n. 9.610/1998 dispensa a necessidade de obtenção de autorização do titular dos direitos autorais. São exceções da regra geral de que cabe ao autor o direito exclusivo de utilização, publicação ou reprodução de suas obras.

Acreditamos que respalda a previsão de limitação ao direito exclusivo de utilização, publicação e reprodução de obras intelectuais, o comando constitucional que prevê que "a propriedade atenderá a sua função social" (artigo 5º, inciso XXIII), que tem por escopo, em síntese, o desenvolvimento e efetivação dos direitos fundamentais e sociais, necessários para garantir o estabelecimento de uma sociedade mais igual, justa e avançada.

No caso da propriedade intelectual, entendemos que o cumprimento de sua função social já estaria sendo atendido em razão de a própria Constituição da República determinar que o legislador ordinário limite a duração do monopólio de exploração conferido ao autor, diferentemente de outras propriedades.

Além da fixação de prazo para que o autor e herdeiros exerçam com exclusividade a exploração dos direitos autorais, o legislador infraconstitucional ateve-se às disposições da Convenção de Berna que, como já mencionado, reserva às legislações dos países signatários a faculdade de permitirem o uso de obras protegidas (artigos 9 e 10), mas "em certos casos especiais", tanto que prevê hipóteses de utilização de obras protegidas **para atender**

ATIVIDADE PUBLICITÁRIA NO BRASIL

interesses informativos, sociais e educacionais, desde que não prejudique a exploração normal da obra e nem cause um prejuízo injustificado aos legítimos interesses do autor.

Pertinente é a citação das hipóteses de utilizações previstas pelo legislador infraconstitucional como limitações aos direitos autorais, para o fim de demonstrar que são mesmo previsões de usos em condições especiais e, às escâncaras, dissociadas de fins meramente comerciais.

8. Das limitações aos direitos autorais previstas na Lei n. 9.610/1998

As limitações aos direitos de autor estão previstas nos artigos 46 a 48 da Lei Autoral, que elencam, de forma exaustiva, as hipóteses de utilização de obras protegidas que não materializam ofensa aos direitos de Autor; que dispensam autorização do titular.

O artigo 46 prevê a possibilidade de utilização, restrita, de obras. Vejamos:

> Art. 46. Não constitui ofensa aos direitos autorais:
>
> I – a reprodução:
>
> *a) na imprensa diária ou periódica, de notícia ou de artigo informativo, publicado em diários ou periódicos, com a menção do nome do autor, se assinados, e da publicação de onde foram transcritos;*
>
> *b) em diários ou periódicos, de discursos pronunciados em reuniões públicas de qualquer natureza;*
>
> *c) de retratos, ou de outra forma de representação da imagem, feitos sob encomenda, quando realizada pelo proprietário do objeto encomendado, não havendo a oposição da pessoa neles representada ou de seus herdeiros;*
>
> *d) de obras literárias, artísticas ou científicas, para uso exclusivo de deficientes visuais, sempre que a reprodução, sem fins comerciais, seja feita mediante o sistema Braille ou outro procedimento em qualquer suporte para esses destinatários;*
>
> *II – a reprodução, em um só exemplar de pequenos trechos, para uso privado do copista, desde que feita por este, sem intuito de lucro;*
>
> *III – a citação em livros, jornais, revistas ou qualquer outro meio de comunicação, de passagens de qualquer obra, para fins de estudo, crítica ou polêmica, na medida justificada para o fim a atingir, indicando-se o nome do autor e a origem da obra;*

4. A PARÓDIA NA ATIVIDADE PUBLICITÁRIA

IV – o apanhado de lições em estabelecimentos de ensino por aqueles a quem elas se dirigem, vedada sua publicação, integral ou parcial, sem autorização prévia e expressa de quem as ministrou;

V – a utilização de obras literárias, artísticas ou científicas, fonogramas e transmissão de rádio e televisão em estabelecimentos comerciais, exclusivamente para demonstração à clientela, desde que esses estabelecimentos comercializem os suportes ou equipamentos que permitam a sua utilização;

VI – a representação teatral e a execução musical, quando realizadas no recesso familiar ou, para fins exclusivamente didáticos, nos estabelecimentos de ensino, não havendo em qualquer caso intuito de lucro;

VII – a utilização de obras literárias, artísticas ou científicas para produzir prova judiciária ou administrativa;

VIII – a reprodução, em quaisquer obras, de pequenos trechos de obras preexistentes, de qualquer natureza, ou de obra integral, quando de artes plásticas, sempre que a reprodução em si não seja o objetivo principal da obra nova e que não prejudique a exploração normal da obra reproduzida nem cause um prejuízo injustificado aos legítimos interesses dos autores.

Como pode ser verificado, as hipóteses fixadas nos incisos e alíneas do artigo 46 da Lei Autoral tratam mesmo de autorizações restritas e compatíveis com o parâmetro consignado pela Convenção de Berna, cumprindo a propriedade intelectual com sua função social. As utilizações que não ofendem direitos de autor têm fins educacionais e informativos, afastada a finalidade comercial.

Não serão estudadas, neste capítulo, as hipóteses de exceção da exclusividade constitucional constantes do artigo 46 da Lei Autoral, aqui citadas exclusivamente para demonstrar que materializam autorização de uso de obras protegidas, com fundamento no uso justo (*fair use*), como forma de atendimento à função social da propriedade e em certos casos especiais, e desde que não prejudiquem a exploração normal da obra intelectual pelo próprio titular e nem cause um prejuízo injustificado aos seus legítimos interesses, que constituem a regra conhecida pela expressão *"Three Steps Test"*.

Nenhuma das hipóteses do rol exaustivo do artigo 46 enfraquece o monopólio outorgado pelo Constituinte, pois elas não prejudicam a exploração normal da obra intelectual por seu titular, tanto que não têm finalidade comercial.

ATIVIDADE PUBLICITÁRIA NO BRASIL

9. Da paródia

O legislador infraconstitucional incluiu a paródia no capítulo "Das Limitações aos Direitos Autorais", prescrevendo que "São livres as [...] paródias que não forem verdadeiras reproduções da obra originária nem lhe implicarem descrédito." (artigo 47).

A paródia não pode mesmo resultar em verdadeira reprodução da obra originária, sob pena de materializar ilícito, de forma que essa parte da regra do artigo 47 apenas ratifica o Texto Maior e o comando legal que condiciona à prévia e expressa autorização do autor a reprodução parcial ou integral de sua obra (artigo 29, I, Lei n. 9.610/1998). Ademais, tecnicamente não resultaria em paródia, pois essa é, em síntese, uma obra artística ou literária nova que subverte a obra originária. Assim, se a obra nova for reprodução da originária, não será paródia.

Quanto à previsão de não ser considerada livre a paródia que implicar descrédito à obra originária, trata-se de questão subjetiva e deverá ser investigada ante o caso concreto de uma obra intelectual deixar de ser estimada, por exemplo, porque foi parodiada; ou de determinada paródia corroborar para que a obra original deixe de gozar da confiança de seus apreciadores.

A Lei Autoral não traz definição de paródia e é tarefa complexa definir essa categoria de linguagem. Em primoroso trabalho[1] a professora Márcia Leite Pereira dos Santos esclarece:

> "[...]a paródia trabalha com a subversão do sentido base, reconstrói-se apoiada na ruptura, com objetivo sarcástico, crítico, irônico ou humorístico; nela o sujeito também utilizará as experiências e conhecimento cultural em sua (re)construção, mas o fará com o intuito de transgredir o texto matriz[...]
>
> [...]Trata-se de um conceito polissêmico e complexo, no interior do qual, porém, podem-se distinguir algumas utilizações diferenciadas tais como:
>
> a) uma utilização bastante ampla, ligada ao uso preconizado pela *vox populi* é a que vê a paródia como uma simples prática de imitação ou de transformação cultural;

---

[1] Linguagem em (Re)vista, Ano 7, ns. 13/14, págs 92, 99 e 100, Niterói (RJ), 2012

4. A PARÓDIA NA ATIVIDADE PUBLICITÁRIA

b) uma utilização mais restrita, unindo *estilização e paródia*, ou seja, a paródia seria a reapresentação polêmica de uma nova linguagem dentro de um determinado discurso-alvo;

c) uma utilização que dá à paródia um caráter não positivo, isto é, a paródia seria um procedimento que visaria essencialmente à destruição ou à distorção do discurso do outro."

Entendemos a paródia como recurso de linguagem pelo qual o parodista apropria-se de obra artística ou literária preexistente e bastante difundida, com o intuito de criar obra nova, paralela, necessariamente também artística ou literária, que subverte o sentido da obra intelectual original, inclusive mediante a adoção de gênero diverso (satírico, crítico, trágico, entre outros), passando também a ser um meio de problematizar, inverter padrões seguidos e provocar reflexões.

Ilustra bem esse recurso de linguagem a conhecida paródia concebida por Oswald de Andrade, intitulada "Canção de Regresso à Pátria", por apropriação do poema "Canção do Exílio", de autoria de Gonçalves Dias:

Canção do Exílio   *Canção de Regresso à Pátria*

Minha terra tem palmeiras   *Minha terra tem palmares*
Onde canta o Sabiá;   *Onde gorjeia o mar*
As aves, que aqui gorjeiam   *Os passarinhos daqui*
Não gorjeiam como lá   *Não cantam como os de lá*
...   *...*

O modernista Oswald de Andrade inverte, com ironia e crítica, o discurso presente na obra de Gonçalves Dias, expoente do romantismo brasileiro.

Enquanto a obra parodiada (Canção do Exílio) enaltece a pátria de seu autor, a paródia (Canção de Regresso à Pátria) a critica, por meio de tratamento antitético, ao relembrar que a pátria então enaltecida na obra original é a mesma que dizimava os afrodescendentes que resistiam à escravidão e refugiavam-se no quilombo de Palmares, assim chamado por estar situado em região com abundância de palmeiras.

É característica da paródia conduzir o seu apreciador à obra originária, utilizando de intertextualidade de forma a, além de não materializar

ATIVIDADE PUBLICITÁRIA NO BRASIL

reprodução dessa na releitura almejada, acentuar o distanciamento e a oposição entre ambas as obras (originária e nova).

Apesar da complexidade e de sua finalidade de releitura e de oposição à obra artística ou literária de referência, constata-se que vem sendo tomado como paródia o resultado de qualquer modificação com viés engraçado que se empregue em obra intelectual preexistente, por meio de recursos cômicos como, por exemplo, anedota, pasticho, caricatura, trocadilho, *meme* (internet[2]) entre outros que busquem levar os seus destinatários ao riso, cabendo ao Poder Judiciário, quando provocado, ou ao Conselho Nacional de Autorregulamentação Publicitária, no seu âmbito de atuação, verificarem se: i) realmente trata-se de paródia, isto é, do inequívoco recurso de linguagem que a materialize; ii) se a finalidade estritamente comercial é permitida pelo ordenamento jurídico ou pelos Códigos que orientam a atividade publicitária.

10. Da paródia como exceção da proteção autoral

Com relação à parte do artigo 47 que mais interessa a este trabalho e que contém a expressão "são livres [...] as paródias", é importante registrar que o intuito do legislador ordinário foi o de garantir ao parodiador liberdade criativa, cabendo a esse a escolha da obra originária, artística ou literária, à qual, por meio de recurso de intertextualidade transformará em obra nova subvertendo a parodiada (originária) e adotando gênero que lhe aprouver.

Da circunstância de o parodista ter liberdade criativa para parodiar não decorre ampla autorização de exploração da paródia que resultar de seu trabalho intelectual, notadamente quando tiver finalidade meramente comercial.

A exploração não será livre porque a Lei Autoral não conferiu livre utilização de paródias e não nos parece tarefa difícil constatar que a norma do artigo 47 não aniquila as diversas regras, que reiteram o comando constitucional, conferindo aos autores o direito exclusivo de utilização, publicação ou reprodução de suas obras.

Note-se que a paródia está topograficamente inserida no capítulo IV da Lei n. 9.610/1998 como uma das hipóteses de limitações aos direitos autorais. Logo, o seu uso deve ficar vinculado ao atendimento do princípio do

---

[2] O uso de *memes* com o objetivo publicitário é abordado em capítulo específico deste livro.

4. A PARÓDIA NA ATIVIDADE PUBLICITÁRIA

fair use, isto é, ela poderá ser utilizada, sem a prévia autorização do autor da obra originária, desde que atenda os requisitos da Convenção de Berna, conhecidos como "Three Steps Test": i) somente em certos casos especiais para atingir a função social da propriedade (fins informativos, sociais e educacionais); ii) desde que não prejudique a exploração normal da obra parodiada; iii) não cause um prejuízo injustificado aos legítimos interesses do autor. Essa é a interpretação mais ampla que se pode atribuir ao artigo 47 da Lei Autoral.

Por esses motivos, a paródia não pode ser criada e utilizada para fins estritamente comerciais ou lucrativos, notadamente para aproveitamento pela atividade publicitária que, como vimos, é puramente comercial e somente exercida para vender produto ou serviço anunciado.

A admitir-se o uso da paródia em atividade publicitária como limitação aos direitos de autor, estar-se-á retirando desse a prerrogativa de explorar sua obra, já que não poderá exigir remuneração pelo seu uso comercial. Estar-se-á também causando prejuízo injustificado aos legítimos interesses do autor, entre eles, o de obter rendimentos da exploração de suas obras, cuja prerrogativa estaria sendo transferida a terceiros, tais sejam, à agência de propaganda ou ao publicitário e ao anunciante.

Mais: estar-se-á premiando o aproveitamento parasitário e propiciando o enriquecimento sem causa da agência e do anunciante, prática repudiada pelo Código Civil.

Para fins publicitários, o interessado em criar paródia para ser utilizada como forma de induzir o consumidor à aquisição de produto ou de serviço ou para fortalecer institucionalmente determinada marca, deverá obter prévia e expressa autorização do titular dos direitos autorais da obra originária porque o uso puramente comercial não encontra autorização no capítulo IV da Lei autoral (Das Limitações aos Direitos Autorais), no qual está inserido o comentado artigo 47.

Assim, a circunstância de a paródia estar prevista como limitação aos direitos autorais, sua utilização em obras publicitárias deve ser analisada com rigidez e de forma restrita, sob pena de se agredir o princípio da exclusividade previsto na Lei Maior e comandos da lei ordinária, relativizados tão somente pelas três condições da regra chamada *"Three Steps Test"*, que não contempla finalidade puramente comercial, como é a publicitária.

11. Das decisões no âmbito do CONAR

No âmbito do Conselho Nacional de Autorregulamentação Publicitária – CONAR, os processos instaurados por infração ao Código Brasileiro de Autorregulamentação Publicitária são julgados pelo Conselho de Ética.

Constata-se que genericamente a paródia é entendida pelo Conselho de Ética como versão ou forma bem humorada de obra preexistente ou de situações que fazem alusão a fatos, costumes, como nas Representações n. 101/10 e 036/20.

Registramos que as mencionadas Representações não se insurgiam quanto ao uso de paródia e foram instauradas pelo CONAR a partir de denúncias de consumidores. Em ambos os processos o Conselho de Ética proferiu a mesma decisão: arquivamento, com fundamento no artigo 27, n. 1, "a", do RICE.

Outro foi o julgamento da Representação 112/2016, instaurada pela agência Fischer América Comunicação Total por ter considerado que propaganda do Banco Sofisa havia plagiado anúncio que mencionada agência criou para seu cliente Banco Original, tendo sido concedido medida liminar de sustação.

O Banco Sofisa apresentou defesa com apoio na utilização de ironia e bom humor, tendo a Câmara Especial de Recursos determinado o arquivamento da Representação por aceitar os argumentos de que o anúncio do banco anunciante apoiou-se na paródia.

A autora Fischer América recorreu e o Plenário do Conselho de Ética recomendou a sustação por ter considerado que a campanha veiculada no interesse do Banco Sofisa "... não faz uma paródia e sim pega carona nos investimentos do Banco Original".

Conclui-se que, ante denúncia de plágio ou imitação, prática condenada pelo Código de Autorregulamentação Publicitária (artigo 41), o Conselho de Ética adota maior rigor ao analisar se alegada paródia realmente é materializada ou se é hipótese de plágio ou mera imitação. Neste caso entendeu que tratou-se de verdadeira cópia.

12. Das decisões no âmbito do Poder Judiciário

Na esfera judicial, os tribunais pátrios ainda não pacificaram entendimento sobre se a utilização de paródias de obras artísticas e literárias em anúncios publicitários configura limitação aos direitos de autor e dispensa prévia autorização dos respectivos titulares ou se, por ter finalidade estritamente

4. A PARÓDIA NA ATIVIDADE PUBLICITÁRIA

comercial, estaria condicionada à prévia e expressa autorização dos titulares das obras originárias. Os três julgados a seguir citados revelam diferentes entendimentos sobre o uso da paródia em obra publicitária.

12.1 – Ao apreciar recurso especial[3], em que a recorrente buscava indenização por uso de trecho da letra da conhecida obra lítero-musical "Garota de Ipanema" cuja finalidade era veicular publicidade de estabelecimento do ramo hortifruti, o acórdão proferido pelo Superior Tribunal de Justiça registra que a controvérsia cinge-se a: i) definir se a configuração de paródia restringe-se às criações sem fins lucrativos, comerciais ou publicitários; e ii) verificar se houve efetiva violação de direito autoral no caso concreto.

No caso, o trecho original "olha que coisa mais linda, mais cheia de graça" foi alterado para "olha que couve mais linda, mais cheia de graça", por emprego, a nosso ver, de trocadilho[4].

Concluiu o acórdão que se tratou de paródia e que as únicas exigências da Lei Autoral, contidas no próprio artigo 47, seriam não ser esse recurso de linguagem verdadeira reprodução da obra parodiada e não lhe implicar descrédito.

[3] Recurso Especial n. 159.7678: RECURSO ESPECIAL. DIREITOS AUTORAIS. OBRA LITEROMUSICAL. ALTERAÇÃO DE LETRA. CAMPANHA PUBLICITÁRIA. PARÓDIA. CARACTERIZAÇÃO. DIVERGÊNCIA JURISPRUDENCIAL. NÃO CONFIGURAÇÃO.
1. [...]
2. A paródia é lícita e consiste em livre manifestação do pensamento, desde que não constitua verdadeira reprodução da obra originária, ou seja, que haja uma efetiva atividade criativa por parte do parodiador, e que não tenha conotação depreciativa ou ofensiva, implicando descrédito à criação primeva ou ao seu autor. O art. 47 da Lei nº 9.610/1998 não exige que a criação possua finalidade não criativa ou não comercial.
3. Na hipótese, o acórdão recorrido consignou que a campanha publicitária, promovida no formato impresso e digital, fez mera alusão a um dos versos que compõem a letra da canção "Garota de Ipanema", alterando-o de forma satírica e não depreciativa, sem reproduzir a melodia de coautoria de Tom Jobim e Vinicius de Moraes.
4. A publicidade é técnica de comunicação orientada à difusão pública de produtos, empresas, serviços, pessoas e ideias, que também envolve a atividade criativa.
5. O juízo acerca da licitude da paródia depende das circunstâncias fáticas de cada caso concreto e envolve um certo grau de subjetivismo do julgador ao aferir a presença dos requisitos de comicidade, distintividade e ausência de cunho depreciativo, conforme exigido pela legislação de regência.
6. [...]
7. Recurso especial não provido. "
[4] https://www.aulete.com.br/trocadilho: 1. Jogo ambíguo de palavras baseado na semelhança de sons entre elas;

ATIVIDADE PUBLICITÁRIA NO BRASIL

Concluiu, ainda, que "Não se extrai da lei, pois, o requisito de que a criação possua finalidade não lucrativa ou não comercial, [...]". Ademais, acrescenta que "Não se extrai do conteúdo da campanha a depreciação da obra originária, tampouco de seus autores, e há inequívoca intervenção burlesca por parte dos publicitários idealizadores da campanha.".

Por esses fundamentos, negou provimento ao recurso interposto pela cotitular dos direitos de autor da obra lítero-musical "Garota de Ipanema".

O acórdão apenas valorou o caráter engraçado do verso modificado que, por si, não tem o condão de configurar paródia, recurso mais sofisticado de linguagem.

Quanto ao fundamento de que "não se extrai da lei o requisito de que a criação possua finalidade não lucrativa ou não comercial", o mencionado acórdão não apreciou o conflito de forma a considerar que a paródia está incluída no rol das hipóteses de limitações aos direitos de autor, sem qualquer comentário sobre as condições previstas na regra conhecida como "Three Steps Test", isto é, que não é permitido o uso para fins diretamente comerciais, como o publicitário, a menos que se obtenha autorização do autor da obra parodiada.

12.2 – Diferente foi a decisão proferida pelo mesmo Superior Tribunal de Justiça no julgamento de recurso especial interposto por anunciante, que utilizou obra lítero-musical modificada para veicular mensagem publicitária.[5]

A empresa anunciante, condenada pelo Tribunal de Justiça do Estado do Rio de Janeiro, por ter utilizado obra lítero-musical preexistente, com letra modificada para o fim de propaganda, aduziu que alterou a letra da canção intitulada "Roda, Roda, Roda", sem que configurasse verdadeira reprodução

---

[5] Recurso Especial 1.131.498 "RECURSO ESPECIAL. DIREITOS AUTORAIS. OBRA MUSICAL. LETRA ALTERADA. UTILIZAÇÃO EM PROPAGANDA VEICULADA NA TELEVISÃO. PARÓDIA OU PARÁFRASE. INEXISTÊNCIA. DANOS MATERIAIS DEVIDOS. ALTERAÇÃO DO CONTEÚDO DA OBRA. DANOS MORAIS. OCORRÊNCIA.
1. O autor da obra detém direitos de natureza pessoal e patrimonial. ... .
(...)
3. Na hipótese dos autos, a letra original da canção foi alterada de modo a atrair consumidores ao estabelecimento da sociedade empresária ré, não havendo falar em paráfrase, pois a canção original não foi usada como mote para desenvolvimento de outro pensamento, ou mesmo em paródia, isto é, em imitação cômica, ou em tratamento antitético do tema. Foi deturpada para melhor atender aos interesses comerciais do promovido na propaganda.
4. Recurso especial conhecido e desprovido."

4. A PARÓDIA NA ATIVIDADE PUBLICITÁRIA

e sem importar descrédito conforme autorizaria o comando do artigo 47 da Lei Autoral, com o que estaria afastada qualquer ilicitude. O Relator, Ministro Raul Araújo, ponderou que:

> "Alguns doutrinadores, na linha do aresto recorrido, entendem que mesmo no caso de paráfrases e paródias é necessária prévia autorização do autor da obra original, interpretação baseada no art. 29, III, da Lei 9.610/98, ...
>
> Outros doutrinadores, porém, afirmam que as paráfrases e paródias dispensam a prévia permissão do autor, tomando a expressão "livres" do art. 47 da LDA de forma ampla.
>
> Ainda que se adotasse o segundo posicionamento, verifica-se que na hipótese dos autos a letra original da canção foi alterada de modo a atrair consumidores ao supermercado da ré, não havendo falar em paráfrase, pois a canção original não foi usada como mote para desenvolvimento de outro pensamento, ou mesmo em paródia, isto é, em imitação cômica, ou em tratamento antitético do tema. Foi deturpada para melhor atender aos interesses comerciais do promovido na propaganda. ...".

Em síntese, nesse processo, o Superior Tribunal de Justiça decidiu de forma a condenar o uso de paródia para fins comerciais.

12.3 – No mesmo sentido do acórdão proferido no REsp 1.131.498, o Tribunal de Justiça do Estado do Rio de Janeiro[6] proferiu decisão pela qual condenou o uso da paródia para fins comerciais.

---

[6] Apelação Cível n. 0093869-24.2014.8.19.0001, a 3ª Câmara Cível do Tribunal de Justiça do Estado do Rio de Janeiro:
"APELAÇÃO CÍVEL. Direito Autoral. Ação Indenizatória. Alegação de violação de direito autoral por reprodução de obra musical em embalagem de suco fabricado pela ré. Sentença de improcedência sob o argumento de que houve mero aproveitamento industrial ou comercial de ideia da obra originária. Anúncio publicitário com conotação de lucro. Inexistência de liberdade de criação. Uso indevido de obra alheia com locupletamento. Enriquecimento ilícito vedado pelo ordenamento jurídico. Inexistência de paráfrase ou paródia, pois há correlação direta à obra musical. Cunho promocional na divulgação de suco de tangerina com expressa remissão a famosa intérprete de música internacionalmente conhecida de Dorival Caymmi e seu renomado refrão com fins comerciais e sem autorização. Ato ilícito que enseja responsabilidade extracontratual por dano moral. Sentença que se reforma para a procedência parcial do pedido com sucumbência recíproca. PROVIMENTO DO RECURSO."

Nesse feito, a parte autora, detentora dos direitos autorais decorrentes da obra musical "O que é que a baiana tem", de autoria de Dorival Caymmi, ingressou com ação pleiteando pagamento de indenização e de multa pela empresa ré, fabricante de sucos que utilizou em embalagem frase do refrão de mencionada obra musical, com alteração: "o que é que a tangerina tem? (já cantava Carmen Miranda)".

A decisão monocrática havia julgado o pleito improcedente ao aplicar aos fatos, por evidente equívoco, a regra do artigo 8º, VII, da Lei 9.610/1998, que exclui da proteção autoral o aproveitamento industrial ou comercial das ideias contidas nas obras artísticas, literárias ou científicas.

O acórdão que apreciou o recurso de apelação, de relatoria do Desembargador Peterson Barroso Simão, reformou a sentença monocrática e condenou a ré ao pagamento de indenização, ante os seguintes fundamentos: i) a utilização do refrão alterado não constituiu paráfrase ou paródia da obra musical, mas verdadeira reprodução sem autorização; ii) a ré utilizou recurso publicitário para chamar a atenção do consumidor, com objetivo de obter lucro diretamente com a exploração comercial de obra protegida; iii) não se pode alargar a ideia de paródia prevista no artigo 47 da Lei Autoral para legitimar o uso comercial, com finalidade lucrativa, de obra protegida; iv) na hipótese do feito julgado o lucro não viria da exploração direta da obra musical (parodiada), mas da ideia que lhe é subjacente, isto é, da boa conotação ao produto divulgado; v) a empresa anunciante não agiu por filantropia, mas evidente interesse comercial de aumentar as vendas, materializando locupletamento ilícito, vedado pela regra do artigo 884 do Código Civil.

Esse julgado também analisou se a modificação pretensamente cômica do refrão da obra lítero-musical "O que é que a baiana tem" constituiu paródia, tendo concluído que não.

De outra parte, considerou que a letra da obra lítero-musical foi aproveitada em atividade publicitária, isto é, com finalidade lucrativa, e que tal prática não é autorizada pela lei de regência.

Conclusões

A regra contida no artigo 47 tem levado a interpretações antagônicas sobre ser ou não considerada limitação aos direitos autorais o uso de paródia para fins publicitários.

4. A PARÓDIA NA ATIVIDADE PUBLICITÁRIA

Inicialmente entendemos ser necessário, em caso de conflito sobre o uso de paródia, inclusive quando para fins publicitários, o exame prévio para verificar se a obra apresentada como paródia é mesmo esse sofisticado recurso de linguagem.

O legislador não definiu paródia. Assim, o intérprete deverá buscar seu conceito em trabalhos científicos, acadêmicos ou didáticos, já que o traço cômico ou jocoso não é suficiente para configurar paródia.

Tratando-se de paródia, não deve ser desprezado o fato de que está inserida pelo legislador no capítulo que prevê a utilização, por terceiros, de obras protegidas em certos casos especiais, desde que não prejudique a exploração normal e nem cause um prejuízo injustificado aos legítimos interesses do titular.

REFERÊNCIAS

ASCENSÃO, José Oliveira. *Direito Autoral*. 2. ed. Rio de Janeiro: Renovar, 1997.

BITTAR, Carlos Alberto. *Direito de Autor na Obra Publicitária*. 1. ed. São Paulo: Revista dos Tribunais, 1981.

COSTA NETTO, José Carlos. *Direito Autoral no Brasil*. 2. ed. São Paulo: FTD, 2008.

DUVAL, Hermano. *A Publicidade e a Lei*. 1. ed. São Paulo: Revista dos Tribunais, 1975.

FORTES, Fernando. Parecer *A Remuneração das Agências de Propaganda, em face da Lei n. 4.680/65 e seu Regulamento, Decreto n. 57.690/66. Vigência, Validade e Eficácia Atuais.* São Paulo, ABAP – Associação Brasileira de Agências de Propaganda. Reedição março 2004. https://www.abap.com.br/pdfs/leis/parecer_fernando_fortes.pdf.

JUNDI, Maria Elaine Rise. *Das Limitações aos Direitos Autorais, in* Revista de Direito Autoral da Associação Brasileira de Direito Autoral, n.1, págs. 175/182. São Paulo: Editora Lumen Juris, 2004.

SANT'ANNA, Afonso Romano de. *Paródia, Paráfrase & Cia.* 7. ed., 5ª reimpressão. São Paulo: Editora Ática, 2003.

5.
O GRAFITE E SUA EXIBIÇÃO NA PUBLICIDADE

Paula Luciana de Menezes
Mariana Rodrigues de Carvalho Mello

Introdução

Neste estudo, vamos tratar do grafite e sua exibição na publicidade. Partiremos do entendimento de que o grafite é uma forma de arte urbana de relevante expressão estética, que vai além do desenho ou da pintura em paredes, muros e grades, e que transmite mensagens, apresenta estilos, gera polêmica e proporciona reflexões capazes de atingir os mais variados públicos. E, por tais características, o grafite é uma forma de expressão artística cada vez mais relevante para a publicidade, merecendo uma abordagem jurídica mais aprofundada.

Neste artigo abordaremos os aspectos autorais do grafite e verificaremos como andam as decisões a respeito da necessidade de autorização para a veiculação das imagens contendo grafite em publicidade. Por fim, abordaremos as questões práticas ocorridas entre os grafiteiros, os anunciantes e as agências. Como é feita a abordagem, como é a procura? Há obras encomendadas? Qual a relevância do grafite para a publicidade?

1. A proteção autoral do grafite

A Constituição Brasileira protege o autor, atribuindo-lhe o "direito exclusivo de utilização, publicação ou reprodução de suas obras", em seu art. 5º, inc. XXVII, e delega à Lei de Direitos Autorais (Lei 9.610/98) o encargo de definir quais são as obras protegidas.

Em seu art. 7º, a Lei de Direitos Autorais definiu que as criações do espírito, expressas por qualquer meio ou fixadas em qualquer suporte são obras intelectuais protegidas e apresentou um rol, no qual se encontram obras como desenhos, gravuras, pinturas, ilustrações, além de outras. O rol é precedido da expressão "tais como", revelando que as expressões artísticas seguintes são apenas exemplos daquilo que é objeto da proteção prevista no diploma legal.

Os inc. VII e VIII do mencionado artigo garantem expressamente a proteção às chamadas artes visuais, ou seja, aquelas expressões da criação humana que se expõem de maneira imagética, a serem apreciadas pelo sentido da visão humana. Dentre elas estão a fotografia, pintura, a gravura, o desenho.

O grafite é uma expressão artística que se caracteriza por uma intervenção humana em ambiente urbano, tendo por anteparo muros, fachadas, paredes de casas, prédios, fábricas até mesmo de construções viárias, caixas d'água e uma infinidade de suportes, em geral, localizados a céu aberto.

Hoje expresso em diversas modalidades e por diversas técnicas, sejam intrincados desenhos seja uma singela inscrição, essa forma de arte gráfica que tomou as ruas das metrópoles a partir do final da década de 60 pode ser reportada aos primórdios da Arte em si, com as pinturas rupestres expressas em cavernas, passando pelos afrescos e pela pintura muralista. Não é de hoje, portanto, que os artistas expressam sua genialidade em grandes aparatos de visualização pública.

Por serem realizados, normalmente, em locais abertos e sujeitos às intempéries da natureza, como chuva, vento, luz do sol, além da ação humana, como poluição urbana e ao próprio desgaste natural, tem-se como uma obra de caráter efêmero e potencialmente mutável.

O grafite não foi citado no artigo 7º da Lei de Direitos Autorais, porém, como se trata de um rol exemplificativo e tendo em vista o inquestionável fato de que o grafite é uma manifestação, devidamente materializada, do espírito do seu criador[1], na maioria das vezes dotada de criatividade, originalidade

---

[1] De acordo com Silvia Dias Freire:
Além da conotação política, o trabalho que os artistas faziam nas ruas tinha a clara intenção artística. Segundo depoimentos desses artistas, os muros, pontes, viadutos e outras superfícies da cidade não era apenas suporte, mas podiam ser um elemento que dialogava com o conteúdo das intervenções. E, apesar de terem uma forte carga de improvisação, os grafites eram trabalhados pensados previamente, seja em relação à temática seja pelo local da intervenção. (sic). In FREIRE, Silvia Dias. O Spray e a tinta: a cobertura da imprensa sobre os grafites artísticos na década de 80. Dissertação (Programa de Pós-graduação em Estética e História da Arte). Universidade de São Paulo, São Paulo, 2019. p. 35.

5. O GRAFITE E SUA EXIBIÇÃO NA PUBLICIDADE

e individualidade[2], não restam dúvidas quanto à sua proteção sob manto do Direito Autoral.

Se as obras de desenho e pintura são inquestionavelmente protegidas[3] pelo direito autoral, o grafite, sendo uma obra de desenho e/ou pintura em muros, paredes e outras superfícies menos usuais, como grades ou tubulações, também é. O mesmo raciocínio se aplica aos chamados lambe-lambes, outra forma de expressão que, dotada de originalidade estética, há de ser considerada uma obra de arte urbana protegida pela Lei de Direito Autoral.

O questionamento de maior relevância, portanto, não é a proteção autoral que o grafite recebe, mas sim como se dá essa proteção diante do fato de que geralmente a obra está materializada em suportes localizados logradouros públicos ou outros lugares de acesso público.

Para avançar na questão, temos que a Lei de Direitos Autorais, em seu artigo 48, prescreveu que as obras de artes plásticas situadas permanentemente em logradouros públicos "podem ser representadas livremente por meio de pinturas, desenhos, fotografias e procedimentos audiovisuais".

O grafite se enquadra na categoria das artes plásticas – ou das artes visuais[4], denominação mais atual – e portanto, o artigo 48 é perfeitamente aplicável. Sendo assim, imprescindível verificar o que seria a "representação" citada no artigo.

Importa lembrar que na Lei de Direitos Autorais de 1973, a reprodução de obras existentes em logradouros públicos não constituía ofensa aos direitos autorais de seu titular (art. 49, I, e).

Mas a Lei atualmente em vigor, em seu artigo 48, optou por substituir a expressão "reprodução" por "representação", ampliando a proteção às obras

---

[2] Conforme ensina Silmara Chinellato:
Todo doutrinador enfatizará sempre serem imprescindíveis a criatividade, a originalidade e a individualidade para que uma obra mereça a tutela do Direito de autor, cujo objetivo é estético ou de transmissão de conhecimentos, desprendido de funcionalidade e independentemente de registro. (*in* CHINELLATO, Silmara Juny de Abreu. Requisitos fundamentais para a proteção autoral de obras literárias, artísticas e científicas. Peculiaridades da obra de artes plásticas. In Mamede, Gladston; Franca Filho, Marcílio Toscano; Rodrigues Junior, Otavio Luiz, organizadores. Direito da arte. São Paulo: Atlas, 2015. p. 297).

[3] NETTO, José Carlos Costa. Direito Autoral no Brasil. 3. ed. São Paulo: Saraiva Educação, 2019., p. 198.

[4] "Artes visuais" é a atual denominação do conjunto de obras composto por fotografias, artes gráficas e plásticas. Conforme nos ensina Silmara Chinellato (CHINELLATO, Silmara Juny de Abreu. Requisitos fundamentais para a proteção autoral de obras literárias, artísticas e científicas. Peculiaridades da obra de artes plásticas. *In* Mamede, Gladston; Franca Filho, Marcílio Toscano; Rodrigues Junior, Otavio Luiz, organizadores. Direito da arte. São Paulo: Atlas, 2015., p. 310.).

de artes plásticas, como observado pelo Desembargador José Carlos Costa Netto:

> É nítido que a legislação brasileira vigente, ao alterar a expressão anterior "reprodução" para "representação", visou suprimir das utilizações permitidas para obras intelectuais situadas permanentemente em logradouro público a modalidade ("reprodução") anteriormente liberada.
>
> Assim, apenas a representação da obra – *pelos meios indicados* – estaria retirada da órbita dos direitos autorais a serem regularmente exercidos pelo autor: em outras palavras, a ninguém estaria vedado representar em uma pintura ou em um desenho a obra de escultura protegida e a ninguém estaria vedado a sua representação, também, por meio fotográfico ou audiovisual.
>
> No entanto, qualquer reprodução dessas representações permanece como atributo exclusivo do titular do direito autoral correspondente, ou seja, originariamente, o autor da obra representada.[56]

Lembremos que as modalidades de utilização de obras protegidas estão previstas no art. 29 da Lei 9.610/98, contando a "reprodução" no inciso I e a "representação", no inciso VIII, alínea a, demonstrando apropriada técnica do legislador ao tratar os dois usos como diferentes entre si.

"Reproduzir" traz a acepção de cópia, idêntica, enquanto que "representar" denota uma nova expressão artística sobre a obra original. Portanto, o art. 48 autoriza a representação "por meio de" outras técnicas artísticas, justamente aquelas taxativamente previstas em lei: pinturas, desenhos, fotografias e procedimentos audiovisuais[7].

E em complemento a essa afinada interpretação, o art. 78 da Lei de Direitos Autorais é expresso no sentido de que a autorização para reproduzir obra de artes plásticas, deve ser feita por escrito e se presume onerosa.

---

[5] NETTO, José Carlos Costa. Direito Autoral no Brasil. 3. ed. São Paulo: Saraiva Educação, 2019 p. 299-300.

[6] Sobre os termos "reprodução" e "representação", vide NETTO, José Carlos Costa. Direito Autoral no Brasil. 3. ed. São Paulo: Saraiva Educação, 2019. p. 245.

[7] Sobre representação, Gama Pellegrini é assertivo: *...obras que estejam permanentemente em logradouros públicos, obras essas que poderão ser livremente representadas, expressão extremamente infeliz, pois representação é típica de obras teatrais, mas por outro lado defini o que vem a ser representação, ou seja, por meio de pinturas, desenhos, fotografias e procedimentos audiovisuais.* (PELLEGRINI, Luiz Fernando Gama. Direito Autoral do Artista Plástico. 2ª ed. São Paulo: Letras Jurídicas, 2011. p. 230).

5. O GRAFITE E SUA EXIBIÇÃO NA PUBLICIDADE

Portanto, é certo que a representação é o único direito possível de ser exercido sobre uma obra localizada em logradouro público. Nenhum outro uso será lícito senão mediante autorização formal.

No entanto, como revela Luis Fernando Gama Pellegrini, a utilização e reprodução das obras em logradouros públicos já representou polêmica "perante o leigo, haja vista o total desconhecimento a respeito, reinando inclusive confusão em torno do que se entende por logradouro público e domínio público"[8].

É evidente que somente a representação é permitida, mas apenas no exercício do fazer artístico daquele que a realiza – ou, como afirmou Gama Pelegrini "apenas para o diletantismo do interessado"[9]. Qualquer outro uso do grafite sem autorização violará o art. 28 e determinados incisos do art. 29, da Lei de Direitos Autorais, além de outros dispositivos desta mesma Lei.

Plínio Cabral, sobre as obras de artes plásticas localizadas em logradouros públicos, esclarece de maneira irretocável:

> "(...). Trata-se de um patrimônio público sem dúvida. Mas um patrimônio público sobre o qual existem direitos morais e materiais do autor.
>
> Pode a obra em logradouro público ser reproduzida?
>
> A lei não fala reprodução. Fala em representação e exemplifica: *'por meio de pinturas, desenhos, fotografias e procedimentos audiovisuais'.*
>
> Já de início temos a conclusão: uma estátua pode ser representada, dentro daquilo que a lei indica, mas não pode ser reproduzida, ou seja: não pode dela fazer cópias em qualquer escala, grande, pequena, ou mesmo minúscula, para adornar chaveiros ou lembranças do local, o que é muito comum.
>
> Portanto, a representação é uma coisa; a reprodução é outra."[10]

E, para dirimir qualquer dúvida a respeito, Gama Pellegrini, após conceituar logradouro público, esclarece:

> "Desta forma, tudo aquilo que está ao alcance do público, tal como as praças, ruas, etc., bem como locais públicos (ainda que construídos por particulares), como museus, entidades culturais e uma série de outros

---

[8] PELLEGRINI, Luiz Fernando Gama. Direito Autoral do Artista Plástico. 2ª ed. São Paulo: Letras Jurídicas, 2011. p. 203.

[9] Conforme cultas palavras de Gama Pellegrini (PELLEGRINI, Luiz Fernando Gama. Direito Autoral do Artista Plástico. 2ª ed. São Paulo: Letras Jurídicas, 2011. p. 213).

[10] CABRAL, Plínio. Direito Autoral: dúvidas e controvérsias. São Paulo: Ed. Harbra, 2000. p. 116.

ATIVIDADE PUBLICITÁRIA NO BRASIL

estabelecimentos similares, denomina-se logradouro público. E é exatamente nos logradouros públicos que encontramos as mais variadas manifestações artísticas, tais como quadros, esculturas, painéis, monumentos, etc., obras essas passíveis de acesso ao público, e que constituem o acervo artístico-cultural de um povo."[11]

Portanto, ainda que exista uma inusitada confusão entre domínio público e logradouro público justificando o uso indiscriminado de obras presentes em locais públicos, são institutos completamente diferentes, de modo que qualquer utilização de um grafite deverá ser precedida da adequada autorização por escrito.

Há de se considerar que a lei pretende apenas proteger o interesse público de representar não a obra, mas sim o logradouro público onde a existência de uma obra de arte faz dele um local peculiar, especial, justificando a própria reprodução artística. O objeto da exceção legal, ou seja, da permissão de representação, não é a obra de arte, mas sim o espaço por ela modificado – espaço esse que por ser de alcance, trânsito, visualização públicos, pode ser livremente representado.

O grafite modifica suficientemente o entorno, chegando mesmo a criar o ambiente e imprimir uma identidade própria, como acontece nas cidades de Berlim e Nova Iorque e em espaços como o Beco do Batman, em São Paulo, e Wyonwood em Miami. Tais espaços não podem ser desvinculados da obra de arte que os distingue, motivo pelo qual não haveria sentido algum extirpá-la de uma representação artística dessa paisagem.

Por outro lado, se assim é, não há que se falar em exceção do art. 48 quando a obra é representada totalmente sozinha, destacada de seu entorno. Neste caso, o fato de estar ou não em logradouro público deixa de ser relevante, na medida em que se busca apresentar a obra de arte em si e não em seu contexto espacial.

Não se pode confundir a facilitação dos registros de ambientes urbanos com a utilização abusiva das obras de arte neles contidas. Fosse assim, na prática, seria absolutamente infrutífero considerar os arquitetos como titulares de direito autoral, na medida em que muitos dos projetos arquitetônicos são realizados para sua execução em logradouros públicos – e nem por isso se admite sua representação fora desse contexto.

---

[11] PELLEGRINI, Luiz Fernando Gama. Direito Autoral do Artista Plástico. 2ª ed. São Paulo: Letras Jurídicas, 2011. p. 204.

5. O GRAFITE E SUA EXIBIÇÃO NA PUBLICIDADE

O que se observa, portanto, é que a utilização do grafite exposto em logradouro público deverá ser precedida de autorização por escrito – e independentemente da existência ou não de interesse econômico em sua reprodução. Não importa a natureza da publicidade a ser veiculada, se em formato audiovisual, fotográfico ou qualquer outro. A ausência da autorização ensejará as indenizações e sanções previstas na Lei Civil e de Direitos Autorais.

A limitação relacionada à reprodução do grafite, assim como qualquer obra situada em logradouros públicos, deve ser interpretada à luz da Regra dos Três Passos.

O art. 46, VIII da Lei de Direitos Autorais reflete a aplicação da regra dos três passos, deixando claro que a limitação ao direito autoral não pode prejudicar o artista e deve preservar a exploração econômica da obra. Ora, por certo uma obra gráfica poderia ser encomendada como cenário de peça publicitária, revertendo em remuneração ao artista contratado. Utilizar-se então de obra sobre a qual o artista desempenhou seu engenho e labor e não o remunerar pelo fato de estar ela localizada em logradouro público o prejudica frontalmente, caracterizando um abuso à liberdade de representação que o art. 48 prevê[12].

O apelo estético do grafite tanto dá margem a novas criações artísticas quanto a ações mercadológicas. Não é raro encontrar os motivos e desenhos transformados em estampas de produtos e cenário de campanhas, aos quais agregam valor de mercado. Funcionam como fator de formação de preço e de interesse de consumo, o que na esfera do justo deve redundar em remuneração adequada ao artista.

---

[12] Sobre a Regra dos Três Passos, Maristela Basso esclarece:
"No âmbito de Berna, o "Teste dos Três Passos" é aplicável apenas às limitações ao direito de reprodução. O Acordo TRIPS, por sua vez, expande o escopo de aplicação do "Teste dos Três Passos" para todas as limitações aos direitos exclusivos dos titulares de direitos autorais, ou seja, mesmo as limitações explicitamente arroladas na Convenção de Berna – as chamadas exceções jure conventionium – deverão ser avaliadas pelo "Teste dos Três Passos" antes de serem observadas no caso concreto.
Conseqüentemente, todas as limitações aos direitos patrimoniais dos titulares de direitos autorais arrolados no Título III, Capítulo III da LDA deverão passar pelo crivo do Teste dos Três Passos antes de sua aplicação. Daí porque, o Brasil, na condição de signatário tanto da Convenção de Berna quanto do Acordo TRIPS, deve pautar a aplicação das limitações (exceções) aos direitos autorais previstas na LDA ao Teste dos Três Passos." (BASSO, Maristela. As Exceções E Limitações Aos Direitos Do Autor E A Observância Da Regra Do Teste Dos Três Passos (three-step-test) Copyright: Exceptions, Limitations And The Three-Step-Test. RFDUPS 2007. Disponível em https://www.revistas.usp.br/rfdusp/article/download/67766/70374/89196 – acesso em 12/01/2021).

Conforme explicado anteriormente, de acordo com o art. 29 da Lei de Direitos Autorais, reprodução e representação são modalidades diferentes de utilização de uma obra, sendo que o referido art. 48 excepciona apenas as "representações" da obra localizada em logradouro público.

Além disso, os direitos autorais estão previstos no art. 5º da Constituição Federal, que lhes dá a natureza de direito fundamental, entendendo-se por descabida a sua renúncia. Na mesma esteira, o art. 4º da Lei de Direitos Autorais determina a interpretação restritiva dos negócios jurídicos envolvendo tais direitos. Portanto, ainda que possível o não exercício do direito de cobrança, não se admite que a mera localização da obra dê margem a interpretação extensiva do ato para implicar renúncia aos direitos patrimoniais de autor.

Vale lembrar que, a par dos direitos patrimoniais, o autor do grafite, assim como de qualquer obra protegida, também tem assegurado o seu direito moral.

No entanto, apesar do entendimento doutrinário sobre o grafite não gozar de divergências no que tange à necessidade da autorização para qualquer forma de uso com exceção da representação, há julgados divergentes, como se verificará adiante.

2. A proteção autoral do grafite na publicidade. Análise da evolução jurisprudencial.

A questão da utilização do grafite na publicidade foi pouco enfrentada na justiça brasileira, já que muitas vezes a questão se resolve antes da apreciação pelos tribunais, seja por acordos extrajudiciais ou pela busca prévia de autorização, à qual agências especializadas já estão habituadas.

Mesmo assim, verificam-se constantes mudanças de orientação jurisprudencial. Ora o entendimento dos Tribunais, especialmente o Tribunal de Justiça de São Paulo, se valia do art. 48 para autorizar a reprodução do grafite em publicidade independentemente de autorização, ora se aproximava do entendimento doutrinário para proibir e impor indenização pelo uso desautorizado.

Uma das primeiras decisões proferidas a respeito do tema pelo Tribunal de Justiça de São Paulo condenou uma editora ao pagamento de indenização por danos morais e materiais em razão da publicação da fotografia de grafite para ilustrar a divulgação de um carro.

5. O GRAFITE E SUA EXIBIÇÃO NA PUBLICIDADE

A mencionada decisão afastou o argumento da editora de que o art. 48 da Lei de Direitos Autorais autorizaria a reprodução do grafite na revista, como se verifica:

> RESPONSABILIDADE CIVIL – Direito de autor –Dano material e moral – Obra realizada em logradouro público, devidamente assinada, reproduzida para fins de divulgação de veículo comercializado por terceiro – Norma do art. 48, da Lei nº 9.610/98, que não afasta a responsabilidade pela reprodução indevida (para fins lucrativos ou comerciais) de obra realizada em logradouro público – Direito moral do autor de ter seu nome ou sinal indicado – Direito patrimonial que reside no fato de não ter sido consentida a divulgação parcial e adaptada de sua obra para fins comerciais – Indenização por dano moral e material devida – Valores pleiteados que se mostram razoáveis – Ação procedente – Inversão do ônus de sucumbência – Recurso provido. (Apelação nº 0163023-79.2010.8.26.0000, julgada em 29 de janeiro de 2013).

Embora não tenha se aprofundado na fundamentação relacionada ao art. 48 da Lei de Direitos Autorais[13], o acórdão reconheceu que a utilização do grafite foi além da representação permitida legalmente.

Dois meses após a decisão retro mencionada, o Tribunal de Justiça de São Paulo deparou-se com situação praticamente idêntica sobre o uso do grafite localizado no mesmo logradouro mencionado na decisão anterior, o Beco do Batman. Desta feita, o grafite foi utilizado como pano de fundo em ensaio fotográfico para catálogo de moda. E a decisão foi semelhante, condenando a confecção responsável pelo catálogo ao pagamento de indenização por danos morais e materiais[14].

Essas decisões se alinhavam perfeitamente ao que o Superior Tribunal de Justiça já havia decidido sobre a necessidade de autorização do titular de obra situada em logradouro público para a sua reprodução em publicidade[15], ainda que esta decisão não se referisse a grafites.

---

[13] Gama Pellegrini critica o Poder Judiciário a respeito a interpretação do artigo 48 da Lei de Direitos Autorais. Vide PELLEGRINI, Luiz Fernando Gama. Direito Autoral do Artista Plástico. 2ª ed. São Paulo: Letras Jurídicas, 2011. p. 233.

[14] TJSP – Apelação nº 0215338-75.2010.8.26.0100, julgada em 20 de março de 2013

[15] CIVIL E PROCESSUAL. RECURSO ESPECIAL. VIOLAÇÃO AO ART. 535. INEXISTÊNCIA. AÇÃO DE INDENIZAÇÃO. DANOS MATERIAIS. DIREITOS AUTORAIS. OBRA EM LOGRADOURO PÚBLICO. REPRODUÇÃO SEM AUTORIZAÇÃO. CABIMENTO.

ATIVIDADE PUBLICITÁRIA NO BRASIL

Mas, em fevereiro de 2014, o Tribunal estadual paulista, por maioria de votos, alterou sua posição[16]. Embora o colegiado tenha considerado que existe proteção autoral ao grafite e que o art. 48 da Lei de Direitos Autorais não permite a reprodução da obra sem autorização, entendeu que não seria possível identificar a autoria de uma obra e não reconheceu como ilícita a conduta da revista que havia publicado a fotografia do grafite, como se vê:

> Logo, não tendo os apelantes identificado seus grafites, não há como se reconhecer que a conduta da apelada foi ilícita, de modo que não procede o pedido de indenização, que tem por fundamento a utilização indevida de obra artística, situação não verifica no caso dos autos. O autor que não identifica a sua obra, gravada em muros e locais públicos, não pode esperar receber a proteção autoral, porque não é razoável impor a terceiro que credite a ele a autoria ou indenize o uso da obra deixada sem assinatura à própria sorte em local público.

Apesar de confirmar o *status* de obra protegida do grafite, como o artista não teria aposto sua assinatura junto da obra, invocando o artigo 15 da Convenção de Berna[17], o Tribunal afastou a ilicitude da conduta da revista.

Com efeito, a citada Convenção e a própria Lei 9.610/98 preveem a possibilidade de confirmação da autoria com a aposição do nome, pseudônimo, iniciais, sinal convencional ou marca que identifique. Eis algo corriqueiro no mundo do grafite, em que os artistas imprimem um estilo próprio sem necessariamente assinarem seu trabalho, herança de uma época em que essa arte era marginalizada e vista como sujeira e vandalismo.

(...)
II. A obra de arte colocada em logradouro da cidade, que integra o patrimônio público, gera direitos morais e materiais para o seu autor quando utilizado indevidamente foto sua para ilustrar produto comercializado por terceiro, que sequer possui vinculação com área turística ou cultural.
(...)
V. Recurso especial conhecido em parte e, nessa parte, parcialmente provido.
(STJ – 22 de março de 2011 – RESP Nº 951.521 – MA)
[16] TJSP – Apelação com revisão N° 0139036-39.2009.8.26.0100, julgada em 25 de fevereiro de 2014.
[17] ARTIGO 15
1) Para que os autores das obras literárias e artísticas protegidos pela presente Convenção sejam, até prova em contrário, considerados como tais e admitidos em consequência, perante os tribunais dos países da União, a proceder judicialmente contra os contra fatores, basta que os seus nomes venham indicados nas obras pela forma usual. O presente parágrafo é aplicável mesmo quando os nomes são pseudônimos, desde que os pseudônimos adotados não deixem quaisquer dúvidas acerca da identidade dos autores.

5. O GRAFITE E SUA EXIBIÇÃO NA PUBLICIDADE

Convém ressaltar que a indicação de qualquer signo não é condição para a outorga de autoria, mas sim indicativo. Além disso, da mesma forma que tal autoria pode ser impugnada em juízo, também pode ser confirmada, por todos os meios de prova, sendo suficiente para trazer a proteção da lei autoral. Pelo teor do voto vencido[18], acredita-se que a titularidade havia sido satisfatoriamente confirmada.

Ao que parece, a decisão retro mencionada já predizia alteração no entendimento do Tribunal paulista, que em 2016, negou o pedido de indenização por danos materiais em razão da reprodução de grafite – novamente do Beco do Batman – em matéria jornalística, utilizando como fundamento, de maneira equivocada, o próprio art. 48:

> Direito autoral. Direitos patrimoniais e morais de autor. Reprodução de obra do tipo 'grafite' em fotografias inseridas em matéria de revista automobilística editada pela ré. Direitos patrimoniais não vulnerados. Obra situada permanentemente em logradouro público, cuja reprodução é livre. Inteligência do art. 48 da Lei 9.610/98. Ausência, outrossim, de intuito comercial da reprodução, dado o caráter nitidamente jornalístico da matéria. Direitos morais, por outro lado, violados. Imagem reproduzida da obra que foi manipulada digitalmente, ao ponto de restar descaracterizada e deformada. Manutenção da incolumidade da obra ou, ao revés, introdução de modificação superveniente que consistem em prerrogativas personalíssimas do criador (art. 24, IV e V, da Lei 9.610/98). Dano moral caracterizado, na hipótese, 'in re ipsa', mediante a publicação. Responsabilidade civil da ré caracterizada. 'Quantum' arbitrado com razoabilidade, pela sentença. Ação parcialmente procedente. Sentença reformada em parte. Recurso parcialmente provido. (Apelação nº 0139084- 90.2012.8.26.0100, julgada em 17 de março de 2016).

O acórdão entendeu que, pelo fato de se tratar de matéria jornalística, estaria ausente o intuito de lucro e, desse modo, autorizada a sua reprodução.

Tal fundamento não se sustenta, pois a Lei de Direito Autoral franqueia aos meios de comunicação a citação de passagens de qualquer obra,

---

[18] De acordo com o voto vencedor:
Na petição inicial e na réplica os apelantes alegaram que são conhecidos, que integraram livro específico de arte de rua editado pelo Museu de Arte Contemporânea de São Paulo e que suas obras têm similitudes que permitem conhecer a autoria. Contudo, essas alegações não são suficientes a concluir que a ré tinha condições de saber que estava utilizando grafite de sua autoria.

desde que na medida justificada para atingir a finalidade de estudo, crítica ou polêmica[19].

Assim, o fato noticioso ocorrido no Beco do Batman, ou em qualquer outro logradouro em que obras estejam expostas, poderá ser retratado. Porém, no caso em comento, houve "manipulação digital" da obra, de modo a comprovar que a sua reprodução não ocorreu em virtude de fato jornalístico, mas foi intencionalmente utilizada com intuito econômico.

Por outro lado, é importante ressaltar que o acórdão manteve a condenação imposta em primeira instância por violação ao direito moral de autor em razão do desrespeito à incolumidade da obra.

Apesar de alguma incongruência, já que houve manipulação da imagem e não apenas ilustração da matéria jornalística, a decisão acima mencionada parece ter influenciado os julgados no Tribunal de Justiça de São Paulo a partir de então.

Em maio de 2016, mais uma vez o TJSP rejeitou pedido indenizatório novamente em razão do uso de obra grafitada no Beco do Batman em ensaio fotográfico de moda, sob o fundamento de que o "sentido de acessoriedade" retiraria "a ilicitude do emprego da obra"[20].

O Tribunal paulista afastou-se ainda mais do entendimento doutrinário acerca do art. 48 da Lei de Direitos Autorais, invocando os conceitos de representação e reprodução nele inseridos, reproduzindo citação doutrinária anterior à atual Lei de Direitos Autorais[21] e aplicando irregularmente a regra dos três passos, para justificar o caráter lícito da reprodução da obra:

> "Essa regra é relevante para o desate da lide. O intuito do legislador foi o de equilibrar a utilização, que é expressão de cultura, ainda que para fins outros que não propriamente o de estudar a arte, sem provocar prejuízo injustificado ao titular da obra. Quando se faz um ensaio no "Beco do Batman" está sendo valorizado o grafite que aparece e todos sabem que essa modalidade de arte sofreu discriminações antes de se

---

[19] Art. 46, inc III, da Lei de Direitos Autorais.
[20] Apelação nº 1001669-19.2015.8.26.0011 – Julgada em 5 de maio de 2016.
[21] Nos termos do acordão:
Um outro artigo da Lei 9610/98, poderá ser mencionado (art. 48), porque permite a "representação" (a legislação anterior permitia "reprodução") de obras situadas permanentemente em logradouros públicos. EDUARDO VIEIRA MANSO dizia que "a obra de arte que estiver nesses locais pode ser livremente reproduzida, pois é presumível que seu autor, ao entregá-la ao povo, abandonou seus direitos patrimoniais sobre ela" (Direito autoral, José Bushatsky editor, SP, 1980, p. 300, item 177).

5. O GRAFITE E SUA EXIBIÇÃO NA PUBLICIDADE

firmar como obra de direito autoral. Quando o uso não explora ou não abusa da imagem retratada ou dos versos recitados, o legislador prioriza o aspecto social da arte revelada, prejudicando o personalíssimo (o direito do autor). É uma opção do legislador e cumpre respeitá-la, desde que não se ultrapasse o ponto em que se situa o abuso.

(...)

O grafite da autora embelezou a fotografia, não resta dúvida, e o produto final não foi criado para o varejo, mas, sim, com propósito de divulgação artística. Não é a essência do ensaio fotográfico e há uma variação estética na colocação das mochilas e isso deixa o mural "PANDA" como cenário de fundo. Pode ser afirmado que qualquer outra ilustração naquela paisagem faria o mesmo sentido e isso é decisivo, ou seja, a acessoriedade em relação aos objetos ali descritos como alvo das revelações."

A decisão aplica de maneira irregular a regra dos três passos, afinal se a obra de fundo fosse efetivamente acessória, não haveria necessidade de deslocamento de toda uma equipe até o local para produção do ensaio fotográfico. Qualquer rua, parque, ou até mesmo estúdio fotográfico poderia funcionar como cenário desejado.

Foi exatamente esse o entendimento proferido pelo mesmo Tribunal, um ano mais tarde, na Apelação nº 1007409-55.2015.8.26.0011 (julgada em 12 de abril de 2017), restabelecendo uma interpretação mais firme do art. 48 da Lei de Direitos Autorais:

> Equivocada, data vênia, a afirmação de que as obras, por se situarem em logradouros públicos, autorizam a sua livre representação por meio de pinturas, desenhos, fotografias e procedimentos audiovisuais, posto que o artigo 48 da lei nº 9.610/98, não afasta a responsabilidade das rés de remunerar os autores pela reprodução das obras, uma vez que essas valorizaram o resultado final do vídeo realizado.
>
> Se os graffitis não agregassem valor ao material publicitário e, consequentemente, ao produto por ele lançado ao mercado, como alegam as rés, não teriam elas elegido justamente o local onde se situam as obras artísticas para servirem de pano de fundo do filme de divulgação do novo automóvel da Nissan.

Essa interpretação do citado art. 48 e demais dispositivos relacionados às obras de artes plásticas e, por consequência, ao grafite, foi temporariamente restabelecida, pois, em julgamento posterior sobre o assunto[22], prevaleceu o entendimento de que o fato de estar em via pública não afasta a necessidade de autorização e remuneração pelo uso ou reprodução da obra:

> DIREITO AUTORAL – INDENIZAÇÃO POR DANOS MATERIAIS E MORAIS – Pleito indenizatório fundado na publicação e reprodução de obra de arte (grafite) de titularidade do requerente, em editorial de moda publicado pela Revista VIP, pertencente à ré (sem indicação da respectiva autoria, tampouco autorização) – Parcial procedência – Norma do artigo 48, da Lei nº 9.610/98, que não afasta a responsabilidade pela reprodução indevida (para fins lucrativos ou comerciais) – Autoria identificável – Dano moral que é presumido e decorre da indevida utilização de obra do autor – Quantum indenizatório – Montante de R$ 10.000,00 que se mostra adequado e atende à finalidade da condenação – Danos materiais – Fixação no valor equivalente às edições comercializadas da revista, multiplicado pelo preço de capa e dividido pela número de páginas (atingindo a cifra de R$ 4.328,21) – Correta aplicação do art. 103, par. único, do mesmo diploma legal – Sentença mantida – Recurso improvido.

É importante revelar que este acórdão foi objeto de Recurso Especial e que o Superior Tribunal de Justiça manteve a decisão do Tribunal paulista por meio de aprofundada decisão que será mais adiante analisada.

Esse entendimento, entretanto, não foi o mesmo quando da utilização de grafite situado em uma praça na cidade de Osasco, na novela Chiquititas, do SBT. As obras fizeram parte da trama da novela, sendo sua titularidade atribuída a um de seus personagens.

Artistas criadores dos grafites ajuizaram ação requerendo indenização pelo uso desautorizado, pela ausência de crédito e pela atribuição da titularidade a personagem.

Todas as ações foram julgadas de forma semelhante[23]. O Tribunal de São Paulo afastou os pedidos de indenização pelo uso, mais uma vez utilizando equivocadamente o art. 48 da Lei de Direitos Autorais como fundamento para a desnecessidade de autorização e invocando o fato de que os

---

[22] Apelação n. 1005221-33.2013.8.26.0020 – julgado em 31/05/2017
[23] Apelação n. 1001720-12.2015.8.26.0405 – julgada em 07/06/2017
Apelação n. 1012392-79.2015.8.26.0405 – julgada em 30/07/2018
Apelação n. 1007565-88.2016.8.26.0405 – julgada em 30/07/2018
Apelação n. 1018561-48.2016.8.26.0405 – julgada em 02/07/2019

5. O GRAFITE E SUA EXIBIÇÃO NA PUBLICIDADE

autores foram remunerados pela Prefeitura de Osasco para apor suas obras na praça. Os acórdãos também afastaram o pedido de danos morais pela atribuição da autoria ao personagem, acolhendo apenas o pedido de dano moral de autor, ante a ausência dos créditos.

Ainda que as decisões retro mencionadas não se refiram à publicidade, é importante observar que a interpretação que se fez do art. 48 da Lei de Direitos Autorais é deveras simplificada e parece ter trazido de volta ao Tribunal paulista o entendimento mais afastado das premissas doutrinárias reveladas na primeira parte deste texto.

Constata-se que a jurisprudência tem frequentemente conferido interpretação extensiva ao termo representação, sem se atentar ao fato de que representação não é reprodução.

Mais do que isso, a fundamentação das decisões afasta-se de outros dispositivos da Lei de Direitos Autorais que, como enfatizado anteriormente, determinam que a autorização para reprodução de obra de artes plásticas seja feita por escrito, presumindo-se onerosa (art. 78).

Decisões mais recentes proferidas pelo Tribunal de Justiça de São Paulo são exemplos desse entendimento, mesmo quando o grafite é reproduzido em obra de caráter publicitário.

Em dois julgamentos datados de fevereiro de 2018, o TJSP voltou a afirmar que o uso da imagem do grafite "como pano de fundo em campanha publicitária"[24] de um shopping center e que o "sentido de acessoriedade" [25] do uso da obra em editorial de moda retiram a ilicitude da reprodução do grafite e dispensam a autorização.

O Tribunal de Justiça do Rio de Janeiro comungou do mesmo entendimento dominante no Tribunal paulista, ou seja, aplicou equivocadamente o art. 48 da Lei de Direitos Autorais e concluiu que o uso do grafite em obra publicitária de maneira acessória não constitui ilicitude[26].

Porém, ainda no Tribunal carioca, esse entendimento foi suplantado por acórdão que apreendeu perfeitamente o sentido de aproveitamento econômico do grafite e a diferença entre o espaço público e domínio público. Observe-se, contudo, que não se tratava de reprodução em publicidade, mas de clipe musical[27].

---

[24] TJSP – Apelação n. 0193274-37.2011.8.26.0100 – julgada em 07/02/2018.
[25] TJSP – Apelação n. 1034084-79.2015.8.26.0100 – julgada em 27/02/2018.
[26] TJRJ – Apelação Cível nº 0293166-12.2014.8.19.0001 – julgamento: 15/05/2018
[27] TJRJ – Acórdão Apelação 0306287-73.2015.8.19.0001 – data de julgamento: 08/08/2018

ATIVIDADE PUBLICITÁRIA NO BRASIL

Mais recentemente, em duas oportunidades, o TJSP retomou o entendimento de que a autorização para exibição do grafite em publicidade é imprescindível.

Um dos acórdãos julgou o uso de grafite em publicidade de plataforma de mobilidade urbana. E, em que pese a plataforma ter se valido de interpretação própria do art. 48 da Lei de Direitos Autorais para se furtar a indenizar, o Tribunal entendeu que:

> O artigo 48, da Lei nº 9.610/98, citado pela requerida, não afasta a responsabilidade da ré, ora apelante, pela reprodução indevida (para fins lucrativos ou comerciais) da obra do autor, qual seja, grafite, realizado em logradouro público e devidamente assinado.[28]

Na outra decisão, o Tribunal paulista finalmente invocou a doutrina especializada para diferenciar a representação mencionada no já conhecido art. 48 da Lei de Direitos Autorais, da reprodução de um dos grafites do Beco do Batman perpetrada por comércio de calçados em publicidade de seus produtos[29].

Mas, em seguida, o TJSP retornou ao seu ultrapassado entendimento de que o art. 48, ao invés de impedir, permite livremente a reprodução de obras situadas em logradouros públicos[30].

Finalmente, em 25 de agosto de 2020, o Superior Tribunal de Justiça enfrentou a questão da reprodução de grafite em publicidade. Até esta data, a Alta Corte não havia enfrentado o mérito de nenhum dos julgados citados neste artigo.

E o resultado desse julgamento – que, espera-se, passe a firmar a jurisprudência no sentido mais próximo do que os doutrinadores ensinam – foi exemplar. Após estudar as origens do grafite, o acórdão do STJ invocou a hermenêutica e os doutrinadores especializados no assunto para dar a adequada interpretação do art. 48 da Lei de Direitos Autorais, culminando em acórdão cuja ementa foi assim fixada:

> RECURSO ESPECIAL. PROCESSUAL CIVIL. DIREITO AUTORAL. VIOLAÇÃO. OBRA ARTÍSTICA. GRAFITISMO. MANIFESTAÇÃO CULTURAL. PROTEÇÃO LEGAL. EXPLORAÇÃO COMERCIAL. AUTORIZAÇÃO DO AUTOR. INEXISTÊNCIA. LOGRADOURO

[28] Apelação n. 1085160-40.2018.8.26.0100 – julgada em 03/09/2019.
[29] Apelação n. 1057152-53.2018.8.26.0100 – julgada em 27/11/2019.
[30] Apelação n. 1004260-39.2019.8.26.0099 – julgada em 25/06/2020

PÚBLICO. PUBLICIDADE. FINS LUCRATIVOS. CONSENTIMENTO. IMPRESCINDIBILIDADE. ART. 48 DA LEI Nº 9.610/1998 (LDA). PREJUÍZO. EXISTÊNCIA. RESPONSABILIDADE CIVIL. INDENIZAÇÃO. DANOS MORAIS E MATERIAIS. CABIMENTO. CRÉDITO. IDENTIFICAÇÃO. INDISPONIBILIDADE. ARTS. 24 e 79, §1º, DA LDA. DISSÍDIO JURISPRUDENCIAL. AUSÊNCIA.

(...)

2. Cinge-se a controvérsia a aferir se a conduta da ré, de utilizar obra de arte do autor, localizada em logradouro público, em proveito econômico e comercial próprio, sem a necessária autorização do criador, sem lhe oferecer remuneração ou indicar seu crédito, caracteriza infração ao art. 48 da Lei nº 9.610/1998 (LDA).

3. A obra artística representada pelo grafite é protegida pela Lei de Direitos Autorais, sendo que eventual exposição de desenho sem o consentimento do autor, sua identificação por meio de créditos (art. 79, § 1º, da Lei 9.610/1988) ou remuneração retratam contrafação passível de indenização moral e patrimonial.

4. Somente ao autor é conferida a possibilidade de permitir a exploração econômica ou comercial de sua obra de arte, ainda que esta se encontre em logradouro público.

5. Recurso especial não provido.

(RECURSO ESPECIAL Nº 1.746.739 – SP – julgado em 25 de agosto de 2020)

É de se esperar que a partir desta decisão do STJ, a jurisprudência passe a caminhar lado a lado com o entendimento doutrinário que já havia se debruçado sobre o tema com suficiente proficiência.

3. A prática. Os anunciantes e as agências pedem autorização procuram os grafiteiros? Eles são procurados para fazer um trabalho específico?

Apesar de ser relativamente recente o debate jurisprudencial acerca da proteção autoral às obras de grafite e de boa parte do repertório de decisões ter como fulcro a localização espacial da obra em logradouro público, a prática do mercado das Artes se mostra já muito consolidada em tratativas prévias e remuneradas aos artistas.

ATIVIDADE PUBLICITÁRIA NO BRASIL

Cientes de que as autorizações devem ser anteriores e que cabe ao autor decidir pela fixação ou não de remuneração, bem como pela extensão e pelos termos do licenciamento, os produtores de conteúdo publicitário têm o hábito de buscar as autorizações autorais diretamente ou por intermédio de escritórios voltados a liberações de direitos ou de advogados especializados na área. Muitas agências possuem departamento próprio para essa fase da produção, demonstrando que o atendimento à legislação autoral está consolidado no seu fluxo de produção.

Demais disto, muitas obras são encomendadas para os grafiteiros e produzidas em estúdio, de acordo com a campanha a ser produzida. Nestes casos, fica contratualmente estabelecida a remuneração autoral do artista e os limites da utilização.

Atuando desde 2002, a Associação Brasileira dos Direitos dos Artistas Visuais (AUTVIS) congrega artistas visuais nacionais, como fotógrafos, pintores, escultores, arquitetos e também grafiteiros. Atua realizando as autorizações e recolhendo os direitos patrimoniais de autor de seus associados, seja pelo direito de sequência, exibição ou reprodução das obras nos mais diversos suportes como livros, revistas, catálogos, audiovisuais, objetos, dentre outros. Por meio de contratos internacionais, representa artistas filiados a associações estrangeiras congêneres e realiza a arrecadação dos direitos patrimoniais dos artistas brasileiros no exterior.

De acordo com levantamento realizado junto à entidade em janeiro de 2021, no ano anterior os licenciamentos nacionais de obras de grafite corresponderam a 7% das autorizações realizadas para as mais diversas finalidades, incluídas obras localizadas em logradouros públicos.

Sendo a AUTVIS uma associação de gestão coletiva, seus parâmetros de cobrança são definidos anualmente, dentro de critérios de razoabilidade, boa-fé, de acordo com os usos do local de utilização das obras, nos termos do art. 97, § 3º do diploma autoral.

De qualquer modo, o artista – associado ou não – tem o direito de ver remunerada a utilização de sua obra, mais ainda havendo a exploração econômica por terceiros, como é o caso da publicidade. Afinal, conforme visto, não é o fato de ser "de rua" que tira de alguém a qualidade de artista e sua proteção como tal. Da mesma forma que a sociedade percebeu a relevância estética do movimento do grafite, devem o Direito e seus operadores aplicarem a lei sem ilações preconceituosas ou aproveitadoras, permitindo que os artistas grafiteiros também possam viver de sua arte.

Conclusões

Como se viu, a jurisprudência pátria vem sendo produzida com alguma dissonância com o que se realiza na prática em relação à remuneração autoral pela utilização do grafite na publicidade, talvez pela especificidade das práticas do mercado ou pela escassez de recursos que chegam aos colegiados. Apesar da impossibilidade de afirmarmos com base em dados, a experiência na advocacia mostra que as negociações prévias são uma realidade e que utilizações indevidas tendem a se resolver com relativa facilidade mediante a conscientização dos usuários acerca das disposições legais e das necessidades dos artistas. No caso de litígios, a composição tende a vir antes da apreciação judicial, seja após o encaminhamento de notificação extrajudicial ou do ajuizamento da ação.

É de suma importância que as relações entre artistas, usuários e sociedade sejam equacionadas sem prejuízo para aqueles que têm na produção artística o seu meio de sobrevivência. Para tanto, impõem-se o reconhecimento da arte do grafite como tal e o cuidado dos usuários de obras, agência aí incluídas, na procura e na justa remuneração do grafite utilizado em peças publicitárias.

REFERÊNCIAS

ABRÃO, Eliane Y. *Direito de autor e direitos conexos*. 2. ed. rev. e ampl. São Paulo: Migalhas, 2014.

BASSO, Maristela. *As exceções e limitações aos direitos do autor e a observância da Regra do Teste dos Três Passos (Three-Step-Test) Copyright: exceptions, limitations and The Three-Step-Test*. RFDUPS 2007. Disponível em https://www.revistas.usp.br/rfdusp/article/download/ 67766/70374/89196. Acesso em 12/02/2021.

BITTAR, Carlos Alberto. Direito de Autor. 3ª ed. Rio de Janeiro: Forense Universitária, 2001.

CABRAL, Plínio. Direito Autoral: dúvidas e controvérsias. São Paulo: Ed. Harbra, 2000.

CHINELLATO, Silmara Juny de Abreu. *Direito de autor e direitos da personalidade: reflexões à Luz do Código Civil* (Tese para concurso de Professor Titular da Faculdade de Direito da Universidade de São Paulo), São Paulo, 2008.

CHINELLATO, Silmara Juny de Abreu. Requisitos fundamentais para a proteção autoral de obras literárias, artísticas e científicas. Peculiaridades da obra de artes plásticas. *In* Mamede, Gladston; Franca Filho, Marcílio Toscano; Rodrigues Junior, Otavio Luiz, organizadores. *Direito da arte*. São Paulo: Atlas, 2015.

ATIVIDADE PUBLICITÁRIA NO BRASIL

DIAS, Sílvia Freire. *O spray e a tinta: a cobertura da imprensa sobre os grafites artísticos nos anos 80*. Dissertação (Programa de Pós-graduação em Estética e História da Arte). Universidade de São Paulo, São Paulo, 2019.

NETTO, José Carlos Costa. *Direito Autoral no Brasil*. 3. ed. São Paulo: Saraiva Educação, 2019.

PELLEGRINI, Luiz Fernando Gama. Direito Autoral do Artista Plástico. 2ª ed. São Paulo: Letras Jurídicas, 2011.

REZENDE, Flavia Romano de. A tutela da arte de rua na perspectiva do Direito Autoral (Dissertação apresentada como requisito para obtenção do título de Mestre em Direito, pela Universidade Estácio de Sá). Rio de Janeiro, 2018.

6.
USO DE *MEMES* E *EMOJIS* NO ÂMBITO PUBLICITÁRIO E DIREITO DE AUTOR

Manoel J. Pereira dos Santos

Introdução

As novas tecnologias, decorrentes sobretudo da revolução da informática e da telemática, promoveram diversas inovações criativas que, rapidamente, ocuparam o primeiro plano do ambiente da comunicação social. Entre essas inovações criativas citam-se os *"memes"* e os *"emojis"*.

A ideia de que o meio é a mensagem, defendida por MARSHALL MCLUHAN, revela-se cada vez mais verdadeira. A comunicação se baseia em conteúdos, mas as ferramentas de comunicação são elementos centrais da mensagem. Os emissores e receptores da comunicação digital valem-se de recursos que facilitam o compartilhamento de significados por meio de um processo de reatroalimentação baseado na interatividade.

1. *Memes* e direito de autor

"Memes" são formas criativas de expressão que se destinam a serem replicadas e difundidas no ambiente da Internet. Existem diversas modalidades de *"memes"*, como desenhos, ilustrações, fotos, imagens, vídeos, músicas, sons, frases e outras representações simbólicas de significados que possam ser compreendidas e reproduzidas facilmente. Os *"memes"* são empregados em diversas modalidades de comunicação, geralmente com conteúdo crítico ou satírico, mas também ingressaram no âmbito da publicidade e da propaganda, tornando-se um elemento cultural importante. A popularidade dos *"memes"*

ATIVIDADE PUBLICITÁRIA NO BRASIL

cresceu com as redes sociais, que permitem o compartilhamento fácil e rápido de vídeos e imagens.

No CAMBRIDGE DICTIONARY, é definido como *"a cultural feature or a type of behaviour that is passed from one generation to another, without the influence of genes: a meme is the cultural equivalent of the unit of physical heredity, the gene."*[1] O MERRIAM-WEBSTER define-o como *"an idea, behavior, style, or usage that spreads from person to person within a culture."*[2]

O termo *"meme"*, derivado do grego, significa imitação e foi criado originalmente por RICHARD DAWKINS, no best-seller O GENE EGOISTA, como replicador de comportamento, ou seja, uma forma de propagação cultural, estudada dentro do campo conhecido como Memética. DAWKINS escolheu esse termo por sua proximidade com o conceito de *gene*, ou seja, por ser uma unidade de informação que se autopropaga. Assim explica o autor: *"We need a name for the new replicator, a noun that conveys the idea of a unit of cultural transmission, or a unit of imitation."*[3]

Na década de 1990 o termo passou a ser usado na Internet como uma imagem ou vídeo que se espalha pelas mídias sociais e outros meios de maneira viral: *"A 'meme', of course, is an idea that functions in a mind the same way a gene or virus functions in the body. And an infectious idea (call it a "viral meme") may leap from mind to mind, much as viruses leap from body to body."*[4] Portanto, o *"meme"* está associado à *"viralização"* de uma informação ou mensagem, que pode ser tanto copiada quanto imitada. E essa é uma das características do *"meme"*: sua capacidade de ser modificado ou adaptado, aumentando sua multiplicação.

Na medida em que sejam formas criativas de expressão, os *"memes"* são suscetíveis de tutela autoral em face do que dispõe o Art. 7º, inciso VIII da Lei de Direitos Autorais vigente (Lei n. 9.610 de 1998). No entanto, não é toda e qualquer criação produzida pelo homem que deve merecer a proteção autoral. O direito de exclusividade que decorre desse regime protetivo pressupõe que

---

[1] *"Uma característica cultural ou um tipo de comportamento que é passado de uma geração a outra, sem a influência dos genes: um meme é o equivalente cultural da unidade de hereditariedade física, o gene."*

[2] *"Uma ideia, comportamento, estilo ou uso que se espalha de pessoa para pessoa dentro de uma cultura."*

[3] The Selfish Gene, Oxford, Oxford University Press, 1976, p. .(*"Precisamos de um nome para o novo replicador, um substantivo que transmita a ideia de uma unidade de transmissão cultural, ou uma unidade de imitação."*)

[4] (*"Um 'meme', claro, é uma ideia que funciona na mente da mesma forma que um gene ou vírus funciona no corpo. E uma ideia infecciosa (chame-a de "meme viral") pode saltar de mente para mente, assim como os vírus saltam de corpo para corpo."*) Mike Godwin, Meme, Counter-meme, post de WIRED, datado de 10.01.1994 (https://www.wired.com/1994/10/godwin-if-2/. Acesso em 14-2-2021). Ver também Vicky Ludas Orlofsky, Memes, Fair Use, and Privacy, acessível em https://www.oif.ala.org/oif/?p=16873.

6. USO DE *MEMES* E *EMOJIS* NO ÂMBITO PUBLICITÁRIO E DIREITO DE AUTOR

haja um contributo mínimo do autor[5], o que na disciplina de Direito de Autor se denomina de *originalidade*. O que caracteriza a *originalidade* é o fato de que cada trabalho deve se revestir de *criatividade*, ou seja, resultar de determinada contribuição pessoal do seu autor, concretizada em uma forma determinada que é distinta de outras existentes. Portanto, embora não se deva avaliar o seu mérito, exige-se que a criação não seja banal ou comum de forma a justificar que seu criador usufrua de uma exclusividade legal.

A Lei de Direitos Autorais não estabelece expressamente o requisito da originalidade. A jurisprudência, contudo, exige a originalidade ou criatividade como requisito de proteção.[6] Cabe, pois, analisar no caso concreto se determinado *"meme"* satisfaz esse requisito, porquanto determinadas formas de expressão podem ser destituídas do caráter de criatividade pelo fato de reproduzirem elementos estereotipados, podendo ser até mesmo muito semelhantes a outras manifestações existentes no mercado.

Existem outras questões associadas com a utilização de *"memes"*. Uma primeira problemática decorre do fato de que alguns *"memes"* resultam da modificação, adaptação ou outra modalidade de transformação de uma criação preexistente, ou seja, muitos *"memes"* são criados a partir de uma criação preexistente. Portanto, deve-se inicialmente determinar se existe ou não uma obra nova e autônoma, denominada obra derivada, ou se existe apenas uma obra modificada.

O inciso VIII, letra "g", do Art. 5° da Lei de Direitos Autorais define obra derivada como *"a que, constituindo criação intelectual nova, resulta da transformação de obra originária."* Conforme menciona OLIVEIRA ASCENSÃO, analisando preceito similar da legislação anterior (Art. 4°, VI, "g", da Lei N° 5.988/1973),

---

[5] *APELAÇÃO CÍVEL N° 70045823044 – 6° CÂMARA CÍVEL – T.J.R.S. – 8.11.2012 – ARTUR ARNILDO LUDWIG – APELAÇÃO CÍVEL. DIREITO AUTORAL. CONTRIBUTO MÍNIMO. PLÁGIO. GOOGLE DO BRASIL. DANO MORAL E MATERIAL, ESTE CONSISTENTE EM LUCROS CESSANTES A SER APURADO EM LIQUIDAÇÃO DE SENTENÇA POR ARTIGOS. (omissis) 2. O contributo mínimo, que consiste no mínimo grau criativo necessário para que uma obra seja protegida por direito de autor, tem também status de norma constitucional, devido sua qualidade de elemento presente no cerne do balanceamento – entre o exclusivo autoral e o acesso à cultura – justificador do direito do autor. Além disso, o contributo mínimo decorre de normas fundamentalmente constitucionais, tendo em vista a fundamentalidade das normas constitucionais que tratam do direito do autor e do direito de acesso à cultura.*

[6] T.J.S.P. – 7ª. C.D.P. – APELAÇÃO CÍVEL COM REVISÃO n° 37 6.628-4/9-00 – 15.8.2007 – RELATOR: JOSÉ CARLOS FERREIRA ALVES – INDENIZAÇÃO – *Direito autoral – Alegação de uso pela ré, sem autorização, de criação intelectual elaborada pelo autor, consistente no slogan "Antártica: é do Pingüim", em campanha publicitária – Slogan publicitário que não se reveste de criatividade e originalidade suficientes a ensejar proteção jurídica – Dado provimento ao recurso da ré e negado provimento ao do autor.*

ATIVIDADE PUBLICITÁRIA NO BRASIL

"[a] obra derivada baseia-se pois na essência criadora preexistente; sobre ela realiza uma nova criação."[7] A concisão da definição legal evoca, porém, a existência na obra derivada de dois elementos caracterizadores: primeiro, a dependência de uma obra preexistente, chamada de *"obra originária ou primígena"*, e, segundo, a *autonomia criativa* da nova obra.

Por essa razão, esclarecem CARLOS A. VILLALBA e DELIA LIPSZYC que *"[o]bra derivada es aquella que depende de una obra preexistente, como sucede con las adaptaciones, las traducciones, las compilaciones, las anotaciones y los comentários; los resúmenes y extractos; los arreglos musicales, y otras transformaciones."*[8] Contudo, se estabelecer a relação de dependência de uma obra com outra resulta de fatores objetivos, não é simples estabelecer o que configura uma *"criação nova"*. Isto porque o requisito da proteção autoral, não sendo a novidade, no sentido empregado pela Lei de Propriedade Industrial, mas sim a *originalidade*, ressente-se de maior grau de subjetividade.

Embora, ao distinguir a obra derivada da obra originária, o Legislador tenha utilizado as expressões *"criação autônoma"* (Art. 4°, VI, letra "g" da Lei n° 5.988/73) e *"criação intelectual nova"* (Art. 5°, VIII, letra "g" da Lei n° 9.610/98), o que pretendeu foi enfatizar que a proteção da derivação como obra autônoma pressupõe que haja uma outra *"criação intelectual"* resultante da contribuição pessoal de seu autor. Portanto, a expressão *"criação nova"* não evoca o requisito material de novidade, mas sim o requisito de que a obra derivada deve se distinguir da obra primígena. Evoca-se, pois, o caráter de *singularidade* que toda obra intelectual deve ter para merecer a tutela legal.

Com efeito, apesar da utilização do termo *"novo"*, não se trata da chamada novidade objetiva, porquanto o Legislador evidentemente não se refere àquilo que não foi anteriormente tornado acessível ao público por qualquer meio. Se assim fosse a obra derivada produzida por terceiro não seria suscetível de proteção autônoma uma vez que ela necessariamente resulta da transformação de uma obra preexistente. O que importa é a existência de uma *"criação intelectual"* distinta.

Essa contribuição original relativa pode estar presente tanto no modo de expressão em sentido estrito, razão pela qual a tradução é uma obra derivada da versão original; quanto na estrutura ideativa, porquanto o arranjo musical é obra derivada da criação originária. Por vezes, a originalidade se traduz

---

[7] Oliveira Ascensão, Direito Autoral, 2ª. edição, Rio, Renovar, 1997, p. 85.
[8] Carlos A. Villalba e Delia Lipszyc, El Derecho de Autor en Argentina, Buenos Aires, La Ley, 2001, p. 28.

6. USO DE *MEMES* E *EMOJIS* NO ÂMBITO PUBLICITÁRIO E DIREITO DE AUTOR

na singularidade do modo de expressão e da estrutura ideativa, porquanto a adaptação cinematográfica é obra derivada da criação literária originária. Na doutrina estrangeira, quem melhor sistematizou a teoria da obra derivada foi HENRI DESBOIS, ao explicar que *"[l]'originalité relative se manifeste soit à la fois dans la composition et l'expression, soit, seulement, dans l'expression, soit enfin, seulement, dans la composition."* [9]

Ocorre que, segundo dispõe o Art. 29, incisos III e IV, ficam sujeitas a autorização prévia e expressa do autor a tradução, a adaptação e quaisquer outras transformações da obra originária de maneira que a derivação lícita depende de anuência do autor preexistente. Caso o *"meme"* caracterizasse mera modificação de outra obra, ainda assim a autorização prévia seria necessária não só para a realização da modificação, quanto para a utilização da obra modificada. Mas, nesse caso não seria uma derivação, ou seja, uma criação autônoma.

Costuma-se buscar no capítulo das limitações aos Direitos de Autor a possibilidade de incidência de uma das hipóteses de uso lícito de obra alheia uma vez que essas previsões legais visam justamente estabelecer o equilíbrio entre o interesse privado e o interesse público. Uma dessas hipóteses expressamente autorizadas pela legislação de grande parte dos países é a *paródia*, que é claramente uma limitação em favor da liberdade de criação[10].

Constituindo obra derivada, a paródia implica o aproveitamento substancial da obra preexistente, ainda que mediante a utilização de um recurso criativo, que é a imitação burlesca. Em outras palavras, a paródia deve refletir efetiva contribuição de seu autor[11]. Portanto, se o *"meme"* resultar da adaptação ou de outra modalidade de transformação de uma criação preexistente para introduzir um fator diferencial que denote humor ou sátira, havendo assim efetiva atividade criativa, a derivação seria lícita perante o Direito de Autor.

---

[9] Henri Desbois, Le Droit d'Auteur en France, 3ª. ed., Paris, Dalloz, 1978, p. 32/33.

[10] A sátira, crítica ou comicidade constituem elementos essenciais da paródia para distingui-la da simples reprodução. Vide Agravo de Instrumento nº 395.173-4/0-00, 8ª. Câmara de Direito Privado, T.J.S.P., Relator: Ribeiro da Silva, j. 9.3.2006. (Embora se tratasse de uso de imagem, o acórdão descaracterizou a paródia porque o programa copiava, em vez de satirizar os programas originais).

[11] *"Propaganda política que parodia a campanha publicitária, estando caracterizada a paródia pela introdução de elementos que alteram a criação original à qual acrescem fator de comicidade. Incidência da regra do art. 47 da Lei 9610/98. Inexistência de ofensa a direito autoral. Liberdade de expressão criativa consistindo a paródia em gênero de criação que se serve de outra obra nela introduzindo fator diferencial que denote humor."* Agravo de Instrumento nº 2000.002.09901 – 1ª Câmara Cível – T.J.R.J. – Rel. Des.. Maria Augusta Vaz Monteiro de Figueiredo – j. 29.8.2000.

ATIVIDADE PUBLICITÁRIA NO BRASIL

Poder-se-ia questionar se o uso do *"meme"* em atividade publicitária descaracterizaria a licitude do uso devido ao caráter comercial. O uso de paródia em campanha publicitária já foi objeto de questionamento jurisprudencial, mas as decisões existentes revelam que a finalidade comercial ou o uso econômico da obra resultante da paródia não são, por si só, fatores que excluem a licitude da paródia uma vez que o art. 47 da Lei de Direitos Autorais (Lei nº 9.610/98) não estabelece essa condição como requisito legal para permitir o uso livre[12].

Outra hipótese às vezes alvitrada é a do uso incidental contemplada no inciso VIII do art. 46 da Lei nº 9.610/98.[13] O requisito básico para a aplicação dessa limitação é o caráter de acessoriedade que o uso da obra preexistente deve ter na obra nova[14]. Em outras palavras, *"memes"* podem se basear em criações de terceiros, desde que a reprodução em si não seja o objetivo principal e o uso integral ou parcial dessas criações não prejudique o autor da obra preexistente[15].

Enfim, se o "meme" se enquadrar em uma dessas hipóteses previstas na Lei de Direitos Autorais, o aproveitamento de uma criação preexistente será lícita.

---

[12] *"A paródia é lícita e consiste em livre manifestação do pensamento, desde que não constitua verdadeira reprodução da obra originária, ou seja, que haja uma efetiva atividade criativa por parte do parodiador, e que não tenha conotação depreciativa ou ofensiva, implicando descrédito à criação primeva ou ao seu autor. O art. 47 da Lei nº 9.610/1998 não exige que a criação possua finalidade não lucrativa ou não comercial."* Recurso Especial nº 1.597.678-RJ – 4ª. T. – S.T.J. – Rel. Ricardo Villas Boas Cueva – j. 21.8.2018

[13] *"A reprodução, em quaisquer obras, de pequenos trechos de obras preexistentes, de qualquer natureza, ou de obra integral, quando de artes plásticas, sempre que a reprodução em si não seja o objetivo principal da obra nova e que não prejudique a exploração normal da obra reproduzida nem cause um prejuízo injustificado aos legítimos interesses dos autores".*

[14] *"3. O caso dos autos não se enquadra nas normas permissivas estabelecidas pela Lei n. 9.610/1998, tendo em vista que o refrão musical inserido no ensaio fotográfico e de cunho erótico – de forma indevida –, tem caráter de completude e não de acessoriedade; e os titulares dos direitos patrimoniais da obra vinham explorando-a comercialmente em segmento mercadológico diverso."* Recurso Especial N° 1.217.567 –São Paulo – 4a. T.– S.T.J. – Rel. Ministro Luís Felipe Salomão – j. 7.5.2013.

[15] *RECURSO ESPECIAL. DIREITO AUTORAL. TELA QUE COMPÔS CENÁRIO DE FILME PUBLICITÁRIO. ALEGAÇÃO DE EXPOSIÇÃO NÃO CONSENTIDA. LIMITAÇÕES AO DIREITO. ART. 46 DA LEI N. 9.610/1998. PERMISSÃO DE EXPOSIÇÃO DE PEQUENOS TRECHOS DA OBRA. CARÁTER ACESSÓRIO. INEXISTÊNCIA DE PREJUÍZO INJUSTIFICADO AO AUTOR. VIOLAÇÃO AO ART. 535 DO CPC. NÃO OCORRÊNCIA.* Recurso Especial N° 1.343.961 – Rio de Janeiro – 4a. Turma – S.T.J. – Rel. Min. Luís Felipe Salomão – j. 6.10.2015.

2. *Emojis* e direito de autor

"Emojis" são imagens ou ícones que representam objetos ou conceitos abstratos, constituindo, portanto, representações simbólicas de significados. Quando compõem um conjunto de imagens podem integrar um sistema de signos que serve como ferramenta de comunicação, da mesma maneira que uma linguagem visual específica.

Com efeito, os *"emojis"* são empregados em diversas modalidades de comunicação formal ou informal, inclusive no âmbito publicitário. Os *"emojis"* são também usados nas mensagens postadas nas redes sociais. De maneira geral, os *"emojis"* atuam como signos linguísticos, servindo para complementar a frase ou mesmo expressar um significado isoladamente.

No CAMBRIDGE DICTIONARY, é definido como *"a digital image that is added to a message in electronic communication in order to express a particular idea or feeling."*[16] O MERRIAM-WEBSTER define-o como *"any of various small images, symbols, or icons used in text fields in electronic communication (as in text messages, email, and social media) to express the emotional attitude of the writer, convey information succinctly, communicate a message playfully without using words, etc.."*[17] Um *"emoji"* foi eleito pelo OXFORD DICTIONARY como a *"palavra do ano"* de 2015.

O termo *"emoji"*, derivado da combinação das palavras *imagem* e *escrita* do idioma japonês, significa um ideograma, ou seja, uma representação gráfica usada para transmitir uma ideia ou sentimento. Atribui-se a SHIGETAKA KURITA a criação no Japão do primeiro *"emoji"* em 1998 ou 1999.

Existem dois tipos: *"emojis"* definidos pelo UNICODE[18] e *"emojis"* de domínio privado. O UNICODE CONSORTIUM define padrões de codificação universal para *"emojis"*, mas cada plataforma pode adotar da sua forma os *"emojis"* definidos por UNICODE. Conforme informa o site da instituição, *"[t]he Unicode Consortium is not a designer or purveyor of emoji images, nor is it the owner of any of the color images used in Unicode emoji documents and charts, nor does it negotiate*

---

[16] *"Uma imagem digital que é adicionada a uma mensagem em comunicação eletrônica para expressar uma determinada ideia ou sentimento."etc."*

[17] *"qualquer uma das várias pequenas imagens, símbolos ou ícones usados em campos de texto na comunicação eletrônica (como em mensagens de texto, e-mail e mídia social) para expressar a atitude emocional do escritor, transmitir informações de forma sucinta, comunicar uma mensagem de forma lúdica sem usar palavras, etc."*

[18] http://unicode.org/reports/tr51/.

ATIVIDADE PUBLICITÁRIA NO BRASIL

licenses for their use. Inquiries for permission to use vendor images should be directed to those vendors, not to the Unicode Consortium."[19]

No mercado, existem diferentes aplicações que disponibilizam conjuntos de *"emojis"* para que o usuário possa transmitir mensagens por meio dessas aplicações. São, portanto recursos visuais que ajudam o usuário a expressar-se quando estão utilizando as aplicações às quais estão incorporadas. Portanto, a primeira questão que se coloca consiste em determinar se essas imagens são suscetíveis de proteção pelo Direito de Autor como obras intelectuais.

Na medida em que EMOJIS são representações visuais de formas ou objetos, podem enquadrar-se como desenhos, pinturas ou outros tipos de arte visual, sendo, portanto, formas de expressão suscetíveis de tutela autoral em face do que dispõe o Art. 7º, inciso VIII da Lei de Direitos Autorais. Caberia, porém, analisar no caso concreto se determinados *"emojis"* satisfazem esse requisito porquanto as imagens podem ser destituídas do caráter de criatividade pelo fato de reproduzirem elementos estereotipados, podendo ser até mesmo muito semelhantes a outras imagens existentes no mercado.

A análise da existência ou não de originalidade dos *"emojis"* requer, pois, certo cuidado, porquanto implica (i) o exame das imagens em si mesmas, (ii) sua comparação com aquelas existentes no mercado e (iii) a existência de forma alternativa de expressão, que justifica a existência de originalidade ou criatividade.

Contudo, não se pode desde logo afastar a possibilidade de proteção sob o argumento de que imagens de expressões faciais ou tipos de rostos são comuns na simbologia da linguagem visual, podendo ser tidos como sem originalidade. Coerente com o entendimento de que toda criação artística deve ser protegida desde que presentes os requisitos de originalidade e criatividade, a QUARTA TURMA DO SUPERIOR TRIBUNAL DE JUSTIÇA reconheceu que *"o logotipo, sinal criado para ser o meio divulgador de produto, pode demandar esforço de imaginação, com criação de cores, formato e modo de veiculação, [e] caracteriza-se como obra intelectual"*[20] .

Por outro lado, existem *"emojis"* que são disponibilizados para usuários em determinados aplicativos, cujo uso algumas vezes é sujeito a termos

---

[19] *"O Consórcio Unicode não é um designer ou fornecedor de imagens de emoji, nem é o proprietário de qualquer uma das imagens coloridas usadas em gráficos e documentos de emoji Unicode, nem negocia licenças para seu uso. Consultas para permissão de uso de imagens de fornecedores devem ser direcionadas a esses fornecedores, não ao Consórcio Unicode. "* https://unicode.org/emoji/images.html [Unicode Images and Rights]. Acesso em 27.3.2021.

[20] Recurso Especial nº 57.449/Rio de Janeiro – j. 24.6.1997 – Rel. Sálvio de Figueiredo Teixeira.

6. USO DE *MEMES* E *EMOJIS* NO ÂMBITO PUBLICITÁRIO E DIREITO DE AUTOR

e condições estabelecidos em licença, aceita pelo usuário. Essa circunstância evoca a discussão sobre a possibilidade de tratar os *"emojis"* como elementos de uma linguagem.

O princípio básico do Direito de Autor sempre foi o de que linguagens não são protegidas por serem criações abstratas e não uma forma particular de expressão. Contudo, não parece que, geralmente, os *"emojis"* constituam uma linguagem no sentido tradicional do termo, dado que linguagem pressupõe um conjunto de signos com significados próprios, associado a um conjunto de regras para a combinação desses signos. Entendemos que os *"emojis"* são na verdade recursos visuais. E, nesse sentido, são distintos até mesmo das *fontes* ou *tipos gráficos*.

Evidentemente, um determinado aplicativo pode disponibilizar um conjunto de *"emojis"* para emprego quando da utilização do aplicativo da mesma forma como pode disponibilizar outros recursos visuais. Contudo, se esses recursos visuais presentes no aplicativo são reproduzidos separadamente e utilizados para uma finalidade econômica que não está associada com a aplicação original, trata-se, na verdade, de uma forma nova de uso dos mesmos. Nesse sentido, ressalte-se que, segundo o art. 31 da Lei de Direitos Autorais, as diversas modalidades de utilização de obras intelectuais são independentes entre si, de forma que a autorização concedida pelo autor para determinada forma de utilização não se estende a quaisquer das demais.

A situação se agrava se os *"emojis"* forem manipulados, posto que qualquer forma de transformação de uma criação intelectual protegida pelo Direito de Autor requer a autorização prévia e expressa do titular, conforme dispõe o art. 29, III da Lei de Direitos Autorais.

Conclusões

A principal característica destas inovações criativas é que elas tendem a constituir padrões de comunicação de aceitação rápida e geral porque ajudam sobretudo os usuários da Internet a se transmitirem melhor suas ideias e sentimentos.

"Memes" e *"emojis"* transformaram o processo de comunicação porque são recursos simples e fáceis de usar, que dispensam o esforço intelectual exigido para a formação de mensagens com estrutura gramatical, ainda que minimamente complexa; produzem empatia instantânea entre o emissor e o receptor da mensagem; e refletem um estado de espírito que combina informalidade

com espontaneidade e que é típico da modernidade tecnológica, que requer ações rápidas e descomplicadas.

Além de facilitarem o fluxo de mensagens, estas inovações criativas contribuem para o desenvolvimento de uma cultura popular típica da revolução da Internet, baseada em imagens e outros recursos que podem ser associados a significados mais facilmente do que a linguagem escrita e sofisticada. Esta cultura popular reflete o ambiente da rede, onde todos se comunicam com todos em mensagens multiderecionais.

A dificuldade com estas inovações criativas é definir como a Propriedade Intelectual deve atuar para facilitar a liberdade de criação e de expressão, embora sem prejudicar injustificadamente o interesse privado de quem produz inovações criativas.

O fato é que a tendência de ampliar os usos livres não é tão flexível, na maioria dos países, como poderia ser. Isto porque a legislação de Direitos Autorais veda qualquer forma de utilização, mesmo que não seja mera reprodução parasitária da obra originária, a não ser que expressamente prevista como uma das hipóteses legais de uso livre.

Por essa razão, a discussão acaba sendo se o direito de exclusividade do autor pode ser, por força de interpretação extensiva, restringido em favor da Liberdade de Criação e de Expressão, quando se trata de um exercício legítimo dessa liberdade, por ser esta um direito também constitucionalmente garantido.

REFERÊNCIAS

ASCENSÃO, José Oliveira. **Direito Autoral**. 2ª. edição. Rio: Renovar, 1997.

DAWKINS, Richard. **The Selfish Gene**; trad. por Rejane Rubino. São Paulo: Companhia das Letras, 2007.

DESBOIS, Henri. **Le Droit d'Auteur en France**. 3ª. ed. Paris: Dalloz, 1978.

Gendreau, Ysolde. **Droit d'auteur et liberté d'expression au Canada**. In: Strowel, Alain; Tulkens, François. Droit d'auteur et liberté d'expression. Bruxelles: Larcier, 2006.

Godwin, Mike. **Meme, Counter-meme**, post de WIRED, datado de 10.01.1994 https://www.wired.com/1994/10/godwin-if-2/. Acesso em 14.2.2021.

Goldman, Eric; Ziccarelli, Gabriella E. **Los emojis y el derecho de propiedad intelectual.** In: OMPI, Revista da OMPI, vol. 3/2018, 2018. https://www.wipo.int/wipo_magazine/es/2018/03/article_0006.html. Acesso em 27.3.2021.

Orlofsky, Vicky Ludas. **Memes, Fair Use, and Privacy**. https://www.oif.ala.org/oif/?p=16873. Acessível em 14.2.2021.

7.
A PROTEÇÃO LEGAL DOS *SLOGANS*

Durval Amaral Santos Pace

Introdução

O escopo do artigo é demonstrar que os *slogans*, desde que dotados de originalidade e criatividade, ainda gozam de proteção legal, mesmo após a promulgação da Lei nº 9.279/96. A proteção fica também assegurada nas relações concorrenciais de Anunciantes que atuam no mesmo segmento de mercado, disputando a preferência do público.

1. Conceito publicitário de *slogan*

Armando Sant'Anna, publicitário e fundador da CBP – Companhia Brasileira de Publicidade, lançou, em 1973, o livro "Propaganda: teoria, técnica e prática", obra atualizada em 2016 pelos professores Ismael Rocha Junior e Luiz Fernando Dabul Garcia, da ESPM, para responder às mudanças e novos cenários do mercado, especialmente nos meios digitais.

Sob o prisma eminentemente publicitário, Sant'Anna definiu *slogan* (lema) como "uma sentença ou máxima que expressa uma qualidade, uma vantagem do produto, ou uma norma de ação do anunciante ou do produto para servir de guia do consumidor". Para isso, o *slogan* deve consistir:

> "em uma frase curta, concisa e eufônica (som agradável); deve ser
> simples, claro, apropriado e distinto, com um toque de originalidade,

se possível. Como os títulos, o lema deve expressar algo de específico e concreto e não simples generalidades ou abstrações".[1]

Segundo essa definição, o *slogan* deve ressaltar a principal característica (vantagem) do produto ou serviço, exprimindo uma norma de ação ao consumidor para que, com sua força sugestiva, incite o desejo de aquisição do produto ou serviço, exercendo, assim, sua função persuasiva, inerente da atividade publicitária.

Mas o *slogan*, conforme Sant'Anna, deve ter "um toque de originalidade", exprimindo algo específico e concreto, não bastando sintetizar um amontoado de palavras em frases meramente genéricas ou abstratas, sem significado maior para o consumidor.

2. Conceito jurídico de *slogan*

Passando para a análise jurídica, a proteção concedida aos *slogans* foi, primeiramente, tratada de forma indireta, como se vê no Decreto nº 24.507/34, dispondo, no artigo 26, nº 8, que são registráveis "os signaes, taboletas e emblemas usados em annuncios, reclamos, ou propaganda, e nos papeis de negocio relativos a quaesquer profissões licitas.".

Posteriormente, já sob a denominação de "expressão ou sinal de propaganda", a matéria foi tratada no Decreto-lei nº 7.903/45 e, por último, na Lei nº 5.772/71 (Código de Propriedade Industrial – CPI).

O reconhecimento legal da proteção vinha acompanhado de normas que disciplinavam a forma de obtenção do registro de expressão ou sinal de propaganda, que poderia ser requerida de maneira similar à concessão de registro de marcas, isto é, com exame formal preliminar, verificação de viabilidade em razão de registros preexistentes, existência de eventuais colidências, apresentação de oposições e impugnações até o julgamento de mérito que, uma vez deferido, resultaria na expedição do respectivo certificado de registro, com validade de 10 (dez) anos.

Entretanto, com a revogação do Decreto-lei nº 7.903/45 e da Lei nº 5.771/72 pela Lei nº 9.279/96 (Lei de Propriedade Industrial – LPI), extinguiu-se a possibilidade de obter o registro de expressão ou sinal de propaganda no INPI.

---

[1] SANT'ANNA, Armando. *Propaganda: teoria, técnica e prática*, 7ª ed. São Paulo: Pioneira, 7ª edição, 1998, p. 168.

7. A PROTEÇÃO LEGAL DOS *SLOGANS*

A questão que então se coloca é se, com a revogação desses diplomas legais, extinguiu-se a possibilidade da proteção jurídica desse ativo de propriedade intelectual.

Para melhor análise, faremos uma breve incursão que ajudará a traçar e embasar nossas conclusões.

Pontes de Miranda, no 'Tratado de Direito Privado', definiu "expressão de propaganda" ou "sinal de propaganda" como:

> "sinal distintivo que tem por fim recomendar a atividade do estabelecimento, ou do gênero de indústria e de comércio, ou realçar as qualidades dos produtos ou mercadorias do estabelecimento ou do gênero de indústria ou de comércio, ou atrair a atenção dos adquirentes ou consumidores."[2]

O pedido de registro vinha previsto no artigo 121 do Decreto-lei nº 7.903/45, seguido pelos artigos 122 a 124:

> Art. 121. Entende-se por expressão ou sinal de propaganda tôda legenda, anúncio, reclame, frase, combinação de palavras, desenho, gravura, originais e característicos, que, destinem a emprêgo como meio recomendar as atividades comerciais industriais ou agrícolas, realçar as qualidades dos produtos, e atrair a atenção dos consumidores.
>
> § 1º Pode requerer o registro de expressão ou sinal de propaganda todo aquêle que exerça uma atividade industrial, comercial, agrícola, cultura recreativa, bancária, financeira, de fins de beneficência ou outros lícitos.
>
> § 2º As expressões ou sinais de propaganda podem ser empregados em cartazes, tabuletas, papéis avulsos, impressos em geral, ou através da radiofonia.
>
> Art. 122. A marca de indústria ou de comércio poderá fazer parte de uma expressão ou sinal de propaganda quando devidamente registrada em nome do mesmo titular.
>
> Art. 123. Qualquer modificação introduzida numa expressão ou sinal de propaganda constituirá objeto de novo registro, ficando sem efeito a proteção anterior.
>
> Art. 124. O registro da expressão ou sinal de propaganda terá efeito em todo o território nacional.

---

[2] MIRANDA, Pontes de. *Tratado de Direito Privado, Parte Especial, Tomo XVII*. 4ª ed., 2ª tiragem São Paulo: Revista dos Tribunais, 1983, ps. 157/158.

O ilustre jurista buscou identificar, no núcleo da definição legal, os *requisitos* então exigíveis para obtenção do registro:

"Os pressupostos do artigo 121 do Decreto-lei nº 7.903/45 são necessários, razão por que serviram à definição de expressão ou sinal de propaganda. Qualquer dos três basta; mas, sem um dêles, pelo menos, a expressão ou sinal não se pode considerar expressão ou sinal de propaganda. Tem-se, pois, de verificar se a expressão ou sinal recomenda atividade do estabelecimento. Se não a recomenda, inquire-se se realça qualidade. Se o não faz, indaga-se se atrai atenção. Se também não se presta a isso, não é expressão ou sinal de propaganda; portanto, não se pode registrar."

Assim, seria registrável a expressão ou sinal de propaganda que apresentasse, após análise do mérito, uma das seguintes características:

(i) *Recomendar* a atividade do estabelecimento;
(ii) *Realçar* as qualidades, ou
(iii) *Atrair* a atenção do público.

Somente após ingressar no mérito descritivo da frase ou legenda, era possível afirmar se o pedido atendia aos requisitos legais, de maneira que, se a expressão ou sinal de propaganda não contivesse, na avaliação do analista do INPI, uma dessas ações, o registro não seria concedido.

Idêntica sistemática foi adotada na Lei nº 5.772/71, como previam os artigos 73 a 75:

Art. 73. Entende-se por expressão ou sinal de propaganda tôda legenda, anúncio, reclame, palavra, combinação de palavras, desenhos, gravuras, originais e característicos que se destinem a emprêgo como meio de recomendar quaisquer atividades lícitas, realçar qualidades de produtos, mercadorias ou serviços, ou a atrair a atenção dos consumidores ou usuários.

1º Pode requerer o registro de expressão ou sinal de propaganda todo aquêle que exercer qualquer atividade lícita.

2º As expressões ou sinais de propaganda podem ser usados em cartazes, tabuletas, papéis avulsos, impressos em geral ou em quaisquer meios de comunicação.

7. A PROTEÇÃO LEGAL DOS *SLOGANS*

Art. 74. A marca de indústria, de comércio ou de serviço poderá fazer parte de expressão ou sinal de propaganda, quando registrada em nome do mesmo titular, na classe ou nas classes correspondentes ao objeto da propaganda.

Art. 75. O registro de expressão ou sinal de propaganda valerá para todo o território nacional.

Analisando a legislação de 1971 (CPI), João da Gama Cerqueira assim se manifestou:

"Manteve o Código da Propriedade Industrial o registro especial de expressões ou sinal de propaganda, assim compreendidos:

Entende-se por expressão ou sinal de propaganda toda legenda, anúncio, reclame, palavra, combinação de palavras, desenhos, gravuras, originais e característicos que se destinem a emprego como meio de recomendar quaisquer atividades lícitas, realçar qualidades de produtos, mercadorias ou serviços, ou a atrair a atenção dos consumidores ou usuários.

Das expressões ou sinais de propaganda podem fazer parte as marcas de indústria, de comércio ou de serviços quando registradas em nome do mesmo titular, na classe ou nas classes correspondentes ao objeto da propaganda."[3]

Outros dois requisitos haviam de ser atendidos para obtenção do reconhecimento do direito de uso exclusivo:

(i) a **originalidade**, e
(ii) o **caráter distintivo** (distintividade característica) da frase ou legenda.

Assim porque, o Decreto-lei nº 7.903/45 dispunha que:

Art. 125. Não podem ser registrados como expressão ou sinal de propaganda:

1º) a palavra, combinação de palavras ou frase, exclusivamente descritivas das qualidades das mercadorias ou os produtos:

---

[3] CERQUEIRA, João da Gama. *Tratado de Propriedade Industrial – Vol. 2.* 2ª ed., São Paulo: Revista dos Tribunais, 1982, p. 1.141.

ATIVIDADE PUBLICITÁRIA NO BRASIL

2º) O cartaz, tabuleta, anúncio ou reclame que não apresente cunho de originalidade, ou que seja conhecido e usado publicamente em relação a outros produtos, por terceiros;

3º) os anúncios, reclames, frases ou palavras que sejam contrários à moral, contenham ofensas ou alusões individuais, ou atentem contra idéias religiões ou sentimentos dignos de consideração;

4º) as que estiverem compreendidas em quaisquer das proibições concernentes ao registro de marcas;

5º) todo cartaz, anuncio ou reclame que inclua marca, título de estabelecimento, insígnias, nome comercial ou recompensa industrial, dos quais legitimamente não possa usar o registrante;

6º) a palavra, frase, cartaz, anuncio, reclame, ou dístico que tenham sido anteriormente registrados por terceiros, ou que sejam capazes de originar êrro ou confusão.

Da mesma forma, a Lei nº 5.772/71 estabelecia que:

Art. 76. Não são registráveis como expressões ou sinais de propaganda:

1) palavras ou combinações de palavras ou frases, exclusivamente descritivas das qualidades dos artigos ou atividade;

2) cartazes, tabuletas, anúncios ou reclames que não apresentem cunho da originalidade ou que sejam conhecidos e usados públicamente em relação a outros artigos ou serviços por terceiro;

3) anúncios, reclames, frases ou palavras contrárias a moral ou que contenham ofensas ou alusões individuais, ou atentem contra idéias, religiões ou sentimentos veneráveis;

4) todo cartaz, anúncio ou reclame que inclua marca, título de estabelecimento, insígnia, nome de emprêsa ou recompensa, dos quais legitimamente não possa usar o registrante;

5) palavras, frases, cartazes, anúncios, reclame ou dísticos que já tenham sido registrados por terceiros ou sejam capazes de originar êrro ou confusão com tais anterioridades;

6) o que estiver compreendido em quaisquer das proibições concernentes ao registro de marca.

Como se observa, o requisito da *originalidade* vinha tratado na legislação de 1945, assim como no Código de 1971, ambos exigindo que as "palavras ou combinações de palavras ou frases,..." tivessem um traço de originalidade,

7. A PROTEÇÃO LEGAL DOS *SLOGANS*

não bastando, portanto, frases "exclusivamente descritivas das qualidades dos artigos ou atividade" exercida pelo empresário.

3. Cenário atual

Esse cenário formal de proteção legal, como mencionado, mudou com a vigência da Lei nº 9.279/96 (Lei de Propriedade Industrial – LPI), que deixou de prever a possibilidade de obtenção do registro de expressão ou sinal de propaganda no INPI.

Mas a situação apresentada com a alteração trazida pela Lei de Propriedade Industrial de 1996 possibilitou a proteção com base em outros dispositivos legais, agora sem necessidade de cumprimento das formalidades típicas do procedimento de registro, exigíveis no direito anterior.

Os *slogans* podem ser verdadeiras criações publicitárias.

Conforme Fabio Ulhoa Coelho, a proteção desse importante ativo intelectual se dá com a simples comprovação de uso anterior:

> "Deve-se destacar, entretanto, que o fim do registro não significa abandono dessa importante criação publicitária. A assinatura, slogan ou sinal de propaganda continuam sob a proteção do direito, embora prescindindo da formalidade junto ao Inpi.
>
> Quem utiliza indevidamente expressão ou sinal de propaganda alheios, ou os imita com o objetivo de criar confusão entre produtos ou estabelecimentos, incorre em concorrência desleal. Responderá tanto no plano penal, já que é crime essa prática de deslealdade competitiva, como no civil, cabendo-lhe indenizar os prejuízos sofridos pelo titular da assinatura ou slogan indevidamente usurpado ou utilizado.
>
> Com o fim do registro, a prova de titularidade do sinal de propaganda não pode mais ser feita com a exibição do certificado expedido pelo Inpi (salvo para os registros concedidos antes de 1996 e com prazo em curso, os quais vigorarão até o encerramento deste, vedada a prorrogação). As provas do uso contínuo, intenso, reiterado de uma mesma expressão na qualificação de produto ou serviço, bem como da imediata associação entre um e outro pelos consumidores em geral bastam para configurar a titularidade do registro."[4]

---

[4] COELHO, Fabio Ulhoa. *Boletim CONAR nº 137*, São Paulo: Dez./2000, disponível em www.conar.org.br.

ATIVIDADE PUBLICITÁRIA NO BRASIL

Ao prescindir do registro, o legislador de 1996 facilitou o reconhecimento em favor do titular do direito de uso exclusivo de um *slogan*, que, desde então, poderá reivindicar o direito de uso pela simples comprovação de uso anterior desse sinal, em associação aos seus produtos e serviços.

Todavia, para obter proteção com amparo na legislação autoral (Lei nº 9.610/98, Lei de Direito de Autor – LDA), o *slogan* deverá atender aos seguintes requisitos:

(i) *criatividade*, como resultado do esforço intelectual e da atividade criadora (contributo pessoal) do autor e,

(ii) *originalidade* (ainda que relativa) e o caráter distintivo, de sorte a não estabelecer confusão com outros preexistentes.

Conforme defendemos no capítulo a "Obra publicitária", por ocasião da atualização da obra "Direitos Autorais e Conexos", da ilustre autoralista Eliane Y. Abrão:

> "Um *slogan* publicitário poderá merecer proteção autoral, desde que seja uma autêntica criação intelectual, dotada de originalidade, criatividade e exteriorização minimamente distintiva. Por isso, ausentes essas condições, tem sido negado o reconhecimento de proteção autoral a *slogans*, notadamente quando formados por expressões de uso comum (TJSP, Apel. Cível 376.628.4/9-00, rel. Des. Ferreira Alves, j. 15.8.07 e Apel. 0002761-55.2010.8.26.0001, rel. Des. Moreira Viegas, j. 17.10.2012)."[5]

José de Oliveira Ascensão equipara a proteção conferida ao *slogan* à situação jurídica dos "títulos", fazendo a ressalva de que a proteção fica condicionada, entretanto, à presença de criatividade que permita, por si só, considerá-lo obra literária.[6]

Concordamos com o ilustre jurista português, uma vez que os títulos, assim como os *slogans*, estão umbilicalmente vinculados às obras que lhes dão origem, evidenciando que dificilmente existem de forma autônoma.

---

[5] PACE, Durval Amaral Santos, *apud* ABRÃO, Eliane Y. *Direitos de Autor e Direitos Conexos*, 2ª ed. São Paulo: Migalhas, 2014, ps. 236/237.

[6] ASCENSÃO, José de Oliveira. *Direito Autoral*. 2ª ed. Rio de Janeiro: Renovar, 1997, ps. 451/452.

7. A PROTEÇÃO LEGAL DOS *SLOGANS*

Por isso, é fundamental que os *slogans* concretizem uma autêntica criação intelectual, dotada de originalidade, criatividade e exteriorização minimamente distintiva.

Afinal, a proteção conferida pela lei autoral (LDA) é bastante ampla e independe da destinação e do mérito, alcançando as "criações do espírito, expressas por qualquer meio ou fixadas em qualquer suporte", conforme dispõe o artigo 7º, observadas as restrições do artigo 8º (LDA).

A proteção poderá também, em certos casos, dar-se pelos dispositivos de repressão à concorrência desleal, previstos na Lei nº 9.279/96.

Nesse sentido, Denis Borges Barbosa:

> "Na maioria dos países em determinadas condições, há a proteção resultante do Direito Autoral e das regras da concorrência desleal. A jurisprudência alemã admitiu, em certas circunstâncias (basicamente, a notoriedade do *slogan*), uma proteção extensa que, normalmente, só concede às marcas.
>
> Quanto a proteção concedida às propagandas com elementos figurativos, não há indicação de qualquer proteção (além das matrizes legais da lei nacional) específica, confundindo-se, quando cabível, com a marca figurativa ou mista. O Direito Autoral e a concorrência desleal também acorrem ao resguardo de tais propagandas, quando admissíveis."[7]

Nesses casos, exige-se o requisito específico da efetiva existência da relação concorrencial, aliada à possibilidade de causar confusão no público consumidor, em razão da similitude dos *slogans* colocados em confronto.

Conforme previsto no inciso IV, artigo 195, da Lei nº 9.279/96 (LPI):

> Art. 195. Comete crime de concorrência desleal quem:
>
> ....
>
> IV – usa expressão ou sinal de propaganda alheios, ou os imita, de modo a criar confusão entre os produtos ou estabelecimentos;

O ilícito é caracterizado, desde então, pelo uso não autorizado de expressão ou sinal de propaganda alheios, ou pela simples imitação destes, de modo a criar confusão entre os produtos ou estabelecimentos.

---

[7] BARBOSA, Denis Borges. *Uma Introdução à Propriedade Intelectual*. 2ª ed. Rio de Janeiro: Lumen Juris, ps. 899/900.

ATIVIDADE PUBLICITÁRIA NO BRASIL

Assim, a utilização, sem autorização, ou a imitação de *slogan* capaz de provocar confusão, bastam para caracterizar infração ao dispositivo legal. Na primeira modalidade (uso sem autorização), o ilícito fica configurado com a simples utilização, enquanto na segunda (imitação), é necessário que haja a possiblidade de causar confusão, a ser aferida *in concreto*, segundo critérios de avaliação do homem comum (homem médio).

A livre concorrência é a regra, consagrada como um dos princípios gerais da ordem econômica, assegurada no artigo 170, *caput*, inciso IV, da Constituição Federal.

Em face desse importante princípio, nada impede que um empresário procure vencer seus concorrentes com as próprias forças, i.e., por mérito próprio, apresentando as qualidades e vantagens de seus produtos e serviços na disputa lícita de mercado com os demais empresários, seus competidores.

Entretanto, existem limites que devem ser observados e respeitados, especialmente quando a comunicação publicitária é utilizada como ferramenta essencial para atender a dinâmica dos negócios e a própria competição, atuando de forma instantânea e cada vez mais rápida, difundida pelas mídias televisivas, impressas e digitais.

Nesse passo, a decisão do E. STF, de 1949, é atual e perfeitamente aplicável aos casos presentes, afirmando que a liberdade concorrencial não é absoluta:

"...seu exercício encontra limites nos preceitos legais que regulam e nos direitos dos outros concorrentes, pressupondo um exercício legal e honesto do direito próprio, expressivo da probidade profissional; excedidos esses limites, surge a concorrência desleal, que nenhum preceito legal define e nem poderia fazê-lo, tal a variedade de atos que podem constituí-los."

(cf. Rec. Extr. N. 5.232 — 2. Turma do Supremo Tribunal Federal – Relator Min. Edgard Costa – Diário da Justiça de 11/10/1949, p. 3.262).

Também é considerada concorrência desleal quando alguém procura vencer à custa de contribuições alheias:

"a essência [da concorrência desleal] está nas situações em que alguém procura vencer no mercado, não pela sua própria contribuição, mas explorando as contribuições alheias."[8]

---

[8] ASCENSÃO, José de Oliveira. *Concorrência Desleal – O princípio da prestação: um novo fundamento.* 1ª ed. Coimbra: Almedina, 1977, p. 23.

7. A PROTEÇÃO LEGAL DOS *SLOGANS*

Ao lado desse arcabouço jurídico, encontra-se o Código Brasileiro de Autorregulamentação Publicitária (CBAP), do Conselho Nacional de Autorregulamentação Publicitária – CONAR, entidade que tem contribuído, sobremaneira, para regulamentar as ações publicitárias sob o prisma ético, embora com atuação pautada por regras não jurídicas, de caráter privado, portanto, não cogentes.

Sem embargo, a entidade tem exercido papel fundamental no estabelecimento de regras ao mercado publicitário (Anunciantes, Agências e Veículos de Divulgação), dispondo, no Código Brasileiro de Autorregulamentação (CBAP), que a atividade publicitária deve respeitar as leis em geral (direitos autorais), além dos princípios da leal concorrência, com destaque para os seguintes artigos:

Art. 1º – Todo anúncio deve ser respeitador e conformar-se às leis do país; deve, ainda, ser honesto e verdadeiro.

Art. 3º – Todo anúncio deve ter presente a responsabilidade do Anunciante, da Agência de Publicidade e do Veículo de Divulgação junto ao Consumidor.

Art. 4º – Todo anúncio deve respeitar os princípios de leal concorrência geralmente aceitos no mundo dos negócios.

Art. 38 – Em toda a atividade publicitária serão respeitados os direitos autorais nela envolvidos, inclusive os dos intérpretes e os de reprodução.

Art. 39 – O anúncio não utilizará música de fundo, 'vinhetas', ou trechos de composições de autores nacionais ou estrangeiros sem o devido respeito aos respectivos direitos autorais, a não ser no caso de músicas que sejam ou se tenham tornado de domínio público, de acordo com a legislação específica, respeitados os direitos de gravação.

Art. 41 – Este Código protege a criatividade e a originalidade e condena o anúncio que tenha por base o plágio ou imitação, ressalvados os casos em que a imitação é comprovadamente um deliberado e evidente artifício criativo.

Art. 42 – Será igualmente condenado o anúncio que configure uma confusão proposital com qualquer peça de criação anterior.

Art. 43 – O anúncio não poderá infringir as marcas, apelos, conceitos e direitos de terceiros, mesmo aqueles empregados fora do país, reconhecidamente relacionados ou associados a outro Anunciante.

ATIVIDADE PUBLICITÁRIA NO BRASIL

A atividade publicitária, como outra qualquer, deve pautar-se pelo respeito às leis vigentes, ter presente a responsabilidade do Anunciante, da Agência de Publicidade e do Veículo de Divulgação junto ao consumidor, respeitar os princípios de leal concorrência, além de respeitar os direitos autorais, de maneira que nenhum anúncio poderá utilizar música de fundo, 'vinhetas', ou trechos de composições de autores nacionais ou estrangeiros sem a devida autorização do titular, a não ser no caso de músicas que sejam ou se tenham tornado de domínio público, de acordo com a legislação específica, respeitados os direitos de gravação.

O Código também valoriza, incentiva e protege a **criatividade** e a **originalidade**, condenando os anúncios que tenham por base o plágio ou imitação, ressalvados os casos em que a imitação é comprovadamente um deliberado e evidente artifício criativo. Será igualmente condenado o anúncio que configure uma confusão proposital com qualquer peça de criação anterior, sendo vedado infringir marcas, apelos, conceitos e direitos de terceiros, mesmo utilizados fora do país (art. 43).

4. Jurisprudência

As decisões do CONAR têm se mostrado mais sensíveis e favoráveis ao reconhecimento de uso anterior do *slogan*, do que a Justiça Comum.

É o que demonstram alguns casos, coletados da jurisprudência do CONAR:

A) RECONHECIMENTO DE ANTERIORIDADE, INDEPENDENTEMENTE DA DIVERSIDADE DOS SEGMENTOS (Banco x Montadora de automóveis):

Mês/Ano Julgamento: NOVEMBRO/2005
Representação nº: 265/05
Autor(a): Neogama BBH Publicidade
Anunciante: Anunciante e agência: Ford Motors e J. Walter Thompson
Relator(a): Arthur C. Amorim
Decisão: Alteração
Fundamentos: Artigos 1º, 41, 42 e 43 e 50 letra "b" do Código
Resumo: Anúncios para TV, revista, rádio e páginas da Internet da campanha do Ford Fiesta de slogan "Completamente completo" foram

7. A PROTEÇÃO LEGAL DOS *SLOGANS*

tema de questionamento da Neogama BBH, para quem o mote dos anúncios da Ford é baseado no slogan e no conceito da campanha "Bradesco completo", de sua criação para o cliente Bradesco. Houve concessão de liminar sustando a veiculação das peças.

A Ford e a J. Walter Thompson argumentaram que semelhanças entre temas e conceitos não configuram plágio, que só ocorre quando há reprodução no todo ou em partes de uma criação. Para a defesa, ocorreu apenas uma coincidência de exploração de um mesmo tema, com concretizações distintas nas duas campanhas. Alegou, ainda, que, como se trata de produtos bastante diferentes entre si – um banco e um carro –, não há risco de confusão entre as campanhas.

O relator esclareceu que temas e idéias são universais, mas o que faz a diferença em um caso como esse são a forma e a apresentação de temas e conceitos. Por isso, considera que a semelhança entre os textos e os slogans das referidas campanhas é sintomática, uma vez que os slogans "Bradesco completo" e "Ford Fiesta completamente completo" são praticamente iguais. Reconhecendo a originalidade do slogan do Bradesco, recomendou a alteração das peças da Ford, voto aceito por unanimidade.

B) RECONHECIMENTO DA POSSIBLIDADE DE CONFUSÃO
(empresas atuantes no mesmo segmento):

Mês/Ano Julgamento: JULHO/2003
Representação nº: 124/03
Autor(a): Popular Comunicação
Anunciante: Novamed
Relator(a): Arthur Amorim
Decisão: Alteração
Fundamentos: Artigos 2º, 4º, par. 2º, e 50, letra b do Código
Resumo: A Popular Comunicação, responsável pelas campanhas publicitárias do antigripal Coristina D+, considera que merchandising para TV de produto concorrente, Bromil, utiliza o slogan "O bom para a gripe é Bromil", que infringiria norma de direitos autorais, na medida em que o slogan de Coristina é "Bom para gripe é Coristina D+".

Citado pelo Conar, a Novamed, fabricante de Bromil não se manifestou.

ATIVIDADE PUBLICITÁRIA NO BRASIL

O relator recomendou alteração, reconhecendo a semelhança entre os slogans e a impossibilidade de constatar anterioridade pela ausência de defesa da Novamed.

Mês/Ano Julgamento: SETEMBRO/2005
Representação nº: 169/05, em recurso ordinário
Autor(a): Nestlé Brasil
Anunciante: Anunciante e agência: Quaker Brasil e Almap/BBDO
Relator(a): Arthur Amorim e Carlos Chiesa
Decisão: Alteração
Fundamentos: Artigos 32, "caput", letra "f", e 50, letra "b" do Código
Resumo: O uso da frase "energia não tem gosto coisa nenhuma" em um filme para TV do Toddy, da Quaker, gerou protestos da Nestlé, alegando que a expressão é ofensiva para a imagem do seu produto Nescau, cujo slogan é "energia que dá gosto". Houve concessão de liminar suspendendo a exibição do anúncio.

Anunciante e agência defenderam-se alegando que o comercial apenas é bem-humorado, sem intenção de fazer comparações ou denegrir o concorrente. Acrescentam ainda que a peça é dirigida para o público jovem, o que justifica o uso da linguagem descontraída.

Em seu parecer, o relator considerou que é óbvia na frase em questão a referência ao slogan do Nescau, adotado pela marca desde a década de 70, deixando implícito na mensagem que o concorrente não teria gosto. Por unanimidade, a Câmara Especial de Recursos manteve a resolução de primeira instância, deliberando pela alteração da peça.

Mês/Ano Julgamento: NOVEMBRO/2005
Representação nº: 217/05, em recurso ordinário
Autor(a): Diageo Brasil
Anunciante: Pernod Ricard
Relator(a): Carlos Chiesa e José Francisco Queiroz
Decisão: Sustação
Fundamentos: Artigos 1º, 4º, 38, 41, 42, 43 e 50 letra "c" do Código
Resumo: Em novembro de 2004, a Diageo lançou campanha para seu produto "Smirnoff Ice" com o tema "Tá na sua mão", aplicando uma série de slogans, como "Agitação tá na sua mão", "Verão tá na sua mão", "Diversão tá na sua mão". Pouco tempo depois, foi divulgada campanha em pontos-de-venda para o produto "Montilla Cola", da Pernod Ricard,

usando a expressão "A festa está na sua mão". Para a Diageo, trata-se de plágio, visando à confusão do consumidor.

Para a defesa, a acusação é exagerada, uma vez que os slogans usam palavras comuns e sem originalidade. Argumentou ainda que, apesar de as duas empresas serem concorrentes, os produtos em questão não o são.

A Câmara Especial de Recursos manteve por unanimidade, seguindo o voto do relator, a decisão de primeira instância pela sustação das peças.

Mês/Ano Julgamento: FEVEREIRO/2007
Representação nº: 237/06, em recurso ordinário
Autor(a): Binder F/C
Anunciante: Anunciante e agência: C&C Casa e Construção e Newport
Relator(a): Clementino Fraga Neto e João Monteiro de Barros Neto
Câmara: Câmara Especial de Recursos
Decisão: Sustação, agravada por advertência
Fundamentos: Artigos 38, 41, 42, 43 e 50, letras "a" e "c" do Código
Resumo: A agência Binder F/C, em nome do seu cliente Casa Show, ofereceu representação contra anúncio de mídia impressa da C&C com o mote "Você sonha, a C&C realiza", considerando que a Casa Show usa desde 2004 o slogan "Casa Show. Você sonha. A gente realiza". As duas empresas assinaram um termo de conciliação, reconhecendo a anterioridade da denunciante, e a denunciada concordou em não usar mais a expressão questionada. No entanto, a C&C passou a veicular anúncios com mensagens como "Não importa o tamanho do seu sonho, C&C realiza", "Você sonha com um banheiro, C&C realiza", "Sonhou com metais, C&C realiza", gerando novos protestos da agência Binder F/C.

A defesa alegou que o conceito de realização de sonhos é um recurso comum da publicidade, e não exclusividade da Casa Show.

Ao manter a decisão de primeira instância pela sustação da peça com advertência ao anunciante, o relator apontou que ficou evidente que as novas versões da expressão ferem o acordado pelas duas empresas no termo de conciliação. Sua manifestação foi aceita por unanimidade.

Mês/Ano Julgamento: ABRIL/2012
Representação nº: 084/12
Autor(a): Neogama BBH
Anunciante: Anunciante e agência: Fiat e Leo Burnett
Relator(a): Conselheiro Ênio Basílio Rodrigues

ATIVIDADE PUBLICITÁRIA NO BRASIL

Câmara: Primeira e Terceira Câmaras
Decisão: Alteração
Fundamentos: Artigos 1º, 41, 42, 43 e 50, letra "b" do Código
Resumo: A Neogama BBH vem ao Conar reivindicar primazia no uso de slogan publicitário. Ela criou "Ter um faz toda a diferença" para o modelo Fluence do seu cliente Renault, usado em campanhas veiculadas em fevereiro. Um mês depois, entrava no ar campanha criada pela Leo Burnett para seu cliente Fiat, com o slogan "Grand Siena. Faz toda a diferença". Em sua defesa, anunciante e agência negam plágio e consideram que eventual semelhança não seja suficiente para confundir o consumidor. Buscam demonstrar por meio de documentos que a campanha já estava pronta antes de fevereiro. O relator não aceitou esses argumentos e propôs a alteração, voto aceito por unanimidade. Em reunião de conciliação entre as partes, semanas antes do julgamento, Fiat e Leo Burnett já haviam se comprometido a suspender o uso do slogan até o julgamento da representação.

Os preceitos éticos permitem interpretação mais elástica do que as normas legais, assegurando proteção ao Anunciante que, em primeiro, lugar, fez uso do *slogan*, ainda que atuando em segmento diverso.

Na Justiça Comum, a anterioridade no uso do *slogan* tem sido reconhecida quando restar evidente a necessidade de reprimir atos de concorrência desleal, susceptíveis de causar confusão e desvio de clientela, conforme julgados abaixo:

A) TJSP – Apelação nº 1067726-43.2015.8.26.0100, Relator Des. Ricardo Negrão, Data do julgamento: 14/12/2016.

APELANTE: BRF BRASIL FOODS S/A. APELADO: SEARA ALIMENTOS LTDA. INTERESSADOS: FACEBOOK SERVIÇOS ONLINE DO BRASIL LTDA E GOOGLE BRASIL INTERNET LTDA. COMARCA: SÃO PAULO. VOTO Nº 30.792.

Publicidade enganosa e concorrência desleal. Filme publicitário. Alegação de que a ré se apoderou indevidamente de signo e *slogan* de há muito utilizados pela autora. Demanda cominatória de abstenção de uso, com pedido cumulado de indenização de danos materiais e morais. Sentença de improcedência. Decisão reformada. Relevante ponderação de lealdade concorrencial. Foco voltado à caracterização e inibição do aproveitamento parasitário e confusão gerada, em juízo que antecede

7. A PROTEÇÃO LEGAL DOS *SLOGANS*

e até mesmo prescinde de qualquer discussão técnica acerca de registros marcários e exclusividade de exploração. Concorrência desleal e parasitária demonstradas. Provimento. [9]

B) TJSP – Agravo de Instrumento nº 2023958-30.2013.8.26.0000, Relator Des. Piva Rodrigues, Data do julgamento: 17/12/2013.

AGRAVO DE INSTRUMENTO. TUTELA ANTECIPADA. AÇÃO DE OBRIGAÇÃO DE NÃO FAZER. PEDIDO DE ABSTENÇÃO DE VEICULAÇÃO DE PEÇA PUBLICITÁRIA. ALEGADA VIOLAÇÃO DE DIREITO AUTORAL, POR CONTA DE SUPOSTA ASSIMILAÇÃO INDEVIDA DE IDEIA E CONCEITO PUBLICITÁRIOS. VEROSSIMILHANÇA E FUNDADO RECEIO DE LESÃO, REQUISITOS PRESENTES. DECISÃO MANTIDA. O discurso da parte autora-agravada é verossímil, ao revelar forte indício de que as corrés, uma delas ora agravante, não tiveram sua autorização para veicular peça publicitária ao mercado automobilístico com o teor de *slogan* pela autora concebido, como também se constata uma certa assimilação de locução (vocábulo pronominal "tudo") na propaganda atualmente desenvolvida pela agravante, atuante na mesma marca para a qual o produto publicitário inicial da autora-agravante havia sido destinado. Não se conhece, por unanimidade, a suscitada ilegitimidade passiva ad causam, visto que ainda não examinada pelo juízo a quo. Recurso não provido na extensão conhecida, vencido o 2º Juiz, que dava provimento na extensão conhecida.

---

[9] A ação foi julgada improcedente pelo MM Juiz da 33ª Vara Cível de São Paulo, ao argumento que não há proteção nem à letra do alfabeto ("S") e nem ao slogan em questão ("S de SADIA" ou "começa com S"), além de não haver risco de confusão para o consumidor ou mesmo referência depreciativa à BRF, detentora da marca SADIA. A BRF S/A ajuizou ação contra SEARA ALIMENTOS S/A, alegando que é detentora da marca Sadia e que desde a década de setenta faz uso do slogan "S de Sadia", como forma de identificação e consolidação da marca, por meio de anúncios publicitários em diversos meios de comunicação, utilizando a letra "S". Ocorre que a ré, detentora da marca Seara passou a veicular anúncios publicitários fazendo uso do slogan "começa com S... e termina com A.", confundindo o consumidor, além de fazer propaganda sobre seu "novo" presunto que conteria menos gordura e sódio, embora tal produto já se encontre no mercado há certo tempo em verdadeira propaganda enganosa. Deferida em parte a antecipação de tutela a ré contestou e informou que o CONAR se pronunciou sobre a legalidade de sua propaganda. Posteriormente, a ré interpôs Agravo e obteve a suspensão da decisão. Em Apelação, o recurso de BRF foi provido por maioria de votos.

C) TJSP – Apelação nº 0043635-74.2013.8.26.0002, Relator Des. Fabio Tabosa, Data do julgamento: 12/04/2019.

Propriedade industrial. Marca. Concorrência desleal. Uso pela ré, tanto no código fonte de sua página eletrônica quanto em seu endereço de email, de termos correspondentes a marcas nominativas de titularidade da autora (Zetaflex e Aeroteto), além da adoção de nome de domínio (www.tetoabreefecha.com.br) similar ao *slogan* publicitário (cobertura abre e fecha) há muito utilizado pela autora. Sentença de parcial procedência, com reconhecimento tão somente das violações marcárias e imposição de dever de abstenção quanto a tais condutas. Reprodução praticamente servil do mote publicitário da autora no endereço do website da ré, que não emprega essa expressão linguística apenas com intuito de informar eventuais atributos de seus produtos, e tampouco a usa em associação com outros sinais próprios e dotados de autonomia, mas sim como símbolo publicitário autônomo. Mera substituição do vocábulo "cobertura" pelo termo "teto" que nada altera em termos de representação simbólica. Atuação de ambas as partes no mesmo segmento econômico, relativo à produção e comercialização de tetos e toldos de proteção contra intempéries. Utilização das marcas de titularidade da autora, no código HTML da página eletrônica da ré, com o propósito atrair potenciais clientes em busca de produtos da parte contrária por meio de websites de busca. Intuito parasitário caracterizado. Emprego da expressão "teto abre e fecha" que se mostra capaz de provocar confusão por parte do público consumidor. Caráter evocativo dos elementos componentes dessa locução linguística que não autoriza sua utilização, de forma isolada, por parte de empresa concorrente. Concorrência desleal configurada. Imposição de dever de abstenção à ré, para cessação de tais práticas. Lucros cessantes. Prejuízos patrimoniais presumidos pelo legislador em hipóteses envolvendo violação a direito de propriedade industrial e concorrência desleal. Indenização por dano material devida, a ser apurada em fase de liquidação, de acordo com o critério previsto no art. 210, III, da Lei nº 9.279/96. Danos morais igualmente caracterizados, segundo orientação predominante nas C. Câmaras Reservadas de Direito Empresarial. Imposição da realização de contrapropaganda. Descabimento. Medida desproporcional e desnecessária à satisfatória reparação dos prejuízos advindos dos ilícitos praticados pela ré. Sentença de parcial procedência reformada para acolher em maior extensão o pedido inicial, apenas no tocante às pretensões inibitórias e indenizatórias. Apelação da autora parcialmente provida para tal fim.

7. A PROTEÇÃO LEGAL DOS *SLOGANS*

Mas a Justiça Comum tem resistido em conceder proteção a *slogans* isoladamente considerados, i.e., sem que estejam vinculados a um anúncio ou uma campanha, em especial, quando não há relação concorrencial direta, usando do argumento de que tais "frases" não se revestem de criatividade ou originalidade, pois seriam formadas por palavras comuns e genéricas:

A) TJSP – Apelação Cível nº 376.628.4/9-00, Relator Des. José Carlos Ferreira Alves, Data de julgamento: 15/07/2007 (novo nº 9067399-54.2004.8.26.0000)
INDENIZAÇÃO – Direito autoral – Alegação de uso pela ré, sem autorização, de criação intelectual elaborada pelo autor, consistente no *slogan* "Antártica: é do Pingüim", em campanha publicitária – *Slogan* publicitário que não se reveste de criatividade e originalidade suficientes a ensejar proteção jurídica – Dado provimento ao recurso da ré e negado provimento ao do autor.[10]

B) TJCE – APELAÇÃO CÍVEL Nº 0874599-41.2014.8.06.0001, Relator Des. Raimundo Nonato Silva Santos, Data do julgamento: 20/10/2020.
AÇÃO DE OBRIGAÇÃO DE FAZER C/C REPARAÇÃO DE DANOS. AUSÊNCIA DE CONCORRÊNCIA DESLEAL. SENTENÇA MANTIDA. RECURSO CONHECIDO E NÃO PROVIDO. 1. Cuida-se de ação de obrigação de fazer cumulada com reparação de danos fundada em suposto plágio da obra autoral da promovente "Sua Idade Seu Desconto", contido na campanha publicitária veiculada pela ré através da expressão

---

[10] O autor promoveu ação de indenização, sob a alegação de uso não autorizado de slogan publicitário criado para a ré, em violação aos seus direitos autorais. A r. sentença de primeiro grau julgou a ação procedente, condenando a ré a pagar o montante de R$ 20.000,00 (vinte mil reais) ao autor a título de dano moral acrescido de juros legais e correção monetária. A ré foi condenada, também, a pagar indenização por dano material, a ser fixada na fase de execução de sentença, tornando por base a média de remuneração paga por serviço similar. Em seu recurso, a Cia. Brasileira de Bebidas alegou que não existe obra intelectual do autor a ser protegida, uma vez que o slogan projetado seria apenas um mero aperfeiçoamento da logomarca da ré, sendo descabida a condenação por dano moral e material. No Voto, o Relator reconheceu que o slogan em comento decorre de um simples aperfeiçoamento da logomarca ostentada pela Antártica em seu produto, trata-se de uma associação banal de palavras, uma combinação trivial de termos, sem criatividade e originalidade, salientando que reconhecer direitos autorais na presente ação significaria abrir um perigosíssimo precedente para que outras pessoas, imbuídas de propósitos lucrativos, poderiam passar a tentar criar slogans publicitários de óbvia associação com marcas pertencentes a famosas empresas, reivindicando para si a autoria da "brilhante criação" e, assim, tentariam auferir indevida vantagem econômica sobre a publicidade que, certamente, no futuro, tais empresas gostariam de utilizar.

147

"Sua Idade Vale % de Desconto". 2. No entanto, a despeito do ônus que lhe competia, a empresa promovente não logrou êxito em fazer prova acerca de fato constitutivo do seu direito conforme exige o artigo 373, inciso I, do CPC. 3. Sabe-se que a concorrência desleal somente se configura quando usurpada expressão dotada de originalidade e criatividade, capaz de gerar confusão entre produtos, serviços ou estabelecimentos, o que não restou comprovado no caso em concreto. 4. Sentença de improcedência mantida. 5. Recurso conhecido e não provido. ACÓRDÃO: Vistos, relatados e discutidos estes autos, acorda a 4ª Câmara Direito Privado do Tribunal de Justiça do Estado do Ceará, em votação unânime, em conhecer do recurso de apelação, para negar provimento, nos termos do voto do desembargador relator.

C) STJ – AGRAVO EM RECURSO ESPECIAL Nº 761.119 – DF (2015/0198875-5). RELATOR: MINISTRO MARCO AURÉLIO BELLIZZE. AGRAVANTE: DOG PROPAGANDA E DESIGN LTDA – ME. AGRAVADO: MULTICLINICA DE DIAGNOSTICO SARA LTDA. AGRAVO EM RECURSO ESPECIAL.
1. ALEGADA OFENSA AOS ARTS. 5º, VII E VIII, h, 11, PARÁGRAFO ÚNICO, 28, 102, 105 DA LEI N. 9.610/1998, 9º, VIII, DO DECRETO 57.690/1966. AUSÊNCIA DE PREQUESTIONAMENTO. SÚMULA N. 211/STJ. 2. COTEJO ANALÍTICO. NÃO DEMONSTRADO. 3. AGRAVO IMPROVIDO.
DECISÃO
Trata-se de agravo interposto por DOG Propaganda e Design Ltda. – ME contra decisão do Tribunal de Justiça do Distrito Federal e dos Territórios, que negou seguimento ao recurso especial. Compulsando os autos, verifica-se que a ora agravante ajuizou ação ordinária de indenização e cobrança por violação a direitos autorais contra a Multiclínica de Diagnóstico Sara Ltda. Julgado improcedentes os pedidos formulados na inicial, com resolução de mérito, nos termos do art. 269, I, do CPC. Interposto recurso de apelação, o Tribunal de origem, à unanimidade de votos, negou provimento ao apelo, nos termos da seguinte ementa (e-STJ, fl. 428):
"APELAÇÃO CÍVEL. SLOGAN PUBLICITÁRIO. PLÁGIO NÃO CONFIGURADO. O *slogan* apresentado não se reveste de criatividade excepcional e originalidade a merecer a proteção estatuída na Lei 9.610/98."

D) TJSP – APELAÇÃO CÍVEL Nº 1000941-88.2017.8.26.0566, Relator Des. Fortes Barbosa, Data do julgamento: 18/04/2018.

Ação inibitória e indenizatória – Marca – Abstenção do uso de *"slogan"* – Concorrência desleal não caracterizada – Expressão que não é registrável – Exegese do artigo 124, inciso VII da Lei 9.279/1996 – Proteção sob o enfoque do Direito Autoral que não integrou a causa de pedir – Prevalência do Princípio da Congruência – Dano moral inexistente – Improcedência mantida – Recurso desprovido.[11]

Conclusões

Face ao exposto, entendemos que os *slogans*, desde que revestidos de originalidade, criatividade e exteriorização minimamente distintivas, tem assegurada proteção legal, notadamente nos casos de relação concorrencial entre Anunciantes, ensejando efetiva repressão de atos de concorrência desleal, susceptíveis de causar confusão e desvio de clientela.

De outro lado, tem-se verificado maior dificuldade na obtenção de proteção isolada dos *slogans*, nomeadamente quando dissociados de anúncios e de outros signos distintivos que normalmente estão associados ou remetem a um determinado Anunciante.

O adequado direcionamento, em cada caso, requer detida análise das circunstâncias fáticas, legais e éticas envolvidas, as quais serão determinantes para o acertado enquadramento da questão, seja pela legislação do direito autoral (LDA), seja pela legislação de repressão da concorrência desleal (LPI), seja pelos preceitos éticos do CONAR (CBAP).

---

[11] A autora afirmou que atuava há seis anos no ramo imobiliário, utilizando-se, por mais de três anos, do slogan "VISITE NOSSA CASA E ESCOLHA A SUA!". Aduz que a ré exerce suas atividades no mesmo segmento comercial e passou a usar expressão de mesma similitude ("VISITE NOSSA NOVA CASA E ESCOLHA A SUA"), razão pela qual requereu a tutela de urgência para que a ré seja proibida de veicular o slogan similar ao de sua autoria. A tutela de urgência foi indeferida e a ação julgada improcedente. No Voto, o Relator destacou que as expressões não são passíveis de registro, além das palavras "casa" ou "escolha" serem de uso totalmente comum, sem realçar as qualidades de um serviço.

ATIVIDADE PUBLICITÁRIA NO BRASIL

REFERÊNCIAS

ASCENSÃO, José de Oliveira. Concorrência Desleal – O princípio da prestação: um novo fundamento. 1ª ed. Coimbra: Almedina, 1977.

ASCENSÃO, José de Oliveira. Direito Autoral. 2ª ed. Rio de Janeiro: Renovar, 1997.

BARBOSA, Denis Borges. Uma Introdução à Propriedade Intelectual. 2ª ed. Rio de Janeiro: Lumen Juris, 2003.

CERQUEIRA, João da Gama. Tratado de Propriedade Industrial – Vol. 2. 2ª ed., São Paulo: Revista dos Tribunais, 1982.

COELHO, Fabio Ulhoa. Boletim CONAR nº 137, São Paulo: Dez./2000, disponível em www.conar.org.br.

MIRANDA, Pontes de. Tratado de Direito Privado, Parte Especial, Tomo XVII. 4ª ed., 2ª tiragem São Paulo: Revista dos Tribunais, 1983.

PACE, Durval Amaral Santos, *apud* ABRÃO, Eliane Y. Direitos de Autor e Direitos Conexos, 2ª ed. São Paulo: Migalhas, 2014.

SANT'ANNA, Armando. Propaganda: teoria, técnica e prática, 7ª ed. São Paulo: Pioneira, 7ª edição, 1998.

8.
A IMPORTÂNCIA DO REGISTRO DA MARCA PELO ANUNCIANTE

Débora Araujo Lopes

Introdução

A marca é um instituto jurídico regulado pela Lei Federal 9.279/96, que estabelece condições para a obtenção da propriedade e dos direitos de uso exclusivo de uma marca no país. Uma vez que a publicidade tem entre suas principais funções identificar, divulgar, elevar a visibilidade, credibilidade e fixação de um serviço ou produto no mercado, é fundamental que os agentes deste mercado compreendam a importância da proteção jurídica da marca.

O registro da marca no INPI – Instituto Nacional da Propriedade Industrial, garante o direito exclusivo de uso de uma marca ao seu titular, evitando confusão com concorrentes, fator indispensável para uma segura e eficiente publicidade. Com o registro, é possível combater a imitação, reprodução e cópia da marca, ocorrências que enfraquecem a imagem e a fixação pelos consumidores, prejudicando a identificação com o titular, imagem e valores a ela atrelados.

A evolução das formas de publicidade e a consagração das mídias digitais no cenário publicitário agravaram e aumentaram os incidentes de cópia e uso indevido de marcas, o que ocorre tanto para as grandes empresas, que sofrem com as tentativas de aproveitamento de seu alto grau de sucesso e credibilidade no mercado; quanto para médios e pequenos negócios, que ao criarem uma marca nova e desenvolverem um trabalho de marketing sem proteção legal, acabam suscetíveis a serem copiadas por concorrentes.

Outro fator que contribui para este cenário é a expansão do empreendedorismo. Relatório apresentado pelo *Global Entrepreneurship Monitor* (GEM), instituto dedicado a pesquisas mundiais sobre empreendedorismo, com a participação do SEBRAE e do Instituto Brasileiro de Qualidade e Produtividade (IBQP), revelou uma estimativa que, em 2018[1], **51.972** (cinquenta e um mil novecentos e setenta e dois) milhões de brasileiros empreendiam no país, sendo que destes, aproximadamente **25** (vinte e cinco) milhões foram novos negócios.

Em contrapartida, o relatório de indicadores de Propriedade Industrial do INPI[2] aponta que no mesmo ano de 2018 o órgão recebeu apenas **204.419** (duzentos e quatro mil quatrocentos e dezenove) pedidos de registro de marca. A comparação do número de novos negócios com o de pedidos de registro no INPI para aquele ano denota que é mínima a parcela de empresários que buscam a proteção da marca, ficando suscetíveis a terem sua marca copiada ou mesmo registrada antes por terceiro.

Além do empresário, o registro de marca também busca proteger o consumidor, uma vez que é por meio da publicidade e do marketing que a marca é levada a conhecimento do público e, a existência de marcas semelhantes ou iguais pode gerar confusão ou associação indevida entre marcas e empresas, prejudicando a capacidade de escolha e discernimento do consumidor.

Este capítulo demonstrará que é fundamental ao empresário buscar uma assessoria preventiva, ou seja, que antes de criar e divulgar uma marca no mercado, obtenha assessoria especializada que garanta a legalidade e a proteção desta como um ativo do negócio, sendo que o registro prévio no INPI é a principal medida para permitir a divulgação e exploração segura da marca.

1. Sinais distintivos protegidos pelo Direito e suas particularidades

A marca é o item principal na identificação de um negócio, instituição, produto ou serviço. Porém, importante consignar que há outros elementos com essa função que também merecem atenção deste estudo.

---

[1] Livro Empreendedorismo no Brasil 2018 https://ibqp.org.br/PDF%20GEM/Livro%20 Empreendedorismo%20no%20Brasil%20-%20web%20compactado.pdf acesso em 10/03/2021
[2] Indicadores de Propriedade Industrial 2019 https://www.gov.br/inpi/pt-br/acesso-a-informacao/ pasta-x/boletim-mensal/arquivos/documentos/indicadores-de-pi_2019.pdf acesso 10/03/2021

8. A IMPORTÂNCIA DO REGISTRO DA MARCA PELO ANUNCIANTE

Sinais como nome empresarial, domínio, layouts e formas de apresentação, ainda que não registráveis como bens industriais, tais como as marcas, patentes e demais direitos previstos na Lei 9.279/96, também têm proteção jurídica, conforme apontado pelo Professor Newton Silveira:

> (...) **todos os sinais usados pelo empresário devem receber a mesma tutela contra a concorrência desleal, independentemente de sua especialização em signos do empresário, do estabelecimento ou do produto ou serviço.** Nesse sentido, tais sinais não constituem bens imateriais – embora sejam imateriais, – mas acessórios de bens imateriais – estes no significado de obra do espírito, acrescidas ao patrimônio intelectual da humanidade pela atividade criativa de um agente: o autor em relação às suas obras intelectuais, o inventor em relação à invenção, o empresário em relação ao aviamento[3].

A proteção desses outros sinais distintivos pode ser dar, de acordo com sua natureza, pela Lei de Direitos Autorais, pelo Código Civil e pelas normas de repressão à Concorrência Desleal: o Capítulo VI da Lei 9.279/96 que tipifica como crime o *uso de expressão ou sinais de propaganda, nome comercial, título de estabelecimento, razão social, insígnia e invólucros de terceiros*, bem como meios fraudulentos de desviar clientes ou gerar confusão e associação indevidas entre empresas.

Importante apresentar conceitos sobre alguns destes sinais distintivos e suas funções, a fim de afastar equívocos na compreensão sobre a marca e a importância do registro.

1.1. Nome fantasia, nome empresarial e domínio

Comumente, o conceito e função da marca podem ser confundidos com nome fantasia, empresarial, comercial e domínio, que constituem outros tipos de sinais distintivos, com significados e funções diversas, que não se confundem ou substituem a marca.

---

[3] SILVEIRA, Newton, *Propriedade Intelectual. Propriedade Industrial, Direito de Autor, Software, Cultivares, Nome empresarial, Título de Estabelecimento, Abuso de Patentes*. São Paulo: Ed. Manole, 2018, p. 20

ATIVIDADE PUBLICITÁRIA NO BRASIL

Sobre os elementos mencionados, nos auxilia Carlos Eduardo Neves de Carvalho[4]:

> Após a entrada em vigência do atual Código Civil em 2.002, o sinal distintivo de uma empresa foi dividido em duas vertentes: nome comercial objetivo, e nome empresarial. Newton Silveira identifica o **nome comercial objetivo** como "aquele que distingue o próprio empresário, firma individual ou pessoa jurídica, no exercício do comércio".
>
> Já o **nome comercial subjetivo,** chamado hoje **de nome empresarial, está presente nos Arts. 1.155 a 1.168 do Código Civil, e possui caráter subjetivo, pessoal e registral**. O nome empresarial é definido pelo Art. 1.155 do Código Civil como, "a firma ou a denominação social que identifica uma empresa, adotada para o exercício de uma atividade econômica organizada". *(grifei)*

Assim, NOME COMERCIAL, na acepção objetiva, é aquele pelo qual a empresa é conhecida, também designado como NOME FANTASIA ou TÍTULO DE ESTABELECIMENTO, enquanto o NOME EMPRESARIAL, na acepção subjetiva, também designado RAZÃO SOCIAL, é o "nome comercial" da empresa, com o qual ela firmará suas obrigações. O primeiro pode constar nos registros da Junta Comercial e Receita Federal, enquanto o segundo constitui seu identificador nos atos civil da pessoa jurídica.

Os nomes empresarial e de fantasia não possuem proteção como marca pela Lei de Propriedade Industrial, tampouco permitem a proteção dos elementos figurativos (logotipo) da marca, se não levados ao registro competente no INPI.

Com isso, a proteção dos nomes empresarial e de fantasia é relativa e limitada à circunscrição do Estado onde está registrada a empresa, nos termos do Código Civil:

> Art. 1.166. A inscrição do empresário, ou dos atos constitutivos das pessoas jurídicas, ou as respectivas averbações, no registro próprio, asseguram o uso exclusivo do nome nos limites do respectivo Estado. **Parágrafo único. O uso previsto neste artigo estender-se-á a todo o território nacional, se registrado na forma da lei especial.**

---

[4] *Aquisição e Perda de Distintividade Marcária.* Rio de Janeiro: Ed. Lumen Iuris, 2020, p.403

8. A IMPORTÂNCIA DO REGISTRO DA MARCA PELO ANUNCIANTE

É comum que o nome comercial ou de fantasia coincida ou componha a marca do negócio e isso pode ocorrer, desde que seja objeto do mencionado registro no INPI, sendo que, a adoção de nome comercial como marca servirá como prova de anterioridade de uso em caso de disputas administrativas ou judiciais envolvendo a marca, para fazer valer o direito de precedência previsto no artigo 129, § 1º da Lei 9.279/96[5]

Tal direito consiste na prerrogativa atribuída àquele que usa uma marca há mais de 6 (seis) meses antes do depósito por terceiro no INPI, disputar o registro, comprovando o uso anterior por meio da petição ou recurso adequado, administrativa ou judicialmente.

A Lei 9.279/96 estabeleceu ainda, em alusão aos nomes empresarial e comercial, que "elemento característico ou diferenciador de título de estabelecimento ou nome de empresa de terceiros"[6] não podem ser registrados como marca ou usados por concorrentes se houver possibilidade de confusão no mercado. Tal previsão revela que esses elementos também são resguardados pelo ordenamento jurídico.

Contudo, o nome fantasia e empresarial não garantem a propriedade e o direito de uso exclusivo **absoluto** do nome, estando essa possibilidade adstrita à prova de que não há concorrência desleal, possibilidade de confusão ao consumidor e, que tal permissão estará sempre restrita ao Estado de inscrição.

Tanto é que o Superior Tribunal de Justiça já reconheceu ser possível a convivência de nome empresarial semelhante a marca registrada, quando não se ventila a confusão ao consumidor e no âmbito do Estado de registro da empresa[7]:

> 1. As formas de proteção do nome empresarial e da marca não se confundem, a tutela de cada qual tem como fim maior obstar o proveito econômico parasitário, o desvio de clientela, bem como proteger o consumidor. Precedentes.

---

[5] § 1º Toda pessoa que, de boa fé, na data da prioridade ou depósito, usava no País, há pelo menos 6 (seis) meses, marca idêntica ou semelhante, para distinguir ou certificar produto ou serviço idêntico, semelhante ou afim, terá direito de precedência ao registro.

[6] Art. 124. Não são registráveis como marca: V – reprodução ou imitação de elemento característico ou diferenciador de título de estabelecimento ou nome de empresa de terceiros, suscetível de causar confusão ou associação com estes sinais distintivos

[7] AgInt no AREsp 972790 / SP, 4ª Turma, Ministra MARIA ISABEL GALLOTTI, data de julgamento 10/08/2020

ATIVIDADE PUBLICITÁRIA NO BRASIL

> **2. Em regra, nome empresarial e marca semelhantes mas de titularidades diferentes podem conviver, cabendo ressaltar que a tutela do nome empresarial circunscreve-se à unidade federativa de competência da junta comercial em que inscritos os atos constitutivos da empresa, enquanto o registro da marca perante o Instituto Nacional de Propriedade Industrial confere ao titular o direito de uso exclusivo do signo em todo o território nacional.** (grifei)

Ademais, uma empresa pode ter apenas um nome empresarial e um nome comercial/fantasia em seus documentos oficiais, porém, pode ser titular de diversas marcas registradas no INPI para diferentes produtos ou serviços que explora no mercado.

Outro item recorrente considerado pelo empresariado como sendo suficiente à proteção da marca, de forma equivocada, é **domínio**, ou seja, o registro do endereço eletrônico, que pode ter inúmeras extensões como ".com", ".com.br", ".adv.br", ".net", ".org", etc. Atualmente, possuir um site é indispensável para a divulgação de produtos e serviços, de forma que muitos empresários acreditam que este registro corresponde a ter sua marca protegida.

Contudo, o registro do domínio garante tão-somente o endereço eletrônico na forma escrita literal e limitado à extensão escolhida, ou seja, qualquer letra alterada ou acrescida é aceita para que um terceiro registre domínio semelhante e, da mesma forma, poderá haver sites iguais com extensões diferentes.

Por tal razão existem vários sites parecidos na rede e frequentemente levam à confusão na identificação de empresas. Por isso é comum e em muitos casos recomendado, que empresas realizem vários registros, em várias extensões, e com variáveis na escrita, a fim de evitarem que terceiros registrem domínios parecidos.

É evidente que o domínio é um importante item que deve compor as medidas adotadas pelo empresário na identificação e divulgação do negócio; contudo, ele não garante a proteção legal de exclusividade no uso da marca e do nome, tampouco do logotipo, se houver.

Ademais, caso o domínio contenha reprodução ou imitação de marca já registrada por terceiro, é possível que seja proibido seu uso e determinada a transferência do registro, conforme já decidiu o Tribunal de Justiça do Estado de São Paulo[8]:

---

[8] Apelação Cível 1063531-73.2019.8.26.0100; Relator (a): Maurício Pessoa; Órgão Julgador: 2ª Câmara Reservada de Direito Empresarial; Foro Central Cível – 1ª VARA EMPRESARIAL E CONFLITOS DE ARBITRAGEM; Data do Julgamento: 18/08/2020; Data de Registro: 18/08/2020

8. A IMPORTÂNCIA DO REGISTRO DA MARCA PELO ANUNCIANTE

Contrarrazões de apelação – Pedidos de majoração do dano moral e arbitramento de indenização pelo uso indevido da marca – Meio inadequado de insurgência – Pedidos incognoscíveis. **Ação de abstenção de uso de domínio eletrônico,** abstenção de uso indevido de marca e ato de concorrência desleal c/c indenização por dano material – Alegado cerceamento de defesa pela ausência de produção de nova prova pericial – Afastamento – Ausência de interesse processual – Questão que se confunde com o mérito da demanda – **Autora titular da marca "2Go Turismo" – Utilização, pela ré, de expressão semelhante em nomes de domínio ("www.togotour.com.br" e "www.2gotour.com. br") – Pedido de registro formulado pela ré indeferido pelo INPI nos termos do artigo 124, XIX, da Lei de Propriedade Industrial ("a marca reproduz ou imita registros de terceiros") – Mesmo ramo de atividade – Possibilidade de confusão – Ilicitude – Concorrência desleal – Danos morais "in re ipsa" – Sentença mantida – Recurso desprovido.** (grifei)

Diante disto, vê-se que o registro da marca é a medida que vai assegurar e proteger o principal elemento que identifica o serviço ou produto no mercado – a marca, o que não se confunde com os registros empresariais do nome empresarial e nome fantasia, ou domínio, que não garantem a exclusividade em todo o território nacional, tampouco conferem proteção a eventuais elementos figurativos utilizados pelo anunciante.

1.2. O conjunto-imagem: *trade dress*

Além dos sinais apresentados acima, a doutrina e a jurisprudência estabeleceram o conceito de *trade dress* como o conjunto de diversos elementos que podem identificar um negócio, os quais também são protegidos pelas normas de concorrência desleal, como bem define Alberto Luís Camelier da Silva:

> A forma ou conformação de uma embalagem, a disposição de linhas, grafismos, trações e cores do rótulo de determinado produto; o interior e o exterior de um estabelecimento comercial ou prestador de serviços podem conter elementos de identificação visual de tal sorte peculiares que, combinados, formam um conjunto individualizador dos demais existentes na concorrência

(...)
GABRIEL LEONARDOS sustenta também que elementos não visualmente perceptíveis, tais como aroma e sons, podem compor o conjunto-imagem[9]

Esse conceito ampliou o objeto da proteção pelo direito para além das marcas e direitos autorais, inserindo a conduta de imitar ou copiar outros elementos que, em tese, não teriam proteção como o nome empresarial e fantasia ou a marca, mas que encontram amparo nas normas de repressão a concorrência desleal, que pune condutas que levem à confusão entre estabelecimentos, produtos e serviços.

O *trade dress* é um elemento muito presente em franquias, por exemplo, as quais possuem diversos padrões de apresentação e estilo e que identificam o negócio, ainda que sem a presença ostensiva da marca. Pode, ainda, representar um padrão de apresentação ou de um produto ou serviço no mercado, o conjunto de formatos e configurações de produtos expostos.

É importante que o anunciante preserve todos os sinais distintivos que, em conjunto, componham a identidade visual ou a apresentação de seu produto ou serviço, lembrando que somente a marca, que integra esse conjunto de sinais, tem proteção específica pela Lei 9.279/96, como um bem industrial.

2. Proteção da marca pelo Direito

O termo marca tem ampla aplicação no mercado para designar de forma genérica aquilo que identifica um produto, serviço, instituição ou profissional no mercado. A ela, são atrelados atributos como qualidade, tradição, conceitos e inúmeras percepções baseadas em seu objeto de consumo e na imagem de seu titular.

A já mencionada Lei 9.279/96 regula a proteção de bens industriais imateriais que compõem o patrimônio de uma pessoa ou empresa, quais sejam as marcas, patentes, desenhos industriais e indicações geográficas, tendo como pilares a proteção ao consumidor, a repressão à concorrência desleal e o desenvolvimento econômico do país.

---

[9] SILVA, Alberto Luís Camelier da, *Concorrência Desleal, atos de confusão*. São Paulo: Ed Saraiva, 2013, p.148/149

Neste contexto, registrar a marca no INPI é preservar e garantir a livre concorrência, a liberdade e a segurança de escolhas pelos consumidores. Nas palavras do doutrinador Newton Silveira[10]:

> Pela importância econômica da marca, por sua utilidade para os consumidores e pelo estímulo que representa à livre concorrência, o legislador, a par de manter as normas que reprimem a concorrência desleal e punem os atos confusórios, conferiu à marca o *status* de bem imaterial exclusivo – *status* esse que decorre do registro criado pela lei.

A lei atribui ainda o caráter de bem móvel à marca registrada, estabelecendo a natureza de ativo e patrimônio, passível de comercialização.

Lélio Denicoli Schmidt[11] atribui cinco funções à marca, que "fundamentam a tutela que a lei lhes conferem e delimitam seu âmbito de proteção, cuja extensão não poderá ultrapassar sua finalidade e natureza", quais sejam: *função social, função distintiva, função de indicação de origem, função de garantia de qualidade e função publicitária,* esta última relacionada ao conteúdo e ao contexto que a marca se insere, tais como valores da empresa, perfil de público alvo e as sensações e mensagens que gera além da sua apresentação visual.

Por isso a preocupação com a proteção jurídica da marca deve ocorrer ainda na sua criação, no processo de escolha do nome e logotipo, a fim de que atenda todos os requisitos legais para ser registrada.

Com isso, o anunciante garantirá que sua marca, ao ser divulgada, não infringe direitos de terceiros, não gera risco de confusão com outros produtos ou serviços concorrentes e, pode ser explorada com a segurança da propriedade e da exclusividade em seu segmento.

2.1. O que é uma marca forte

Não há dúvida que uma marca forte é aquela que alcança alto grau de reconhecimento no mercado, que é facilmente identificada pelo consumidor e se torna referência da atividade ou produto que representa.

---

[10] Propriedade Intelectual. Propriedade Industrial, Direito de Autor, Software, Cultivares, Nome empresarial, Título de Estabelecimento, Abuso de Patentes. São Paulo: Ed. Manole, 2018, p. 19

[11] A Distintividade das Marcas. Secondary Meaning, vulgarização e teoria da distância. São Paulo: Ed. Saraiva, 2013, p.43

ATIVIDADE PUBLICITÁRIA NO BRASIL

Para o Direito, o conceito de marca forte está ligado ao requisito de distintividade, previsto nos artigos 122 e 124, VI da Lei 9.279/96, que diz respeito à função de distinguir o que representa, ou seja, a marca não pode conter apenas elementos que descrevam ou que remetam à designação do produto ou serviço, por exemplo: "loja de chocolates" para identificar este tipo de comércio.

Isso porque, não é possível se apropriar de descrição de uma atividade ou produto e impedir seu uso por outras empresas ou profissionais que também o explorem legalmente. Tal possibilidade representaria um privilégio ilegal e injusto no mercado, indo de encontro ao princípio da livre concorrência consagrado na Constituição Federal como um dos pilares da ordem econômica (Artigo 170, IV).

Além disso, ter uma marca com um nome descritivo ou comum não permite ao consumidor identificar a empresa e a origem da atividade ou produto, impedindo sua fixação e destaque no mercado.

Por essas razões a lei estabelece que marcas apenas descritivas não são passíveis de registro, mas aquelas que contenham elementos de uso comum para aquela atividade ou produto, podem ser passíveis de registro quando associadas a outros elementos que a distinguam no conjunto, conforme consta no Manual de Marcas do INPI[12]:

> O caráter distintivo de um sinal está vinculado à sua maior ou menor capacidade inerente de funcionar como marca. Trata-se de uma escala, dependente do produto ou serviço assinalado, que varia da ausência total de cunho distintivo aos graus mais elevados de distintividade.

Com base neste conceito, o INPI estabeleceu os seguintes graus de distintividade de sinais: *não distintivos*: apenas descrevem o produto ou serviço e não podem, sozinhos, ser registrados como marca; *sugestivos ou evocativos*: sugerem o que representam, sem descrever; *arbitrários*: não possuem relação com o objeto da marca; e *fantasiosos*: sinais sem qualquer significado intrínseco.

Com base neste critério, quanto mais fantasiosa uma marca, maiores são as chances de ser registrada no INPI e de obter uma posição de destaque no mercado, distanciando-se de outras marcas de seu segmento.

---

[12] Item 5.9.1. http://manualdemarcas.inpi.gov.br/projects/manual/wiki/5%C2%B709_An%C3%Allise_do_requisito_de_distintividade_do_sinal_marc%C3%Alrio#591-Orienta%C3%A7%C3%B5es-gerais-para-an%C3%Allise-da-distintividade , acesso em 06/03/2021

8. A IMPORTÂNCIA DO REGISTRO DA MARCA PELO ANUNCIANTE

Neste sentido, buscar assessoria jurídica desde a concepção da marca evita que o anunciante incorra no erro de criar uma marca fraca do ponto de vista jurídico, inviabilizando ou dificultando seu registro no INPI, bem como sua fixação e diferenciação no mercado, afetando também a publicidade da marca.

2.2. Requisitos e peculiaridades do registro da marca no INPI

Um dos requisitos para que seja passível de registro, é que a marca seja visualmente perceptível, ou seja, não pode ser apenas um som ou cor, por exemplo; assim, sua forma de apresentação deverá ser nominativa, quando apenas conter palavras ou números escritos sem qualquer efeito visual; figurativa, quando formada apenas por figuras; ou mista, quando reunir esses dois elementos.

De acordo com sua natureza, deve ser classificada como de produto ou serviço, de certificação ou coletiva, estes últimos respectivamente para identificar uma forma de atestar algum padrão e, representar um grupo, tal como uma associação (artigo 123 da Lei 9.279/96).

Com base no princípio da especialidade, a proteção marcária abrangerá determinado segmento e tipos de atividade ou produto, que deverão ser selecionados no momento do registro, de acordo com a Classificação Internacional de NICE, da Organização Mundial da Propriedade Intelectual (OMPI)[13]. Dessa forma, é possível que existam marcas parecidas ou iguais para produtos ou serviços diferentes e que não tenham qualquer possibilidade de aproximação, confusão e associação.

Há exceção em relação às marcas de alto renome, que tem proteção e exclusividade em toda e qualquer atividade ou segmento no mercado[14], em razão de seu alto grau de reconhecimento, credibilidade e identificação pelo consumidor, que extrapola sua área de atuação.

O reconhecimento do alto renome se dá mediante pedido e análise específica do INPI, comprovado documentalmente o alto grau de reconhecimento da marca pelo público, o que foi alcançado por diversas marcas, tais como Google, Credicard, Walmert, Nike[15]. Essas marcas não podem ser utilizadas

---

[13] https://www.gov.br/inpi/pt-br/servicos/marcas/classificacao-marcas acesso em 15/03/2021

[14] LPI, Art. 125. À marca registrada no Brasil considerada de alto renome será assegurada proteção especial, em todos os ramos de atividade.

[15] https://www.gov.br/inpi/pt-br/assuntos/marcas/arquivos/inpi-marcas_-marcas-de-alto-renome-em-vigencia_-18-02-2020_padrao-1.pdf – acesso em 30/01/2021

em sua forma integral ou parcial, semelhante ou idêntica, para nenhum tipo de atividade ou serviço.

Há que se observar o artigo 124 da mencionada lei, que elenca vinte e três restrições ao registro de marca, tais como: cores, letras e algarismos de forma isolada e sem capacidade distintiva, slogans, símbolos públicos oficiais, nomes sem autorização de seu titular; restrições que serão analisadas no contexto do conjunto marcário, em conjunto com a atividade escolhida, pelo examinador do INPI.

Uma das principais proibições e motivo da maior parte dos indeferimentos de pedidos de registro de marca pelo INPI é o inciso XIX do artigo 124, que veda o registro que contenha *reprodução ou imitação, no todo ou em parte, ainda que com acréscimo, de marca alheia registrada, para distinguir ou certificar produto ou serviço idêntico, semelhante ou afim, suscetível de causar confusão ou associação com marca alheia.*

Importante consignar que em caso de disputa, é levada em consideração a data do primeiro depósito no INPI, e não a data anterior de utilização da marca no mercado, ou seja, quem primeiro depositar o pedido é quem vai obter a preferência na obtenção deste direito. Contudo, a lei consagra o já citado Direito de Precedência[16], permitindo àquele que comprovar o uso anterior da marca depositada há mais de seis meses antes do pedido, e disputar o registro.

Por fim, uma vez concedido o registro pelo INPI, a marca registrada terá vigência por dez anos, período no qual seu titular terá exclusividade de uso em território nacional, sendo-lhe permitido se insurgir contra cópia e uso indevido, bem como comercializar a marca, por meio de contratos de licença ou franquia. Esse prazo pode ser renovado sucessivamente.

Zelar pela marca é um ônus de seu titular, e consiste em seu direito de fazer valer a exclusividade conferida pelo registro concedido pelo INPI e de preservar seu público consumidor em face de reprodução ou imitação que gere confusão e associação com marcas concorrentes.

---

[16] Art 129, § 1º Toda pessoa que, de boa fé, na data da prioridade ou depósito, usava no País, há pelo menos 6 (seis) meses, marca idêntica ou semelhante, para distinguir ou certificar produto ou serviço idêntico, semelhante ou afim, terá direito de precedência ao registro.

Conclusões

A marca é o elo entre o anunciante e o mercado, entre o produto ou serviço e seu consumidor. É por meio dela que uma empresa, profissional ou produto se apresenta ao público e que se constrói e consolida a fixação e a imagem daquilo que representa.

Uma marca somente é considerada propriedade de quem a utiliza quando devidamente registrada no INPI, o que permite ao seu titular impedir o uso e a imitação por terceiros, fazendo jus ao direito de exclusividade em todo o território nacional, além de obter o caráter de bem móvel, passível de comercialização. Caso o anunciante não possua registro de marca, lhe restará a proteção ao nome comercial, nome empresarial e sinais de propaganda ou outros elementos que componham o *trade dress,* com base no Código Civil e normas de Concorrência Desleal.

É fundamental que um profissional especializado em registro de marca seja consultado previamente à criação e divulgação da marca, a fim de que seja avaliada a legalidade do sinal e verificado se não há marcas anteriormente registradas iguais ou semelhantes que impliquem em risco de conflitos ou disputas futuras.

A ausência de registro no INPI pode implicar na perda da marca, ou seja, na obrigação da empresa ou profissional deixar de usar o sinal, arriscando o investimento realizado na criação, marketing e publicidade, bem como no trabalho de fixação e identificação da marca no mercado. Além disso, eventual infração à marca de terceiros pode implicar na obrigação de indenizar o titular em danos morais e materiais.

O anunciante que possui sua marca registrada atende as normas legais, atuando com total legalidade em sua divulgação e exploração no mercado, garantindo que a marca não viola direitos de terceiros nem permite a confusão por consumidores. Esse reconhecimento, além de representar a segurança do anunciante em relação à concorrentes, gera também segurança ao consumidor e credibilidade no mercado, revelando ser medida fundamental para todo e qualquer negócio.

REFERÊNCIAS

CARVALHO Carlos Eduardo Neves de, *Aquisição e Perda de Distintividade Marcária*. Rio de Janeiro: Ed. Lumen Iuris, 2020.

Instituto Brasileiro de Qualidade e Produtividade (IBPQ). Empreendedorismo no Brasil 2018. Disponível em https://ibqp.org.br/PDF%20GEM/Livro%20Empreendedorismo%20no%20Brasil%20-%20web%20compactado.pdf acesso em 10 mar 2021

Instituto Nacional da Propriedade Industrial (INPI). Indicadores de Propriedade Industrial 2019 https://www.gov.br/inpi/pt-br/acesso-a-informacao/pasta-x/boletim-mensal/arquivos/documentos/indicadores-de-pi_2019.pdf acesso 10 mar 2021

Instituto Nacional da Propriedade Industrial (INPI). Classificação Internacional de Nice. Disponível em https://www.gov.br/inpi/pt-br/servicos/marcas/classificacao-marcas, acesso 15 mar 2021

Instituto Nacional da Propriedade Industrial (INPI). Marcas de alto renome em vigência no Brasil. Disponível em https://www.gov.br/inpi/pt-br/assuntos/marcas/arquivos/inpi-marcas_-marcas-de-alto-renome-em-vigencia_-18-02-2020_padrao-1.pdf - , acesso em 30 jan 2021

Marcas de Alto Renome em vigência no Brasil https://www.gov.br/inpi/pt-br/assuntos/marcas/arquivos/inpi-marcas_-marcas-de-alto-renome-em-vigencia_-18-02-2020_padrao-1.pdf – acesso em 30/01/2021.

Manual de Marcas do INPI – Instituto Nacional da Propriedade Industrial. http://manualdemarcas.inpi.gov.br/projects/manual/wiki/Manual_de_Marcas acesso em 06/03/2021.

SCHMIDT, Lélio Denicoli. A Distintividade das *Marcas. Secondary Meaning, vulgarização e teoria da distância*. São Paulo: Ed. Saraiva, 2013.

SILVA, Alberto Luís Camelier da, *Concorrência Desleal, atos de confusão*. São Paulo: Ed Saraiva, 2013.

SILVEIRA, Newton, *Propriedade Intelectual. Propriedade Industrial, Direito de Autor, Software, Cultivares, Nome empresarial, Título de Estabelecimento, Abuso de Patentes*. São Paulo: Ed. Manole, 2018.

STJ. AgInt no AREsp 972790 SP . Relatora Ministra Maria Isabel Galotti. DJ 10.08.2020. Disponível em: https://scon.stj.jus.br/SCON/pesquisar.jsp?newsession=yes&tipo_visualizacao=RESUMO&b=ACOR&livre=AgInt+no+AREsp+972790+, acesso em 10 mar 2021.

Tribunal de Justiça do Estado de São Paulo. Apelação Cível 1063531-73.2019.8.26.0100. Relator (a): Maurício Pessoa. DJ 18.08.2020. Disponível em: https://esaj.tjsp.jus.br/cjsg/getArquivo.do?cdAcordao=13981542&cdForo=0, acesso em 10 mar 2021

9.
A PANDEMIA DO FAKE

Márcio Costa de Menezes e Gonçalves
Gabriel Leoncio Lima

Inicialmente agradecemos à Dra. Larissa Kac pelo gentil convite e pelo desafio que nos trouxe, ao contribuirmos para esta inovadora obra, onde trataremos do tema do combate ao *fake*, em especial o combate à pirataria, por conta da nossa atuação nestes anos dedicados à advocacia, em especial à Propriedade Intelectual e Direito Digital.

Outros capítulos abordaram, de forma mais profunda, temas relacionados à natureza da Propriedade Intelectual, a necessidade da sua proteção, suas diversas formas de seu uso, e neste artigo trataremos das violações a estes direitos e as ferramentas existentes para coibir tais práticas, seja por uma grande marca, seja por uma celebridade ou influenciador, em começo, ou em auge de carreira.

Importante contextualizar algumas das políticas públicas de enfrentamento da pirataria nos últimos anos, bem como trazer um pequeno resumo do ecossistema do licenciamento de marcas, personagens e celebridades, no Brasil, para finalizarmos nossa contribuição com o tema da preservação da reputação de influenciadores e celebridades nos meios digitais, tema que vem ganhando maior importância mundial, ano após ano.

Os temas são muito densos e atuais, e procuramos ser bem diretos e objetivos nesta nossa contribuição.

O combate à pirataria, durante muitos anos foi liderado pela iniciativa privada, por meio de assessoria jurídica de escritórios especializados na defesa dos ativos intangíveis, mas que contou também com auxílio de órgãos públicos, principalmente a partir do ano de 2005, como o CNCP – Conselho

Nacional de Combate à Pirataria e a SENACON – Secretária Nacional do Consumidor, ambos do Ministério da Justiça.

Entendeu-se que a pirataria está diretamente ligada ao crime organizado e este crime deveria ser combatido com uma verdadeira união de esforços entre a sociedade civil organizada e os órgãos de Governo; ou seja, combater o crime organizado, de uma forma mais organizada. E é o que tem acontecido, seguindo alguns exemplos práticos abaixo, bem recentes.

A Prefeitura de São Paulo, em parceria com outros entes públicos (em especial a Receita Federal), desencadeou uma série de ações repressivas, que representaram um duro golpe naqueles que lidam com pirataria na capital paulistana. Foram diversas e diversas ações de repressão ocorridas, que bateram recordes nas apreensões de produtos piratas.

O DEIC/SP, através de sua 1ª DIG, vem desempenhando importante papel no combate à pirataria dentro do Estado de São Paulo, com ações bastante expressivas neste enfrentamento.

O Conselho Nacional de Combate à Pirataria voltou a atuar, nos últimos dois anos como protagonista no enfrentamento da pirataria em nosso país, cumprindo um papel fundamental para o avanço do tema. Exemplos disso foram as edições e entregas dos Guias de "Boas Práticas no Comércio Eletrônico e Meios de Pagamento", iniciativas bastante emblemáticas. Com uma pauta de reuniões e de discussões bastante atuais, pragmáticas e assertivas, os trabalhos do CNCP merecem ser vistos com uma atenção bastante positiva.

Já a Associação Brasileira de Marcas e Personagens – ABRAL, elaborou uma interessante campanha educativa, alertando os consumidores sobre os riscos da pirataria de brinquedos, campanha que teve ampla divulgação na mídia nacional. Com o *slogan* **"Pirataria não é brincadeira!"** a campanha teve o apoio formal do CNCP, do INMETRO e da Secretaria Nacional de Defesa do Consumidor, a SENACON.

Outra importante iniciativa que merece destaque foi a liderada pelo Instituto do Capital Intelectual - ICI, que em maio deste ano de 2021 inaugurou o Museu da Pirataria, em seu formato virtual (www.museudapirataria. com.br), trazendo interessante acervo de produtos falsificados, comparados com os originais.

Assim, atualmente há uma melhor organização nos esforços para se combater a pirataria, o que é um importante avanço, apesar de todos os desafios que ela traz.

Também, não há como se desprezar a importância e potencial de negócios envolvendo o licenciamento de produtos, que se utilizam das marcas,

9. A PANDEMIA DO FAKE

nomes, imagens e prestígio de influenciadores e celebridades, o que logicamente acaba atraindo, também, o interesse dos falsificadores. Tem sido muito comum, que influenciadores, youtubers e celebridades, que trabalham com o licenciamento de produtos, apareçam, atualmente, no topo dos produtos de consumo mais pirateados.

A exemplo disso, um dos mais afamados Youtubers brasileiros, com mais de 28 milhões de inscritos em seus canais, firmou contrato de licenciamento com uma grande fabricante de brinquedos no mercado nacional, atingindo a quantidade de mãos de 400 mil unidades vendidas em 2019, sendo o segundo brinquedo que mais faturou no Brasil, em vendas, somando 59 milhões de reais[1].

O sucesso de venda no mercado, só não foi ainda maior pelas falsificações ocorridas, através da chegada de bonecos falsificados de origem asiática por meios dos portos aduaneiros, como por exemplo, de Suape/PE, no ano de 2020, quando ocorreu a apreensão de mais de 1.200 unidades em apenas um container.

E a má-qualidade de um produto falsificado certamente afeta diretamente a imagem de uma determinada marca. Eis o alerta!

Define-se Fama, como uma condição concedida pelos meios de comunicação a determinadas pessoas, que adquirem esse status (pessoa famosa). O status de celebridade geralmente é associado à riqueza e ao glamour. As pessoas também podem se tornar celebridades devido à atenção da mídia ao seu estilo de vida, riqueza ou até mesmo por escolhas controversas.

Trata-se, portanto, de um fenômeno produzido pela indústria cultural de cada país, gerado por interesses mercadológicos, com o apoio de uma extensa equipe de profissionais nos bastidores.

Em uma sociedade cada vez mais virtual, o marketing digital é a principal ferramenta para manutenção e crescimento do status alcançado por uma determinada celebridade.

As redes sociais como Twitter e Instagram passaram a ser o principal meio de pulverização de conteúdos devido ao seu baixo custo e, principalmente, pela instantaneidade das informações geradas, trazendo o fã ou seguidor para a vivência da rotina de uma determinada celebridade, despertando a curiosidade das pessoas por seu estilo de vida.

---

[1] Luccas Neto sobre sucesso de seu boneco: falam que eu sou o novo Mickey. Por Larissa Quitino. Data: 28 jan 2020. Disponível em: [1] https://veja.abril.com.br/economia/luccas-neto-sobre-sucesso-de-seu-boneco-falam-que-sou-o-novo-mickey/. Acesso em: 15 mar. 2021.

Aproveitando-se desse interesse, os artistas divulgam em suas redes sociais, por meio de programas de licenciamento, uma infinidade de negócios, sejam produtos ou mesmo serviços.

No Brasil, a Associação Brasileira de Licenciamento de Marcas e Personagens – ABRAL é uma entidade de apoio e referência, que reúne todas as plataformas do negócio no Brasil: licenciadores, agentes, licenciados, fabricantes, distribuidores, varejistas, entre outros segmentos envolvidos direta ou indiretamente com o mercado de licenciamento de marcas, imagem ou propriedade intelectual e artística.

No geral, o processo de licenciamento é dividido em quatro etapas, sendo resumido basicamente em:

i) Prospecção – primeiro contato entre o Licenciado e o Licenciador;
ii) Negociação – Definição dos termos/contrato e *royalties*;
iii) Desenvolvimento – apresentação do produto/serviço ao Licenciador, aprovação e liberação para produção em grande escala;
iv) Marketing – Definição da campanha de lançamento e capacitação;

Apesar de no primeiro momento parecer ser burocrático, o Licenciado em parceria com Licenciador obtém diversas vantagens como:

i) Aumento das vendas (reconhecimento do público-alvo);
ii) Fortalecimento da marca (diferenciação em relação a concorrentes);
iii) Abertura de novos pontos de venda (entrada facilitada nos canais de distribuição);
iv) E, por fim usufruir de um suporte adicional de Marketing.

Segundo a ABRAL, o faturamento do ano passado com os negócios de licenciamento de marcas, personagens e celebridades, no ano de 2020, chegou ao incrível montante de R$ 21 bilhões[2] de vendas junto ao varejo.

Entretanto, quanto maior o sucesso de um produto licenciado, maior o risco de ele vir a ser pirateado.

O atual momento vivenciado pelo mundo, em virtude da pandemia do novo coronavírus (covid-19), acelerou de forma exponencial a oferta e a comercialização de produtos contrafeitos no ambiente virtual. Com o comércio físico

---

[2] https://abral.org.br/. Disponível e Acesso em 15 mar. 2021.

temporariamente fechado, o *e-commerce* foi a válvula de fuga e o meio de apresentação e comercialização destes produtos irregulares.

Em uma pesquisa rápida pela internet não são raros sites com os domínios "réplicas perfeitas", "mega réplicas" e, dentre outros, vendendo de roupas íntimas a bolsas e relógios falsificados, cujo preço chega a passar dos quatro dígitos, até mesmo remédios, peças de automóveis e produtos médicos hospitalares falsificados. A pirataria não tem limites...

Segundo dados do Fórum Nacional Contra a Pirataria e a Ilegalidade – FNCP, no ano de 2019 (2020 está em apuração), os prejuízos do Brasil com a contrafação e evasão fiscal, somente em 18 setores analisados, chegaram a mais de R$ 291 bilhões[3], ou seja, a economia brasileira, que já não anda tão bem faz anos, é sequencialmente golpeada pela violação da propriedade intelectual.

De modo especial, nos casos de contrafação, reprodução fraudulenta de marcas, ou simplesmente pirataria, o titular da marca registrada tem o direito de atuar contra aqueles que comercializam, fabricam, estocam, anunciam, importam e exportam produtos identificados como contrafeitos.

Vale ressaltar que, todos esses autores podem ser responsabilizados individualmente ou solidariamente. Segundo entendimento da 2ª Câmara de Direito Empresarial do Tribunal de Justiça de São Paulo, é possível à responsabilização da administradora pelo comércio de produtos ilegais em lojas, stands e boxes alugados, juntamente com os seus locatários.

De acordo com o desembargador Maurício Pessoa, no acórdão de nº 1046855-84.2018.8.26.0100[4], ficou reconhecida a "conduta desleal" da empresa, *"por facilitar a confusão do consumidor e o desvio da clientela das apeladas, sendo de rigor sua condenação à reparação"*, afirmando, ademais, que *"basta a oferta e comercialização de produtos falsificados, contendo imitação ou reprodução da marca das apeladas, para embasar a condenação da apelante por perdas e danos"*.

Em casos semelhantes, o Superior Tribunal de Justiça pondera: *"A administradora de centro de comércio popular que permite e fomenta a violação ao direito de propriedade industrial das autoras, por parte dos lojistas locatários dos seus estandes*

---

[3] Brasil perde R$ 291,4 bilhões para o mercado ilegal. Por FNCP – Fórum Nacional Contra a Pirataria e a Ilegalidade. Data 24 mar. 2020. Disponível em https://www.etco.org.br/noticias/brasil-perde-r-2914-bilhoes-para-o-mercado-ilegal/. Acesso em 15 mar. 2021.

[4] TJ-SP – AC: 1046855-84.2018.8.26.0100, Relator: Mauricio Pessoa, Data de Julgamento: 29/07/2019, 2ª Câmara Reservada de Direito Empresarial, Data da Publicação: 01/08/2019. Disponível em: https://www.conjur.com.br/dl/acordao-shopping-marcas-luxo.pdf. Acesso em 15 mar. 2021.

e boxes, torna-se corresponsável pelo ilícito danoso realizado por intermédio dos terceiros cessionários dos espaços do estabelecimento".

Na prática em ambiente físico, os titulares das marcas costumam reunir preventivamente todo tipo de provas para configuração do ato ilícito, como um exemplar do produto juntamente com um cupom fiscal de venda, o que irá suportar pedidos liminares de busca e apreensão e abstenção, sob pena de multa, além de pedidos indenizatórios.

Para efeitos jurídicos, os pedidos liminares têm fundamento, dentre outros, nos parágrafos do artigo 209[5], e os pedidos do mérito estão localizados no caput[6] do mesmo artigo, conjuntamente com o artigo 210[7], todos da LPI[8].

Não sendo demais lembrar, que para se utilizar de qualquer marca (propriedade) é necessária a autorização do titular/proprietário caso contrário, estamos diante obviamente de uso indevido, passível de repressão.

Importante mencionar que no ambiente virtual, o Decreto 10.271/20[9] tornou obrigatório os *e-commerces* disponibilizarem informações básicas sobre os vendedores *"sellers"*, abrigados em sua plataforma, como por exemplo nome comercial e social da empresa, endereços físico e eletrônico e número do CNPJ.

---

[5] § 1º Poderá o juiz, nos autos da própria ação, para evitar dano irreparável ou de difícil reparação, determinar liminarmente a sustação da violação ou de ato que a enseje, antes da citação do réu, mediante, caso julgue necessário, caução em dinheiro ou garantia fidejussória.
§ 2º Nos casos de reprodução ou de imitação flagrante de marca registrada, o juiz poderá determinar a apreensão de todas as mercadorias, produtos, objetos, embalagens, etiquetas e outros que contenham a marca falsificada ou imitada

[6] Art. 209. Fica ressalvado ao prejudicado o direito de haver perdas e danos em ressarcimento de prejuízos causados por atos de violação de direitos de propriedade industrial e atos de concorrência desleal não previstos nesta Lei, tendentes a prejudicar a reputação ou os negócios alheios, a criar confusão entre estabelecimentos comerciais, industriais ou prestadores de serviço, ou entre os produtos e serviços postos no comércio.

[7] Art. 210. Os lucros cessantes serão determinados pelo critério mais favorável ao prejudicado, dentre os seguintes: I – os benefícios que o prejudicado teria auferido se a violação não tivesse ocorrido; ou II – os benefícios que foram auferidos pelo autor da violação do direito; ou III – a remuneração que o autor da violação teria pago ao titular do direito violado pela concessão de uma licença que lhe permitisse legalmente explorar o bem

[8] BRASIL. Lei n. 9.279, de 14 de maio de 1996. Regula direitos e obrigações relativos à propriedade industrial. Disponível em: http://www.planalto.gov.br/ccivil_03/leis/l9279.htm . Acesso em 07 abr. 2021.

[9] BRASIL. Decreto n. 10271, de 06 de março de 2020. Dispõe sobre a proteção dos consumidores nas operações de comércio eletrônico. Disponível em https://www.in.gov.br/web/dou/-/decreto-n-10.271-de-6-de-marco-de-2020-246772854. Acesso em 07 abr. 2021.

9. A PANDEMIA DO FAKE

Assim, antes de adquirir qualquer produto anunciado pela internet, devem ser observadas algumas já conhecidas práticas:

a) Prefira comprar em lojas certificadas e que emitam nota fiscal;
b) Verifique se a loja possui conexão de internet segura;
c) Pesquise informações com outros consumidores sobre a loja;
d) Verifique os dados da loja online, como endereço físico, SAC (Serviço de Atendimento ao Consumidor) e CNPJ (Cadastro Nacional de Pessoas Jurídicas);
e) Leia a Política de Privacidade da Empresa;
f) Salvem todos os passos da compra; e
g) Evitem ou não façam compras por meio de equipamentos de terceiros

Já finalizando, trataremos do gerenciamento da reputação das celebridades e influenciadores frente às indesejadas *fake news*.

O que ocorre quando o artista se depara com falsificação de seus produtos, reações negativas nas redes sociais ou mesmo com *fake news*, termo utilizado para denominar informações e/ou notícias falsas que são publicadas sobre ele? Como fazer esse contingenciamento de crise? Como manter a sua reputação intacta? Como manter e ampliar os seus contratos publicitários?

Celebridades, naturalmente, têm sua privacidade mais reduzida se comparado a pessoas comuns (desconhecidas), até porque suas profissões as deixam mais sujeitas à exposição.

Ocorre que, como já mencionado anteriormente, o artista, além de sua reputação pessoal, é visto pelo mercado, muitas vezes, como um "produto" e "marca" criados através do *marketing* construído por empatia com o fã, que irá se tornar seu consumidor. Por isso a necessidade de proteger os seus maiores ativos; sua marca, sua imagem, seu nome e a sua reputação.

A instabilidade na carreira de um artista é algo normal, afinal ele, antes de ser artista, é uma pessoa como qualquer outra, sujeita a todas as intempéries da vida, como comentários ofensivos nas redes sociais, má interpretação acerca de posicionamentos religiosos, políticos, sexuais etc. Entretanto, o grau de dano poderá variar diretamente ao seu grau de exposição. E certamente tal dano poderá afetar os negócios de licenciamento por ele conduzidos.

Como é dito dentro das redações de periódicos de fofoca, a imagem do sucesso é tão lucrativa quanto a do fracasso. E, um erro no contingenciamento dessa crise pode acarretar em um prejuízo altíssimo, e às vezes, irreversíveis.

Um dos exemplos mais emblemáticos de 2021, certamente é a Karol ConKá, rapper, influenciadora e ex-integrante do programa Big Brother Brasil, que foi "cancelada" por conta da sua postura no *reality show*.

Segundo estimativas da agência Brunch, ela teria perdido cerca de R$ 5 milhões somando shows cancelados, programas de TV e fim de posts patrocinados em sua conta do Instagram[10].

Em relação às *fake news*, seus danos podem ser tão prejudiciais quanto a prática do fato realizada pelo artista. Apesar de ainda estar em trâmite no Congresso Nacional um projeto de lei de criminalização das *fake news*, a legislação já possui dispositivos que podem ser utilizados para buscar a condenação dos agentes praticantes.

Citamos como exemplo fato ocorrido no ano de 2017, quando o criador da hashtag #CaetanoPedofilo, Flávio Morgenstern, pseudônimo de Flavio Azambuja Martins, foi condenado pela 9ª Câmara Cível do Rio de Janeiro a indenizar o músico Caetano Veloso em R$ 120 mil por disseminar acusações de pedofilia[11].

O ambiente virtual ainda é visto por muitas pessoas como um ambiente informal, à margem da lei (terra de ninguém), permitindo aos indivíduos a criação de contas falsas com propósito de criar ofensas, cujo objetivo quase sempre é provocar danos na reputação das celebridades.

É inegável que certos danos às imagens das celebridades muitas vezes são irreversíveis, por isso é necessário promover medidas preventivas objetivando reduzir essas questões. Acreditamos que, antes de uma celebridade ou influenciador se lançar ao mercado como marca/ produto, é importante o alinhamento da melhor estratégia a ser adotada em relação aos profissionais de relações públicas, *marketing* e, claro, advogados especializados.

Por fim, convidamos a todos a se tornarem combatentes na luta contra qualquer tipo de conteúdo *fake*, em prol da retomada de nossa economia, seja para aplicação do Direito nas relações pessoais e comerciais, especialmente para evitar a propagação do ódio, desonestidade, mentiras e crimes contra a honra, hoje infelizmente tão comuns na vida digital social.

Não ao *FAKE e*
Sim ao ORIGINAL e ao que é verdadeiro!

---

[10] Conká perde R$ 5 milhões no BBB e pode perder muito mais! Por César Esperandio. Data: 19 fev 2021. Disponível em: https://economia.uol.com.br/colunas/econoweek/2021/02/19/conka-perde-milhoes-de-reais-com-bbb.htm. Acesso em 15 mar. 2021.
[11] Justiça manda "hater" indenizar Caetano Veloso por acusação de pedofilia. Por redação. Data 09 out 2019. Disponível em: https://revistaforum.com.br/brasil/justica-manda-hater-indenizar-caetano-veloso-por-acusacao-de-pedofilia/ Acesso em 15 mar. 2021.

10.
DIREITO À IMAGEM NA OBRA PUBLICITÁRIA

Liliane Agostinho Leite

Introdução

Entre os direitos e garantias individuais constitucionais previstos na Constituição Federal de 1998[1], encontramos o direito à imagem. O direito à imagem constitui um direito inviolável da pessoa natural, qualificando-se como direito extrapatrimonial e de caráter personalíssimo.

A inviolabilidade garantida na Constituição Federal visa proteger os interesses de uma pessoa contra o uso desautorizado da sua imagem.

Costa Netto, lembra que a Lei de Direitos Autorais de 1973[2] já protegia a imagem da pessoa retratada, sendo um dispositivo referendado para a construção jurisprudencial desse tema perante o Supremo Tribunal Federal. Costa Netto[3], ainda, destaca dois julgamentos proferidos sobre esse tema por nossa Corte Constitucional:

---

[1] Art. 5º, X: Todos são iguais perante a lei, sem distinção de qualquer natureza, garantindo-se aos brasileiros e aos estrangeiros residentes no País a inviolabilidade do direito à vida, à liberdade, à igualdade, à segurança e à propriedade, nos termos seguintes: (...) X – são invioláveis a intimidade, a vida privada, a honra e a imagem das pessoas, assegurado o direito a indenização pelo dano material ou moral decorrente de sua violação;

[2] Lei 5.988/73. Art. 82. O autor de obra fotográfica tem direito a reproduzi-la, difundi-la e colocá-la à venda, observadas as restrições à exposição, reprodução e venda de retratos, e sem prejuízo dos direitos de autor sobre a obra reproduzida, se de artes figurativas.

[3] COSTA NETTO. José Carlos. Direito à imagem. APIJOR, São Paulo. Disponível em: <https://livrozilla.com/doc/665645/o-direito-imagem>. Acesso em: 09/04/2021.

DIREITO À IMAGEM. FOTOGRAFIA. PUBLICIDADE COMER-CIAL. INDENIZAÇÃO. A DIVULGAÇÃO DA IMAGEM DE PESSOA, SEM O SEU CONSENTIMENTO, PARA FINS DE PUBLICIDADE COMERCIAL, IMPLICA EM LOCUPLETAMENTO ILÍCITO A CUSTA DE OUTREM, QUE IMPÕE A REPARAÇÃO DO DANO. RECURSO EXTRAORDINÁRIO NÃO CONHECIDO. (RE 95872, Relator(a): RAFAEL MAYER, Primeira Turma, julgado em 10/09/1982, DJ 01-10-1982).

DIREITO À PROTEÇÃO DA PRÓPRIA IMAGEM, DIANTE DA UTILIZAÇÃO DE FOTOGRAFIA, EM ANÚNCIO COM FIM LUCRA-TIVO, SEM A DEVIDA AUTORIZAÇÃO DA PESSOA CORRESPON-DENTE. INDENIZAÇÃO PELO USO INDEVIDO DA IMAGEM. TUTELA JURÍDICA RESULTANTE DO ALCANCE DO DIREITO POSITIVO. RECURSO EXTRAORDINÁRIO NÃO CONHECIDO. (RE 91328, Relator(a): DJACI FALCAO, Segunda Turma, julgado em 02/10/1981, DJ 11-12-1981).

De igual modo, a atual Lei de Direitos Autorais, também trata sobre o tema, especificamente no art. 79, reforçando os preceitos constitucionais dos direitos exclusivos do criador da obra intelectual e da pessoa retratada ao direito à imagem.

De acordo com Rubens Limongi França[4], os direitos da personalidade *dizem-se as faculdades jurídicas cujo objeto são os diversos aspectos da própria pessoa do sujeito, bem assim seus prolongamentos e projeções.* Prosseguindo, Rubens Limongi França estabelece três aspectos fundamentais: a) direito à integridade física, como direito à vida e aos alimentos, sobre o próprio corpo vivo e morto, sobre partes separadas do corpo; b) direito à integridade intelectual, como liberdade de pensamento, direito de autor, de inventor; c) direito à integridade moral, como liberdade civil, política e religiosa, direito à honra, honorificência, recato, segredo, à imagem, identidade pessoal, familiar e social.

Já Carlos Alberto Bittar[5] estabelece uma tripartição dos direitos da personalidade em direitos físicos, direitos psíquicos e direitos morais. Todavia, para Silmara Juny Chinellato[6] qualquer que seja a classificação, está deverá

---

[4] FRANÇA. Rubens Limongi. Direitos da Personalidade Coordenadas Fundamentais, in Doutrinas Essenciais. Direito Civil Parte Geral, org. Gilmar Ferreira Mendes e Rui Stoco. São Paulo: Revistas dos Tribunais, 2011. p. 654.

[5] BITTAR, Carlos Alberto. Os direitos da personalidade. 4. d. São Paulo: Saraiva, 2014. posição 226.

[6] CHINELLATO, Silmara Juny de Abreu. Código Civil interpretado: artigo por artigo, parágrafo por parágrafo. 13ª ed. São Paulo: Manole, 2020. p. 117.

10. DIREITO À IMAGEM NA OBRA PUBLICITÁRIA

ser quadripartida, colocando-se à parte o direito à vida, este primeiro e condicionante aos demais.

Em 2002, o Código Civil dedicou um capítulo específico sobre os direitos da personalidade e de forma expressa fez referência no *caput* do art. 20[7] ao direito à imagem.

1. Conceito de direito à imagem. Características.

A palavra imagem deriva do latim[8] *imago*, que significa imagem, representação ou reprodução do aspecto ou formato de pessoa ou objeto por meio de desenho, gravura ou escultura.

De acordo com Silmara Juny Chinelatto[9] imagem significa reprodução física da pessoa, no todo ou em parte, por qualquer meio como pintura, fotografia, filme. Deste conceito trazido pela ilustre Professora, observamos que há inúmeras formas de exploração da imagem e voz de uma pessoa, seja ela por qualquer meio ou fixada em qualquer suporte tangível ou intangível, pois a proteção recairá sobre a forma concreta da criação pela qual a imagem ou voz será utilizada.

Para Carlos Alberto Bittar[10], o direito à imagem:

> Consiste no direito que a pessoa tem sobre a sua forma plástica e respectivos componentes distintos (rosto, olhos, perfil, busto) que a individualizam no seio da coletividade. Incide, pois, sobre a conformação física da pessoa, compreendendo esse direito um conjunto de caracteres que a identifica no meio social. Por outras palavras, é o vínculo que une a pessoa à sua expressão externa, tomada no conjunto, ou em pare significativas (como a boca, os olhos, as penas, enquanto individualizadoras da pessoa.

---

[7] Código Civil. Art. 20. Salvo se autorizadas, ou se necessárias à administração da justiça ou à manutenção da ordem pública, a divulgação de escritos, a transmissão da palavra, ou a publicação, a exposição ou a utilização da imagem de uma pessoa poderão ser proibidas, a seu requerimento e sem prejuízo da indenização que couber, se lhe atingirem a honra, a boa fama ou a respeitabilidade, ou se se destinarem a fins comerciais

[8] Disponível em <https://michaelis.uol.com.br/busca?r=0&f=0&t=0&palavra=imagem>. Acesso em: 09/04/2021.

[9] P. 126.

[10] BITTAR, Carlos Alberto. Os direitos da personalidade. 4. d. São Paulo: Saraiva, 2014. posição 218.

Regina Sahm[11] em obra dedicada ao tema, conceitua e denomina o direito à própria imagem como:

> Conjunto de faculdades ou prerrogativas jurídicas, cujo objeto é toda expressão formal e sensível da personalidade que individualiza a pessoa quer em sua expressão estática (figura), quer dinâmica (reprodução); assim como por meio da qualificação ou perspectiva, de acordo com sua verdade pessoal (existencial), a imagem que faz de si (subjetivamente) e seu reflexo na sociedade (objetivamente), garantia a utilização exclusiva pelo titular, compreendendo a preservação dos atentados sem prejuízo da indenização por danos causados.

Assim, o direito à imagem, em sentido amplo, é o direito exclusivo de uma pessoa de divulgar, publicar e autorizar o uso da sua imagem, a título gratuito ou oneroso, por determinado espaço de tempo e território. Esclarecemos que há exceções[12], cujo uso da imagem não necessita de autorização, entretanto, não abordaremos no presente artigo.

Devemos lembrar que a direito à voz e nome integra o rol dos direitos da personalidade, sendo um direito tutelado e protegido pelo nosso ordenamento jurídico, nos mesmos moldes do direito à imagem. Sobre esse tema disserta Fernanda Stinchi Pascale Leonardi, em obra dedicada[13] ao tema:

> Nota-se que a voz e a imagem guardam uma relação ainda mais próxima entre si do que com os demais atributos da personalidade, especialmente pelo fato de ambas serem características que individualizam e identificam uma pessoa no meio social, bem como por serem comumente exploradas para fins publicitários. Entretanto, voz e imagem são diferentes atributos da personalidade.

Parte da doutrina dividiu a imagem em duas espécies: imagem-retrato e imagem-atributo. A imagem-retrato (direito de imagem – física) em sentido amplo, pode ser considerada como a representação ou projeção física da pessoa, sendo também elemento à voz, que não exige que esteja vinculada à imagem. A imagem-atributo (direito à imagem – social/moral) é a construção

---

[11] SAHM. Regina. Direito à imagem no Direito Civil contemporâneo. São Paulo: Atlas, 2002. p. 34.
[12] Por exemplo quando uma pessoa está inserida no plano geral de uma paisagem, uma multidão, caricatura, para o interesse da ordem pública, como justiça e segurança.
[13] LEONARDI. Fernanda Stinchi Pascale. Voz e Direito Civil. São Paulo: Manole, 2013. posição 143.

da imagem social, por meio de atributos subjetivos da pessoa, partindo não só do aspecto físico, mas também dos valores subjetivos que contribuem para a personalidade de uma pessoa.

O direito à imagem integrante dos direitos da personalidade é irrenunciável, inalienável, intransmissível, todavia pode ser objeto de negócio jurídico.

2. O uso da imagem na obra publicitária

Dentre os direitos tutelados pelos direitos da personalidade, entende-se que o direito à imagem ganha inegável importância na atualidade, pelo avanço das formas e meios de comunicação e, em especial, com a disseminação das imagens nas redes sociais e internet.

Tratando-se de obra publicitária, é inegável que a depender da notoriedade da pessoa, sua exploração econômica pode gerar boas receitas. Portanto, a utilização da imagem de uma pessoa na promoção de um produto ou serviço, revela o aspecto econômico produzido pela exploração da imagem.

Dado ao caráter mercadológico de persuasão ao consumidor, o uso da imagem de personalidades ou até mesmo de influenciadores digitais torna-se um grande atrativo. Tal fato já era constatado por Carlos Alberto Bittar[14]:

> O fenômeno ganha vulto em nossos tempos, em que a vinculação publicitária de pessoas bem-sucedidas em suas atividades representa estímulo ao consumo mediante a atração que exercem junto ao público; assim acontece com grandes estadistas, políticos, artistas, escritores, esportistas. Explora-se, nesse passo, a ânsia do espectador de se identificar com os seus ídolos, com os seus hábitos, os seus gostos, as suas preferências, levando-o, pois, ao consumo do produto anunciado, direta ou indiretamente, conforme o caso.

Na obra publicitária, pode-se explorar os seguintes aspectos: (i) aspectos físicos de uma determinada imagem de pessoa para atração de um determinado público-alvo; ou (ii) a exploração de certas características ou notoriedade atribuídas à imagem da pessoa ligadas ao produto ou serviço a ser comunicado.

---

[14] BITTAR, Alberto Carlos e Carlos Alberto Bittar Filho. Tutela dos Direitos da Personalidade e dos Direitos Autorais nas Atividades Empresariais. 2ª ed. São Paulo: Revista dos Tribunais, 2002. p. 58.

Na obra publicitária a exploração poderá ser dar, por exemplo, pelo uso da imagem da pessoa em obra audiovisual[15], ou seja, *fixação de imagens com ou sem som, que tenha a finalidade de criar, por meio de sua reprodução, a impressão de movimento, independentemente dos processos de sua captação, do suporte usado inicial ou posteriormente para fixá-lo, bem como dos meios utilizados para sua veiculação.*

O uso da imagem no campo da publicidade, também ocorre pela produção da obra fotográfica. Costa Netto[16] conceitua a obra fotográfica como *imagem de objetos da realidade, produzida por uma superfície sensível à luz ou outra radiação. É considerada obra intelectual protegida sempre que sua composição, seleção ou modo de captação do objeto escolhido mostrar originalidade.*

Como regra geral, no campo publicitário, a gestão dos contratos de produção seja de obra audiovisual, fotográfica ou até mesmo sonora, caberá à agência de publicidade. Ressaltamos que a agência, no contrato de licença de uso de imagem e voz, figurará como interveniente da contratação, porém serão partes contratantes: na qualidade de contratante, o anunciante, a quem pertence a responsabilidade pela propaganda e como contratado o titular da imagem, ou seja, a pessoa física detentora dos direitos da personalidade.

O direito à imagem como um direito exclusivo que a pessoa detém sobre sua própria imagem, pode ser licenciado à terceiros, a contrário sensu, como regra geral e implícita, verificamos a vedação que ninguém poderá explorar a imagem alheia sem o respectivo consentimento.

Em razão da inalienabilidade dos direitos da personalidade, em especial para nosso estudo, o direito à imagem, entendemos que o instrumento mais compatível para esse tipo de negócio seja o contrato de licença, também denominado de concessão, pois tratará sobre o uso temporário do bem disponível. Sobre esse tipo contratual aplicável, Silmara Juny Chinelatto[17], sustenta:

> A imagem se presta a exemplificar a diferença entre disponibilidade do exercício e não do próprio direito, considerando-se que uma das características dos direitos da personalidade é a inalienabilidade. Essa disponibilidade de exercício é alcançada por meio de contratos de concessão de uso ou de licença de uso de imagem, bastante usuais.

---

[15] Lei n. 9.610/98. Art. 5º, VIII, *i*.

[16] COSTA NETTO. José Carlos. Direito autoral no Brasil. 3ª ed. São Paulo: Saraiva, 2019. p. 197.

[17] CHINELLATO, Silmara Juny de Abreu. Biografias não autorizadas: liberdade de expressão, outros direitos da personalidade e direito de autor. Revista Jurídica Luso-Brasileira [S.l: s.n.], 2015. p. 211.

10. DIREITO À IMAGEM NA OBRA PUBLICITÁRIA

Ainda, sobre o uso do contrato de licença para os negócios jurídicos que envolvam o direito à imagem, Carlos Alberto Bittar[18] também ensina:

> São os contratos de concessão, ou de licença (licensing), os adequados para a utilização dos bens disponíveis que compõem a personalidade – da pessoa e da empresa (desta, como os sinais distintivos, o nome, a marca e outros elementos de seu patrimônio incorpóreo) –, mantendo-se no âmbito do titular os demais direitos (assim, a licença para uso de imagem em televisão não se entende acima ou a outro forma).

Para a sua validade[19], o contrato de licença de uso de imagem e voz, a depender do caso, deverá como regra geral possuir agente capaz, objeto lícito, possível, determinado ou determinável e forma prescrita ou não defesa em lei.

A capacidade de exercício de direito é adquirida com a maioridade, aos 18 anos, ou com a emancipação (art. 5º CC). Portanto, nas contratações com menores, estes devem ser representados. Os pais são os representantes legais dos filhos (art. 1.634 CC), agindo em nome e no interesse destes.

O objeto do negócio jurídico deve ainda ser lícito, ou seja, que não atenta contra a lei, moral ou os bons costumes. Deve ser ainda possível, pois quando impossível, o negócio poderá ser declarado nulo, bem como deve ser determinado ou determinável.

A forma prescrita em lei ou não defesa em lei revela a própria manifestação de vontade das partes contratantes. Carlos Roberto Gonçalves[20] ensina que no *direito brasileiro, a forma é, em regra livre. (...). O consensualismo, portanto, é a regra, e o formalismo, a exceção.*

No que tange à exploração comercial da imagem de uma pessoa, não possuímos forma prescrita em lei, como no caso de compra e venda por exemplo. Todavia é certo que se faz necessária a autorização. Em especial, para obra publicitária, recomenda-se que seja documentada na forma escrita.

A Lei n. 9.610/98, que trata dos direitos autorais no Brasil, determina no art. 29, que dependerá de autorização prévia e expressa do autor a utilização da obra, por quaisquer modalidades. No art. 49 e seguintes, encontramos dispositivos dedicados aos contratos licenciamento, concessão e cessão. Notem

---

[18] Op. Cit. posição 1.179.
[19] Código Civil. Art. 104.
[20] GONÇALVES. Carlos Alberto. Direito Civil Brasileiro. 1 Parte geral. 17ªed. São Paulo: Saraiva, 2019. p. 382.

que esses dispositivos disciplinam sobre a transferência da obra intelectual e não sobre o uso da imagem, o qual é direito personalíssimo. Todavia a imagem poderá ser aplicada à obra intelectual.

Quanto ao uso da obra fotográfica, a Lei n. 9.610/98 estabelece no art. 79 que o autor da obra fotográfica poderá reproduzir ou vender sua obra, entretanto, deverá observar e respeitar os direitos da pessoa retratada.

Por fim, o art. 20 Código Civil permite o uso da imagem por terceiros nas seguintes hipóteses: quando autorizada, quando necessária à administração da justiça ou à manutenção da ordem pública.

Recomenda-se que, no contrato de licenciamento, seja indicada a finalidade do uso da imagem, ou seja, para quais produtos ou serviços a imagem será associada, bem como qual será o anunciante da obra publicitária, já que este consiste no beneficiário econômico da exploração comercial da obra. Nesse ponto, Antonio Chaves[21] observa que o consentimento deverá ser fornecido para um fim determinado, não podendo vir a ser utilizado além das limitações descritas no contrato. Adiante consigna as lições de Adriano de Cupis[22]:

> Antes de mais nada, o consentimento é eficaz exclusivamente com relação ao sujeito ou aos sujeitos aos quais foi concedido: frente a todos os demais, permanece inalterado o *jus imaginis*, com o poder de consentir ou não à exposição, etc. Pode ocorrer, além disso, que alguém autorize que lhe tirem um retrato para deixar uma lembrança de si a determinada pessoa querida, mas não concorde em que seu retrato vá girando pelo mundo, tornando-se um objeto visível a todos. E pode ocorrer, outrossim, que se autorize determinados modos de difusão da própria imagem, e não outros: assim, a permissão de expor um retrato na vitrina de um fotografo não autoriza reproduzi-lo em cartões postais. Finalmente, o consentimento não comporta em que a pessoa deva suportar eternamente a publicidade da própria imagem: se ao limite do consentimento não resulta explicitamente, poderá ser obtido com referência à situação de fato existente no momento do próprio consentimento.

---

[21] CHAVES, Antonio. Direito à própria imagem. Disponível em <http://www.revistas.usp.br › article › download. >. Acesso em: 09/04/2021.

[22] CUPIS, Adriano. apud CHAVES, Antonio. Direito à própria imagem. Disponível em <http://www.revistas.usp.br › article › download. >. Acesso em: 09/04/2021.

10. DIREITO À IMAGEM NA OBRA PUBLICITÁRIA

Portanto, a exploração da imagem de uma pessoa deverá ser utilizada nos estritos termos descritos no contrato de licença de imagem e voz, sob pena de responsabilização.

Quanto ao preço, deve-se estabelecer valor pela licença de uso da imagem, ajustando-se eventuais porcentagens ou valores para o caso renovação para a exploração econômica.

Pode-se, ainda, conceder a licença da imagem à título gratuito, entretanto, devemos lembrar que essa não é regra no campo da publicidade, mas sim a exceção, pressupondo que na ausência de contrato presumisse que a licença foi contratada à título oneroso.

O prazo contratual para a veiculação da campanha publicitária e consequentemente para exploração econômica da imagem é de suma importância, pois a imagem da pessoa não poderá ser veiculada por prazo indeterminado, e também não poderá ser explorada além do prazo contratado.

Nas Jornadas de Direito Civil promovidas pelo Superior Tribunal de Justiça[23] foi fixada a tese que o exercício dos direitos da personalidade pode sofrer limitação voluntária, desde que não seja permanente nem geral. Assim, a fixação do prazo para exploração é cláusula obrigatória.

A existência de exclusividade à imagem deve ser tratada objetivamente no contrato, podendo a exclusividade ser restrita à concorrência direta do produto do anunciante ou total. Para hipótese de exclusividade total, deverá ser acordada uma remuneração adicional à pessoa, pois limitará seu exercício ao trabalho futuro.

Recomenda-se que seja indicado o território geográfico para veiculação da obra publicitária em contrato.

Deve-se, ainda, indicar a modalidade de utilização para transmissão ou comunicação ao público, como por exemplo, na veiculação em televisão aberta e fechada, rádios, plataformas de streaming, redes sociais, exemplares de revistas, internet etc. Em razão da interpretação restritiva para esse tipo de negócio jurídico, recomenda-se que seja descrita de forma detalhada no contrato quanto as modalidades de uso permitidas, seja sob o ponto de vista dos interesses do anunciante ou do titular da imagem.

Quanto à interpretação dos negócios jurídicos que envolvem a exploração à imagem, Carlos Alberto Bittar[24] adverte que a interpretação deverá ser restritiva, ou seja, deverá ser aplicada a intepretação mais favorável

---

[23] Enunciado n. 4 da I Jornada de Direito Civil do CJF.

[24] Op. Cit. posição 1.167.

ATIVIDADE PUBLICITÁRIA NO BRASIL

ao indivíduo que concedeu o uso da sua imagem. Portanto, o contrato que importe em cessão definitiva do uso da imagem pode ser considerado nulo.

3. Infrações ao direito à imagem

Constituem ilícitos o uso não consentido, bem como a exploração que ultrapassa os termos do contrato. Nesse ponto, lembramos a lição de Antonio Chaves: *O consentimento exclui a ilegalidade do ato, mas, adverte, terá que ser fornecido para um fim determinado, não podendo vir a ser utilizado além das limitações exatas em que for expresso.*

Observa-se um grande quantitativo dos acórdãos proferidos pelo Tribunal de Justiça de São Paulo que (i) condenam a parte infratora (anunciante) pela ausência de autorização[25] para exploração da imagem; ou (ii) condenam por explorar à imagem além das condições e do prazo contratado inicialmente[26].

---

[25] TJSP. Apelação Cível 1032696-39.2018.8.26.0100; Relator (a): Carlos Alberto de Salles; Órgão Julgador: 3ª Câmara de Direito Privado; Foro Central Cível – 22ª Vara Cível; Data do Julgamento: 27/08/2019. Apelação Cível 1000932-07.2016.8.26.0132; Relator (a): Piva Rodrigues; Órgão Julgador: 9ª Câmara de Direito Privado; Foro de Catanduva – 3ª Vara Cível; Data do Julgamento: 27/03/2019. Apelação Cível 0014729-54.2012.8.26.0602; Relator (a): Mônica de Carvalho; Órgão Julgador: 8ª Câmara de Direito Privado; Foro de Sorocaba – 2ª Vara Cível; Data do Julgamento: 10/05/2018. Apelação Cível 1038005-39.2016.8.26.0576; Relator (a): Mary Grün; Órgão Julgador: 7ª Câmara de Direito Privado; Foro de São José do Rio Preto – 1ª Vara Cível; Data do Julgamento: 06/09/2017. Apelação Cível 1057519-82.2015.8.26.0100; Relator (a): Luis Mario Galbetti; Órgão Julgador: 7ª Câmara de Direito Privado; Foro Central Cível – 21ª Vara Cível; Data do Julgamento: 23/08/2017. Apelação Cível 1094584-14.2015.8.26.0100; Relator (a): Rosangela Telles; Órgão Julgador: 2ª Câmara de Direito Privado; Foro Central Cível – 36ª Vara Cível; Data do Julgamento: 25/07/2017.

[26] TJSP. Apelação Cível 1031937-80.2015.8.26.0100; Relator (a): Alcides Leopoldo; Órgão Julgador: 4ª Câmara de Direito Privado; Foro Central Cível – 17ª Vara Cível; Data do Julgamento: 19/04/2018. Apelação Cível 1024128-63.2020.8.26.0100; Relator (a): João Pazine Neto; Órgão Julgador: 3ª Câmara de Direito Privado; Foro Central Cível – 5ª Vara Cível; Data do Julgamento: 09/04/2021. Apelação Cível 1005740-14.2020.8.26.0068; Relator (a): Salles Rossi; Órgão Julgador: 8ª Câmara de Direito Privado; Foro de Barueri – 1ª Vara Cível; Data do Julgamento: 03/03/2021. Apelação Cível 1046456-84.2020.8.26.0100; Relator (a): Salles Rossi; Órgão Julgador: 8ª Câmara de Direito Privado; Foro Central Cível – 26ª Vara Cível; Data do Julgamento: 03/03/2021. Apelação Cível 1066383-96.2017.8.26.0114; Relator (a): Mônica de Carvalho; Órgão Julgador: 8ª Câmara de Direito Privado; Foro de Campinas – 9ª Vara Cível; Data do Julgamento: 17/12/2020.

10. DIREITO À IMAGEM NA OBRA PUBLICITÁRIA

De igual modo, as Cortes Superiores reconhecem a proteção à imagem no campo da publicidade[27]. Portanto, a publicação e/ou veiculação da imagem em obra publicitária sem autorização ou decorrido o prazo, gera ofensa ao direito à imagem, permitindo a composição por meio da indenização.

A indenização será composta pelo direito moral e material que decorre do duplo conteúdo que possui o direito à imagem: moral, porque direito de personalidade; patrimonial, porque é ilícito o enriquecimento as custas da exploração da imagem alheia.

Quanto à prova do prejuízo, esta independe na modalidade de dano *in re ipsa*[28], tal entendimento é sustentado por diversos acórdãos, bem como foi objeto da Súmula 403 do Superior Tribunal de Justiça:

> Independe de prova do prejuízo a indenização pela publicação não autorizada de imagem de pessoa com fins econômicos ou comerciais.

REFERÊNCIAS

BITTAR, Alberto Carlos e Carlos Alberto Bittar Filho. *Tutela dos Direitos da Personalidade e dos Direitos Autorais nas Atividades Empresariais.* 2ª ed. São Paulo: Revista dos Tribunais, 2002.

BITTAR, Carlos Alberto. *Os direitos da personalidade.* 4. d. São Paulo: Saraiva, 2014.

CHAVES, Antonio. Direito à própria imagem. Disponível em <http://www.revistas.usp. br › article › download. >. Acesso em: 09/04/2021.

CHINELLATO, Silmara Juny de Abreu. *Biografias não autorizadas: liberdade de expressão, outros direitos da personalidade e direito de autor.* Revista Jurídica Luso-Brasileira[S.l: s.n.], 2015.

—. *Código Civil interpretado: artigo por artigo, parágrafo por parágrafo.* 13ª ed. São Paulo: Manole, 2020.

---

[27] EREsp 230.268/SP, Rel. Ministro SÁLVIO DE FIGUEIREDO TEIXEIRA, SEGUNDA SEÇÃO, julgado em 11/12/2002, DJ 04/08/2003, p. 216. REsp 138.883/PE, Rel. Ministro CARLOS ALBERTO MENEZES DIREITO, TERCEIRA TURMA, julgado em 04/08/1998, DJ 05/10/1998, p. 76. STF, RE 192.593/SP, rel. min. Ilmar Galvão, DJ de 13.8.1999; RE 215.984/RJ, rel. min. Carlos Velloso, DJ de 28.6.2002.

[28] Jornadas de Direito Civil. CFJ. ENUNCIADO 587 – O dano à imagem restará configurado quando presente a utilização indevida desse bem jurídico, independentemente da concomitante lesão a outro direito da personalidade, sendo dispensável a prova do prejuízo do lesado ou do lucro do ofensor para a caracterização do referido dano, por se tratar de modalidade de dano *in re ipsa*.

COSTA NETTO. José Carlos. *Direito à imagem.* APIJOR, São Paulo. Disponível em: <https://livrozilla.com/doc/665645/o-direito-imagem>. Acesso em: 09/04/2021

—. *Direito autoral no Brasil.* 3ª ed. São Paulo: Saraiva, 2019.

CUPIS, Adriano. apud CHAVES, Antonio. *Direito à própria imagem.* Disponível em <http://www.revistas.usp.br › article › download. >. Acesso em: 09/04/2021

FRANÇA. Rubens Limongi. *Direitos da Personalidade Coordenadas Fundamentais,* in Doutrinas Essenciais. Direito Civil Parte Geral, org. Gilmar Ferreira Mendes e Rui Stoco. São Paulo: Revistas dos Tribunais, 2011.

LEONARDI. Fernanda Stinchi Pascale. *Voz e Direito Civil.* São Paulo: Manole, 2013.

SAHM. Regina. *Direito à imagem no Direito Civil contemporâneo.* São Paulo: Atlas, 2002.

11.
A CONTRATAÇÃO DE INFLUENCIADORES DIGITAIS PARA PARTICIPAÇÃO EM PUBLICIDADE

Larissa Andréa Carasso Kac

Introdução

A contratação de figuras públicas para a divulgação e promoção de produtos e serviços sempre gerou interesse por parte de empresas anunciantes, de maneira a potencializar a credibilidade e simpatia pelo anunciado.

A associação de uma marca à imagem, som de voz, nome ou qualquer outro direito de um artista, apresentador, celebridade ou pessoa notória que de alguma forma impacte positivamente o seu público pode aumentar o desejo pelo consumo e resultar no aumento de vendas de produtos e adesões a serviços.

Nesse contexto, com a evolução das mídias digitais, surgiu o influenciador digital[1]. Apoiado no potencial de influência e na empatia por conteúdo por si postado nas redes sociais, essa figura passou a encantar anunciantes de vários segmentos, tornando-se uma alternativa para a publicidade.

Com base nesse propósito, quando a relação entre o influenciador digital e a empresa anunciante é estabelecida, alguns cuidados legais devem ser preservados de forma a assegurar a responsabilidade das partes, assim como os direitos e deveres de todos os envolvidos.

---

[1] Influenciador digital, para efeitos deste artigo, é o usuário das redes sociais, independentemente do número de seguidores, que cria conteúdo, por meio de fotos, vídeos (gravados e/ou ao vivo), textos, compartilha experiências e expõe opinião sobre diversos temas, gerando proximidade com seus seguidores.

ATIVIDADE PUBLICITÁRIA NO BRASIL

1. O cenário legal e ético no qual se insere a atuação de influenciadores digitais em publicidade

Conforme discorrido e aprofundado nesta obra, em outros capítulos, o controle da publicidade[2] no Brasil é exercido de maneira mista, ou seja, pelo Estado e pelo Conselho de Autorregulamentação Publicitária[3].

Uma vez configurado o caráter publicitário da mensagem associada ao influenciador digital, as regras aplicáveis a essa natureza de conteúdo devem ser cumpridas para a sua estruturação e desenvolvimento.

Ressalta-se, *ab initio*, a importância da identificação publicitária. A revelação da origem da relação existente entre a personalidade e o produto ou serviço divulgado é um aspecto de relevância a ser observado. Tal obrigação surge para garantir que o consumidor impactado compreenda que a preferência divulgada pelo emissor é oriunda de uma relação publicitária existente entre ele e o produto ou serviço citado.

O Código de Defesa do Consumidor[4] já destacava esse cuidado por meio da redação do artigo 36, que demonstra a relevância da veracidade e transparência da mensagem:

> A publicidade deve ser veiculada de tal forma que o consumidor, fácil e imediatamente, a identifique como tal.

---

[2] "A publicidade é a atividade de informar o consumidor sobre os produtos e serviços com o escopo de estimular o seu consumo". DIAS, Lucia Ancona Lopez de Magalhaes. *Publicidade e Direito*. 3. ed. São Paulo: Saraiva Jur, 2018. p. 49.

[3] "(...) é atividade lícita, protegida constitucionalmente, porém, não ilimitada, sujeitando-se ao controle voluntário (privado) e/ou estatal em relação aos possíveis abusos praticados. O sistema de controle da publicidade pode ocorrer de forma privada, por meio da autorregulamentação da atividade pelos próprios agentes do mercado, ou por meio do Estado, hipótese em que incumbe a este a promulgação de normas que regem a atividade e sua fiscalização, ou ainda de forma mista, no qual esses dois sistemas convivem perfeitamente. DIAS, Lucia Ancona Lopez de Magalhaes. *Publicidade e Direito*. 3. ed. São Paulo: Saraiva Jur, 2018. p. 49.

[4] BRASIL. Lei n. 8.078, de 11 de setembro de 1990. Dispõe sobre a proteção do consumidor e dá outras providências. Disponível em http://www.planalto.gov.br/ccivil_03/leis/l8078compilado. htm, acesso em 20 maio 2021.

11. A CONTRATAÇÃO DE INFLUENCIADORES DIGITAIS PARA PARTICIPAÇÃO EM PUBLICIDADE

O Código Brasileiro de Autorregulamentação Publicitária[5], em caráter complementar, reforça essa recomendação ao mencionar que o anúncio deve ser distinguido como tal, seja qual for a sua forma ou meio de veiculação[6]. Curioso é observar que esse reconhecimento do cunho publicitário ocorre de forma mais descomplicada quando a veiculação ocorre por meio das mídias tradicionais com espaços reservados para esse fim, tal como intervalo comercial na televisão ou informe publicitário em mídia impressa.

Com o aparecimento de novas ferramentas de comunicação e a possibilidade de planejamento de mídia em panorama multiplataforma, a publicidade passou a contar com a flexibilidade de formatos de criação e, com essa renovação constante, ganhou destaque a figura do blogueiro e, posteriormente, influenciador digital. Nesse novo cenário, a revelação do caráter publicitário, quando configurado, tornou-se ainda mais relevante[7].

Com o crescimento do espaço destinado para campanhas publicitárias com a participação de influenciadores digitais e tendo por premissa orientar a aplicação de suas regras previstas no Código Brasileiro de Autorregulamentação

---

[5] No Brasil, em razão do sistema misto de controle de publicidade, o Conselho Nacional de Autorregulamentação Publicitária – CONAR, organização não governamental criada em 1980, atua de forma complementar e estipula diretrizes éticas, por meio de seu Código de Autorregulamentação Publicitária, para impedir a publicidade enganosa, abusiva e antiética, como forma de preservar os direitos dos consumidores e relação concorrencial saudável entre empresas. Para fins de aprofundamento sobre a atuação do Conselho Nacional de Autorregulamentação Publicitária, confira o capítulo "O sistema de autorregulamentação publicitária no Brasil: a atuação do Conar na análise de campanhas publicitárias", de autoria de Juliana Nakata Albuquerque, nesta mesma obra.

[6] CONAR. *Código Brasileiro de Autorregulamentação Publicitária* (1978). Art. 28. Disponível em www.conar.org.br, acesso em 20 maio 2021.

[7] Os procedimentos administrativos pioneiros para tratar de publicidade protagonizada por blogueiras no órgão foram instaurados no ano de 2012 (Representações "221/12" – "222/12" – "223/12"). Relator: Conselheiro Clementino Fraga Neto. Disponível em www.conar.org.br, acesso em 20 maio 2021. Na ocasião, o Sr. Relator, em seu voto, já alertava quanto ao formato inovador: "Sabemos que não estamos julgando um processo em que se discute anúncios sob o prisma da ortodoxia, veiculados na mídia tradicional e com os papéis da cadeia mercadológica e da comunicação perfeitamente claros e delineados, eles para os quais o nosso Código tem se mostrado suficiente e eficiente", escreveu ele. "Não estamos falando de atividade de profissionais de jornalismo ou de publicidade. Os *blogs* nascem espontaneamente e se proliferam na justa ânsia dos indivíduos de se comunicarem, fazerem-se ouvir, levarem seus pensamentos, experiências e temáticas ao maior número de interessados imaginável, transformando o blogueiro em editor, *publisher*, redator, sem que lhe sejam exigidos formação técnica, princípios éticos ou vocação. E se o sucesso chega, anunciantes não tardam a aparecer, pois todos na cadeia produtiva se interessam por um canal ?isento? [sic.] com seus nichos de mercado para promover produtos ou serviços a um custo acessível se comparado com os custos da mídia tradicional."

ATIVIDADE PUBLICITÁRIA NO BRASIL

publicitária, o CONAR criou um Grupo de Estudos em 2019, com a participação de especialistas, representantes da Associação Brasileira dos Anunciantes – ABA, Associação Brasileira das Agências de Publicidade – ABAP, Associação Brasileira das Emissoras de Rádio e Televisão – ABERT, *Interactive Advertising Bureau Brasil* – IAB, Conselho de Ética e Corpo Técnico do órgão, que resultou na publicação do Guia de Publicidade por Influenciadores Digitais[8].

Inspirado por diretrizes das melhores práticas adotadas em nível internacional, o referido documento, dentre outros aspectos, define o que é considerado *Publicidade por Influenciadores* e reitera, de maneira mais particularizada, os cuidados jurídicos e éticos a serem observados para esse fim[9]. Com o propósito de evitar dúvidas quanto à configuração do caráter publicitário de um conteúdo desse gênero, assim considerada a mensagem emitida por terceiro destinada a estimular o consumo de bens e/ou serviços, realizada a partir da contratação pelo Anunciante e/ou Agência, o Guia enumera os elementos cumulativos, que, em geral, são necessários para a sua classificação, quais sejam:

i) *a divulgação de produto, serviço, causa ou outro sinal a eles associado;*
ii) *a compensação ou relação comercial, ainda que não financeira, com Anunciante e/ou Agência; e*
iii) *a ingerência por parte do Anunciante e/ou Agência sobre o conteúdo da mensagem (controle editorial na postagem do Influenciador).*[10]

---

[8] CONAR. *Guia de Publicidade por Influenciadores* (2020). Disponível em www.conar.org.br, acesso em 12 maio 2021.
[9] KAC, Larissa Andréa Carasso. O guia de publicidade por influenciadores. *Revista ASPI Revista da Associação Paulista da Propriedade Intelectual*. n. 9. São Paulo. Março/2021.
[10] Além da definição de Publicidade por Influenciadores Digitais e a exposição das regras pertinentes, o Guia apresentou outra modalidade decorrente da interação entre esses últimos e a empresa anunciante, qual seja, "recebidos/brindes". Nos termos do Guia, classificada como mensagem ativada, "é assim considerada a referência feita por Usuário a produto, serviço, causa ou outro sinal característico a eles associado, a partir de conexão ou benefício não remuneratório oferecido por Anunciante ou Agência, sem que tenha havido controle editorial sobre a referência. [...] Para os fins da autorregulamentação publicitária, os referidos conteúdos não configuram anúncios, por não possuírem natureza comercial, com os três requisitos acima descritos. Entretanto, considerando que tal conteúdo submete-se ao princípio da transparência, ao direito à informação e tendo em conta que tal conexão ou benefício pode afetar o teor da mensagem, é necessária a menção da relação que originou a referência. Pode ser necessária, ainda, a orientação pelo Anunciante e/ou Agência, a ser observada pelo Influenciador, acerca da regulamentação aplicável.
2.1 Engajamento
Pode se inserir nesta modalidade o conteúdo gerado pelo Usuário mediante oferta de brindes ou benefícios por meio de ações promocionais, concursos, 'desafios' ou assemelhados que estimulem a

11. A CONTRATAÇÃO DE INFLUENCIADORES DIGITAIS PARA PARTICIPAÇÃO EM PUBLICIDADE

Assim, caracterizada a publicidade, além dos cuidados necessários para a preservação da clareza quanto a origem de determinado conteúdo[11], cujo cumprimento foi reiterado pelo referido manual com detalhamento sobre a forma correta de segui-lo, os envolvidos devem estar atentos às normas éticas e legais aplicáveis à construção de anúncios.

Por meio dos princípios da liberdade de expressão e livre iniciativa, a Constituição Federal protege o direito de comunicar a existência de um produto, serviço, causa, suas particularidades e diferenciais, sob a forma de conteúdo publicitário. Ocorre que, embora fundamental tal proteção, não se trata de direito absoluto, devendo o material se submeter à legislação pertinente e à observação do Código Brasileiro de Autorregulamentação Publicitária.

Nesse sentido, Lucia Ancona Lopez de Magalhaes Dias reflete sobre o tema:

> Conseguir, pois, diferenciar as "comunicações publicitárias" daquelas de conteúdo editorial, "espontâneas de terceiros" (e.g., *post* pago, *versus post* espontâneo) se mostra fundamental para bem delimitar as diferentes responsabilidades e âmbito de aplicação das normas. Como se sabe, toda e qualquer informação de caráter publicitário – independentemente do meio e da forma – sujeita o anunciante às regras legais (CDC)

postagem do Usuário a partir de engajamento. Para a conformidade da publicidade dos Anunciantes e suas marcas que promovam a ativação de tais postagens, é peça-chave que esteja baseada em mecânicas promocionais compatíveis com a regulamentação de distribuição gratuita de prêmios e que reflita o respeito às regras do Código de Autorregulamentação, no quanto aplicável e, em particular, para os segmentos sensíveis ou com restrição de consumo." (CONAR. *Guia de Publicidade por Influenciadores* (2020). Disponível em www.conar.org.br, acesso em 20 maio 2021.)
Para maiores detalhes sobre promoções comerciais, confira o capítulo "Promoções comerciais", de autoria de Mariana Sceppaquercia Leite Galvão.
[11] Juntamente ao Guia de Publicidade por Influenciadores, o CONAR publicou a "Tabela Prática para Influenciadores" com o intuito de orientar a maneira adequada de informar o caráter publicitário, quando configurado, ou revelar a relação existente entre o post e determinada marca, de forma que o público venha a ter facilidade de compreensão da origem daquela mensagem. Esse Guia teve como premissa os diversos formatos e plataformas existentes até o momento. No entanto, diante da flexibilidade de criações e a possibilidade de surgimento de novas plataformas a todo instante, o órgão alerta que "Estas indicações não são prescritivas de determinada conduta, representam exemplos de termos considerados esclarecedores das conexões e do viés da postagem. O presente quadro pode ser periodicamente atualizado diante da rápida alteração dos formatos nas redes sociais e dos hábitos dos usuários e influenciadores". CONAR. *Guia de Publicidade por Influenciadores (2020)*. Disponível em www.conar.org.br, acesso em 20 maio 2021.

e autorregulamentares (CBARP). De outro lado, aquelas mensagens, em regra, estão fora do escopo das normas.[12]

O citado Guia de Publicidade por Influenciadores Digitais debruçou-se nessa questão e, com o mesmo direcionamento, dispôs sobre a atenção a ser dada pelo anunciante e agência de publicidade ao informar o influenciador sobre tais diretrizes legais e éticas:

> Regras gerais e específicas do CBAP. Aplicam-se ao teor das publicidades por Influenciadores contratados, devendo o Anunciante e/ou a Agência envidar os maiores esforços e adotar as melhores práticas para informar o Influenciador sobre os cuidados que devem acompanhar a divulgação e zelar pelo cumprimento das regras. Fica também o Influenciador incumbido do conhecimento e conformidade com as normas aplicáveis, em especial que o seu depoimento, ao retratar uma experiência pessoal, seja genuíno[13] e contenha apresentação verdadeira do produto ou serviço anunciado".[14]

[12] DIAS, Lucia Ancona Lopez de Magalhaes. *Publicidade e Direito*. 3. ed. São Paulo: Saraiva Jur, 2018. p. 326.

[13] O Anexo Q do Código de Autorregulamentação Publicitária define Testemunhal como sendo: "depoimento, endosso ou atestado através do qual pessoa ou entidade diferente do Anunciante exprime opinião, ou reflete observação e experiência própria a respeito de um produto" e acrescenta cuidados especiais destinados a testemunhais de pessoas famosas, quais sejam: "**2. Testemunhal de Pessoa Famosa. 2.1.** O anúncio que abrigar o depoimento de pessoa famosa deverá, mais do que qualquer outro, observar rigorosamente as recomendações do Código. **2.2.** O anúncio apoiado em testemunhal de pessoa famosa não deverá ser estruturado de forma a inibir o senso crítico do Consumidor em relação ao produto. **2.3.** Não será aceito o anúncio que atribuir o sucesso ou fama da testemunha ao uso do produto, a menos que isso possa ser comprovado. **2.4.** O Anunciante que recorrer ao testemunhal de pessoa famosa deverá, sob pena de ver-se privado da presunção de boa-fé, ter presente a sua responsabilidade para com o público." CONAR. *Código Brasileiro de Autorregulamentação Publicitária*. Disponível em www.conar.org.br, acesso em 20 maio 2021.

[14] Os depoimentos testemunhais reforçam o estímulo para aderir a determinado serviço ou adquirir determinado produto e acabam por potencializá-lo, considerando-se o alcance da influência que personalidades exercem sobre o público em geral. O Código de Autorregulamentação Publicitária do CONAR, em seus princípios gerais, estabelece que os anúncios devem ser veiculados de forma a não abusar da confiança do consumidor, não explorando a sua falta de experiência ou de conhecimento, e não se beneficiando de sua credulidade (artigo 23). Além desse aspecto, os anúncios devem sempre conter informações verdadeiras, passíveis de comprovação. Nesse caminho, as ações publicitárias, como um todo, devem ser estruturadas de forma a não inibir o senso crítico do consumidor em relação ao seu objeto, pautando inclusive pela preservação da responsabilidade testemunhal. KAC, Larissa Andréa Carasso. A relação entre os influenciadores digitais e os anunciantes: aspectos legais pertinentes a esta contratação na indústria da moda. In: SOUZA, Regina Cirino Alves Ferreira de. *Direito da moda: Fashion Law*. Belo Horizonte: D'Plácido, 2019. p. 397.

11. A CONTRATAÇÃO DE INFLUENCIADORES DIGITAIS PARA PARTICIPAÇÃO EM PUBLICIDADE

Ademais, o manual acrescenta que, "em regra, a menção de produtos, serviços, marcas, causas e/ou sinais característicos pelos Usuários, feita de modo espontâneo (sem que tenha sido precedida de qualquer interação, comunicação ou contato com o Anunciante e/ou a Agência) não constitui publicidade", configurando-se Conteúdo Gerado pelo Usuário sem relação com o Anunciante ou Agência. Contudo, se o anunciante interagir com tal postagem, compartilhando as mensagens de Usuário em seus próprios perfis e canais oficiais, implica divulgação autônoma do próprio anunciante, isso é, deixa de constituir mera postagem do Usuário, passando tal postagem do Anunciante a ser caracterizada como novo conteúdo de natureza publicitária e sujeito a conformar-se a todas as regras aplicáveis[15].

Com efeito, cada caso é avaliado de modo particular, de maneira a confirmar a relação existente e a configuração, ou não, do cunho comercial. Feito isso, os envolvidos deverão considerar as regras gerais, assim como, adicionalmente, as diretrizes destinadas a determinadas categorias de produtos, bem como o público ao qual se destina, quando aplicáveis.

Constata-se, por meio desta obra jurídica, que o panorama legislativo para a atividade publicitária é amplo e contempla desde normas gerais destinadas a todos os segmentos, assim como diplomas e normas esparsas associadas a cuidados específicos de determinadas categorias de produtos e casos particulares envolvendo essa atuação. Assim, a contratação do influenciador digital, ou ainda, a interação do anunciante com eventual conteúdo, demandará uma análise acurada quanto à natureza do material, tendo como premissa o norte legal e ético.

A título de ilustração e exemplo, atenção deve ser destinada quando o material pretendido envolve a promoção de bebidas com teor alcóolico[16], serviços bancários, medicamentos[17], alimentos ou, ainda, quando o conteúdo publicitário é direcionado ao público infantil[18] [19] em razão da existência das regras específicas relatadas.

---

[15] CONAR. *Guia de Publicidade por Influenciadores Digitais* (2020). Disponível em www.conar.org.br, acesso em 14 maio 2021.

[16] Recomenda-se a leitura do capítulo "Especificidades de anúncios dos segmentos de bebidas alcoólicas e cervejas", de autoria de José Mauro Decoussau Machado e Gustavo Gonçalves Ferrer.

[17] Recomenda-se a leitura do capítulo "Publicidade de medicamentos", de autoria de Letícia Mara Vaz Livreri.

[18] Recomenda-se a leitura do capítulo "Publicidade no Código de Defesa do Consumidor. Enganosa. Abusiva. Infantil e de Alimentos", de autoria de Lucia Ancona Lopez de Magalhães Dias.

[19] No que se refere à Publicidade Infantil, o *Guia de Publicidade por Influenciadores* reforçou a necessidade de maiores cuidados de todos os envolvidos na divulgação da publicidade destinada a crianças

ATIVIDADE PUBLICITÁRIA NO BRASIL

2. Direitos de personalidade e de propriedade intelectual

Nos ensinamentos do ilustre Carlos Alberto Bittar

> Consideram-se como da personalidade os direitos reconhecidos
> à pessoa humana tomada em si mesma e em suas projeções na sociedade,
> previstos no ordenamento jurídico exatamente para a defesa de valores
> inatos ao homem, como a vida, a higidez física, a intimidade, a honra,
> a intelectualidade e outros tantos.[20]

Dentre os direitos foco de seu estudo, merece destaque neste trabalho
destinado ao segmento publicitário, o direito à imagem[21] quando associado
às campanhas publicitárias, sobre o qual o respeitado autor acrescenta:

> Reveste-se de todas as características comuns aos direitos da perso-
> nalidade. Destaca-se, no entanto, dos demais, pelo aspecto de disponibi-
> lidade que, com respeito a esse direito, assume dimensões de relevo, em
> função da prática consagrada de uso de imagem humana em publicidade,
> para efeito de divulgação de entidades, de produtos e de serviços postos
> à disposição do público consumidor. Daí, tem sido comum o ingresso de
> pessoas notórias – em especial, artistas e desportistas – no meio publici-
> tário, povoando-se todos os veículos de comunicação com anúncios, em
> que aparecem a elogiar as condições da entidade ou do produto visado
> e a recomendar a sua utilização.
>
> Essa disponibilidade permite ao titular extrair proveito econômico
> do uso de sua imagem, ou de seus componentes, mediante contratos
> próprios, firmados com interessados, em que autorizam a prévia fixação
> do bem almejado"[22]

e adolescentes, de maneira que a identificação da natureza publicitária seja aprimorada, devendo
ser perceptível e destacada a distinção da publicidade em relação aos demais conteúdos gerados
pelo influenciador. *Guia de Publicidade por Influenciadores.* Disponível em www.conar.org.br, acesso
em 20 maio de 2021. Item 1.1.2.

[20] BITTAR, Carlos Alberto. *Os direitos da personalidade.* 7. ed. atualizada por Eduardo Carlos Bianca
Bittar. Rio de Janeiro: Forense Universitária, 2008. p. 1.

[21] Para estudo sobre o tema, recomenda-se o capítulo "Direito à imagem na obra publicitária",
redigido pela autora Liliane Agostinho Leite.

[22] BITTAR, Carlos Alberto. *Os direitos da personalidade.* 7. ed. atualizada por Eduardo Carlos Bianca
Bittar. Rio de Janeiro: Forense Universitária, 2008. p. 94 e 95.

11. A CONTRATAÇÃO DE INFLUENCIADORES DIGITAIS PARA PARTICIPAÇÃO EM PUBLICIDADE

A vontade do anunciante de associar sua marca, seus produtos ou serviços à imagem ou a qualquer outro direito de personalidade de determinado influenciador digital, dependerá da prévia e expressa autorização de uso pelo seu respectivo titular para a finalidade pretendida.

Observa-se que os documentos destinados a regular a disposição dos mencionados direitos são interpretados restritivamente, devendo haver cautela de todas as partes para que a redação das cláusulas registre expressa e exatamente a forma negociada.

Assim, levar-se-á em consideração o produto a ser divulgado, identificação da campanha publicitária e seu anunciante, mídias, território e prazo de veiculação. É comum ainda a especificação quanto à quantidade e formato das peças a serem produzidas no intuito de representar com clareza a forma de utilização. Na verdade, prevalecerá o expressamente ajustado de comum acordo, não se presumindo a exploração além de tais condições.

Alerta-se ainda para a necessidade de a mencionada concordância ocorrer antes de qualquer inserção ou vínculo à imagem ou outro direito de personalidade, mesmo que o material já esteja disponível em qualquer formato, inclusive em perfis de redes sociais.

Nessa direção, além da autorização do retratado em eventuais fotos ou vídeos, caberá ao interessado assegurar a permissão de uso dos direitos de ordem intelectual incidentes sobre tais materiais.

Nas palavras do ilustre Desembargador do Tribunal de Justiça do Estado de São Paulo José Carlos Costa Netto, a Propriedade Intelectual ou Direitos Intelectuais

> [...] serve para abranger tanto os direitos de autor e os que lhes são conexos como também a "propriedade industrial", que prevê a proteção das marcas identificativas de empresas de empreendimentos, de patentes (invenções) e de modelos de utilidade e de desenhos industriais, basicamente, contudo, também, regras de repressão à concorrência desleal e às falsas indicações geográficas.[23]

Nos moldes de contratação tradicionais e anteriormente planejados, o anunciante, por meio de sua agência de publicidade, desenvolvia a campanha publicitária, e, nesse formato, buscava a personalidade que melhor se adequasse ao conceito criativo estruturado.

---

[23] COSTA NETTO, José Carlos. *Direito Autoral no Brasil*. 3. ed. São Paulo: Saraiva Jur, 2019. p. 55-56.

ATIVIDADE PUBLICITÁRIA NO BRASIL

Assim, em regra, cabia à empresa beneficiária final da campanha e, por vezes, à sua agência de publicidade, por conta e ordem de seu cliente, providenciar a contratação de todos os profissionais necessários para a produção dos filmes e/ou sessão de fotos, bem como a liberação dos direitos relativos a todos os elementos que eventualmente viessem a compor a publicidade, assumindo, portanto, as medidas necessárias nesse processo.

Ocorre, porém, que esse movimento, na forma exposta, não está mais engessado nessa dinâmica, sendo possível o influenciador, além de permitir o uso de sua imagem, nome e som de voz associados à publicidade, na qualidade de garoto-propaganda em benefício da divulgação de determinada marca, também participar da construção do anúncio, na qualidade de criador e/ou produtor de conteúdo com ingerência, por vezes, inclusive em decisões estratégicas de *marketing*.

Atualmente as personalidades que são contatadas para participar de campanhas publicitárias podem atuar em diversas frentes, que não necessariamente se restringem à aparição em foto ou vídeo, mas também, dependendo da negociação entre as partes, responsabilizam-se, dentre outros, pelo roteiro, conteúdo, criação de personagem e/ou música para cumprir com a finalidade almejada por todos os envolvidos[24], encarregando-se, dessa feita, da incumbência de garantir os direitos decorrentes dessas funções.

Nesse cenário, a redação dos contratos deve observar o tratamento adequado para o Direito tutelado em cada uma das situações, conferindo a autorização, licença ou, quando negociada a cessão, a titularidade patrimonial, ao cliente anunciante, nos termos e condições acordados.

Nesse sentido, vejamos que, na realidade dos influenciadores digitais enquanto criadores de conteúdo, no tocante ao uso de fotografias, não se configura suficiente a permissão de uso da sua imagem e de eventuais terceiros retratados. A exploração de obras dessa natureza requer conjuntamente a prévia anuência do fotógrafo, detentor dos direitos autorais da fotografia[25].

---

[24] Como exemplo, destaca-se a contratação de Gil Nogueira, ex participante do Big Brother Brasil, exibido pela Rede Globo em 2021, que foi contratado pela marca Vigor como garoto propaganda e também para participação na cocriação da campanha publicitária. DIAS, Maria Clara. Gil do Vigor agora é também Gil da Vigor e estampa iogurtes da marca. Public. Em 13/05/2021. *Revista Exame*. Disponível em https://exame.com/marketing/gil-do-vigor-agora-e-tambem-gil-da-vigor-e-estampa-iogurtes-da-marca/. Acesso em 20 maio 2021.

[25] José Carlos Costa Netto esclarece sobre a compatibilização entre as tutelas jurídicas do direito de autor e direito de imagem "De início, cabe destacar quatro aspectos que são comuns nessas duas áreas: (1) a relevância constitucional: tanto o direito do autor quanto o direito de imagem encontram-se tutelados juridicamente no plano constitucional das garantias fundamentais

11. A CONTRATAÇÃO DE INFLUENCIADORES DIGITAIS PARA PARTICIPAÇÃO EM PUBLICIDADE

Na hipótese de o influenciador digital fotografar por conta própria, em formato de *selfie*[26], ele será o titular dos direitos autorais, assim como do direito à imagem. Contudo, se tal atividade depender da participação de profissional ou qualquer outra pessoa para fotografá-lo, a utilização no âmbito comercial dependerá do consentimento de seu criador ou titular de direitos.[27]

Da mesma forma, na seara de produção de um clipe ou obra audiovisual, é preservada a proteção no âmbito dos direitos autorais[28] e direitos

(art. 5º da CF); (2) o enquadramento como direito da personalidade: ambos consistem em ramificação desse direito essencial à pessoa humana, com atributos de inalienabilidade e irrenunciabilidade (em relação ao direito de autor de natureza moral); (3) a obrigatoriedade da autorização do titular: a utilização tanto da obra intelectual quanto da imagem, salvo exceções, somente pode ser implementada, por expresso mandamento constitucional, mediante o consentimento do seu titular; e, (4) a indenizabilidade de natureza moral e patrimonial: a violação de ambos os direitos resulta na obrigatoriedade de reparação, pelo infrator, dos danos morais e patrimoniais causados. Em face desses fundamentos, a primeira conclusão é que não pode haver prevalência de um direito sobre o outro, ambos essenciais à pessoa humana". COSTA NETTO, José Carlos. *Direito Autoral no Brasil*. 3. ed. São Paulo: Saraiva Jur, 2019. p. 70.

[26] Expressão utilizada para representar foto tirada pela própria pessoa retratada.

[27] KAC, Larissa Andréa Carasso. O olhar jurídico sobre a contratação de influenciadores digitais para publicidade. *Revista ASPI Revista da Associação Paulista da Propriedade Intelectual*. n. 4. São Paulo. Agosto/2019.

[28] "Ao criar a obra o autor, na condição de titular originário, detém-lhe todos os direitos, morais e patrimoniais, de utilização, podendo exercê-los a título gratuito ou oneroso, diretamente ou por interposta pessoa. É usual o criador pessoa física, quando decide publicar a obra, encarregar outra pessoa, física ou jurídica, de promover a obra, difundí-la, comercializá-la, distribuí-la, por meio de contrato. Direitos patrimoniais são direitos de fruição e de disponibilização exclusivos do autor ou titular da obra criada e fixada em suporte mecânico, que, para os efeitos legais, passa a ser considerada bem móvel. Tratam-se de direitos exclusivos, porque dependem de prévia e expressa aprovação do autor, ou de quem o represente, para serem reproduzidos, exibidos, expostos e /ou comunicados publicamente, transmitidos por meios mecânicos, eletrônicos ou digitais, baixados, armazenados, etc." ABRÃO, Eliane Y. *Comentários à Lei de Direitos Autorais e Conexos*. Rio de Janeiro: Lumen Juris, 2017. p. 119/120.

E acrescenta, "Em virtude da transmissão, herdeiros, sucessores cessionários, concessionários, licenciados, passam a ser titulares derivados de direitos autorais". ABRÃO, Eliane Y. *Comentários à Lei de Direitos Autorais e Conexos*. Rio de Janeiro: Lumen Juris, 2017. p. 189.

Nessa situação, os titulares derivados passam a adquirir o exercício dos referidos direitos patrimoniais.

conexos[29] [30] e, portanto, qualquer uso dependerá de prévia concordância.[31]

Na prática, a formalização do ajuste deverá contemplar, além da licença de uso de imagem, nome e /ou som de voz, a garantia de todos os direitos autorais e conexos decorrentes do conteúdo presente nos materiais de divulgação, nos limites propostos e acordados para a campanha publicitária, observada a respectiva titularidade[32].

No panorama do direito autoral, encontram-se músicas, desenhos, quadros, textos, obras audiovisuais, fotografias ou quaisquer outras obras que venham a ser caracterizadas como criações, preenchidos os requisitos

---

[29] BRASIL. Lei n. 9.610/98, de 19 de fevereiro de 1998. Altera, atualiza e consolida a legislação sobre direitos autorais e dá outras providências. Disponível em http://www.planalto.gov.br/ccivil_03/leis/l9610.htm, acesso em 20 maio 2021. Art. 89. *As normas relativas aos direitos de autor aplicam-se, no que couber, aos direitos dos artistas intérpretes ou executantes, dos produtores fonográficos e das empresas de radiodifusão. Parágrafo único. A proteção desta Lei aos direitos previstos neste artigo deixa intactas e não afeta as garantias asseguradas aos autores das obras literárias, artísticas ou científicas.*

[30] "Ao ator/atriz, intérprete ou executante, pertencem os direitos morais e patrimoniais oriundos da execução de seu trabalho, portanto, caso terceiros queiram utilizar a criação de outrem, deve o interessado requerer a autorização prévia dos detentores de direitos conexos". D'ANTINO, Sérgio Famá; CARASSO, Larissa Andréa. Os direitos conexos dos atores de telenovelas e minisséries. In: COSTA NETTO, José Carlos; EGEA, Maria Luiza de Freitas Valle; CARASSO, Larissa Andréa; MATES, Anitta; PONTES, Leonardo Machado. *Direito Autoral Atual*. Rio de Janeiro: Elsevier, 2015. p. 173

[31] "Perduram os direitos patrimoniais pelo tempo que a legislação interna confere proteção à obra, extinguindo-se com a queda desta em domínio público (vide artigo 41 e seguintes da LDA). Como o autor pode ceder diversos direitos em relação a uma mesma obra, os prazos de cessão ou licença podem variar, salvo no caso de cessão integral e definitiva para utilização pública da obra por um mesmo cessionário e eficaz para todos os meios e processos (...)." ABRÃO, Eliane Y. *Comentários à Lei de Direitos Autorais e Conexos*. Rio de Janeiro: Lumen Juris, 2017. p. 120.
BRASIL. Lei n. 9.610/98, de 19 de fevereiro de 1998. Altera, atualiza e consolida a legislação sobre direitos autorais e dá outras providências. Disponível em http://www.planalto.gov.br/ccivil_03/leis/l9610.htm, acesso em 20 maio 2021. Art. 96. *É de setenta anos o prazo de proteção aos direitos conexos, contados a partir de 1º de janeiro do ano subseqüente à fixação, para os fonogramas; à transmissão, para as emissões das empresas de radiodifusão; e à execução e representação pública, para os demais casos.*

[32] Confira os capítulos que cuidam do tratamento dos direitos autorais na obra publicitária: "A titularidade dos direitos autorais na obra publicitária", de autoria de Maria Luiza de Freitas Valle Egea, "A obra musical em campanhas publicitárias", de José de Araujo Novaes Neto, "A Paródia na atividade publicitária", de Martha Macruz de Sá, "O Grafite e sua exibição na publicidade", de Paula Luciana de Menezes e Mariana Rodrigues de Carvalho Mello, "Uso de Memes e Emojis no âmbito publicitário e direito de autor", de Manoel J. Pereira dos Santos e "A proteção legal dos slogans" de Durval Amaral Santos Pace.

11. A CONTRATAÇÃO DE INFLUENCIADORES DIGITAIS PARA PARTICIPAÇÃO EM PUBLICIDADE

legais, e que se encontram dentro dos prazos de proteção da lei aplicável[33]. Se existente, por exemplo, a interpretação de personagens, execução de obras musicais e/ou participação de músicos ou cantores, os direitos conexos deverão ser tratados com atenção[34].

No plano da propriedade industrial, resguardam-se as medidas relacionadas especialmente à exibição de marcas em publicidade desse gênero[35]. Toda e qualquer associação deve ser estruturada de maneira responsável e em respeito aos direitos previstos em lei específica, a Lei n. 9.279/1996[36].

Dessa forma, quando desenvolvido o objeto das postagens, todos os envolvidos na cadeia publicitária devem seguir com esse cuidado, estabelecendo-se, por meio de cláusulas, a responsabilidade que couber a cada um. Recomenda-se que as partes contratantes acordem quanto à forma de menção a ser realizada dentre eventuais restrições existentes, atendendo o ajustado formalmente e expressamente com os titulares de direitos presentes no conteúdo construído e/ou titulares de marcas eventualmente inseridas.

Em suma, no âmbito descrito, as cláusulas contratuais passam a dispor sobre as modalidades de exploração devidamente autorizadas por quem de Direito.

---

[33] A Lei n. 9.610/1998, conhecida como Lei dos Direitos Autorais, em seu artigo 7°, traz um rol, não taxativo, mas exemplificativo, das obras intelectuais protegidas. Nesse diploma também estão previstos os direitos conexos de intérpretes, músicos intérpretes ou executantes, produtores fonográficos e empresas de radiodifusão. BRASIL. Lei n. 9.610/98, de 19 de fevereiro de 1998. Altera, atualiza e consolida a legislação sobre direitos autorais e dá outras providências. Disponível em http://www.planalto.gov.br/ccivil_03/leis/l9610.htm, acesso em 20 maio 2021.

[34] BRASIL. Lei n. 9.610/98, de 19 de fevereiro de 1998. Altera, atualiza e consolida a legislação sobre direitos autorais e dá outras providências. Disponível em http://www.planalto.gov.br/ccivil_03/leis/l9610.htm, acesso em 20 maio 2021. Artigos 89 e seguintes.

[35] BRASIL. Lei n. 9.279/1996, de 14 de maio de 1996.Regula direitos e obrigações relativos à propriedade industrial. Disponível em http://www.planalto.gov.br/ccivil_03/leis/l9279.htm, acesso em 20 maio 2021. Art. *132. O titular da marca não poderá: (...) IV – impedir a citação da marca em discurso, obra científica ou literária ou qualquer outra publicação, desde que sem conotação comercial e sem prejuízo para seu caráter distintivo.*

[36] Esse capítulo aborda o uso de marcas de terceiros de maneira genérica. Para compreensão quanto aos limites de uso em Publicidade Comparativa, recomenda-se a leitura do capítulo "Publicidade comparativa e seus critérios de admissibilidade", de autoria de David Fernando Rodrigues.

ATIVIDADE PUBLICITÁRIA NO BRASIL

3. A celebração de contrato para fins publicitários[37]

A vinculação de uma personalidade a determinado produto ou serviço, ou, ainda, a uma campanha institucional requer cuidados jurídicos para a preservação das partes envolvidas, da segurança jurídica e para o cumprimento do negociado entre as partes.

A dinâmica de contratação de um influenciador digital requer zelo e pode envolver diversas figuras presentes na cadeia publicitária para concretizá-la. O anunciante, na qualidade de beneficiário final da campanha publicitária que visa a promover seus produtos e/ou serviços, pode contatar diretamente o influenciador, ou, comumente, envolver a agência de publicidade, responsável pela criação e estratégia publicitária, que atuará, por conta e ordem de seu cliente anunciante, durante as negociações. De outra parte, existe a possibilidade de todo o processo ser conduzido diretamente pelo influenciador digital, ou esse último poderá indicar seu empresário ou, até mesmo, agência de influenciadores que o represente. Por vezes, existe ainda a possibilidade de o anunciante buscar uma agência especializada em *Marketing* de Influência que preste assessoria para a escolha do influenciador que se enquadre ao perfil de sua marca.[38]

---

[37] Uma vez que, na realidade de contratação de influenciadores, prevalece, em sua maioria, a relação sem vínculo empregatício, este capítulo tratará da análise sob o âmbito da prestação de serviços regulada pelo Código Civil.

[38] Não é incomum observar a preocupação dos contratantes quanto ao pacto de se manter uma postura responsável de maneira a não se manifestar de forma a impactar negativamente a imagem da outra parte ou gerar descrédito. Por tal motivo, além da estruturação de cláusulas contratuais que garantam esse comprometimento, agências atuam de maneira intermediária para a indicação de influenciadores que reflitam os propósitos da marca a ser divulgada e vice-versa. Agências de *Marketing* de Influência são atuantes no *Marketing* Digital e conectam influenciadores digitais a marcas, podendo contemplar desde o planejamento ou, ainda, a execução.

Esse exame prévio, além de objetivar melhores resultados, costuma ser uma alternativa estratégica para a escolha da personalidade que reflita as políticas da empresa do anunciante, aumentando as chances quanto ao alcance do almejado.

Nesse passo, orienta-se também o Influenciador Digital a conhecer o produto e /ou serviço do anunciante e a atuação institucional da empresa. Da mesma forma que existe uma preocupação da empresa de buscar um influenciador que atenda as políticas internas, é relevante o Influenciador selecionar trabalhos cuja comunicação seja verdadeira e honesta perante os consumidores, assim como produtos e serviços que não causem qualquer prejuízo ao público-alvo.

11. A CONTRATAÇÃO DE INFLUENCIADORES DIGITAIS PARA PARTICIPAÇÃO EM PUBLICIDADE

Uma vez formada essa composição, tais figuras assumirão papéis e compromissos perante os demais, levando-se em conta a entrega prometida, a remuneração estipulada, forma de pagamento, prazos a serem cumpridos durante toda a execução do processo, dinâmica de atuação das partes, dentre outros aspectos a serem acordados caso a caso.

O objeto da contratação pode ser composto somente pelo consentimento de uso para fins publicitários de uma marca, nome, imagem, som de voz, ou mesmo de obra artística existente, ou, ainda, contemplar a prestação de serviços, tais como, participação em diárias de gravação de filmes ou sessão de fotos, criação e produção de conteúdo a ser divulgado em perfis de redes sociais, aparições em eventos presenciais ou virtuais, ou, também, a atuação como embaixador de uma determinada marca. Seja qual for o formato, todos devem ser cuidadosamente esclarecidos em documento.

Uma vez contemplados Direitos que requerem a interpretação restritiva dos documentos, deve haver um cuidado do jurista ao redigir as cláusulas contratuais com descrição detalhada do escopo da atuação dos profissionais e as condições de exploração comercial de seus direitos. A familiaridade do advogado à realidade de seu cliente costuma ser um facilitador na construção de cláusulas que atendam a idealidade do negócio.

A transparência e a clareza para dispor sobre os aspectos comerciais, além de facilitar a solução de eventual discordância no decorrer de sua vigência, impede que desgastes desnecessários venham a ocorrer. Por esse motivo destaca-se a importância do compartilhamento dos aspectos comerciais detalhados pelas partes contratantes para que o jurídico venha a construir as disposições contratuais atendendo o pretendido para a relação jurídica.

No âmbito da prestação de serviços[39], as partes deverão definir, de comum acordo, o cronograma das diárias de produção, o modo de conciliação de agendas, o tempo de duração de cada uma das diárias, as formas de remuneração por tal prestação de serviços e eventual pagamento complementar para horas adicionais na mesma diária de produção ou por meio de diárias adicionais[40].

No que concerne à presença do influenciador em determinado evento, seja ele *online* e/ou presencial, deve haver a mesma cautela de forma a expressar em

---

[39] As cláusulas contratuais costumam prever qual parte assumirá as despesas decorrentes das diárias de prestação de serviços sejam para gravação, sessão de fotos ou participação em eventos.

[40] Na prática, o influenciador digital costuma ter acesso aos roteiros dos filmes, dos *spots* de rádio, bem como de *layouts* de peças publicitárias antes das diárias de produção e, em contrato, pode ser estipulada sua prévia e expressa aprovação, a combinar com o anunciante.

ATIVIDADE PUBLICITÁRIA NO BRASIL

documento o ajustado de comum acordo entre as partes (procedimento para agendamento de data, local, tempo de permanência, direcionamento para tal participação e condutas recomendadas). Eventual exibição de tal evento, seja por meio de *stories* ou *feed* pelo próprio influenciador digital ou por meio de transmissão ou gravação pela empresa patrocinadora, também deve ser objeto de ajuste entre os contratantes, com previsão quanto à forma permitida e possibilidade de compartilhamento nos perfis oficiais de ambas. De modo igual, os materiais a serem produzidos, sejam fotos e/ou vídeos e/ou gravação de voz, como, por exemplo, conteúdo para as plataformas digitais[41], seja por meio de *stories* ou *feed*, ou ainda, para fins de exposição em outras mídias, também deverão ser especificados.

Na hipótese de a contratação envolver, tão somente, a entrega de conteúdo pelo influenciador digital[42], em que ele mesmo será o responsável por todo o processo de criação e produção, sem que ocorra por meio de diárias de produção providenciadas pelo anunciante e/ou sua agência de publicidade e/ou uma produtora ou fotógrafo, os direcionamentos também devem estar devidamente contidos em contrato. Eventual necessidade de submissão do conteúdo pelo influenciador digital para prévia aprovação do anunciante, antes de sua veiculação, deverá constar do documento, com prazos estipulados para retorno com o intuito de não impactar no senso de oportunidade da publicação.[43]

Nesse contexto, é comum o envio de *briefing*, a depender do formato da negociação e das peças publicitárias a serem desenvolvidas, que serão avaliadas pela equipe do influenciador digital. Caso os materiais a serem produzidos sejam direcionados para divulgação além do perfil que pertença ao influenciador, existe a possibilidade de avaliação conjunta quanto ao contexto de tais inserções.

No âmbito da liberação dos direitos, além da definição do campo de divulgação, por meio da identificação da campanha publicitária almejada, determinação do produto a ser anunciado, peças a serem produzidas e suas condições de veiculação (mídias, prazo e território), conforme já abordado

---

[41] As partes deverão observar as Políticas de Uso e de Publicidade disponibilizadas pelas plataformas digitais, objeto do ajuste.

[42] Comumente, se disponível, compromete-se o influenciador a fornecer relatórios quanto ao desempenho e visualizações de seu conteúdo de maneira que as partes possam aferir o resultado dessa parceria.

[43] Caso a prévia aprovação seja um requisito da contratação, esse aspecto deve ser acordado com o influenciador digital, de forma a não impactar na sua liberdade de criação e espontaneidade. Esse tem sido um ponto sensível frequentemente discutido em relações desse gênero.

11. A CONTRATAÇÃO DE INFLUENCIADORES DIGITAIS PARA PARTICIPAÇÃO EM PUBLICIDADE

nesse capítulo, as partes contratantes podem ajustar as condições de divulgação das postagens a serem entregues pelo influenciador digital.

Dentre os aspectos a serem acordados encontram-se: (i) definição das plataformas e perfis do influenciador, espaços nos quais as postagens contratadas serão publicadas; (ii) formatos de postagens que poderão atender ao *feed* e/ou *stories*, a depender do negociado; (iii) possibilidade de compartilhamento pelos perfis oficiais do anunciante em plataformas especificadas, seja com permissão de investimento em mídia ou não; (iv) necessidade, ou não, de arquivamento do conteúdo em pastas de destaque e/ou indicação de qualquer informação na "bio" do influenciador. E mais, em caso de relações mais duradouras, em que o influenciador passe a representar a marca como embaixador, por exemplo, o ideal seria prever em contrato a dinâmica da relação entre as partes, permitindo que os trabalhos sejam organizados de forma a atender a agenda da personalidade e a expectativa do cliente. Nesse âmbito, caso seja interesse do anunciante a contratação em caráter de exclusividade, tal questão deverá ser objeto de negociação, baseada no segmento, prazo e território, a compor o contrato.

Uma vez vencido o prazo do contrato, a orientação é no sentido de que as partes estabeleçam, desde então, se tais materiais poderão compor portfólio das empresas presentes em tal cadeia[44], e ainda estipulem a necessidade de remoção de qualquer conteúdo após determinado prazo ou a possibilidade de manutenção como arquivo ou rolo histórico.

Merecem atenção, ainda, outras perspectivas contratuais, nesse gênero de contratação. A cláusula relativa ao compromisso de confidencialidade quanto às informações a serem disponibilizadas entre as partes é um aspecto a ser assegurado em contratos desse formato.

No mais, cláusulas tradicionais presentes em contratos de prestação de serviços e licença ou cessão de uso de direitos não podem ser descartadas. Multas e penalidades na hipótese de violação contratual devem ser acordadas entre as partes para fins de reparação de danos eventualmente apurados, assim como devem as partes acordar quanto ao foro para solucionar questões, diferenças e litígios entre as partes[45].

---

[44] Recomenda-se a leitura do capítulo "Direitos intelectuais e de personalidade de terceiros na divulgação de portfólios pessoais e empresariais", de autoria de Renata de A. Botelho da Veiga Turco.

[45] A redação deste capítulo esclareceu sobre os principais aspectos normalmente abordados em contratações desse gênero e não descarta outros a serem eventualmente incluídos em documentos, sem prejuízo de disposições comerciais diversas.

Conclusões

A crescente participação de Influenciadores Digitais em campanhas publicitárias atrai a atenção dos juristas em razão das diversas formas de manifestação e da associação a Direitos de diferentes naturezas.

A relação existente entre as figuras presentes na contratação de Influenciadores Digitais é complexa, especialmente se considerada a inovação constante nesse mercado, razão pela qual o atendimento das normas éticas e legais aplicáveis à atividade, a observância dos direitos de diversas naturezas integrados ao conteúdo publicitário e a formalização de contratos passam a ser passos importantes para o resultado bem sucedido.

O tema é instigante e requer a atualização constante de todos os profissionais que se veem envolvidos de alguma forma no processo. Esse artigo buscou atrair a atenção para esse cuidado com o norte dos principais aspectos a serem avaliados a cada contratação apresentada.

REFERÊNCIAS

ABRÃO, Eliane Y. *Comentários à Lei de Direitos Autorais e Conexos*. Rio de Janeiro: Lumen Juris, 2017.

BITTAR, Carlos Alberto. *Os direitos da personalidade*. 7. ed. atualizada por Eduardo Carlos Bianca Bittar. Rio de Janeiro: Forense Universitária, 2008.

BRASIL. Lei n. 8.078, de 11 de setembro de 1990. Dispõe sobre a proteção do consumidor e dá outras providências. Disponível em http://www.planalto.gov.br/ccivil_03/leis/l8078compilado.htm, acesso em 28 maio 2021.

BRASIL. Lei n. 9.279/1996, de 14 de maio de 1996.Regula direitos e obrigações relativos à propriedade industrial. Disponível em http://www.planalto.gov.br/ccivil_03/leis/l9279.htm, acesso em 28 maio 2021.

BRASIL. Lei n. 9.610/98, de 19 de fevereiro de 1998. Altera, atualiza e consolida a legislação sobre direitos autorais e dá outras providências. Disponível em http://www.planalto.gov.br/ccivil_03/leis/l9610.htm, a, acesso em 28 maio 2021.

CONAR. *Código Brasileiro de Autorregulamentação Publicitária* (1978). Disponível em www.conar.org.br, acesso em 28 maio 2021.

CONAR. *Guia de Publicidade por Influenciadores Digitais (2020)*. Disponível em www.conar.org.br, acesso em 28 maio 2021.

COSTA NETTO, José Carlos. *Direito Autoral no Brasil*. 3. ed. São Paulo: Saraiva Jur, 2019.

D'ANTINO, Sérgio Famá; CARASSO, Larissa Andréa. Os direitos conexos dos atores de telenovelas e minisséries. In: COSTA NETTO, José Carlos; EGEA, Maria Luiza de Freitas Valle;

11. A CONTRATAÇÃO DE INFLUENCIADORES DIGITAIS PARA PARTICIPAÇÃO EM PUBLICIDADE

CARASSO, Larissa Andréa; MATES, Anitta; PONTES, Leonardo Machado. *Direito Autoral Atual*. Rio de Janeiro: Elsevier, 2015.

DIAS, Maria Clara. Gil do Vigor agora é também Gil da Vigor e estampa iogurtes da marca. Public. Em 13/05/2021. *Revista Exame*. Disponível em https://exame.com/marketing/gil-do-vigor-agora-e-tambem-gil-da-vigor-e-estampa-iogurtes-da-marca/. Acesso em 20 maio 2021.

DIAS, Lucia Ancona Lopez de Magalhaes. *Publicidade e Direito*. 3. ed. São Paulo: Saraiva Jur, 2018.

KAC, Larissa Andréa Carasso. *A relação entre os influenciadores digitais e os anunciantes: aspectos legais pertinentes a esta contratação na indústria da moda*. In: SOUZA, Regina Cirino Alves Ferreira de. *Direito da moda: Fashion Law*. Belo Horizonte: D'Plácido, 2019.

KAC, Larissa Andréa Carasso. O guia de publicidade por influenciadores. *Revista ASPI Revista da Associação Paulista da Propriedade Intelectual*. n. 9. São Paulo. Março/2021.

KAC, Larissa Andréa Carasso. O olhar jurídico sobre a contratação de influenciadores digitais para publicidade. *Revista ASPI Revista da Associação Paulista da Propriedade Intelectual*. n. 4. São Paulo. Agosto/2019.

12.
PUBLICIDADE E MÍDIAS DIGITAIS

Renato Opice Blum
Karina Pereira dos Santos

Introdução

O ano é 2021, estamos inseridos no que se pode chamar de Sociedade da Informação. Época marcada pelo processamento de informações e uso acentuado de tecnologias. É com base na análise de algumas singularidades deste modelo social que falaremos sobre Publicidade e Mídias Digitais, pois as transformações sociais ao longo do tempo acarretaram mudanças de comportamento tão significativas, que os agentes[1] envolvidos com a atividade publicitária tiveram que repensar sua ciência mercadológica para lidarem com os desafios que a nova era impôs[2]. Para tanto, convém voltarmos um pouco no tempo de modo a enfrentarmos alguns elementos históricos, teóricos e metodológicos sobre o uso das mídias digitais contemporâneas.

O século XX foi um período marcado pelas mídias de massa, onde as mídias analógicas e tradicionais como jornais, revistas, o rádio e a televisão, eram os principais vetores de transmissão e difusão de informação.

---

[1] A atividade publicitária envolve a participação de basicamente três agentes: o anunciante, a agência de publicidade e os veículos de comunicação. (DIAS, Lucia Ancona Lopez de Magalhães. Publicidade e Direito. 3 ed. São Paulo: Saraiva, 2017. p.35.)

[2] [...] com a evolução da sociedade de consumo e o aumento da competição entre as empresas fabricantes, a publicidade passou a representar um importante instrumento concorrencial. Tornou-se, assim, ferramenta fundamental na busca de novos clientes, o que criou uma mescla entre o caráter essencialmente informativo e os mecanismos para persuasão. (DIAS, Lucia Ancona Lopez de Magalhães. Publicidade e Direito. 3 ed. São Paulo: Saraiva, 2017. p. 32.)

A comunicação era unilateral e o receptor do conteúdo era um espectador. Por volta de 1969, com o advento da internet, novas formas de comunicação e interação social começam a surgir, abrindo espaço para um modelo de comunicação interativo e em rede. Nos anos 90, com a popularização da internet, houve um processo de rompimento da concepção convencional de espaço e tempo[3], possibilitando a conexão entre pessoas para muito além das fronteiras físicas e geográficas até então conhecidas, afetando as relações interpessoais e, por conseguinte, a vida coletiva. Nesse cenário, o cidadão passa a ter um acesso mais fácil à informação, bem como participa dela ativamente, interagindo e respondendo a seus estímulos por meio das mídias digitais. Além disso, com a relativa popularização dos celulares, que ao se modernizarem nos anos 2000, se tornaram a plataforma que permitiu que as mídias digitais fizessem parte do cotidiano das pessoas[4], outros paradigmas foram rompidos. Assim, as mídias digitais, por meio da diversidade de aplicativos e tecnologias embutidas nos smartphones, ampliaram e aprofundaram a noção de comunicação tornando-a móvel, facilitada e transversal.

Cumpre ainda esclarecer que o termo mídia digital pode ter vários significados a depender do contexto ao qual esteja inserido. Para este artigo, consideraremos mídias digitais como "todo conteúdo ou veículo de comunicação que se baseia na internet e a utiliza como meio de distribuição"[5].

Todas essas transformações criaram muitas oportunidades para a Publicidade, pois a acessibilidade da rede permitiu que o consumidor convencional, agora conhecido como "internauta", interaja com as marcas. Com isso, novos hábitos de consumo surgem, abrindo caminho para a publicidade online.

---

[3] Como principal foco das atenções, a internet trouxe o desaparecimento progressivo dos obstáculos materiais que bloqueavam as trocas de informação, provocando uma transmutação da nossa concepção cotidiana do tempo, do espaço, dos modos de viver e de se relacionar (SANTAELLA, Lucia. Linguagens líquidas na era da mobilidade. São Paulo: Paulus, 2007)

[4] Nossos telefones celulares não são apenas aparelhos de telecomunicações; eles também nos permitem jogar, acessar a internet e baixar informações, tirar e enviar mensagens com fotografias, de qualquer lugar onde estivermos. É possível assistir vídeos na rede, baixá-los e montar um DVD com todos eles, ou simplesmente navegar na internet, responder e-mails, digitar textos, conversar com amigos, criar e editar vídeos e disseminá-los para o mundo. Somos protagonistas das nossas próprias histórias, em um mundo onde a velhas e as novas mídias se colidem, onde o poder do produtor de mídia e o poder do consumidor interagem de maneira imprevisíveis (JENKINS, Henry. Cultura da convergência. Tradução de Susana Alexandria. São Paulo: Aleph, 2008.)

[5] Definição dada por Neil Patel em artigo publicado no blog NEILPATEL. Marketing Digital Mídia Digital: Entenda o Que é, os Tipos e Como Usar no Seu Negócio. Disponível em: https://neilpatel.com/br/blog/midiadigital/#:~:text=M%C3%ADdia%20digital%20%C3%A9%20todo%20conte%C3%BAdo,do%20receptor%20em%20tempo%20real

1. Publicidade digital

Na sociedade da informação os dados representam a substância que mantém a engrenagem de promoção – direta ou indireta – de produtos e serviços. Todas as vezes que navegamos na internet, uma infinidade de dados são extraídos ao longo de toda a interação. Esses dados são tratados[6] e ações publicitárias são tomadas estrategicamente com base neles. Nas palavras de Lucia Ancona:

> "[...] A publicidade, por seu turno, é a forma clássica de tornar conhecido um produto, um serviço ou uma empresa com o objetivo de despertar o interesse pela coisa anunciada, criar prestígio ao nome ou à marca do anunciante, ou ainda, difundir certo estilo de vida"[7].

A prática de tornar um objeto conhecido pelo público é muito antiga e a publicidade sempre se encarregou do papel de atrair o consumidor, seja pelo jornal, revista, rádio, televisão ou agora, através das mídias digitais. As mídias sociais são os meios mais acessíveis e baratos para quem pretende alcançar um público grande e interagir com ele. Para tanto, a publicidade se utiliza de várias estratégias de comunicação focadas no usuário e também de ferramentas tecnológicas, como os algoritmos.

O desempenho de um negócio, principalmente aqueles que acontecem no âmbito digital, está diretamente relacionado à potencialização da presença online da marca, que pode ser facilitada com a ajuda da publicidade estratégica e da exploração de dados sobre os clientes. Uma das estratégias para tornar os negócios mais visíveis é a publicidade direcionada[8] e a publicidade

---

[6] Artigo 5°, inciso X da Lei Geral de Proteção de Dados: tratamento: toda operação realizada com dados pessoais, como as que se referem a coleta, produção, recepção, classificação, utilização, acesso, reprodução, transmissão, distribuição, processamento, arquivamento, armazenamento, eliminação, avaliação ou controle da informação, modificação, comunicação, transferência, difusão ou extração;

[7] DIAS, Lucia Ancona Lopez de Magalhães. Publicidade e Direito. 3 ed. São Paulo: Saraiva, 2017. p.27.

[8] Conforme descreve Bruno Bioni: Publicidade direcionada é uma prática que procura personalizar ainda que parcialmente, tal comunicação social, correlacionando-a a um determinado fator que incrementa a possibilidade de êxito da indução ao consumo. Essa prática subdivide-se em publicidade (direcionada) contextual, segmentada e comportamental – espécies doo gênero publicidade direcionada. (BIONI, Bruno Ricardo. Proteção de dados pessoais: a função e os limites do consentimento. 2. ed. Rio de Janeiro: Forense, 2020. Pg.5.)

comportamental on-line[9], que possibilita anunciar para públicos específicos, converter novos clientes e obter informações sobre as interações com o seu produto. Ou seja, com base na análise e combinação de dados é possível adotar uma abordagem publicitária mais efetiva, sendo possível visualizar em forma de métricas o retorno sobre o conteúdo veiculado.

Podemos entender Publicidade Digital como "toda comunicação que se utiliza de meios interativos digitais para promover a marca, os produtos ou serviços e, de alguma forma, influenciar positivamente a conduta dos consumidores reais e potenciais"[10]

A diversidade de possibilidades de publicidade digital é enorme, seja por "*display advertising, widgets, podcasts, game* marketing, *videocast*, mídias sociais, redes sociais, *mobile* marketing, *websites* e etc"[11]. Se antes apenas os blogs, as páginas na web, os anúncios patrocinados em sites de busca como Google Ads e o SMS/MMS eram as principais formas de fazer publicidade na internet, atualmente redes sociais como Instagram, Facebook, Twitter, Youtube e Snapchat se tornaram um verdadeiro e-commerce, oportuno para divulgação e publicidade online, principalmente por *influencers*, blogueiras, embaixadoras de marcas e artistas em geral. Não à toa que os investimentos em comunicação publicitária para mídias em dispositivos móveis está cada vez maior[12].

---

[9] De acordo com Bruno Bioni a publicidade comportamental on-line é espécie de publicidade direcionada, permitindo uma personalização maior ainda do contato entre compradores e vendedores, sendo esta mais efetiva que as anteriores. (BIONI, Bruno Ricardo. Proteção de dados pessoais: a função e os limites do consentimento. 2. ed. Rio de Janeiro: Forense, 2020. Pg.18.)

[10] DIAS, Lucia Ancona Lopez de Magalhães. Publicidade e Direito. 3 ed. São Paulo: Saraiva, 2017. p.322.

[11] As primeiras formas de publicidade online foram os banners eletrônicos. No entanto, com o passar do tempo, a evolução da tecnologia propiciou o ganho de outros recursos, tornando-os mais atraentes, possibilitando uma interação mais eficiente com o internauta. As alternativas de uso publicitário na internet aumentaram consideravelmente e hoje existe uma série de opções, tais como: widgets, podcast, games marketing, videocast, mídias sociais, redes sociais, mobile marketing etc. (ROCHA, Eudson; ALVES, Lara Moreira. Publicidade Online: o poder das mídias e redes sociais. Revista Fragmentos de Cultura-Revista Interdisciplinar de Ciências Humanas, v. 20, n. 2, p. 221-230, 20)

[12] Fala de Alexandre Grynberg, Conselheiro do IAB Brasil e Diretor de Soluções Integradas do Grupo Globo na Pesquisa Digital Adspend 2019: "Hoje, os investimentos em mobile no Brasil, já ultrapassam em percentual os Estados Unidos, país que aponta desde 2016 que o investimento de mais da metade de suas verbas de comunicação no ambiente digital já vão para esses dispositivos. Essa realidade é reflexo do tempo gasto pelo usuário no acesso à internet via celulares e também pela grande disponibilidade de formatos e possibilidades que a publicidade oferece no meio. Segmentações por geolocalização, tipo e qualidade da conexão, hábitos de consumo de conteúdo e o poder de alcançar o usuário em todos os momentos do dia, são algumas das possibilidades para se criar estratégias únicas no mobile e/ou combiná-las com mais meios, sejam eles on ou offline."

2. Regulação da publicidade digital

O controle publicitário no Brasil se realiza por meio de uma junção entre o Direito Público e a Iniciativa Privada, sendo ora o Estado promotor de atos jurídicos regulatórios[13], possuindo, a atividade publicitária, inclusive, respaldo constitucional[14] e outrora os entes privados, por meio da criação de mecanismos para proteção do setor e dos agentes envolvidos.

Ao Direito incumbe o enfrentamento dos desafios éticos e legais que permeiam a regulação da publicidade digital, a indicação dos limites e responsabilidades das plataformas, bem como a tarefa de proteger os usuários de eventuais abusos ou vulnerabilidades as quais estejam expostos. Assim, em que pese a liberdade de expressão e o direito à livre manifestação do pensamento estarem consagrados como direitos fundamentais no ordenamento jurídico brasileiro, sabemos que com o avanço da tecnologia, diversos meios informáticos são criados para auxiliar o comércio em ambiente virtual. Ocorre que, assim como no mundo físico, terceiros utilizam as ferramentas tecnológicas disponíveis para praticarem ilicitudes e divulgarem produtos ou serviços de maneira indevida ou ilegal em mercado online, através de redes sociais, anúncios, vendas indiretas de produtos contrafeitos, piratas, ou de procedência duvidosa, entre outros. Além disso, muitos anunciantes ultrapassam a margem da razoabilidade e por vezes incomodam o usuário pelo excesso de publicidade ou por fazê-la em desconformidade com o sistema normativo existente. Apesar disso, o cenário tecnológico se apresenta como uma oportunidade de expansão de negócios e de aproximação com o cliente, por isso é tão importante investir em regulação.

---

[13] No Brasil, o controle estatal da publicidade pode ser exercido pelos órgãos do Sistema Nacional de Defesa do Consumidor – SNDC, que é composta pela Secretaria de Direito Econômico do Ministério da Justiça, por meio do seu Departamento de Proteção e Defesa do Consumidor (DPDC/SDE/MI) e pelos demais órgãos federais, estaduais do Distrito Federal, municipais e pelas entidades civis de defesa do Consumidor do Ministério Público Estadual e federal, os Procons, além, é claro, do próprio Poder Judiciário. (DIAS, Lucia Ancona Lopez de Magalhães. Publicidade e Direito. 3 ed. São Paulo: Saraiva, 2017. p.54).

[14] No Brasil, a liberdade de fazer publicidade encontra proteção constitucional sob dois principais aspectos: i) como atividade econômica resguardada pela livre iniciativa, fundamento da ordem econômica resguardada pela livre iniciativa, fundamento da ordem econômica (art. 170, caput e paragrafo único, CF), e pela livre concorrência (art.170, IV, CF). e ii) pelo princípio da liberdade de expressão (arts. 5º, IX, e 2020, CF). (DIAS, Lucia Ancona Lopez de Magalhães. Publicidade e Direito. 3 ed. São Paulo: Saraiva, 2017. p.41)

ATIVIDADE PUBLICITÁRIA NO BRASIL

3. A importância do CONAR

Diante de problemáticas desta natureza, foi instituído no final dos anos 70 o Conselho Nacional de Autorregulamentação Publicitária "CONAR", entidade privada, sem fins lucrativos, que não possui relação com o poder público, mas que tomou para si a tarefa de fiscalizar a propaganda comercial veiculada no Brasil. Por meio do Código Brasileiro de Autorregulamentação Publicitária, que tem a finalidade[15] de impedir atos ilegais, antiéticos, enganosos, abusivos ou discriminatórios por parte das marcas, o CONAR tem atuado com rigor e seriedade, visando garantir um ambiente saudável entre marcas e consumidores.

Através de sua estrutura organizada e sedimentada de modo a facilitar o acesso ao consumidor, todos os anos o CONAR julga diversos processos[16]. A atuação do CONAR, ocorre pela própria monitoria do órgão e por denúncias dos consumidores, empresas, entre outros. A partir de uma análise realizada por seu Conselho de Ética, as repercussões negativas, condutas ilícitas, antiéticas, em descumprimento do Código Brasileiro de Autorregulamentação Publicitária, são analisadas e quando evidenciado algum ato infracional, a empresa, por exemplo, pode receber uma advertência e recomendações sobre sua conduta.

Até 1990, o CONAR era a única fonte de regulamentação da atividade publicitária no Brasil. Após 40 anos de sua criação seu compromisso se mantém de pé. É o que podemos depreender com base na análise do mais recente material informativo lançado, datado de dezembro de 2020 e que delibera acerca de tema atual e relevante. Trata-se do Guia com orientações para a aplicação das regras do Código Brasileiro de Autorregulamentação Publicitária ao conteúdo comercial em redes sociais, em especial aquele gerado por influenciadores.

---

[15] Artigo 8: O principal objetivo deste Código é a regulamentação das normas éticas aplicáveis à publicidade e propaganda, assim entendidas como atividades destinadas a estimular o consumo de bens e serviços, bem como promover instituições, conceitos ou idéias.

[16] Boletim do CONAR para o ano de 2019. p.1: O Conselho de Ética do Conar promoveu 104 reuniões de julgamento em suas oito câmaras, sediadas em São Paulo, Rio, Brasília, Porto Alegre e Recife. Ao longo do ano, 150 conselheiros participaram de ao menos uma vez das reuniões. Foram julgados durante o ano passado 329 processos pelo Conselho de Ética. Três quartos deles terminaram com algum a penalização aos anunciantes e suas agências.

12. PUBLICIDADE E MÍDIAS DIGITAIS

De acordo com o Guia[17], aquele que se propõe a veicular mensagem destinada a estimular o consumo de bens e/ou serviços quando realizada pelos chamados Influenciadores Digitais, a partir de contratação pelo Anunciante e/ou Agência, faz uso de Publicidade por influenciador. Para que a publicidade por influenciador seja caracterizada é necessário encontrar três elementos cumulativos: i) divulgação de produto, serviço, causa ou outro sinal a eles associados; ii) compensação ou relação comercial, ainda que não financeira, com anunciante e/ou Agência e iii) ingerência por parte do anunciante e/ou agência sobre o conteúdo da mensagem (controle editorial na postagem do influenciador).

Em reforço ao princípio da identificação, o guia enfatiza que aos influenciadores recai a obrigação de tornar identificável, de forma clara e inequívoca, que aquele conteúdo é publicitário. E quando o conteúdo por si só não for capaz de fazer essa identificação, é necessário a menção explícita das expressões: "publicidade", "publi", "publipost" ou outra equivalente. Além disso, quando a plataforma oportunizar a catalogação da publicação, o influencer deverá fazê-lo (a exemplo do Instagram que permite indicar o conteúdo como patrocinado). Todas essas orientações visam garantir que o princípio da identificação seja aplicado, em respeito aos usuários que prontamente poderão perceber a natureza do conteúdo divulgado e sua finalidade. Além disso, as agências e anunciantes devem envidar os maiores esforços e adotar as melhores práticas para informar o influenciador sobre os cuidados que devem acompanhar a divulgação.

Um outro princípio reiterado no guia, ao qual o influenciador deve estar atento, é o de compromisso com a verdade, relatando sempre sua experiência pessoal com o produto ou serviço de forma genuína e verdadeira. Ficam de fora dessas regras as publicações dos "recebidos", os famosos brindes, presentes e cortesias que os influencers recebem de marcas e admiradores, vez que não são consideradas anúncios, pois não possuem aqueles três requisitos caracterizadores de publicidade por influenciador.

A simples menção que um usuário faz à marca também não configura publicidade. Contudo, se a marca replica esse conteúdo em seu perfil oficial, será considerado divulgação autônoma e a postagem do anunciante será entendida como novo conteúdo de natureza publicitária. Às empresas que, para aumentar o engajamento, conquistar novos seguidores ou até mesmo

---

[17] Guia de Orientação Publicidade por Influenciadores Digitais – 2021.CONAR. Disponível em: http://conar.org.br/pdf/CONAR_Guia-de-Publicidade-Influenciadores_2021-03-11.pdf

ATIVIDADE PUBLICITÁRIA NO BRASIL

promover um novo produto/serviço recorrem ao método de ofertar brindes ou benefícios por meio de ações promocionais, concursos ou desafios que estimulem alguma ação por parte do seguidor, seja curtir, comentar, compartilhar e etc., fica a ressalva de que tal prática não é vedada, contudo ela deve estar em acordo com os mecanismos compatíveis com o código de autorregulação.

Percebam, pois, que o CONAR tem sido um importante instrumento de controle auto-regulamentar da atividade publicitária no Brasil, bem como no mundo, atuando por meio da elaboração de guias, súmulas, provimentos e notas técnicas que orientam e auxiliam o consumidor, as agências, os anunciantes e demais agentes envolvidos. Esse conjunto de normas acaba por ser utilizado também, pelo judiciário, como fonte subsidiária do Direito, no enfrentamento de casos complexos.

Atualmente, apesar da existência de fontes normativas nesse sentido, ainda não há consolidado, diferenciação de aplicação das regras entre as comunicações publicitárias tradicionais (analógicas) e aquelas que acontecem no ambiente digital (mídias digitais). Por isso, as regras e condições para a Publicidade descritas na Lei nº 8.078/1990, conhecida Código de defesa do consumidor, ou simplesmente CDC, em conjunto com as diretrizes estabelecidas pelo CONAR, são aplicáveis para a atividade publicitária online, bem como as demais legislações complementares que compõem o nosso ordenamento jurídico.

4. Direitos consumeristas consagrados na publicidade

Em linhas gerais, a legislação consumerista visa coibir práticas de publicidade enganosa ou abusiva, dando subsídios jurídicos para identificação da ilicitude[18]. A publicidade enganosa pode se dar por ação ou omissão, podendo em alguns casos representar uma ofensa à toda coletividade. As relações de consumo possuem como princípio norteador a boa-fé objetiva, ou seja, a confiança e a honestidade como ponto de partida. Conforme elenca Lucia

---

[18] Para Lucia Ancona a lei de defesa do consumidor cuidou de controlar a publicidade comercial, assim compreendida como a mensagem promovida por pessoa jurídica, pública ou privada, difundida no exercício de uma atividade profissional, qualquer que seja o meio de comunicação de massa, com o escopo de promover a contratação de bens e servos, direta e ou indiretamente (publicidade promocional ou institucional): DIAS, Lucia Ancona Lopez de Magalhães. Publicidade e Direito. 3 ed. São Paulo: Saraiva, 2017.

Ancona[19], o código de defesa do consumidor introduziu princípios jurídicos específicos para a publicidade, à saber:

a) princípio da Identificação da mensagem publicitária (art. 36, caput);
b) princípio da veracidade (art. 37. $$ 1º a 3º);
c) princípio da transparência da fundamentação (art. 36, parágrafo único);
d) princípio da vinculação contratual da publicidade (art. 30);
e) princípio da não abusividade da publicidade (art. 37, $ 2º);
f) princípio do ônus da prova a cargo do fornecedor (art. 38);
g) princípio da correção do desvio publicitário (arts. 56, XII, e 60);
h) princípio da não captura (abusiva) do consumidor (art. 4º, caput e inciso VI).

O guia de boas práticas do CONAR, acima referendado, está em consonância com estes princípios, reafirmando a necessidade de sua adoção diária. Juntos, os princípios representam a defesa de um fundamento maior, qual seja o Direito à intimidade e privacidade. Sob tal ótica o consumidor deve possuir liberdade de escolha e controle sobre suas informações para determinar o que pode ou não ser feito com elas, ou seja, autodeterminação informativa[20]. Soma-se a todo esse conjunto de regramento que rege as ações publicitárias, os termos de uso e a política de privacidade. Menção especial se faz à Lei Geral de Proteção de Dados.

5. Políticas de privacidade e a publicidade

A política de privacidade nada mais é que um compromisso unilateral firmado entre o provedor de aplicação e o usuário, criando garantias mínimas em respeito à confiança que o usuário cede ao usar aquele serviço. Com aparência de contrato, a política de privacidade é usada para equilibrar e tornar mais transparente a relação comercial/contratual que acontece no âmbito digital. É o documento que dita as regras de usabilidade daquela plataforma digital.

---

[19] DIAS, Lucia Ancona Lopez de Magalhães. Publicidade e Direito. 3 ed. São Paulo: Saraiva, 2017. Pg. 68.
[20] Art. 2°, inciso II da LGPD.

ATIVIDADE PUBLICITÁRIA NO BRASIL

Para melhor compressão da importância do respeito à privacidade no ambiente digital faremos a seguinte analogia: Imagine que um detetive segue você por todos os lados. Ele sabe o que você viu, leu, escreveu e pesquisou. Sabe os sites que você visitou e os produtos de seu interesse. Sabe as músicas que você ouviu, quem são seus amigos, suas senhas e até a comida que você pediu pelo aplicativo de *delivery*. Quanto você acessou a rede social ele estava lá, cada foto curtida, *hashtag* pesquisada e a quantidade de rolagens na tela foram observados. Ao final do dia o detetive tem um arquivo digital com todos os seus dados e metadados, e você não pode fazer nada a respeito, simplesmente pelo fato de não saber que estava sendo vigiado. Com essas informações em mãos ele pode fazer o que achar mais conveniente, inclusive auferir vantagem econômica de forma direta ou indireta, por meio da venda ou compartilhamento de todos esses dados. E o ciclo se repete dia após dia. Ele sempre está ali, de olho em você, anotando todas as suas pegadas digitais, disfarçado de conteúdo, de informação ou de qualquer coisa capaz de mascarar a verdadeira intenção por detrás desta prática. Apesar de parecer exagero, essa situação é real e corriqueira. Coletar essas informações não é um problema, o problema está em coletá-las sem o conhecimento e anuência do usuário.

O que muitas vezes não sabemos é que a privacidade é um bem tutelado juridicamente, consagrado no marco civil da internet e reforçado na Lei Geral de Proteção de Dados, como um princípio que disciplina o uso da internet no Brasil, erguido como uma condição para o pleno exercício do direito de acesso à internet, sendo garantido sua inviolabilidade. Em qualquer operação na internet de coleta, armazenamento, guarda e tratamento de registros de dados pessoais, deverão ser obrigatoriamente respeitados os direitos à privacidade e à proteção dos dados pessoais. O Marco civil da internet também disciplina que os provedores de aplicações na internet deverão prestar, na forma da regulamentação, informações que permitam a verificação quanto ao cumprimento da legislação brasileira referente à coleta, guarda, armazenamento ou ao tratamento de dados, bem como quanto ao respeito à privacidade e ao sigilo de comunicações[21].

Assim, levando em consideração o quanto exposto, é possível afirmar que a política de privacidade é um braço relevante para a consecução dos princípios, garantias, direitos e deveres para o uso da internet no Brasil e para o exercício da cidadania em meios digitais. Para que os dados obtidos na esfera

[21] Art. 10, § 3 do Marco Civil da Internet.

12. PUBLICIDADE E MÍDIAS DIGITAIS

privada do usuário possam ser utilizados para fins publicitários, em conformidade com as legislações que resguardam o indivíduo, o provedor de aplicação deve descrever tal possibilidade em sua política de privacidade de forma clara e detalhada, de modo que o usuário possa indicar seu aceite ou recusa em relação à finalidade expressada pela plataforma.

As plataformas também interagem entre si: já perceberam que em alguns momentos, ao pesquisar algo na internet de repente você começa a receber vários anúncios sobre o mesmo tema que estava pesquisando? Isso significa que os termos de uso e/ou a política de privacidade daquelas aplicações preveem o uso de cookies e/ou o compartilhamento de dados com terceiros para fins de publicidade. A Google, por exemplo, deixa expresso em sua política que essa espécie de parceria existe:

> "Muitos websites, como sites de notícias e blogs, têm parceria com a Google para exibir anúncios aos seus visitantes. Ao trabalhar com nossos parceiros, podemos usar cookies para diversas finalidades, como impedir que o usuário veja o mesmo anúncio repetidamente, detectar e impedir fraude nos cliques e mostrar anúncios que provavelmente sejam mais relevantes (como anúncios baseados nos sites que o usuário visitou)."

O Facebook, por sua vez, justifica as operações e transferências de dados como parte dos seus serviços globais:

> "Compartilhamos informações globalmente, tanto internamente nas Empresas do Facebook, quanto externamente com nossos parceiros e com aqueles com quem você se conecta e compartilha no mundo todo em conformidade com esta política. Suas informações podem, por exemplo, ser transferidas ou transmitidas para, ou armazenadas e processadas nos Estados Unidos ou outros países fora de onde você mora, para os fins descritos nesta política. Essas transferências de dados são necessárias para fornecer os serviços estipulados nos Termos do Facebook e nos Termos do Instagram, bem como para operar globalmente e fornecer nossos Produtos a você. Utilizamos cláusulas contratuais padrão, seguimos as decisões de adequação da Comissão Europeia em relação a determinados países, conforme aplicável, e obtemos seu consentimento para essas transferências de dados para os Estados Unidos e outros países."[22]

---

[22] Disponível em: https://www.facebook.com/privacy/explanation . Acesso em: 22/03/2021

ATIVIDADE PUBLICITÁRIA NO BRASIL

Detalham também como se desenvolve a política com os anunciantes:

"Fornecemos aos anunciantes relatórios sobre os tipos de pessoas que visualizaram os anúncios deles e sobre o desempenho de tais anúncios, mas não compartilhamos informações que identifiquem você pessoalmente (informações como seu nome ou endereço de email que possa ser usado por si só para contatar ou identificar você), a menos que você nos dê permissão para tanto. Por exemplo, fornecemos dados demográficos gerais e informações sobre interesses aos anunciantes (como a informação de que um anúncio foi visto por uma mulher com idade entre 25 e 34 anos que mora em Madri e gosta de engenharia de software) para ajudá-los a entender melhor o público deles. Também confirmamos quais anúncios do Facebook levaram você a fazer uma compra ou executar uma ação com um anunciante."

Na política de privacidade do Facebook, por exemplo, há um regramento específico para o conteúdo publicitário. Nesta política é explicado quais tipos de anúncio são permitidos[23] e quais serão as sanções aplicáveis para aqueles que violarem os termos e condições. Em resposta a casos de violação, o Facebook adverte que poderá agir desativando as Páginas associadas, desabilitando anúncios existentes, restringindo a capacidade de veicular novos anúncios, restringindo a capacidade de mesclar Páginas, bem como revogando a autorização para veicular anúncios sobre temas sociais, eleições ou política. Vejamos abaixo um trecho da política de Publicidade do Facebook[24]:

"Os anunciantes, desenvolvedores de aplicativos e publishers podem nos enviar informações por meio das Ferramentas do Facebook para Empresas que eles usam, incluindo nossos plug-ins sociais (como o botão Curtir), o Login do Facebook, nossas APIs e SDKs e o pixel do Facebook. Esses parceiros fornecem informações sobre suas atividades fora do Facebook, inclusive informações sobre seu dispositivo, os sites que você acessa, as compras que faz, os anúncios que visualiza e sobre o uso que faz dos

[23] POLÍTICA DE PUBLICIDADE FACEBOOK. Disponível em: https://www.facebook.com/policies/ads/overview/understanding_our_policies . Nossas Políticas de Publicidade fornecem instruções sobre quais tipos de conteúdo de anúncio são permitidos. Quando os anunciantes fazem um pedido, cada anúncio é analisado segundo essas políticas. Se você acredita que seu anúncio foi reprovado por engano, solicite uma análise da decisão em Qualidade da Conta.
[24] Disponível em: https://www.facebook.com/privacy/explanation . Acesso em: 19/03/2021

12. PUBLICIDADE E MÍDIAS DIGITAIS

serviços deles, independentemente de ter ou não uma conta ou de estar conectado ao Facebook. Por exemplo, um desenvolvedor de jogos poderia usar nossa API para nos informar quais jogos você joga, ou uma empresa poderia nos informar sobre uma compra que você fez na loja dela. Além disso, recebemos informações sobre suas ações e compras online e offline de provedores de dados de terceiros que têm autorização para nos fornecer essas informações. Tais parceiros recebem seus dados quando você acessa ou usa os serviços deles ou por meio de terceiros com os quais eles trabalham. Exigimos que cada um desses parceiros tenha autorização legal para coletar, usar e compartilhar seus dados antes de fornecê-los para nós."

Além de todas as práticas que acabamos de ver, preventivamente, o Facebook, de acordo com sua política, também adota uma postura ativa de avaliar o conteúdo objeto de publicidade antes mesmo de sua veiculação. De acordo com o provedor, durante o processo de análise do anúncio, vários componentes são verificados, como: imagens, texto, direcionamento, posicionamento do anúncio e conteúdo na página de destino dele.

Há também uma lista de classificação de anúncios dividida entre conteúdo proibido e conteúdo restrito. Enquadram-se como conteúdos proibidos aqueles anúncios que violarem os padrões da comunidade; promoverem produtos, serviços ou atividades ilegais ou que explorem, enganem ou exerçam pressão sobre menores de idade; discriminem ou incentivem a discriminação contra pessoas com base em atributos pessoais[25]; promovam a venda ou uso de drogas e armas e produtos e serviços para o público adulto (contendo nudez, representações de pessoas em posições explícitas, sugestivas ou atividades muito provocativas sexualmente); que contenham desinformação ou exploração de conteúdo controverso para fins comerciais; entre tantos outros tipos, que são atualizados periodicamente. Já os conteúdos restritos recebem

---

[25] O Facebook proíbe os anunciantes de usar os nossos produtos de anúncios para discriminar pessoas. Isso significa que os anunciantes não podem (1) usar as nossas ferramentas de seleção de público para (a) direcionar anúncios indevidamente para grupos específicos de pessoas (consulte o item 7.1 sobre Direcionamento na Política de Publicidade), ou (b) excluir indevidamente grupos específicos de pessoas, impedindo-as de ver os anúncios deles; ou (2) incluir conteúdo discriminatório nos anúncios deles. Os anunciantes também são obrigados a cumprir as leis aplicáveis que proíbem a discriminação (consulte o item 4.2 sobre Produtos ou serviços ilegais na Política de Publicidade). Isso inclui as leis que proíbem a discriminação contra grupos de pessoas em relação, por exemplo, à oferta de moradia, emprego e crédito.

ATIVIDADE PUBLICITÁRIA NO BRASIL

esse nome porque estão condicionados ao cumprimento de procedimentos especiais, ora criados pelo Facebook – como a autorização por escrito – ora obrigatórios por força de lei, como é o caso dos anúncios que promovem ou fazem referência a bebidas alcoólicas.

Apesar das polêmicas envolvendo o Facebook, em sua política de privacidade foram estabelecidas diretrizes para a coleta de dados em caso de anúncios que direcionem para cadastros, diminuindo as chances de que dados sensíveis, capazes de segregar, possam ser coletados por meio de uma atividade publicitária. Cabe destacarmos um dos trechos que trata diretamente da restrição ao uso de dados pelos anunciantes. Vejamos[26]:

> "1. Garanta que quaisquer dados coletados, recebidos ou derivados do seu anúncio do Facebook ou do Instagram ("dados de publicidade do Facebook") são compartilhados somente com alguém que aja em seu nome, como o seu provedor de serviços. Você é responsável por garantir que os seus provedores de serviços protegem quaisquer dados de anúncios do Facebook, ou quaisquer informações obtidas de nós, limitar o seu uso de todas essas informações e mantê-las confidenciais e seguras.
>
> 2. Não use os dados de publicidade do Facebook para quaisquer propósitos (incluindo o redirecionamento, acúmulo de dados entre campanhas de vários anunciantes, ou permitir o piggybacking ou redirecionamento com marcas), exceto em uma base anônima e agregada (exceto caso autorizado pelo Facebook) e somente para avaliar o desempenho e a eficácia das suas campanhas de publicidade do Facebook.
>
> 3. Não use os dados de publicidade do Facebook, incluindo os critérios de direcionamento do seu anúncio, para criar, anexar, editar, influenciar ou aumentar perfis de usuários, incluindo perfis associados com quaisquer identificadores de dispositivos móveis ou quaisquer identificadores exclusivos para qualquer usuário, navegador, computador ou dispositivo.
>
> 4. Não transfira dados de publicidade do Facebook (incluindo dados anônimos, agregados ou derivados) para nenhuma rede de anúncios, permuta de anúncios, corretor de dados ou outro serviço relacionado a anúncios ou rentabilização."

---

[26] Disponível em: https://www.facebook.com/policies/ads/ . Acesso em: 19/03/2021

12. PUBLICIDADE E MÍDIAS DIGITAIS

De acordo com o Facebook, suas iniciativas autorregulatórias foram construídas em observância aos seguintes pilares: dar voz às pessoas, construir conexão e comunidade, servir a todos, manter as pessoas seguras, proteger a privacidade e promover a oportunidade econômica. Aduzem que "Nossos Padrões são um conjunto vivo de diretrizes – eles devem acompanhar as mudanças que acontecem online e no mundo[27]". Os padrões da Comunidade em relação à publicidade visam, sobretudo, manter a integridade da publicidade, combater práticas discriminatórias e ajudar a proteger as pessoas de experiências ruins.

A google, por sua vez, pontua sobre a contrapartida para viabilização de serviços gratuitos e a relação com a publicidade. Vejamos:

> "A publicidade mantém a Google e muitos dos sites e serviços que você usa gratuitos. Trabalhamos arduamente para garantir que os anúncios sejam seguros, discretos e o mais relevantes possível. Por exemplo, o usuário não verá anúncios pop-up na Google, e nós encerramos as contas de centenas de milhares de editores e anunciantes que violam nossas políticas todo ano, incluindo anúncios que contenham malware, anúncios de produtos falsificados ou que tentam fazer uso indevido das informações pessoais do usuário."[28]

Tendo em vista que, as mídias digitais proveem espaço para a veiculação de anúncios e conteúdos publicitários, tornando-se um elo, entre o anunciante do produto ou serviço, e o usuário (consumidor), a Política de Privacidade, com cláusula específica para a publicidade, representa uma conformidade com as obrigações jurídicas, não representando uma novação do direito, mas sim, a diluição e reformatação de direitos e garantias da relação estabelecida entre usuário, agentes publicitários e a plataforma, enquanto espaço de distribuição da informação. Com isso, fica claro o dever de diligência das plataformas, principalmente aqueles que alocam uma grande quantidade de usuários, que, se não o fizer, abre espaço para condutas criminosas e ilícitas, ludibriando aqueles que confiaram em seus termos.

---

[27] Disponível em: https://about.fb.com/news/2019/04/insidefeed-community-standards-development-process/

[28] Disponível em: https://policies.google.com/technologies/ads?hl=pt-BR

Conclusões

No presente artigo, abordamos algumas problemáticas existentes na relação entre a publicidade e as mídias digitais, com atenção especial às redes sociais e suas implicações perante o Direito brasileiro.

A publicidade digital alavanca o mercado digital, auxiliando na circulação e promoção de bens e serviços. Através das mídias digitais, a publicidade tradicional se reinventa, adotando novas estratégias, para atingir de modo significativo os resultados pretendidos por aqueles que a utilizam como recurso para divulgar e atingir seu público-alvo.

Como vimos, o atual modelo de sociedade ao qual estamos inseridos tem na coleta, exploração, combinação, tratamento e estruturação de dados, uma forma de viabilizar e incentivar a inovação e o comércio das grandes e pequenas empresas que buscam ampliar a visibilidade e credibilidade de suas marcas com os consumidores em ambos os cenários, físicos e digitais.

Isso porque, a presença digital é importante para as empresas, fator que restou evidenciado durante a Pandemia (Covid-19) que acometeu o mundo, obrigando as empresas, que ainda não tinham mídias sociais a migrarem para o ambiente digital, assim como, os consumidores, passaram a ficar cada vez mais conectados à internet, estabelecendo relações de consumo mais recorrentes e consumindo diversos tipos de conteúdo. A Publicidade online se correlaciona com temas de suma importância para construção e efetivação da cidadania digital, tais como privacidade, proteção de dados e direitos consumeristas. Por isso falar sobre publicidade e mídias digitais se mostra relevante e necessário.

REFERÊNCIAS

ABREU, Leandro. O que são mídias digitais, quais os tipos, benefícios e como fazer seu planejamento. Abril 2019. Disponível em: https://rockcontent.com/br/blog/midia-digital/

CASTELLS, Manuel. Sociedade em rede. São Paulo: Paz e Terra, 2011

DE ALMEIDA, CANDIDO EDUARDO MENDES. A autorregulamentação publicitária no Brasil. 2013. Disponível em: **https://www.maxwell.vrac.puc-rio.br/22521/22521.PDF**

DIAS, Lucia Ancona Lopez de Magalhães. Publicidade e Direito. 3 ed. São Paulo: Saraiva, 2017.

LEVY, P. As tecnologias da inteligência. Rio de Janeiro: Ed. 34, 1993.

MENDES, Laura Schertel. O diálogo entre o Marco Civil da Internet e o Código de Defesa do Consumidor.RDC, VOL. 106 (julho/agosto 2016) P. 15.

MISKOLCI, Richard. Novas conexões: notas teórico-metodológicas para pesquisas sobre o uso de mídias digitais. **Revista Cronos**, v. 12, n. 2, 2011. https://periodicos.ufrn.br/cronos/article/download/3160/pdf

Orihuela, J. L. (6 de nov de 2017). The 10 new paradigms of communication in the digital age. Fonte: Medium: https://jlori.medium.com/the-10-new-paradigms-of-communication-in-the-digital-age-7b7cc9cb4bfb

ROCHA, Eudson; ALVES, Lara Moreira. Publicidade Online: o poder das mídias e redes sociais. **Revista Fragmentos de Cultura-Revista Interdisciplinar de Ciências Humanas**, v. 20, n. 2, p. 221-230, 20 Disponível em: http://revistas.pucgoias.edu.br/index.php/fragmentos/article/view/1371

SANTAELLA, Lucia. Linguagens líquidas na era da mobilidade. São Paulo: Paulus, 2007.

SIMÕES, Paula Guimarães et al. Mapeando os estudos de novas mídias no Brasil. Eco-Pós, Rio de Janeiro, v. 22, n. 3, p. 231-258, 2019. Disponível em: https://pdfs.semanticscholar.org/f643/71856a80d057a9e730042494fc46b4607148.pdf

TAKAHASHI, Tadao. **Sociedade da informação no Brasil: livro verde**. Ministério da Ciência e Tecnologia (MCT), 2000. Disponível em: https://livroaberto.ibict.br/bitstream/1/434/1/Livro%20Verde.pdf

13.
REFLEXOS DA LEI GERAL DE PROTEÇÃO DE DADOS NAS ATIVIDADES DE MARKETING E PUBLICIDADE

Rony Vainzof
Henrique Fabretti Moraes

Introdução

Somos testemunhas vivas do hibridismo, não sendo mais possível dissociar o mundo *Online* do *Offline*. Pessoas e dispositivos estão cada vez mais interconectados. Deixamos rastros digitais em praticamente todas as nossas atividades pessoais e profissionais por meio dos mais variados aplicativos[1] e dispositivos que utilizamos, permitindo que nossos comportamentos sejam precisamente antecipados.

Pesquisas na internet, interações, curtidas, tempo de permanência em posts, uso de cartão de crédito, geolocalização, horas de sono, peso, batimento cardíaco, exercícios físicos, entre outros milhares de dados são coletados diariamente e em tempo real, possibilitando a criação de avatares, em tese fiéis, da personalidade de cada ser humano conectado a Internet.

Todos os referidos rastros digitais, que usualmente identificam ou permitem tornar identificável um indivíduo, e, portanto, podem ser considerados como dados pessoais[2] de acordo com a Lei Geral de Proteção de Dados

---

[1] Fenômeno denominado Plataformalização da Internet.

[2] LGPD – Art. 5º Para os fins desta Lei, considera-se: I – dado pessoal: informação relacionada a pessoa natural identificada ou identificável; II – dado pessoal sensível: dado pessoal sobre origem racial ou étnica, convicção religiosa, opinião política, filiação a sindicato ou a organização de caráter religioso, filosófico ou político, dado referente à saúde ou à vida sexual, dado genético ou biométrico, quando vinculado a uma pessoa natural; III – dado anonimizado: dado relativo a titular que não possa ser identificado, considerando a utilização de meios técnicos razoáveis e disponíveis na ocasião de seu tratamento.

ATIVIDADE PUBLICITÁRIA NO BRASIL

(LGPD)[3], são coletados e tratados por uma poderosa indústria de marketing digital[4], afinal, agora, "o produto somos nós".

Ou seja, dissociar o uso de dados pessoais das áreas de marketing e publicidade na era da sociedade da informação é tarefa praticamente impossível, uma vez que as informações que os consumidores geram não apenas indicam como seria possível ofertar um produto ou serviço a ele, mas auxilia na própria criação deste produto ou serviço[5].

Os anúncios são cada vez mais precisos, customizados e direcionados de acordo com o comportamento e gosto de cada indivíduo. Identificar, direcionar e entregar anúncios online são verbos que conceituam a publicidade programática[6], que por sua vez é baseada justamente em dados pessoais.

Com uma indústria tão dependente do consumo e do tratamento de dados pessoais, a aprovação da LGPD, que impõe requisitos e obrigações sobre como podem ser coletados, utilizados, compartilhados e descartados, veio carregada de preocupações, afinal, a publicidade poderá continuar se utilizando dos dados pessoais para entender o consumidor e entregar anúncios que sejam customizados e direcionados a ele?

Esta preocupação não é de todo infundada, uma vez que um dos eventos impulsionadores da aprovação da LGPD foi o caso envolvendo as empresas Facebook e Cambridge Analytica[7], no qual milhares de dados pessoais obtidos sem consentimento e a devida transparência por meio da Rede Social[8] teriam

---

[3] Lei 13.709/18.

[4] Os investimentos em publicidade reforçam esta ideia, uma vez que a receita com publicidade e propagando nos meios digitais hoje é maior que do que em todas as mídias tradicionais (TV, rádio, revistas e jornais) somadas, ultrapassando a marca de 124 bilhões de dólares (INTERACTIVE ADVERSTISING BUREAU. Internet advertising revenue report: Full year 2019 results & Q1 2020 revenues. p.21).

[5] BIONI, Bruno Ricardo. Proteção de dados pessoais: a função e os limites do consentimento. 2. ed. Rio de Janeiro: Forense, 2020. Pg. 13.

[6] MARTÍNEZ, Immaculada J. AGUADO, Juan-Miguel. BOEYKENS, Yannick. *Ethical implications of digital advertising automation: the case of programmatic advertising in Spain*. El Profesional de la información, Espanha, v.26, n.2, p.204, março-abril/2017. Disponível em: < http://profesionaldelainformacion.com/contenidos/2017/mar/06.pdf >. Acesso em 25.02.2021

[7] Na tramitação do Projeto de Lei 4060/2012, que resultou na LGPD, houve inclusive requerimento para "debater o impacto do uso e da coleta ilegítimos de dados pessoais de brasileiros, através da rede social Facebook, pela empresa Cambridge Analytica". Vide Requerimento n. 18/2018, apresentado pela Deputada Bruna Furlan em 17 de abril de 2018.

[8] No Brasil, houve decisão da Secretaria Nacional do Consumidor (SENACON) condenando o Facebook em R$ 6,6 milhões por tal conduta. "Por conseguinte, considerando estar caracterizada a prática de infração à legislação consumerista, nos termos da Lei Federal nº 8.078/1990, do Decreto

13. REFLEXOS DA LEI GERAL DE PROTEÇÃO DE DADOS NAS ATIVIDADES DE MARKETING...

sido utilizados para construção de perfis comportamentais posteriormente utilizados em ações de publicidade no contexto de campanhas políticas[9].

Não é por acaso que é fundamento da LGPD a autodeterminação informativa[10], em que insere o indivíduo, como titular dos seus dados pessoais, no controle deles, invertendo a lógica de descontrole informacional, no qual o tratamento é inadvertido e obscuro, pela obrigação das organizações em promoverem um uso ético, seguro e transparente.

Não obstante o exposto acima e ser indiscutível que a LGPD tenha como principal objetivo proteger os diretos fundamentais à privacidade e à liberdade do desenvolvimento da personalidade da pessoa natural[11], outros de seus fundamentos também demonstram preocupação com o desenvolvimento econômico e tecnológico, bem como com a livre concorrência e livre iniciativa[12].

Neste contexto, a LGPD não veda atividades que envolvam o tratamento de dados pessoais, como as atividades de marketing e publicidade, mas tão somente estabelece parâmetros de direitos e obrigações para que estas informações sejam utilizadas de forma adequada pelas organizações. Em relação a estes direitos e obrigações, para fins didáticos podemos sintetizar o núcleo da LGPD em três grandes blocos:

* Princípios norteadores das atividades de tratamento de dados pessoais (artigo 6º);
* As hipóteses autorizadoras das atividades de tratamento – bases legais (artigos 7º, 11 e 14); e
* Direitos dos titulares (artigos 17 a 22).

Federal nº 2.181/1997, e da Lei Federal 9.784/1999, sugere-se a aplicação de sanção administrativa de multa, no valor de R$ 6.600.000,00 (seis milhões e seiscentos mil reais)". Disponível em https://brunobioni.com.br/wp-content/uploads/2020/01/SEI_08012.000723_2018_19-1-1.pdf. Acessado em 06 de março de 2021. Nota Técnica n.º 32/2019/CGCTSA/DPDC/SENACON/MJ. PROCESSO Nº 08012.000723/2018-19

Representante: Departamento de Proteção e Defesa do Consumidor – ex officio.

Representados: Facebook Inc. e Facebook Serviços Online do Brasil Ltda.

[9] DUARTE, Rita Pita Guerreiro Marcelino. Case Study: Facebook In Face of Crisis. Disponível em <https://repositorio.ucp.pt/bitstream/10400.14/29693/1/152118129_RaquelDuarte_DPFA.pdf> Acessado em 18.02.2021

[10] Art. 2º, inciso II.

[11] VAINZOF, Rony. *Conceito, perfil, papéis e responsabilidades do Encarregado (Data Protection Officer).* In: OPICE BLUM, Renato. et. al. *Data Protection Officer (Encarregado): teoria e prática de acordo com a LGPD e o GDPR.* Thomson Reuters Brasil: São Paulo, 2020. p. 26.

[12] Vide art. 2º, da LGPD.

ATIVIDADE PUBLICITÁRIA NO BRASIL

Qualquer atividade de tratamento de dados pessoais deve observar integralmente e concomitantemente todos os princípios da LGPD e necessariamente estar amparada em uma base legal, além de possibilitar o exercício dos direitos dos titulares[13].

Por sua relevância para os setores de marketing e publicidade, priorizaremos no presente estudo o bloco das bases legais, em particular o consentimento e o legítimo interesse, delineando questões teóricas e práticas.

1. Bases legais

A LGPD exige que qualquer atividade de tratamento de dados pessoais esteja amparada em uma das hipóteses taxativas estabelecidas nos artigos 7º (para dados pessoais 'comuns') [14], 11 (para dados pessoais sensíveis) [15] ou, ainda, no parágrafo primeiro do artigo 14 (para dados pessoais de crianças), e, idealmente, eleita e aplicada antes de a atividade ser levada a efeito[16].

À exceção do consentimento e do legítimo interesse, cada uma das bases legais previstas na Lei se aplica a finalidades próprias, como quando o tratamento de dados é necessário para se executar um contrato onde o titular de dados é parte, para viabilizar a prestação de serviços de saúde, para se cumprir uma obrigação legal ou para exercício regular de um direito.

Porém, sob a perspectiva das atividades de marketing e publicidade, nenhuma das bases com aplicações a finalidades específicas parecem adequadas, ressalvados casos específicos[17], restando a possibilidade da utilização

---

[13] Ao longo do artigo, utilizaremos o termo titular ou titular de dados em linha com a definição prevista no artigo 5º, inciso V, da LGPD, que define o titular como "pessoa natural a quem se referem os dados pessoais que são objeto de tratamento".

[14] LGPD – Art. 5º Para os fins desta Lei, considera-se: I – dado pessoal: informação relacionada a pessoa natural identificada ou identificável.

[15] LGPD – Art. 5º Para os fins desta Lei, considera-se: II – dado pessoal sensível: dado pessoal sobre origem racial ou étnica, convicção religiosa, opinião política, filiação a sindicato ou a organização de caráter religioso, filosófico ou político, dado referente à saúde ou à vida sexual, dado genético ou biométrico, quando vinculado a uma pessoa natural.

[16] LIMA, Caio César Carvalho. *Estudo prático sobre as bases legais na LGPD*. In: OPICE BLUM, Renato. *Proteção de Dados: Desafios e soluções na adequação à lei*. Rio de Janeiro: Forense, 2020. p. 24.

[17] Sem prejuízo de outras hipóteses existentes, exemplifica-se aqui as mensagens publicitárias anunciando *recall* de veículos, uma vez que, apesar de poderem ser consideradas mensagens publicitárias, são realizadas para cumprimento da obrigação prevista no artigo 10, §1º do Código de Defesa do Consumidor.

13. REFLEXOS DA LEI GERAL DE PROTEÇÃO DE DADOS NAS ATIVIDADES DE MARKETING...

do consentimento e do legítimo interesse, as quais, como será detalhado a seguir, comportam uma maior flexibilidade de aplicação.

Considerando que as bases legais citadas comportam cuidados, requisitos e mecanismos próprios para poderem ser aplicadas, os tópicos seguintes visam demonstrar como estas hipóteses para o tratamento de dados pessoais podem ser empregadas na prática para atividades de marketing e publicidade.

2. O Legítimo Interesse

O artigo 7º, inciso IX da LGPD estabelece a possibilidade do tratamento de dados pessoais 'comuns' (ou seja, que não estejam englobados pela definição de dados pessoais sensíveis)[18], "quando necessário para atender aos interesses legítimos do controlador ou de terceiro, exceto no caso de prevalecerem direitos e liberdades fundamentais do titular que exijam a proteção dos dados pessoais", o que em uma rápida leitura já nos indica uma afinidade com atividades de marketing e publicidade.

Devido a sua natureza propositadamente flexível[19], a aplicação desta base legal veio acompanhada de um mecanismo operacional, delineado no artigo 10, onde se apresentam requisitos e salvaguardas que devem ser observados no emprego do legítimo interesse, evitando que seu uso se transforme em um 'cheque em branco' e reduzindo a insegurança inerente a este instituto, que por excelência apresenta um maior risco jurídico e possibilidade de um olhar mais atento por parte da Autoridade Nacional de Proteção de Dados (ANPD)[20].

Portanto, para a aplicação da base legal do legítimo interesse em qualquer situação, deve-se percorrer um processo que visa avaliar se todos estes requisitos e salvaguardas foram corretamente preenchidos e observados, além de propiciar a geração de evidências que comprovem a diligência do controlador em cumprir a Lei, em linha com o princípio do *accountability* que permeia a LGPD[21].

---

[18] A base legal do legítimo interesse não foi incluída no artigo 11 da LGPD, onde encontram-se as hipóteses que permitem o tratamento de dados pessoais sensíveis.

[19] Fruto da participação do setor empresarial, durante as discussões realizadas na construção da LGPD, onde de vislumbrava a necessidade de trazer a experiência europeia para o cenário brasileiro, no sentido de criar uma hipótese mais flexível para o tratamento de dados pessoais: BIONI, Bruno Ricardo. *Proteção de dados pessoais: a função e os limites do consentimento.* 2. ed. Rio de Janeiro: Forense, 2020. Pg. 234.

[20] LEONARDI, Marcel. Legítimo interesse. Revista do Advogado AASP. Nº 144. 2019. p. 69.

[21] Art. 6º, inc. X, da LGPD – responsabilização e prestação de contas: demonstração, pelo agente, da adoção de medidas eficazes e capazes de comprovar a observância e o cumprimento das normas de proteção de dados pessoais e, inclusive, da eficácia dessas medidas.

Referido processo de avaliação dos requisitos e salvaguardas é chamado de Avaliação de Legítimo Interesse (ou *Legitimate Interests Assessment – LIA*), em que pese nossa legislação não estabeleça expressamente a sua existência.

Em verdade, o artigo 10, §3º da LGPD prevê a possibilidade de a ANPD solicitar ao controlador de dados Relatório de Impacto à Proteção de Dados Pessoais (RIPD) para atividades de tratamento de dados pessoais amparadas no legítimo interesse, instrumento esse que possui definição própria[22] e aplicação que extrapola apenas atividades baseadas no legítimo interesse, mas notadamente aquelas que possam gerar riscos às liberdades civis e aos direitos fundamentais do titular. Desta forma, vamos nos ater, exclusivamente, aos passos necessários para validar a aplicabilidade do legítimo interesse, e não a elaboração de um RIPD.

O diagrama abaixo resume as etapas deste processo, que serão descritas adiante, obedecendo-se a ordem lógica dos acontecimentos:

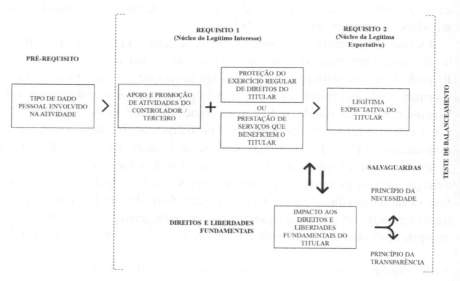

Fonte: Rony Vainzof e Henrique Fabretti Moraes.

---

[22] Conforme definido no artigo 5º, inciso XVII, da LGPD: "relatório de impacto à proteção de dados pessoais: documentação do controlador que contém a descrição dos processos de tratamento de dados pessoais que podem gerar riscos às liberdades civis e aos direitos fundamentais, bem como medidas, salvaguardas e mecanismos de mitigação de risco".

13. REFLEXOS DA LEI GERAL DE PROTEÇÃO DE DADOS NAS ATIVIDADES DE MARKETING...

2.1. Questões preliminares para aplicação do Legítimo Interesse

A construção do texto legal dos artigos 7º e 10 da LGPD traz alguns desafios hermenêuticos, onde, considerando o intuito do presente artigo, nos restringimos a enfrentar apenas as seguintes questões[23]:

- os requisitos para aplicação do Legítimo Interesse são exemplificativos ou taxativos?
- já os requisitos previstos nos incisos I e II do artigo 10[24], devem ser entendidos como alternativos ou cumulativos?

Sobre a primeira questão, a dúvida reside na construção do *caput* do artigo 10, pois indica que as finalidades legítimas devem ser consideradas a partir de situações concretas "que incluem, mas não se limitam a", deixando aberta a possibilidade da existência de outros requisitos de validade da legitimidade da finalidade.

Assim, considerando que a frase possui um elemento imperativo ("que incluem"), entendemos como sendo mandatório o preenchimento, no mínimo, dos requisitos listados nos incisos subsequentes, havendo uma 'porta' para que outros requisitos sejam estabelecidos, por exemplo, por meio de norma infralegal a ser publicada pela ANPD, que deverão ser somados aos já existentes.

Ainda, caso fosse interpretado que os incisos I e II são exemplificativos, teríamos a possibilidade de que nenhum dos dois sejam considerados, justamente por serem apenas exemplos, enfraquecendo os mecanismos de controle para o emprego do legítimo interesse.

Quanto ao segundo ponto, de os requisitos serem cumulativos ou alternativos, como o *caput* traz requisitos taxativos e o inciso I termina com a conjunção aditiva "e", entendemos dever ser considerado somado ao inciso II para a aplicação do instituto.

---

[23] Outro ponto de grande relevância, mas que fica ao largo das atividades de marketing e publicidade, é a discussão sobre a aplicabilidade dos requisitos previstos no artigo 10 para aplicação de legítimo interesse de terceiros, uma vez que sua redação não os menciona.

[24] Art. 10. O legítimo interesse do controlador somente poderá fundamentar tratamento de dados pessoais para finalidades legítimas, consideradas a partir de situações concretas, que incluem, mas não se limitam a: I – apoio e promoção de atividades do controlador; e II – proteção, em relação ao titular, do exercício regular de seus direitos ou prestação de serviços que o beneficiem, respeitadas as legítimas expectativas dele e os direitos e liberdades fundamentais, nos termos desta Lei.

ATIVIDADE PUBLICITÁRIA NO BRASIL

Porém, indo além, se estes requisitos não fossem considerados de forma cumulativa bastaria o controlador dos dados[25] ter como finalidade do tratamento o apoio e promoção de suas atividades que o interesse seria considerado legítimo, vencendo a primeira barreira para aplicação desta base legal, ainda que esta atividade de tratamento ocorresse sem a observância dos direitos e liberdades fundamentais do titular do dado ou de sua legítima expectativa, uma vez que estes requisitos constam apenas no inciso II. Nesta perspectiva, destaca-se trecho de estudo publicado pela Associação Data Privacy Brasil de Pesquisa[26]:

> "[...] objetivo central do artigo 10 é o de criar parâmetros que norteiem a aplicação do legítimo interesse como um todo e promovam o equilíbrio de interesses que é o fim da própria norma.
>
> Tomando este ponto como premissa, a interpretação de que as condicionantes são alternativas leva a um resultado criticável, o de que bastaria a promoção das atividades do controlador para que se configure legítima a hipótese legal. Com isso, a própria função do artigo 10, que é o balanceamento dos interesses do controlador ou de terceiros frente ao do titular, ficaria esvaziada."

Desta feita, considerando-se que os requisitos são taxativos, não exaustivos e cumulativos, temos que a finalidade da atividade de tratamento amparada no legítimo interesse deve estar atrelada ao apoio e promoção das atividades do controlador **e, simultaneamente,** proteger o exercício regular dos direitos do titular ou prestar serviços que o beneficiem, bem como estar alinhada à sua legítima expectativa.

---

[25] Art. 5º, da LGPD. Para os fins desta Lei, considera-se: I – controlador: pessoa natural ou jurídica, de direito público ou privado, a quem competem as decisões referentes ao tratamento de dados pessoais;
VII – operador: pessoa natural ou jurídica, de direito público ou privado, que realiza o tratamento de dados pessoais em nome do controlador; IX – agentes de tratamento: o controlador e o operador.
[26] BIONI, Bruno; KITAYAMA, Marina; RIELLI, Mariana. O Legítimo Interesse na LGPD: quadro geral e exemplos de aplicação. São Paulo: Associação Data Privacy Brasil de Pesquisa, 2021. Pg. 26

2.2. Pré-requisito – vedação no caso de dados sensíveis

Como mencionado anteriormente, a base legal do legítimo interesse não pode ser aplicada para atividades que envolvam o tratamento de dados pessoais sensíveis,[27] contemplando também dados biométricos em sua definição, onde aqui se destaca o reconhecimento facial, que tem figurado em iniciativas publicitárias e suscitado questionamentos por autoridades de proteção do consumidor[28].

Portanto, como pré-requisito para a verificar a viabilidade do legítimo interesse é necessário avaliar se a atividade de tratamento utiliza dados pessoais sensíveis. Em sendo o caso e não havendo a possibilidade de anonimizá-los[29] ou retirá-los do processo, considerando-se atividades de marketing e publicidade, dificilmente restará outra possibilidade que não o uso da base legal do consentimento.

---

[27] LGPD – Art. 5º Para os fins desta Lei, considera-se: II – dado pessoal sensível: dado pessoal sobre origem racial ou étnica, convicção religiosa, opinião política, filiação a sindicato ou a organização de caráter religioso, filosófico ou político, dado referente à saúde ou à vida sexual, dado genético ou biométrico, quando vinculado a uma pessoa natural.

[28] Como ocorreu nos casos da Hering e da Via Quatro, questionadas pela SENACON e IDEC-SP respectivamente, pelo suposto emprego de técnicas de reconhecimento facial para finalidades de marketing e publicidade.

[29] LGPD – Art. 5º Para os fins desta Lei, considera-se: III – dado anonimizado: dado relativo a titular que não possa ser identificado, considerando a utilização de meios técnicos razoáveis e disponíveis na ocasião de seu tratamento; XI – anonimização: utilização de meios técnicos razoáveis e disponíveis no momento do tratamento, por meio dos quais um dado perde a possibilidade de associação, direta ou indireta, a um indivíduo.

Art. 12. Os dados anonimizados não serão considerados dados pessoais para os fins desta Lei, salvo quando o processo de anonimização ao qual foram submetidos for revertido, utilizando exclusivamente meios próprios, ou quando, com esforços razoáveis, puder ser revertido.

§ 1º A determinação do que seja razoável deve levar em consideração fatores objetivos, tais como custo e tempo necessários para reverter o processo de anonimização, de acordo com as tecnologias disponíveis, e a utilização exclusiva de meios próprios.

§ 2º Poderão ser igualmente considerados como dados pessoais, para os fins desta Lei, aqueles utilizados para formação do perfil comportamental de determinada pessoa natural, se identificada.

§ 3º A autoridade nacional poderá dispor sobre padrões e técnicas utilizados em processos de anonimização e realizar verificações acerca de sua segurança, ouvido o Conselho Nacional de Proteção de Dados Pessoais.

2.3. Requisito I – interesses e finalidade legítima

O inciso IX do artigo 7º, bem como o *caput* e os incisos I e II do artigo 10 trazem a primeira etapa do LIA, onde deve ser verificado se o interesse buscado pelo controlador será alcançado por meio de uma atividade de tratamento de dados cuja finalidade é legítima. Caso não seja possível identificar a existência de interesses e finalidades legítimas, a aplicação desta base legal estará prejudicada (por isso colocado aqui como um requisito).

A legitimidade desta finalidade comporta dois níveis, o primeiro no sentido de que a finalidade do tratamento dos dados não esteja em contraponto a outras leis ou regulações aplicáveis, como o Código de Defesa do Consumidor, a Lei do Sigilo Bancário ou a legislação trabalhista, em linha com o princípio da finalidade[30].

O segundo nível passa pelos critérios elencados no artigo 10 da LGPD, ou seja, o interesse buscado deve ser o de apoiar e promover as atividades do controlador e, ao mesmo tempo, deve proteger o exercício regular de direitos do titular ou incorrer na prestação de serviços que o beneficiem.

Neste ponto, há diferença em relação a base legal do legítimo interesse previsto no Regulamento Geral sobre a Proteção de Dados da União Europeia ("RGPD"), uma vez que neste não há previsão de que a finalidade legítima esteja atrelada a um benefício ao próprio titular, trazendo a perspectiva do titular de dados para esta equação apenas na etapa do balanceamento, quando os interesses ou direitos e liberdades fundamentais deste são contrapostos[31].

Outra questão relevante em relação a este requisito é o termo 'prestação de serviços que o beneficiem', o que deixaria de fora atividades realizadas pelo controlador que beneficiem o titular, mas não poderiam ser definidas como prestação de serviços. Como exemplo, podemos imaginar um *e-commerce* que identifique um padrão de compra de um determinado produto e ofereça um desconto para que o usuário adquira este mesmo produto. Imaginando que o tratamento dos dados para identificar este padrão e posteriormente fazer uma oferta ao titular atendesse todos os demais requisitos do legítimo interesse, poderia ter o emprego desta base legal questionada, uma vez que a oferta

---

[30] O princípio da finalidade está previsto no artigo 5º, inciso I da LGPD: "realização do tratamento para propósitos legítimos, específicos, explícitos e informados ao titular, sem possibilidade de tratamento posterior de forma incompatível com essas finalidades".

[31] ARTICLE 29 DATA PROTECTION WORKING PARTY. *Opinion 06/2014 on the notion of legitimate interests of the data controller under Article 7 of Directive 95/46/EC.* p. 30.

13. REFLEXOS DA LEI GERAL DE PROTEÇÃO DE DADOS NAS ATIVIDADES DE MARKETING...

de um desconto para comprar um produto não está englobada pelo conceito de prestação de serviços.

Entendemos que a intenção do legislador foi a de vincular a existência do legítimo interesse com uma atividade que beneficiasse diretamente o titular, mas não necessariamente estivesse atrelado a prestação de um serviço, inclusive, em linha com o parecer de recomendação de aprovação da LGPD, indicando que a existência do legítimo interesse visa "não onerar demasiadamente o titular dos dados com a necessidade de manifestação de consentimento a todo instante"[32].

Assim, pecou a construção legislativa da LGPD neste ponto, pois o legítimo interesse deve ser passível de avaliação e aplicação não somente na prestação de serviços que beneficiem o titular, mas sim em qualquer atividade de tratamento que possa beneficiá-lo.

Portanto, não basta que o controlador ou terceiro tenham um interesse próprio a ser buscado, mas sim, que este interesse também ofereça uma vantagem ao titular de dados.

2.4. Requisito II – legítima expectativa do titular

Inspirado no Considerando 47 do RGPD[33], o trecho final do inciso II do artigo 10 impõe que as finalidades buscadas pelo controlador estejam em linha com as legitimas expectativas do titular de dados. Em outras palavras, esta etapa de validação do legítimo interesse de responder de forma positiva em algum grau à seguinte pergunta: o titular de dados espera ou deveria esperar que seus dados pessoais sejam tratados para se atingir a respectiva finalidade?

A resposta a esta pergunta não precisa ser binária, podendo comportar um grau de expectativa maior ou menor do titular e deve levar em consideração, especialmente, a posição que o controlador ocupa, a natureza do

---

[32] Parecer pela aprovação do Projeto de Lei 5276/2016, de autoria do Deputado Orlando Silva. Disponível em: < www.camara.leg.br/proposicoesWeb/prop_mostrarintegra?codteor=1663305 &filename=SBT+1+PL406012+%3D%3E+PL+4060/2012 >. Acesso em: 05.03.2021.

[33] Considerando (47) do RGPD: "47. The legitimate interests of a controller, including those of a controller to which the personal data may be disclosed, or of a third party, may provide a legal basis for processing, provided that the interests or the fundamental rights and freedoms of the data subject are not overriding, **taking into consideration the reasonable expectations of data subjects** based on their relationship with the controller. [...]"

relacionamento do titular de dados com o controlador e a existência de obrigações legais ou contratuais que circundam estes atores no momento da coleta dos dados[34], como nos casos de marketing direto. Porém, ela não pode ser nula – algum grau de expectativa deve estar obrigatoriamente presente, razão pela qual também consideramos como um requisito para aplicação desta base legal.

Ou seja, no caso de marketing direto, quando existe uma relação com o consumidor, é mais fácil comprovar a legítima expectativa do titular. Porém, quando este relacionando prévio inexiste, sua aplicação pode ser mais difícil, mas não necessariamente inviabiliza a aplicação do instituto, desde que o resultado do LIA seja favorável.

No caso de dados coletados originalmente para uma outra finalidade, deve-se entender qual o nível de compatibilidade entre o uso adicional e aquele que originou a coleta dos dados pessoais, exigindo-se uma "análise contextual para verificar se esse uso secundário seria esperado pelo titular de dados"[35].

Ainda, a transparência dada pelo controlador de dados ao titular, no momento da coleta dos dados, pode ser crucial para a criação de uma expectativa de que seus dados serão tratados para determinada finalidade. Assim, quanto maior a clareza e a facilidade com que estas informações foram disponibilizadas ao titular, maior a probabilidade deste requisito ser endereçado adequadamente.

2.5. Direitos e liberdades fundamentais do titular

Antes de passarmos à fase do balanceamento, é necessário que seja identificado quais são direitos e liberdades fundamentais do titular de dados que podem ser impactados ou sofrer interferências em razão da atividade de tratamento de dados pessoais em questão.

---

[34] ARTICLE 29 DATA PROTECTION WORKING PARTY. *Opinion 06/2014 on the notion of legitimate interests of the data controller under Article 7 of Directive 95/46/EC.* p. 40.

[35] BIONI, Bruno Ricardo. *Legítimo interesse: aspectos gerais a partir de uma visão obrigacional. In:* Coord. DONEDA, Danilo. et. al.: *Tratado de Proteção de Dados Pessoais.* Rio de Janeiro: Forense, 2021. P. 166.

13. REFLEXOS DA LEI GERAL DE PROTEÇÃO DE DADOS NAS ATIVIDADES DE MARKETING...

No sistema jurídico brasileiro, os direitos e garantias fundamentais dos indivíduos estão presentes no Título II da Constituição Federal e abrangem desde a igualdade de gênero até o direito de voto, sendo que, por óbvio, cada atividade de tratamento poderá ou não impactar, em diferentes graus, diferentes classes de direitos e garantias fundamentais. Porém, alguns deles podem ganhar mais relevância dentro do contexto de atividades de marketing e publicidade, tais como:

- O direito a autonomia[36], especialmente em seu desdobramento no direito à autodeterminação informativa[37];
- Liberdade de manifestação do pensamento e de expressão intelectual, artística, científica e de comunicação[38];
- Direito de propriedade e à segurança;
- Proteção à discriminação (de gênero, crença, raça, política etc.); e
- Liberdade de associação.

Caso a atividade de tratamento de dados em questão possa, de alguma forma, interferir ou prejudicar os direitos e garantias fundamentais do titular de dados, o controlador poderá lançar mão de medidas que mitiguem ou eliminem estes impactos, como o emprego do *opt-out* ou direito a oposição ao tratamento[39], antes de ver-se obrigado a abandonar o emprego desta base legal, ponto que também será abordado na etapa seguinte.

---

[36] Vale mencionar que a Constituição Federal de 1988 não contempla textualmente um direito a autonomia dos cidadãos, porém, está inserida no estatuto jurídico fundamental do próprio Estado de Direito Brasileiro, como bem pontuado por Heráclito Mota Barreto Neto em "O princípio constitucional da autonomia e sua implicação no direito penal". Disponível em <http://www.publicadireito.com.br/artigos/?cod=e58be547528b4bf8>. Acessado em 18.02.2021.

[37] A autodeterminação informativa, em breve explicação, pode ser entendida como "o direito de cada indivíduo poder controlar e determinar (ainda não de modo absoluto) o acesso e o uso de seus dados pessoais". Vide SARLET, Ingo Wolfgang. *Fundamentos Constitucionais: o direito fundamental à proteção de dados*. **In:** Coord. DONEDA, Danilo. et. al.: Tratado de Proteção de Dados Pessoais. Rio de Janeiro: Forense, 2021. p. 26

[38] Artigo 5º, incisos IV e IX, da CF/88.

[39] O direito ao *opt-out* ou oposição é a possibilidade de o titular de dados, a qualquer momento e forma facilitada, requerer que seus dados pessoais deixem de ser tratados em uma determinada atividade.

ATIVIDADE PUBLICITÁRIA NO BRASIL

2.6. Teste de balanceamento

O teste do balanceamento é a aplicação de um olhar holístico para todos os elementos desta avaliação, listados abaixo, colocando estes critérios em contraponto, sendo certo que o fiel da balança não pode pender negativamente para o lado dos diretos e liberdades fundamentais:

- O interesse e a finalidade legítima para o tratamento de dados pessoais;
- A legítima expectativa do titular; e
- Os impactos nos direitos e liberdades fundamentais do titular.

Este sopesamento deve levar em consideração a natureza dos dados pessoais tratados, a forma como o tratamento é realizado e a categoria dos titulares de dados impactados. Cada um destes elementos pode alterar o resultado da análise nos requisitos I e II e dos impactos nos direitos e liberdades fundamentais do titular. Por exemplo, o tratamento de dados de histórico escolar, realizado de forma automatizada para identificar propensão de crianças e adolescentes a desenvolver comportamentos de risco deve ser analisado sob um viés mais crítico do que o tratamento de dados de *e-mail* para envio de mensagens publicitárias de um novo modelo de carro para indivíduos que se cadastraram no *website* de uma determinada montadora.

Ainda, como brevemente mencionado acima, o controlador pode implementar medidas que minimizem eventuais ofensores ao Requisito II e aos direitos e liberdades fundamentais, ajustando 'o ponteiro da balança' para uma posição que seja favorável ao tratamento dos dados com base no legítimo interesse. O *Working Party 29*, em sua *Opinion* sobre o legítimo interesse[40], traz uma lista exemplificativa das medidas que podem ser aplicadas, tais como:

- Uso de técnicas de anonimização de dados;
- Uso de dados agregados;
- Aplicação de tecnologias de facilitação da privacidade (ou *Privacy Enhancing Technologies*);
- Aplicação do *Privacy by Design*;
- Elaboração de relatórios de impacto à privacidade e proteção de dados; e
- Melhorias nos mecanismos de transparência.

---

[40] ARTICLE 29 DATA PROTECTION WORKING PARTY. *Opinion 06/2014 on the notion of legitimate interests of the data controller under Article 7 of Directive 95/46/EC.* p. 42.

13. REFLEXOS DA LEI GERAL DE PROTEÇÃO DE DADOS NAS ATIVIDADES DE MARKETING...

Do ponto de vista prático e visando o atendimento do já mencionado princípio do *accountability* previsto na LGPD, recomenda-se que todas as etapas deste processo, em especial o racional utilizado para chegar à conclusão de que o legítimo interesse é passível de aplicação no caso concreto, estejam formalizados em documento interno do controlador, de forma que seja apto a demonstrar a observância e cumprimento das normas de proteção de dados perante terceiros.

Ressalta-se que, em que pese o processo do LIA divirja do processo de elaboração de um RIPD[41], é perfeitamente possível adequar este primeiro aos requisitos do segundo, possibilitando não só que o emprego do legítimo interesse se dê com a maior segurança jurídica possível, mas também assegurando que, caso requerido pela ANPD, seja possível apresentar o RIPD.

2.7. Salvaguardas – necessidade e transparência

A LGPD estabelece em seu artigo 6º onze princípios[42] que devem ser observados, conjuntamente, em qualquer atividade de tratamento de dados pessoais, entre eles os princípios da necessidade e da transparência, transcritos abaixo:

> "III – necessidade: limitação do tratamento ao mínimo necessário para a realização de suas finalidades, com abrangência dos dados pertinentes, proporcionais e não excessivos em relação às finalidades do tratamento de dados;
>
> VI – transparência: garantia, aos titulares, de informações claras, precisas e facilmente acessíveis sobre a realização do tratamento e os respectivos agentes de tratamento, observados os segredos comercial e industrial."

O artigo 10 da LGPD, que trata do legítimo interesse, faz menção expressa a estes dois princípios, denotando a especial importância que possuem para a aplicação desta base legal. O primeiro está relacionado ao tratamento apenas dos dados estritamente indispensáveis para o alcance do interesse legítimo

---

[41] Relatório de Impacto à Proteção de Dados.
[42] Os onze princípios estabelecidos neste artigo são: boa-fé, finalidade, adequação, necessidade, livre acesso, qualidade dos dados, transparência, segurança, prevenção, não discriminação e responsabilização e prestação de contas (comumente chamado de princípio do *accountability*).

e o segundo ao reforço do quesito de transparência, em linha com o requisito da legítima expectativa do titular.

No RGPD europeu, o princípio da necessidade é chamado de *data minimization*[43] (ou minimização de dados), exigindo dos controladores de dados que adequem a quantidade de dados coletados ao que for efetivamente necessário para se atingir a finalidade do tratamento, não significando, necessariamente, uma obrigação de se coletar dados pessoais de forma absolutamente mínima[44].

Deve-se avaliar constantemente a atividade de tratamento para identificar dados pessoais que não precisem ser tratados ou, ainda, substituídos por outros que revelem menos informações sobre o indivíduo ou tragam menos impacto as suas liberdades e direitos fundamentais, sem prejudicar atingir a finalidade pretendida.

Quanto a transparência, esta exige do controlador que sejam disponibilizadas informações concisas, inteligíveis e facilmente acessíveis ao titular de dados. Em outras palavras, a comunicação deve buscar ser eficiente e sucinta, evitando causar um excesso de informações que dificultem o entendimento por parte do titular de dados[45].

Ainda, a comunicação deve ser customizada considerando-se a capacidade de interpretação média dos titulares impactados e disponibilizada de forma que possam acessá-la facilmente e, preferencialmente, antes de que seus dados sejam coletados. Caso a localização destas informações exija um esforço não razoável pelo titular de dados, como nos casos em que ela se encontre após muitas 'camadas' de um *website*, ou esteja inserida com outras informações não relacionadas ao tema, é possível que esta salvaguarda não esteja sendo observada adequadamente.

Por fim, com a ressalva de que a avaliação do legítimo interesse deve ser sempre realizada com base em um caso concreto, vale mencionar a já comum prática de aplicação do legítimo interesse no envio de comunicações por e-mail ou SMS (marketing direto). É importante que esta comunicação seja realizada para indivíduos que tenham algum relacionamento

---

[43] Nos termos do artigo 5(1)(c), da GDPR, "dados pessoais devem ser adequados, relevantes e limitados ao que é necessário em relação às finalidades para o qual estão sendo tratados (minimização de dados).

[44] VOIGT, Paul; BUSSCHE; Axel von dem. *The EU General Data Protection Regulation (GDPR): A Practical Guide.* Suíça: Springer, 2017. p. 90.

[45] ARTICLE 29 DATA PROTECTION WORKING PARTY. *Guidelines on transparency under Regulation 2016/679.* p. 7.

com o controlador e seja coerente com o perfil deste indivíduo, por exemplo ofertando uma nova linha de produtos ou descontos para aquisição dos produtos normalmente adquiridos por este titular. Como mencionado acima, apesar de não haver a obrigatoriedade de se inserir uma opção de 'descadastro' ou *opt-out* nestas comunicações, essa prática é recomendada, uma vez que consiste em uma salvaguarda de fácil operacionalização e que rapidamente corrigiria um eventual incômodo ao titular dos dados.

3. Consentimento

No Brasil, o Marco Civil da Internet (MCI)[46] já previa como direito do usuário da Internet a necessidade do consentimento livre, informado e expresso sobre a coleta, uso, armazenamento e tratamento de seus dados pessoais[47], como única base legal.

Porém, como visto, com a sanção da LGPD, foram criadas outras bases legais para o tratamento de dados pessoais em grau de igualdade com o consentimento, que também sofreu alterações em relação aos seus requisitos de validade, o definindo como sendo a "manifestação livre, informada e inequívoca pela qual o titular concorda com o tratamento de seus dados pessoais para uma finalidade determinada"[48].

Assim como o legítimo interesse, o consentimento pode ser aplicado à uma variedade de finalidades, incluindo as de marketing e publicidade, podendo ser uma alternativa quando os requisitos ou o teste de balanceamento para o emprego do legítimo interesse não apresentam resultados satisfatórios ou, até mesmo, nas situações em que se deseja reduzir o risco jurídico ou evitar atritos com os titulares.

Feitas estas considerações, passamos a discorrer sobre os requisitos para que o consentimento seja utilizado para amparar uma atividade de tratamento de forma válida.

---

[46] Lei 12.965/14.
[47] Vide artigo 7º do MCI e seus incisos.
[48] Vide artigo 5º, inciso XII, da LGPD.

ATIVIDADE PUBLICITÁRIA NO BRASIL

3.1. Consentimento livre

Para ser considerado livre, o titular deve possuir a opção real de conceder ou não sua autorização para que seus dados sejam tratados, sem ser compelido a tomar esta decisão ou estar sujeito a consequências negativas desproporcionais, por não consentir com o uso de seus dados pessoais.

Neste sentido, o Considerando 42 do RGPD europeu, dispõe que o "consentimento não deve ser considerado como tendo sido concedido de forma livre se o titular de dados não possuía uma escolha genuína ou liberdade para realizar esta escolha ou, ainda, se for impedido de recusar ou revogar o consentimento", o que normalmente ocorre quando não há granularidade de opções para o titular do dado quando diante de inúmeras finalidades de tratamento dispostas pelo controlador.

Ou seja, idealmente devem ser apresentados pedidos de consentimento granulares para cada finalidade de tratamento distinta. Solicitar uma autorização em separado, evitando agrupar todas as opções a um único consentimento, no formato "tudo o nada"[49]. Vide exemplo abaixo, onde duas finalidades distintas são apresentadas de forma granular:

☐ Autorizo o uso de meu nome e-mail para recebimento de comunicações de marketing da Empresa ABC.

☐ Autorizo que meu nome e e-mail sejam listados no diretório público de clientes da Empresa ABC, para consultas realizadas por terceiros.

Fonte: Rony Vainzof e Henrique Fabretti Moraes.

Na Europa, na emblemática sanção da Autoridade Nacional de Proteção de Dados francesa (Commission Nationale de l'Informatique et des Libertés – CNIL), de €50 milhões contra o GOOGLE, com base no RGPD, o consentimento foi considerado nulo pelo fato de não ser suficientemente informado; operações de processamento para a personalização de anúncios eram diluídas em diversos documentos e não permitiam que o usuário

---

[49] LIMA, Caio César Carvalho. *Estudo prático sobre as bases legais na LGPD*. In: OPIBE BLUM, Renato. *Proteção de Dados: Desafios e soluções na adequação à lei*. Rio de Janeiro: Forense, 2020. p. 28.

13. REFLEXOS DA LEI GERAL DE PROTEÇÃO DE DADOS NAS ATIVIDADES DE MARKETING...

estivesse ciente de sua extensão; não era possível ter ciência da pluralidade de serviços, sites e aplicativos envolvidos nas operações de tratamento (pesquisa do Google, YouTube, Google home, mapas do Google, Playstore, imagens do Google...) e, portanto, da quantidade de dados processados e combinados; a exibição da personalização dos anúncios também era pré-marcada. Portanto, o usuário dava seu consentimento integralmente, para todos os fins de operações de processamento realizados pelo Google com base em um único consentimento (personalização de anúncios, reconhecimento de fala etc.) [50].

Ainda sobre este requisito, uma questão de grande relevância para as atividades de marketing e publicidade é entender o limite de imposição de condicionantes atreladas a concessão do consentimento para o tratamento de dados pessoais, ressaltando-se o disposto no artigo 9º, §1º, da LGPD, que indica a nulidade do consentimento, caso este tenha sido obtido por meio de informações de conteúdo enganoso ou abusivo. No RGPD europeu este quesito pode ser extraído do artigo 7(4), que também traz um parâmetro interessante sobre o limite de se impor condicionantes atrelados ao consentimento:

> "Ao avaliar se o consentimento é dado livremente, há que verificar com a máxima atenção se, designadamente, a execução de um contrato, inclusive a prestação de um serviço, está subordinada ao consentimento para o tratamento de dados pessoais que não é necessário para a execução desse contrato."

Em outras palavras, só é possível condicionar a autorização do titular para o tratamento de dados pessoais a uma prestação de serviços ou venda de um produto, desde que o tratamento destes dados seja indispensável para que este produto ou serviço sejam entregues, caso contrário, o consentimento poderá ser considerado inválido.

---

[50] VAINZOF, Rony. *Proteção de dados*: o que a sanção de €50 milhões contra o Google nos ensina? 26.01.2019. Disponível em: [https://cio.com.br/protecao-de-dados-o-que-a-sancao-de-e50-mi-contra-o-google-nos-ensina/]. Acesso em: 02.02.2019.

ATIVIDADE PUBLICITÁRIA NO BRASIL

3.2. Consentimento informado

O titular deve saber exatamente para qual finalidade ele está autorizando o tratamento de seus dados pessoais, o que deve ser feito de forma clara e inequívoca, antes de que a autorização seja concedida. Além da finalidade para o tratamento, o titular deve ter acesso facilitado às demais informações sobre aquela atividade de tratamento específico, também antes de a autorização ser solicitada.

Para consentimento requerido em meios digitais, uma solução viável para preencher este requisito é novamente contar com informações granulares, ou seja, ao titular é disponibilizado ao menos dois níveis de informação, uma simples e direta, indicando a finalidade para o qual os dados serão utilizados e outra, a ser 'ativada' mediante uma ação do titular, abrangendo todos os aspectos relevantes da atividade de tratamento.

Assim, idealmente, independente da forma ou do meio pelo qual o consentimento será coletado, o controlador deve disponibilizar ao titular de dados, antes da coleta da autorização, as seguintes informações, previstas no artigo 9º e artigo 18, inciso VIII, da LGPD:

- finalidade específica do tratamento;
- forma e duração do tratamento, observados os segredos comercial e industrial;
- identificação do controlador;
- informações de contato do controlador;
- informações acerca do uso compartilhado de dados pelo controlador e a finalidade;
- responsabilidades dos agentes que realizarão o tratamento;
- direitos do titular, com menção explícita aos direitos contidos no art. 18 desta Lei; e
- informação sobre a possibilidade de não fornecer consentimento e sobre as consequências da negativa

A norma ISO 29184:2020, aplicável a consentimento fornecido por meios eletrônicos, recomenda que manter em uma mesma 'tela' a informação disponibilizada ao titular e o mecanismo para obtenção do consentimento, evitando confundir o indivíduo[51].

---

[51] INTERNATIONAL ORGANIZATION FOR STANDARDIZATION (ISO). *ISO/IEC 29184 Information technology – Online privacy notices and consent.* ISO/IEC: Suíça, 2020. p. 12

Por fim, o artigo 9º, §3º, da LGPD estabelece que o titular de dados deverá ser informado de forma destacada quanto o tratamento de dados for condicional para o fornecimento de produto ou serviço ou para o exercício de direito, portanto, no caso de se empregar o consentimento condicionado, além dos cuidados mencionados no item 3.1., é necessário indicar esta situação antes de se coletar a autorização do titular.

3.3. Consentimento inequívoco

O último requisito a ser observado para que o consentimento seja considerado válido exige que não se tenha dúvidas de que o titular de fato manifestou sua intenção em permitir que seus dados pessoais fossem tratados para uma finalidade determinada, ou seja, "o tratamento de dados pessoais deverá ser precedido por um ato positivo e claro do titular de dados"[52].

O Considerando 32 da RGPD europeu indica que caixas de opção pré-selecionadas ou ausência de ação por parte do titular não devem ser consideradas como consentimento, o que vai de encontro com o princípio da 'privacidade por padrão' (ou *privacy by default*) contido no *framework* do *Privacy by Design*, significando que sempre que houver a possibilidade de se restringir o tratamento de dados, esta deve ser a escolha padrão, sem que seja necessário esforço do usuário para tanto[53].

Sob a perspectiva do controlador de dados deve haver a preocupação de conseguir produzir evidências de que o titular concedeu sua autorização, sem margem para dúvidas quanto a sua intenção.

Usualmente o consentimento pode ser aplicado nas situações em que se pretende atingir um titular que jamais teve qualquer relacionamento com o controlador, uma vez que normalmente não se consegue preencher o requisito da legítima expectativa do titular. Como exemplo, podemos mencionar o recebimento de *leads* por meio de parceiros, onde este solicita o consentimento de seu cliente antes de compartilhar seus dados.

Também vale identificar as situações em que a obtenção do consentimento seria simples e natural ao processo de coleta de dados do titular, como quando

---

[52] MAIA, Fernanda (Coord.). *LGPD: aplicação prática das bases legais.* p. 7. Disponível em: < www.lgpdacademicooficial.com.br/materiais >. Acesso em 05.03.2021.

[53] LIMA, Caio César Carvalho. *Data Protection by Design e Data Protection by Default: Visão teórica e prática à luz da LGPD e do GDPR.* In: OPICE BLUM, Renato. et. al. *Data Protection Officer (Encarregado): teoria e prática de acordo com a LGPD e o GDPR.* Thomson Reuters Brasil: São Paulo, 2020. p. 60.

o titular participa de um evento presencial ou *on-line* e, durante seu processo de cadastramento, é solicitada sua autorização para que estes dados sejam utilizados para fins publicitários, eventualmente com um pedido apartado de consentimento para o compartilhamento com empresas parceiras.

Conclusões

Como visto, o tratamento de dados pessoais para o setor publicitário é indispensável. Inclusive a publicidade customizada, quando feita de forma ética, possivelmente gerará uma melhor experiência para o usuário e maior possibilidade de êxito nos objetivos de cada empresa do ecossistema.

A LGPD se apresenta para o setor justamente como um mapa a ser seguido para que dados pessoais sejam tratados de forma ética, segura e responsável, tornando crível que as organizações adquiram a confiança dos indivíduos, que são os titulares dos seus respectivos dados.

Desta forma, além dos princípios previstos na LGPD, como o da finalidade, transparência e necessidade, o setor deverá estar atento e avaliar a aplicação de duas bases legais, em especial, o consentimento e o legítimo interesse.

Quando o tratamento dos dados é baseado no legítimo interesse, não é necessário a obtenção do consentimento, justamente sendo um dos fatores de sua aplicação, entre outros requisitos (como finalidades legítimas, respeitadas as legítimas expectativas do usuário), a complexidade ou inviabilidade de se obter o consentimento na situação concreta.

Mesmo porque, obter o consentimento pode ser mais tangível para grandes e renomadas organizações já consolidadas, em que o *opt-in* é colocado como requisito para o uso de determinadas funcionalidades ou benefícios. Referida premissa não ocorre com novos competidores ou ao considerarmos a ampla cadeia de valor das empresas na área publicitária, em que o teste e posterior aplicação do legítimo interesse será crucial, inclusive, visando maior competitividade.

Portanto, se dados pessoais são a moeda da economia digital, e cada vez mais os indivíduos somente permitirão que seus dados sejam tratados por setores e organizações que lhe tragam confiança, estar em conformidade com a LGPD deve superar qualquer receio de responsabilização civil ou sanção administrativa. É uma questão de respeito à direitos e garantias individuais e de competitividade.

REFERÊNCIAS

ARTICLE 29 DATA PROTECTION WORKING PARTY. *Opinion 06/2014 on the notion of legitimate interests of the data controller under Article 7 of Directive 95/46/EC.*

BIONI, Bruno Ricardo. Proteção de dados pessoais: a função e os limites do consentimento. 2. ed. Rio de Janeiro: Forense, 2020.

BIONI, Bruno; KITAYAMA, Marina; RIELLI, Mariana. O Legítimo Interesse na LGPD: quadro geral e exemplos de aplicação. São Paulo: Associação Data Privacy Brasil de Pesquisa, 2021.

DONEDA, Danilo. et. al.: *Tratado de Proteção de Dados Pessoais.* Rio de Janeiro: Forense, 2021.

DUARTE, Rita Pita Guerreiro Marcelino. Case Study: Facebook In Face of Crisis. Disponível em <https://repositorio.ucp.pt/bitstream/10400.14/29693/1/152118129_RaquelDuarte_DPFA.pdf> Acessado em 18.02.2021.

LEONARDI, Marcel. Legítimo interesse. Revista do Advogado AASP. Nº 144. 2019.

MAIA, Fernanda (Coord.). *LGPD: aplicação prática das bases legais.* p. 7. Disponível em: < www.lgpdacademicooficial.com.br/materiais >. Acesso em 05.03.2021.

MARTÍNEZ, Immaculada J. AGUADO, Juan-Miguel. BOEYKENS, Yannick. *Ethical implications of digital advertising automation: the case of programmatic advertising in Spain.* El Profesional de la información, Espanha, v.26, n.2, p.204, março-abril/2017. Disponível em: < http://profesionaldelainformacion.com/contenidos/2017/mar/06.pdf>. Acessado em 25.02.2021

OPICE BLUM, Renato. *Proteção de Dados: Desafios e soluções na adequação à lei.* Rio de Janeiro: Forense, 2020.

OPICE BLUM, Renato; VAINZOF, Rony. FABRETTI, Henrique. *Data Protection Officer (Encarregado): teoria e prática de acordo com a LGPD e o GDPR.* Thomson Reuters Brasil: São Paulo, 2020.

VAINZOF, Rony. *Proteção de dados:* o que a sanção de €50 milhões contra o Google nos ensina? 26.01.2019. Disponível em: [https://cio.com.br/protecao-de-dados-o-que-a-sancao-de-e50-mi-contra-o-google-nos-ensina/]. Acesso em: 02.02.2019.

VOIGT, Paul; BUSSCHE; Axel von dem. *The EU General Data Protection Regulation (GDPR): A Practical Guide.* Suíça: Springer, 2017.

14.
A PUBLICIDADE DIRECIONADA AO PERFIL DO CONSUMIDOR

Carla Cavalheiro Arantes

Introdução

O consumo em massa modificou profundamente os modos de vida, o comportamento e as aspirações de grande parte da população mundial em um período muito curto de tempo, tratando-se de verdadeira revolução que trouxe uma importante quebra de paradigma às economias capitalistas.

Porém, antes mesmo que as diversas áreas do conhecimento e o próprio direito pudessem compreender integralmente os impactos desse novo estilo de vida, o desenvolvimento tecnológico propiciou a criação da Internet e revolucionou o setor de telecomunicações, colocando o mundo na Era da Informação.

A Era da Informação representa um novo estágio do desenvolvimento da sociedade, no qual a informação adquire o *status* de mercadoria, sendo o seu principal ativo e o fator determinante para o desenvolvimento econômico e social. Diante dessa transformação, o consumo em massa e a própria publicidade se interligaram com a Internet e o mundo digital.

Embora não seja exclusividade da Era da Informação o uso de dados dos consumidores pelos fornecedores para melhorarem seus produtos e serviços, a experiência de seus clientes e sua publicidade, foi somente com a Internet e diversas outras tecnologias desenvolvidas nesse período que a coleta, armazenamento, tratamento e utilização dos dados pessoais ganharam a proporção atualmente conhecida.

Com a Internet, o volume de dados disponíveis para consulta aumentou substancialmente e sua forma de coleta, armazenamento e utilização foi bastante facilitada e barateada. Além disso, o crescente uso da Internet, de *smartphones*, de redes sociais e de aplicativos permite conhecer detalhada e profundamente os consumidores, possibilitando a criação, o acesso e o uso de bancos de dados para as mais diversas finalidades, inclusive para publicidade direcionada ao seu perfil de consumo.

Neste capítulo, serão expostos o conceito e o funcionamento da publicidade direcionada ao perfil do consumidor na Internet, suas principais implicações jurídicas e os parâmetros que podem ser observados pelos fornecedores para mitigar o risco de questionamento dessa prática.

1. A publicidade direcionada ao perfil do consumidor, seu funcionamento e principais implicações jurídicas[1]

Ao destacar a importância das práticas comerciais na sociedade de consumo, o Ministro do Superior Tribunal de Justiça Antônio Herman de Vasconcellos e Benjamin menciona que na sociedade de massa o contexto é difuso e coletivo, desaparecendo ou perdendo importância a sociedade pessoal, "em que o consumidor e o fornecedor são velhos conhecidos"[2].

Para ilustrar essa característica, cita a obra de Plínio Cabral, publicada em 1986, a qual destaca que a "produção em grande escala pressupõe o consumo em escala idêntica, e isso transforma o consumidor num ser anônimo, inidentificável"[3]. Ainda segundo Plínio Cabral, em razão desse anonimato, o fornecedor que transmite a mensagem publicitária não conhece o consumidor que a recebe, não sabendo, por exemplo, "se ele está triste ou alegre; se está amando ou odiando; satisfeito ou insatisfeito"[4].

Embora a afirmação de Plínio Cabral reflita a realidade observada durante décadas da sociedade de consumo em massa, as afirmações de que (i) o consumidor é um ser anônimo e não identificável; e (ii) o fornecedor, ao realizar uma publicidade, não conhece o consumidor receptor da mensagem; não são mais verdadeiras no contexto da Era da Informação.

---

[1] O presente artigo foi objeto de publicação anterior e as atualizações devidas foram realizadas para a obra em tela.

[2] GRINOVER, Ada Pellegrini [et al.]. *Código brasileiro de defesa do consumidor: comentado pelos autores do anteprojeto*. 11.ed. Rio de Janeiro: Forense, 2017, p. 262.

[3] CABRAL, Plínio. *Propaganda, técnica da comunicação industrial e comercial*. São Paulo: Atlas, 1986, p. 19.

[4] CABRAL, Plínio. ob. cit.

14. A PUBLICIDADE DIRECIONADA AO PERFIL DO CONSUMIDOR

De fato, há pouco tempo, os consumidores eram inidentificáveis pelos fornecedores. Nessa época não tão distante, o mercado consumidor massificado tinha a televisão e o rádio como seus principais veículos de comunicação, o que não permitia grande interatividade nem troca de informações com o público. As compras dos consumidores eram feitas, em sua maioria, em dinheiro, o que permitia o anonimato. Seus gostos, preferências e necessidades eram conhecidos e compartilhados apenas e quando muito com sua família e amigos próximos.

Hoje, a Internet, o comércio eletrônico e as redes sociais competem com os meios tradicionais de mídia e com o mundo *offline*, e colocam à disposição do usuário da rede um mundo mais rápido, fácil, interativo, com mais informações e menos privacidade. As compras com cartões de crédito substituíram em grande parte as compras em dinheiro e, com isso, permitiram identificar o consumidor e mapear seus hábitos de consumo. O comércio eletrônico, assim como praticamente toda a navegação do consumidor pela Internet, gera uma base de dados riquíssima a respeito de suas preferências, base esta que é coletada, analisada, tratada e armazenada pelas mais diversas empresas e segmentos.

Devido à Internet e ao desenvolvimento de diversas outras ferramentas tecnológicas características da Era da Informação, foi facilitado e aprimorado o processo de coletar, armazenar e cruzar dados. Atualmente, por meio dos dados gerados pelas diversas interações do indivíduo com a rede, os fornecedores conseguem obter informações sobre escolhas, experiências e características do consumidor.

Com isso, o consumidor, que antes se confundia com o mercado massificado de consumo e recebia publicidade igualmente massificada e padrão, agora, passa a ser cada vez mais individualizado e alvo de publicidade direcionada ao seu perfil específico de consumo. A publicidade direcionada, portanto, pressupõe que dados armazenados sobre um dado indivíduo sejam consultados e utilizados e tem por finalidade básica apresentar anúncios publicitários de produtos e serviços pelos quais tal consumidor já demonstrou interesse ou que têm ligação com seu perfil de consumo, o que torna a publicidade muito mais assertiva e eficaz.

Embora a publicidade direcionada também possa ser disponibilizada em canais *offline*, normalmente ela é mais utilizada e efetiva na Internet, já que poderá ser disponibilizada ao consumidor no exato momento em que demonstrar interesse por algum bem de consumo, aumentando as chances de venda.

Na Internet, a publicidade direcionada pode ocorrer basicamente de duas formas. A primeira, utilizando tecnologia mais modesta, traz impactos menos complexos à esfera jurídica do indivíduo e ocorre quando o consumidor faz seu *login* em site ou aplicativo de determinado fornecedor.

Por meio desse formato, ao identificar o consumidor em sua plataforma, o fornecedor pode recuperar o histórico de compra do usuário ou verificar os produtos/serviços que se encaixariam ao perfil de consumo daquele indivíduo e, com base nesta informação, gerar publicidade na sua plataforma sobre os produtos e/ou serviços que podem ser de interesse do consumidor.

Nesses casos, a publicidade direcionada ao perfil de consumo do usuário normalmente somente será disponibilizada se o consumidor optar por se identificar no site ou aplicativo do fornecedor realizando seu *login*. Nessa situação, o histórico de compras do indivíduo com aquele fornecedor específico será a base de dados para se realizar o direcionamento publicitário.

Exemplo bastante típico desse formato são os sites de compra *online*, que registram os itens pesquisados e os produtos adquiridos pelo consumidor. Com isso, quando o consumidor faz o *login* no site, suas preferências são reconhecidas, o que permite direcionar publicidades sobre os bens de consumo que o consumidor já havia adquirido ou demonstrado interesse.

O ponto mais sensível dessa forma de coletar dados para o direcionamento publicitário está no fato de o consumidor, em muitos casos, não ser adequadamente informado sobre (i) os dados e as informações que serão coletadas e armazenadas pelo fornecedor (histórico de compras, produtos pesquisados); e (ii) a forma como esses dados serão utilizados pelos fornecedores.

A segunda forma de realizar a publicidade direcionada na Internet utiliza tecnologia mais complexa e monitora a navegação do usuário pela rede, trazendo impactos mais relevantes à esfera jurídica do consumidor, em especial à sua privacidade e ao seu direito de informação. Isso porque, por meio de técnica conhecida como *remarketing* ou *retargeting*, uma ferramenta tecnológica é instalada no computador do usuário para marcar e identificar os consumidores que visitaram o site de determinado fornecedor ou buscaram na rede produtos ou serviços específicos[5].

Assim, o fornecedor que contrata o serviço de *remarketing* pode ter seus anúncios divulgados em outros sites ou redes sociais visitados pelo consumidor

---

[5] Reportagem divulgada no site Academia do Marketing. Disponível em: <https://www.academia domarketing.com.br/o-que-e-remarketing/>. Acesso em: 28 jan. 2021.

14. A PUBLICIDADE DIRECIONADA AO PERFIL DO CONSUMIDOR

que já demonstrou interesse em seus produtos, serviços ou assunto relacionado à atividade comercial exercida pelo fornecedor.

Com o monitoramento da navegação, é possível conhecer, por exemplo, os sites visitados pelo consumidor; as pesquisas realizadas por ele a respeito de uma marca, produto ou serviço; se alguma compra por *e-commerce* foi realizada; o formato de publicidade digital que mais atrai aquele consumidor; o que esse consumidor e sua rede de contato comentam, curtem ou compartilham a respeito de uma empresa, produto ou serviço; e em que local esse consumidor realiza a maior parte de suas compras.

A ferramenta tecnológica normalmente utilizada para monitorar a navegação do usuário são os *cookies*, pequenos pacotes de dados enviados por sites para serem armazenados no computador ou dispositivo móvel do consumidor. De acordo com documento produzido pela *Federal Trade Comission*[6], alguns *cookies* são estritamente necessários para determinados sites funcionarem ou certas operações *online* serem concluídas (comprar *online* e ajustar o site ao idioma do usuário). Outros *cookies*, porém, têm como principal objetivo coletar e armazenar informações a respeito dos "movimentos *online*" do consumidor, sendo justamente estes os *cookies* que permitem o direcionamento publicitário pela técnica de *remarketing*:

Figura 1[7]

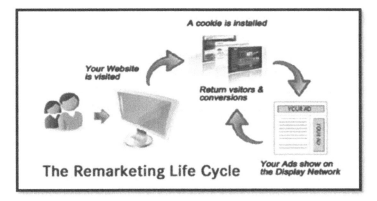

---

[6] Órgão Federal dos EUA competente para analisar questões concorrenciais e de proteção ao consumidor.

[7] Disponível em: <http://www.higher-education-marketing.com/blog/remarketing-higher-education-campaigns>. Acesso em: 29 jan. 2021.

ATIVIDADE PUBLICITÁRIA NO BRASIL

Essa forma de coletar dados para realizar publicidade direcionada frequentemente é feita sem transparência e informação ao consumidor quanto à instalação dos *cookies* ou de outras ferramentas que monitoram a navegação do usuário, sendo esse um dos principais problemas da publicidade dirigida realizada pela técnica de *remarketing*.

Embora a publicidade direcionada nas formas descritas e exemplificadas acima já fomente a discussão sobre a privacidade do consumidor e seu direito à informação, a tendência é que em breve o direcionamento publicitário seja aprimorado ainda mais, trazendo novas possibilidades e desafios aos consumidores e aos fornecedores.

Isso se deve à "Internet das Coisas", também conhecida como *Internet of Things* (IoT). A Internet das Coisas pode ser definida como um conjunto de objetos com tecnologia incorporada e conectados à Internet. A relevância dos objetos inteligentes para o tema deste capítulo está justamente na sua capacidade de detectar determinadas situações, coletar dados e trocar essas informações com outros objetos, sistemas remotos e com o próprio usuário.

Esse novo horizonte de dados a ser coletado pelos objetos inteligentes, quando analisado em conjunto com os já disponíveis, oferece um conhecimento ainda mais aprofundado do consumidor, da sua rotina, dos seus hábitos de consumo e preferências, abrindo, assim, um novo espaço para a publicidade direcionada.

Nesse ponto, imagine, por exemplo, uma geladeira inteligente, que consegue identificar os produtos dentro dela e automaticamente avisar ao consumidor quando um determinado produto estiver na iminência de acabar. Além de disponibilizar o aviso na sua tela *touchscreen*, mandará um aviso ao *smartphone* do consumidor, garantindo que ele receba esta mesma informação mesmo quando não estiver em casa.

Feito isso, a geladeira, o *smartphone*, a televisão, o carro e todos os outros utensílios que tiverem essa tecnologia, por estarem todos conectados, poderão exibir anúncios ao consumidor relacionados ao produto que a geladeira detectou como na iminência de acabar. Ou melhor, tais dispositivos podem pesquisar na rede e mostrar ao consumidor o supermercado que tem o melhor preço daquele produto. O consumidor, por sua vez, com um clique em quaisquer dos dispositivos conectados à Internet, pode realizar a compra *online* e receber o produto em sua casa. Tudo isso sem abrir a geladeira nem sair de casa ou do trabalho.

A despeito do aparente futurismo da narrativa, grande parte da tecnologia mencionada acima já está disponível, inclusive na mencionada

14. A PUBLICIDADE DIRECIONADA AO PERFIL DO CONSUMIDOR

geladeira[8], o que apenas reforça a tendência de a publicidade, por meio da Internet das Coisas, tornar-se ainda mais segmentada, customizada e direcionada ao perfil e às necessidades de consumo de determinado indivíduo.

Fica, portanto, evidente que a ideia de anonimato e de impossível identificação do consumidor no mercado massificado ficou no passado. No atual estágio da tecnologia, os fornecedores não só sabem quem é seu consumidor, como também conhecem seus hábitos de consumo e preferências, direcionando suas publicidades ao perfil de consumo do seu potencial consumidor e aumentando as chances de concretizar a venda do produto ou serviço anunciado.

Embora o tema seja bastante atual, a 4ª Turma do Superior Tribunal de Justiça, em julgamento de recurso especial ocorrido em 1995, foi capaz de sintetizar, de forma bastante esclarecedora, a problemática envolvendo a formação e o uso de bancos de dados:

> A inserção de dados pessoais do cidadão em bancos de informações tem se constituído em uma das preocupações do Estado moderno, onde o uso da informática e a possibilidade de controle unificado das diversas atividades da pessoa, nas múltiplas situações de vida, permitem o conhecimento de sua conduta pública e privada, até nos mínimos detalhes, podendo chegar à devassa de atos pessoais, invadindo área que deveria ficar restrita à sua intimidade; ao mesmo tempo, o cidadão objeto dessa indiscriminada colheita de informações, muitas vezes, sequer sabe da existência de tal atividade, ou não dispõe de eficazes meios para conhecer o seu resultado, retificá-lo ou cancelá-lo. E assim como o conjunto dessas informações pode ser usado para fins lícitos, públicos e privados, na prevenção e repressão de delitos, ou habilitando o particular para celebrar contratos com pleno conhecimento de causa, também pode servir, ao Estado ou ao particular, para alcançar fins contrários à moral ou ao Direito, como instrumento de perseguição política ou opressão econômica.[9]

A publicidade direcionada na Internet, justamente por estar inserida no contexto de utilização de dados coletados dos consumidores e de uso de mecanismos tecnológicos que, em muitos casos, não são adequadamente

---

[8] Disponível em: <https://www.showmetech.com.br/geladeira-lg-smart-instaview-alexa> Acesso em: 29 jan. 2021.

[9] Recurso Especial n.22.337-8-RS, 4ª Turma do Superior Tribunal de Justiça, Rel. Min. Ruy Rosado de Aguiar, j.13-12-1995.

ATIVIDADE PUBLICITÁRIA NO BRASIL

informados, traz consigo as mesmas preocupações indicadas no julgado do Superior Tribunal de Justiça de 1995: a privacidade do consumidor e as informações a ele disponibilizadas, sendo essas, atualmente, suas principais implicações jurídicas.

Essa nova forma de fazer publicidade utilizando dados coletados de consumidores representa uma quebra de paradigma para o marketing. Já para o direito, todas essas inovações representam um enorme desafio, na medida em que fica a cargo do legislador e dos operadores do direito discutirem alternativas e soluções que visem proteger o consumidor e sua privacidade e, ao mesmo tempo, compatibilizar essa necessidade com o desenvolvimento econômico e tecnológico, nos termos da Política Nacional das Relações de Consumo prevista no artigo 4º, III[10], do Código de Defesa do Consumidor.

2. Licitude da publicidade direcionada ao perfil do consumidor e os parâmetros que podem ser observados para mitigar o risco de questionamento

Para o Ministro Antônio Herman de Vasconcellos e Benjamin, inexiste sociedade de consumo sem publicidade, havendo "como que uma indissolubilidade do binômio 'sociedade de consumo-publicidade'"[11]. No Brasil, uma das maiores evidências da importância da publicidade para a sociedade de consumo e da sua própria licitude está no fato de a atividade estar prevista e assegurada pela Constituição Federal, decorrendo não só do princípio da livre iniciativa, como também do primado da liberdade de expressão.

Com relação à livre iniciativa, vale destacar que se trata de um princípio da ordem econômica, nos termos do artigo 170[12] da Constituição Federal,

---

[10] "Artigo 4º A Política Nacional das Relações de Consumo tem por objetivo o atendimento das necessidades dos consumidores, o respeito à sua dignidade, saúde e segurança, a proteção de seus interesses econômicos, a melhoria da sua qualidade de vida, bem como a transparência e harmonia das relações de consumo, atendidos os seguintes princípios: [...] III – harmonização dos interesses dos participantes das relações de consumo e compatibilização da proteção do consumidor com a necessidade de desenvolvimento econômico e tecnológico, de modo a viabilizar os princípios nos quais se funda a ordem econômica (artigo 170, da Constituição Federal), sempre com base na boa-fé e equilíbrio nas relações entre consumidores e fornecedores;"

[11] GRINOVER, Ada Pellegrini [et al.]. ob. cit., p.317.

[12] "Artigo 170 – A ordem econômica, fundada na valorização do trabalho humano e na livre iniciativa, tem por fim assegurar a todos existência digna, conforme os ditames da justiça social, observados os seguintes princípios:"

14. A PUBLICIDADE DIRECIONADA AO PERFIL DO CONSUMIDOR

como também um fundamento da República Federativa do Brasil, conforme o artigo 1º, IV[13], do mesmo diploma. De acordo com este princípio constitucional, não é dado a qualquer autoridade opor aos particulares dificuldades e obstáculos ao pleno desenvolvimento de suas atividades, tampouco criar deveres, requisitos ou exigências ao exercício destas, exceto em virtude de lei. Assim, em que pese o direito constitucional de livre iniciativa não ser absoluto, é preciso que exista lei para proibir ou limitar uma determinada prática adotada pelo mercado.

Além disso, a publicidade está protegida pelo princípio da liberdade de expressão previsto no artigo 5º, inciso IX[14], da Constituição Federal e não admite censura, apesar de poder ser restringida e disciplinada por lei[15].

Portanto, conclui-se que a publicidade como atividade comercial é uma prática em regra lícita, protegida tanto pela livre iniciativa como pela liberdade de expressão consagradas na Constituição Federal. No que se refere ao direcionamento publicitário na Internet, tema central deste capítulo, tal prática nada mais é do que uma publicidade voltada ao perfil de consumo de dado indivíduo, e, embora possa trazer implicações à privacidade do consumidor e ao seu direito à informação, a prática de direcionamento publicitário, por si só, não pode ser condenada pelo direito, sob pena de violar os princípios da livre iniciativa e da liberdade de expressão.

Conforme reconhecido pelo Tribunal de Justiça do Estado de São Paulo, é impertinente "interpretar como publicidade abusiva a interatividade promovida pela internet, tratando-se de um verdadeiro retrocesso, tanto porque inexiste vedação legal à publicidade nos meios eletrônicos"[16].

---

[13] "Artigo 1º – A República Federativa do Brasil, formada pela união indissolúvel dos Estados e Municípios e do Distrito Federal, constitui-se em Estado Democrático de Direito e tem como fundamentos: [...] IV – os valores sociais do trabalho e da livre iniciativa;"

[14] "IX – é livre a expressão da atividade intelectual, artística, científica e de comunicação, independentemente de censura ou licença;"

[15] No âmbito da defesa do consumidor, por exemplo, a atividade publicitária é disciplinada em diversos artigos do CDC. Nesse ponto, o artigo 6º, IV, do CDC prevê como direito básico do consumidor a proteção contra a publicidade enganosa e abusiva. Já o Capítulo V (Das práticas comerciais) do CDC disciplina em toda a sua Seção III a publicidade, de forma a prever em seus artigos 36 a 38 o princípio da identificação publicitária, a proibição da publicidade enganosa e abusiva e o ônus do anunciante em provar a veracidade e a correção das informações divulgadas em sua publicidade.

[16] Apelação/Reexame Necessário n.1010889-46.2014.8.26.0053, 3ª Câmara Extraordinária de Direito Público do Tribunal de Justiça do Estado de São Paulo. Rel. Min. Moreira de Carvalho, j.25-04-2016.

ATIVIDADE PUBLICITÁRIA NO BRASIL

Dessa forma, por força do princípio da legalidade previsto no artigo 5º, II, da Constituição Federal, segundo o qual "ninguém será obrigado a fazer ou deixar de fazer alguma coisa senão em virtude de lei", a conclusão lógica a que se chega é a de que o direcionamento publicitário na Internet é permitido, já que não há lei proibindo expressamente essa prática.

O fato de a publicidade direcionada na Internet ser lícita como regra não impede que essa prática, em determinadas situações, seja considerada abusiva ou ilegal por infringir outras determinações legais. Nesse ponto, importante mencionar que a Constituição Federal também previu em seu artigo 5º o direito fundamental à privacidade do indivíduo (inciso X) e que "o Estado promoverá, na forma da lei, a defesa do consumidor" (inciso XXXII).

Dessa forma, se de um lado há que se preservar a publicidade, seja ela direcionada ou não, em razão dos direitos constitucionais de livre iniciativa e liberdade de expressão, de outro há que se proteger os direitos também constitucionais de privacidade e de defesa do consumidor.

No contexto da Era da Informação e da publicidade direcionada na Internet, o direito à privacidade está intrinsicamente ligado à discussão a respeito da proteção dos dados pessoais dos consumidores e da formação de banco de dados com inúmeras informações a seu respeito. Conforme destacado por Danilo Doneda,

> hoje nos preocupamos não com notícias indiscretas sobre festas familiares que o jornal da nossa cidade publique, porém com as informações que uma empresa de assistência médica mantém, em um banco de dados de Hong Kong, sobre nossas informações genéticas e hábitos alimentares, por exemplo[17].

Atualmente existe um problema relacionado à coleta e uso de dados dos consumidores que pode afetar sua privacidade, o que é agravado pela falta de informação ao consumidor a respeito da existência dessa prática e de como toda essa tecnologia funciona, inclusive para propiciar a prática da publicidade direcionada. Igualmente, nota-se que o fato gerador de potencial violação à privacidade do consumidor ou ao seu direito de informação não é a publicidade direcionada em si, mas a forma de coleta e de utilização dos dados dos consumidores para fins de direcionamento publicitário.

---

[17] DONEDA, Danilo. *Da privacidade à proteção de dados pessoais*. Rio de Janeiro: Renovar, 2006, p.140.

14. A PUBLICIDADE DIRECIONADA AO PERFIL DO CONSUMIDOR

Assim, embora se reconheça que, dependendo da forma como os dados dos consumidores são coletados e utilizados, possam existir abusos na prática de direcionamento publicitário, não se coaduna com o entendimento radical de que a publicidade direcionada e a forma de coleta de dados para esse fim seriam práticas ilícitas por si só.

Isso porque, conforme também destaca o Ministro Antônio Herman de Vasconcellos e Benjamin[18], o objetivo do direito não é proibir a prática publicitária, já que esta representa uma atividade essencial à própria existência da sociedade de consumo, mas estabelecer parâmetros mínimos que garantam a proteção do consumidor e respeitem a livre iniciativa.

Dessa forma, para que seja respeitada a privacidade do consumidor, é indispensável a obtenção de seu consentimento para que haja a coleta de seus dados por terceiros, conforme (i) previsto no artigo 7, I[19], da Lei n. 13.709/2018 (Lei Geral de Proteção de Dados); e (ii) entendimento já adotado pela jurisprudência ao tratar do direito à privacidade no contexto da Internet:

> 10. Com o desenvolvimento da tecnologia, passa a existir um novo conceito de privacidade, sendo o consentimento do interessado o ponto de referência de todo o sistema de tutela da privacidade, direito que toda pessoa tem de dispor com exclusividade sobre as próprias informações, nelas incluindo o direito à imagem.[20]

---

[18] "A função do Direito ao controlar o *marketing* é, portanto, a de estabelecer parâmetros mínimos de conduta, respeitando sempre – como o quer a Constituição Federal – a livre iniciativa. É por esse prisma que se deve buscar a compatibilização entre a "defesa do consumidor" e a "liberdade de *marketing*". Seria tal objetivo um simples ideal? Acreditamos que não.

Marketing e defesa do consumidor funcionam no mercado e são, portanto, dele dependentes. Sem mercado e concorrência não há que se falar em *marketing* e proteção do consumidor. Logo, ao se proteger o mercado, ao se assegurar o seu funcionamento adequado, especialmente pelas normas de defesa do consumidor, em verdade, se está garantindo a própria sobrevivência do *marketing*. Incompatibilidade há, sim, entre o Direito e a visão equivocada e superficial de *marketing* como um *jogo de espertos* (os anunciantes e publicitários) em prejuízo de incautos (os consumidores). E a esperteza, mesmo no comércio primitivo, em época em que sequer se falava em *marketing*, já era reprimida sob o título de fraude. A visão que o Direito tem do *marketing* é a de um exercício profissional essencial à própria existência da sociedade de consumo. E mesmo no *marketing* – como o é na medicina, nas atividades farmacêuticas, jurídicas e tantas outras – a fraude, a exploração, os abusos e assemelhados mais sofisticados têm de ser expurgados." (GRINOVER, Ada Pellegrini [et al.]. ob. cit., p.269-270)

[19] "Artigo 7 – O tratamento de dados pessoais somente poderá ser realizado nas seguintes hipóteses: I – mediante o fornecimento de consentimento pelo titular;".

[20] Apelação n.1114488-54.2014.8.26.0100, 5ª Câmara de Direito Privado do Tribunal de Justiça de São Paulo, Rel. Fernanda Gomes Camacho, j.8-6-2016.

ATIVIDADE PUBLICITÁRIA NO BRASIL

No que se refere à informação, o consumidor para dar seu consentimento de forma consciente e livre deve receber informações prévias, claras, adequadas e em língua portuguesa sobre (i) a coleta de seus dados; (ii) quais dados serão coletados (cadastrais, pessoais, sensíveis); (iii) como serão coletados (preenchimento de cadastro, *cookies*, acesso a banco de dados públicos, acesso de informações públicas relacionadas ao consumidor, acesso de informações existentes em rede social, etc.); e (iv) a finalidade da coleta dos dados.

Assim, em razão do disposto nos artigos 6º, III[21], e 31[22] do Código de Defesa do Consumidor, artigo 7º, VIII[23], do Marco Civil da Internet e artigo 8º, parágrafo 4º[24], da Lei Geral de Proteção de Dados, é imprescindível que, para a utilização dos dados coletados dos consumidores para fins de publicidade dirigida na Internet, tal finalidade esteja expressamente indicada nos Termos de Uso e/ou Política de Privacidade e que o consumidor consinta com tais instrumentos contratuais, sob pena de ser reputado ilícito o direcionamento publicitário realizado pelo fornecedor com base nos referidos dados.

[21] "Artigo 6º – São direitos básicos do consumidor:
(...)
III – a informação adequada e clara sobre os diferentes produtos e serviços, com especificação correta de quantidade, características, composição, qualidade, tributos incidentes e preço, bem como sobre os riscos que apresentem;"
[22] "Artigo 31 – A oferta e apresentação de produtos ou serviços devem assegurar informações corretas, claras, precisas, ostensivas e em língua portuguesa sobre suas características, qualidades, quantidade, composição, preço, garantia, prazos de validade e origem, entre outros dados, bem como sobre os riscos que apresentam à saúde e segurança dos consumidores."
[23] "Artigo 7º – O acesso à internet é essencial ao exercício da cidadania, e ao usuário são assegurados os seguintes direitos:
(...)
VIII – informações claras e completas sobre coleta, uso, armazenamento, tratamento e proteção de seus dados pessoais, que somente poderão ser utilizados para finalidades que:
a) justifiquem sua coleta;
b) não sejam vedadas pela legislação; e
c) estejam especificadas nos contratos de prestação de serviços ou em termos de uso de aplicações de internet;"
[24] "Art. 8º O consentimento previsto no inciso I do art. 7º desta Lei deverá ser fornecido por escrito ou por outro meio que demonstre a manifestação de vontade do titular.
(...)
§ 4º O consentimento deverá referir-se a finalidades determinadas, e as autorizações genéricas para o tratamento de dados pessoais serão nulas."

14. A PUBLICIDADE DIRECIONADA AO PERFIL DO CONSUMIDOR

Além disso, por força do artigo 54, §§ 3º e 4º[25] do Código de Defesa do Consumidor, deverão ser redigidas em destaque e com fonte não inferior ao corpo doze as cláusulas dos Termos de Uso e/ou Política de Privacidade que versarem sobre a coleta dos dados pessoais, a sua forma de coleta e a finalidade para as quais os dados são coletados. Ainda, nos casos de contratos eletrônicos, o fornecedor também deverá disponibilizar para consulta prévia um sumário do contrato, no qual as cláusulas acima referidas também deverão estar em destaque, nos termos do artigo 4º, I[26], do Decreto n. 7.962/2013.

Vale mencionar, também, que conforme dispõe o artigo 7º, IX[27], do Marco Civil da Internet e artigo 8º, § 1º[28], da Lei Geral de Proteção de Dados, o consentimento com relação às cláusulas mencionadas acima deverá ser expresso e ocorrer de forma destacada das demais cláusulas contratuais. Ou seja, é necessário que o fornecedor obtenha o consentimento apartado do consumidor sobre a coleta e utilização de seus dados pessoais para fins de realização de publicidade dirigida na Internet, sob pena de tal consentimento, dependendo das características do caso concreto, ser invalidado e o fornecedor ser responsabilizado pelo uso indevido dos dados pessoais.

Por fim, quanto ao uso dos *cookies*, cabe ao fornecedor explicar o seu funcionamento nos seus Termos e Condições e/ou Políticas de Privacidade e obter o consentimento do consumidor para instalação dessa ferramenta juntamente com as demais cláusulas contratuais. Porém, nos casos em que os *cookies* forem instalados independentemente da existência de relacionamento entre fornecedor e consumidor, ou seja, quando inexistir Termos de Uso

---

[25] "Artigo 54 – Contrato de adesão é aquele cujas cláusulas tenham sido aprovadas pela autoridade competente ou estabelecidas unilateralmente pelo fornecedor de produtos ou serviços, sem que o consumidor possa discutir ou modificar substancialmente seu conteúdo.

(...)

§ 3º – Os contratos de adesão escritos serão redigidos em termos claros e com caracteres ostensivos e legíveis, cujo tamanho da fonte não será inferior ao corpo doze, de modo a facilitar sua compreensão pelo consumidor.

§ 4º – As cláusulas que implicarem limitação de direito do consumidor deverão ser redigidas com destaque, permitindo sua imediata e fácil compreensão."

[26] "Artigo 4º – Para garantir o atendimento facilitado ao consumidor no comércio eletrônico, o fornecedor deverá:

I – apresentar sumário do contrato antes da contratação, com as informações necessárias ao pleno exercício do direito de escolha do consumidor, enfatizadas as cláusulas que limitem direitos;"

[27] "IX – consentimento expresso sobre coleta, uso, armazenamento e tratamento de dados pessoais, que deverá ocorrer de forma destacada das demais cláusulas contratuais;"

[28] " § 1º Caso o consentimento seja fornecido por escrito, esse deverá constar de cláusula destacada das demais cláusulas contratuais."

ATIVIDADE PUBLICITÁRIA NO BRASIL

e Política de Privacidade previamente disponibilizados ao usuário e devidamente consentidos, o fornecedor somente estará autorizado a instalar a ferramenta se informar previamente ao consumidor a existência dos *cookies* e obter o seu consentimento expresso para tanto.

Conclusões

Por todo o exposto, conclui-se que a solução jurídica mais adequada para a publicidade direcionada na Internet é a que permite compatibilizar a proteção do consumidor com o desenvolvimento econômico e tecnológico, a partir da premissa de que o direcionamento publicitário é uma prática lícita como regra, mas deve observar certos parâmetros para garantir a proteção do consumidor quando ocorre a coleta e a utilização de seus dados.

Assim, em linhas gerais, (i) a privacidade do consumidor não será violada nos casos em que o próprio indivíduo consentir com a coleta de seus dados para a realização de publicidade direcionada na Internet; e (ii) o direito à informação do consumidor será respeitado quando o fornecedor apresentar informações adequadas e claras a respeito de suas práticas comerciais.

REFERÊNCIAS

CABRAL, Plínio. *Propaganda, técnica da comunicação industrial e comercial*. São Paulo: Atlas, 1986.

DONEDA, Danilo. *Da privacidade à proteção de dados pessoais*. Rio de Janeiro: Renovar, 2006.

GRINOVER, Ada Pellegrini [et al.]. *Código brasileiro de defesa do consumidor: comentado pelos autores do anteprojeto*. 11.ed. Rio de Janeiro: Forense, 2017.

15.
MÍDIA PROGRAMÁTICA:
CONCEITO E RESPONSABILIDADES

Pedro H. Ramos
Ana Flávia Costa Ferreira
Ana Paula Varize Silveira

Introdução

Em maio de 2020, vários veículos noticiaram uma discussão que colocou a publicidade digital brasileira em evidência: o movimento *"Sleeping Giants"*, fundado nos EUA em 2016, havia começado a atuar por aqui[1], expondo publicamente no Twitter marcas cujos anúncios estavam sendo veiculados em sites que estariam promovendo discurso de ódio ou desinformação[2].

Com essa exposição, anunciantes foram acusados de "financiar esses conteúdos" por meio de suas estratégias de mídia. A grande maioria deles comprometeu-se, logo após as denúncias, a não mais veicular anúncios naqueles sites – que por sua vez viram uma redução em suas receitas de publicidade, principal (ou até mesmo única) fonte de renda. Com isso, o "ciberativismo" do *Sleeping Giants* atingia seu objetivo, pressionando fontes de desinformação onde mais lhes dói: o bolso.

E por que havia anúncios de marcas de renome em sites como esses? Várias dessas marcas alegaram, em sua defesa, que a compra de espaços publicitários

---

[1] De acordo com os fundadores de seu capítulo no Brasil, o movimento *Sleeping Giants* atua de forma independente em cada país. (Os passos do *Sleeping Giants* Brasil em 2021. Meio & Mensagem. 15 dez. 2020. Disponível em: <https://www.meioemensagem.com.br/home/midia/2020/12/15/os-passos-do-sleeping-giants-brasil-em-2021.html>. Acesso em 07 mar. 2021).

[2] SLEEPING GIANTS BRASIL. Manifesto. Disponível em: <https://sleepinggiantsbrasil.com/manifesto/>. Acesso em 07 abr. 2021.

é feita de forma *automatizada*, por meio de *software*, e por tal razão, não sabiam precisar em quais sites estariam veiculando seus anúncios. Isso é conhecido como **mídia programática** – processo automatizado de compra e venda de inventário de anúncios digitais, que conecta anunciantes a *publishers* para entregar anúncios à pessoa certa, no momento certo e no lugar certo[3].

A mídia programática trouxe diversas vantagens e eficiências para a publicidade[4], mas, como toda atividade empresarial, exige diligência e conhecimento técnico. Adotar ferramentas programáticas na compra e venda de mídia sem as devidas configurações, monitoramento e salvaguardas pode gerar prejuízos materiais aos integrantes da cadeia, além de danos reputacionais, como ocorreu em casos denunciados pelo *Sleeping Giants* Brasil.

Mas, afinal, de quem é a responsabilidade pela veiculação de um anúncio junto a uma matéria polêmica? Ou, ainda, pela inserção de um anúncio em um contexto que, acidentalmente, viole normas regulatórias e autorregulatórias? É possível evitar que a publicidade de um anunciante seja exibida por *publishers* indesejados, inidôneos ou em desacordo com a regulação[5]? Quais são os papéis de cada empresa nessa cadeia?

Não há doutrina ou jurisprudência sólida sobre o tema[6] no Brasil, em especial sobre os direitos e deveres de anunciantes, agências, *publishers*[7]

---

[3] IABUK. Back to Basics Guide to Programmatic. Disponível em: <https://www.iabuk.com/standards-guidelines/back-basics-guide-programmatic#:~:text=Simply%20stated%2C%20programmatic%20advertising%20is,time%2C%20in%20the%20right%20place. >. Acesso em 13 mar. 2021).

[4] Por que precisamos da mídia programática? Meio & Mensagem. 07 jun. 2017. Disponível em: <https://www.proxxima.com.br/home/proxxima/how-to/2017/06/07/por-que-precisamos-da-midia-programatica.html>. Acesso em 07 mar. 2021.

[5] Por exemplo, entrega de publicidade de bebida alcoólica para uma criança (violando a Lei n.10.167/2000 e o Anexo "A" do Código Brasileiro de Autorregulação Publicitária – CBAP), ou de medicamento vendido sob controle especial para uma pessoa que não está habilitada a prescrever ou dispensar este medicamento (violando a RDC n. 96/08 da ANVISA e o Anexo "I" do CBAP).

[6] Realizamos um mapeamento em repositórios de jurisprudência e publicações científicas e não identificamos um acervo significativo sobre mídia programática. De acordo com nossas buscas, não há jurisprudência relevante acerca do tema e a maior parte da produção a respeito é de origem técnica, oriunda de entidades setoriais como o IAB e de trabalhos independentes. A pesquisa jurisprudencial foi empreendida nas bases do TJSP e do STJ, utilizando como referência as palavras-chave "mídia" e "programática". Também foram analisados os acervos de publicações do CAPES e da USP, onde não foram localizados trabalhos focados neste assunto.

[7] Vamos nos referir a *"publishers"* como sinônimo de meios de divulgação visuais e auditivos que oferecem conteúdo em mídias digitais, incluindo blogs, sites, portais de conteúdo, podcasts, redes sociais, aplicativos, entre outros.

15. MÍDIA PROGRAMÁTICA: CONCEITO E RESPONSABILIDADES

e plataformas de mídia[8] no uso da mídia programática[9]. Contudo, e ainda que o tema envolva uma cadeia de relações, cheia de atores[10] e diferentes nuances técnicas, é possível extrair da regulação e da autorregulação aplicáveis responsabilidades dos agentes envolvidos nessa cadeia, que podem ser endereçadas por boas práticas que vêm se consolidando nesse mercado.

Propomos aqui classificar agentes e condutas para elucidar essa teia de relações que é a mídia programática, facilitando o entendimento de profissionais da área jurídica, ainda que não possuam conhecimento aprofundado dos aspectos técnicos do setor[11] – o que se mostra necessário dado o crescimento desse mercado no país[12]. Trata-se de um exercício hermenêutico[13] que,

[8] Plataformas de mídia (ou de mídia programática), para fins deste artigo, compreendem programas de computador que realizam funções relacionadas à compra e venda de espaços publicitários e/ou à inserção de anúncios em espaços publicitários por meios automatizados. No Quadro 1 deste trabalho, citamos algumas categorias de plataformas de mídia, com uma contextualização de suas funcionalidades.

[9] Evidência disso, é que essa lacuna acaba incentivando ativismos como o do *Sleeping Giants* Brasil (dada a finalidade do artigo, não faremos uma análise de mérito sobre essa iniciativa).

[10] Para que se possa ter dimensão do desafio e da necessidade de se pensar essas responsabilidades, ver: LUMA. Display LUMAscape. Disponível em: <https://lumapartners.com/content/lumascapes/display-ad-tech-lumascape/>. Acesso em 10 mar. 2021.

[11] A discussão se restringe ao uso da mídia programática para inserção de um anúncio em um espaço publicitário e os danos que podem suceder do "*match*" entre o anúncio e o *publisher* neste processo, buscando responder às perguntas que fizemos na introdução. Não serão abordadas, portanto, questões como problemas nos pagamentos relacionados à compra de um espaço publicitário por meio dessa tecnologia ou o tratamento de dados pessoais dentro desse ecossistema. Para a análise, apresentaremos o conceito de mídia programática e o funcionamento de seu ecossistema, apresentando seus principais agentes e condutas. Serão considerados, para esta finalidade, os seguintes "*players*" do mercado publicitário: anunciante, agência, *publisher* (indicados no art. 15 do CBAP) e plataformas de mídia (que compõem o ecossistema que chamamos de mídia programática). Faremos um mapeamento das obrigações legais e autorregulatórias desses agentes (considerando que as normas do setor foram criadas antes da mídia programática) e discutiremos em relação a cada um deles, sem a pretensão de esgotar a pauta (dada sua complexidade): (i) sua responsabilidade pelo cumprimento de tais obrigações em relação ao conteúdo que produzem para si ou por conta e ordem de outro agente; e (ii) deveres de diligência em relação a veiculações de anúncios indesejadas ou ilícitas de que participarem.

[12] Em 2018, o Brasil estava entre os 10 mercados que mais investem em mídia programática "per capita". (EMARKETER. Programmatic Ad Spending per Capita for Select Countries, 2018. Disponível em: < https://www.emarketer.com/chart/224858/programmatic-ad-spending-per-capita-select-countries-2018>. Acesso em 09 mar. 2021.)

[13] Conforme teorizado por Tércio Sampaio Ferraz. Consideramos uma interpretação dos materiais estudados nos níveis gramatical, sistemático e teleológico. Assim, foram referências não só as normas aplicáveis a esse ecossistema, mas também um recorte prático, considerando o funcionamento e as finalidades do uso da mídia programática na publicidade (especialmente a digital) e a experiência profissional dos autores deste artigo com o tema. (FERRAZ JUNIOR, Tércio. Sampaio. Introdução ao Estudo do Direito. 11. ed. São Paulo: Editora Atlas, 2019. v. 1. pp. 286 a 294).

ATIVIDADE PUBLICITÁRIA NO BRASIL

embora não se utilize de um corpo doutrinário ou jurisprudencial precedente específico, parte de uma série de referências gerais anteriores que, direta ou indiretamente, regulam as atividades de publicidade e tecnologia no país[14].

1. Mídia programática e suas diferenças em relação aos métodos tradicionais de compra de mídia

Fora dos meios digitais, a compra de espaços publicitários costuma ocorrer por meio de negociação direta: o anunciante (ou sua agência) busca um veículo cuja audiência se enquadre no perfil do público-alvo de seus produtos ou serviços, com base em características como gênero, idade e interesses, por exemplo. Uma vez identificado um *publisher* com esse perfil de audiência, a transação é geralmente realizada por meio de um documento conhecido como "PI" (pedido de inserção), que formaliza a compra do espaço publicitário e obriga o *publisher* a veicular o anúncio enviado, conforme os termos e condições ali previstos.

Na publicidade digital, é comum a presença de um **intermediário a mais – as plataformas de mídia,** *softwares* que auxiliam na distribuição dos anúncios:

Figura 1 – Publicidade Tradicional e Publicidade Direcionada

PUBLICIDADE TRADICIONAL

| ANUNCIANTE | AGÊNCIA | VEÍCULO
Jornal, revista, TV | AUDIÊNCIA
Público-alvo geral |

---

[14] Algumas das referências utilizadas incluem: (i) o Código Civil, em especial as seções referentes à formação dos contratos (art. 427 e seguintes) e aos contratos de agência (art. 710 e seguintes); (ii) o Código de Defesa do Consumidor; e, (iii) o CBAP (ou Código do CONAR), que apresenta orientações importantes para o setor. Também integram o arcabouço (auto)regulatório da publicidade no Brasil a Lei n. 4.680/65 (e seu decreto regulador, de n. 57.690/66) e as Normas Padrão do CENP. Contudo, entendemos que estes não são relevantes para a análise específica a que se dedica o presente artigo, em especial, ao uso de mídia programática, razão pela qual não serão abordados de forma individualizada neste trabalho.

15. MÍDIA PROGRAMÁTICA: CONCEITO E RESPONSABILIDADES

PUBLICIDADE DIRECIONADA

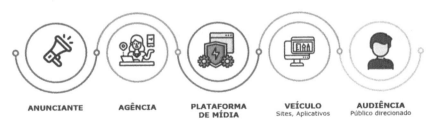

Fonte: Elaborada pelos autores

Essas plataformas surgiram ainda em meados dos anos 1990[15], e ajudaram a definir melhor o perfil de audiência correto para cada tipo de anúncio[16]. Se, em outros meios essa atividade é **predominantemente contextual**, fazendo uso de técnicas como pesquisa de mercado, análises comportamentais e painéis de consumidores, no meio digital essas ferramentas aliam-se às plataformas, permitindo a entrega individualizada de anúncios por meio da coleta de dados de usuários, resultando no que hoje chamamos de **publicidade direcionada**[17].

---

[15] IAB TECH LAB. The evolution of the internet, identity, privacy and tracking – how cookies and tracking exploded, and why we need new standards for consumer privacy. Disponível em: <https://iabtechlab.com/blog/evolution-of-internet-identity-privacy-tracking/>. Acesso em 10 mar. 2021.

[16] "Thanks to the cookie, the late 1990s saw the internet become a personalized media and e-commerce engine. Amazon.com pioneered the customized commercial experience, offering recommendations and other personalized shopping choices based on consumer behavior. Without HTTP cookies, this was not possible then, and it's still not possible today." (Idem.)

[17] A publicidade direcionada não se confunde com a programática. É possível fazer publicidade direcionada com uso mínimo de ferramentas de automação, em nível *first-party* (ou seja, apenas com dados coletados pelo próprio anunciante), e que poderiam não ser consideradas uma modalidade programática. Ainda, também é possível a programática contextual. Por isso, dados pessoais não são uma exigência na mídia programática.

Quadro 1 – Critérios de Classificação da Publicidade

CRITÉRIOS DE CLASSIFICAÇÃO DA PUBLICIDADE		
POR DEFINIÇÃO DE AUDIÊNCIA	**contextual:** a análise do contexto (conteúdo do *publisher*) é o principal fator de análise para direcionamento dos anúncios	**direcionada:** ainda que o contexto seja levado em conta, o uso de tecnologias de coleta de dados e personalização é o principal critério de definição na entrega de anúncios
PELO FORMATO DE COMPRA DE ESPAÇOS PUBLICITÁRIOS	**direta:** as negociações são feitas de forma mais individualizada e, em geral, com preços pré-fixados	**programática:** a compra de espaços é feita de forma automatizada, sendo as decisões de entrega baseadas em algoritmos que definem o preço de acordo com critérios de oferta e demanda

Fonte: Elaborado pelos autores

Já nos anos 2010, o uso de plataformas de mídia na compra de espaços publicitários tornou-se mais complexo. Não havia mais um único *software* para a intermediação da negociação, e sim diversas plataformas, com diferentes funcionalidades, atuando de forma integrada – a exemplo de plataformas de demanda (como as *DSPs*, operadas por anunciantes e suas agências) e plataformas de oferta (como as *SSPs*, operadas por *publishers*).

Uma vez conectadas, essas plataformas de mídia criam uma verdadeira *rede de conteúdo*, em que os anúncios são distribuídos de maneira automatizada por processos pré-programados, que incluem os fluxos de pagamento. Essa cadeia de compra de mídia altamente capilarizada e automatizada configura o **ecossistema da mídia programática**.

Antes de explicarmos com mais detalhe como ela funciona, vale conhecermos os principais agentes que compõem o ecossistema da mídia programática e o que eles fazem:

Quadro 2 – Principais Plataformas de Mídia

PLATAFORMAS DE MÍDIA PROGRAMÁTICA- PRINCIPAIS TIPOS
Supply-Side Platforms (*SSPs*): plataformas que auxiliam *publishers* a ofertar seus espaços publicitários a diferentes compradores (anunciantes ou agências) ao mesmo tempo e de forma automatizada[18].
Demand-Side Platforms (*DSPs*): plataformas de mídia que auxiliam a compra de espaços publicitários de forma automatizada, de acordo com predefinições contextuais e/ou baseadas em audiência, conforme suas estratégias de campanha[19].
AdServers: também conhecidos como servidores de anúncios, são servidores web que permitem o gerenciamento da compra ou a venda de espaços publicitários[20].
Ad Exchanges: "mercados *online*", em regra, automatizados, onde diversas plataformas de mídia se encontram e se conectam com o objetivo de comprar e vender espaços publicitários, a partir da realização de leilões em tempo real[21].
Private Marketplaces: mercados privados de negociação de mídia, restritos a anunciantes selecionados e com regras de compra definidas pelo titular do *marketplace*[22].
Data Management Platforms (DMPs): ferramentas que permitem aos *players* gerir os seus próprios dados primários de audiência e compará-los com dados de audiência de terceiros, gerando *insights* relevantes para o planejamento de campanhas e para a decisão de compra de mídia por meio do processo de segmentação comportamental ou alcance de público semelhante[23].

Ainda que haja diferentes espécies de formatos de compra na mídia programática, um dos mais comuns (e mais exemplificativos) é o **modelo de leilão em tempo real**[24], que pode ser explicado assim: quando um usuário entra em um site ou aplicativo, plataformas de mídia conectadas àquele site

---

[18] IAB BRASIL. Mídia Programática. Publicação traduzida – Versão original IAB Europa/2015. Disponível em: <https://iabbrasil.com.br/wp-content/uploads/2012/09/E-BOOK-IAB-BRASIL-M%C3%8DDIA-PROGRAM%C3%81TICA.pdf>. Acesso em 07 mar. 2021. p. 36.
[19] Idem. p. 36.
[20] IAB BRASIL. Glossário de Marketing Digital. 2017. Disponível em: <https://iabbrasil.com.br/boas-praticas-glossario-iab-brasil-marketing-digital/>. Acesso em 07 mar. 2021.
[21] IAB BRASIL. Mídia Programática. Publicação traduzida – Versão original IAB Europa/2015. Disponível em: <https://iabbrasil.com.br/wp-content/uploads/2012/09/E-BOOK-IAB-BRASIL-M%C3%8DDIA-PROGRAM%C3%81TICA.pdf>. Acesso em 07 mar. 2021. p. 92.
[22] Idem. p. 93.
[23] Idem. p. 92.
[24] Também conhecido como "*RTB – Real Time Bidding*".

ATIVIDADE PUBLICITÁRIA NO BRASIL

(como *SSPs*) identificam padrões de comportamento de navegação daquele usuário e oferecem para compradores a possibilidade de exibir uma peça de mídia (*banner*, por exemplo) para aquele usuário específico.

Essa oferta é feita por meio de plataformas de mídia intermediárias, conhecidas como *Ad Exchanges*, e as informações sobre o site, o espaço publicitário e as informações de navegação são agrupadas em um arquivo conhecido como *bid request*. Do outro lado da cadeia, anunciantes e agências operam plataformas de mídia (como *DSPs*) para identificar, entre milhares de *bid requests*, aquele com maior possibilidade de conversão – isto é, com as características mais alinhadas com o público-alvo e objetivos da marca.

Uma vez identificada uma oportunidade, é feito um lance na *Ad Exchange*, uma proposta financeira para adquirir aquele espaço, naquele instante, para exibição do anúncio para aquele usuário. Sendo o lance vencedor, as plataformas, conectadas entre si, entregam a peça diretamente ao espaço publicitário do *publisher*, sem qualquer intervenção humana.

Parece complexo? Imagine que esse processo todo é feito em aproximadamente 200 milissegundos[25], e é hoje tão cotidiano que possui grande adesão no mercado: estima-se que 78% da venda de publicidade digital em 2019 foi intermediada por plataformas[26]. Por fim, outra característica interessante desse modelo é a dinamicidade dos preços: podem ser feitas transações sem qualquer estabelecimento de preços prévios. Como as compras são feitas por lances e algoritmos que programam esses lances a partir de regras de direcionamento, oferta e demanda, é possível que o orçamento de uma campanha não consiga identificar previamente quantas inserções serão feitas com aquele valor – apenas é possível prever que, se os parâmetros forem bem programados, há uma lógica de *melhor preço possível*, como vários estudos têm demonstrado nos últimos anos[27].

[25] Real-Time Bidding: What Happens In 200 Milliseconds? Nanigans. Disponível em: <https://www.nanigans.com/report/real-time-bidding-what-happens-in-200-milliseconds/>. Acesso em 14 mar. 2021.

[26] IAB BRASIL, PWC, ILUMEO. Pesquisa Digital Adspend 2019. Disponível em: <https://iabbrasil.com.br/wp-content/uploads/2019/06/AdSpend-2019-vers%C3%A3o-final-1.pdf>. Acesso em 07 mar. 2021.

[27] Nesse sentido, ver BALSEIRO, Santiago R. e CANDOGAN, Ozan. "Optimal contracts for intermediaries in online advertising," Operations Research, 2017 Vol. 65, No. 4.

2. O papel dos diferentes atores na mídia programática

Essas tecnologias e processos trazem diversos benefícios: o conhecimento mais aprofundado das audiências permite uma alocação mais eficiente de investimentos e maior percepção de valor da publicidade pela audiência, e a automatização contribui para a maior celeridade, além da possibilidade de corrigir, de forma quase imediata, estratégias de veiculação que não estejam gerando os resultados esperados[28].

Contudo, como a maioria dos processos automatizados, esse método depende de uma contribuição humana para funcionar corretamente. Para que uma campanha seja entregue à audiência adequada e obtenha os resultados esperados, é preciso que as plataformas de mídia sejam corretamente configuradas, que seus resultados sejam monitorados para avaliar a necessidade de eventuais correções e que sejam tomadas precauções adicionais – por exemplo, para mitigar a ocorrência de potenciais fraudes[29]. **A tecnologia aumenta a eficiência, mas a inteligência continua sendo humana**.

Com um volume de compra muito maior e uma oferta de *publishers* muito mais descentralizada, é praticamente impossível uma avaliação individualizada de cada entrega de mídia na internet – uma análise granular, aliás, minaria a velocidade e eficiência das transações. Mas isso não significa que a mitigação de riscos não possa ser feita (i) de forma preventiva, no momento de configuração das plataformas de mídia, e (ii) de forma corretiva, evitando que uma mesma ação indesejada seja repetida (como as diferentes marcas fizeram no caso alertado pelo *Sleeping Giants*).

Há sempre uma régua de riscos – **a tecnologia é neutra, mas o uso que se faz dela pode ser mais ou menos arriscado.** Assim como um carro pode ser usado para atividades cotidianas ou de extremo perigo, a tecnologia também pode ter seus usos distintos. Isso não implica dizer que essas atividades são intrinsicamente arriscadas – nas palavras do ministro do Superior Tribunal de Justiça, Sidnei Beneti, "*o risco que dá margem à responsabilidade*

---

[28] CAMILLERI, Mark Anthony. The Use of Data-Driven Technologies for Customer-Centric Marketing. Disponível em: <https://ssrn.com/abstract=3382746>. Acesso em 13 mar. 2021.

[29] De acordo com a Federação Mundial de Anunciantes, estima-se que, até 2025, mais de US $ 50 bilhões serão desperdiçados anualmente em fraude publicitária. (IAB EUROPE. The IAB Europe Guide to Ad Fraud. Disponível em: < https://iabeurope.eu/wp-content/uploads/2020/12/IAB-Europe-Guide-to-Ad-Fraud-1.pdf>. Acesso em 13 mar. 2021.).

ATIVIDADE PUBLICITÁRIA NO BRASIL

objetiva não é aquele habitual, inerente a qualquer atividade (...) exige-se a exposição a um risco excepcional, próprio de atividades com elevado potencial ofensivo"[30].

Assim, é exigido do agente não só capacidade técnica, mas também as ações razoavelmente dele esperadas[31] para que não seja configurada negligência ou imprudência. Dependendo do contexto e de qual agente estamos falando na cadeia, essas expectativas são diferentes, como veremos adiante.

2.1. O papel dos anunciantes

Como falamos, o anunciante que deseja promover sua marca, produto ou serviço por meio dos anúncios[32] utiliza mídia programática para obter uma entrega mais eficiente e especializada. Com isso, o investimento na compra dos espaços publicitários é otimizado, pois apresenta maior possibilidade de retorno para o anunciante.

É claro que anunciantes podem ser responsabilizados pelo conteúdo dos anúncios que veiculam[33], caso tais conteúdos violem a legislação consumerista[34], regulações setoriais[35] e/ou a autorregulação aplicável ao setor[36]. Contudo, a aplicação desses dispositivos costuma ocorrer em casos diretamente relacionados com o conteúdo do anúncio em si – por exemplo, o uso de uma obra sem a autorização de seu titular ou a promoção de uma atividade ilegal.

Há um cenário diferente na mídia programática, em que lidamos não com um conteúdo necessariamente ilícito, mas com a inserção de uma publicidade no lugar errado, ou na hora errada, o que pode gerar algum tipo de dano a terceiros – como um anúncio de bebida alcoólica em um site de jogos infantis[37].

---

[30] BRASIL. Superior Tribunal de Justiça. Recurso Especial 1.067.738/GO, Rel. Ministro SIDNEI BENETI, TERCEIRA TURMA, julgado em 13/10/2008, DJe 21/10/2008.

[31] Nesse sentido, as boas práticas desenvolvidas pelo mercado funcionam como uma orientação do que são ações razoavelmente esperadas (considerando as técnicas disponíveis e conhecidas no setor), que podem, inclusive, ter sua imperatividade reforçada por meio de contratos firmados entre os agentes.

[32] Art. 8º, Decreto n. 57.690/66.

[33] Não entraremos, aqui, na discussão particular sobre anúncios criados de forma automatizada por plataformas de mídia, como por meio de *DCO – Dynamic Creative Optimization* (tecnologia de publicidade *display* que cria anúncios personalizados com base em dados sobre o usuário que está visitando a aplicação no momento da veiculação do anúncio).

[34] Arts. 36 a 38, Código de Defesa do Consumidor.

[35] Por exemplo, a RDC n. 96 da Anvisa.

[36] Art. 45, alínea "a", CBAP.

[37] Ver nota de rodapé 7.

15. MÍDIA PROGRAMÁTICA: CONCEITO E RESPONSABILIDADES

Evidentemente, essas situações podem ocorrer por ações ou omissões de outros agentes; contudo, ainda que seja possível alocar contratualmente responsabilidades e garantir o direito de regresso, dificilmente é possível afastar do próprio anunciante a responsabilidade pela violação da norma aplicável e por danos a terceiros. Logo, não só o anunciante deve provar que não incorreu em culpa, mas também comprovar que tomou todas as medidas que estavam ao seu alcance para impedir que tais situações pudessem ocorrer.

Para que o anunciante demonstre tal diligência, é recomendável que ele exija transparência dos fornecedores por ele contratados (sejam eles agências, *publishers* ou plataformas de mídia), bem como a assinatura de termos de responsabilidade, nos quais sejam demandados, dentre outros: (i) relatórios que permitam o rastreamento do caminho do investimento em compra de espaços publicitários; (ii) o uso de ferramentas específicas de verificação de tráfego percorrido pelo anúncio[38]; e (iii) o retorno financeiro de todas as entregas fraudulentas[39].

Também cabe ao anunciante definir, em conjunto com as agências (quando forem contratadas), os contextos aos quais a marca quer se associar, bem como a forma como a marca quer ser vista (ou seja, quais ideias e posicionamentos estão relacionados e compõem a identidade da marca)[40]. Tendo esse referencial, ele deve criar *blocklists*[41] e *wishlists*[42], associando a elas, respectivamente, palavras-chave que sugiram contextos e posicionamentos aos quais o anunciante não quer ou quer relacionar a sua marca – assim, a veiculação

---

[38] IAB BRASIL. Ad Verification: Diretrizes para Verificação de Entrega de Publicidade. Disponível em: <https://iabbrasil.com.br/wp-content/uploads/2019/05/Ebook-IAB-AD-Verification_DIGITAL.pdf>. Acesso em 13 mar. 2021.

[39] Fraude de anúncio, também conhecida como tráfego inválido (IVT), é a representação fraudulenta de impressões de publicidade *online*, cliques, conversões ou eventos de dados, a fim de gerar receita. Essas atividades manipulam os canais de entrega de maneira significativa, impactando o retorno de um anunciante sobre o investimento em mídia. (IAB EUROPE. The IAB Europe Guide to Ad Fraud. Disponível em: <https://iabeurope.eu/wp-content/uploads/2020/12/IAB-Europe--Guide-to-Ad-Fraud-1.pdf>. Acesso em 13 mar. 2021.).

[40] Essas definições são chamadas no mercado de *brand safety* e *brand suitability*. IAB BRASIL. O caminho do Brand Safety para o Brand Suitability. Disponível em <https://iabbrasil.com.br/artigo-o-caminho-do-brand-safety-para-o-brand-suitability/>. Acesso em 14 mar. 2021.

[41] Trata-se de uma lista de *publishers* e plataformas de mídia em que o anunciante não quer que seu anúncio seja veiculado (IAB BRASIL. Protocolo para Proteção das Marcas no Meio Digital. Disponível em: <https://iabbrasil.com.br/wp-content/uploads/2020/09/IAB-Infografico04_04.pdf>. Acesso em 02 mar. 2021.).

[42] Esse mecanismo é equivalente à *blocklist*, contudo, nesse caso, a lista prevê onde o anunciante quer ou prefere seu anúncio seja veiculado (Idem).

de publicidade em sites de conteúdo dinâmico[43] continua sendo possível, mas com menor risco[44].

A observação dessas diretrizes deve ser cobrada pelo anunciante tanto das agências (caso sejam assessorados por elas), quanto dos *publishers* e das plataformas de mídia que contratarem. Essa cobrança, no caso das agências, baseia-se na exigência do cumprimento do contrato de prestação de serviços, conforme veremos a seguir.

2.2. O papel das agências

As agências prestam serviços de publicidade para os anunciantes, podendo atuar nas mais diversas atividades relacionadas ao desenvolvimento de uma campanha publicitária, fazendo o planejamento e a criação das ações e, também, atuando no planejamento e compra dos espaços publicitários, intermediando a relação entre anunciante e *publishers*.

No que se refere às responsabilidades das agências, temos duas frentes: a primeira é em relação aos consumidores, pois a agência está diretamente ligada à criação e/ou veiculação do anúncio[45]. Nesse caso, repetem-se os deveres de cuidado aplicáveis aos anunciantes e que estejam diretamente relacionados às atividades desempenhadas pela agência[46].

Na segunda frente, temos as responsabilidades da agência em relação aos próprios anunciantes pelos serviços prestados, havendo o dever de agir com "toda a diligência", estabelecido no Código Civil[47]. Além disso, há o dever de agir no melhor interesse do anunciante, como previsto em regras de autorregulação às quais algumas agências do mercado se vinculam[48].

---

[43] Como jornais, que publicam matérias variadas e podem publicar conteúdo que propague discurso de ódio ou desinformação, bem como um posicionamento político específico ao qual o anunciante não quer sua marca relacionada.

[44] Nesse caso, o *publisher* ou a plataforma de mídia, em si, não é bloqueado, mas sim a presença de expressões e palavras específicas (cuja utilização revela contextos e posicionamentos aos quais o anunciante não quer que sua marca seja relacionada). Assim, se tais palavras ou expressões aparecerem em um local do site ou aplicação no momento em que se estiver considerando a compra de espaço publicitário nesse site ou aplicação, a oferta do referido espaço deixa automaticamente de ser considerada como uma opção.

[45] Em especial, prevista no CBAP, art. 45, alínea "b".

[46] Art. 15, CBAP.

[47] Art. 712, Código Civil.

[48] Item 3.2 das Normas-Padrão do CENP.

15. MÍDIA PROGRAMÁTICA: CONCEITO E RESPONSABILIDADES

Esse dever se materializa, por exemplo, na obrigação de as agências de publicidade planejarem a compra dos espaços publicitários sempre considerando o melhor interesse dos anunciantes, não permitindo com que questões comercialmente importantes para a agência (como comissionamentos concedidos por *publishers*[49] e o atingimento de metas alinhadas com o anunciante – como número mínimo de cliques de usuários no anúncio) desviem a agência desse dever.

Mesmo com a observação desses deveres e ainda que cuidados na programação da veiculação sejam tomados, inserções indesejadas poderão ocorrer e causar um dano reputacional para o anunciante. Por isso, alguns deveres de diligência adicionais recaem sobre as agências no contexto da mídia programática.

Por exemplo, tem sido consolidado como prática o dever de a agência comprar espaços publicitários vendidos apenas por *publishers* e plataformas de mídia que tenham boa reputação no mercado, buscando evitar fraudes nas veiculações; bem como contratar empresas que auditem as peças veiculadas, para garantir que as veiculações realizadas por meio de mídia programática foram inseridas sem qualquer tipo de fraude e em *publishers* e plataformas que estejam alinhados com as *blocklists* e *wishlists* definidas em conjunto ou pelo anunciante.

Além desses deveres de cuidado, as agências devem auxiliar os seus clientes anunciantes no cumprimento de suas responsabilidades (mencionadas no item anterior) e, como já citado, agir com toda diligência nas atividades com que tiver se comprometido.

Assim, ao se comprometerem contratualmente à prestação de serviços de publicidade, a agência, na posição de prestadora de serviços que possui grande expertise no assunto, deve pensar nas campanhas que planeja levando em consideração todas as obrigações normativas e deveres de diligência atribuídos ao anunciante, buscando na máxima medida auxiliá-lo no cumprimento dessas obrigações. Da mesma forma, a agência deve cobrar o cumprimento desses deveres dos *publishers* e das plataformas de mídia que contratam por conta e ordem do anunciante.

---

[49] Como é o caso dos planos de incentivo (conhecidos no mercado como "BV", ou bônus por veiculação), previstos no art. 18 da Lei n. 12.232/2010. Ainda que esse seja um direito da agência, legalmente previsto, esse benefício não deve desviar a finalidade de sempre decidir no melhor interesse do anunciante.

2.3. O papel dos *publishers*

Os *publishers* são detentores dos espaços publicitários ofertados aos anunciantes para a divulgação de seus anúncios, tendo a prerrogativa de determinar quais anúncios serão neles veiculados. Em um contexto de negociação tradicional de mídia, esses *publishers* ofereceriam seus *"media kits"* diretamente aos anunciantes (ou às suas agências) e efetuariam a venda dos espaços publicitários selecionados mediante um pedido de inserção, recebendo, posteriormente, os anúncios finalizados para exibição.

Já na compra programática, a negociação é, como vimos, realizada de forma muito mais rápida, geralmente por meio de um leilão aberto em tempo real, em que diversos potenciais compradores oferecem lances pela mesma impressão[50]. Assim, o *publisher* não realiza, de forma direta, a escolha do anúncio que será publicado em seu espaço publicitário, mas pode configurar suas plataformas de *software* para melhor direcionar o tipo de anúncio que será oferecido.

Por exemplo, um *publisher* que proporciona o serviço de consulta de preços de passagens aéreas pode programar sua *SSP* para não aceitar anúncios de agências de viagens concorrentes, instituindo uma *blocklist*. Caso não tome providências para instituir esse "filtro de conteúdo", o *publisher* pode eventualmente exibir, de forma automatizada, anúncios indesejados, não apenas de conteúdo inadequado, mas também potencialmente nocivo, como anúncios de sites de pornografia ou pirataria, por exemplo. Da mesma forma, o *publisher* pode priorizar certos tipos de anunciantes ou conteúdos por meio de *whishlists*.

Nota-se, portanto, que há cuidados a serem tomados pelo *publisher*. Cabe a ele definir quais tipos de anunciantes, de forma geral, não poderão ter seus anúncios exibidos em seus espaços publicitários. Esse dever é especialmente importante quando há alguma disposição legal ou autorregulatória envolvida. Retomando um exemplo que já citamos, mas em nova perspectiva, uma plataforma que oferece jogos digitais voltados ao público infantil, por exemplo, deve tomar medidas para que os anúncios nela publicados não divulguem produtos ou serviços de caráter adulto ou inapropriado para a sua audiência.

---

[50] Uma impressão corresponde a uma vez em que o anúncio é "impresso", ou seja, exibido ao visitante da plataforma em um espaço publicitário.

15. MÍDIA PROGRAMÁTICA: CONCEITO E RESPONSABILIDADES

Não se deve esquecer que o CBAP determina de forma expressa que os padrões éticos de conduta nele previstos devem ser observados pelos *publishers*[51], além de recomendar que eles, como medida preventiva, estabeleçam um sistema de controle na recepção de anúncios[52]. O CBAP ainda prevê que a responsabilidade do *publisher* será equiparada à do anunciante sempre que a veiculação do anúncio contrariar os termos de recomendação que lhe tenha sido comunicada oficialmente pelo CONAR[53] e que o publisher deve se abster de promover a publicação de qualquer anúncio que tenha sido reprovado pela referida entidade[54].

OS PUBLISHERS PODEM SER RESPONSABILIZADOS PELO CONTEÚDO DO ANÚNCIO?[55]

Em regra, *publishers* não são objetivamente responsáveis pelo conteúdo dos anúncios de terceiros, não cabendo a eles analisar, por exemplo, se um determinado anúncio oferece informações legítimas para o consumidor e cumpre com as normas legais e regulatórias aplicáveis[56]. Esse entendimento é corroborado pela jurisprudência do STJ[57], segundo a qual *publishers* não devem ser responsabilizados pelos anúncios que veiculam, já que não participam do processo de sua elaboração. Isso se aplica, por exemplo, ao caso da propaganda enganosa, cuja irregularidade o *publisher* não poderia antecipar. Nesse mesmo sentido, o CDC estabelece que *"o ônus da prova da veracidade e correção da informação ou comunicação publicitária cabe a quem as patrocina*[58]*"*, ou seja, ao anunciante, e não ao *publisher*.

---

[51] Art. 15, CBAP.
[52] Art. 45, alínea "c", CBAP.
[53] Art. 45, alínea "e", CBAP.
[54] Art. 49, CBAP.
[55] Esse é um tema que ainda vem sendo discutido e sobre o qual há certas divergências. O exercício que fizemos aqui consiste em uma leitura sistemática das normas e decisões relevantes que tivemos até o momento.
[56] Art. 38, CDC.
[57] "Não é dever dos veículos de comunicação apurar, em princípio, veracidade ou abusividade do anúncio contratado, pois esse ônus é do fornecedor-anunciante, que poderá responder pelo patrocínio da eventual publicidade enganosa ou abusiva, na forma do Art. 38 do CDC." (STJ, REsp 604.172 / SP, Rel. Ministro Humberto Gomes de Barros, Terceira Turma, julgado em 27/03/2007, DJe 21/05/2007).
[58] Art. 38, CDC.

ATIVIDADE PUBLICITÁRIA NO BRASIL

Por outro lado, uma vez notificado da existência de irregularidades na peça publicitária por ele divulgada, é também seu dever diligenciar[59] para que tais infrações sejam sanadas (como estabelece também o CBAP)[60].

Tal orientação jurisprudencial deve ser lida em conjunto com o Marco Civil da Internet[61], segundo o qual provedores de aplicações de internet (como *publishers*) somente poderão ser responsabilizados civilmente por danos decorrentes de conteúdo gerado por terceiros (como peças publicitárias de anunciantes) se, após ordem judicial específica, não tomarem as providências para tornar indisponível o conteúdo apontado como infringente (com exceção de casos específicos previstos nessa lei, como conteúdo que viole a intimidade de terceiros, em que o provedor de aplicação deverá indisponibilizar o material mediante simples notificação do indivíduo lesado ou de seu representante legal[62]).

Como já mencionado, o *publisher* também deve realizar uma filtragem de conteúdo dos anúncios a serem publicados em seus espaços publicitários, de forma a evitar a exibição de anúncios de produtos e serviços impróprios ao perfil do seu público, ou em circunstâncias potencialmente a ele danosas (como no exemplo do anúncio com conteúdo adulto em um site de público infantil). Assim, condutas como o uso dos filtros contextuais por palavra-chave e de *blocklists* e *whislists* parecem ser formas eficientes de endereçar essas obrigações no contexto da mídia programática, sem, no entanto, representarem a assunção de responsabilidade objetiva, por parte dos *publishers*, pelo conteúdo criado por agências e anunciantes.

---

[59] Esse "dever de cuidado" é expressamente mencionado na ementa do REsp 997.993-MG, no qual é dito, ainda, que: "Ao reverso, no caso de a impossibilidade de controle consistir em liberalidade do próprio servidor de internet, porquanto, em não raras vezes, fomenta o acesso ao site, afigura-se cabível sua responsabilização, uma vez que o controle era possível e viável, e não o fazendo assume o provedor os riscos pelos ilícitos praticados no sítio da internet." (BRASIL. STJ, REsp 997.993-MG, 4ª Turma, rel. Min. Luiz Felipe Salomão, Quarta Turma, julgado em 21/06/2012, DJe 06/08/2012). Ressalta-se, todavia, que essa decisão antecede o MCI, devendo ser interpretada considerando as disposições dessa lei posterior.
[60] Apesar de o CBAP prever a responsabilidade subsidiária dos *publishers* de forma genérica no art. 45, a alínea "e" desse artigo prevê que a equiparação da responsabilidade do *publisher* à do anunciante ocorrerá somente após o primeiro contrariar comunicação oficial do CONAR. Essa orientação, lida em conjunto com a jurisprudência mencionada acima e com o MCI, segue a lógica de dever de adoção, pelo *publisher*, de medidas preventivas para evitar a veiculação de anúncios danosos, orientação que deve ser aplicada na máxima medida possível, considerando o contexto. Como já falamos outras vezes, um exemplo de tais medidas, no contexto de veiculação através da mídia programática, é estabelecer *blocklists* para impedir a veiculação de anúncios de forma infringente à (auto)regulação.
[61] Art. 19, Marco Civil da Internet (Lei n. 12.965, de 23 de abril de 2014).
[62] Art. 21, Marco Civil da Internet.

15. MÍDIA PROGRAMÁTICA: CONCEITO E RESPONSABILIDADES

Por outro lado, os *publishers* não podem se eximir da responsabilidade pelo conteúdo por eles produzido e publicado em seus canais. Embora gozem de maiores liberdades na disseminação de informações do que os anunciantes, pois são tutelados pela liberdade de expressão e, nos casos de portais de notícias e similares, pela liberdade de imprensa, esses agentes ainda devem zelar pela licitude e adequação do conteúdo por eles criado.

Nesse sentido, caso venha a publicar um conteúdo manifestamente calunioso, por exemplo, o *publisher* pode ser responsabilizado pela reparação dos danos causados à pessoa caluniada. Além disso, é possível que venha a ser obrigado também a indenizar os anunciantes cujos anúncios ele houver veiculado e que comprovadamente tiverem sua imagem prejudicada pela associação ao conteúdo do ilícito promovido pelo *publisher*, considerando que essa não seja uma prática habitual do *publisher*, da qual o anunciante pudesse razoavelmente ter ciência.

2.4. O papel das plataformas de mídia

Como discutido anteriormente, o sucesso de uma campanha publicitária operada por mídia programática depende diretamente da forma como as plataformas de mídia são configuradas pelos demais agentes da cadeia. Contudo, assim como erros na programação de preferências dos anunciantes e *publishers*, também podem ocorrer falhas das próprias plataformas de mídia, como em qualquer outro tipo de *software*.

Em um processo de compra de mídia, é possível que a plataforma falhe no processamento de determinadas informações ou na ativação de certos filtros, o que pode gerar desde uma possível oportunidade de negócio perdida até a entrega de um anúncio inadequado em um contexto correto, ou de um anúncio correto em um contexto nocivo ao anunciante[63].

Na prática, essas diferentes situações podem ocorrer em todas as plataformas que são utilizadas no processo da oferta e da demanda: tratam-se, afinal, de programas de computador programados por humanos, sujeitos a "*bugs*" e falhas não previstas por seus idealizadores.

---

[63] Contextos nocivos são aqueles que envolvem categorias sensíveis de conteúdo, às quais muitas marcas podem desejar não estarem associadas, como, por exemplo, pirataria, pornografia, intolerância (sexual, racial, social ou religiosa), desinformação, entre outros.

ATIVIDADE PUBLICITÁRIA NO BRASIL

Nesse sentido, se as falhas da plataforma forem decorrentes de culpa do licenciante, é possível responsabilizá-lo pelos danos eventualmente causados pelo seu uso por terceiros[64]. Contudo, tendo o licenciante da plataforma tomado as medidas de segurança necessárias, de acordo com as práticas de mercado, é de se questionar sua responsabilidade em decorrência de atos externos, como, por exemplo, fraudes operadas por meio de acessos não autorizados ao sistema por terceiros[65].

Conclusões

A publicidade digital é uma atividade complexa, cheia de nuances e com uma cadeia diversa de atores, desempenhando diferentes papéis em uma economia que cresce a cada ano no país. Como toda inovação, a prática jurídica e, por consequência, a jurisprudência, ainda tentam acompanhar essas mudanças, entendendo os diferentes níveis de responsabilidade aplicáveis e as melhores práticas para atendê-los.

Contudo, vê-se que, mesmo com a ausência de regulamentos específicos, isso não significa dizer que se trata de uma atividade à margem da regulação, muito pelo contrário. Diversos diplomas gerais aplicam-se à mídia programática, e é possível inferir diversas boas práticas para o mercado a partir dessas normas, que são constantemente reforçadas por diretrizes estabelecidas pela autorregulamentação e orientações de condutas recomendáveis emitidas por associações representativas do setor aos seus integrantes.

Trata-se de um tema fascinante para futuros e mais aprofundados estudos: além de pesquisas no campo de obrigações e contratos, há muito espaço para discussões sobre proteção de dados, concorrência e tributação, dentre outros desafios que essa indústria traz.

---

[64] Tratando-se de licenças de *software* em uma relação empresarial, essas desempenham um papel fundamental nessa avaliação. É comum que licenças prevejam "níveis de serviço" (conhecidos no mercado como SLAs) e limitações de responsabilidade decorrentes de situações em que o envolvimento da licenciante é inexistente (por exemplo, em situações de culpa exclusiva de terceiro). Contudo, cabe lembrar que, por se tratar de decisão tipicamente alocada em contrato, cabem às partes definir o escopo e amplitude da responsabilidade da licenciante em caso de falhas que causem prejuízo à licenciada, ainda que essas possam não ser fruto de sua responsabilidade direta.
[65] Conforme a nota anterior, trata-se, contudo, de situação cuja responsabilidade pode ser alocada de forma diversa em instrumento contratual.

REFERÊNCIAS

—. Os passos do *Sleeping Giants* Brasil em 2021. Meio & Mensagem. 15 dez. 2020. Disponível em: <https://www.meioemensagem.com.br/home/midia/2020/12/15/os-passos-do-sleeping-giants-brasil-em-2021.html>. Acesso em 07 mar. 2021.

—. Por que precisamos da mídia programática? Meio & Mensagem. 07 jun. 2017. Disponível em: <https://www.proxxima.com.br/home/proxxima/how-to/2017/06/07/por-que-precisamos-da-midia-programatica.html>. Acesso em 07 mar. 2021.

—. Real-Time Bidding: What Happens In 200 Milliseconds? Nanigans. Disponível em: <https://www.nanigans.com/report/real-time-bidding-what-happens-in-200-milliseconds/>. Acesso em 14 mar. 2021.

BALSEIRO, Santiago R. e CANDOGAN, Ozan. "Optimal contracts for intermediaries in online advertising," Operations Research, 2017 Vol. 65, No. 4.

CAMILLERI, Mark Anthony. The Use of Data-Driven Technologies for Customer-Centric Marketing. Disponível em: <https://ssrn.com/abstract=3382746>. Acesso em 13 mar. 2021.

CENP. Normas-Padrão da Atividade Publicitária, 1998.

CONAR. Código Brasileiro de Autorregulamentação Publicitária Código e Anexos, 1978.

EMARKETER. Programmatic Ad Spending per Capita for Select Countries, 2018. Disponível em: <https://www.emarketer.com/chart/224858/programmatic-ad-spending-per-capita-select-countries-2018>. Acesso em 09 mar. 2021.

FERRAZ JUNIOR, Tercio. Sampaio. Introdução ao Estudo do Direito. 11. Ed. São Paulo: Editora Atlas, 2019. V. 1. Pp. 286 a 294.

IAB BRASIL, PWC, ILUMEO. Pesquisa Digital Adspend 2019. Disponível em: <https://iabbrasil.com.br/wp-content/uploads/2019/06/AdSpend-2019-vers%C3%A3o-final-1.pdf>. Acesso em 07 mar. 2021.

IAB BRASIL. Ad Verification: Diretrizes para Verificação de Entrega de Publicidade. Disponível em: <https://iabbrasil.com.br/wp-content/uploads/2019/05/Ebook-IAB-AD-Verification_DIGITAL.pdf>. Acesso em 13 mar. 2021.

IAB BRASIL. Glossário de Marketing Digital. 2017. Disponível em: <https://iabbrasil.com.br/boas-praticas-glossario-iab-brasil-marketing-digital/>. Acesso em 07 mar. 2021.

IAB BRASIL. Mídia Programática. Publicação traduzida – Versão original IAB Europa/2015. Disponível em: <https://iabbrasil.com.br/wp-content/uploads/2012/09/E-BOOK-IAB-BRASIL-M%C3%8DDIA-PROGRAM%C3%81TICA.pdf>. Acesso em 07 mar. 2021. pp. 36, 92 e 93.

IAB BRASIL. O caminho do Brand Safety para o Brand Suitability. Disponível em: <https://iabbrasil.com.br/artigo-o-caminho-do-brand-safety-para-o-brand-suitability/>. Acesso em 14 mar. 2021.

IAB BRASIL. Protocolo para Proteção das Marcas no Meio Digital. Disponível em: <https://iabbrasil.com.br/wp-content/uploads/2020/09/IAB-Infografico04_04.pdf>. Acesso em 02 mar. 2021.

IAB EUROPE. The IAB Europe Guide to Ad Fraud. Disponível em: <https://iabeurope. eu/wp-content/uploads/2020/12/IAB-Europe-Guide-to-Ad-Fraud-1.pdf>. Acesso em 13 mar. 2021.

IAB TECH LAB. The evolution of the internet, identity, privacy and tracking – how cookies and tracking exploded, and why we need new standards for consumer privacy. Disponível em: <https://iabtechlab.com/blog/evolution-of-internet-identity-privacy-tracking/>. Acesso em 10 mar. 2021.

IAB UK. Back to Basics Guide to Programmatic. Disponível em: <https://www.iabuk. com/standards-guidelines/back-basics-guide-programmatic#:~:text=Simply%20 stated%2C%20programmatic%20advertising%20is,time%2C%20in%20the%20 right%20place. >. Acesso em 13 mar. 2021.

LUMA. Display LUMAscape. Disponível em: <https://lumapartners.com/content/ lumascapes/display-ad-tech-lumascape/>. Acesso em 10 mar. 2021.

SLEEPING GIANTS BRASIL. Manifesto. Disponível em: <https://sleepinggiantsbrasil. com/manifesto/>. Acesso em 07 abr. 2021.

SOUZA, Carlos Affonso. Twitter @caffsouza. Disponível em: <https://twitter.com/ caffsouza/status/1364217720523350018?s=20>. Acesso em 13 mar. 2021.

16.
CENÁRIO TRIBUTÁRIO DA PUBLICIDADE NO MERCADO BRASILEIRO

Lisa Worcman

Introdução

A complexidade do sistema tributário brasileiro inegavelmente trouxe sua contribuição quando discutimos a publicidade no Brasil. Como veremos ao longo desse capítulo, a publicidade no Brasil foi e é objeto de constante questionamento e incertezas na forma de sua tributação.

1. Natureza jurídica

O enquadramento de atividades para fins tributários está atrelado a determinação da sua natureza jurídica. Isso por si só já denota a complexidade de delimitar a incidência tributária de determinada atividade, uma vez que vivemos em um mundo fluído, onde as atividades deixam de ser facilmente caracterizáveis como bens, serviços ou direitos. Mais ainda quando tratamos da publicidade, que é um mercado que acompanha o dinamismo tecnológico para definir, se comunicar e até avaliar o público consumidor. Nesse sentido, enquadrar atividades publicitárias em naturezas jurídicas constitucionalmente estabelecidas não é uma missão simples.

Como regra geral, são sujeitos ao Imposto Sobre Serviços de competência municipal ("ISS") os serviços listados em lei complementar, no caso na Lei Complementar nº 116/03 ("LC 116/03"), e não compreendidos pela competência estadual.

Já o ICMS incide sobre a prestação de serviços de comunicação, de transporte interestadual e sobre a circulação de mercadorias. Não há, entretanto, definição expressa acerca da abrangência do conceito de serviço de comunicação.

Em um mundo hiperconectado, onde grande parte das interações tem se dado de forma digital, em virtude da grave crise sanitária decorrente da pandemia do Covid-19, agregado a um estado de esvaziamento dos cofres estaduais, as autoridades fiscais estaduais tem sido cada vez mais ávidas em caracterizar atividades como serviços de comunicação (o que permitiria a tributação pelo ICMS).

Esse é o conflito verificado na publicidade on-line, que será explorado em outro capítulo. No entanto, vale observarmos que a caracterização de serviços de publicidade como serviços de comunicação é anterior a esse fenômeno da publicidade digital e perpassa os meios mais tradicionais de publicidade, como é o caso da televisão aberta.

2. A veiculação de publicidade em meios tradicionais

A discussão em torno da tributação da publicidade, em um canal de televisão aberto, se insere no contexto da imunidade constitucional prevista no artigo 155 da Constituição Federal de 1988:

> "Art. 155. Compete aos Estados e ao Distrito Federal instituir impostos sobre:
> (...)
> II – operações relativas à circulação de mercadorias e sobre prestações de serviços de transporte interestadual e intermunicipal e de comunicação, ainda que as operações e as prestações se iniciem no exterior;
> § 2º O imposto previsto no inciso II atenderá ao seguinte:
> X – **não incidirá:**
> **d) nas prestações de serviço de comunicação nas modalidades de radiodifusão sonora e de sons e imagens de recepção livre e gratuita;**
> (Incluído pela Emenda Constitucional nº 42, de 19.12.2003)"

A Secretaria da Fazenda já se manifestou por meio de Resposta à Consulta[1], no sentido de que "a veiculação de publicidade em rádio e canais

---

[1] Resposta à Consulta nº 480/2011. No mesmo sentido: 574/2006, 551/2010, 7/2012.

de televisão por sinal aberto, ainda que realizada a título oneroso, também foi alcançada por essa imunidade constitucional". No entanto, utilizar-se deste argumento para impedir que a veiculação de publicidade seja tributada pelos canais de televisão por sinal aberto, traz um importante risco quanto à classificação da natureza jurídica dessa atividade para os demais players como sendo uma atividade sujeita ao ICMS.

O risco de incidência do ICMS sobre a atividade de veiculação de publicidade foi objeto de questionamento nos canais de televisão por assinatura, e até mesmo nos outdoors. Esse último, que nem se utiliza de meios de telecomunicação para acessar o destinatário incerto, teve recentemente essa incidência reafirmada por meio da Resposta à Consulta nº 16744 de 20 de setembro de 2019[2].

Esse impasse referente à caracterização dos serviços de veiculação de publicidade, sua equiparação ao serviço de inserção de publicidade (cuja natureza foi incluída no rol de atividades tributadas pelo ISS, sujeitas a um processo legislativo válido e completo), ainda pendem de uma definição por parte dos tribunais superiores.

Enquanto os prestadores desses serviços permanecem na incerteza, as agências de publicidade encontram seus próprios desafios.

3. Tributação das agências de publicidade

A tributação das agências de publicidade, tem uma definição clara como serviço sujeito ao ISS, mas tem como principal ponto de questionamento a base de cálculo e a instabilidade legislativa sobre sua definição.

Isso porque as agências de publicidade atuam como intermediárias entre os anunciantes e terceiros, agenciando a veiculação da publicidade.

A realização desse tipo de intermediação, ou "agenciamento", é parte das atividades que definem uma "agência de publicidade" nos termos da Lei nº 4.680, de 18 de junho de 1965[3].

---

[2] *ICMS – Prestação de serviço de comunicação – Veiculação de publicidade por contrato oneroso em placas, painéis e outdoors – Incidência. I. A veiculação de publicidade em mídia exterior através de placas, painéis e outdoors está sujeita à tributação pelo ICMS, conforme preconiza o artigo 155, inciso II, da Constituição Federal/1988.*

[3] "Art 3º. A Agência de Propaganda é pessoa jurídica, ... VETADO ..., e especializada na arte e técnica publicitária, que, através de especialistas, estuda, concebe, executa e distribui propaganda aos veículos de divulgação, por ordem e conta de clientes anunciantes, com o objetivo de promover a venda de produtos e serviços, difundir ideias ou informar o público a respeito de organizações ou instituições colocadas a serviço desse mesmo público."

Quando se fala em intermediação, situação em que uma das partes aproxima as outras mediante o pagamento de uma remuneração para tanto e, por vezes, recebendo e repassando valores devidos a terceiros, há clara importância na delimitação do que seriam as receitas próprias da agência.

3.1. ISS

Em São Paulo, historicamente, o Decreto nº 53.151, de 17 de maio de 2012 ("Decreto nº 53.151/12"), previa expressamente os elementos que compõem a receita bruta de agências de publicidade, estabelecendo que quando o preço da produção "for executado por terceiros que emitam notas fiscais, faturas ou recibos em nome do cliente e aos cuidados da agência, o preço do serviço desta será a diferença entre o valor de sua fatura ao cliente e o valor dos documentos do(s) executor(es) à agência".

Contudo, em 2017 foi publicado o Decreto nº 58.045, que revogou o artigo 47 do Decreto nº 53.151/12. Com essa revogação, o setor passou a temer que o Fisco Municipal passasse a incluir valores repassados a terceiros na base de cálculo do ISS a ser recolhido pelas agências de publicidade.

Em 2018 foi publicado o Decreto nº 58.175, que reestabeleceu as previsões anteriores sobre e tema e ainda trouxe esclarecimentos adicionais por meio da introdução do artigo 47-A ao Decreto nº 53.151/12, ao determinar que:

> "o preço do serviço descrito no subitem 17.06 da lista de serviços do "caput" do artigo 1º da Lei nº 13.701, de 2003, quando efetivamente prestado por terceiro, não compõe a base de cálculo dos serviços prestados pela agência nos termos do inciso II do "caput" deste artigo, mesmo que ambos os tomadores reúnam-se em idêntica pessoa e seja a fatura, recibo ou documento contábil assemelhado emitido pelo terceiro com endereçamento aos cuidados da agência ou termo similar".

No entanto, vale notar que a situação acima, ocorrida no Município de São Paulo, apenas ilustra a instabilidade jurídica pela qual passaram as agências de publicidade. Em diversos outros municípios, a insegurança jurídica ainda impera. Nesse sentido, segue abaixo acórdão do Tribunal de Justiça que retrata a discussão da base de cálculo do ISS no município de São José do Rio Preto:

16. CENÁRIO TRIBUTÁRIO DA PUBLICIDADE NO MERCADO BRASILEIRO

" eventual subcontratação com fornecedores de materiais e atividades publicitárias faz parte do regular desenvolvimento de suas atividades, integrando o preço dos serviços pactuado com seus clientes, razão pela qual os referidos valores devem compor o critério quantitativo da regra--matriz de incidência tributária de ISS".

Logo, é recomendável que as agências de publicidade que operam o repasse de recursos a fornecedores se atentem à legislação do município onde o serviço é prestado, para que busquem maior segurança jurídica.

3.2. Tributos Federais

Assim como o Fisco Municipal, depois de uma série de instabilidades, o Fisco Federal tem reconhecido que valores repassados a terceiros pelas agências de publicidade não devem ser incluídos na base de cálculo de tributos federais. Os tributos federais que incidem sobre todas as pessoas jurídicas de direito privado são: o Imposto de Renda ("IRPJ"), Contribuição Social sobre o Lucro Líquido ("CSLL") e Contribuição ao PIS e COFINS ("PIS/COFINS").

Em termos gerais, o IRPJ e a CSLL são tributos incidentes sobre os lucros das empresas, às alíquotas de 15% (acrescida do adicional de 10%[4]) e 9%, respectivamente[5]. A base de cálculo desses tributos variará de acordo com a opção do contribuinte pela tributação com base na sistemática do lucro real ou do lucro presumido. De acordo com a sistemática do lucro real, o IRPJ e a CSLL incidirão sobre o lucro líquido auferido, depois de efetuadas as adições, exclusões e compensações designadas em lei.

Algumas sociedades estão obrigadas a adotar o regime do lucro real[6]. Por outro lado, as demais sociedades poderão optar pelo regime de tributação com base no lucro presumido, sob o qual deverão aplicar um percentual de presunção de lucro sobre as receitas auferidas, para a determinação da

---

[4] O adicional de 10% incidirá sobre a parcela que exceder o montante de R$ 20.000,00 multiplicado pelo número de meses do período de apuração.

[5] Note-se, contudo, haver argumentos para defender em juízo que as receitas de exportação estão imunes à incidência de CSLL. Todavia, dada a escassez de precedentes jurisprudenciais sobre a matéria, é difícil antecipar as chances de sucesso de eventual discussão judicial.

[6] tal como aquela que: (i) tenha receita total, no ano-calendário anterior, superior a R$ 78 milhões; (ii) seja instituição financeira ou equiparada; (iii) tenha lucros, rendimentos ou ganhos de capital oriundos do exterior; ou (iv) usufrua de benefícios fiscais, dentre outros

base de cálculo do IRPJ e da CSLL. No caso da prestação de serviços, em geral, o percentual de presunção é de 32% sobre o valor das **receitas** de serviços que é a base de cálculo destes tributos, sobre a qual serão aplicadas as alíquotas devidas.

Já as contribuições ao PIS e COFINS variam de acordo com a sistemática de tributação adotada pela pessoa jurídica, a saber: a sistemática cumulativa e a sistemática não cumulativa. No caso da sistemática cumulativa, prevista basicamente na Lei nº 9.718, de 27 de novembro de 1998, com as posteriores alterações, pode-se definir, genericamente, que o PIS e a COFINS incidem sobre a totalidade das **receitas** auferidas, às respectivas alíquotas de 0,65% e 3%.

No que tange à sistemática não cumulativa, prevista basicamente na Lei nº 10.637, de 30 de dezembro de 2002, e na Lei nº 10.833, de 29 de dezembro de 2003, o PIS e a COFINS incidem sobre a totalidade das **receitas**, às respectivas alíquotas de 1,65% e 7,6%, havendo a possibilidade de tomada de determinados créditos, calculados em relação a despesas e custos específicos.

Claramente, a determinação do que se compreende por **receita** é determinante para a incidência dos tributos mencionados acima. O entendimento já adotado pelo Fisco Federal quanto às agências de publicidade segue abaixo:

Acórdão nº 108-09.264

Acórdão nº 201-79.211
Órgão: 2º Conselho de Contribuintes / 1a. Câmara
"(...) COFINS. RECEITAS DAS AGÊNCIAS DE PROPAGANDA E PUBLICIDADE.
Os valores recebidos pelas agências de propaganda, ou incluídos em suas notas fiscais, e devidos pelos anunciantes aos veículos de divulgação **não** são receitas da agência e, consequentemente, não integram a base de cálculo da Cofins. (...)"
(Data da Decisão: 26.4.2006 15.02.2007, g.n.)

"SOLUÇÃO DE CONSULTA Nº 96 de 03 de Abril de 2009

ASSUNTO: Contribuição Social sobre o Lucro Líquido – CSLL
EMENTA: No regime de apuração do lucro presumido, as empresas de propaganda e publicidade poderão excluir, da base de cálculo

16. CENÁRIO TRIBUTÁRIO DA PUBLICIDADE NO MERCADO BRASILEIRO

da Contribuição Social sobre o Lucro Líquido, as importâncias que se refiram ao reembolso de despesas (gastos feitos com terceiros em nome da Agência, mas reembolsáveis, pelo Anunciante, nos limites e termos contratuais) ou os valores repassados (gastos feitos com terceiros pela beneficiária por conta e ordem do Anunciante e em nome deste). Também não integram a base de cálculo as importâncias pagas diretamente ou repassadas a outras empresas pela veiculação de mídia (rádios, televisões, jornais etc)."

Vale lembrar que as agências e publicidade estão sujeitas à antecipação do pagamento do IRPJ por meio do auto retenção do imposto de renda retido na fonte à alíquota de 1,5%[7]. No entanto, assim como os demais tributos, essa incidência deve estar limitada às comissões da agência de publicidade, que se caracterizam como sua receita[8].

A mesma limitação se aplica quando tratamos da incidência da tributação pelo Simples Nacional[9].

[7] Lei nº 9.064/1995. "Art. 6º É reduzida para 1,5% a alíquota do imposto de renda na fonte, de que tratam os arts. 52 e 53 da Lei nº 7.450, de 23 de dezembro de 1985."

[8] SC COSIT nº 75/2016. ASSUNTO: IMPOSTO DE RENDA RETIDO NA FONTE – IRRF **"As importâncias pagas ou creditadas a pessoa jurídica pela veiculação de anúncios publicitários, diretamente pelo anunciante ou por intermédio de agência de propaganda, não estão sujeitas à incidência do Imposto de Renda na Fonte."**

[9] SC COSIT nº 70/2016. AGÊNCIA DE PROPAGANDA. BASE DE CÁLCULO. **"Por ser fruto de operação em conta alheia, estão excluídos da base de cálculo do Simples Nacional os valores recebidos por agência de publicidade para mero repasse aos veículos de comunicação e fornecedores, em razão de gastos feitos por conta e ordem do anunciante e em nome deste.** Nesse caso, os resultados dessa operação em conta alheia serão considerados receita bruta para a base de cálculo do Simples Nacional. No entanto, por decorrer de operação em conta própria, estão incluídos na base de cálculo do Simples Nacional os valores cobrados do anunciante, relativos aos pagamentos diretos aos veículos e fornecedores, feitos pela agência em seu próprio nome. O desconto concedido pela agência ao anunciante, por antecipação do pagamento, não constitui "desconto incondicional concedido", de sorte que não afeta a base de cálculo do Simples Nacional apurado pela agência, que continuará se pautando pelo valor original do serviço. Em contrapartida, o desconto obtido pela agência junto a veículos e fornecedores, por antecipação do pagamento, não compõe a base de cálculo do Simples Nacional apurado pela agência."

ATIVIDADE PUBLICITÁRIA NO BRASIL

4. Produção, gravação, edição, legendagem e distribuição

Outro *player* importante do ecossistema de publicidade é o produtor de filmes publicitários. Curiosamente, essa atividade também encontra uma especificidade quanto a sua tributação.

O item 13.01 da Lista de Serviços anexa a LC 116/03, quando do seu envio à sanção presidencial, previa a inclusão do seguinte item como serviço tributável pelo ISS: "Produção, gravação, edição, legendagem e distribuição de filmes, vídeo-tapes, discos, fitas cassete, compact disc, digital video disc e congêneres".

No entanto, este item foi vetado pelo Presidente da República e excluído da lista de serviços tributáveis pelo ISS. As razões do veto[10] não tratam dos tipos "Produção, gravação, edição, legendagem", mas apenas da "distribuição de filmes" e alega que esta última seria uma atividade sujeita ao ICMS, razão pela qual não deveria esse item figurar na lista de serviços tributáveis pelo ISS.

Mesmo sem um item específico para a produção de obras audiovisuais, diversos municípios tentaram cobrar o ISS sobre essa atividade com base em outros itens da lista de serviços[11].

No entanto, a corrente majoritária da jurisprudência, representada de forma recorrente pela Primeira Turma do Superior Tribunal de Justiça ("STJ") tem entendido que o ISS não deve incidir sobre tais atividades em virtude do veto e do fato que a equiparação dessa atividade a outro item da lista de serviços seria inadequada.[12] Nesse sentido, é possível sustentar que

---

[10] "O item 13.01 da mesma Lista de serviços mencionada no item anterior coloca no campo de incidência do imposto gravação e distribuição de filmes. Ocorre que o STF, no julgamento dos RREE 179.560-SP, 194.705-SP e 196.856-SP, cujo relator foi o Ministro Ilmar Galvão, decidiu que é legítima a incidência do ICMS sobre comercialização de filmes para videocassete, porquanto, nessa hipótese, a operação se qualifica como de circulação de mercadoria. Como conseqüência dessa decisão foram reformados acórdãos do Tribunal de Justiça do Estado de São Paulo que consideraram a operação de gravação de videoteipes como sujeita tão-somente ao ISS. Deve-se esclarecer que, na espécie, tratava-se de empresas que se dedicam à comercialização de fitas por elas próprias gravadas, com a finalidade de entrega ao comércio em geral, operação que se distingue da hipótese de prestação individualizada do serviço de gravação de filmes com o fornecimento de mercadorias, isto é, quando feita por solicitação de outrem ou por encomenda, prevalecendo, nesse caso a incidência do ISS (retirado do Informativo do STF nº 144). Assim, pelas razões expostas, entendemos indevida a inclusão destes itens na Lista de serviços."

[11] Como o item 13.03 – Fotografia e cinematografia, inclusive revelação, ampliação, cópia, reprodução, trucagem e congêneres.

[12] "TRIBUTÁRIO. ISS. PRODUÇÃO DE FILMES SOB ENCOMENDA. NÃO INCIDÊNCIA. VETO PRESIDENCIAL. EQUIPARAÇÃO À CINEMATOGRAFIA. IMPOSSIBILIDADE. 1. A produção de

a atividade de produção de peças publicitárias encontra-se hoje sem base legal para a incidência de ISS sobre as receitas desse serviço geradas pelo produtor.

5. Condecine

A Contribuição para o Desenvolvimento da Indústria Cinematográfica Nacional ("Condecine"), é um tributo federal do tipo Contribuição de Intervenção no Domínio Econômico. Isso significa que o resultado da arrecadação dessa contribuição será destinado ao desenvolvimento do setor sobre qual incide (nesse caso, o cinema nacional).

A Condecine, prevista na Medida Provisória nº 2.228, de 2001 ("MP 2228/01"), subdivide-se nos três seguintes tipos: (i) a Condecine Percentual; (ii) a Condecine Telecom; e a (iii) Condecine Fixa. A Condecine Telecom é devida anualmente pelas operadoras de serviços de telecomunicações que podem, efetiva ou potencialmente, distribuir conteúdos audiovisuais, não afetando diretamente o mercado de publicidade.

Já a Condecine Fixa e Percentual alcançam o mercado de publicidade frontalmente. A Condecine Percentual incide sobre quaisquer remessas ao exterior pela exploração de obras audiovisuais. Nesse sentido, qualquer remessa referente ao licenciamento de obras audiovisuais publicitárias estrangeiras, por exemplo, estaria sob a égide da tributação pela Condecine Percentual.

A Condecine Fixa incide sobre a veiculação, a produção, o licenciamento e a distribuição de obras cinematográficas e videofonográficas com fins comerciais, por segmento de mercado a que forem destinadas. Nesse caso, o mercado publicitário deve se atentar para o recolhimento da Condecine Fixa a cada 12 (doze) meses, no valor fixo previsto na MP 2228/01 por título ou capítulo de obra audiovisual destinada aos seguintes segmentos de mercado: a) salas de exibição; b) vídeo doméstico, em qualquer suporte; c) serviço de radiodifusão de sons e imagens; d) serviços de comunicação eletrônica de massa por assinatura; e e) outros mercados. Vale notar que há uma grande discussão quanto a legalidade da incidência da Condecine Fixa sobre "outros

filmes, ainda que sob encomenda, não está sujeita à incidência do ISS, em virtude de veto da Presidência da República ao item da lista anexa em que está prevista tal tributação (item 13.01), sendo inadequada a equiparação dessa atividade ao específico serviço de cinematografia para o fim de justificar essa cobrança. 2. Agravo interno não provido." (AgInt no REsp 1785434/DF, Rel. Ministro GURGEL DE FARIA, PRIMEIRA TURMA, julgado em 13/10/2020, DJe 23/10/2020)

mercados". Isso porque a descrição genérica fere o princípio da tipicidade estrita no direito tributário.

A Agência Nacional de Cinema ("ANCINE") publicou instruções normativas[13] para definir como segmento de mercado a "Publicidade Audiovisual na Internet". No entanto, a obrigação de registro e recolhimento de Condecine FIxa para a veiculação de publicidade audiovisual na internet deve ser dar por meio de lei, e nunca por meio de Instrução Normativa. Com base nessa patente ilegalidade, a ANCINE revogou tais disposições e ainda milita para a inclusão deste segmento de mercado no campo de incidência da Condecine Fixa no âmbito legislativo.

6. Pejotização

Por sabermos que o conteúdo gerado pela indústria de publicidade por diversas vezes depende de relações contratuais com *freelancers* que optam por se organizar como pessoas jurídicas, entendemos que esse assunto que merece uma atenção especial em virtude dos recentes desdobramentos.

Em 21 de novembro de 2005 foi sancionada a Lei nº 11.196 ("Lei 11.196/05"), que determinou ser possível prestar serviços intelectuais, inclusive os de natureza artística ou cultural, por meio de pessoas jurídicas. E mais, nesses casos, somente a legislação aplicável às pessoas jurídicas deveria se aplicar.

A aplicação desse dispositivo visa justamente permitir a liberdade de expressão intelectual, cultural ou artística, sem a necessidade de um vínculo empregatício que deturpe essa prestação de serviço devido à subordinação.

No entanto, segundo notícia do próprio site do Supremo Tribunal Federal[14], tanto a Receita Federal, o Conselho Administrativo de Recursos Fiscais ("CARF"), quanto a Justiça do Trabalho têm desconsiderado as disposições legais para reclassificar as relações como contratos de trabalho regidos pela Consolidação das Leis do Trabalho ("CLT") ou como prestadores autônomos.

Em resposta, a Confederação Nacional da Comunicação Social ("CNCOM") ingressou no Supremo Tribunal Federal ("STF") com a Ação de Declaração de Constitucionalidade nº 66 e conseguiu votos suficientes para declarar a constitucionalidade da Lei 11.196/05 e garantir a sua aplicação.

---

[13] Instrução Normativa nº 134, de 9 de maio de 2017.

[14] http://portal.stf.jus.br/noticias/verNoticiaDetalhe.asp?idConteudo=427849&tip=UN

16. CENÁRIO TRIBUTÁRIO DA PUBLICIDADE NO MERCADO BRASILEIRO

Na prática, contudo, entendemos que os casos devem ser analisados de forma individualizada, uma vez que a Receita Federal pode não concordar com esse tratamento para todos os casos (independentemente do regime previsto na Lei 11.196/05).

7. Reforma tributária

Em virtude de tantas dúvidas e incerteza, a reforma tributária figura de forma recorrente na pauta do governo.

Com a promessa de simplificar o regime tributário no Brasil, o Projeto de Lei nº 3.887, datado de julho de 2020, pretende alterar a legislação federal e instituir a Contribuição sobre Operações com Bens e Serviços ("CBS"). A proposta do Governo para Reforma Tributária propõe a extinção do PIS/COFINS e a criação da CBS ("Contribuição sobre Bens e Serviços") fixada a 12%, como tributo unificado. Vale notar que projeto de criação da CBS prevê a possibilidade de tomada de crédito com despesas relacionadas à prestação de serviços por pessoa jurídica, o que estimulará ainda mais sua contratação nos moldes da Lei 11.196/05 em detrimento da contratação de pessoas físicas (já que essa despesa não daria direito a crédito de CBS).

Ademais, nota-se que a CBS vem como uma etapa inicial a um projeto maior de reforma tributária que está em análise no Congresso Nacional (como a Proposta de Emenda Constitucional nº 45 e a nº 110). Essas propostas são mais amplas e propõem substituir cinco tributos federais, estaduais e municipais (PIS, COFINS, Imposto sobre Produtos Industrializados ("IPI"), ICMS e ISS) por um único Imposto sobre Bens e Serviços ("IBS"). O IBS tem como intenção justamente eliminar a necessidade de determinação da natureza jurídica da atividade uma vez que pretende tributar todos os tipos de serviços por esse imposto. Nesse caso, seja serviço de comunicação ou serviço de inserção de publicidade, ambos estariam sujeitos a mesma carga tributária e ao IBS.

Independentemente da forma escolhida, fica evidente que o cenário tributário da publicidade no mercado brasileiro precisa de melhorias para que possa se desenvolver sem que os seus participantes fiquem sujeitos ao risco de multas e incertezas.

17.
TRIBUTAÇÃO DA PUBLICIDADE DIGITAL

Flavio Rubinstein

Introdução

O presente capítulo traça um panorama dos principais desafios da tributação da publicidade digital[1] e apresenta uma sistematização das normas tributárias brasileiras aplicáveis a esta atividade. Complementa, assim, o capítulo sobre a tributação do mercado da publicidade tradicional, de autoria de Lisa Worcman.

O mercado de publicidade digital movimenta centenas de bilhões de dólares[2] em modelos de negócios em constante evolução, alcançando metade de toda a verba publicitária mundial em 2021[3]. No Brasil, verifica-se tendência semelhante, com mercado anual de publicidade digital já estimado em US$ 10 bilhões[4].

---

[1] As expressões "publicidade digital" e "publicidade online" serão usadas de forma intercambiável neste capítulo.

[2] Em 2021, o valor estimado do mercado de publicidade online global seria de US$ 650 a US$ 750 bilhões. Cf. Statista. **Digital advertising spending worldwide 2019-2024**. 28 de maio de 2021. Disponível em: https://www.statista.com/statistics/237974/online-advertising-spending-worldwide/; e BRUELL, Alexandra. **Global Ad Spending Expected to Rebound Faster Than Previously Forecast**. *In:* Wall Street Journal, 14/06/2021. Disponível em: https://www.wsj.com/articles/global-ad-spending-expected-to-rebound-faster-than-previously-forecast-11623666600.

[3] Cf. DENTSU. **Global Ad Spend Forecasts**. 2021. Disponível em: https://www.dentsu.com/reports/ad_spend_january_2021_asa

[4] Cf. RIGA, Matheus. **Como as adtechs brasileiras pretendem abocanhar parte do mercado de publicidade digital, avaliado em US$ 10 bilhões**. *In:* Forbes, 21/06/2021. Disponível em: https://forbes.com.br/forbes-tech/2021/06/como-as-adtechs-brasileiras-pretendem-abocanhar-parte-do-mercado-de-publicidade-digital-avaliado-em-us-10-bilhoes/.

ATIVIDADE PUBLICITÁRIA NO BRASIL

Na esteira da pandemia do COVID-19 em 2020 e 2021, com o incremento da digitalização da economia, a publicidade digital ganhou relevância ainda maior, ao passo em que se observou uma retração da publicidade tradicional, refletindo a aceleração de uma dinâmica que já vinha sendo observada nos últimos anos[5].

Parte significativa dos negócios de publicidade digital passou a ser gerada por plataformas multifacetadas, as quais têm atuação em escala global (em muitas jurisdições, com operação desprovida de presença física) e posições de dominância no mercado[6].

A publicidade digital abrange duas modalidades principais: (i) publicidade em buscas online (em sites gerais de buscas ou plataformas de conteúdo específico, como de compras ou viagens) e (ii) publicidade de *display* (*banners* ou outros formatos de anúncios em sites, plataformas ou aplicativos, com conteúdo que pode incluir textos, imagens ou vídeos). Outras modalidades são a publicidade de classificados online e publicidade nativa nas redes sociais, em que conteúdos autogerados pelos usuários tornam-se cada vez mais relevantes, como é o caso dos *posts* de influenciadores digitais. Em cada uma destas categorias, abrem-se possibilidades de customização de conteúdo para refletir os interesses ou as necessidades dos consumidores[7].

---

[5] Cf. MOERBACH, Manuel. **How Digital Advertising Will Change in 2021**. *In:* Newsweek, 19//01/2021. Disponível em: https://www.newsweek.com/how-digital-advertising-will-change-2021-1565525; e GRAHAM, Meghan. **Digital ad spend grew 12% in 2020 despite hit from pandemic**. *In:* CNBC, 7/04/2021. Disponível em: https://www.cnbc.com/2021/04/07/digital-ad-spend-grew-12percent-in-2020-despite-hit-from-pandemic.html

[6] As 5 plataformas com atuação mais representativa no mercado global de publicidade digital (Google, Facebook, Amazon, Alibaba e ByteDance) responderam por 46% das receitas deste mercado em 2020. Uma década antes, as 5 empresas com receitas mais representativas no mercado publicitário global (Google, Viacom/CBS, News Corp/Fox, Comcast e Disney) representavam apenas 17% deste mercado. Cf. BRUELL, Alexandra. **Global Ad Spending Expected to Rebound Faster Than Previously Forecast**. *In:* Wall Street Journal, 14/062021. Disponível em: https://www.wsj.com/articles/global-ad-spending-expected-to-rebound-faster-than-previously-forecast-11623666600.

[7] Cf. OCDE. **Competition in Digital Advertising Markets**. 2020, p. 16. Disponível em: http://www.oecd.org/daf/competition/competition-in-digital-advertising-markets-2020.pdf; e FOURBERG, N., et al. **Online advertising: the impact of targeted advertising on advertisers, market access and consumer choice**. Publicação do Comitê Mercado Internacional e Proteção do Consumidor, do Departamento de Política Econômica, Científica, e de Qualidade de Vida, do Parlamento Europeu. Luxemburgo (2021), p. 12. Disponível em: https://www.europarl.europa.eu/RegData/etudes/STUD/2021/662913/IPOL_STU(2021)662913_EN.pdf

17. TRIBUTAÇÃO DA PUBLICIDADE DIGITAL

Conforme apontado no capítulo sobre Mídia Programática, de coautoria de Pedro H. Ramos, Ana Flávia Costa Ferreira e Ana Paula Varize Silveira, diferentemente da publicidade tradicional, em que a negociação de espaços publicitários costuma ocorrer de forma linear, diretamente entre o anunciante (ou a sua agência) e o *publisher*[8], na publicidade digital é frequente a atuação de intermediários, as plataformas de mídia, que ajudam a definir melhor o perfil de audiência e participam da distribuição dos anúncios.

Assim, se nos primórdios da publicidade digital (nos anos 1990) a relação entre as partes era bilateral e direta, com os anunciantes procurando os *publishers* para adquirir anúncios de *display* por determinado valor, remontando portanto ao modelo da publicidade tradicional, ao longo dos anos a cadeia de fornecimento tornou-se progressivamente complexa, passando a envolver diversos serviços (muitos dos quais facilitados pela tecnologia) e partes distintas mas complementares.

Em seu núcleo, a publicidade digital envolve um *publisher* de conteúdo (e.g. um site ou um jornal online) que fornece espaço publicitário (conhecido como *ad inventory*), no lado da oferta do mercado (*supply side*), e um anunciante de produtos ou serviços, no lado da demanda do mercado (*demand side*). No mais das vezes, estas partes valem-se de intermediários para uma dinâmica de negociação eletrônica automatizada, conhecida como "mídia programática"[9].

O ecossistema de mídia programática é composto por uma cadeia de compra de mídia capilarizada e automatizada, em que diversas plataformas, com diferentes funcionalidades, atuam de forma integrada. Estas plataformas podem ser de demanda (como as DSPs, operadas por anunciantes e suas agências) e de oferta (como as SSPs, operadas por *publishers*). As DSPs e as SSPs são complementadas pelos "Ad Exchanges", mercados online (em regra, automatizados) em que diversas plataformas de mídia se congregam com o objetivo de negociar espaços publicitários, a partir de leilões em tempo real; e pelos "Ad Marketplaces", mercados privados de negociação de mídia, restritos a anunciantes selecionados e com regras predefinidas para esta negociação[10].

---

[8] Veículo – e.g. um site ou um aplicativo – que oferece espaço publicitário para anunciantes.

[9] Cf. OCDE. **Competition in Digital Advertising Markets**. 2020, p. 17-20. Disponível em: http://www.oecd.org/daf/competition/competition-in-digital-advertising-markets-2020.pdf.

[10] Para detalhes sobre o papel de cada parte deste mercado, cf. o capítulo sobre Mídia Programática, de coautoria de Pedro H. Ramos, Ana Flávia Costa Ferreira e Ana Paula Varize Silveira, com dados do IAB Brasil.

ATIVIDADE PUBLICITÁRIA NO BRASIL

Merece destaque, ainda, o papel de intermediação desenvolvido pelas "Ad Networks", conectando os *publishers* e os anunciantes a partir da agregação de estoque de espaços de anúncio, filtrados e empacotados com base em critérios e especificações de contexto ou de direcionamento de público-alvo. As "Ad Networks" podem negociar estes estoques diretamente ou por meio de "Ad Exchanges"[11].

Via de regra, os intermediários que integram o ecossistema de mídia programática recebem uma comissão pelos valores negociados entre as partes na comercialização de espaços de publicidade digital, o que traz implicações tributárias relevantes, como se discutirá adiante.

A tributação da publicidade online, inserida no contexto mais amplo da economia digital, tem se mostrado um dos temas mais polêmicos e desafiadores de política fiscal internacional, conforme se pode observar nos debates do projeto BEPS da OCDE[12] e na criação de Digital Services Taxes DSTs,

---

[11] Cf. OCDE. **Competition in Digital Advertising Markets**. 2020, p. 18. Disponível em: http://www.oecd.org/daf/competition/competition-in-digital-advertising-markets-2020.pdf; e BODELL, Nicholas. **What is the Difference Between Ad Exchange and Ad Network?** *In: Medium*, 25/10/2018. Disponível em: https://medium.com/swipe-mag/what-is-the-difference-between-ad-exchange-and-ad-network-e6714f950132.

[12] O Projeto BEPS (*Base Erosion and Profit Shifting*), conduzido por uma estrutura inclusiva (*Inclusive Framework*) de 139 países e coordenado pela OCDE, com interações com o G20, é uma iniciativa multilateral para discutir e propor soluções para as práticas de transferência dos lucros de empresas multinacionais para países de baixa tributação. Dentre as diversas frentes deste projeto, destaca-se a Ação 1, que aborda os desafios da tributação da economia digital. Embora esta iniciativa tenha apresentado avanços nos últimos anos, ainda não foram implementadas medidas concretas para uma solução permanente. Um importante marco nessa direção pode ter sido atingido em julho de 2021, com a declaração da OCDE de que os membros daquele grupo chegaram a um consenso sobre a adoção de uma sistemática de (i) realocação de tributação para os países em que se localizem os mercados de consumo de serviços digitais (Pilar 1) e (ii) de tributação mínima global (Pilar 2), a ser implementada até 2023 (a partir da assinatura de uma convenção multilateral em 2022). Cf. OCDE. **Addressing the Tax Challenges Arising from the Digitalisation Of The Economy**. Julho de 2021. Disponível em: https://www.oecd.org/tax/beps/brochure-addressing-the-tax-challenges-arising-from-the-digitalisation-of-the-economy-july-2021.pdf.

especialmente na Europa[13], com intensa polêmica e um crescente risco de conflagração de uma "guerra fiscal mundial"[14].

No contexto das políticas fiscais domésticas, já se identificam em outros países iniciativas de criação de tributos específicos sobre publicidade digital, tanto em escala federal[15] quanto subnacional[16].

No Brasil, em que pese haver projetos em discussão no Congresso para a introdução de tributos específicos sobre negócios da economia digital, inclusive aqueles de publicidade online[17], a legislação tributária vigente

---

[13] Os DSTs são tributos sobre receitas de determinados serviços digitais, como aquelas provenientes de publicidade online. Estes tributos costumam adotar sistemática cumulativa (sobre a receita bruta, sem créditos) e com incidência restrita a grandes empresas, com atuação global e faturamento acima de determinado piso. Os seguintes países europeus, membros da OCDE, já introduziram DSTs que alcançam especificamente os negócios de publicidade digital: Áustria, Espanha, França, Hungria, Itália, Rep. Checa e Turquia. Cf. ASEN, Elke. **What European OECD Countries Are Doing about Digital Services Taxes.** Tax Foundation. 21 de março de 2021. Disponível em: https://taxfoundation.org/digital-tax-europe-2020/. Merece menção, ainda, a iniciativa da União Europeia de um DST para todo o bloco. Cf. COMISSÃO EUROPEIA. **Uma economia digital equitativa & competitiva – imposto digital**. 2021. Disponível em: https://ec.europa.eu/info/law/better-regulation/have-your-say/initiatives/12836-Uma-economia-digital-equitativa-&-competitiva-imposto-digital_pt. O projeto europeu teria sido pausado no início de 2021, após forte pressão dos EUA e progresso nas discussões multilaterais sobre tributação mínima global. Cf. EURONEWS. **Brussels presses Pause on Plans for an EU-wide Digital Tax**. 12/01/2021. Disponível em: https://www.euronews.com/2021/07/12/brussels-presses-pause-on-plans-for-an-eu-wide-digital-tax. Fora da Europa, vale mencionar o pioneiro DST sobre publicidade digital adotado pela Índia, conhecido como *Digital Equalization Levy*, introduzido em 2016 como um tributo de 6% sobre as receitas das atividades de publicidade online e expandido em 2020 para outros serviços digitais, com alíquota de 2%. Cf. GOULDER, Robert. **India's Evolving Solution to Digital Taxation**. *In:* Forbes, 26/04/2021. Disponível em: https://www.forbes.com/sites/taxnotes/2021/04/26/indias-evolving-solution-to-digital-taxation/?sh=3b0f60761428.

[14] Cf. COCKFIELD, Arthur. **Tax Wars: How to End the Conflict over Taxing Global Digital Commerce**. *In:* Berkeley Business Law Journal, vol. 17, 2020, p. 353-396. Disponível em: https://papers.ssrn.com/sol3/papers.cfm?abstract_id=3676641.

[15] Por exemplo, o tributo argentino sobre serviços digitais. Cf. *Resolución Normativa* ARBA 9/21, de 12 de março de 2021. Disponível em: https://normas.gba.gob.ar/documentos/xpzj9aiP.pdf

[16] A título de exemplo, nos EUA uma dezena de Estados, seguindo o exemplo pioneiro da legislação de Maryland introduzida no início de 2021, passaram a discutir a criação de tributos sobre a publicidade digital (e.g. Nova Iorque, Montana, Connecticut, Massachusetts e Indiana). Cf. VICE, Jessi; e MCGAHAN, Sarah. **State Proposals to Tax Digital Ads are popping up Everywhere**. *In:* The Tax Adviser, 1/06/2021. Disponível em: https://www.thetaxadviser.com/issues/2021/jun/state-proposals-tax-digital-ads.html.

[17] Dentre outros, merecem destaque o PL 2.358/2020, que pretende introduzir a *CIDE Digital*, com alíquotas de 1% a 5% sobre as receitas das grandes plataformas de serviços digitais; o PLP 218/2020, que pretende instituir a Contribuição Social sobre Serviços Digitais (CSSD), com alíquota de 3%,

ATIVIDADE PUBLICITÁRIA NO BRASIL

submete tais negócios à incidência dos tributos tradicionais sobre receitas, renda e consumo, como se explicará a seguir. Para fins didáticos, a análise da tributação brasileira sobre a publicidade digital será aqui divida em (i) tributação subnacional e (ii) tributação federal.

1. Tributação subnacional

1.1. ISS

O primeiro tributo subnacional que merece ser analisado no contexto da publicidade digital é o ISS – Imposto Sobre Serviços, de competência dos municípios e com balizas nacionais definidas pela Lei Complementar 116/03 ("LC 116/03").

De acordo com a referida lei complementar, em seu art. 7º, a base de cálculo do ISS será o preço do serviço prestado, o que permite, em princípio, que o imposto incida sobre remunerações não-pecuniárias (em bens ou outros serviços), tema que apresenta relevância no mercado de publicidade dos influenciadores digitais[18]. Quanto às alíquotas, as leis municipais podem fixá-las livremente, respeitado o piso de 2% e o teto de 5%.

Inicialmente, cabe observar que a LC 116/03 não diferencia os serviços de publicidade conforme sejam prestados em meios digitais ou tradicionais, sujeitando tais serviços, em ambos os casos, ao mesmo tratamento tributário.

---

incidente sobre a receita bruta das atividades das grandes empresas de tecnologia; e o PLS 131/2020, que pretende instituir uma incidência específica da Cofins para as plataformas digitais, com alíquota de 10.6%. Considerando a realidade brasileira, em que as empresas multinacionais de tecnologia costumam ter atividade localizada (com subsidiárias operando no mercado doméstico) e o sistema tributário já onera substancialmente as remessas ao exterior para remuneração de serviços digitais, como se verá no item 3.3. abaixo, a introdução de novos tributos nos moldes de DSTs não parece ser necessária, tampouco oportuna. Nesse sentido, cf. CARPINETTI, Ana Carolina; e PEROBA BARBOSA, Luís Roberto. **OCDE propõe taxar gigantes da economia digital.** Quais impactos os brasileiros podem esperar caso o país se inspire nas propostas de tributação dos lucros de multinacionais da internet? *In: MIT Sloan Management Review Brasil.* 20/01/2021. Disponível em: https://mitsloanreview.com.br/post/ocde-propoe-taxar-gigantes-da-economia-digital.

[18] Como bem observam Doris Canen e Tathiane Piscitelli, nesse caso "bastaria avaliar quanto custa determinado bem ou serviço para a cobrança do tributo". Cf. CANEN, Doris; PISCITELLI, Tathiane. **Digital Influencers, Publicidade Online e Mudanças no Âmbito Tributário.** *In:* JOTA, 21/05/2018. Disponível em: https://www.jota.info/opiniao-e-analise/artigos/digital-influencers-tributario-21052018.

17. TRIBUTAÇÃO DA PUBLICIDADE DIGITAL

Assim, enquadram-se no subitem 17.06 da lista do anexo único da Lei Complementar os serviços de *"propaganda e publicidade, inclusive promoção de vendas, planejamento de campanhas ou sistemas de publicidade, elaboração de desenhos, textos e demais materiais publicitários"*.

Como se vê, o subitem 17.06 traz definição que abrange os serviços tipicamente prestados pelas agências de propaganda e marketing, relativos à criação e elaboração de materiais e estratégias de conteúdo publicitário. Esta atividade pode se destinar tanto a meios tradicionais (e.g. mídia impressa, rádio e TV, mala direta, ações em pontos de venda, outdoors etc.) quanto a meios digitais (e.g. banners para sites, e-mail marketing, inserções em redes sociais, links patrocinados, anúncios em aplicativos, propaganda em blogs e posts etc.).

Quanto ao subitem 17.06, cabe indagar qual seria o escopo da base de cálculo efetiva do serviço para fins de tributação pelo ISS. Isso porque é frequente no mercado que a criação e a elaboração de materiais publicitários sejam atividades desenvolvidas com a participação de prestadores terceiros. Apesar de a LC 116/03 prever, como regra geral, que o ISS incide sobre o preço integral do serviço, determinadas legislações municipais autorizam a exclusão da base de cálculo do tributo, especificamente para o subitem em tela, dos serviços prestados por terceiros. Esse é o caso, por exemplo, da legislação paulistana[19] e da legislação carioca[20], embora não seja necessariamente uma realidade em outros municípios[21].

Já o *"agenciamento de publicidade e propaganda, inclusive o agenciamento de veiculação"*, enquadra-se no subitem 10.08 da lista de serviços da LC 116/03, também de forma indistinta quanto ao meio ser tradicional ou digital.

Desse modo, o subitem 10.08 refere-se aos negócios de intermediação de publicidade, inclusive nos meios digitais, como é o caso das atividades desenvolvidas pelas plataformas de mídia que integram o ecossistema da mídia programática (e.g. DSPs, SSPs, *ad networks* e *ad exchanges*), conforme se descreveu na introdução deste capítulo.

Para esse subitem, parece claro que o preço efetivo do serviço deva ser compreendido apenas como o *fee* (comissionamento) pela intermediação praticada e não pelo valor do anúncio negociado entre o anunciante e o *publisher*.

---

[19] Cf. artigo 47-A do Decreto nº 53.151/12.
[20] Cf. art. 128 do Regulamento do ISS do Município do Rio de Janeiro.
[21] A propósito, veja-se a discussão sobre o tema no capítulo de autoria de Lisa Worcman.

ATIVIDADE PUBLICITÁRIA NO BRASIL

Na redação original da LC 116/03 aprovada pelo Congresso Nacional, a lista anexa de serviços previa o subitem 17.07, que tratava da *"veiculação e divulgação de textos, desenhos e outros materiais de propaganda e publicidade, por qualquer meio"*. Este subitem foi objeto de veto presidencial quando da sanção da lei complementar em questão, sob os fundamentos (i) de que a generalidade da sua redação poderia violar a imunidade tributária da mídia impressa, insculpida no art. 150, VI, "d", da Constituição Federal[22], e (ii) de que o alcance dos serviços em questão ultrapassaria as fronteiras de um único município, o que seria incompatível com o ISS[23].

Com o advento da Lei Complementar 157/16 ("LC 157/16"), a lista anexa de serviços da LC 116/03 foi expandida e passou a contar com um novo subitem, o 17.25, referente aos serviços de *"inserção de textos, desenhos e outros materiais de propaganda e publicidade, em qualquer meio"*. Nota-se, aqui, uma pequena mudança em relação à redação original do subitem 17.07, que havia sido vetado em 2003, uma vez que o legislador complementar passou a utilizar o verbo *inserir* em vez de *veicular/divulgar*.

Ademais, na inovação de 2016 o legislador complementar se preocupou em deixar claro que a inserção de material publicitário em livros, jornais e periódicos não se sujeitará ao ISS, respeitando assim os limites da imunidade do art. 150, VI, "d", da Constituição Federal. Tampouco deverá incidir o ISS na inserção de material publicitário por meio de serviços de radiodifusão sonora e de sons e imagens de recepção livre e gratuita, os quais também são imunes à incidência do ICMS, conforme a alínea "d" do inciso X do §2º do art. 155 da Constituição Federal.

Os exatos contornos dessas imunidades tributárias ainda permanecem indefinidos, pois elas foram concebidas para uma realidade econômica anterior à digitalização. Assim, surgem dúvidas quanto à aplicação das imunidades

---

[22] "Art. 150. Sem prejuízo de outras garantias asseguradas ao contribuinte, é vedado à União, aos Estados, ao Distrito Federal e aos Municípios: VI – instituir impostos sobre: d) livros, jornais, periódicos e o papel destinado à sua impressão."

[23] A mensagem de veto faz referência, neste ponto, ao precedente do STF no julgamento do RE nº 90.749-1/BA, Primeira Turma, Rel.: Min. Cunha Peixoto, DJ de 03.07.1979, que seria "ainda aplicável a teor do inciso II do art. 155 da Constituição de 1988". Como lembra Tathiane Piscitelli, este julgado do STF foi proferido ainda na vigência da Constituição de 1967, tendo reconhecido que os serviços de propaganda e publicidade em canais de televisão, por ultrapassarem as fronteiras municipais, seriam tributáveis apenas pela União. Cf. PISCITELLI, Tathiane. **ISS ou ICMS sobre Serviços de Veiculação e Inserção de Publicidade?** *In:* Valor Econômico, 8/11/2018. Disponível em: https://valor.globo.com/legislacao/fio-da-meada/post/2018/11/iss-ou-icms-sobre-servicos-de-veiculacao-e-insercao-de-publicidade.ghtml.

17. TRIBUTAÇÃO DA PUBLICIDADE DIGITAL

aos jornais e periódicos online[24] e aos serviços de rádio e TV de recepção aberta com transmissão online.

A partir da vigência da LC 157/16, portanto, a inserção de material publicitário, seja em meios tradicionais ou digitais, passou a integrar o campo de incidência permitido para o ISS, desde que respeitadas as limitações das referidas imunidades, levando diversos municípios à promulgação de leis locais atualizando suas respectivas listas de serviços tributáveis.

Nesse contexto, merece destaque a Lei 16.757/17 do Município de São Paulo, no qual se concentra o maior mercado de publicidade do país, que alterou a Lei 13.701/03 para adicionar o subitem 17.24 à lista de serviços tributáveis pelo ISS, estabelecendo para tanto alíquota de 2,9%. Andou bem o legislador paulistano ao prever, aqui, a mesma alíquota aplicável aos serviços do item 1 da lista, que abrange aqueles relacionados a software e streaming, tendo em vista que estes muitas vezes também monetizam a inserção de publicidade digital; mitiga-se, assim, a discussão sobre o enquadramento das receitas de serviços digitais nos diferentes subitens da lista da lei.

Antes da introdução do novo subitem na lista da LC 116/03, houve intensa polêmica sobre a possibilidade de incidência do ISS do Município de São Paulo nos serviços de publicidade digital.

Até o ano de 2016, a posição consolidada do fisco municipal de São Paulo era de que a publicidade digital, desde que limitada à mera veiculação de anúncios ou disponibilização de espaço previamente formatado, não era tributável pelo ISS, por falta de previsão legal diante do já aludido veto presidencial ao subitem 17.07[25]. As exceções ficariam por conta das atividades de *e-mail marketing* e *ad network*, enquadrados respectivamente nos subitens 17.06 (campanha de publicidade) e 10.08 (agenciamento de publicidade)[26].

Contudo, de forma surpreendente e repentina, em 2016 a Prefeitura de São Paulo editou o infame Parecer Normativo SF PMSP 01/16, por meio do qual formalizou novo entendimento de que serviços de divulgação, disponibilização e inserção de propaganda e publicidade, inclusive em sites, páginas e endereços eletrônicos, deveriam ser enquadrados ao subitem 17.06

---

[24] Para os livros, o STF já decidiu que a imunidade não se restringe à modalidade física, abrangendo, portanto, os livros digitais. Nesse sentido, a Súmula Vinculante 57: "A imunidade tributária constante do art. 150, VI, d, da CF/88 aplica-se à importação e comercialização, no mercado interno, do livro eletrônico (e-book) e dos suportes exclusivamente utilizados para fixá-los, como leitores de livros eletrônicos (e-readers), ainda que possuam funcionalidades acessórias".

[25] Nesse sentido, as soluções de consulta da Prefeitura de São Paulo 15/2013, 34/2013 e 23/2011.

[26] Cf. as soluções de consulta da Prefeitura de São Paulo 19/2014 e 07/2014.

da Lei do ISS de SP. Além de fazer inexcusável confusão entre as atividades de *criação* e de *veiculação* de publicidade, a mudança de posição do fisco paulistano pretendeu atingir as situações pretéritas, uma vez que o parecer normativo revogou todas as soluções de consulta em sentido contrário, fomentando a incerteza tributária e ferindo a segurança jurídica.

Não obstante a pretensão do fisco paulistano, parece claro que apenas a partir do exercício de 2018 – com o início da vigência da Lei 16.757/17 do Município de São Paulo e seu amparo na ampliação da lista de serviços da LC 116/03 trazida pela LC 157/16 – passou a ser legítima a cobrança do ISS sobre a inserção de publicidade, tanto em meios digitais quanto tradicionais[27].

Para os três subitens da lista de serviços acima explicados – 17.06, 10.08 e 17.25 – aplica-se a regra geral, prevista no art. 3º da LC 116/03, de atribuição de competência tributária ao município em que se localize a sede do prestador do respectivo serviço.

Ainda quanto ao ISS, cabe mencionar que a importação de serviços de publicidade digital é passível de tributação, atribuindo-se a responsabilidade pelo recolhimento do tributo ao tomador, que deverá fazer o recolhimento para o município em que for domiciliado. De outra parte, as exportações de serviços de publicidade digital não se sujeitam à incidência do ISS.

Por fim, considerando-se que o ISS é tributo municipal, sua efetiva incidência sobre os serviços de publicidade digital deve ser confirmada na legislação do município competente (i.e., da sede do prestador, nos serviços domésticos, ou no local de domicílio do tomador, nos casos de serviços prestados a partir do exterior).

1.2. ICMS

O segundo tributo subnacional que deve ser analisado no contexto da publicidade digital é o Imposto sobre a Circulação de Mercadorias e a Prestação de Serviços de Comunicação e Transporte Interestadual e Intermunicipal – ICMS, de competência dos Estados.

A razão pela qual essa análise se faz necessária é que, a partir do vácuo legislativo deixado pelo veto presidencial ao subitem 17.07 da lista de serviços

---

[27] No mesmo sentido, com crítica à possibilidade de cobrança retroativa do ISS nesse caso, cf. PISCITELLI, Tathiane. **Tributação da Publicidade Online: o ISS é o Imposto que incide**. *In:* Valor Econômico, 12/02/2019. Disponível em: https://valor.globo.com/legislacao/fio-da-meada/post/2019/02/tributacao-da-publicidade-on-line-o-iss-e-o-imposto-que-incide.ghtml.

17. TRIBUTAÇÃO DA PUBLICIDADE DIGITAL

da LC 116/03, que tratava do ISS sobre a veiculação de material publicitário e que foi comentado no item 2.1. acima, os Estados passaram a se posicionar pela sujeição da divulgação de publicidade digital à incidência do ICMS, sob o frágil argumento de que se trataria de um "serviço de comunicação"[28].

Assim, os Estados se aproveitaram da ausência de previsão, na lista de serviços tributáveis pelo ISS constantes da LC 116/03, da veiculação de publicidade, para argumentar que a publicidade digital deveria se qualificar como uma atividade de comunicação, o que, se confirmado, levaria à possibilidade de cobrança de ICMS.

O argumento das fazendas estaduais de que a publicidade poderia ser qualificada como serviço de comunicação para fins de ICMS não é propriamente novo ou específico para a publicidade digital, mas para o contexto da publicidade tradicional[29] encontrava limitações relevantes nas proteções constitucionais concretizadas pelas imunidades para mídia impressa (alínea "d" do inciso VI do art. 150)[30] e para serviços de rádio e canais de televisão por sinal aberto (alínea "d" do inciso X do § 2º do art. 155)[31].

---

[28] Como adverte Tathiane Piscitelli, "[d]esde o Decreto-lei nº 406, de 1968, não há dúvidas quanto a ser dos municípios a competência tributária sobre tais serviços. Tanto assim que os Estados apenas avançaram sobre essa realidade por ocasião do veto ao item 17.07 da LC 116/2003. Antes disso, sequer cogitavam da tributação". Cf. PISCITELLI, Tathiane. **ISS ou ICMS sobre Serviços de Veiculação e Inserção de Publicidade?** *In:* Valor Econômico, 8/11/2018. Disponível em: https://valor.globo.com/legislacao/fio-da-meada/post/2018/11/iss-ou-icms-sobre-servicos-de-veiculacao-e-insercao-de-publicidade.ghtml.

[29] O capítulo de Lisa Worcman apresenta uma análise específica dos contornos e das discussões da incidência de ICMS sobre a publicidade tradicional, como nos casos de canais de televisão por assinatura e outdoors.

[30] Como esclareceu a Secretaria da Fazenda de São Paulo na Resposta à Consulta Tributária 20974/2019, de 04/03/2020, a veiculação de publicidade tem natureza de prestação de serviço de comunicação, sujeita ao ICMS, mas estaria abrangida pela imunidade tributária citada "quando compreendida na própria editoração e paginação da revista ou jornal, que se encontra lado a lado com os demais textos". Na visão do fisco estadual, contudo, a proteção da imunidade não se aplicaria à prestação de serviço de comunicação "materializada pela inserção e distribuição de encartes publicitários distribuídos, soltos ou anexados (grampeados) a revistas ou jornais", situação que incidiria o ICMS. Mesmo nos casos de imunidade, é relevante apontar que permanece exigível o cumprimento das obrigações acessórias de emissão de documentos fiscais e de escrituração de livros fiscais, dentre outras, previstas na legislação do ICMS.

[31] Como bem observa Lisa Worcman no capítulo desta obra que trata da tributação da publicidade em meios tradicionais, a Secretaria da Fazenda de São Paulo já esclareceu que "a veiculação de publicidade em rádio e canais de televisão por sinal aberto, ainda que realizada a título oneroso, também foi alcançada por essa imunidade constitucional". Nesse sentido, a autora cita os precedentes das respostas às consultas 480/2011, 574/2006, 551/2010 e 7/2012.

ATIVIDADE PUBLICITÁRIA NO BRASIL

Assim, a publicidade digital passou a ser vista pelos fiscos estaduais como campo fértil para a tentativa de imposição de suas pretensões tributárias de ICMS.

Essa foi a posição adotada pela Secretaria da Fazenda e Planejamento do Estado de São Paulo ("SEFAZ/SP"), ao afirmar que *a divulgação de publicidade, de forma onerosa, em site do prestador na internet, está inserida no campo de incidência do ICMS, conforme preconiza o artigo 155, inciso II, da Constituição Federal/1988*[32].

Ainda de acordo com a posição da SEFAZ/SP, o advento da LC 157/16 *"não teve o condão de alterar a repartição de competências tributárias estabelecida pela Carta Maior, seja pelo fato de que uma lei complementar não pode desvirtuar um mandamento constitucional, seja porque, em última análise, essa nem tenha sido a vontade do legislador"*[33].

Surge, aqui, a seguinte indagação: a ausência inicial (de qualquer modo, como se viu, posteriormente sanada com o advento da LC 157/16) da veiculação de publicidade digital do rol de serviços tributáveis pelo ISS seria suficiente para viabilizar a incidência ICMS, na modalidade "comunicação"?

A resposta, por óbvio, deve ser negativa. Apenas se poderia admitir a incidência do ICMS caso se estivesse diante de verdadeiro serviço de comunicação, o que não se verifica na mera inserção de material publicitário em meio digital. Do contrário, seríamos levados a conceber o campo de incidência do ICMS como residual em relação ao do ISS (pois o segundo caberia nas situações em que o primeiro não alcançasse), e não como campo delimitado constitucionalmente[34].

A inserção de conteúdo publicitário em meio digital não configura um serviço de comunicação, pois se trata de uma obrigação de mera exposição e não de transmissão de mensagem. A publicidade digital utiliza a infraestrutura de transmissão existente, explorada por empresas de telecomunicações (e sujeita a regulação federal), mas com ela não se confunde[35].

---

[32] Cf. Resposta à Consulta Tributária 16.508/2017, de 09 de outubro de 2017. No mesmo sentido, as Soluções de Consulta 15.003/19, 6.097/2015, 3.610/2014, 2.072/2013 e 480/2011, todas da SEFAZ/SP.

[33] Cf. dentre outras citadas na nota de rodapé acima, a Resposta à Consulta Tributária 2.072/13.

[34] Cf. PISCITELLI, Tathiane. **Tributação da Publicidade Online: o ISS é o Imposto que incide.** *In:* Valor Econômico, 12 de fevereiro de 2019. Disponível em: https://valor.globo.com/legislacao/fio-da-meada/post/2019/02/tributacao-da-publicidade-on-line-o-iss-e-o-imposto-que-incide.ghtml.

[35] Cf. QUINTELA, Guilherme Camargos; SERGIO, Samille Rodrigues. **Desafios na Tributação da Publicidade Online.** *In:* DA MATA, Juselder Cordeiro; BERNARDES, Flávio Couto; LOBATO, Valter de Souza (Orgs.). Tributação na Sociedade Moderna. Brasil: Arraes Editores, 2019, p. 598; e Cf. CARPINETTI, Ana Carolina; e CONCA, Gabriela. **Tributação das atividades de veiculação**

17. TRIBUTAÇÃO DA PUBLICIDADE DIGITAL

Ainda que se pudesse, para fins meramente argumentativos, admitir a conceituação da veiculação de publicidade online como serviço de comunicação, fato é que eventual pretensão tributária dos Estados teria sido definitivamente inviabilizada com o advento da LC 157/16.

Com efeito, a referida lei complementar nacional, ao explicitamente prever a inserção de publicidade integra o campo de incidência do ISS, e não do ICMS, cumpre seu papel constitucional de dirimir conflitos de competências tributárias entre Estados e Municípios, consoante dispõe o inciso I do art. 146 da Constituição Federal.

Nesse passo, parece correto que, mesmo antes do advento da LC 157/16, a inserção de publicidade digital não poderia ter sido submetida à tributação pelo ICMS. Isto é, a lei complementar em questão não suprimiu competência tributária anterior dos Estados, mas apenas alargou o campo de incidência do ISS.

É nesse sentido que a jurisprudência administrativa do Tribunal de Impostos e Taxas ("TIT"") do Estado São Paulo passou a se posicionar, conforme se depreende da leitura dos acórdãos nos AIIMs 4078422-8 (de 18/05/2017) e 4085544-2 (de 11/08/2017)[36].

Não obstante, a constitucionalidade do item 17.25 da LC 116/03 foi questionada em ADI pelo Estado do Rio de Janeiro, com o intuito de afastar a possibilidade de incidência de ISS e viabilizar a cobrança do ICMS sobre a inserção de publicidade, sob o pretenso fundamento de que se trataria de serviço de comunicação[37].

Como em outras disputas federativas de pretensões tributárias subnacionais, como é o caso do software, parece forçoso admitir que o conflito

---

de publicidade. Governador do RJ ajuíza ADIN para questionar a inclusão dessa atividade na Lista de Serviços. *In:* JOTA, 1/11/2018. Disponível em: https://www.jota.info/opiniao-e-analise/artigos/tributacao-das-atividades-de-veiculacao-de-publicidade-01112018.

[36] Em sentido contrário, entendendo que até o advento da LC 157/16 haveria competência dos Estados para a cobrança de ICMS sobre a inserção de publicidade digital, cf. a decisão do AIIM 4063225-8 (de 12/09/2017).

[37] ADI 6034/RJ. Sobre o tema, Cf. CARPINETTI, Ana Carolina; e CONCA, Gabriela. **Tributação das atividades de veiculação de publicidade.** Governador do RJ ajuíza ADIN para questionar a inclusão dessa atividade na Lista de Serviços. *In:* JOTA, 1/11/2018. Disponível em: https://www.jota.info/opiniao-e-analise/artigos/tributacao-das-atividades-de-veiculacao-de-publicidade-01112018; e PISCITELLI, Tathiane. **ISS ou ICMS sobre Serviços de Veiculação e Inserção de Publicidade?** *In:* Valor Econômico, 8/11/2018. Disponível em: https://valor.globo.com/legislacao/fio-da-meada/post/2018/11/iss-ou-icms-sobre-servicos-de-veiculacao-e-insercao-de-publicidade.ghtml.

de competência entre Estados e Municípios somente poderá ser pacificado quando o STF se pronunciar sobre o tema.

Por fim, para o futuro, a redução da insegurança jurídica sobre o tratamento fiscal das transações da economia digital, mais especificamente daquelas que envolvem publicidade online, parece depender do avanço das tratativa para uma eventual reforma ampla sobre a tributação de consumo brasileira[38].

2. Tributação federal

2.1. Pessoas Jurídicas

A tributação federal incidente sobre as receitas da exploração de serviços de publicidade digital, por pessoas jurídicas domiciliadas no Brasil, dependerá da sistemática tributária aplicável: lucro real, lucro presumido ou Simples.

Para as empresas tributadas pelo lucro presumido, cuja opção é permitida para empresas com faturamento anual inferior a R$ 78 milhões, as receitas serão tributadas pelo PIS e pela Cofins, com alíquotas respectivas de 0,65% e 3% (as quais, combinadas, somam 3,65%), na modalidade cumulativa, isto é, sem a possibilidade de tomada de créditos sobre os insumos. Sobre as receitas, será presumido um lucro tributável com a aplicação de coeficiente de presunção de 32%, aplicando-se o IRPJ e a CSLL – com alíquota conjugada de 34% – sobre o montante resultante.

No Simples, cuja opção é permitida para empresas com faturamento anual inferior a R$ 4,8 milhões e que exerçam atividades admitidas pela Lei Complementar 123/06, a tributação pelo PIS, pela Cofins, pelo IRPJ, pela CSLL e pelo ISS será calculada sobre a receita bruta, com coeficientes que variam conforme as faixas de faturamento.

Já no sistema de lucro real, as receitas estarão sujeitas à incidência de PIS e Cofins na modalidade não-cumulativa, com alíquotas respectivas de 1,65% e 7,6% (as quais, combinadas, somam 9,25%), com a possibilidade de tomada de créditos na aquisição de determinados insumos. Os lucros tributáveis, apurados a partir do lucro contábil com as adições e exclusões determinadas

---

[38] Dentre as propostas de reforma tributária sobre o consumo em debate no Congresso, destacam-se a PEC 45 e a PEC 110, as quais tratam, respectivamente, da criação de um IVA nacional e da criação de um sistema de IVA dual. Também merece destaque a proposta do movimento Simplifica Já, que defende uma ambiciosa harmonização e simplificação das legislações subnacionais do ICMS e do ISS.

pela legislação, sofrerão a incidência do IRPJ e da CSLL, com alíquota conjugada de 34%.

Nesse ponto, parece interessante fazer uma breve digressão sobre a viabilidade da tomada de créditos de PIS e Cofins para os clientes dos prestadores de serviços de publicidade digital, isto é, para aquelas empresas – quando tributadas pelo lucro real – que tenham despesas de publicidade digital, as quais, para tal creditamento, precisariam ser qualificadas como "insumos". A questão que se coloca, aqui, é se tais despesas podem ser consideradas como insumos nos termos da legislação vigente[39]. Trata-se de questão polêmica, tendo em vista a posição restritiva do Fisco quanto à abrangência do conceito de insumo, havendo precedentes negativos em soluções de consulta sobre a matéria[40]. Entendemos que esta posição merece críticas, considerando-se que a publicidade online tornou-se essencial para inúmeros segmentos da economia, especialmente aqueles que precisam realizar marketing nas plataformas digitais para atrair clientes e desenvolver negócios, o que imprimiria caráter de essencialidade a tais despesas e, portanto, as qualificaria como insumos[41].

Por fim, discute-se a incidência da CONDECINE sobre a publicidade digital. A IN ANCINE 134/17 obriga o registro de obras audiovisuais publicitárias veiculadas na internet e prevê recolhimento de CONDECINE[42], nos termos da MP 2.228-01 e da Lei 12.485/11. Trata-se de previsão de legalidade duvidosa, uma vez que se ampara em referência genérica a "outros mercados", que não é adequadamente definida em lei, como seria necessário para a definição do fato gerador tributário em questão.

---

[39] Cf. o art. 3º da Lei nº 10.637/02 e o art. 3º da Lei nº 10.833/03. O Superior Tribunal de Justiça definiu, no REsp 1.221.170, como insumos para fins de creditamento, os bens e serviços considerados essenciais ou relevantes para o desenvolvimento da atividade econômica a que se ocupa o contribuinte.

[40] Cf. a recente Solução de Consulta RFB nº 32, de 2021, na qual foi negada a apropriação de créditos de insumos com base nos gastos com publicidade e propaganda por empresa que capta seus clientes apenas pelo seu *site*.

[41] Nesse sentido, cf. BRAZ, Jacqueline Mayer da Costa Ude. **As despesas com marketing digital na apuração do PIS e da Cofins não-cumulativas**. *In:* JOTA, 30 de outubro de 2020. Disponível em: https://www.jota.info/opiniao-e-analise/colunas/women-in-tax-brazil/marketing-digital-apuracao-pis-cofins-nao-cumulativas-30102020.

[42] Este recolhimento abrange peças publicitárias com mínimo de 23 quadros por segundo, excluindo assim os GIFs animados e os banners publicitários. O merchandising incluído em obras não publicitárias também não é alcançado. Nos casos em que a CONDECINE se aplica, ela é devida uma vez a cada 12 meses, por título de obra audiovisual publicitária; os valores variam de R$ 300 a R$ 250mil, conforme a Portaria Interministerial 835/15.

ATIVIDADE PUBLICITÁRIA NO BRASIL

2.2. Pessoas Físicas

Quando exercidas por pessoas físicas, como influenciadores digitais e outros, as atividades de publicidade online sofrem a incidência de IRPF na sistemática da tabela progressiva, com alíquotas de até 27,5%.

Ainda, os valores recebidos em decorrência da prestação de serviços de publicidade online integram a base de cálculo para fins de incidência das contribuições previdenciárias.

Os pagamentos, quando feitos por pessoas jurídicas na condição de contratantes dos serviços das pessoas físicas, deverão ser acompanhados da emissão de RPA (Recibo de Pagamento para Autônomo)[43] pela fonte pagadora.

Vale ressalvar que, como se observa na prática de mercado, parcela substancial desses profissionais atua por meio de pessoas jurídicas constituídas para a exploração de suas atividades[44], beneficiando-se de regras tributárias menos onerosas, especialmente para os casos de opção pelo Simples ou pelo Lucro Presumido, como se viu no item 3.1 acima.

2.3. Remessas Internacionais

As remessas internacionais para a remuneração de serviços de publicidade digital podem se sujeitar à incidência de IRRF (imposto de renda retido na fonte), CIDE-Royalties, PIS-Importação e Cofins-Importação e IOF.

O IRRF é cobrado à alíquota de 25% em casos de remessas a título de prestação de serviços em geral. Porém, quando a prestação é de serviço técnico e de assistência técnica, administrativa e semelhantes, a alíquota é de 15%[45]. Na segunda hipótese, também é cobrado o CIDE, à alíquota de 10%, enquanto na primeira, não. Cabe ressaltar ainda que, dentro do escopo da segunda

---

[43] Define-se como autônomo a pessoa física que exerce, habitualmente e por conta própria, atividade profissional remunerada, prestando serviço de caráter eventual a uma ou mais empresas, sem relação de emprego (art. 4º, alínea "c" da Lei 3.807/60). As informações que o RPA deve conter são: (i) Nome ou Razão Social e CNPJ da fonte pagadora; (ii) Dados do profissional autônomo – CPF; (iii) Dados detalhados sobre pagamento do serviço prestado – Valores bruto e líquido (com os descontos); (iv) Nome e assinatura do responsável pela fonte pagadora; e (v) Impostos descontados na fonte (IRRF e ISS).

[44] Cf. CANEN, Doris; PISCITELLI, Tathiane. **Digital Influencers, Publicidade Online e Mudanças no Âmbito Tributário.** *In:* JOTA, 21 de maio de 2018. Disponível em: https://www.jota.info/opiniao-e-analise/artigos/digital-influencers-tributario-21052018.

[45] Como se pode inferir da leitura dos artigos 16 e 17 da Instrução Normativa nº 1.455, de 6.3.2014.

308

17. TRIBUTAÇÃO DA PUBLICIDADE DIGITAL

hipótese, caso a remessa for destinada a beneficiário residente ou domiciliado em jurisdição com tributação favorecida[46], a alíquota do imposto será majorada para 25%[47], além da CIDE de 10%.

Essa diferenciação de serviços técnicos e "puros" também é relevante pois, em acordos do Brasil com outros países para evitar a bitributação[48], pode haver limitações à alíquota do IRRF, já que tais acordos geralmente são voltados a limitar a cobrança de imposto de renda, mas nunca à da CIDE, que será sempre cobrada integralmente, nos casos em que incida.

Há discussões acerca da qualificação do serviço de publicidade digital, já que a publicidade em si não possui tratamento específico na legislação tributária federal. Enquanto para a tributação da publicidade tradicional há precedente do CARF qualificando-a como serviço "puro" (i.e. não-técnico)[49], portanto sujeito à alíquota geral de 25%, para a publicidade digital não encontramos precedente específico. Tendo em vista qu-0e esta atividade envolve o uso de tecnologia e de plataformas automatizadas para o direcionamento da propaganda, parece provável que as autoridades fiscais encontrariam fundamentos suficientes para qualificá-la como serviço técnico[50].

A incidência da CIDE-Royalties, cuja alíquota é de 10%, também depende da caracterização da atividade de publicidade em meios digitais como serviço técnico. Caso considerada assim, incidiria alíquota de 10% da referida contribuição, em oposição à nenhuma alíquota, caso a atividade em questão não seja considerada como serviço técnico.

Para fins da CIDE em questão, o conceito de "serviço técnico" é bastante amplo, pois, segundo a súmula CARF nº 127, "prescinde da ocorrência de

---

[46] A que se refere o art. 24 da Lei nº 9.430/96. Para a lista atualizada de jurisdições com tributação favorecida, vide a versão multivigente da Instrução Normativa RFB 1.037/10.

[47] Cf. art. 8º da Lei nº 9.779/99.

[48] Atualmente, estão vigentes os acordos de bitributação firmados pelo Brasil com os seguintes países: África do Sul, Argentina, Áustria, Bélgica, Canadá, Chile, China, Coreia do Sul, Dinamarca, Equador, Emirados Árabes Unidos, Eslováquia, Espanha, Filipinas, Finlândia, França, Hungria, Índia, Israel, Itália, Japão, Luxemburgo, México, Noruega, Países Baixos, Peru, Portugal, República Tcheca, Rússia, Singapura, Suécia, Suíça, Trinidad e Tobago, Turquia, Ucrânia e Venezuela.

[49] Acórdão nº 1401-004.049 do CARF, relativo a caso paradigmático envolvendo a empresa Arcos Dourado e a inserção de filme publicitário em canal televisivo.

[50] A título de exemplo, a Receita Federal entende que Software as a Service, por se tratar de "serviço que envolve conhecimentos especializados em informática e decorre de estruturas automatizadas com claro conteúdo tecnológico", configuraria serviço técnico, sobre o qual incide a alíquota de 15% nas importâncias pagas ao exterior. Nesse sentido, cf. as SCs nº 191/2017 e 99001/2021. Questiona-se se o entendimento não poderia ser abrangido para casos de publicidade digital, visto que esta implica por vezes no uso automatizado de algoritmos e *software* de direcionamento de conteúdo.

transferência de tecnologia", o que parece submeter os serviços de publicidade digital à incidência desta contribuição.

Havendo a incidência da CIDE, o IRRF comporá a base de cálculo da contribuição, como elucidado pela Receita Federal na Solução de Consulta nº 99, de 17 de agosto de 2018.

Ainda, cobram-se PIS/Pasep-Importação e COFINS-Importação na remessa de valores ao exterior em decorrência de serviços, tais como a publicidade digital, a uma alíquota total de 9,25% (1,65% para o PIS/Pasep-Importação e 7,6% para o COFINS-Importação)[51].

Considera-se como ocorrido o fato gerador na data do pagamento das remessas ao exterior, sendo a base de cálculo o próprio valor remetido ao exterior, antes da retenção do Imposto de Renda, acrescido do ISS e do valor das próprias contribuições.

Por fim, as remessas ao exterior sofrerão a cobrança do IOF (Imposto sobre Operações de Crédito, Câmbio e Seguro ou relativas a Títulos ou Valores Mobiliários), à alíquota de 0,38%[52], considerando-se ocorrido o fato gerador e tornando-se devido o imposto no ato da liquidação da operação de câmbio.

Nos casos de pagamentos feitos por pessoas físicas ou jurídicas mediante o uso de cartão de crédito internacional, a beneficiários no exterior, o IOF incidirá à alíquota de 6,38%[53].

REFERÊNCIAS

ASEN, Elke. **What European OECD Countries Are Doing about Digital Services Taxes.** Tax Foundation. 21 de março de 2021. Disponível em: https://taxfoundation.org/digital-tax-europe-2020/;

BODELL, Nicholas. **What is the Difference Between Ad Exchange and Ad Network?** *In: Medium,* 25/10/2018. Disponível em: https://medium.com/swipe-mag/what-is-the-difference-between-ad-exchange-and-ad-network-e6714f950132;

BRAZ, Jacqueline Mayer da Costa Ude. **As despesas com marketing digital na apuração do PIS e da Cofins não-cumulativas.** *In:* JOTA, 30 de outubro de 2020. Disponível em: https://www.jota.info/opiniao-e-analise/colunas/women-in-tax-brazil/marketing-digital-apuracao-pis-cofins-nao-cumulativas-30102020;

---

[51] Cf. os arts. 3º, inciso II; e 8º, inciso II, da Lei 10.865/04.
[52] Cf. o art. 15-B do Decreto nº 6.306/07.
[53] Cf. o inciso VII do art. 15-B do Decreto nº 6.306/07.

BRUELL, Alexandra. **Global Ad Spending Expected to Rebound Faster Than Previously Forecast**. *In:* Wall Street Journal, 14/06/2021. Disponível em: https://www.wsj.com/articles/global-ad-spending-expected-to-rebound-faster-than-previously-forecast-11623666600;

CANEN, Doris; PISCITELLI, Tathiane. **Digital Influencers, Publicidade Online e Mudanças no Âmbito Tributário**. *In:* JOTA, 21/05/2018. Disponível em: https://www.jota.info/opiniao-e-analise/artigos/digital-influencers-tributario-21052018;

CARPINETTI, Ana Carolina; e CONCA, Gabriela. **Tributação das atividades de veiculação de publicidade**. Governador do RJ ajuíza ADIN para questionar a inclusão dessa atividade na Lista de Serviços. *In:* JOTA, 1/11/2018. Disponível em: https://www.jota.info/opiniao-e-analise/artigos/tributacao-das-atividades-de-veiculacao-de-publicidade-01112018;

CARPINETTI, Ana Carolina; e PEROBA BARBOSA, Luís Roberto. **OCDE propõe taxar gigantes da economia digital**. Quais impactos os brasileiros podem esperar caso o país se inspire nas propostas de tributação dos lucros de multinacionais da internet? *In: MIT Sloan Management Review Brasil.* 20/01/2021. Disponível em: https://mitsloanreview.com.br/post/ocde-propoe-taxar-gigantes-da-economia-digital;

COCKFIELD, Arthur. **Tax Wars: How to End the Conflict over Taxing Global Digital Commerce**. *In:* Berkeley Business Law Journal, vol. 17, 2020, p. 353-396. Disponível em: https://papers.ssrn.com/sol3/papers.cfm?abstract_id=3676641;

COMISSÃO EUROPEIA. **Uma economia digital equitativa & competitiva – imposto digital**. 2021. Disponível em: https://ec.europa.eu/info/law/better-regulation/have-your-say/initiatives/12836-Uma-economia-digital-equitativa-&-competitiva-imposto-digital_pt;

DENTSU. **Global Ad Spend Forecasts**. 2021. Disponível em: https://www.dentsu.com/reports/ad_spend_january_2021_asa;

EURONEWS. **Brussels presses Pause on Plans for an EU-wide Digital Tax**. 12/01/2021. Disponível em: https://www.euronews.com/2021/07/12/brussels-presses-pause-on-plans-for-an-eu-wide-digital-tax;

FOURBERG, N., et al. **Online advertising: the impact of targeted advertising on advertisers, market access and consumer choice**. Publicação do Comitê Mercado Internacional e Proteção do Consumidor, do Departamento de Política Econômica, Científica, e de Qualidade de Vida, do Parlamento Europeu. Luxemburgo (2021). Disponível em: https://www.europarl.europa.eu/RegData/etudes/STUD/2021/662913/IPOL_STU(2021)662913_EN.pdf;

GOULDER, Robert. **India's Evolving Solution to Digital Taxation**. *In:* Forbes, 26/04/2021. Disponível em: https://www.forbes.com/sites/taxnotes/2021/04/26/indias-evolving-solution-to-digital-taxation/?sh=3b0f60761428;

GRAHAM, Meghan. **Digital ad spend grew 12% in 2020 despite hit from pandemic.** *In:* CNBC, 7/04/2021. Disponível em: https://www.cnbc.com/2021/04/07/digital-ad-spend-grew-12percent-in-2020-despite-hit-from-pandemic.html;

MOERBACH, Manuel. **How Digital Advertising Will Change in 2021.** *In:* Newsweek, 19//01/2021. Disponível em: https://www.newsweek.com/how-digital-advertising-will-change-2021-1565525;

OCDE. **Addressing the Tax Challenges Arising from the Digitalisation Of The Economy.** Julho de 2021. Disponível em: https://www.oecd.org/tax/beps/brochure-addressing-the-tax-challenges-arising-from-the-digitalisation-of-the-economy-july-2021.pdf;

OCDE. **Competition in Digital Advertising Markets.** 2020. Disponível em: http://www.oecd.org/daf/competition/competition-in-digital-advertising-markets-2020.pdf;

PISCITELLI, Tathiane. **ISS ou ICMS sobre Serviços de Veiculação e Inserção de Publicidade?** *In:* Valor Econômico, 8/11/2018. Disponível em: https://valor.globo.com/legislacao/fio-da-meada/post/2018/11/iss-ou-icms-sobre-servicos-de-veiculacao-e-insercao-de-publicidade.ghtml;

PISCITELLI, Tathiane. **Tributação da Publicidade Online: o ISS é o Imposto que incide.** *In:* Valor Econômico, 12/02/2019. Disponível em: https://valor.globo.com/legislacao/fio-da-meada/post/2019/02/tributacao-da-publicidade-on-line-o-iss-e-o-imposto-que-incide.ghtml;

QUINTELA, Guilherme Camargos; SERGIO, Samille Rodrigues. **Desafios na Tributação da Publicidade Online.** *In:* DA MATA, Juselder Cordeiro; BERNARDES, Flávio Couto; LOBATO, Valter de Souza (Orgs.). Tributação na Sociedade Moderna. Brasil: Arraes Editores, 2019, p. 589-605.

RIGA, Matheus. **Como as adtechs brasileiras pretendem abocanhar parte do mercado de publicidade digital, avaliado em US$ 10 bilhões.** *In:* Forbes, 21/06/2021. Disponível em: https://forbes.com.br/forbes-tech/2021/06/como-as-adtechs-brasileiras-pretendem-abocanhar-parte-do-mercado-de-publicidade-digital-avaliado-em-us-10-bilhoes/;

Statista. **Digital advertising spending worldwide 2019-2024.** 28 de maio de 2021. Disponível em: https://www.statista.com/statistics/237974/online-advertising-spending-worldwide/;

VICE, Jessi; e MCGAHAN, Sarah. **State Proposals to Tax Digital Ads are popping up Everywhere.** *In:* The Tax Adviser, 1/06/2021. Disponível em: https://www.thetaxadviser.com/issues/2021/jun/state-proposals-tax-digital-ads.html;

18.
PUBLICIDADE NO CÓDIGO DE DEFESA DO CONSUMIDOR. ENGANOSA. ABUSIVA. INFANTIL E DE ALIMENTOS

Lucia Ancona Lopez de Magalhães Dias

Introdução

No Brasil vigora o **controle misto** da publicidade (estatal e autorregulamentar), resultado maduro encontrado em praticamente todos os países do mundo.

O controle autorregulamentar é realizado pelo Conselho Nacional de Autorregulamentação Publicitária (CONAR), entidade sem fins lucrativos, que surgiu no final dos anos 1970 com a finalidade de zelar pela liberdade de expressão comercial e pela ética na publicidade, defendendo, ao mesmo tempo, os interesses dos profissionais e dos consumidores.

Incumbe ao Conar, dentre outras finalidades, "zelar pela comunicação social, sob todas as formas de propaganda" e "funcionar como órgão judicante nos litígios éticos que tenham por objeto a indústria da propaganda ou questões a ela relativas" (art. 5º do seu Estatuto Social). É a instituição privada por excelência que fiscaliza a ética e adequação da propaganda comercial veiculada no Brasil a partir das disposições contidas no seu atualizado Código Brasileiro de Autorregulamentação Publicitária (CBAP). Suas decisões podem determinar a sustação e/ou alteração do conteúdo publicitário, inclusive em caráter liminar, além de impor a pena de advertência. Trata-se de sistema dinâmico, com elevada aderência dos anunciantes e legitimidade social, de modo que se mostra efetivo para fins de rápida correção e adequação do mercado à publicidade ética.

ATIVIDADE PUBLICITÁRIA NO BRASIL

O controle estatal da publicidade, por sua vez, decorre da aplicação do Código de Defesa do Consumidor e leis correlatas pelos agentes que fazem parte do Sistema Nacional de Defesa do Consumidor[1].

Ao lado do CBAP – que deve ser entendido como documento referencial e fonte subsidiária de controle da publicidade quando manejado pelas autoridades públicas e Tribunais (art. 16 CBAP) – a publicidade (e seus limites) encontra-se regulamentada nos artigos 36 a 38 do Código de Defesa do Consumidor (CDC). Transcorridos mais de 30 anos do sancionamento do CDC, o qual traz em seu texto tão inédita quanto expressa referência à publicidade, o tema está em constante evolução, permanecendo, porém, o Código (e sua principiologia), instrumento efetivo para o tratamento das novíssimas (e tradicionais) formas de expressão comercial.

O artigo 37 do CDC cuidou de regulamentar as informações de conteúdo comercial e que podem dar causa a uma relação de consumo entre fornecedor e consumidor. As propagandas que veiculam informações alheias à atividade econômica (e.g., propaganda religiosa, filosófica, política), em princípio, não se sujeitam ao conceito de publicidade estabelecido pelo referido artigo 37, que é expresso quanto ao controle de informação de "caráter publicitário" – o que significa apresentar, direta ou indiretamente, finalidade econômica.

Neste particular, importante ainda lembrar que, diante das constantes inovações tecnológicas, sobretudo da Internet, eventuais mensagens que supostamente não aparentem finalidade econômica podem igualmente estar sujeitas ao controle autorregulamentar e do CDC, se houver uma relação comercial entre a postagem de terceiro e a marca ou produto publicizado. Há de se avaliar, nestes casos, se a intenção econômica da postagem foi ou não declarada pelo terceiro contratado.

Isso porque, também em tais situações, há de se observar o **princípio da identificação da mensagem publicitária** que determina que toda publicidade deve ser "fácil e imediatamente" identificada como tal (art.36, *caput*, CDC c/c art. 9 e 28, CBAP). Por força deste princípio, tão importante para a adequação da publicidade, estão vedadas as chamadas mensagens clandestinas, bem como proibida qualquer publicidade subliminar – devendo o anunciante e/ou os terceiros por ele contratados (influenciadores) deixar clara a intenção comercial (e não desinteressada) existente na postagem por meio

---

[1] De acordo com art. 105 do CDC, "integram o Sistema Nacional de Defesa do Consumidor- SNDC, os órgãos federais, estaduais, do Distrito Federal e municipais e as entidades privadas de defesa do consumidor".

18. PUBLICIDADE NO CÓDIGO DE DEFESA DO CONSUMIDOR. ENGANOSA. ABUSIVA. ...

de indicadores próprios da plataforma (ex: "parceria paga com a marca") ou hashtags de fácil e imediata visualização ("#anúncio"; "#publicidade"; "#parceria comercial")[2]. Em se tratando de crianças, deverá haver clara **identificação** e, ainda, **distinção** dessa mensagem de natureza publicitária dos demais conteúdos de entretenimento do canal[3].

Verifica-se, assim e desde logo, que no âmbito da publicidade, o CDC instituiu uma principiologia própria a ser observada, fundamental ao controle das mais variadas práticas publicitárias definindo ainda expressamente os conceitos de publicidade enganosa e abusiva.

Com efeito, ao lado do **princípio da boa-fé objetiva** que orienta e deve permear toda e qualquer relação de consumo (art.4º, III, CDC)[4], o CDC introduziu princípios jurídicos específicos para a publicidade, decorrência lógica dos seus arts. 30, 36 a 38 e 60, inciso XII.

Assim, para além do ora mencionado (i) **princípio da identificação da mensagem publicitária** (art.36, *caput*), destacamos: (ii) **princípio da veracidade** (art.37, §§ 1º e 3º); (iii) **princípio da transparência da fundamentação** (que impõe ao anunciante manter em seu poder, para informação dos legítimos interessados, os dados fáticos, técnicos e científicos que dão sustentação à mensagem – art.36, parágrafo único); (iv) **princípio da vinculação da oferta contratual** (que poderíamos resumir em "anunciou,

---

[2] Para maior clareza quanto aos critérios a partir dos quais uma postagem de terceiro pode configurar publicidade (e não mera liberdade de expressão), confira-se item 1 do "Guia de Publicidade por Influenciador", publicado pelo CONAR: "*1. Publicidade por Influenciador: é assim considerada para a autorregulamentação publicitária a mensagem de terceiro destinada a estimular o consumo de bens e/ou serviços, realizada pelos chamados Influenciadores Digitais, a partir de contratação pelo Anunciante e/ou Agência. Em geral, três elementos cumulativos são necessários para caracterizar a referida publicidade: i) a divulgação de produto, serviço, causa ou outro sinal a eles associado; ii) a compensação ou relação comercial, ainda que não financeira, com Anunciante e/ou Agência; e iii) a ingerência por parte do Anunciante e/ou Agência sobre o conteúdo da mensagem (controle editorial na postagem do Influenciador).*
O terceiro requisito previsto, a ingerência por parte do Anunciante e/ou Agência, também chamada de controle editorial, configura a contratação (formal ou informal), por meio da qual se solicite ou sugira a divulgação publicitária, com maior ou menor detalhamento de conteúdo, tempo, frequência ou forma de postagem a serem propostos ao Influenciador.
Não é considerado controle editorial o mero contato do Anunciante junto ao Usuário, com a simples apresentação do produto, orientação quanto ao consumo ou cuidados necessários no caso de sua eventual e incerta divulgação, em observância às normas éticas e legais aplicáveis". (Guia de Publicidade por Influenciador, dez/2020, www.conar.org.br. Acesso em 22.06.2021)
[3] Confira-se item 1.1.2 do Guia de Publicidade por Influenciador, CONAR.
[4] Sobre o princípio da boa-fé objetiva nas relações de consumo, confira-se MARQUES, Claudia Lima. *Contratos no Código de Defesa do Consumidor*. 6ª ed., São Paulo: Revista dos Tribunais, 2011, p.214 e ss.

tem que cumprir" – art.30); (v) **princípio da não abusividade** (vedação à publicidade abusiva – art. 37, § 2º); (vi) **princípio do ônus da prova a cargo do fornecedor** (segundo o qual cabe ao fornecedor provar a correção e adequação de sua mensagem publicitária – art. 38); (vi) **princípio da correção do desvio publicitário** (que significa a imposição da pena de contrapropaganda prevista no art. 60, XII)[5].

Toda essa principiologia norteia a interpretação das mensagens publicitárias ao lado do mencionado Código Brasileiro de Autorregulamentação Publicitária (CBAP) e de suas *guidelines*, como o Guia de Publicidade por Influenciador. A seguir, teceremos considerações sobre a vinculação da oferta publicitária, seguida de considerações sobre o exame da publicidade enganosa e abusiva, em suas diferentes formas, com especial destaque à publicidade infantil e de alimentos, recorrentes em discussões no âmbito do SNDC e objeto de controle detido pelo CONAR.

2. Oferta e publicidade

O artigo 30 do CDC versa sobre os efeitos da oferta ao consumidor, ao dispor que *"toda informação ou publicidade, suficientemente precisa, veiculada por qualquer forma ou meio de comunicação com relação a produtos e serviços oferecidos ou apresentados, obriga o fornecedor que a fizer veicular ou dela se utilizar e integra o contrato que vier a ser celebrado"*.

Nem toda publicidade, contudo, contém uma oferta. Por vezes, uma publicidade sequer veicula informações sobre bens e serviços, como pode ocorrer, e.g., com a publicidade institucional ou *merchandising* em situações que se verifique apenas a exposição do produto.

Por outro lado, também é correto afirmar que nem toda oferta é realizada por meio de publicidade. Ao contrário, há oferta pela simples exposição de produtos em máquinas automáticas (e.g. máquinas de café, refrigerantes), pela simples entrega de um orçamento ao consumidor de um produto ou serviço, da apresentação de mercadorias em vitrines de lojas, nos rótulos, etc.

Todavia, de acordo com o artigo 30 do CDC, se a *publicidade* apresentar em seu conteúdo *"informações suficientemente precisas"* sobre os bens e serviços

---

[5] Para aprofundamento da principiologia própria à publicidade, cf. DIAS, Lucia Ancona Lopez de Magalhães, *Publicidade e Direito*, 3ª ed., São Paulo: Saraiva, 2018, Cap. 3º, p. 67 e ss. E, ainda, MIRAGEM, Bruno. *Curso de Direito do Consumidor*. 8ª ed, São Paulo: Thompson Reuters Brasil, 2019, p.348 e ss.

18. PUBLICIDADE NO CÓDIGO DE DEFESA DO CONSUMIDOR. ENGANOSA. ABUSIVA. ...

oferecidos, ela, então, será equiparada à oferta e passará a ser vinculante ao fornecedor, obrigando-o a cumprir os seus termos. Para que surja, porém, esse efeito vinculante é preciso que a oferta: (i) seja transmitida por qualquer meio de comunicação em relação aos bens e serviços oferecidos, i.e., pressupõe a sua *exposição* ao público consumidor e; (ii) seja *suficientemente precisa*. O termo "suficientemente precisa" não requer que a oferta seja total, isto é, que contenha todos os elementos do futuro contrato; basta que a publicidade faça referência a apenas uma característica do produto para já vincular o fornecedor.

Assim, no sistema do CDC, feita a oferta publicitária suficientemente precisa – que é irrevogável e irretratável – e havendo a sua aceitação pelo consumidor durante o prazo fixado ou outro razoável, o contrato está concluído. Eventual *recusa* do anunciante em lhe dar cumprimento possibilita ao consumidor exigir uma das hipóteses do artigo 35 do CDC[6].

Cumpre notar sobre a matéria que, doutrina e jurisprudência, aceitam a teoria do **erro grosseiro do material publicitário**, como situação especial que excepciona a incidência do princípio da vinculação da mensagem publicitária. Havendo flagrante erro na publicidade, perceptível de imediato pelo seu consumidor destinatário, não deve o Direito acobertar a celebração de negócios que o consumidor *sabe*, ou *razoavelmente deveria saber*, tratar-se de um equívoco. Aplica-se a boa-fé objetiva (teria da confiança) na interpretação das relações de consumo.[7]

---

[6] Poderá o consumidor exigir o cumprimento forçado da oferta (art. 35, I) ou, na sua impossibilidade, aceitar outro produto ou prestação de serviço equivalente (art. 35, II), Se já celebrado o contrato, poderá o consumidor ainda optar por rescindi-lo, com direito à restituição de quantia eventualmente antecipada, monetariamente atualizada, além de eventuais perdas e danos (art. 35, III).

[7] Assim, por exemplo, TJSP, Ap. 399.469-4/0-00, j. 20.06.2006, rel. Des. Beretta da Silveira ao decidir que televisão ofertada a valor correspondente a 10% do seu preço original, não é apta a gerar legítimas expectativas. Em outro caso, consumidora objetiva o cumprimento de oferta de geladeira anunciada em valor correspondente a 15% do seu valor real, reconhecendo o judiciário erro grosseiro que não vincula o fornecedor (TJSP, Ap. 9292053-82.2008.8.26.0000, j. 28.08.2012). Cite-se, ainda, erro que atingiu a rede de supermercados WalMart, que ofertou computadores a R$ 580,00 (quinhentos e oitenta reais) – quando, na verdade, seu valor era de R$ 2.398,00 (dois mil e trezentos e noventa e oito reais). Nesta ocasião, a fundação Procon-SP se manifestou no sentido da aplicação da teoria da boa-fé objetiva, afirmando que nos casos em que "o preço do produto de forma gritante não condiz com a realidade praticada no mercado, não é razoável a exigência de cumprimento da oferta, levando-se em consideração o equilíbrio, a harmonia e boa-fé que devem reger numa relação entre fornecedores e consumidores" (http://g1.globo.com/economia/noticia/2013/12/walmartcom-diz-que-errou-preco-de-computador-e-cancela-compras.html, acesso em 23.04.2021).

2.1. Publicidade enganosa

A publicidade enganosa, encontra-se definida no artigo 37, § 1º do CDC, e pode ser resumida como a mensagem **capaz de induzir o consumidor em erro** quanto às características, qualidade, quantidade, propriedades, origem, preço e quaisquer outros dados sobre produtos ou serviços anunciados, quer pela sua **falsidade**, quer por **omissão** ou **qualquer outro meio**.

De acordo com Herman Benjamin, não se deve confundir "publicidade falsa com publicidade enganosa. Aquela não passa de um tipo desta. O grande labirinto dessa matéria decorre exatamente do fato de que a publicidade enganosa nem sempre é verdadeiramente falsa"[8].

Uma mensagem é enganosa quando ela apresenta aptidão para influenciar o comportamento econômico do consumidor, que seria potencialmente diverso caso estivesse melhor informado sobre as características do produto. Em qualquer situação, seja por ação (publicidade afirma algo que não é ou se apresenta de tal forma a confundir o consumidor sobre o que realmente se pretendia dizer) ou omissão (deixar de informar sobre dado essencial do produto), haverá vício de informação passível de turbar a declaração de vontade do consumidor.

O controle de enganosidade recai sobre toda e qualquer informação de **caráter publicitário**, o que inclui não apenas as mídias tradicionais, mas também as promoções de vendas, levadas ao conhecimento do consumidor diretamente nos pontos de venda (através de material publicitário, cupons, sorteios), as atividades de degustação e *sampling* no varejo, as embalagens e rotulagens que veiculem informações publicitárias; as mensagens pagas ou patrocinadas constantes de blogs ou perfis de influenciadores, caso tal conteúdo de natureza publicitária não reste identificado aos destinatários, o *product placement*, dentre outros. Todas essas práticas estão sujeitas ao chamado **princípio da veracidade** (art. 37), assim como ao da **transparência na fundamentação** (art. 36, parágrafo único), se a publicidade prometer certa eficácia, atributo especial ou vantagem específica do produto/ serviço,

---

[8] BENJAMIN, Antonio Herman V. Manual de Direito do Consumidor. Antonio Herman V. Benjamin, Claudia Lima Marques, Leonardo Roscoe Bessa, 8ª ed., São Paulo: Revista dos Tribunais, 2017, p.308. Por outro lado, como já escrevemos, também é correto afirmar que nem toda publicidade falsa constitui enganosidade. "A publicidade pode conter mensagens manifestamente falsas, mas incapazes de induzir em erro os destinatários. É o caso das mensagens que se utilizam da fantasia e das fábulas, da sátira ou ainda das hipérboles ou exageros publicitários inócuos" (Dias, Lucia Ancona Lopez de Magalhães, Publicidade e Direito, ob. cit., p.132).

18. PUBLICIDADE NO CÓDIGO DE DEFESA DO CONSUMIDOR. ENGANOSA. ABUSIVA. ...

hipótese em que deve o anunciante dispor de dados fáticos ou técnicos que deem suporte às suas alegações.

Vale notar que as mensagens que não cumprem com o princípio da identificação e ocultam a sua natureza comercial falham igualmente com o dever de veracidade, podendo contemplar uma potencial enganosidade quanto à sua forma de apresentação, caso do seu conteúdo não se possa identificar claramente tratar-se de uma mensagem de natureza comercial.

Como já escrevemos, no exame da publicidade enganosa, necessário analisar a (i)licitude da publicidade a partir da figura do consumidor como critério interpretativo central do art. 37, CDC. O exame do potencial enganoso de determinada mensagem publicitária precisa ser calibrado com acurácia e tendo em vista a impressão que a publicidade realmente causa (ou pode causar) aos seus **consumidores destinatários** (público-alvo da mensagem)[9].

Disso decorre que a capacidade crítica e perceptiva do consumidor não é estática. Ela pode variar conforme se trate de um ou outro público-alvo a ser investigado segundo critérios *socioculturais*, os *veículos de comunicação* utilizados e, especialmente, tendo em conta a *natureza e as características dos produtos e serviços anunciados*[10], além de outros elementos a serem ponderados no exame do caso concreto.

No tocante à publicidade enganosa por comissão (falsidade) apta a enganar os consumidores destinatários, há firme condenação no Resp n.º 1.546.170 – SP, cujo fabricante de automóveis passou falsas informações para revista especializada e, por conseguinte, ao público consumidor, ao alegar que a versão mais básica de seu veículo contaria com acessórios e itens de série que,

---

[9] DIAS, Lucia Ancona Lopez de Magalhães. *Publicidade e Direito*. 3ª ed., São Paulo: Saraiva Educação, 2018, p. 148. Em sentido similar, pela busca do público-alvo, cf. Adalberto Pasqualotto: "É no público-alvo da publicidade que deve ser avaliada a capacidade de indução em erro" (PASQUALOTTO, Adalberto. *Os efeitos obrigacionais da publicidade no Código de Defesa do Consumidor*, São Paulo: RT, 1997, p. 122); Antonio Herman Benjamin: "A regra é, pois, que na caracterização da publicidade enganosa analise-se a natureza da mensagem publicitária e a vulnerabilidade do consumidor. Usa-se, portanto, um duplo critério de avaliação. O primeiro, objetivo, tem a ver com o conteúdo do próprio anúncio. O segundo, subjetivo, relaciona-se com o tipo de consumidor atingido ou atingível. Por conseguinte, uma mensagem não enganosa em relação a um determinado alvo pode vir a sê-lo em função de outro público" (BENJAMIN, Antonio Herman de Vasconcellos e et al. Antonio Herman de Vasconcellos e et al. *Código Brasileiro de Defesa do Consumidor comentado pelos autores do anteprojeto*. Rio de Janeiro: Forense Universitária, 2005., p. 332-333).

[10] Assim, DIAS, Lucia Ancona Lopez de Magalhães. *Publicidade e Direito*. 3ª ed., São Paulo: Saraiva Educação, 2018, p. 154-155. Para detalhamento de tais critérios, cf. p. 154-169.

ATIVIDADE PUBLICITÁRIA NO BRASIL

mais tarde, se fizeram presentes apenas em versões mais luxuosas de referido veículo.

Reconhecendo ainda haver enganosidade **comissiva**, confira-se decisão do STJ que declarou que constitui "publicidade enganosa o lançamento de um novo modelo de veículo, totalmente remodelado, no mesmo ano em que já fora comercializado modelo anterior, ambos noticiados como modelo do ano seguinte"[11].

Por outro lado, afastada discussão de enganosidade do achocolatado "Alpino Fast" (bebida líquida) que continha em seu rótulo a imagem do bombom "alpino" (chocolate sólido), em referência à marca-mãe. A Ação Civil Pública teria sido proposta com o objetivo de retirar o produto do mercado ao argumento de que os consumidores seriam induzidos em erro a acreditar erroneamente que *a bebida líquida seria produzida com a formulação idêntica do chocolate sólido*. Como ressaltado pelo Tribunal de Justiça do Estado do Rio de Janeiro, a interpretação deve levar em conta o bom senso, sendo razoável a compreensão pelos consumidores de que se tratava de bebida láctea "sabor alpino", idêntico ou muito similar ao conhecido sabor do bombom sólido[12].

No exame da enganosidade, convém notar, ainda, que o §3º do art. 37 do CDC define ser a publicidade enganosa **omissiva** aquela que deixa de informar sobre "dado essencial" do produto ou serviço anunciado. Considerando o conceito aberto da norma, haverá informação essencial se ela for apta a modificar os termos da oferta ou se dela resultarem condições ou limites à própria fruição do bem ou serviço[13] ou, ainda, onerar o consumidor, não tendo sido de qualquer modo ressalvada no material publicitário[14]-[15].

---

[11] STJ, Resp. 871.172-SE, 4ªT., j.14.06.2016, rel. Min. Isabel Gallotti.

[12] TJRJ, Ap. 0163488-80.2010.8.19.0001, Rel. Des. Eduardo Gusmão Alves de Brito Neto, j. 26.10.2010.

[13] *"Oferta prometendo "vale-ingressos" de cinema a cada R$ 30,00 em compras – Prêmio oferecido aos consumidores que dependia da implementação de condição não indicada expressamente na oferta"*, que no caso, era a compra de um "ingresso inteiro" na bilheteria dos cinemas para, então, poder usufruir do "vale-ingresso", condição essa que não era informada na oferta, mas apenas no regulamento da promoção (TJSP, Apelação nº1020640-52.2017.8.26.0053, Rel. Luís Francisco Aguilar Cortez, j. 24.03.2021).

[14] Pela publicidade enganosa omissiva: cf. TJSP, Apelação nº1047351-08.2017.8.26.0114; j. 02/10/2019: *"Caso concreto em que a propaganda veiculada pela operadora de telefonia omitiu o valor dos planos de assinatura aos quais os preços dos aparelhos oferecidos eram atrelados. Manipulação indevida do consumidor, que, ao ser levado à etapa subsequente da compra, já tem comprometida a plenitude de sua capacidade crítica, sendo movido pelo desejo de compra – que lhe parece ser uma necessidade racional. Multa bem dosada".*

[15] Negando publicidade enganosa omissiva, cf. TJSP, Apelação nº 1045390-84.2018.8.26.0053; Rel. Claudio Augusto Pedrassi, j. em 17.12.2019: *"Auto de Infração. Multa aplicada pelo PROCON à empresa, com base no art. 37 § 1º do CDC. por publicidade enganosa, por omissão. Falta de menção com destaque na*

18. PUBLICIDADE NO CÓDIGO DE DEFESA DO CONSUMIDOR. ENGANOSA. ABUSIVA. ...

Sobre o tema, cumpre-nos chamar a atenção para decisão do STJ no Recurso Especial nº 1.705.278 que, adotando tais premissas, afastou a existência de enganosidade por omissão de certa publicidade de aparelho de celular. Vale notar ainda, para o exame do potencial enganoso, que publicidade não se confunde com o dever de informar ampla e precisamente (art. 31, CDC), o qual, por óbvio, não se esgota na publicidade, mas deve ser verificado em todas as fases da relação de consumo.

Ainda sobre o dever de informar na publicidade, de fundamental relevância o precedente do STJ em Ação Civil Pública que objetiva que fosse determinada às empresas de telefonia a observância, em suas publicidades impressas, de *tamanho da fonte não inferior a 12 pontos*, em analogia às disposições do art. 54, § 3º, CDC, que versa sobre contratos de adesão. Nesse julgado, consignou o STJ que contratos de adesão não se confundem com o contexto dos anúncios publicitários. Observou ainda que o tamanho reduzido de caracteres constantes do rodapé da publicidade não impede o conhecimento das condições e dos termos da oferta pelo consumidor. Tal análise deve ser feita casuisticamente, mediante verificação de cada anúncio em particular, não sendo possível estabelecer um critério *a priori*, como pretendido na ação[16].

3. Publicidade abusiva

A proibição à **publicidade abusiva** está prevista no artigo 37, § 2º que dispõe ser abusiva, *dentre outras, "a publicidade discriminatória de qualquer natureza, a que incite à violência, explore o medo ou a superstição, se aproveite da deficiência de julgamento e experiência da criança, desrespeita valores ambientais, ou seja capaz de induzir o consumidor a se comportar de forma prejudicial ou perigosa à sua saúde e segurança"*.

O dispositivo em questão não contempla um conceito preciso de abusividade. A partir das situações exemplificativas nele citadas, pode-se, porém, definir a abusividade como a mensagem que agride princípios e valores

---

peça publicitária de que a promoção seria válida apenas para as lojas físicas. Propaganda enganosa por omissão não caracterizada. Inexistência de omissão, a rigor, pois a informação consta do anúncio, apesar da falta de destaque. Ainda que se considere a omissão, a informação apontada como omitida não se refere a dado essencial da compra em si (restrição da promoção das lojas físicas). Omissão, ainda, que não tem capacidade, nem em tese, de induzir o consumidor a erro". Confira-se, ainda TJSP; Apelação nº 1008492-04.2020.8.26.0053; Rel. Torres de Carvalho, J. 08.03.2021.

[16] STJ, Resp 1.602.678-RJ, Min. Paulo de Tarso Sanseverino, j. 31.5.2017.

ATIVIDADE PUBLICITÁRIA NO BRASIL

maiores do ordenamento jurídico pátrio e que informam e permeiam nossa sociedade. A tutela da publicidade abusiva não está relacionada a um efetivo prejuízo econômico a partir da alteração da vontade do consumidor, mas à sua segurança contra mensagens que possam levá-lo a situações de perigo ou à tutela da esfera moral da sociedade como um todo contra a veiculação de mensagens contrárias aos valores sociais previstos na Constituição.

Note-se que o § 2º do artigo 37 do CDC, por oferecer um conteúdo vasto e flexível, *a ser preenchido no caso concreto pelo julgador,* introduz nas relações de consumo uma verdadeira *cláusula geral de não abusividade.* O rol do § 2º é meramente exemplificativo[17].

Adverte-se, contudo, que, ao instituir uma *cláusula geral de não abusividade,* o dispositivo não adota um, por assim dizer, *império da subjetividade.* Ao contrário, exige-se do julgador uma análise cuidadosa da potencial transgressão existente. Nesta análise, o que está em foco é o valor calibrado à luz da coletividade e não os gostos ou olhar assaz subjetivo de um ou outro consumidor específico. Sob essa perspectiva, acertada a decisão do TJSP que rejeitou a alegação de publicidade abusiva na oferta dos produtos LEGO – Brinquedos denominados "Assalto ao Caixa Eletrônico" e "Assalto ao Carro Forte" (ou "Mini-figuras de Polícia"), das Linhas "LEGO City" e "LEGO Racers"[18].

Uma breve digressão de aplicação desse dispositivo nos leva aos longínquos 30 anos do Código, quando então o exame da abusividade centrou-se nas discussões de **discriminação** envolvendo os anúncios da marca *BENETTON.* Fartamente promovidas na década de 90, as campanhas sociais da marca abordavam temas como a AIDS e a discriminação racial e acabaram sendo alvo de reprovação.

---

[17] O Código Brasileiro de Autorregulamentação Publicitária (CBAP), sob o título "respeitabilidade", contém diversos dispositivos que igualmente levam em conta os valores maiores da nossa sociedade consagrados na Constituição Federal. Assim, por exemplo, impõe que toda atividade publicitária caracterize-se pelo respeito à dignidade da pessoa humana, à intimidade, ao interesse social, às instituições e símbolos nacionais, às autoridades e à família (art. 19). Em outros artigos, condena a publicidade discriminatória (art. 20), que induza a atividades criminosas (art. 21) ou que ofendam padrões de decência entre aqueles que poderá atingir (art. 22); que abuse da confiança do consumidor, explore sua falta de experiência ou beneficie-se de sua credulidade (art. 23), ou ainda, que explore o medo, a superstição ou conduza à violência (arts. 24, 25 e 26).

[18] TJSP, Ap. n.º 100.5571-82.2014.8.26.0053, Rel. Borelli Thomaz, j. 14-8-2019: Ementa: *"Ação anulatória. Auto de Infração lavrado pelo PROCON. Venda e oferta de produtos LEGO. Brinquedos denominados "Assalto ao Caixa Eletrônico" e "Assalto ao Carro Forte" (ou "Mini-figuras de Polícia"), das Linhas "LEGO City" e "LEGO Racers". Publicidade/propaganda a eles vinculados caracterizados como abusivas, mediante incitação à violência. Infração não caracterizada. Violação ao princípio constitucional da razoabilidade. Auto de infração anulado. Recurso desprovido".*

18. PUBLICIDADE NO CÓDIGO DE DEFESA DO CONSUMIDOR. ENGANOSA. ABUSIVA. ...

Há cerca de uma década (2008), o tema da discriminação deu lugar à discussão da igualdade de sexos, em especial quanto à alegada coisificação da figura feminina nas campanhas publicitárias de cervejas, o que motivou, inclusive, alterações no Código Brasileiro de Autorregulamentação Publicitária[19].

Na atualidade, ainda sob o mote da "discriminação de gênero", novos contornos surgem quanto ao debate sobre a presença da mulher na publicidade, em tentativas, inclusive, de sua proibição absoluta em publicidade de lingeries[20] ou imposição de colocação de advertências sobre a igualdade entre homens e mulheres em anúncios relacionados a produtos para limpeza e cuidado doméstico[21]. A mulheres devem ser sempre retratadas com dignidade e igualdade, o que não necessariamente significa que a sua mera presença em tais publicidades as tornem "inferiorizadas" ou mereçam advertências específicas.

Parece-nos necessário aqui trazer uma reflexão mais aprofundada sobre o tema, pois, a depender da extensão de tais projetos de lei, ainda que bem intencionados, podem resultar em efeito rebote, ao redundar, por exemplo, em exclusão de mulheres do segmento de trabalho, que restarão proibidas de figurar como atrizes, modelos ou mesmo provedoras de conteúdo publicitário em tais segmentos específicos (como é o caso de inúmeras *influencers* que dispõem do seu próprio canal), além de poderem restar impedidas de interlocução com todos os públicos ou perante outras mulheres.

Parece-nos, assim, mais adequado que o controle de abusividade seja verificado caso a caso, reprovando-se, no exame *in concreto*, eventual publicidade que se revele discriminatória. Ressalte-se, neste particular, importante decisão do TJSP na qual se discutia ser (ou não) abusiva a promoção "Pronta para curtir o verão com Gillette Vênus" por apresentar apenas a participação de pessoas do sexo feminino em tal mídia. Neste caso, afastou o TJSP

---

[19] Os Anexos "A", "P" e "T" do CBARP (e que versam sobre bebidas alcoólicas, cervejas e vinhos), trouxeram orientações para os anunciantes dispondo que "eventuais apelos à sensualidade não constituirão o principal conteúdo das mensagens e que modelos publicitários [homens e mulheres] jamais serão tratados como objeto sexual".

[20] Assim, PL 967/2015, que tramita na Câmara dos Deputados, tendo recebido Parecer da Comissão da Mulher (CMULHER) pela sua rejeição.

[21] Assim, PL 1943/2019, o qual pretende incluir no art. 373-A da CLT dispositivos que determinam a colocação de advertência sobre igualdade entre homens e mulheres em anúncios relacionados a produtos para limpeza e cuidados domésticos, e dispõem sobre o dever de tais anúncios refletirem a diversidade, sem reprodução de estereótipos de gênero, tendo sido já aprovado na Câmara dos Deputados.

ATIVIDADE PUBLICITÁRIA NO BRASIL

qualquer conteúdo discriminatório da publicidade, que tinha como público-
-alvo as mulheres. De acordo com a decisão, tratava-se de produto (linha
Gillette Vênus) projetado para mulheres e com *design* formulado especificamente para o corpo feminino, ausente discriminação de qualquer natureza[22].

Ainda sobre o tema da discriminação, é importante chamar a atenção para
outra faceta muito comum nas peças publicitárias, qual seja, o uso do recurso
da **sátira** (*animus jocandi*). As peças publicitárias desde sempre exploraram o
humor como ferramenta para chamar a atenção do consumidor sobre o seu
produto.

É preciso diferenciar a publicidade discriminatória da publicidade jocosa,
que se utiliza da sátira, do humor, como manifestação criativa da liberdade de
criação e expressão da publicidade.[23] Para a caracterização da discriminação é
necessário que a publicidade traga consigo uma diferenciação indevida, efetivamente preconceituosa, que tenha verdadeira capacidade para transgredir
o valor constitucional da igualdade ou da dignidade e gerar um dano moral
à sociedade. A simples brincadeira e a utilização de figuras ou personagens
caricaturados, com o intuito apenas de fazer rir – ainda que de mau gosto –,
não podem ser tidas *per se* como discriminatórias[24].

Há de se comentar ainda que a publicidade pode se tornar abusiva por
incitação à violência na medida em que se apresente com claro potencial
para influenciar negativamente a conduta dos consumidores na difusão da
violência ou, ainda, quando explorar o medo ou a superstição.

Como já escrevemos, "não é lícito que as empresas para estimularem
o consumo de seus produtos assim o façam por meio do recurso ao medo.
Ressalte-se aqui o aspecto teleológico da prática: é preciso que o medo seja
utilizado como um instrumento imoral para aumentar as vendas do produto.
Não bastaria assim, para a configuração do ilícito de abusividade, uma mera
veiculação de imagem ou cena de medo na publicidade; importante verificar
o aspecto finalístico, isto é, uma relação causal entre medo/venda, capaz de

---

[22] TJSP, Apelação 1044176-24.2019.8.26.0053; Rel. Marcelo L Theodósio, j. 26.11.2020.
[23] Reconhecendo conteúdo humorístico à publicidade, cf. TJ/MG, Apelação nº 1.0024.10.149915-0/001
(publicidade *"latinhas falantes"* da Skol, na qual se fazia referência jocosa aos argentinos); TJ/SP, Apelação nº 994.05081591-3 (que se utilizou de forma bem-humorada do estereótipo de *"loira burra"*).
[24] Para aprofundamento da matéria da publicidade abusiva discriminatória, bem como da sátira
e hipérboles na publicidade, confira-se Dias, Lucia Ancona Lopez de Magalhães Dias. *Publicidade
e Direito*, Saraiva, p. 219 e ss.

18. PUBLICIDADE NO CÓDIGO DE DEFESA DO CONSUMIDOR. ENGANOSA. ABUSIVA. ...

configurar, verdadeiramente, um abuso ilegal dos sentimentos e sensações dos consumidores pelo anunciante"[25].

Por fim, e ainda, exemplificativamente, o Código de Defesa do Consumidor qualifica como abusiva a publicidade que em seu conteúdo desrespeite o meio ambiente. O meio ambiente saudável e equilibrado e a sua preservação é direito e dever de todos (art. 225, CF). É elemento chave dentro da nossa sociedade e essencial para a própria existência das futuras gerações. Não pode, assim, a publicidade deseducar o consumidor quanto ao objetivo maior de preservação e respeito ao meio ambiente[26].

3.1. A publicidade infantil e seus contornos jurídicos.

Em consonância e, em verdade, até na vanguarda das melhores legislações no mundo, o Código de Defesa do Consumidor declara ainda ser *abusiva* a publicidade que *se aproveita da deficiência de julgamento e experiência da criança* (CDC 37, §2º). Na esteira do quanto trazido pela Constituição Federal (arts. 5, IX, 170 e 220, caput e §§ 3º e 4º, CF)[27], o CDC não proibiu a publicidade, nem mesmo aquela direcionada ao público infantil; cuidou, isto sim, de regulamentar e punir o excesso de comunicação, sob a ótica de tal público mais vulnerável.

A criança, não há o que se discutir, merece proteção especial. É uma pessoa ainda em formação. Por essa razão, o constituinte adequadamente

---

[25] Dias, Lucia Ancona Lopez de Magalhães. *Publicidade e Direito*, ob. cit., p. 233.

[26] Afastando esse tipo de abusividade pelo nítido caráter de humor da publicidade, confira-se TJSP, Ap. 558.085-5/0-00, rel. Des. Nogueira Diefenthaler, j.10.03.2008, Nesse caso se discutia se a publicidade de certo refrigerante se mostrava abusiva por "violação aos valores ambientais, notadamente a alimentação de animais em cativeiro". Na peça televisiva, o pai de uma criança entrega o produto ao macaco (exposto em uma jaula), de forma a lhe oferecer a bebida – mas o animal se depara com a lata vazia, motivo pelo qual a arremessa de volta. A decisão afastou publicidade abusiva uma vez que apenas demonstra, "com humor, que o macaco possui muito mais inteligência do que o ser humano imagina".

[27] A Constituição Federal garante duplamente a proteção da publicidade: (i) enquanto atividade de liberdade de expressão e informação de produtos e serviços disponíveis (arts 5º, inc. IX e 220 CF); e (ii) enquanto atividade econômica assegurada pelos princípios informadores da ordem econômica previstos no art. 170, quais sejam, da livre iniciativa e livre concorrência, dispondo ainda em seu parágrafo único *"ser livre o exercício de qualquer atividade econômica, independentemente de autorização de órgãos públicos, salvo nos casos previstos em lei"*. Por essa razão, a publicidade somente pode ser restringida por lei federal (constitucionalidade formal – art. 22, XXIX e 220, § 3º), desde que resguardada a proporcionalidade e razoabilidade do ato (constitucionalidade material).

ATIVIDADE PUBLICITÁRIA NO BRASIL

estabeleceu em seu artigo 227 a responsabilidade compartilhada da família, da sociedade e do Estado em assegurar à criança e ao adolescente, com absoluta prioridade, o direito à vida, à saúde, à alimentação, à educação, ao lazer, à profissionalização, à cultura, à dignidade, ao respeito. Neste dever, inclui-se, naturalmente, mensagens publicitárias que respeitem a condição peculiar da criança (pessoa em desenvolvimento) e não atentem contra tais deveres, o que é também reforçado pelo art. 71 do ECA.

Não se deve, porém, acreditar que a criança, a pretexto de sua proteção, deva ser completamente excluída da sociedade, da qual faz parte inexoravelmente a publicidade, cumprindo o dever de educar o cidadão – desde a sua infância – ao consumo responsável e às intemperes da sociedade. A despeito de respeitáveis vozes contrárias[28], acreditamos que a proibição (inclusive da publicidade) não educa tampouco contribui para a formação de cidadãos mais responsáveis e capazes de lidar com suas próprias frustrações[29].

Neste contexto, em harmonização às liberdades constitucionais, mas sem descurar da proteção especial da criança, o CDC pune o abuso de comunicação direcionada à criança e não a atividade em si mesma. Toda e qualquer comunicação que possa atingir a criança deve ter cuidado redobrado, sob pena de poder revelar-se abusiva.

E, especificamente em relação à interpretação do artigo 37, § 2º do CDC, verifica-se, desde logo, que tal dispositivo, apresenta carga semântica vasta e flexível, introduzindo nas relações de consumo verdadeira *cláusula geral de não abusividade*. Delega-se ao julgador preencher tal indeterminabilidade à luz do exame do caso concreto. Cumpre-lhe, pois, avaliar e definir as *situações de abusividade direcionada às crianças* (i.e., quando elas exploram a deficiência de julgamento e experiência da criança), em verdadeiro adensamento do grupo

---

[28] Assim defende, por exemplo, o Instituto Alana, por meio do seu Projeto Criança e Consumo, bem como o Instituto Brasileiro de Defesa do Consumidor (IDEC).

[29] Como expõe com clareza Roberta Densa, acerca especificamente da publicidade infantil "Toda e qualquer restrição deve ser fundamentada na razoabilidade e na racionalidade e devidamente expressa em lei. São rechaçados, portanto, quaisquer argumentos que defendam restrições de publicidade com a finalidade de corrigir os rumos tomados pela sociedade, para evitar que a criança seja consumista, para garantir que ela seja feliz, ou por qualquer outro ideal de vida. Essas escolhas devem ser feitas pela família e, mais tarde, pela própria pessoa que atingir a maturidade" (DENSA, Roberta. Publicidade Infantil: fundamentos e critérios para definição dos limites da atuação do Estado, *in Direito do Consumidor: 30 anos do CDC: da consolidação como direito fundamental aos atuais desafios*. Organização Bruno Miragem, Claudia Lima Marques, Lucia Ancona Lopez de Magalhães Dias, Rio de Janeiro: Forense, 2021, p.288-289)

18. PUBLICIDADE NO CÓDIGO DE DEFESA DO CONSUMIDOR. ENGANOSA. ABUSIVA. ...

de mensagens que podem ser qualificadas como irregulares quando examinadas a partir da ótica desse público-alvo específico.

Nesse cenário, e de forma complementar, dignas de nota são as disposições existentes no âmbito da *autorregulamentação* publicitária acerca do conteúdo da publicidade direcionada às crianças, e que servem de fonte subsidiária para o aplicador da norma do artigo 37 CDC como forma a auxiliá-lo na delimitação das hipóteses de abusividade[30].

Com efeito, as normas do CONAR corporificam os usos e costumes do mercado. Prestam-se, assim, como possível fonte ao julgador, nos termos do artigo 4º da Lei de Introdução ao Código Civil, muito embora seja certo que o controle dinâmico exercido pelo CONAR, de orientação e autodisciplina do mercado, não se confunda com o controle Estatal, tampouco signifique ilicitude punível pelo CDC. Tais possíveis situações devem ser apuradas especificamente no âmbito do caso concreto, quando e se levadas ao exame do aplicador da norma consumerista. Trata-se, pois, de funções e sanções diversas, daí a razão do controle misto da publicidade, mas que, em nosso sentir, podem e devem se apresentar em uma relação de mútua observação e interação conceitual, com vistas a enriquecer e adensar a proteção ao consumidor, sobretudo, no que tange aos vulneráveis.

Neste contexto, o Código Brasileiro de Autorregulamentação Publicitária (CBAP) dedica uma seção específica à proteção da criança contra o conteúdo inadequado ou abusivo da publicidade (Seção 11 do CBAP – art. 37).

De acordo com tais regras, **não se admite** que a publicidade contenha apelo imperativo de consumo direcionado diretamente a crianças e adolescentes. Os anúncios deverão refletir cuidados especiais em relação à segurança e às boas maneiras e, ainda, **abster-se** de provocar qualquer tipo de discriminação ou associar crianças ou adolescentes a situações incompatíveis com sua condição, sejam elas ilegais, perigosas ou socialmente condenáveis. A publicidade infantil não deve gerar *sentimentos de superioridade* em relação a outras crianças em razão do consumo de certo produto, ou, na sua falta, de *inferioridade*.

Outra importante orientação aos anunciantes acerca da publicidade infantil consiste na *proibição* de que sejam utilizados modelos infanto-juvenis para *vocalizar apelo direto, recomendação* ou *sugestão de uso ou consumo por outros menores*. Admite-se, contudo, a participação de tais crianças quando pertinentes à demonstração de serviço ou produtos (art. 37, I, *f*, CBAP).

[30] O art. 16 do CBAP dispõe ainda que: *"embora concebido especialmente como instrumento de autodisciplina da atividade publicitária, este Código é também destinado ao uso das autoridades e Tribunais como documento de referência e fonte subsidiaria no contexto da legislação da propaganda e de outras leis, decretos, portarias, normas ou instruções que direta ou indiretamente afetem ou sejam afetadas pelo anúncio".*

ATIVIDADE PUBLICITÁRIA NO BRASIL

Considerando a sua capacidade reduzida de discernimento e experiência, a publicidade dirigida às crianças também não deve se utilizar de formato jornalístico (publicidade redacional) e, havendo conteúdo publicitário dentro de um perfil de influenciador, deve o influenciador e anunciante redobrarem os cuidados com o princípio da identificação, previsto tanto no artigo 36, parágrafo único do CDC quanto nos artigos 9 e 28 do CBAP[31].

Sobre o dever de identificação da natureza publicitária da mensagem para o público infantil, louvável a edição do "Guia de Publicidade por Influenciador" publicado pelo CONAR em dezembro de 2020. De acordo com o item 1.1.2. do Guia, *"considerando a característica da publicidade por influenciadores, imersa ou integrada ao conteúdo editorial circundante, todos os envolvidos na divulgação da publicidade devem ser particularmente cuidadosos para que a identificação da natureza publicitária seja aprimorada, **assegurando o reconhecimento pelas crianças e adolescentes do intento comercial, devendo ser perceptível e destacada a distinção da publicidade** em relação aos demais conteúdos gerados pelo influenciador"* (grifos nossos).

Exige-se, para fins de respeito à menor capacidade de discernimento da criança, que a mensagem publicitária imersa em conteúdo circundante de blog ou rede social (Instagram, Facebook, Tiktok, etc.), quando direcionado à criança, seja perceptível e distinta do restante do conteúdo daquele canal. Em termos práticos, deve o influenciador ou youtuber, quando contratado pelo anunciante, deixar claro no conteúdo apresentado que há uma relação com a marca, não apenas por indicadores próprios (#publicidade; #parceria paga), mas por outros meios que possibilite tal **distinção** (e.g., locução verbal ou espaço específico da marca dentro do vídeo, adotando um intervalo ou mudança de espaço dentro do conteúdo; há liberdade para a criação desse *disclosure*, desde que possibilite identificação e distinção de que se trata de um conteúdo publicitário).

Cumpre observar que o CONAR também editou normativas sobre o chamado merchandising infantil[32]. Estabeleceu limites importantes a

---

[31] *"Art. 9. A atividade publicitária de que trata este Código será sempre ostensiva"* e *"Art. 28. O anúncio deve ser claramente distinguido como tal, seja qual for a sua forma ou meio de veiculação"*.

[32] O *merchandising*, ou na melhor terminologia, o *"product placement"* ("colocação do produto"), consiste na técnica publicitaria que se desenvolve em espaço de mídia não propriamente publicitário, dado que a exibição do produto, do serviço ou da marca vem inserida no conteúdo de um programa audiovisual, ou seja, durante a narrativa de um filme, de uma novela ou de qualquer outro programa de entretenimento, distinguindo-se da forma da publicidade tradicional. (DIAS, Lucia Ancona Lopez de Magalhaes, *Publicidade e Direito*, op.cit, p. 230).

essa prática, a saber: (i) determinou-se que a publicidade exclusivamente para crianças somente pode ser feita em *intervalos comerciais* (proibindo-se, assim, qualquer merchandising infantil durante programação de televisão) e; (ii) proibiu-se o emprego de crianças em ações de merchandising de produtos infantis ou a utilização de elementos do universo infantil ou outros artifícios para captar a atenção das crianças, qualquer que seja o veículo utilizado.

Há muito debate sobre o conteúdo de Internet, dado que nesse ambiente não há "intervalos comerciais". Importante, como mencionamos em referência ao Guia de Influenciador, que em tais conteúdos digitais, haja **identificação** e **distinção** da mensagem publicitária do restante do conteúdo editorial circundante, ressaltando-se, sempre, que a criança tem capacidade de discernimento reduzida e, assim, deve haver um cuidado maior para a efetividade dessa informação[33].

No Brasil, portanto, não faltam regras de controle à publicidade infantil que deve se ajustar às normas da autorregulamentação, bem como à própria principiologia do CDC de proteção dos vulneráveis.

3.1.1. Publicidade de alimentos

A publicidade de alimentos é alvo de muitas discussões, haja vista a importância de uma dieta equilibrada. Trata-se, assim, de comunicação publicitária que está igualmente sujeita ao artigo 37, § 2º do CDC, sempre que do seu conteúdo se revelar **abuso** ou **excesso reprovável da comunicação**, levando-se em conta o público-alvo.

Importante frisar que não existe – no Brasil ou no mundo – qualquer proibição absoluta dessa atividade, nem mesmo quando direcionada à criança, à luz das garantias constitucionais da livre iniciativa, liberdade de informação e livre-concorrência (art. 5º, 170 e 220, CF).

É certo, porém, que tal como comentamos sobre o cuidado redobrado para a realização de publicidade infantil, essa comunicação também exige maior cuidado do anunciante, evitando-se a comunicação de consumo excessivo de alimentos, sabido que o excesso (e não o alimento em si) poderá ser prejudicial ao consumidor.

---

[33] Neste particular, confira-se TJSP, Apelação nº1054077-72.2019.8.26.0002, Rel. Renato Genzani Filho, j. 14.12.2020, que declarou haver violação ao princípio da identificação em vídeos publicados por youtuber sem o devido esclarecimento de sua natureza publicitária.

ATIVIDADE PUBLICITÁRIA NO BRASIL

Atento, pois, aos cuidados redobrados com a publicidade de alimentos, o CBAP publicado pelo CONAR, desde 2006, dedica um Anexo específico de regras próprias à publicidade de alimentos.

Em relação, por exemplo, à *publicidade de alimentos e bebidas líquidas calóricas*, o Anexo H reprova os anúncios de tais produtos quando: (i) encorajem o seu consumo excessivo; (ii) menosprezem a importância de uma alimentação saudável; (iii) apresentem os produtos como substitutos de refeições; (iv) empreguem apelos de consumo ligados a status, êxito social ou sexual; (v) desmereçam o papel dos pais e educadores como orientadores de hábitos alimentares saudáveis, ou; (vi) gerem confusão quanto à sua qualidade, valor calórico, se natural ou artificial.

Especificamente em relação a essa publicidade de alimentos direcionada às crianças, o Anexo H do CBAP determina ainda que:

(i) o uso de personagens ou apresentadores do universo infantil seja feito *apenas nos intervalos comerciais* (tendo em vista a menor capacidade da criança em diferenciar a mensagem de caráter publicitário do conteúdo editorial da programação infantil). Para essa regra, se aplicam todos os comentários feitos quanto à exigência de percepção e distinção da mensagem publicitária em relação ao conteúdo circundante da rede social do influenciador, de modo que possa ser perceptível à criança quando o conteúdo é ou contém publicidade. Se o vídeo inteiro, por exemplo, for patrocinado ou pago pela marca, há de se mencionar e distinguir essa hipótese para o público-alvo.

(ii) não se utilize de crianças excessivamente gordas ou magras em suas publicidades; e

(iii) que se abstenha de qualquer estímulo imperativo de compra ou consumo.

Há de se mencionar ainda o acordo setorial firmado pelas maiores empresas de alimentos associadas à International Food and Beverage Alliance – IFBA (Aliança Internacional de Alimentos e Bebidas), as quais, em dezembro de 2016, internalizaram para o Brasil compromissos assumidos internacionalmente que impõem restrições voluntárias ao marketing de alimentos, sobretudo daquele específico para crianças, também conhecido como Pledge II.[34]

---

[34] Os membros da IFBA adotaram voluntariamente uma estratégia destinada a mudar como e o que anunciam para crianças abaixo de 12 anos de idade em todo o mundo, o que se mostrou

18. PUBLICIDADE NO CÓDIGO DE DEFESA DO CONSUMIDOR. ENGANOSA. ABUSIVA. ...

O Código de Autorregulamentação, bem como o próprio CDC, não proíbem a possibilidade se de fazer promoções de alimentos com brindes. Reprova-se, todavia, eventuais **abusos** nessas práticas à luz do quanto exposto acima, ou seja, sempre que violar alguma das diretrizes do código (e.g: ensejar imperativo de consumo e/ou consumo excessivo, dentre outros)[35]. O controle autorregulamentar em relação a essa categoria específica de publicidade é bastante rigoroso e atuante.

No tocante à aplicabilidade do artigo 37, § 2º do CDC para a publicidade de alimentos, verifica-se debate relacionado, dentre outros, à promoções de alimentos com brindes – tema, sem dúvida alguma, que ganha evidência na Jurisprudência.

Em parte da casuística existente, verificou-se não haver abusividade de referidas promoções, uma vez que: (i) não se pode atribuir à publicidade um fator *único* e *absoluto* perante as crianças, devendo-se considerar conjuntamente o papel da família e dos pais na criação e educação dos filhos[36]; (ii) a simples existência de publicidade direcionada para as crianças não é proibida pelo ordenamento jurídico, devendo haver o efetivo *abuso*, a partir do exame do caso concreto[37]; (iii) não houve imperativo de consumo

efetivo para ajudar a impulsionar a mudança no mercado e melhorar a nutrição dos alimentos comercializados para este público. Dentre as obrigações assumidas de comunicação de marketing estão os compromissos de (i) veicular publicidade para crianças abaixo de 12 anos de idade apenas de produtos que atendam aos *critérios nutricionais comuns*, baseados em orientações nutricionais com embasamento científico reconhecido ou (ii) não veicular anúncios de produtos para crianças menores de 12 (doze) anos.

[35] Reprovado, por exemplo, pelo CONAR, promoção da Cacau Show, denominada Chocobichos, por impor consumo excessivo (Rep. 244/11); promoção Bobs Trikids por conter imperativo de consumo dos produtos, tais como: " Vá até o Bobs", " Peça Trikids" " Só falta você" (Rep. 345/08); publicidade "Experimente Mabelokos" por conter imperativo de consumo e também não apresentar conteúdo adequado (Rep. 300/08); publicidade "Mamãe, eu quero Biotônico Fontoura", protagonizado por crianças em apelo direto (Rep. 233/06).

[36] Assim, TJSP, Apelação nº 566.275.4/7, Rel. Ênio Santarelli Zulliani, j. 03.09.2009, em ação civil pública por meio da qual se objetivava a proibição total de publicidade de refrigerantes da marca Coca-Cola para menores de 12 anos. Ainda TJSP: Apelação nº 1015328-03.2014.8.26.0053; Apelação nº 994.04.072694-0; Apelação nº 0035929-18.2012.826.0053; Apelação nº 0008196-14.2011.8.260053 e Apelação nº 0018234-17.2013.8.26.0053.

[37] TJSP Apelação nº 0029619-23.2010.8.26.0002, Des. Maia da Cunha, j. 19.09.2011, Ementa: *"Ação Civil Pública. Comercialização de alimentos. Material publicitário voltado para o público infantil. Ausência de vedação constitucional ou legal de tal prática, não podendo se presumir que todo e qualquer material publicitário voltado para o público infanto-juvenil seja lesivo. Princípio da legalidade (artigo 5º, inciso II, da Constituição da República). Tutela da livre concorrência e do princípio da isonomia (artigo 170, da Constituição da República). Recurso improvido."* No mesmo sentido: *"a campanha que tem como principal atrativo a*

ATIVIDADE PUBLICITÁRIA NO BRASIL

e/ou indução ao consumo excessivo de produtos[38] ou mesmo coação moral ao consumo[39].

Em outros casos, o judiciário entendeu como abusivo o conteúdo de certas promoções pela existência de sugestão de consumo excessivo de produtos e/ou imperativo de consumo vocalizado ou protagonizado por crianças[40]. Neste contexto, destaque-se a decisão do STJ no Recurso Especial n.º 1.558.086, exarada em 10 de março de 2016, envolvendo a promoção de alimentos com brindes denominada "É hora do Shrek", a confirmar a abusividade que já havia sido declarada pelo TJSP[41].

participação em filme com a apresentadora Xuxa é inegavelmente dirigida ao público infantil, mas é certo que não há vedação constitucional ou legal da divulgação de publicidade dirigida a esse público. Não se pode presumir que todo e qualquer material publicitário voltado para o público infanto-juvenil seja lesivo" (TJSP, Apelação nº 0035929-18.2012.826.0053, Rel. Des. Maria Laura Tavares, j. 21.10.2013).

[38] A mera existência de lanches com brindes de brinquedos em promoção não pode ser qualificada como imediatamente abusiva à criança ou apelo ao consumo excessivo, cf. TJSP, Apelação nº 1015328-03.2014.8.26.0053, Rel. Oscild de Lima Junior, j. 3.3.2020 e trecho de sua ementa: "*Mérito – Abusividade na campanha não constatada – Impossibilidade de presunção de qualquer material publicitário voltado ao público infanto-juvenil que tenha caráter abusivo – Venda de lanches com brindes de brinquedos em forma de animais e livros educativos – Vídeos que mostram a interação respeitosa das crianças com a fauna e a flora em um ambiente familiar – Decisão de compra que pertence a autoridade familiar, principal fonte de transmissão de princípios e valores aos menores*". No mesmo sentido: Apelação nº 0018234-17.2013.8.26.0053, Rel. Fermino Magnani Filho, j. 25.6.2015). Também não pode ser qualificada como abusiva e mera existência de personagem do universo infantil em rotulagem ou publicidade de alimentos ou brinde: TJSP, Apelação nº 043711-20.2016.8.26.0053, Rel. Isabel Cogan, j. 18.10.2017 "*Assim, não se verifica a efetiva violação ao artigo 37, §2º do Código de Defesa do Consumidor, tendo em vista que a utilização dos personagens trata-se apenas de mensagens que exploram o lúdico infantil, sem ofender a honra e a dignidade das crianças*" (ao consignar que o simples uso da imagem dos personagens da "Turma do Bob Esponja e o Bocão" nas caixas de gelatina em pó e o fornecimento de figurinha no interior da caixa de gelatinas não importam em propaganda abusiva).

[39] As quantidades exigidas para participar da promoção não se mostravam excessivas (cinco unidades de suco consumível em família) e o conteúdo da publicidade não continha imperativos de consumo ou coação moral (TJSP, Apelação nº 0008196-14.2011.8.260053, Rel. Des. Marcelo Berthe, j. 10.02.2014). Ainda, na publicidade veiculada pela Nestlé envolvendo a apresentadora Xuxa: "*a campanha realizada pela autora, em princípio, não desrespeita a criança e nem configura desleal estratégia de coação moral ao consumo ou abuso de persuasão*" (TJSP, Apelação nº 0035929-18.2012.826.0053).

[40] TJSP, Apelação nº 0044517-82.2010.8.26.0053, Rel. Antonio Celso Aguilar Cortez, j. 6.3.2017, cujo teor (roteiro) da publicidade televisiva (e não a mecânica da promoção "junte e troque") se mostrou abusivo por sugerir consumo excessivo de doces.

[41] Em referida publicidade, na compra de 5 (cinco) produtos da linha "gulosos" da Bauducco (e mais R$5,00), poderia se trocar por um relógio de pulso com a imagem do Shrek. No caso, argumentou-se haver apelo ao consumo excessivo ("*a publicidade induzia as crianças a quererem os produtos da linha gulosos para poderem (sic) obter os relógios. Havendo 04 tipos de relógio à disposição, seriam 20 produtos adquiridos*"). Ainda, a utilização de verbos no imperativo consistiria em verdadeira "*ordem para que*

18. PUBLICIDADE NO CÓDIGO DE DEFESA DO CONSUMIDOR. ENGANOSA. ABUSIVA. ...

Sobre seu teor, e diferentemente do que por vezes se verifica incorretamente publicizado, não se pode afirmar que tal decisão teria "proibido o marketing de alimentos" no Brasil. Isso porque, à luz do arcabouço constitucional e da separação dos poderes, referido precedente não tem como adquirir tal extensão. Tal precedente indica que, naquele caso concreto – que versava sobre promoção de alimentos com brindes para a família[42] – o seu conteúdo foi inapropriado às crianças, seja porque aquela publicidade continha imperativos de consumo, seja porque a sua forma de apresentação não respeitou a inexperiência da criança[43].

De tal decisão não se extrai, contudo, uma mudança legislativa, que, naturalmente, somente poderia ocorrer por meio do devido processo legislativo, reservado, por força do art. 22, inciso XXIX e 220, § 3º, CF, ao Congresso Nacional.

O precedente indica, porém, a tendência mais restritiva à matéria de alimentos, especialmente se envolver o público infantil[44]. De toda sorte, apenas a partir da análise de cada caso concreto se poderá avaliar se a publicidade contém elementos que a caracterizam como abusiva. Não há vedação constitucional ou legal à mera divulgação de publicidade de alimentos, de modo que não se pode presumir que todo e qualquer material publicitário (de alimentos e/ou para o público infanto-juvenil) seria por si só lesivo.

REFERÊNCIAS

BENJAMIN, Antonio Herman V. *Manual de Direito do Consumidor*. Antonio Herman V. Benjamin, Claudia Lima Marques, Leonardo Roscoe Bessa, 8ª ed., São Paulo: Revista dos Tribunais, 2017.

BENJAMIN, Antonio Herman de Vasconcellos e et al. *Código Brasileiro de Defesa do Consumidor comentado pelos autores do anteprojeto*. Rio de Janeiro: Forense Universitária, 2005.

---

a criança adquira os produtos e colecione os relógios" (TJ/SP, Apelação nº0342384-90.2009.8.26.0000, Rel. Ramon Mateo Junior, j. em 08.05.2013, confirmada pelo STJ em REsp nº 1.558.086).

[42] Vale notar que referida publicidade já havia sido sustada 10 (dez) anos antes pelo CONAR, cf. Representação nº 205/07.

[43] STJ, REsp nº 1.558.086, Rel. Min. Humberto Martins, j. 10.3.2016.

[44] Acompanhando tal interpretação mais restritiva, confira-se ainda STJ, REsp nº 1.613.561, Rel. Min. Herman Benjamin, j. 25.4.2017.

ATIVIDADE PUBLICITÁRIA NO BRASIL

DENSA, Roberta. Publicidade Infantil: fundamentos e critérios para definição dos limites da atuação do Estado, *in Direito do Consumidor: 30 anos do CDC: da consolidação como direito fundamental aos atuais desafios da sociedade/ Amanda Flávio de Oliveira ...[et.al.].* Organização Bruno Miragem, Claudia Lima Marques, Lucia Ancona Lopez de Magalhães Dias, Rio de Janeiro: Forense, 2021.

DIAS, Lucia Ancona Lopez de Magalhães. *Publicidade e Direito.* 3ª ed., São Paulo: Saraiva Educação, 2018.

MARQUES, Claudia Lima. *Contratos no Código de Defesa do Consumidor.* 6ª ed., São Paulo: Revista dos Tribunais, 2011.

MIRAGEM, Bruno. *Curso de Direito do Consumidor.* 8ª ed, São Paulo: Thompson Reuters Brasil, 2019.

PASQUALOTTO, Adalberto. *Os efeitos obrigacionais da publicidade no Código de Defesa do Consumidor,* São Paulo: RT, 1997.

19.
ESPECIFICIDADES DE ANÚNCIOS DOS SEGMENTOS DE BEBIDAS ALCOÓLICAS E CERVEJAS

José Mauro Decoussau Machado
Gustavo Gonçalves Ferrer

Introdução

A publicidade de bebidas alcoólicas é um tema que atraiu bastante atenção do legislador e da sociedade nas últimas décadas e que, no Brasil, sofreu relevantes alterações que mudaram como os agentes do mercado publicitário criam e divulgam peças publicitárias.

Isso porque o tema é sensível e demandou a criação de limitações (sejam elas impostas pelo Poder Legislativo, entidade regulatória ou criadas na forma de autorregulamentação pelos próprios agentes do mercado publicitário), por exemplo para restringir o acesso de crianças e adolescentes a tais peças publicitárias ou para disciplinar os parâmetros aceitáveis de conteúdo e forma de tais propagandas.

Este artigo visa a trazer um panorama normativo sobre como são disciplinados os aspectos e limites da publicidade sobre bebidas alcoólicas no Brasil, passando pela previsão constitucional, pela lei federal e projetos de lei sobre o tema e principalmente pela autorregulamentação e as decisões do Conselho Nacional de Autorregulamentação Publicitária ("CONAR") específicas sobre os tipos de bebidas alcoólicas.

Como este artigo trata da publicidade de bebidas alcoólicas, não está no escopo deste trabalho questões, limitações ou normas referentes à publicidade em geral e aplicáveis à publicidade de produtos variados, a exemplo das previsões do Código de Defesa do Consumidor e à parte geral do Código Brasileiro de Autorregulamentação Publicitária.

ATIVIDADE PUBLICITÁRIA NO BRASIL

1. Previsão constitucional

A temática da publicidade envolvendo bebidas alcoólicas possui tamanha relevância no País que chegou a ser incluída pelo constituinte na Constituição Federal, na forma de um inciso do artigo que trata da liberdade de expressão e informação. Confira-se a redação do §4º do artigo 220 da Constituição:

> Art. 220. A manifestação do pensamento, a criação, a expressão e a informação, sob qualquer forma, processo ou veículo não sofrerão qualquer restrição, observado o disposto nesta Constituição.
>
> (...)
>
> §3º Compete à lei federal:
>
> (...)
>
> II – estabelecer os meios legais que garantam à pessoa e à família a possibilidade de se defenderem de programas ou programações de rádio e televisão que contrariem o disposto no art. 221, bem como da propaganda de produtos, práticas e serviços que possam ser nocivos à saúde e ao meio ambiente.
>
> §4º A propaganda comercial de tabaco, bebidas alcoólicas, agrotóxicos, medicamentos e terapias estará sujeita a restrições legais, nos termos do inciso II do parágrafo anterior, e conterá, sempre que necessário, advertência sobre os malefícios decorrentes de seu uso.

Tal previsão significa que a publicidade de bebidas alcoólicas não é proibida no Brasil, mas sim deve ser regulamentada por norma infraconstitucional, conforme explica DIAS:

> Ocorre que a própria Constituição Federal não proibiu a veiculação de publicidade de bebidas alcoólicas, mas apenas impôs a necessidade de que seja submetida a limites. Dessa forma, não seria razoável, tampouco constitucional, o entendimento que definisse toda e qualquer forma de propaganda de bebidas alcoólicas como abusiva e ilícita, mas somente aquelas que estivessem em desacordo com as normas regulamentares vigentes, que vão definir os limites que separam a publicidade lícita daquela abusiva.[1]

---

[1] DIAS, Fernando Lacerda. Os limites jurídicos à publicidade de bebidas alcoólicas. In: *Boletim Científico ESMPU*, Brasília, a. 10 – n. 35, p. 157-204 – jul./dez. 2011, p. 162.

19. ESPECIFICIDADES DE ANÚNCIOS DOS SEGMENTOS DE BEBIDAS ALCOÓLICAS E CERVEJAS

No Constituição há previsão expressa de que a propaganda de bebidas alcoólicas deverá ser limitada e disciplinada por lei, bem como já é determinada expressamente a necessidade de inclusão de advertência sobre o consumo de tais produtos. Dito isso, prossegue-se para a exposição das normas legais que tratam do assunto.

2. A Lei nº 9.294/1996

A norma legal vigente que disciplina a propaganda de bebidas alcoólicas e outros tipos de produtos é a Lei nº 9.294/1996, editada conforme a previsão deixada pelo artigo 220 da Constituição.

2.1. Definição de bebida alcoólica para a regulamentação publicitária

Tal Lei, contudo, não se aplica a qualquer bebida que possua álcool, pois sua definição legal se restringe a *"bebidas potáveis com teor alcoólico superior a treze graus Gay Lussac"*.[2]

Isso significa que as restrições publicitárias contidas na Lei nº 9.294/1996 não se aplicam, por exemplo, a cervejas, ices, alguns vinhos e a outras bebidas com teor alcoólico inferior a treze graus Gay Lussac.

Essa definição de bebidas alcoólicas gerou controvérsias, notadamente porque instrumentos legais que regulamentavam ou regulamentam a padronização e a classificação de bebidas alcoólicas as definem de forma distinta.

A título de exemplo, o revogado Decreto nº 73.267/1973[3] definia bebidas não alcoólicas como aquelas cujo teor alcoólico é de até meio grau Gay Lussac, o que poderia indicar que bebidas alcoólicas seriam todas aquelas que ultrapassassem tal limite.

---

[2] Lei nº 9.294/1996, Art. 1º O uso e a propaganda de produtos fumígeros, derivados ou não do tabaco, de bebidas alcoólicas, de medicamentos e terapias e de defensivos agrícolas estão sujeitos às restrições e condições estabelecidas por esta Lei, nos termos do §4° do art. 220 da Constituição Federal. Parágrafo único. Consideram-se bebidas alcoólicas, para efeitos desta Lei, as bebidas potáveis com teor alcoólico superior a treze graus Gay Lussac.

[3] Decreto nº 73.267/1973, Art. 14. As bebidas serão classificadas em: (...) II – alcoólicas: a) fermentadas; b) por mistura; c) fermento-destinadas. §1º Por bebidas não alcoólicas entende-se a que contiver até 0,5º G.L. (meio grau Gay Lussac) de álcool etílico potável, compreendendo; água gaseificada, soda, refrigerante refresco, suco vegetal, xarope e preparado sólido ou líquido para refresco e refrigerante.

ATIVIDADE PUBLICITÁRIA NO BRASIL

Verifica-se situação semelhante com a redação do agora revogado Decreto nº 2.314/1997, conforme alterado pelo Decreto nº 3.510/2000, que definia expressamente bebida alcoólica como a que possui teor alcoólico entre meio e cinquenta e quatro por cento.[4]

Por sua vez, o vigente Decreto nº 6.871/2009 *"dispõe sobre a padronização, a classificação, o registro, a inspeção, a produção e a fiscalização de bebidas"*, bem como define em seu artigo 12 bebida alcoólica como *"a bebida com graduação alcoólica acima de meio por cento em volume até cinqüenta e quatro por cento em volume"*.

Por fim, parte da doutrina entendeu que a Lei nº 11.705/2008, popularmente conhecida como Lei Seca, que endureceu as penalidades para infrações de trânsito para quem dirige sob a influência do álcool, teria alterado a definição de bebida alcoólica da Lei nº 9.294/1996. Isso porque a Lei nº 11.705/2008, ao mesmo tempo que acrescentou um artigo 4º-A à Lei nº 9.294/1996 (*"Art. 4º-A. Na parte interna dos locais em que se vende bebida alcoólica, deverá ser afixado advertência escrita de forma legível e ostensiva de que é crime dirigir sob a influência de álcool, punível com detenção."*) trouxe a seguinte definição de bebida alcoólica: *"Art. 6º Consideram-se bebidas alcoólicas, para efeitos desta Lei, as bebidas potáveis que contenham álcool em sua composição, com grau de concentração igual ou superior a meio grau Gay-Lussac"*.

Vale frisar, porém, que tal definição é específica da Lei nº 11.705/2008, e não alterou o texto da Lei nº 9.294/1996, razão pela qual, para esta, a definição de bebidas alcoólicas continua sendo a de bebidas com teor alcoólico superior a treze graus Gay Lussac, excluindo-se do seu âmbito de aplicação bebidas com teor alcoólico inferior a tal parâmetro.

Nesse sentido, o E. Supremo Tribunal Federal decidiu em 2015, ao julgar a Ação Direta de Inconstitucionalidade por Omissão nº 22, de relatoria da Min. Cármen Lúcia, que a Lei Seca não alterou a Lei nº 9.294/1996 no que tange à definição de bebida alcoólica.[5] O E. STF entendeu que a opção do

---

[4] Decreto nº 2.314/1997, Art. 10. As bebidas serão classificadas em bebida não alcoólica e bebida alcoólica. (Redação dada pelo Decreto nº 3.510, de 2000) §1º Bebida não alcoólica é a bebida com graduação alcoólica até meio por cento em volume, a vinte graus Celsius. (Incluído pelo Decreto nº 3.510, de 2000) §2º Bebida alcoólica é a bebida com graduação alcoólica acima de meio e até cinqüenta e quatro por cento em volume, a vinte graus Celsius. (Incluído pelo Decreto nº 3.510, de 2000)

[5] Ementa da ADO nº 22: *"AÇÃO DIRETA DE INCONSTITUCIONALIDADE POR OMISSÃO. REGULAMENTAÇÃO DE PROPAGANDA DE BEBIDAS DE TEOR ALCOÓLICO INFERIOR A TREZE GRAUS GAY LUSSAC (13° GL). AUSÊNCIA DE OMISSÃO. ATUAÇÃO DO PODER LEGISLATIVO. ART. 2º DA CONSTITUIÇÃO DA REPÚBLICA. IMPOSSIBILIDADE DE ATUAR O SUPREMO TRIBUNAL FEDERAL COMO LEGISLADOR POSITIVO, SUBSTITUINDO-SE*

19. ESPECIFICIDADES DE ANÚNCIOS DOS SEGMENTOS DE BEBIDAS ALCOÓLICAS E CERVEJAS

legislador foi manter uma definição para fins da Lei Seca (bebida com teor alcoólico superior a meio grau) e outra para fins de regulamentação publicitária (superior a treze graus), e que não cabia ao Judiciário atuar como legislador para rever esta decisão. Como o precedente da ADO nº 22 é vinculante, o E. Superior Tribunal de Justiça acabou revertendo decisões contrárias de ações civis públicas ajuizadas pelo Ministério Público Federal para unificá-las ao entendimento do E. STF.

2.2. Restrições da Lei nº 9.294/1996 e do Decreto nº 2.018/1996

Como a Lei nº 9.294/1996 foi editada em 1996, as mídias que o legislador tinha em mente eram sobretudo rádio e televisão, razão pela qual não há, por exemplo, restrições na norma à publicidade exibida em meios de comunicação mais modernos.

O artigo 4º da Lei restringe a exibição de publicidade de bebidas alcoólicas no meio televisivo aos horários entre 21h e 6h, sendo vedada a exibição de propagandas fora desse intervalo. Repita-se que publicidade de bebidas como cervejas, por terem essas teor alcoólico inferior a treze graus Gay Lussac, não sofreriam tal limitação legal.

Além da restrição de horário, a Lei também proíbe a associação de tais produtos nas campanhas publicitárias a determinadas atividades, como a prática de *"esporte olímpico ou de competição, ao desempenho saudável de qualquer atividade, à condução de veículos e a imagens ou idéias de maior êxito ou sexualidade das pessoas"* (artigo 4º, §1º).[6] Esta previsão objetiva a não ocorrência da associação do consumo de bebidas alcoólicas com práticas saudáveis e com atividades que representariam risco caso o praticante esteja sob os efeitos do álcool.

Ainda na linha de desestimular o consumo, o artigo 4º, §2º, obriga o fabricante de bebidas a incluir a mensagem "Evite o Consumo Excessivo de Álcool" nos rótulos dos produtos.

O artigo 5º da Lei nº 9.294/1996 cria uma exceção para chamadas e caracterizações de patrocínio de bebidas alcoólicas, as quais podem ser exibidas

---

AO PODER LEGISLATIVO NA DEFINIÇÃO DE CRITÉRIOS ADOTADOS NA APROVAÇÃO DAS NORMAS DE PROPAGANDA DE BEBIDAS ALCOÓLICAS: PRECEDENTES. AÇÃO JULGADA IMPROCEDENTE. DECISÃO COM EFEITOS VINCUANTES." (STF, ADO 22, Tribunal Pleno, Rel. Min. Cármen Lúcia, j. 22/04/2015, p. 03/08/2015)

[6] Em paralelo, o artigo 6º da Lei veda a *"utilização de trajes esportivos, relativamente a esportes olímpicos, para veicular a propaganda dos produtos de que trata esta Lei"*.

ATIVIDADE PUBLICITÁRIA NO BRASIL

em rádio e televisão em qualquer horário, contanto que sejam para *"eventos alheios à programação normal ou rotineira das emissoras"* e sejam *"identificadas apenas com a marca ou slogan do produto, sem recomendação do seu consumo"*, exceção essa que se aplica a propagandas estáticas em estádios, veículos de competição (e.g. carros de corrida) e locais similares (conforme o artigo 5º, §1º).

O Decreto nº 2.018/1996, que regulamenta a Lei nº 9.294/1996, novamente traz a definição de bebida alcoólica como *"bebidas potáveis com teor alcoólico superior a treze graus Gay Lussac"* (artigo 8º) e traz disposições idênticas às da Lei, como a da não associação de bebidas alcoólicas a determinadas atividades (artigo 8º, §1º do Decreto), a exceção para patrocínios em estádios, veículos de competição e locais similares (artigo 8º, §2º) e a exigência da inclusão de mensagem no rótulo das embalagens das bebidas (art. 9º).

As penalidades previstas no artigo 9º da Lei nº 9.294/1996 em caso de descumprimento de tais disposições, que não excluem as penalidades previstas no Código de Defesa do Consumidor e em legislação a respeito de telecomunicações, são as de advertência, suspensão da divulgação da publicidade, obrigação de veiculação de retificação ou esclarecimento, apreensão do produto, multa de R$ 5 mil a R$ 100 mil e suspensão da programação da emissora de rádio ou televisão, a serem aplicadas de forma gradativa e, em caso de reincidência, cumulativamente (artigo 9º, §1º). Qualquer que seja a penalidade aplicada, a peça publicitária fica vetada (artigo 9º, §2º).

Por fim, o Decreto nº 70.951/1972, em seu artigo 10, ainda impede a distribuição de bebidas alcoólicas como prêmios em promoções, adotando para tanto a mesma definição de bebidas alcoólicas como as *"bebidas potáveis com teor alcoólico superior a treze graus Gay Lussac"*.[7]

3. Projetos de lei sobre o tema

Atualmente, há múltiplos projetos de lei que poderiam impor mais restrições à publicidade de bebidas alcoólicas. O assunto já foi objeto de discussões entre órgãos do governo, entidades da sociedade civil e empresas, sendo necessário destacar alguns projetos em tramitação.

---

[7] Decreto nº 70.951/1972, Art. 10. Não poderão ser objeto de promoção, mediante distribuição de prêmios, na forma deste Regulamento: (...) III – Armas e munições, explosivos, fogos de artifício ou de estampido, bebidas alcoólicas, fumo e seus derivados; (...) Parágrafo único. Consideram-se bebidas alcoólicas, para efeito deste decreto, as bebidas potáveis com teor alcoólico superior a treze graus Gay Lussac. (Incluído pelo Decreto nº 2.018, de 1996)

19. ESPECIFICIDADES DE ANÚNCIOS DOS SEGMENTOS DE BEBIDAS ALCOÓLICAS E CERVEJAS

A título de exemplo, desde a promulgação da Lei nº 9.294/1996 até 2005, ou seja, no período de nove anos, foram apresentados *"nove projetos (...) no Senado Federal e 65 na Câmara dos Deputados, todos propondo restrições à publicidade".*[8] De 2005 para cá, diversos outros projetos foram apresentados, com diferentes escopos e propostas.

Um projeto mais recente é o PL nº 499/2018, de autoria da CPI dos Maus-Tratos do Senado Federal, cuja intenção é apenas alterar a definição de bebida alcoólica da Lei nº 9.294/1996 para bebidas com teor alcoólico superior a meio grau Gay Lussac, o que faria com que a Lei fosse aplicável a cervejas, ices, vinhos em geral e outras bebidas. Já houve projetos com teor semelhante, como o PL 2.733/2008 da Câmara, de autoria do Poder Executivo, o qual foi declarado prejudicado.

Outro exemplo é o PL nº 4.013/2020 da Câmara, de autoria da Deputada Federal Paula Belmonte (Cidadania/DF), que visa a *"amplia[r] as restrições à propaganda de bebidas alcoólicas, para que as regras sejam semelhantes àquelas aplicadas à publicidade sobre tabaco, e proíbe a venda de produtos por meio do comércio eletrônico"*[9]. O Projeto objetiva criar obrigações de incluir mensagens e imagens de advertência nas embalagens de bebidas,[10] assim como há para cigarros, e proibir a venda de bebidas alcoólicas por via postal, o que impediria a venda em comércio eletrônico.[11]

Na linha mais extrema está o PL 83/2015 da Câmara dos Deputados, de iniciativa do Deputado Federal João Pizzolatti (PP), que tem como finalidade vedar a propaganda de bebidas alcoólicas em meios de comunicação social e limitá-las a *"pôsteres, painéis e cartazes, na parte interna dos locais de venda".* Teor semelhante possui o PL nº 989/2019 do Senado, de iniciativa do Senador Randolfe Rodrigues.

---

[8] MOREIRA JR, Sebastião. *Regulação da Publicidade das Bebidas Alcoólicas*: Textos para Discussão 20. 2005, p. 21.

[9] MACHADO, Ralph. *Proposta amplia restrições para publicidade e venda de bebidas alcoólicas*. Agência Câmara de Notícias. 2020.

[10] O PL 443/2015 do Senado, de iniciativa do Senador Randolfe Rodrigues (PSOL/AP), tem o mesmo objetivo: incluir mensagem de advertência acompanhada de imagens ou figuras na embalagem, rótulo e propaganda de bebidas, ao passo que o PL 323/2015, do Senador Donizeti Nogueira (PT/TO) pretende apenas incluir a mensagem "Se beber, não dirija" nos rótulos.

[11] *"'Cerca de 18% da população brasileira adulta faz uso abusivo de bebidas alcoólicas, número superior ao registrado em 2006, em torno de 15%', afirmou a autora da proposta, deputada Paula Belmonte (Cidadania-DF). 'O consumidor tem de ser alertado a todo tempo de que o excesso de álcool traz malefícios.'"* MACHADO, Ralph. *Op. cit.*

ATIVIDADE PUBLICITÁRIA NO BRASIL

Como visto, ainda há iniciativas legislativas que pretendem alterar o cenário da regulamentação da publicidade de bebidas alcoólicas, razão pela qual o setor deve acompanhar os seus desenvolvimentos.

5. Autorregulamentação do CONAR sobre bebidas alcoólicas

5.1. O Conselho Nacional de Autorregulamentação Publicitária

Como a regulamentação legal sobre a publicidade no Brasil é escassa, sobretudo no que tange às limitações ao conteúdo das peças publicitárias, e por receio de um governo militar restringir demasiadamente o mercado, os próprios agentes do mercado se organizaram para criar a autorregulamentação do setor. Foi assim que surgiu o CONAR no final da década de 1970: como uma resposta preventiva à provável censura à atividade publicitária.[12]

Desde então, o CONAR vem editando normas, notoriamente o Código de Autorregulamentação Publicitária (Código do CONAR) e seus anexos que tratam de publicidade de produtos e serviços específicos, destacando-se como um agente normativo cujo Código, embora não tenha força de lei, é amplamente respeitado pelo setor e inclusive usado como parâmetro de boas práticas no mercado e em decisões judiciais.

> ...o Conar reforça a sua posição de destaque como canal de comunicação entre os anunciantes, agências de publicidade, veículos e consumidores, demonstrando que o setor publicitário é capaz de auto-regulamentar sua

---

[12] Confira-se o texto da página que relata a história do Conar: *"Contra a censura na publicidade. O Código Brasileiro de Autorregulamentação Publicitária nasceu de uma ameaça ao setor: no final dos anos 70, o governo federal pensava em sancionar uma lei criando uma espécie de censura prévia à propaganda. Se a lei fosse implantada, nenhum anúncio poderia ser veiculado sem que antes recebesse um carimbo "De Acordo" ou algo parecido. A criação do departamento para controle da publicidade exigiria a contratação de algumas centenas de funcionários. As implicações burocráticas seriam inimagináveis ainda assim desprezíveis diante do retrocesso que tal controle representaria para um país que reconquistava a duras penas seu direito à liberdade de expressão. Diante dessa ameaça, uma resposta inspirada: autorregulamentação, sintetizada num Código, que teria a função de zelar pela liberdade de expressão comercial e defender os interesses das partes envolvidas no mercado publicitário, inclusive os do consumidor. A idéia brotou naturalmente a partir do modelo inglês e ganhou força pelas mãos de alguns dos maiores nomes da publicidade brasileira."* CONSELHO NACIONAL DE AUTORREGULAMENTAÇÃO PUBLICITÁRIA. História: Contra a censura na publicidade. Disponível em www.conar.org.br, aba "Sobre o Conar", menu "História". Acesso em 25/01/2021.

342

19. ESPECIFICIDADES DE ANÚNCIOS DOS SEGMENTOS DE BEBIDAS ALCOÓLICAS E CERVEJAS

atividade de forma célere, segura e efetiva, atendendo aos anseios e necessidades sociais, aliados ao desenvolvimento econômico do País.[13]

Com relação a bebidas alcoólicas, o CONAR antecipou-se a projetos de lei que pretendiam proibir de forma absoluta sua publicidade, criando padrões éticos e normas específicas que servem para disciplinar, e não para proibir, a atividade. Conforme GIACCHETTA e GALIMBERTI:

> A edição das novas normas pelo Conar é uma evidente reação aos Projetos de Lei que visam praticamente extirpar toda e qualquer publicidade e propaganda de bebidas alcoólicas à semelhança do que ocorreu à época da própria criação do Conar, quando se quis impor a censura prévia à publicidade e à propaganda de produtos, na década de setenta.[14]

Com a autorregulamentação, ganha-se flexibilidade para a disciplina da publicidade por meio de novas tecnologias,[15] pois a edição de normas pelo mercado sem dúvidas é mais rápida quando realizada pelos agentes econômicos interessados. Foi nesse espírito que foram criados os Anexos A, P e T do Código do CONAR, que tratam da publicidade de "Bebidas Alcoólicas", "Cervejas e Vinhos" e "Ices e Bebidas Assemelhadas", respectivamente, bem como as Resoluções nº 1, 2 e 3 de 2008 do Conselho Superior do CONAR que incluem algumas disposições em tais Anexos. Abaixo serão expostas as principais disposições do Código do CONAR sobre o tema.

---

[13] GIACCHETTA, André Zonaro; GALIMBERTI, Larissa. *Novas restrições para a publicidade de bebidas alcoólicas no âmbito do Conar – Conselho Nacional de Auto-Regulamentação publicitária.* 2008.

[14] *Id.*

[15] "6. Por meio da auto-regulamentação publicitária, permite-se que as normas editadas pelo Conar acompanhem a evolução da técnica publicitária e das novas tecnologias, respeitem a transformação social e estimulem o desenvolvimento econômico do País. 7. Por essas razões, as normas específicas sobre propaganda de bebidas alcoólicas, editadas inicialmente em 2003, foram revisadas e alteradas pelo Conar, de modo que possam atender às exigências sociais e econômicas do País, sem que para isso seja necessária a imposição de censura à criação publicitária." *Id.*

ATIVIDADE PUBLICITÁRIA NO BRASIL

5.2. O código do CONAR – normas sobre publicidade de bebidas alcoólicas

Embora o CONAR tenha criado três Anexos para diferentes categorias de bebidas alcoólicas, fato é que são muito semelhantes, sendo a maior diferença a de que o Anexo A praticamente repete dispositivo da Lei nº 9.294/1996 com relação às limitações de horários de exibição de propagandas em rádio e televisão,[16] ao passo que nos anexos sobre cervejas e vinhos e sobre ices não há restrição semelhante. Por este motivo e para simplificar a compreensão, o termo "bebida alcoólica" será utilizado abaixo para compreender todos os tipos de bebidas com qualquer gradação alcoólica, inclusive cervejas, vinhos, ices e similares.

As restrições mais proeminentes da autorregulamentação são voltadas para a proteção a crianças e adolescentes. Não são permitidas propagandas que tenham crianças ou adolescentes como público-alvo, sendo vedada, por exemplo, a aparição de pessoas que aparentem ter menos de 25 anos de idade e devendo as mensagens publicitárias ser claramente voltadas para o público adulto. Não podem ser usados – e isso já foi prática comum de propagandas há não muito tempo – animais "humanizados", bonecos ou animações que possam despertar o interesse infantil.

Além disso, uma novidade trazida pela redação atual dos Anexos ao Código é a de que todos os sites de marcas de bebidas alcoólicas devem possuir dispositivo de acesso seletivo, traduzido atualmente como um banner ou página inicial que pergunta a idade, a data de nascimento ou se o usuário que está acessando é maior de idade.

Outro princípio relevante adotado pelos Anexos ao Código é o do consumo com responsabilidade social, que se divide em diferentes previsões normativas. A primeira é a de que as mensagens publicitárias não podem ter o apelo à sensualidade como principal conteúdo da mensagem, bem como que modelos não poderão ser tratados como objeto sexual – mais uma vez, prática essa

---

[16] A Lei 9.294/1996 restringe a exibição de propaganda comercial de bebidas alcoólicas nas emissoras de rádio e televisão entre as 21h e 6h, ao passo que o Código do CONAR menciona o período entre 21:30h e 6h. Confira-se ainda: *"Apesar da distinção feita pelo Código de Autorregulamentação, as redações desses três anexos são quase idênticas entre si, com a ressalva de que o Anexo 'A', por traduzir bebidas de maior teor alcoólico, traz em si norma restritiva concernente ao horário de veiculação, em obediência ao comando da Lei n. 9.249/1996."* DIAS. *Op. cit.*, p. 170.

19. ESPECIFICIDADES DE ANÚNCIOS DOS SEGMENTOS DE BEBIDAS ALCOÓLICAS E CERVEJAS

que ocorria com frequência no Brasil. A redação anterior dos Anexos era mais branda, razão pela qual este assunto representou uma significativa alteração.[17]

Se a propaganda for apoiada na imagem de pessoa famosa, também devem ser respeitadas disposições do Anexo Q do Código, que trata de testemunhais, atestados e endossos. Em síntese, o anúncio não pode inibir o senso crítico do consumidor nem associar o sucesso ou fama do modelo ao uso de bebida alcoólica.

O consumo com responsabilidade também é tratado como o consumo com moderação, razão pela qual o Código do CONAR prevê que as propagandas não poderão conter cenas que apresentem ou sugiram a ingestão de bebidas e não podem indicar que o consumo representaria sinal de maturidade, coragem, êxito, sedução, nem associar o consumo à condução de veículos, situações impróprias, ilegais, perigosas ou condenáveis, desempenho de atividade profissional, agressividade, uso de armas, alteração de equilíbrio emocional ou a esportes olímpicos. Também não pode haver elementos que menosprezem o consumo moderado de bebidas.

A autorregulamentação do CONAR também cria a obrigação da exibição de cláusulas de advertência a serem incluídas em campanhas veiculadas em rádio, televisão, teatros e casas de espetáculos, publicações impressas e eletrônicas, internet e vídeos.[18] Também devem ser exibidas em peças exibidas em *outdoors*, *indoors* em locais de grande circulação, telas e painéis, *back* e *front lights*, ônibus e outros veículos de transporte coletivo, veículos de distribuição dos produtos, mobiliário urbano, sendo que, nestes locais, pelo fato de a publicidade alcançar todas as faixas etárias, seu conteúdo deve se limitar à exibição do produto, marca ou slogan, sem apelo de consumo.

As Resoluções nº 1, 2 e 3 de 2008 do Conselho Superior do CONAR disciplinaram o formato, tamanho, posição, momentos de exibição das cláusulas de advertência e trouxe exemplos de mensagens que podem ser utilizadas,

---

[17] *"Uma das alterações mais significativas refere-se à participação de modelos publicitários nas propagandas de bebidas alcoólicas. Os Anexos dispunham que os anúncios deveriam 'evitar a exploração do erotismo'. Com a nova redação, há maior restrição, pois o item 3, letra "a", dos Anexos, estabelece que 'eventuais apelos à sensualidade não constituirão o principal conteúdo da mensagem; modelos publicitários jamais serão tratados como objeto sexual.'"* GIACCHETTA, André Zonaro; GALIMBERTI, Larissa. *Op. cit.*

[18] Há exceções para a obrigação de inclusão da advertência: a publicidade estática em estádios, sambódromos e arenas desportivas, desde que contenham apenas o produto, marca ou slogan, a marca, slogan ou produto exibido em veículo de competição, as chamadas para programação patrocinada em rádio e televisão, textos foguete, vinhetas e passagens.

ATIVIDADE PUBLICITÁRIA NO BRASIL

que incluem, entre outras: "BEBA COM MODERAÇÃO", "A VENDA E O CONSUMO DE BEBIDA ALCOÓLICA SÃO PROIBIDOS PARA MENORES", "SE FOR DIRIGIR NÃO BEBA" e "SERVIR BEBIDA ALCOÓLICA A MENOR DE 18 É CRIME". O CONAR deixou claro que outras mensagens além das indicadas nas Resoluções podem ser utilizadas, contanto que *"atendam à finalidade e sejam capazes de refletir a responsabilidade social da publicidade"*.

5.3. Decisões do CONAR sobre bebidas alcoólicas

Para que se evidencie a importância das decisões do CONAR para a regulamentação de bebidas alcoólicas, basta constatar que, em 2003, um levantamento indicou que 20% das disputas decididas pelo CONAR eram referentes a bebidas alcoólicas, sendo 15% para vinhos e cervejas e 5% para outros tipos de bebidas alcoólicas.[19] Nos últimos três anos (2018-2020), foram decididas por volta de 100 representações envolvendo os mais variados tipos de bebidas alcoólicas sobre diversos temas, alguns dos quais estão expostos abaixo.

Como já dito acima, o CONAR não possui poder de polícia nem suas decisões são vinculantes. As penalidades que podem ser aplicadas são as de advertência, recomendação de alteração ou correção do anúncio, recomendação de sustação da exibição e divulgação da posição do CONAR caso as recomendações não sejam acatadas. Por ser uma entidade respeitada no meio, via de regra os anunciantes cumprem com as decisões do CONAR, e há decisões judiciais reconhecendo que as disposições do Código do CONAR devem ser vistas como boas práticas de mercado, razão que justifica a atenção a ser dada para suas decisões.

Em casos envolvendo discussões sobre modelos, o CONAR já decidiu que, não havendo elementos do universo jovem, e sendo comprovada a idade dos modelos superior a 25 anos, não haveria infração.[20] Ainda com relação a crianças e adolescentes, o CONAR já decidiu contrariamente a empresas e anunciantes em casos nos quais propagandas foram exibidas em jogos destinados para menores de idade,[21] porém deixa claro que cabe aos pais, e não aos

---

[19] ROCHA, Valdir; HUNGRIA, Carolina; UMEKITA, Denise. Advertising in Brazil – The success of self-regulation. In: *Global Advertising Lawyers Alliance*. 2003, p. 7.

[20] Representações nº 21/19 e 204/19.

[21] Representações nº 25/20 e 142/20.

19. ESPECIFICIDADES DE ANÚNCIOS DOS SEGMENTOS DE BEBIDAS ALCOÓLICAS E CERVEJAS

anunciantes, monitorar o uso da internet pelos filhos para que eles não tenham acesso a conteúdo publicado em contas destinadas ao público adulto.[22]

Com relação ao uso de elementos infantis em propagandas, o CONAR já decidiu pela recomendação de alteração de uma peça que continha banda musical de forte apelo junto ao público infanto-juvenil[23] e por advertir anunciantes de campanhas que continham animações com animais humanizados ou personagens infantis[24] ao passo que arquivou reclamação envolvendo o uso de imagens de personagens, por serem as publicações direcionadas ao público adulto.[25]

São comuns também decisões do CONAR determinando a sustação ou alteração de propagandas que mostram o consumo de bebidas, em violação direta ao que prevê o Código do CONAR,[26] bem como de propagandas que contenham apelo ao consumo não moderado ou estímulo ao consumo em situações impróprias.[27]

Também são muito frequentes representações envolvendo a ausência da frase de advertência ou a sua ilegibilidade, sendo o CONAR sempre claro ao reforçar a necessidade de sua presença legível nas peças publicitárias. Em regra, o CONAR determina a alteração das peças para que alguma das frases de advertência possíveis seja incluída[28] ou até mesmo a sua sustação imediata.[29]

Com relação a questões de formato das propagandas, também são numerosas as reclamações – e em grande parte resultaram na sustação – iniciadas por terem os anunciantes desrespeitado as limitações de forma para propaganda em mídia exterior, que devem se limitar à exibição do produto, marca, slogan, sem apelo de consumo, e da frase de advertência.[30]

No último ano, muitas das reclamações apreciadas pelo CONAR dizem respeito a questões envolvendo a internet. Um elemento que o CONAR leva em consideração é a necessidade de controle de idade para acesso ao conteúdo disponibilizado na internet (chamado de *age gate*). Quando é possível acessar o conteúdo (por exemplo, vídeo no YouTube, em rede social

---

[22] Representação nº 234/19.

[23] Representação nº 125/19.

[24] Representações nº 282/17 e 6/19.

[25] Representações nº 60/18 e 141/19.

[26] Representações nº 228/17, 298/17 e 101/20.

[27] Representações nº 9/2018, 236/18, 256/19 e 126/20.

[28] Representações nº 79/18, 166/18, 13/19 e 139/19.

[29] Representações nº 12/18, 56/18 e 128/19.

[30] Confira-se, a título de exemplos recentes, as Reclamações nº 276/18, 283/18, 319/18, 35/19, 149/19 e 40/19.

ATIVIDADE PUBLICITÁRIA NO BRASIL

ou o próprio site da marca ou produto), o CONAR recomenda a alteração (para inclusão de *age gate*) e, em alguns casos, advertência (inclusive quando o *age gate* foi incluído pela empresa após a denúncia).[31]

Recentemente, também foram mais frequentes as reclamações envolvendo clipes musicais de artistas patrocinados por cervejarias ou outras empresas de bebidas alcoólicas. Em muitos desses casos o CONAR determinou a alteração para a inclusão de *age gate* no clipe disponível na internet, a inclusão de mensagem de advertência ou ambas as medidas.[32] Em alguns desses casos também foi determinada a alteração para que fique clara a identificação da inclusão da bebida no clipe como um anúncio.

Em alguns outros casos, ficou evidenciado que, embora determinadas bebidas aparecem em clipes, as suas fabricantes nunca contrataram ou patrocinaram os artistas, o que levou ao arquivamento de reclamações pelo CONAR com relação a elas.[33]

Por fim, no período de pandemia da Covid-19, popularizaram-se as chamadas lives musicais, apresentações em que artistas tocam e transmitem o conteúdo ao vivo. Como algumas lives de artistas sertanejos famosos foram patrocinadas por fabricantes de bebidas alcoólicas, e como alguns artistas acabaram consumindo exageradamente bebidas alcoólicas em algumas lives, múltiplos consumidores enviaram reclamações ao CONAR, que foram decididas em 2020.[34]

As alegações foram de que as apresentações não estimulavam o consumo moderado, que os anunciantes não teriam adotados medidas para restringir a exibição das transmissões ao vivo e das gravações e que não foram exibidas as frases de advertência.

Em suas decisões, o CONAR reconheceu o caráter inovador das apresentações ao vivo transmitidas pela internet, entendeu que algumas das patrocinadoras tinham adotado as medidas que estavam ao seu alcance, incluindo disposições específicas no contrato com os artistas e providenciado treinamento sobre normas publicitárias, porém advertiu os artistas

---

[31] São inúmeras as decisões do CONAR nessa linha. Alguns casos mais recentes são as Representações nº 56/19, 93/20, 101/20 e 125/20.

[32] Representações nº 17/20 e 19/20.

[33] Representações 20/20, 41/20 e 43/20.

[34] Para mais informações sobre as decisões envolvendo as lives, vide FREITAS, Ciro Torres; FERRER, Gustavo Gonçalves. *O Conar e as lives durante a pandemia*. MIT Sloan Management Review Brasil. 2020.

19. ESPECIFICIDADES DE ANÚNCIOS DOS SEGMENTOS DE BEBIDAS ALCOÓLICAS E CERVEJAS

que extrapolaram no consumo de bebidas.[35] Os próprios artistas também habilitaram mecanismo de restrição de idade no YouTube, onde as lives ficaram gravadas, ou retiraram o vídeo do ar. Em caso que a patrocinadora não demonstrou ter tomado os cuidados possíveis, o CONAR decidiu pela sustação da publicidade.[36]

Conclusões

As normas concernentes à regulamentação da publicidade de bebidas alcoólicas vêm de distintas fontes, sendo sem dúvidas a mais relevante o Código de Autorregulamentação Publicitária do CONAR, que trouxe disciplina detalhada sobre os mais diversos aspectos da publicidade.

Deve-se ter em mente, quando da análise das peças publicitárias, não somente o teor das regras emitidas pelo CONAR, mas também às suas decisões, bastante numerosas com relação ao tema discutido neste trabalho, ainda mais porque são tidas como parâmetros válidos de boas práticas no setor, já tendo inclusive sido citadas em precedentes como elementos que evidenciariam a verossimilhança de direito, um dos requisitos para a obtenção de antecipações de tutela em processo judicial

Outra questão que se deve acompanhar é a evolução na tramitação legislativa dos projetos de lei que poderiam modificar as normas aplicáveis às práticas publicitárias envolvendo bebidas alcoólicas.

Dessa forma, para que se evitem não só decisões contrárias em casos pontuais, mas também para que não sejam criados elementos que possam ser usados como justificativa para regulamentação mais restritiva, é importante que anunciantes, fabricantes e agências se policiem para respeitar as normas éticas e padrões estabelecidos em lei e em normas de autorregulamentação do setor, pautando suas práticas publicitárias nos princípios estabelecidos pela Lei nº 9.294/1996 e pelo Código do CONAR.

[35] Representações nº 78/20, 81/20 e 84/20.
[36] Representação nº 120/20.

ATIVIDADE PUBLICITÁRIA NO BRASIL

REFERÊNCIAS

CONSELHO NACIONAL DE AUTORREGULAMENTAÇÃO PUBLICITÁRIA. *História*: Contra a censura na publicidade. Disponível em www.conar.org.br, página "Sobre o Conar", menu "História". Acesso em 25/01/2021.

DIAS, Fernando Lacerda. Os limites jurídicos à publicidade de bebidas alcoólicas. In: *Boletim Científico ESMPU*, Brasília, a. 10 – n. 35, p. 157-204 – jul./dez. 2011. Disponível em: https://www.icict.fiocruz.br/sites/www.icict.fiocruz.br/files/Limites%20Jur%20 Public%20Bebidas%20Alcoolicas.pdf. Acesso em: 25/01/2021.

FREITAS, Ciro Torres; FERRER, Gustavo Gonçalves. *O Conar e as lives durante a pandemia.* MIT Sloan Management Review Brasil. 2020. Disponível em: https://www.mitsloan-review.com.br/post/o-conar-e-as-lives-durante-a-pandemia. Acesso em: 25/01/2021.

GIACCHETTA, André Zonaro; GALIMBERTI, Larissa. *Novas restrições para a publicidade de bebidas alcoólicas no âmbito do Conar – Conselho Nacional de Auto-Regulamentação publicitária.* 2008. Disponível em: https://migalhas.uol.com.br/depeso/60637/novas-restricoes-para-a-publicidade-de-bebidas-alcoolicas-no-ambito-do-conar---conselho-nacional-de-auto-regulamentacao-publicitaria. Acesso em: 25/01/2021.

MACHADO, Ralph. *Proposta amplia restrições para publicidade e venda de bebidas alcoólicas.* Agência Câmara de Notícias. 2020. Disponível em: https://www.camara.leg.br/ noticias/681285-proposta-amplia-restricoes-para-a-publicidade-e-venda-de-bebidas-alcoolicas/. Acesso em: 25/01/2021.

MOREIRA JR, Sebastião. *Regulação da Publicidade das Bebidas Alcoólicas*: Textos para Discussão 20. 2005. Disponível em: https://www12.senado.leg.br/publicacoes/ estudos-legislativos/tipos-de-estudos/textos-para-discussao/td-20-regulacao-da-publicidade-das-bebidas-alcoolicas/. Acesso em: 25/01/2021.

ROCHA, Valdir; HUNGRIA, Carolina; UMEKITA, Denise. Advertising in Brazil – The success of self-regulation. In: *Global Advertising Lawyers Alliance.* 2003.

20.
PUBLICIDADE DE MEDICAMENTOS

Letícia Mara Vaz Livreri

Introdução

O mercado brasileiro de medicamentos é gerido por dispositivos legais, regulatórios e éticos rigorosos e restritivos, e isso se deve ao fato de que os medicamentos não são considerados bens de consumo comuns e sim bens de consumo destinados à saúde (produtos sensíveis), motivo pelo qual sua publicidade requer maiores cuidados, a fim de evitar a automedicação e o consumo desnecessário desse tipo de produto.

1. Legislação aplicável

Antes mesmo da Constituição Federal, a Lei nº 6.360/76 e seu Decreto regulamentador nº 79.094/77 já traziam algumas normas relacionadas à publicidade de medicamentos, insumos farmacêuticos e correlatos.

Com a promulgação da Constituição Federal, em 1988, o artigo 220 veio garantir a livre "manifestação do pensamento, a criação, a expressão e a informação, sob qualquer forma, processo ou veículo", os quais não poderão sofrer qualquer restrição, observando-se, entretanto, o disposto na própria Carta Magna, notadamente o parágrafo terceiro do citado artigo, que estabelece a competência de lei federal para estabelecer os meios legais que garantam ao consumidor o direito de se defender da propaganda de produtos, prática e serviços que possam ser nocivos à saúde, senão vejamos:

ATIVIDADE PUBLICITÁRIA NO BRASIL

"§ 3° **Compete à lei federal:**

(...)

II – estabelecer meios legais que garantam pessoa e à família a possibilidade de se defenderem de programas ou programações de rádio e televisão que contrariem o disposto no art. 221, bem como da **propaganda
de produtos, práticas e serviços que possam ser nocivos à saúde** e ao
meio ambiente." (negritos nossos).

O parágrafo quarto do mesmo dispositivo constitucional sujeita à propaganda comercial de medicamentos às restrições legais, nos termos do
citado inciso II supra, além de determinar a inclusão, sempre que necessária,
da advertência sobre os malefícios decorrentes do uso do produto.

Em âmbito da legislação federal, a Lei n° 9.294/96, também conhecida
como Lei Murad, estabeleceu as restrições ao uso e propaganda de medicamentos, dentre outros produtos, em atendimento ao parágrafo 4° do artigo 220
da Constituição Federal. Referida lei dedicou apenas um artigo ao tema,
possibilitando a realização da propaganda de medicamentos em publicações
especializadas dirigidas a profissionais e instituições de saúde e estabelecendo, ainda, que: (i) os medicamentos de venda livre poderão ser anunciados nos órgãos de comunicação social com as advertências quanto ao seu
abuso; (ii) a propaganda de medicamentos não poderá conter afirmações não
comprováveis cientificamente, nem poderá utilizar depoimentos de profissionais que não sejam legalmente qualificados para fazê-lo, (iii) é permitida
a propaganda de medicamentos genéricos em publicidade patrocinada pelo
Ministério da Saúde e nos estabelecimentos autorizados a dispensá-los, com
indicação do medicamento de referência; (iv) a propaganda de medicamentos
conterá obrigatoriamente a advertência "a persistirem os sintomas, o médico
deverá ser consultado".

O Decreto regulamentador dessa lei, de n° 2.018/96 acrescentou apenas algumas condições para a publicação de propaganda de medicamentos
anódinos ou de venda livre nos órgãos de comunicação social, quais sejam:
(i) o produto deve estar registrado no órgão regulatório competente, no caso,
a ANVISA – Agência Nacional de Vigilância Sanitária; (ii) o material, por seus
texto, figura, imagem, ou projeções, não deve ensejar interpretação falsa,
erro ou confusão quanto à composição do produto, suas finalidades, modo
de usar ou procedência, ou apregoar propriedades terapêuticas não comprovadas por ocasião do registro na ANVISA; (iii) devem ser declaradas obrigatoriamente as indicações, contra-indicações, cuidados e advertências sobre

20. PUBLICIDADE DE MEDICAMENTOS

o uso do produto; (iv) a publicidade deve se enquadrar nas exigências eventualmente fixadas pelo Ministério da Saúde devendo ainda (v) conter as advertências quanto ao seu abuso.

É importante destacar que a Constituição Federal não determinou nenhum impedimento para a realização da publicidade de medicamentos, mas apenas restrições que, como vimos, devem ser estabelecidas em lei federal. Apesar disso, de tempos em tempos surgem leis estaduais visando restringir ou proibir a publicidade de medicamentos, como foi o caso da Lei nº 16.751/15, do Estado de Santa Catarina, que foi julgada inconstitucional pelo Superior Tribunal Federal, conforme ementa abaixo transcrita:

> EMENTA Ação direta de inconstitucionalidade. Lei nº 16.751, de 9 de novembro de 2015, do Estado de Santa Catarina. Vedação de propaganda de medicamentos e similares nos meios de comunicação sonoros, audiovisuais e escritos do Estado. Propaganda comercial. **Matéria de competência legislativa privativa da União**. Violação dos arts. 22, inciso XXIX, e 220, § 4º, da Constituição Federal. Procedência da ação. 1. Atestado, nos autos, o caráter nacional da ABRATEL, a homogeneidade da sua composição e a pertinência temática entre seus objetivos institucionais e o objeto da presente ação direta, reconhece-se a legitimidade ativa da associação. A ADI nº 4.110 (Rel. Min. Ricardo Lewandowski, DJe de 15/8/11) e a ADI nº 3.876 (Rel. Min. Cezar Peluso, DJe de 5/2/09), em que se afirmou a ilegitimidade ativa da associação, foram julgadas antes de 2012, quando ocorreu alteração no estatuto da entidade. 2. **A Lei nº 16.751/2015 do Estado de Santa Catarina, ao vedar a propaganda de medicamentos e similares nos meios de comunicação sonoros, audiovisuais e escritos daquele estado, usurpou a competência privativa da União para legislar sobre propaganda comercial** (art. 22, inciso XXIX, da Constituição), **especificamente em tema de medicamentos** (art. 220, § 4º, da CF/88), além de ter contrariado o regramento federal sobre a matéria, que permite que medicamentos anódinos e de venda livre sejam anunciados nos órgãos de comunicação social, "com a condição de conterem advertências quanto ao seu abuso, conforme indicado pela autoridade classificatória" (Lei Federal nº 9.294/1996, art. 12). 3. Ação julgada procedente. (STF, ADI 5432, julg. 19/09/2018, Tribunal Pleno, Min. Dias Tofolli). Acórdão no mesmo sentido: ADI 5424, julg. 19/09/2018, Tribunal Pleno, M. Dias Tofolli. – negritos nossos.

ATIVIDADE PUBLICITÁRIA NO BRASIL

Em não sendo possível vedar ou restringir a publicidade de medicamentos, a não ser por meio de lei federal, o fato é que, como visto acima, esta é bem escassa, motivo pelo qual a publicidade de medicamentos no mercado brasileiro é norteada também pelo CBAP – Código Brasileiro de Autorregulamentação Publicitária, editado em 1980, quando da criação do CONAR – Conselho Nacional de Autorregulamentação Publicitária, e, ainda, pela Resolução RDC 102/00 e, atualmente, pela RDC 96/08, ambas da ANVISA, dos quais trataremos a seguir, pela ordem cronológica de suas edições.

2. Código Brasileiro de Autorregulamentação Publicitária

Apesar de não ter força de lei, o CBAP é um meio hábil de regular a publicidade, através de seus dispositivos éticos que vem sendo observados pelos anunciantes e suas agências de publicidade. As decisões proferidas pelo CONAR em seus julgamentos éticos são cumpridas pelos anunciantes, a despeito de não terem nenhuma imposição pecuniária, como aplicação de multa por descumprimento.

O mercado publicitário adere ao CONAR por entender a importância de uma publicidade honesta e sadia, sem a necessidade de se socorrer ao Poder Judiciário para tanto. Ainda assim, quando a situação relacionada à publicidade é judicializada, não é raro que os juízes baseiem suas decisões tomando como parâmetro as disposições do CBAP e as próprias decisões proferidas pelo CONAR, tal a respeitabilidade e confiabilidade do órgão.

Especificamente no que diz respeito à publicidade de medicamentos, o CBAP traz os princípios que devem nortear a publicidade em geral, tais como respeitabilidade, decência, honestidade, apresentação verdadeira, leal concorrência e outros dispositivos aplicáveis à publicidade de todo e qualquer produto, mas principalmente, estabelece o Anexo I, que trata especificamente dos produtos farmacêuticos isentos de prescrição (MIP's).

Com relação aos medicamentos isentos de prescrição, o próprio CBAP define que são aqueles produtos também conhecidos como populares ou OTC – over the conter – ou seja, os cuja venda dispensam a apresentação de receita médica ou odontológica.

De acordo com o item 2 do Anexo I do CBAP, a publicidade desse tipo de medicamento:

> a. não deverá conter nenhuma afirmação quanto à ação do produto que não seja baseada em evidência clínica ou científica;

20. PUBLICIDADE DE MEDICAMENTOS

b. não deverá ser feita de modo a sugerir cura ou prevenção de qualquer doença que exija tratamento sob supervisão médica;

c. não deverá ser feita de modo a resultar em uso diferente das ações terapêuticas constantes da documentação aprovada pela Autoridade Sanitária;

d. não oferecerá ao consumidor prêmios, participação em concursos ou recursos semelhantes que o induzam ao uso desnecessário de medicamentos;

e. deve evitar qualquer inferência associada ao uso excessivo do produto;

f. não deverá ser feita de modo a induzir ao uso de produtos por crianças, sem supervisão dos pais ou responsáveis a quem, aliás, a mensagem se dirigirá com exclusividade;

g. não deverá encorajar o Consumidor a cometer excessos físicos, gastronômicos ou etílicos;

h. não deverá mostrar personagem na dependência do uso contínuo de medicamentos como solução simplista para problemas emocionais ou estados de humor;

i. não deverá levar o Consumidor a erro quanto ao conteúdo, tamanho de embalagem, aparência, usos, rapidez de alívio ou ações terapêuticas do produto e sua classificação (similar/genérico);

j. deverá ser cuidadosa e verdadeira quanto ao uso da palavra escrita ou falada bem como de efeitos visuais. A escolha de palavras deverá corresponder a seu significado como geralmente compreendido pelo grande público;

k. não deverá conter afirmações ou dramatizações que provoquem medo ou apreensão no Consumidor, de que ele esteja, ou possa vir, sem tratamento, a sofrer de alguma doença séria;

l. deve enfatizar os usos e ações do produto em questão. Comparações injuriosas com concorrentes não serão toleradas. Qualquer comparação somente será admitida quando facilmente perceptível pelo Consumidor ou baseada em evidência clínica ou científica. Não deverão ser usados jargões científicos com dados irrelevantes ou estatísticas de validade duvidosa ou limitada, que possam sugerir uma base científica que o produto não tenha; m. não deverá conter qualquer oferta de devolução de dinheiro pago ou outro benefício, de qualquer natureza, pela compra de um medicamento em função de uma possível ineficácia;

ATIVIDADE PUBLICITÁRIA NO BRASIL

n. a publicidade de produto dietético deve submeter-se ao disposto neste Anexo e, no que couber, nos anexos "G" e "H". Não deverá incluir ou mencionar indicações ou expressões, mesmo subjetivas, de qualquer ação terapêutica.

Vale destacar, inicialmente, que a publicidade de medicamentos somente será possível se o produto estiver registrado na ANVISA, devendo estar em consonância com estudos clínicos e científicos, os quais também são necessários para o registro do produto. Esses dispositivos visam dar segurança ao consumidor, garantindo que o produto cumpre o prometido. A publicidade, portanto, deverá ser honesta e verdadeira quanto às propriedades, indicações, contraindicações, dosagem e outras informações pertinentes.

Os demais dispositivos, por sua vez, visam evitar a automedicação, o consumo excessivo e/ou desnecessário de medicamentos e que o consumidor faça uso do medicamento para fins diversos daqueles para os quais o mesmo se destina. No mesmo intuito de evitar o consumo excessivo ou desnecessário de medicamentos, o CBAP proíbe o oferecimento de prêmios através da participação em concursos e afins. Tal dispositivo vem na esteira do Decreto n° 70.951/72, regulamentador da Lei n° 5.768/71, que dispõe sobre a distribuição gratuita de prêmios à título de propaganda, a chamada promoção comercial. O artigo 10 do referido decreto estabelece que medicamentos "não poderão ser objeto de promoção, mediante distribuição de prêmios".

É importante salientar que, desde a sua edição, o CBAP já demonstrava preocupação com a automedicação e potenciais riscos à saúde do público infantil, determinando, por isso, que a publicidade de medicamentos seja elaborada e direcionada ao público adulto, ainda que seu consumo seja destinado para crianças. Lembrando que, de acordo com o Estatuto da Criança e do Adolescente, considera-se criança "a pessoa com até doze anos de idade incompletos" e adolescente, a pessoa "entre doze e dezoito anos de idade". O CBAP visou proteger esse público considerado vulnerável e hipossuficiente, tanto que, em suas regras gerais, estabeleceu que "crianças e adolescentes não deverão figurar como modelos publicitários em anúncio que promova o consumo de quaisquer bens e serviços incompatíveis com sua condição, tais como armas de fogo, bebidas alcoólicas, cigarros, fogos de artifício e loterias, e todos os demais igualmente afetados por restrição legal". Sendo assim, é possível interpretar que a publicidade de medicamentos, mesmo aqueles voltados ao consumo por crianças e adolescentes, além de ser direcionada especificamente para os adultos, não deverá contar com a participação do público infanto-juvenil.

20. PUBLICIDADE DE MEDICAMENTOS

Finalmente, é importante destacar que o CBAP não apresenta nenhum dispositivo acerca da publicidade de medicamentos que necessitam de prescrição, sendo que a publicidade destes produtos é regulada exclusivamente por meio de resolução da ANVISA, assunto que será abordado a seguir.

3. Resoluções da diretoria colegiada da ANVISA

A hierarquia das normas pode ser representada através de uma pirâmide, onde a Constituição Federal está no topo, seguida das Leis Complementares, Leis Ordinárias, Leis Delegadas e Medidas Provisórias, Decretos Legislativos e Resoluções.

As resoluções são normas consideradas regulamentares e, no caso específico das resoluções da ANVISA, seu escopo é a promoção da saúde da população por meio de normatizações, controle e fiscalização de produtos, substâncias e serviços de interesse para a saúde. As Resoluções da ANVISA são elaboradas por sua Diretoria Colegiada (daí o nome RDC), submetidas à consulta pública e, em seguida, redigidas e publicadas.

Como visto anteriormente, vedações ou restrições a publicidade de medicamentos devem ser feitas por meio de lei federal. Não obstante, o mercado vem há tempos se socorrendo do CONAR e, ainda, das normativas da ANVISA, sendo que, em novembro do ano 2000, foi editada a Resolução RDC 102/2000, que aprovou o regulamento sobre propagandas, mensagens publicitárias e promocionais e outras práticas cujo objeto seja a divulgação, promoção ou comercialização de medicamentos de produção nacional ou importados, quaisquer que sejam as formas e meios de sua veiculação, incluindo as transmitidas no decorrer da programação normal das emissoras de rádio e televisão, trazendo então normas ainda mais restritivas para os medicamentos isentos de prescrição.

Passados oito anos da RDC 102/2000, a ANVISA publicou a RDC 96/2008, ainda mais completa e rigorosa. As principais restrições dessa resolução foram: (i) a proibição da propaganda indireta (incluindo o merchandising); (ii) a proibição do uso de imagem de pessoas utilizando o medicamento; (iii) a proibição de indicação do sabor do medicamento; (iv) a necessidade de inserção de novas cláusulas de advertência; (v) a proibição de veiculação na televisão nos intervalos de programas infantis: (vi) a proibição da participação de celebridades sugerindo ou afirmando utilizar os medicamentos anunciados, práticas até então absolutamente corriqueiras na publicidade de medicamentos isentos de prescrição.

ATIVIDADE PUBLICITÁRIA NO BRASIL

É importante informar que entidades do setor, como a ABIMIP – Associação Brasileira da Indústria de Medicamentos Isentos de Prescrição, a ALANAC – Associação dos Laboratórios Farmacêuticos Nacionais e a ABERT – Associação Brasileira das Emissoras de Rádio e Televisão ajuizaram medidas judiciais, argumentando que determinadas restrições e proibições insertas em tal resolução extrapolariam o poder de regulação da matéria pela ANVISA e, ainda, seriam mais severas do que as impostas pela Lei n° 9.294/96.

A ação interposta pela ALANAC foi julgada procedente para declarar a ilegalidade da RDC n° 96/08, mas há recurso por parte da ANVISA pendente de julgamento perante o Tribunal Regional Federal da 1ª Região. As outras duas ações foram julgadas improcedentes, com apelações também pendentes de julgamento perante o mesmo tribunal. Não obstante, ambas as entidades obtiveram a antecipação de tutela recursal, a primeira suspendendo a exigibilidade de cumprimento de alguns dispositivos da RDC n° 96/08 e a segunda determinando à ANVISA a abstenção de aplicar sanções aos seus associados, pelo não cumprimento da norma em comento.

Em razão da matéria estar subjudice, entendemos pela conveniência de transcrever a seguir as principais questões apresentadas pela RDC n° 96/08.

3.1. Aspectos gerais da publicidade de medicamentos

No afã de promover subsídios para a publicidade de medicamentos em geral (prescritos e isentos de prescrição), a RDC 96/08 estabeleceu que somente é possível anunciar produtos regularizados na ANVISA, que todas as alegações presentes na publicidade referentes à ação, indicação, posologia, modo de uso, reações adversas, etc, devem ser compatíveis com as informações registradas no órgão e que as informações sobre medicamentos devem ser comprovadas cientificamente.

Dispôs ainda que é proibida da publicidade enganosa, abusiva e/ou indireta. Com relação à publicidade enganosa e abusiva, a resolução nem precisaria mencioná-las, eis que se trata de uma vedação já estabelecida pelo Código de Defesa do Consumidor. Entretanto, a publicidade indireta, que até então vinha sendo praticada na forma de merchandising em espaços editoriais de televisão, contexto cênico de novelas, espetáculos teatrais, etc, passou a ser expressamente proibida.

20. PUBLICIDADE DE MEDICAMENTOS

Além disso, vide outras vedações e também as permissões trazidas pela RDC 96/08, respectivamente em seus artigos 8° e 9°, as quais são autoexplicativas:

Art. 8º É **vedado** na propaganda ou publicidade de medicamentos:

I – estimular e/ou induzir o uso indiscriminado de medicamentos;

II – sugerir ou estimular diagnósticos ao público em geral;

III – incluir imagens de pessoas fazendo uso do medicamento;

IV – anunciar um medicamento como novo, depois de transcorridos dois anos da data de início de sua comercialização no Brasil;

V – incluir selos, marcas nominativas, figurativas ou mistas de instituições governamentais, entidades filantrópicas, fundações, associações e/ou sociedades médicas, organizações não-governamentais, associações que representem os interesses dos consumidores ou dos profissionais de saúde e/ou selos de certificação de qualidade;

VI – sugerir que o medicamento possua características organolépticas agradáveis, tais como: "saboroso", "gostoso", "delicioso" ou expressões equivalentes; bem como a inclusão de imagens ou figuras que remetam à indicação do sabor do medicamento;

VII – empregar imperativos que induzam diretamente ao consumo de medicamentos, tais como: "tenha", "tome", "use", "experimente";

VIII – fazer propaganda ou publicidade de medicamentos e (ou) empresas em qualquer parte do bloco de receituários médicos;

IX – criar expectativa de venda;

X – divulgar como genéricos os medicamentos manipulados ou industrializados que não sejam genéricos, nos termos da Lei nº 9.787/99;

XI – usar expressões ou imagens que possam sugerir que a saúde de uma pessoa poderá ser afetada por não usar o medicamento.

Art. 9º É **permitido** na propaganda ou publicidade de medicamentos:

I – utilizar figuras anatômicas, a fim de orientar o profissional de saúde ou o paciente sobre a correta utilização do produto;

II – informar o sabor do medicamento;

III – utilizar expressões tais como: "seguro", "eficaz" e "qualidade", em combinação ou isoladamente, desde que complementadas por frases que justifiquem a veracidade da informação, as quais devem ser extraídas de estudos veiculados em publicações científicas e devem estar devidamente referenciadas;

ATIVIDADE PUBLICITÁRIA NO BRASIL

IV – utilizar expressões tais como: "absoluta", "excelente", "máxima", "ótima", "perfeita", "total" relacionadas à eficácia e à segurança do medicamento, quando fielmente reproduzidas de estudos veiculados em publicações científicas e devidamente referenciadas;

V – quando constar das propriedades aprovadas no registro do medicamento na Anvisa, informar que o medicamento pode ser utilizado por qualquer pessoa, em qualquer faixa etária, inclusive por intermédio de imagens;

VI – quando determinado pela Anvisa, publicar mensagens tais como: "Aprovado", "Recomendado por especialista", "o mais frequentemente recomendado" ou "Publicidade Aprovada pela Vigilância Sanitária", pelo "Ministério da Saúde", ou mensagem similar referente a órgão congênere Estadual, Municipal e do Distrito Federal;

VII – fazer menção à quantidade de países onde o medicamento é comercializado e/ou fabricado, desde que os países sejam identificados na peça publicitária.

A publicidade de medicamentos genéricos deverá conter a frase: "Medicamento Genérico – Lei 9.787/99". Já a publicidade de medicamentos que apresentem efeitos de sedação deverá incluir a advertência "(nome comercial do medicamento ou substância ativa) é um medicamento. Durante seu uso, não dirija veículos ou opere máquinas, pois sua agilidade e atenção podem estar prejudicadas". A inclusão da advertência de efeito de sedação deverá obedecer as mesmas regras previstas para a advertência relacionada à substância ativa do medicamento, conforme será melhor explicitado no item a seguir.

A fim de garantir a visibilidade, legibilidade e destaque das informações contidas na publicidade de medicamentos, o artigo 6° da RDC determina que, sempre que as informações forem prestadas na forma escrita, elas "devem ser apresentadas em cores que contrastem com o fundo do anúncio", devendo ainda "estar dispostas no sentido predominante de leitura da peça publicitária, (...) guardando entre si as devidas proporções de distância".

3.2. Requisitos para a publicidade de medicamentos isentos de prescrição

Como visto anteriormente, somente os medicamentos registrados na ANVISA e isentos de prescrição podem ser anunciados para o público em geral, sendo que a publicidade desses medicamentos deve conter obrigatoriamente,

20. PUBLICIDADE DE MEDICAMENTOS

as seguintes informações: (i) nome comercial do medicamento, quando houver; (ii) nome da substância ativa com, no mínimo, 50% do nome comercial; (iii) número de registro na ANVISA (com exceção dos spots de rádio); (iv) frase "Medicamento De Notificação Simplificada RDC Anvisa n° ..../2006. AFE n° ......", se o caso (com exceção dos spots de rádio); (v) indicações do medicamento; (vi) data de impressão das peças publicitárias; (vii) advertência "Se persistirem os sintomas, o médico deverá ser consultado"; (viii) advertência relacionada à substância ativa do medicamento (Ex.: hidróxido de magnésio: "não use este medicamento em caso de doença dos rins"), além de outras relacionadas no Anexo II da RDC 96/08 ou, caso o medicamento não tenha nenhuma das substâncias relacionadas no referido Anexo, deve ser inserida a advertência "(nome comercial do medicamento ou substância ativa) é um medicamento. Seu uso pode trazer riscos. Procure o médico e o farmacêutico. Leia a bula".

A importância das advertências na publicidade de medicamentos é tamanha que a resolução RDC 98/06 especificou a forma como deverão ser exibidas, a fim de que tenham os devidos destaques.

Assim, a advertência "Se persistirem os sintomas, o médico deverá ser consultado", pode ser locucionada ou escrita na peça publicitária, mas quando a opção for pela forma escrita, a advertência deverá estar em consonância com o artigo 6° da RDC, conforme anteriormente mencionado.

Por sua vez, as advertências sobre as substâncias ativas devem observar a seguinte forma:

> Art. 24 A advertência a que se refere o artigo 23 deve ser contextualizada na peça publicitária, de maneira que seja pronunciada pelo personagem principal, quando veiculada na televisão; proferida pelo mesmo locutor, quando veiculada em rádio; e, quando impressa, deve causar o mesmo impacto visual que as demais informações presentes na peça publicitária, apresentando-se com, no mínimo, 35% do tamanho da maior fonte utilizada.
>
> I – A locução das advertências de que trata o caput deste artigo deve ser cadenciada, pausada e perfeitamente audível.
>
> II – Se a propaganda ou publicidade de televisão não apresentar personagem principal, as advertências devem observar os seguintes requisitos:
>
> a) após o término da mensagem publicitária, a advertência será exibida em cartela única, com fundo azul, em letras brancas, de forma a permitir a perfeita legibilidade e visibilidade, permanecendo imóvel no vídeo;

ATIVIDADE PUBLICITÁRIA NO BRASIL

b) a locução deve ser diferenciada, cadenciada, pausada e perfeitamente audível;

c) a cartela obedecerá ao gabarito RTV de filmagem no tamanho padrão de 36,5cmx27cm (trinta e seis e meio centímetros por vinte e sete centímetros);

d) as letras apostas na cartela serão da família tipográfica Humanist 777 Bold ou Frutiger 55 Bold, corpo 38, caixa alta.

III – Na internet, a advertência deve ser exibida permanentemente e de forma visível, inserida em retângulo de fundo branco, emoldurada por filete interno, em letras de cor preta, padrão Humanist 777 Bold ou Frutiger 55 Bold, caixa alta, respeitando a proporção de dois décimos do total do espaço da propaganda.

A resolução RDC 96/08 estabeleceu, ainda, outras vedações para os medicamentos isentos de prescrição, além daquelas já previstas no artigo 8°, citado no item anterior. São elas: (i) usar expressões tais como: "Demonstrado em ensaios clínicos", "Comprovado cientificamente", até porque os ensaios clínicos e as comprovações científicas são requisitos para o registro de qualquer medicamento; (ii) sugerir que o medicamento é a única alternativa de tratamento, fazendo crer que são supérfluos os hábitos de vida saudáveis e/ou a consulta ao médico; (iii) apresentar nome, imagem e/ou voz de pessoa leiga em medicina ou farmácia, cujas características sejam facilmente reconhecidas pelo público em razão de sua celebridade, afirmando ou sugerindo que utiliza o medicamento ou recomendando o seu uso: como visto anteriormente, essa foi uma das vedações mais impactantes para o mercado publicitário, uma vez que, até então, era corriqueiro o uso de celebridades afirmando ou sugerindo usar determinados medicamentos ou recomendando seu uso. Uma saída interessante encontrada pelas agências de publicidade e laboratórios para continuar fazendo uso de celebridades sem contrariar essa vedação da RDC foi usar a celebridade apenas para a apresentação do produto, sem a afirmação/sugestão de consumo, nem a recomendação de uso; (iv) usar de linguagem direta ou indireta relacionando o uso de medicamento a excessos etílicos ou gastronômicos: esse também era um artifício muito comum, sobretudo na publicidade de produtos indicados para indigestão, azia, queimação no estômago, ressaca, que a partir de então tiveram que mudar sua forma de comunicação; (v) usar de linguagem direta ou indireta relacionando o uso de medicamento ao desempenho físico, intelectual, emocional, sexual ou à beleza de uma pessoa, exceto quando forem propriedades aprovadas pela Anvisa; (vi) apresentar de forma abusiva, enganosa ou assustadora representações visuais das alterações do corpo humano causadas por doenças ou lesões; (vii) incluir mensagens, símbolos e imagens de qualquer natureza dirigidas a crianças ou adolescentes.

Aliás, visando proteger a integridade das crianças e adolescentes, não explorar sua falta de experiência ou de conhecimento e não se beneficiar de sua credulidade, a resolução proibiu a veiculação de publicidade de medicamentos em intervalos comerciais de programação destinada a esse público, bem como em revistas de conteúdo a eles destinados.

3.3. Requisitos para a publicidade de medicamentos de venda sob prescrição

A publicidade de medicamentos vendidos sob prescrição é permitida apenas se destinada exclusivamente aos médicos e dentistas. Nessa situação, além de observar os aspectos gerais previstos no item 3.1 supra, incluindo as informações obrigatórias, vedações, permissões, a publicidade desse tipo de produto deve conter imperiosamente as seguintes informações: (i) contra-indicações; (ii) cuidados e advertências (contemplando as reações adversas e interações com medicamentos, alimentos e álcool); (iii) posologia e (iv) classificação do medicamento em relação à prescrição e dispensação.

Quando a publicidade de medicamentos de venda sob prescrição for realizada pela internet, o profissional prescritor deverá preencher um cadastro para acessá-la, além de um termo de responsabilidade informando sobre a restrição legal de acesso. As bulas de medicamentos prescritos, veiculadas através da internet, sem acesso restrito, deverão estar atualizadas, terem sido aprovadas pela ANVISA, sem apresentar designações, símbolos, figuras, desenhos, imagens, slogans ou outros argumentos de cunho publicitário.

No caso dos medicamentos prescritos sob controle especial (aqueles sujeitos à notificação ou retenção de receita), sua publicidade fica restrita às revistas de cunho exclusivamente técnico, referentes às patologias e medicamentos, e igualmente destinadas aos profissionais de saúde prescritores e/ou dispensadores.

ATIVIDADE PUBLICITÁRIA NO BRASIL

3.4. Penalidades

Em caso de eventual descumprimento das exigências da RDC 96/08, compete à ANVISA lavrar um Auto de Infração Sanitária, do qual a empresa anunciante poderá se defender em processo administrativo. Durante o período de apuração do ilícito, a ANVISA poderá determinar a suspensão da veiculação do material publicitário.

O processo administrativo poderá culminar com as penalidades previstas no artigo 2° da Lei n° 6.437/77, quais sejam: advertência, multa, proibição de propaganda, imposição de mensagem retificadora, suspensão de propaganda e publicidade.

A penalidade de multa consiste no pagamento das quantias indicadas no § 1° do artigo 2° da referida lei, levando em consideração a capacidade econômica do infrator e podendo ser dobradas em caso de reincidência:

> I – nas infrações leves, de R$ 2.000,00 (dois mil reais) a R$ 75.000,00 (setenta e cinco mil reais);
> II – nas infrações graves, de R$ 75.000,00 (setenta e cinco mil reais) a R$ 200.000,00 (duzentos mil reais);
> III – nas infrações gravíssimas, de R$ 200.000,00 (duzentos mil reais) a R$ 1.500.000,00 (um milhão e quinhentos mil reais).

A penalidade pela infração sanitária poderá ser imputada a quem lhe deu causa ou para com ela concorreu. Portanto, a ANVISA poderá notificar tanto o anunciante responsável pela publicidade considerada irregular, quanto a respectiva agência de publicidade.

21.
PUBLICIDADE ILÍCITA E CONSEQUÊNCIAS PENAIS

Regina Cirino Alves Ferreira
Taís Satiko Utsumi Okada

Introdução

A publicidade alcança o seu ápice no mundo contemporâneo, no qual a hiper-conexão é regra. Em um contexto globalizado com a difusão dos meios de comunicação em massa, as informações múltiplas e instantâneas possibilitam à publicidade alcançar um público maior e incutir novos comportamentos ou hábitos a ele, de forma a atingir seu objetivo precípuo, qual seja, o de instigar a sociedade ao consumo de determinado produto ou serviço.

A estreita relação com as atividades econômicas faz da publicidade um valioso recurso na sociedade de consumo, caracterizada pela produção em massa e a ressignificação do consumo, elevado a status ou estilo de vida. O fortalecimento da publicidade decorre da sua complexa e multifacetada natureza por ser capaz de atrair o público-alvo, gerar empatia à respectiva marca e, sobretudo, exercer influência sobre quem busca à autossatisfação por meio do consumo.

O caráter persuasivo e informativo, atributos típicos da publicidade, deve ser sopesado por causa do poder exercido sobre os consumidores com interferência direta nas atividades econômicas. Sob a premissa de proteger a relação de consumo e os interesses coletivos, a Constituição Federal de 1988 elenca o direito do consumidor e o princípio da defesa do consumidor, respectivamente, como direito fundamental e mantenedor da ordem econômica, vislumbrados nos artigos 5º, inciso XXXII e 170, inciso V.

Nessa esteira, o Código de Defesa do Consumidor (Lei nº 8.078/1990) – instituído sob determinação constitucional, vide o Ato das Disposições

Constitucionais Transitórias (ADCT) nº 48 – visa manter o equilíbrio das relações de consumo por meio da proteção do consumidor, figura dita como vulnerável e hipossuficiente, e da regulação das atividades publicitárias. Sob o manto dessa proteção, a supramencionada lei traz quais são os direitos básicos dos consumidores, os princípios balizadores e as práticas comerciais, inclusive, as publicitárias.

Diante da imprescindibilidade de resguardar o direito do consumidor e a relação de consumo, o Código de Defesa do Consumidor orienta quais são as boas práticas no universo publicitário, ao assentar as condutas expressamente proibidas. Devido à possibilidade de induzir o consumidor a erro, a publicidade ilícita é vedada e determinados comportamentos que a ela se enquadram estão sujeitos à repressão penal, a ser estudado em sequência.

1. Da publicidade ilícita

1.1. Definição de publicidade

O Código de Defesa do Consumidor (CDC) se fundamenta em manter a ordem socioeconômica, ao proteger o consumidor e a relação de consumo frente a fornecedor de serviço ou produto que abusa da prática comercial e venha a prejudicá-lo ao expor a um risco ainda maior. Por mediar o consumidor e o fornecedor, bem como por ser determinante no consumo, a publicidade é objeto de regulação no âmbito judicial.

Não obstante o CDC regule a atividade publicitária, inexiste uma definição precisa de "publicidade"[1]. Com vistas a melhor compreender a expressão, evoca-se o conceito trazido pelo Código Brasileiro de Autorregulamentação[2],

---

[1] O Código de Defesa do Consumidor (CDC) não conceitua expressamente publicidade, conforme se verifica em seu artigo 36. "Art. 36. A publicidade deve ser veiculada de tal forma que o consumidor, fácil e imediatamente, a identifique como tal.
Parágrafo único. O fornecedor, na publicidade de seus produtos ou serviços, manterá, em seu poder, para informação dos legítimos interessados, os dados fáticos, técnicos e científicos que são sustentação à mensagem". (BRASIL. Lei nº 8.078, de 11 de setembro de 1990. *Dispõe sobre a proteção do consumidor e dá outras providências.* Disponível em: <http://www.planalto.gov.br/ccivil_03/leis/l8078compilado.htm>. Acesso em: 15 jan 2021.)

[2] O Conselho Nacional de Autorregulamentação Publicitária (CONAR) é uma organização não governamental constituída por publicitários e profissionais de outras áreas, cujo objetivo precípuo é a promoção da liberdade de expressão comercial e o impedimento de publicidade enganosa e abusiva que possa causar constrangimento ao consumidor e às empresas. Em 1977, o CONAR criou o Código

21. PUBLICIDADE ILÍCITA E CONSEQUÊNCIAS PENAIS

verificado no artigo 8º[3], o qual utiliza os termos "propaganda"[4] e "publicidade" como sinônimos, apesar da doutrina distingui-los.

[5]A publicidade é relevante ao direito do consumidor, dentre outros[6], na hipótese de haver a violação dos deveres jurídicos impostos pela Lei nº 8.078/1990, da qual se enquadra a publicidade ilícita.

1.2. Publicidade ilícita

Após essas considerações iniciais, faz-se mister compreender a publicidade ilícita, dita como aquela que viola os deveres jurídicos[7] observados no ordenamento quando da realização, produção e divulgação de mensagens

Brasileiro de Autorregulamentação Publicitária, responsável por orientar o exercício da publicidade por meio de suas normas e diretrizes éticas balizar a publicidade por meio de suas normas.

[3] "Artigo 8º – O principal objetivo deste Código é a regulamentação das normas éticas aplicáveis à publicidade e propaganda, assim entendidas como atividades destinadas a estimular o consumo de bens e serviços, bem como promover instituições, conceitos e ideias". (CONAR. *Código Brasileiro de Autorregulamentação Publicitária Código e Anexos.* Disponível em: < http://www.conar.org.br/>. Acesso em: 15 jan 2021).

[4] Sobre o conceito de "propaganda", a Lei nº 4.680/1965, em seu artigo 5º, assim o define: "Compreende-se por propaganda qualquer forma remunerada de difusão de ideias, mercadorias ou serviços, por parte de um anunciante identificado". (BRASIL. Lei nº 4.680, de 18 de junho de 1965. *Dispõe sobre o exercício da profissão de Publicitário e de Agenciador de Propaganda e dá outras providências.* Disponível em: <http://www.planalto.gov.br/ccivil_03/leis/l4680.htm>. Acesso em: 19 mar 2021).

[5] MIRAGEM, Bruno. *Curso de Direito do Consumidor.* 8ª ed. rev. atual. ampl. São Paulo: Thomson Reuters Brasil, 2020, p.342.

[6] "Para o direito do consumidor, a publicidade terá relevância jurídica basicamente em três situações. A primeira, quando se apresenta como veículo, como forma de uma oferta de consumo, hipótese em que produz efeito de vinculação do fornecedor que a promove na condição de negócio jurídico unilateral. A segunda quando viola deveres estabelecidos pelo CDC, caracterizando-se como uma das duas figuras típicas de publicidade ilícita, previstas na norma do artigo 37 deste diploma, como publicidade enganosa ou publicidade abusiva. E a terceira, quando se apresenta como espécie de contato social de consumo, na qual embora não encerrando os requisitos de um negócio jurídico unilateral de oferta, divulga informação capaz de gerar nos consumidores em geral, ou em algum individualmente, expectativas legítimas que, em face da tutela da confiança e do princípio da boa-fé objetiva que fundamentam o CDC, determinam igualmente a eficácia vinculativa do fornecedor que a promover."(Ibidem, p. 343)

[7] O artigo 6º da Lei nº 8.078/1990 trata dos direitos básicos do consumidor. Dentre eles, destaca-se o inciso IV, da seguinte redação: "Art. 6º São direitos básicos do consumidor: (...) IV – a proteção contra a publicidade enganosa e abusiva, métodos comerciais coercitivos ou desleais, bem como práticas e cláusulas abusivas ou impostas no fornecimento de produtos ou serviços". (BRASIL. Lei nº 8.078, de 11 de setembro de 1990. *Dispõe sobre a proteção do consumidor e dá outras providências.* Disponível em: <http://www.planalto.gov.br/ccivil_03/leis/l8078compilado.htm>. Acesso em: 16 jan 2021).

ATIVIDADE PUBLICITÁRIA NO BRASIL

publicitárias.[8] Justifica-se a vedação desse tipo de publicidade por ferir os princípios da veracidade[9] e da não abusividade[10], de maneira a atingir o equilíbrio das relações consumeristas. A este gênero, se enquadram duas condutas diversas: a publicidade enganosa e a abusiva, a ser estudada em sequência.

1.2.a. Publicidade enganosa

O artigo 37, § 1º, do Código de Defesa do Consumidor se refere à publicidade enganosa:

> Art. 37. É proibida toda publicidade enganosa ou abusiva.
>
> § 1º É enganosa qualquer modalidade de informação ou comunicação de caráter publicitário, inteira ou parcialmente falsa, ou por qualquer outro modo, mesmo por omissão, capaz de induzir em erro o consumidor a respeito da natureza, características, qualidade, quantidade, propriedades, origem, preço e quaisquer outros dados sobre produtos e serviços.
>
> (...) § 3º Para os efeitos deste código, a publicidade é enganosa por omissão quando deixar de informar sobre dado essencial do produto ou serviço. [11]

O elemento substancial à definição de publicidade enganosa é a aptidão de induzir o consumidor médio em erro. Se não fosse por essa prática ludibriosa, o consumidor provavelmente não faria a compra. Eis a classificação da propaganda enganosa:

> Esta pode ser assim considerada por *comissão*, quando o anunciante possui um dever negativo de conteúdo, isto é, não deve fazer afirmações

---

[8] MIRAGEM, BRUNO. *Op. cit*, p. 355.

[9] Vislumbrado no artigo 31 e 37, caput, do Código de Defesa do Consumidor, o princípio da veracidade consiste na correta procedência de informações sobre o produto ou serviço anunciado para proteger o consumidor de expectativas frustradas (ALVES, Fabrício Germano. Direito publicitário: proteção do consumidor. 1 ed. São Paulo: Thomson Reuters Brasil, 2020, p. 159).

[10] Observado no artigo 37, §2º, do Código de Defesa do Consumidor, o princípio da não abusividade remete ao respaldo das normas previstas no próprio ordenamento para que não atentem contra valores ambientais, sociais e éticos, bem como a saúde e segurança do consumidor. (Ibidem, p. 160).

[11] BRASIL. Lei nº 8.078, de 11 de setembro de 1990. *Dispõe sobre a proteção do consumidor e dá outras providências*. Disponível em: <http://www.planalto.gov.br/ccivil_03/leis/l8078compilado.htm>. Acesso em: 16 jan 2021.

21. PUBLICIDADE ILÍCITA E CONSEQUÊNCIAS PENAIS

ou proposições falsas; ou ainda por *omissão*, quando o anunciante possui um dever positivo de conteúdo, ou seja, deve apresentar o maior número possível de informações a fim de evitar a indução do consumidor em erro pela falta delas.[12]

Diante da possibilidade de acarretar graves prejuízos, a vedação da publicidade enganosa pode ser observada por dois prismas. Em relação ao direito concorrencial, tal proibição visa manter a salubridade do mercado por evidenciar um comportamento desleal de quem a pratica. No tocante ao direito consumerista, pretende-se salvaguardar a liberdade de escolha[13] do consumidor porque diante de uma informação falsa ou inexistente, é tolhida sua autonomia de agir conscientemente.

1.2.b. Publicidade abusiva

O abuso de direito está presente no ato ilícito, uma cláusula geral de ordem pública, descrito no artigo 187 do Código Civil: "também comete ato ilícito o titular de um direito que, ao exercê-lo, excede manifestamente os limites impostos pelo seu fim econômico ou social, pela boa-fé ou pelos bons costumes"[14].

O Código de Defesa do Consumidor antecipa esse conceito ao tratar quais situações se comportam como publicidade abusiva, vide seu artigo 37, § 2º[15]. Atente-se que a lei consumerista não a define explicitamente – até porque

---

[12] ALVES, Fabrício Germano. Direito publicitário: *proteção do consumidor.* 1 ed. São Paulo: Thomson Reuters Brasil, 2020, p. 176.

[13] A liberdade de escolha é um direito básico do consumidor, verificado na leitura do artigo 6º, II, do Código de Defesa do consumidor: "a educação e divulgação sobre o consumo adequado dos produtos e serviços, asseguradas a liberdade de escolha e a igualdade nas contratações". (BRASIL. Lei nº 8.078, de 11 de setembro de 1990. *Dispõe sobre a proteção do consumidor e dá outras providências.* Disponível em:< http://www.planalto.gov.br/ccivil_03/leis/l8078compilado.htm>. Acesso em: 15 jan 2021).

[14] Idem. Lei nº 10.406, de 10 de janeiro de 2002. *Institui o Código Civil.* Disponível em: < http://www. planalto.gov.br/ccivil_03/leis/2002/L10406compilada.htm>. Acesso em: 18 jan 2021.

[15] "É abusiva, dentre outras, a publicidade discriminatória de qualquer natureza, a que incite à violência, explore o medo ou a superstição, se aproveite da deficiência de julgamento e experiência da criança, desrespeita valores ambientais, ou que seja capaz de induzir o consumidor a se comportar de forma prejudicial ou perigosa à sua saúde ou segurança". (BRASIL. Lei nº 8.078, de 11 de setembro de 1990. *Dispõe sobre a proteção do consumidor e dá outras providências.* Disponível em: <http://www.planalto.gov.br/ccivil_03/leis/l8078compilado.htm>. Acesso em: 15 jan 2021).

ATIVIDADE PUBLICITÁRIA NO BRASIL

não se trata de um conceito engessado, percebido pela opção do legislador em *numerus apertus* –, contudo, ressalta-se tratar de uma prática agressiva, contrária às normas sociais e ao senso comum, sensível à coletividade.[16]

Por ser um conceito jurídico indeterminado, a aferição da publicidade abusiva ocorre mediante aplicação da norma ao caso concreto, tendo em vista os princípios, os direitos fundamentais e o restante do ordenamento jurídico. Saliente-se a prescindibilidade do elemento subjetivo, o dolo ou a culpa, basta comprovar a violação dos valores sociais e do aproveitamento da vulnerabilidade do consumidor.

1.2.c. Publicidade ilícita e *greenwashing*

O despertar da consciência ambiental no final do século XX ensejou o surgimento do fenômeno do *greenwashing* – em tradução literal, "lavagem verde" –, uma estratégia publicitária cuja principal característica é o apelo ao ecologicamente correto, embasado em informações vagas e imprecisas com o objetivo de atrair consumidores adeptos à vida sustentável.

A expressão foi dada por Jay Westervelt ao observar o apelo do setor hoteleiro para que seus hóspedes reutilizassem as toalhas dos quartos, supostamente para preservar o meio ambiente, no entanto, sem a observância de outras práticas sustentáveis. Ou seja, a mera utilização de estratégia comercial sem maior preocupação em diminuir os impactos ambientais, desviando a atenção dos consumidores para os danos proporcionados por aquele negócio.

O *greenwashing*[17] apropria-se de um discurso ambientalista para disseminar informações enganosas, dúbias ou ainda as omitir em prol de atender

---

[16] "A publicidade abusiva, portanto, é aquela que agride os princípios e valores maiores do ordenamento jurídico e que informam e permeiam a nossa sociedade. Nesse sentido, o § 2º do artigo 37 do CDC, por oferecer um conteúdo vasto e flexível, a ser preenchido no caso concreto pelo julgador, introduz nas relações de consumo uma verdadeira *cláusula geral de não abusividade*. Proíbe-se qualquer forma de publicidade que atente contra os valores sociais fundamentais ou que induza o consumidor a adotar comportamento prejudicial à sua saúde ou segurança. O rol do § 2º é, assim, meramente exemplificativo, de modo que podem surgir outras situações de abusividade *vias à vis* o exame do caso concreto". (DIAS, Lucia Ancona Lopez de Magalhães. *Critérios para avaliação da ilicitude na publicidade*. 2010, 331 f. Tese (Doutorado em Direito Civil) – Universidade de São Paulo, São Paulo, 2010, p. 162).

[17] No Brasil, utiliza-se "maquiagem verde" como sinônimo de *greenwashing*, por ser uma expressão amplamente empregada, até mesmo por órgãos públicos. Entretanto, o presente artigo optou por usar *greenwashing*, já que é um nome conhecido mundialmente.

21. PUBLICIDADE ILÍCITA E CONSEQUÊNCIAS PENAIS

um público ecologicamente consciente. Além disso, a suposta prática ambiental corrobora na reputação da empresa – um grande atrativo, considerando a elevação do consumo a status – o que a fortalece e a diferencia entre os concorrentes no mercado cada vez mais competitivo.

> (...) sem prejuízo de outras práticas que podem caracterizar o *greenwashing*, estão identificadas, sobretudo, as seguintes falhas na arquitetura informacional da oferta: (i) o custo ambiental camuflado; (ii) a ausência de provas das afirmações contidas na oferta; (iii) o uso de expressões dúbias ou vagas que podem ser mal interpretadas; (iv) o culto aos rótulos falsos e a impressão de que o produto ou o serviço foi certificado por terceira parte, quando, na verdade, não o foi; (v) a divulgação de informações irrelevantes; (vi) informações que ressaltam uma característica ambiental, mas ocultam impacto ambiental mais sério causado pelo produto ou serviço; (vii) divulgação de informações falsas.[18]

Neste sentido, o CONAR apresentou uma série de normas para conter publicidades com apelos de sustentabilidade, com o objetivo de oferecer transparência e informação ao consumidor para que usufrua da sua liberdade de poder de escolha. Assim, foram adicionados os princípios de veracidade, exatidão, pertinência e relevância à redação do artigo 36 do Código Brasileiro de Autorregulamentação Publicitária[19]. Ademais, acrescentou-se

---

[18] MÉO, Letícia Caroline. *O greenwashing como problema do sistema jurídico brasileiro de defesa do consumidor.* 2017, 366 fls. Dissertação (Mestrado em Direito Civil) – Pontifícia Universidade Católica de São Paulo, São Paulo, 2017, p. 202/203.

[19] "Parágrafo único. Considerando a crescente utilização de informações e indicativos ambientais na publicidade institucional e de produtos e serviços, serão atendidos os seguintes princípios:
veracidade – as informações ambientais devem ser verdadeiras e passíveis de verificação e comprovação;
exatidão – as informações ambientais devem ser exatas e precisas, não cabendo informações genéricas e vagas;
pertinência – as informações ambientais veiculadas devem ter relação com os processos de produção e comercialização dos produtos e serviços anunciados;
relevância – o benefício ambiental salientado deverá ser significativo em termos do impacto total do produto e do serviço sobre o meio ambiente, em todo seu ciclo de vida, ou seja, na sua produção, uso e descarte". (CONAR. Código Brasileiro de Autorregulametação Publicitária. Disponível em: <www.conar.org.br>. Acesso em: 15 jan 2021).

ATIVIDADE PUBLICITÁRIA NO BRASIL

o anexo U[20], que estipulou princípios e regras gerais sobre publicidade da responsabilidade socioambiental e da sustentabilidade, ao artigo 36 do referido codéx.

[20] "Além de atender às provisões gerais deste Código, a publicidade submetida a este Anexo deverá refletir a responsabilidade do anunciante para com o meio de consumo e a sustentabilidade e levará em conta os seguintes princípios:

1. Concretude – As alegações de benefícios socioambientais deverão corresponder as práticas concretas adotadas, evitando-se conceitos vagos que ensejam acepções equivocadas ou mais abrangentes do que as condutas apregoadas. A publicidade de condutas sustentáveis e ambientais deve ser antecedida pela efetiva adoção ou formalização de tal postura por parte da empresa ou instituição. Caso a publicidade apregoe ação futura, é indispensável revelar tal condição de expectativa de ato não concretizado no momento da veiculação do anúncio.

2. Veracidade – As informações e as alegações veiculadas deverão ser verdadeiras, passíveis de verificação e de comprovação, estimulando-se a disponibilização de informações mais detalhadas sobre as práticas apregoadas por meio de outras fontes e materiais, tais como websites, SACs (Serviços de Atendimento ao Consumidor), etc.

3. Exatidão e Clareza – As informações veiculadas deverão ser exatas e precisas, expressas de forma clara e em linguagem compreensível, não ensejando interpretações equivocadas ou falsas conclusões.

4. Comprovações e fontes – Os responsáveis pelo anúncio de que trata este Anexo deverão dispor de dados comprobatórios e de fontes externas que endossem, senão mesmo se responsabilizem pelas informações socioambientais comunicadas.

5. Pertinência – É aconselhável que as informações socioambientais tenham relação lógica com a área de atuação das empresas, e/ou com suas marcas, produtos e serviços, em seu setor de negócios e mercado. Não serão considerados pertinentes apelos que divulguem como benefício socioambiental o mero cumprimento de disposições legais e regulamentares a que o Anunciante se encontra obrigado.

6. Relevância – Os benefícios socioambientais comunicados deverão ser significativos em termos do impacto global que as empresas, suas marcas, produtos e serviços exercem sobre a sociedade e o meio ambiente – em todo seu processo e ciclo, desde a produção e comercialização, até o uso e descarte.

7. Absoluto – Tendo em vista que não existem compensações plenas, que anulem os impactos socioambientais produzidos pelas empresas, a publicidade não comunicará promessas ou vantagens absolutas ou de superioridade imbatível. As ações de responsabilidade socioambiental não serão comunicadas como evidência suficiente da sustentabilidade geral da empresa, suas marcas, produtos e serviços.

8. Marketing relacionado a causas – A publicidade explicitará claramente a(s) causa(s) e entidade(s) oficial(is) ou do terceiro setor envolvido(s) na parceria com as empresas, suas marcas produtos e serviços. O anúncio não poderá aludir as causas, movimentos, indicadores de desempenho nem se apropriar do prestígio e credibilidade de instituição a menos que o faça de maneira autorizada. As ações socioambientais e de sustentabilidade objeto da publicidade não eximem anunciante, agência e veículo do cumprimento das demais normas éticas dispostas neste Código". (CONAR. Código Brasileiro de Autorregulametanção Publicitária. Disponível em: <www.conar.org.br>. Acesso em: 15 jan 2021).

21. PUBLICIDADE ILÍCITA E CONSEQUÊNCIAS PENAIS

Trata-se de um fenômeno corriqueiro, sobretudo, no mercado da moda. Para fins ilustrativos, em 2020, a rede varejista sueca *H&M* anunciou seu projeto de produção sustentável de roupas, a partir do uso do tecido *circulose*, cuja confecção origina-se de algodão recuperado de peças descartadas ou de resíduos têxteis. No entanto, os consumidores acusaram a *fast-fashion* de praticar *greenwashing* porque continuaria a estimular o consumo e a produção desenfreada e insustentável de artigos.[21]

A despeito da ausência de previsão legal do *greenwashing*, infere-se que o déficit informacional sobre as características de determinado produto ou serviço acarreta efeitos idênticos ao da publicidade ilícita, pois configura abuso da confiança do consumidor, cuja liberdade de escolha foi privada por essa prática desleal.[22]

Isto é, em decorrência da violação dos princípios e direitos previstos no ordenamento jurídico, sobretudo aqueles referentes às normas ambientais e à saúde, o *greenwashing* deve ser proibido e sujeito às mesmas penalidades da publicidade enganosa e abusiva, quais sejam, a contrapropaganda[23] e a sanção penal.

---

[21] PETTER, Olivia. *H&M accused of 'greenwashing' over plans to make clothes from sustainable fabric.* Disponível em: < https://www.independent.co.uk/life-style/fashion/hm-greenwashing-sustainable-circulose-venetia-falconer-manna-a9312566.html>. Acesso em: 18 jan 2021.

[22] "O *greenwashing* não inclui apenas informações enganosas, mas, principalmente o ato de aumentar a importância de fatos irrelevantes e disfarçar uma fraca atuação ambiental. Pois, em um mundo em que a Economia Verde e boas práticas de sustentabilidade ganham importância na decisão dos consumidores, parecer verde é cada vez mais importante. Prática que vai além de imagens, selos e cores, pois engloba palavras e expressões empregadas a induzir o consumidor. (...) Esse abuso da confiança do consumidor tem um custo, o descrédito, seja ele no produto, na marca, ou, até no próprio ideal da possibilidade da convivência entre a atividade econômica e o ambiente preservado". (MONTEIRO, Phillipe Antônio Azevedo. KEMPFER, Marlene. *Intervenção estatal em face da publicidade ambiental "greenwashing".* Disponível em: <http://www.publicadireito.com. br/artigos/?cod=6b04380b67c55d60>. Acesso em: 19 jan 2021.)

[23] "Art. 60. A imposição de contrapropaganda será cominada quando o fornecedor incorrer na prática de publicidade enganosa ou abusiva, nos termos do art. 36 e seus parágrafos, sempre às expensas do infrator.
§ 1º A contrapropaganda será divulgada pelo responsável da mesma forma, frequência e dimensão e, preferencialmente no mesmo veículo, local, espaço e horário, de forma capaz de desfazer o malefício da publicidade enganosa ou abusiva". (BRASIL. Lei nº 8.078, de 11 de setembro de 1990. *Dispõe sobre a proteção do consumidor e dá outras providências.* Disponível em: <http://www.planalto. gov.br/ccivil_03/leis/l8078compilado.htm>. Acesso em: 15 jan 2021).

ATIVIDADE PUBLICITÁRIA NO BRASIL

2. Das infrações penais

2.1. Direito penal econômico

A intricada rede de relações, forte traço do mundo globalizado, ensejou o avanço do estudo do direito penal econômico, cujo objetivo precípuo é assegurar a ordem da estrutura econômica de determinado contexto social. Nesse influxo, o direito penal econômico pode ser definido pela tutela do "justo equilíbrio da produção, circulação e distribuição de riqueza entre os cidadãos consubstanciando-se num controle social do mercado conforme o modelo econômico"[24].

O direito penal econômico, portanto, regra as relações sociojurídicas de impactos supraindividuais[25]. Tal característica resta observada no ordenamento jurídico brasileiro, sobretudo, na Constituição Federal de 1988, em seu artigo 170[26], que consagra a ordem econômica como fim a ser alcançado por assegurar existência digna a todos, sendo balizado pelo princípio da defesa do consumidor.

Devido à importância do consumo à ordem econômica, o legislador previu que determinadas condutas acarretam o desequilíbrio da relação de consumo e fragiliza o consumidor, de modo a afligir os direitos individuais e principalmente, os bens jurídicos coletivos. Nessa esteira, para prevenir e reprimir tais práticas, foram inseridos tipos penais – em sua maioria, crimes de perigo, os quais prescindem da produção de resultado naturalístico para a sua consumação – no Código de Defesa do Consumidor.[27]

---

[24] SOUZA, Luciano Anderson de. Conteúdo do Direito Penal Econômico. *In*: ARAÚJO, Marina Pinhão Coelho; _____. (coord). *Direito penal econômico: Leis Penais Especiais*. vol.1. São Paulo: Thomson Reuters Brasil, 2019, p. 52.

[25] BENJAMIN, Antônio Herman de Vasconcellos. O direito do consumidor: *capítulo do direito penal econômico*. Disponível em: <http://www.amprs.org.br/arquivos/revista_artigo/arquivo_1285251475. pdf>. Acesso em: 20 jan 2021.

[26] "Art. 170. A ordem econômica, fundada na valorização do trabalho humana e na livre iniciativa, tem por fim assegurar a todos existência digna, conforme os ditames da justiça social, observados os seguintes princípios:
(...)
V – defesa do consumidor". (BRASIL. *Constituição da República Federativa do Brasil de 1988*. Disponível em: < http://www.planalto.gov.br/ccivil_03/constituicao/constituicao.htm>. Acesso em: 20 jan 2021).

[27] BOSCH, Marcia Helena. Crimes contra as relações de consumo: *uma teoria a partir da jurisprudência*. 2016, 155 fls. Tese (Doutorado em Direito das Relações Sociais) – Pontifícia Universidade Católica de São Paulo, São Paulo, 2016, p. 34/35.

Podemos definir o direito penal do consumidor como o ramo do direito penal econômico que, ao sancionar certas condutas praticadas no mercado, visa garantir o respeito aos direitos e deveres decorrentes do regramento civil e administrativo que orienta as relações entre fornecedores e consumidores. Seu objetivo principal, pois, é sancionar, como alavanca instrumental, certas condutas desconformes (não todas) que ocorrem no relacionamento entre o consumidor e o fornecedor.[28]

A reprimenda penal na Lei nº 8.078/1990 objetiva desestimular as práticas causadoras de danos como forma de manter a proteção dos interesses dos consumidores, sobretudo em um contexto de sociedade de consumo.[29] Nesse sentido, serão abordadas as consequências penais da publicidade ilícita.

2.2. Crimes publicitários (Lei nº 8.078/1990)

2.2.a. Promoção de publicidade enganosa ou abusiva

O artigo 67 do Código de Defesa do Consumidor[30] tipifica a conduta de realizar publicidade enganosa e abusiva como um crime com o objetivo de proteger o direito à informação, a liberdade de escolha e a integridade física ou moral do consumidor. Por se tratar de um crime de mera conduta, sua configuração prescinde de resultado casuístico para a materialização.

Esse delito pode ser praticado pelo fabricante ou fornecedor do bem ou serviço, bem como pelo agente responsável pela publicidade ou pelo veículo de comunicações – nessa última hipótese, seria imputado ao dirigente ou responsável pela realização ou promoção da publicidade –, enquanto o sujeito passivo, o titular do bem jurídico lesado, é a vítima do crime e a coletividade de consumidores ou o indivíduo que foi prejudicado.[31]

---

[28] BENJAMIN, Antônio Herman de Vasconcellos. *Op. cit.*

[29] Idem. *Introdução à criminalidade de consumo.* Disponível em: < https://core.ac.uk/download/pdf/16018438.pdf>. Acesso em: 20 jan 2021.

[30] "Art. 67. Fazer ou promover publicidade que sabe ou deveria saber ser enganosa ou abusiva. Pena – Detenção de três meses a um ano e multa". (BRASIL. Lei nº 8.078, de 11 de setembro de 1990. *Dispõe sobre a proteção do consumidor e dá outras providências.* Disponível em: <http://wwww.planalto.gov.br/ccivil_03/leis/8078compilado.htm>. Acesso em: 15 jan 2021)

[31] MIRAGEM, Bruno. *Curso de Direito do Consumidor.* 8ª ed. rev. atual. ampl. São Paulo: Thomson Reuters Brasil, 2020, p. 1029/1030.

ATIVIDADE PUBLICITÁRIA NO BRASIL

A doutrina diverge quanto ao elemento subjetivo do crime[32]. Enquanto o dolo[33] é unânime, a culpa[34] tem sido questionada. Bruno Miragem[35] admite a modalidade culposa em decorrência da redação do artigo 67, que usa o texto "que sabe ou deveria saber".

2.2.b. Promoção de publicidade prejudicial ou perigosa

O artigo 68 do Código de Defesa do Consumidor[36] complementa seu dispositivo antecessor, ao tipificar quem realiza ou promove publicidade capaz de induzir o consumidor a expor sua vida, segurança e saúde em perigo.[37] A criminalização dessa conduta serve para resguardar a saúde psicofísica do

---

[32] "O tipo subjetivo volta-se ao vínculo psicológico do agente com relação ao comportamento delitivo." (SOUZA. Luciano Anderson de. Direito penal: parte geral. vol. 1. São Paulo: Thomson Reuters Brasil, 2019, p. 283)

[33] "Dolo é o elemento subjetivo geral dos crimes, entendido majoritariamente, a partir do finalismo, como consciência e vontade de realização dos elementos do tipo objetivo." (Ibidem, p. 288). O Código Penal, em seu artigo 18, I, define o crime doloso: "quando o agente quis o resultado ou assumiu o risco de produzi-lo". (BRASIL. Decreto-lei nº 2.848, de 7 de dezembro de 1940. *Código Penal.* Disponível em: <http://www.planalto.gov.br/ccivil_03/decreto-lei/del2848compilado.htm>. Acesso em: 19 mar 2021).

[34] "Culpa é a inobservância do dever objetivo de cuidado manifestado numa conduta produtora de um resultado não querido, mas objetivamente previsível. O conteúdo estrutural do tipo de injusto culposo é diferente do tipo de injusto doloso. Neste último, é punida a conduta dirigida a um fim ilícito, enquanto no injusto culposo pune-se a conduta mal dirigida, normalmente destinada a um fim penalmente irrelevante. O núcleo do tipo de injusto nos delitos culposos consiste na divergência entre a ação efetivamente praticada e a que devia ter sido realizada". (SOUZA. Luciano Anderson de. Direito penal: parte geral. vol. 1. São Paulo: Thomson Reuters Brasil, 2019, p. 292). O artigo 18, II, do Código Penal define crime culposo: "quando o agente deu causa ao resultado por imprudência, negligência ou imperícia". (BRASIL. Decreto-lei nº 2.848, de 7 de dezembro de 1940. *Código Penal.* Disponível em: <http://www.planalto.gov.br/ccivil_03/decreto-lei/del2848compilado.htm>. Acesso em: 19 mar 2021)

[35] MIRAGEM, Bruno. *Curso de Direito do Consumidor.* 8ª ed. rev. atual. ampl. São Paulo: Thomson Reuters Brasil, 2020, p. 1029

[36] "Art. 68. Fazer ou promover publicidade que saber ou deveria saber ser capaz de induzir o consumidor a se comportar de forma prejudicial ou perigosa a sua saúde ou segurança: Pena – Detenção a seis meses a dois anos e multa". (BRASIL. *Op cit.)*

[37] O artigo 68 remete igualmente ao artigo 37, § 2º, do Código de Defesa do Consumidor. Importante rememorar sua redação: "É proibida toda publicidade enganosa ou abusiva (...) que seja capaz de induzir o consumidor a se comportar de forma prejudicial ou perigosa à sua saúde ou segurança". (Ibidem)

21. PUBLICIDADE ILÍCITA E CONSEQUÊNCIAS PENAIS

consumidor, isto é, sua integridade física e moral, o que justifica o aumento razoável da pena quando comparado com o artigo anterior.

Quanto à classificação do crime, o artigo 68 possui semelhanças com o seu antecessor, isto pois: a) trata-se de um crime de mera conduta que prescinde de produção de resultado naturalístico; b) é praticado por publicitários ou veículo de comunicações; c) lesa a coletividade dos consumidores e o indivíduo prejudicado; d) admite-se por unanimidade a modalidade dolosa do crime, no entanto, a doutrina também diverge quanto à culposa.

2.2.c. Omissão na organização de dados publicitários

Distintamente de seus antecessores, o artigo 69 do Código de Defesa do Consumidor[38] é um crime omissivo, isto é, praticado mediante uma abstenção. O elemento objetivo consiste em deixar de organizar dados fáticos, técnicos e científicos que dão base à publicidade.

Em relação à classificação do crime, o artigo 68 possui algumas peculiaridades quando comparado com os anteriores: embora seja um crime de mera conduta que se consuma com a omissão, ele é perpetrado apenas pelo fornecedor, responsável pelos deveres jurídicos exigidos no artigo 36, parágrafo único, da Lei nº 8.078/1990[39] e admite somente a modalidade dolosa. Ademais, o sujeito passivo seria a coletividade de consumidores exposta à publicidade e a quem interessa o acesso às informações

Conclusões

A publicidade é um fator relevante na sociedade de consumo. Paralelamente à função de divulgar os mais diversos produtos e serviços disponíveis no mercado – inclusive os de fornecedores concorrentes entre si, de modo a ampliar

---

[38] "Art. 69. Deixar de organizar dados fáticos, técnicos e científicos que dão base à publicidade: Penta – Detenção de uma a seis meses ou multa". (BRASIL. Lei nº 8.078, de 11 de setembro de 1990. *Dispõe sobre a proteção do consumidor e dá outras providências*. Disponível em: <http://www.planalto. gov.br/ccivil_03/leis/l8078compilado.htm>. Acesso em: 15 jan 2021.

[39] "O fornecedor, na publicidade de seus produtos ou serviços, manterá, em seu poder, para informação dos legítimos interessados, os dados fáticos, técnicos e científicos que dão sustentação à mensagem". (Ibidem).

a oferta ao consumidor –, devido à sua persuasão, a publicidade também exerce influência determinante sobre o consumo.

Dessa maneira, regular o exercício da publicidade é imprescindível a fim de que sua função seja preservada. A sua estreita relação com o consumo serve, a princípio, para amparar a economia. A exposição de uma pluralidade de produtos e serviços atende às realidades distintas dos consumidores, além de garantir a ordem econômica porque dificulta as práticas anticoncorrenciais, desestabilizadoras da estrutura socioeconômica nacional.

Em contrapartida, quando ilícita, possui consequências diversas: desequilibra a relação de consumo e fragiliza o direito do consumidor, de modo a impactar a economia do país e consequentemente sua projeção no contexto internacional. Por causa de sua importância no cenário social, a Constituição Federal de 1988 protege o direito e a defesa do consumidor, também observados na posterior edição do Código de Defesa do Consumidor.

O Código de Defesa do Consumidor, por sua vez, estabelece quais tipos de publicidade devem ser proibidas. Apesar da inexistência da definição precisa do que viria a ser publicidade ilícita, classificada como enganosa ou abusiva, sua conjuntura se adequa à evolução da sociedade, haja vista a inventividade humana de criar novos modelos e estratégias, vislumbrados com o uso crescente da internet como meio de consumo.

Sujeita à responsabilidade civil, administrativa e penal, a publicidade ilícita é uma prática veementemente proibida no Código de Defesa do Consumidor, por atentar contra direitos transindividuais diante da possibilidade de induzir o consumidor em erro e submetê-lo a risco. Observa-se, portanto, o condão do legislador de prevenir tais condutas, tanto na esfera civil quanto a penal, e o caráter pedagógico da pena ao contrapor-se com o punitivismo, frequentemente associado ao Direito Penal.

REFERÊNCIAS

ALVES, Fabrício Germano. Direito publicitário: *proteção do consumidor*. 1 ed. São Paulo: Thomson Reuters Brasil, 2020.

ARAÚJO, Mariana Pinhão Coelho. SOUZA, Luciano Anderson de (coord). Direito penal econômico: *leis penais especiais*. vol 1. São Paulo: Thomson Reuters, 2019.

BENJAMIN, Antônio Herman V. O direito do consumidor: *capítulo do direito penal econômico*. Disponível em: <http://www.amprs.org.br/arquivos/revista_artigo/arquivo_1285251475.pdf>. Acesso em: 20 jan 2021.

21. PUBLICIDADE ILÍCITA E CONSEQUÊNCIAS PENAIS

BOSCH, Marcia Helena. Crimes contra as relações de consumo: *uma teoria a partir da juris-prudência*. 2016, 155 fls. Tese (Doutorado em Direito das Relações Sociais) – Pontifícia Universidade Católica de São Paulo, São Paulo, 2016.

BRASIL. *Constituição da República Federativa do Brasil de 1988*. Disponível em: < http://www.planalto.gov.br/ccivil_03/constituicao/constituicao.htm>. Acesso em: 20 jan 2021

—. Decreto-lei nº 2.848, de 7 de dezembro de 1940. *Código Penal*. Disponível em: <http://www.planalto.gov.br/ccivil_03/decreto-lei/del2848compilado.htm>. Acesso em: 19 mar 2021

—. Lei nº 4.680, de 18 de junho de 1965. *Dispõe sobre o exercício da profissão de Publicitário e de Agenciador de Propaganda e dá outras providências*. Disponível em: <http://www.planalto.gov.br/ccivil_03/leis/l4680.htm>. Acesso em: 19 mar 2021

—. Lei nº 8.078, de 11 de setembro de 1990. *Dispõe sobre a proteção do consumidor e dá outras providências*. Disponível em: <http://www.planalto.gov.br/ccivil_03/leis/l8078 compilado.htm>. Acesso em: 15 jan 2021.

—. Lei nº 10.406, de 10 de janeiro de 2002. *Institui o Código Civil*. Disponível em: < http://www.planalto.gov.br/ccivil_03/leis/2002/L10406compilada.htm>. Acesso em: 18 jan 2021

CONAR. *Código Brasileiro de Autorregulamentação Publicitária Código e Anexos*. Disponível em: < http://www.conar.org.br/>. Acesso em: 15 jan 2021.

DIAS, Lucia Ancona Lopez de Magalhães. *Critérios para avaliação da ilicitude na publicidade*. 2010, 331 f. Tese (Doutorado em Direito Civil) – Universidade de São Paulo, São Paulo, 2010

MÉO, Letícia Caroline. *O greenwashing como problema do sistema jurídico brasileiro de defesa do consumidor*. 2017, 366 fls. Dissertação (Mestrado em Direito Civil) – Pontifícia Universidade Católica de São Paulo, São Paulo, 2017.

MIRAGEM, Bruno. *Curso de Direito do Consumidor*. 8ª ed. rev. atual. ampl. São Paulo: Thomson Reuters Brasil, 2020, p.342.

MONTEIRO, Phillipe Antônio Azevedo. KEMPFER, Marlene. *Intervenção estatal em face da publicidade ambiental "greenwashing"*. Disponível em: <http://www.publicadireito.com.br/artigos/?cod=6b04380b67c55d60>. Acesso em: 19 jan 2021.

PETTER, Olivia. *H&M accused of 'greenwashing' over plans to make clothes from sustainable fabric*. Disponível em: < https://www.independent.co.uk/life-style/fashion/hm-green washing-sustainable-circulose-venetia-falconer-manna-a9312566.html>. Acesso em: 18 jan 2021.

22.
PUBLICIDADE COMPARATIVA E SEUS CRITÉRIOS DE ADMISSIBILIDADE

David Fernando Rodrigues

Introdução

Não há dúvida de que a consolidação dos meios eletrônicos de comércio facilitou exponencialmente a circulação de bens e serviços no mercado consumidor. Se antes o público-alvo da maioria das empresas estava circunscrito a pouco mais que seus limites geográficos, atualmente, a depender da natureza e capacidade de investimento, este alcance pode ser mundial.

Mas nem tudo são flores neste cenário de expansão do alcance das atividades empresariais, pois esta democratização do acesso ao comércio virtual também possibilitou que o leque de concorrentes se ampliasse na mesma medida, fazendo com que os consumidores sejam disputados de forma ainda mais voraz.

Este contexto de concorrência ampliada exige do empresário não apenas um produto ou serviço competitivo, mas torna-se também imprescindível o desenvolvimento de estratégias voltadas ao acesso e convencimento do consumidor, tratando-se a publicidade da ferramenta apropriada para este fim.

São muitas as formas eficazes de se fazer publicidade. Dentre as principais certamente está presente a publicidade comparativa, por meio da qual o anunciante apresenta seus produtos ou serviços comparando-o(s) com aquele(s) oferecido(s) pelo(s) concorrente(s), seja direta ou indiretamente.

Muito embora esta seja uma fonte de frequentes disputas, tanto judiciais como extrajudiciais, o Conselho Nacional de Autorregulamentação Publicitária – CONAR – já abordou a publicidade comparativa, enquanto recentes

ATIVIDADE PUBLICITÁRIA NO BRASIL

decisões dos Tribunais Superiores autorizam tal prática, concluindo-se pela inexistência de controvérsias quanto à sua legalidade.

Não obstante a autorização para realização de campanhas que promovam este tipo de publicidade, para que estas não sejam consideradas ilegais, é necessário o respeito aos princípios da Constituição Federal, bem como a obediência às determinações do Código de Defesa do Consumidor – CDC (Lei nº. 8.078/90), a fim de que a publicidade não viole os direitos assegurados pela Lei da Propriedade Industrial – LPI (Lei nº. 9.279/96) e cumpra a uma série de critérios previstos no Código Brasileiro de Autorregulamentação Publicitária – CBAP.

No presente texto vamos expor as modalidades de publicidade comparativa, apresentando a legislação pertinente ao tema e seus requisitos autorizadores.

1. Publicidade

A publicidade é uma das principais e mais antigas ferramentas de marketing, tendo como finalidade precípua cativar o consumidor, convencendo-o a adquirir o produto/serviço anunciado em detrimento de outros presentes no mercado, além de promover instituições, conceitos ou ideias.

Dada sua importância para as empresas e capacidade de influenciar a sociedade, tal atividade está sujeita a uma ampla regulamentação, que visa equilibrar interesses de empresas e consumidores, buscando, assim, evitar que esta venha se tornar enganosa ou abusiva.

Seu impacto é indiscutível. No campo social, quando bem desenvolvida, a publicidade não só promove o produto, como educa, cria tendências, impulsiona estilos e gera padrões. Em outro aspecto, no campo econômico estimula relações comerciais e incentiva a concorrência, resultando em melhores produtos e preços mais competitivos, além de disseminar informação.

São muitas as estratégias de publicidade possíveis, a depender dos interesses do anunciante, praça de veiculação e grau de maturação do produto no mercado, cada uma delas com suas definições e particularidades. No presente estudo, conforme já anunciado, exploraremos especificamente o nicho da publicidade comparativa.

1.1 Publicidade comparativa

A publicidade comparativa consiste na técnica em que o anunciante coloca seu produto/serviço em comparação com o(s) produto/serviço(s) do(s) concorrente(s), visando assim evidenciar sua(s) vantagem(ns) em relação a(s) do(s) terceiro(s). Como se pode notar, o confronto é elemento essencial para esta modalidade de publicidade, podendo ser aplicado para apresentar semelhança(s), ou equivalência(s), entre os produtos/serviços anunciados, mas também para demonstração de superioridade de um certo produto/serviço em relação ao outro.

Independentemente da maneira como esta comparação for realizada, dada sua natureza publicitária, o propósito final da comparação sempre será o enaltecimento do produto/serviço anunciante em detrimento do produto confrontado, diminuindo, assim, o poder de atração do(s) concorrente(s) perante sua clientela.

Conclui-se, portanto, que, enquanto a publicidade convencional se limita ao enaltecimento das qualidades do produto/serviço anunciado, a publicidade comparativa vai além, apontando também a sua semelhança, ou superioridade, em relação ao produto/serviço concorrente.

São muitas as formas de se comparar produtos/serviços em um anúncio publicitário, conforme descrito a seguir.

1.2 Modalidades

Embora o Brasil não disponha de uma classificação objetiva referente às modalidades de publicidade comparativa, uma das formas de se distingui-la diz respeito à possibilidade, ou não, de identificação do oponente. Neste contexto, a comparação será tida como *explícita* ou *direta* nas situações em que a marca do produto/serviço comparado é abertamente mencionada, ou exibida de forma que possibilite sua incontestável identificação.

Uma segunda forma de apresentação da publicidade comparativa se dá nos anúncios em que a marca do concorrente não é objetivamente exibida, mas, em função das circunstâncias apresentadas, permite-se que o público-alvo do anúncio a identifique, de modo a possibilitar a individualização inequívoca do concorrente. São os casos de comparação *implícita* ou *indireta*. Tal situação também pode ser observada em mercados onde o número restrito de concorrentes leva à identificação óbvia, pelos consumidores, da identidade do produto comparado.

ATIVIDADE PUBLICITÁRIA NO BRASIL

Outra possibilidade de publicidade comparativa *implícita* ou *indireta* diz respeito aos anúncios em que o confronto proposto ocorre de maneira *genérica* ou *superlativa*. No caso da comparação *implícita genérica*, não é possível identificar individualmente os concorrentes apresentados, enquanto na *implícita superlativa* o que se proclama é a suposta superioridade do anunciante em relação aos demais concorrentes não identificados.

O presente trabalho estará restrito à análise dos critérios de admissibilidade da propaganda comparativa *explícita* ou *direta* e *implícita* ou *indireta*, sendo que neste último caso a análise se limitará aos casos em que é possível a identificação inequívoca do concorrente, não abarcando situações de comparação *genérica* ou *superlativa*.

2. Previsão legal

Embora a atividade publicitária esteja sujeita a uma série de regulamentações, o ordenamento jurídico brasileiro não prevê nenhuma restrição explícita à publicidade comparativa. Desta forma, para demonstração da sua legalidade e análise dos seus requisitos autorizadores, faz-se necessário recorrer à Constituição Federal, ao Código de Defesa do Consumidor – CDC (Lei nº. 8.078/90), à Lei da Propriedade Industrial – LPI (Lei nº. 9.279/96) e ao Código Brasileiro de Autorregulamentação Publicitária – CBAP.

2.1 Constituição federal

Conforme exposto brevemente acima, o ordenamento jurídico brasileiro não regulamenta expressamente a publicidade comparativa. Entretanto, partindo da análise das disposições constitucionais, pode-se concluir pela sua legalidade, conforme demonstrado a seguir:

O desenvolvimento da atividade publicitária no Brasil é assegurado pela garantia constitucional à livre iniciativa[1], sendo possível fundamentar a legalidade da prática da publicidade comparativa com base na premissa de que *"ninguém será obrigado a fazer ou deixar de fazer alguma coisa senão em virtude*

---

[1] C.F. – Art. 1º A República Federativa do Brasil, formada pela união indissolúvel dos Estados e Municípios e do Distrito Federal, constitui-se em Estado Democrático de Direito e tem como fundamentos: IV – os valores sociais do trabalho e da livre iniciativa

22. PUBLICIDADE COMPARATIVA E SEUS CRITÉRIOS DE ADMISSIBILIDADE

de lei"[2]. Ora, não havendo dispositivo legal que vede tal prática, conclui-se pela sua regularidade.

Outra garantia constitucional relacionada à prática da publicidade comparativa é a liberdade de expressão. A constituição assegura ser *"livre a expressão da atividade intelectual, artística, científica e de comunicação, independentemente de censura ou licença"*[3], assim como o direito de acesso à informação[4].

Por certo, a aplicação destas garantias autorizadoras precisa ser sopesada e a análise da legalidade deve ocorrer caso a caso, sempre considerando outros direitos fundamentais, como a defesa do consumidor[5] e a garantia concebida aos titulares de direitos de propriedade intelectual para proteção[6], fiscalização[7] e exploração dos seus bens imateriais[8].

Para além dos direitos fundamentais, outra previsão constitucional a ser constantemente ponderada refere-se ao potencial conflito entre as liberdades de mercado relativas à livre concorrência[9], defesa do consumidor[10] e a vedação às práticas desleais de concorrência[11].

[2] C.F. – Art. 5º Todos são iguais perante a lei, sem distinção de qualquer natureza, garantindo-se aos brasileiros e aos estrangeiros residentes no País a inviolabilidade do direito à vida, à liberdade, à igualdade, à segurança e à propriedade, nos termos seguintes: II – ninguém será obrigado a fazer ou deixar de fazer alguma coisa senão em virtude de lei;

[3] C.F. – Art. 5º: IX – é livre a expressão da atividade intelectual, artística, científica e de comunicação, independentemente de censura ou licença;

[4] C.F. – Art. 5º: XIV – é assegurado a todos o acesso à informação e resguardado o sigilo da fonte, quando necessário ao exercício profissional;

[5] C.F. – Art. 5º: XXXII – o Estado promoverá, na forma da lei, a defesa do consumidor;

[6] C.F. – Art. 5º: XXVII – aos autores pertence o direito exclusivo de utilização, publicação ou reprodução de suas obras, transmissível aos herdeiros pelo tempo que a lei fixar;

[7] C.F. – Art. 5º: XXVIII – são assegurados, nos termos da lei: b) o direito de fiscalização do aproveitamento econômico das obras que criarem ou de que participarem aos criadores, aos intérpretes e às respectivas representações sindicais e associativas;

[8] C.F. – Art. 5º: XXIX – a lei assegurará aos autores de inventos industriais privilégio temporário para sua utilização, bem como proteção às criações industriais, à propriedade das marcas, aos nomes de empresas e a outros signos distintivos, tendo em vista o interesse social e o desenvolvimento tecnológico e econômico do País;

[9] Art. 170. A ordem econômica, fundada na valorização do trabalho humano e na livre iniciativa, tem por fim assegurar a todos existência digna, conforme os ditames da justiça social, observados os seguintes princípios: IV – livre concorrência;

[10] Art. 170 – V – defesa do consumidor;

[11] Art. 173. Ressalvados os casos previstos nesta Constituição, a exploração direta de atividade econômica pelo Estado só será permitida quando necessária aos imperativos da segurança nacional ou a relevante interesse coletivo, conforme definidos em lei. § 4º A lei reprimirá o abuso do poder econômico que vise à dominação dos mercados, à eliminação da concorrência e ao aumento arbitrário dos lucros.

ATIVIDADE PUBLICITÁRIA NO BRASIL

Por fim, importante frisar que, muito embora a liberdade de comunicação seja garantida constitucionalmente[12], a carta magna também determina que competirá à lei federal, dentre outras questões relacionadas a programas e programação de rádio e televisão, o dever de estabelecer os meios legais que garantam à pessoa e à família a possibilidade de se defenderem *"da propaganda de produtos, práticas e serviços que possam ser nocivos à saúde e ao meio ambiente"[13]*.

Além das previsões constitucionais, também é digna de análise a legislação consumerista e referente à propriedade industrial, além do Código Brasileiro de Autorregulamentação Publicitária.

2.2 Código de Defesa do Consumidor

O Código de Defesa do Consumidor é firmado sob dois pilares principais de sustentação, quais sejam, (i) boa-fé objetiva e (ii) transparência, e assegura alguns direitos básicos do consumidor[14], como o direito de acesso a informações adequadas e claras sobre os diferentes produtos e serviços, com a correta especificação de quantidade, características, composição, qualidade, tributos incidentes e preço – sem deixar de mencionar os eventuais riscos que tais produtos e serviços podem apresentar[15], além de dispor sobre proteção contra a publicidade enganosa e abusiva[16], dedicando a este último uma seção exclusiva estrategicamente incluída no capítulo que versa sobre práticas comerciais.

Logo nos primeiros artigos do referido capítulo, restou estabelecido o princípio da vinculação publicitária, que obriga o anunciante a honrar os termos da publicidade veiculada, incluindo automaticamente o conteúdo de

---

[12] Art. 220. A manifestação do pensamento, a criação, a expressão e a informação, sob qualquer forma, processo ou veículo não sofrerão qualquer restrição, observado o disposto nesta Constituição.

[13] Art. 220, §3º, II,

[14] Art. 6º CDC – São direitos básicos do consumidor

[15] Art. 6º CDC: III – a informação adequada e clara sobre os diferentes produtos e serviços, com especificação correta de quantidade, características, composição, qualidade, tributos incidentes e preço, bem como sobre os riscos que apresentem;

[16] Art. 6º CDC: IV – a proteção contra a publicidade enganosa e abusiva, métodos comerciais coercitivos ou desleais, bem como contra práticas e cláusulas abusivas ou impostas no fornecimento de produtos e serviços;

22. PUBLICIDADE COMPARATIVA E SEUS CRITÉRIOS DE ADMISSIBILIDADE

tal publicidade nos termos do contrato que porventura venha ser celebrado[17]. Além disso, impõe-se ao fornecedor a obrigação (i) de honrar integralmente com os termos publicizados e (ii) garantir ao consumidor o direito de, alternativamente e à sua livre escolha[18], *"exigir o cumprimento forçado da obrigação, nos termos da oferta, apresentação ou publicidade"*, *"aceitar outro produto ou prestação de serviço equivalente"* ou *"rescindir o contrato, com direito à restituição de quantia eventualmente antecipada, monetariamente atualizada, e a perdas e danos"*.

Já na seção específica sobre o tema, o código estipula a obrigatoriedade de identificação da publicidade[19], evitando, assim, que o consumidor seja induzido a erro, confundindo a publicidade apresentada com conteúdo jornalístico isento e imparcial. Esta ressalva merece cuidado especial com relação à publicidade comparativa, que, não raramente, adota roupagem noticiaria ou aspecto laboratorial.

Outro importante encargo do anunciante diz respeito à proibição da publicidade enganosa ou abusiva[20]. Nos casos de publicidade comparativa, os cuidados a serem adotados são infinitamente maiores, pois incidem também sobre (a) informações relativas ao produto comparado, (b) condições de comparação, (c) resultados obtidos, e (d) forma de apresentação destes resultados, cumprindo ao anunciante o ônus de provar a veracidade das informações veiculadas[21].

Assim, para que seja considerada lícita, é imprescindível que a publicidade comparativa (i) esteja alinhada às disposições da legislação relativas aos direitos do consumidor e (ii) cumpra seu dever de munir o consumidor de informações verdadeiras que o auxiliem objetivamente no processo decisório, o que, consequentemente, estimulará e fortalecerá a concorrência sadia e a liberdade de escolha por parte do consumidor.

---

[17] Art. 30 CDC – Toda informação ou publicidade, suficientemente precisa, veiculada por qualquer forma ou meio de comunicação com relação a produtos e serviços oferecidos ou apresentados, obriga o fornecedor que a fizer veicular ou dela se utilizar e integra o contrato que vier a ser celebrado.

[18] Art. 35 CDC – I, II e III.

[19] Art. 36. A publicidade deve ser veiculada de tal forma que o consumidor, fácil e imediatamente, a identifique como tal.

[20] Art. 37 CDC – É proibida toda publicidade enganosa ou abusiva.

[21] Art. 38 CDC – O ônus da prova da veracidade e correção da informação ou comunicação publicitária cabe a quem as patrocina.

ATIVIDADE PUBLICITÁRIA NO BRASIL

2.3 Lei da Propriedade Industrial

A Lei nº. 9.279/96 – LPI – regula direitos e obrigações relativos à propriedade industrial e concorrência desleal no Brasil e é a principal fonte para fundamentação de posições contrárias à prática da publicidade comparativa, pois a análise estrita das suas disposições pode levar a interpretações absolutistas a respeito dos direitos nela asseverados.

Logo, em suas disposições preliminares, referida lei estabelece que as proteções nela conferidas devem levar em conta o interesse social relativo a estes direitos e o desenvolvimento tecnológico e econômico do país, por meio – dentre outras salvaguardas – da concessão de registros de marca e repressão à concorrência desleal[22].

A propriedade sobre a marca é adquirida com a expedição do registro pelo Instituto Nacional da Propriedade Industrial ("INPI"), que assegura ao seu titular o direito de uso exclusivo daquela expressão/sinal em todo território nacional[23]. Tal direito garante-lhe a possibilidade de cessão e licenciamento a terceiros, e, especialmente, importante para o presente estudo, jurisdição para zelar pela sua integridade material e reputação[24]. Também há previsão de que a proteção conferida abrange o uso da marca em papéis, impressos, propaganda e documentos relativos à atividade do titular[25].

Mais adiante, mencionada Lei elenca as práticas concorrenciais tidas como desleais e qualifica como crime, dentre outras, as condutas de: *i) publicar, por qualquer meio, falsa afirmação, em detrimento de concorrente, com o fim de obter vantagem; ii) prestar ou divulgar, acerca de concorrente, falsa informação, com o fim de obter vantagem; iii) empregar meio fraudulento, para desviar, em proveito próprio ou alheio, clientela de outrem; e iv) usar expressão ou sinal de propaganda alheios, ou os imita, de modo a criar confusão entre os produtos ou estabelecimentos*[26].

---

[22] Art. 2º A proteção dos direitos relativos à propriedade industrial, considerado o seu interesse social e o desenvolvimento tecnológico e econômico do País, efetua-se mediante: (...) III – concessão de registro de marca; (...) e V – repressão à concorrência desleal.

[23] Art. 129 LPI – A propriedade da marca adquire-se pelo registro validamente expedido, conforme as disposições desta Lei, sendo assegurado ao titular seu uso exclusivo em todo o território nacional, observado quanto às marcas coletivas e de certificação o disposto nos arts. 147 e 148.

[24] Art. 130 LPI – Ao titular da marca ou ao depositante é ainda assegurado o direito de: I – ceder seu registro ou pedido de registro; II – licenciar seu uso; III – zelar pela sua integridade material ou reputação.

[25] Art. 131 LPI – A proteção de que trata esta Lei abrange o uso da marca em papéis, impressos, propaganda e documentos relativos à atividade do titular.

[26] Art. 195, I, II, III e IV LPI.

22. PUBLICIDADE COMPARATIVA E SEUS CRITÉRIOS DE ADMISSIBILIDADE

Tais práticas podem ser enfrentadas tanto na esfera criminal[27] como na esfera cível[28], sendo consentido ao prejudicado, no caso, o titular da marca identificadora do produto comparado, o direito de haver perdas e danos pelos prejuízos decorrentes destas condutas[29].

Baseando-se apenas nestas premissas, plausível a conclusão no sentido de que qualquer menção à marca do concorrente em peça publicitária configuraria utilização indevida, e a própria comparação caracterizaria, invariavelmente, depreciação da imagem do produto/serviço do concorrente, haja vista a natureza e finalidade próprias deste uso, tornando tais práticas passíveis de repressão.

Entretanto, em que pese o artigo 132 da LPI não elencar a utilização da marca registrada de titularidade de terceiros em peça publicitária própria nas hipóteses de *fair use*[30], entende-se que as garantias supramencionadas devem ser interpretadas e aplicadas em conformidade com os preceitos constitucionais vigentes e demais legislações aplicáveis à espécie.

A finalidade da marca vai além da sua função econômica e extrapola o direito de exclusividade conferido ao seu titular. Tem, ademais, sua função social, e presta-se à proteção do consumidor, possibilita a diferenciação entre produtos/serviços da mesma natureza, identifica sua procedência, atribui características relativas a quem o produz ou presta, impactando, assim, o processo decisório.

---

[27] Art. 199 LPI – Nos crimes previstos neste Título somente se procede mediante queixa, salvo quanto ao crime do art. 191, em que a ação penal será pública.

[28] Art. 207 LPI – Independentemente da ação criminal, o prejudicado poderá intentar as ações cíveis que considerar cabíveis na forma do Código de Processo Civil.

[29] Art. 209 LPI – Fica ressalvado ao prejudicado o direito de haver perdas e danos em ressarcimento de prejuízos causados por atos de violação de direitos de propriedade industrial e atos de concorrência desleal não previstos nesta Lei, tendentes a prejudicar a reputação ou os negócios alheios, a criar confusão entre estabelecimentos comerciais, industriais ou prestadores de serviço, ou entre os produtos e serviços postos no comércio.

[30] Art. 132 LPI – O titular da marca não poderá: I – impedir que comerciantes ou distribuidores utilizem sinais distintivos que lhes são próprios, juntamente com a marca do produto, na sua promoção e comercialização; II – impedir que fabricantes de acessórios utilizem a marca para indicar a destinação do produto, desde que obedecidas as práticas leais de concorrência; III – impedir a livre circulação de produto colocado no mercado interno, por si ou por outrem com seu consentimento, ressalvado o disposto nos §§ 3º e 4º do art. 68; e IV – impedir a citação da marca em discurso, obra científica ou literária ou qualquer outra publicação, desde que sem conotação comercial e sem prejuízo para seu caráter distintivo.

ATIVIDADE PUBLICITÁRIA NO BRASIL

Neste sentido, a exclusividade de uso e exploração da marca conferidas pelo registro podem vir a ser mitigados, desde que a aplicação na publicidade comparativa se adeque às demais premissas legais e preencha os requisitos autorizadores, em especial aqueles estipulados no Código Brasileiro de Autorregulamentação Publicitária, apresentados a seguir.

2.4 Código Brasileiro de Autorregulamentação Publicitária

Conforme já explanado anteriormente, a legislação brasileira não aborda de forma explicita a questão da publicidade comparativa. Desta forma, para análise da sua legalidade, repise-se a necessidade de recorrer à Constituição Federal e aos dispositivos correlatos abordados nos capítulos anteriores.

Contudo, tendo em vista o disposto no artigo 4º, da Lei de Introdução às Normas do Direito Brasileiro[31] (Decreto-Lei n° 4.657/1942), em situações como o presente caso, é facultado ao Poder Judiciário recorrer a outras fontes para proferir suas decisões, e é com base nisso que muitos julgados se socorrem das disposições estabelecidas no Código Brasileiro de Autorregulamentação Publicitária ("CBAP"). Apesar de não possuir caráter legal, o CBAP tem sido importante fonte de direito subsidiário, refletindo os usos e costumes do mercado publicitário[32].

A respeito do tema, a seção 7 do CBAP autoriza a publicidade comparativa, desde que (i) respeitadas as normas pertinentes à propriedade industrial e (ii) atendidos os princípios e limites estabelecidos. Neste sentido, a publicidade comparativa deve transmitir informações relevantes e auxiliar o consumidor a tomar sua decisão de compra/contratação, sendo imprescindível que esta também cumpra com seu dever informativo, levando conhecimento ao consumidor em relação aos produtos/serviços em cotejo. Para tanto, primordial que haja clareza e objetividade na comparação trazida pela publicidade, e que as informações e resultados apresentados sejam

---

[31] Art. 4º LINDB – Quando a lei for omissa, o juiz decidirá o caso de acordo com a analogia, os costumes e os princípios gerais de direito.

[32] Art. 16 CBAP – Embora concebido essencialmente como instrumento de autodisciplina da atividade publicitária, este Código é também destinado ao uso das autoridades e Tribunais como documento de referência e fonte subsidiária no contexto da legislação da propaganda e de outras leis, decretos, portarias, normas ou instruções que direta ou indiretamente afetem ou sejam afetadas pelo anúncio.

390

22. PUBLICIDADE COMPARATIVA E SEUS CRITÉRIOS DE ADMISSIBILIDADE

passíveis de comprovação. Deve, ainda, aplicar-se a produtos equivalentes e da mesma categoria, e não provocar confusão entre os artigos confrontados, ou mesmo possibilitar a prática de concorrência desleal. Não deve, ainda, depreciar a imagem ou a marca identificadora do produto comparado e deve abster-se do uso injustificado da imagem corporativa ou prestígio de terceiros na apresentação da publicidade em questão[33].

Estes critérios têm servido de baliza às melhores práticas do mercado e para inúmeras decisões de Tribunais Superiores, sendo de suma importância a consideração de tais critérios na estipulação dos requisitos autorizadores desta prática publicitária.

3. Requisitos

A despeito da ausência de legislação específica sobre o tema, restou demonstrada a legalidade da publicidade comparativa sob o ponto de vista constitucional e demais dispositivos legais relacionados à matéria.

Entretanto, a avaliação quanto à regularidade desta ou daquela peça publicitária dependerá da análise do preenchimento de determinados requisitos, os quais se dividem em requisitos positivos e requisitos negativos.

---

[33] Art. 32 CBAP – Tendo em vista as modernas tendências mundiais – e atendidas as normas pertinentes do Código da Propriedade Industrial, a publicidade comparativa será aceita, contanto que respeite os seguintes princípios e limites:
a)seu objetivo maior seja o esclarecimento, se não mesmo a defesa do consumidor; b)tenha por princípio básico a objetividade na comparação, posto que dados subjetivos, de fundo psicológico ou emocional, não constituem uma base válida de comparação perante o Consumidor; c) a comparação alegada ou realizada seja passível de comprovação; d) em se tratando de bens de consumo a comparação seja feita com modelos fabricados no mesmo ano, sendo condenável o confronto entre produtos de épocas diferentes, a menos que se trate de referência para demonstrar evolução, o que, nesse caso, deve ser caracterizado; e) não se estabeleça confusão entre produtos e marcas concorrentes; f) não se caracterize concorrência desleal, depreciação à imagem do produto ou à marca de outra empresa; g) não se utilize injustificadamente a imagem corporativa ou o prestígio de terceiros; h) quando se fizer uma comparação entre produtos cujo preço não é de igual nível, tal circunstância deve ser claramente indicada pelo anúncio.

ATIVIDADE PUBLICITÁRIA NO BRASIL

3.1 Requisitos positivos

Os requisitos positivos referem-se ao objeto da publicidade comparativa e seus parâmetros de comparação, quais sejam:

a) Objetos de comparação

É indispensável que os produtos/serviços comparados se destinem a atender as mesmas necessidades, ou, ao menos, tenham a mesma finalidade, seja por estarem na mesma faixa qualitativa e econômica, por integrarem o mesmo gênero ou por pertencerem à mesma natureza, ainda que não compartilhem de identidade absoluta.

b) Parâmetros de comparação

É vital que os parâmetros de comparação estejam apoiados em dados objetivos e não apresentem ao consumidor conclusões abstratas, de modo que o resultado apresentado deve possibilitar uma valoração pragmática quanto ao resultado alcançado.

Neste passo, é essencial que haja clareza em relação aos parâmetros utilizados para comparação, sem perder de vista que tais parâmetros são subjetivos e devem ser analisados de acordo com a situação concreta.

A título de exemplo, o critério de "melhor odor" pode soar um tanto quanto vago e irrelevante quando aplicado para um veículo, enquanto que "maior conforto" aparenta possuir muito mais relação e ser bastante decisivo no processo de escolha de tal produto. Da mesma forma, a referência "melhor odor" passa a fazer todo sentido quando relacionada a um cosmético ou item de perfumaria, situação em que "maior conforto" deixaria de ter sentido.

Ademais, o anunciante deve ter condições de comprovar a qualquer tempo, utilizando os meios adequados, a lisura e veracidade das conclusões apresentadas, sendo que a apresentação de eventuais predileções de consumidores precisa ser demonstrada por pesquisas de mercado elaboradas com base em critérios objetivos.

c) Relevância do item comparado

A comparação realizada deve incidir sobre elementos essenciais dos produtos/serviços, capazes de influenciar o consumidor na sua escolha, não podendo o confronto promovido se ater a vis particularidades que não tenham o condão de impactar nesta escolha.

3.2 Requisitos negativos

Enquanto os requisitos positivos de licitude da publicidade comparativa levam em conta o objeto da comparação, os negativos se referem aos limites aplicáveis à peça publicitária.

a) Comparação de caráter enganoso
Na publicidade comparativa, é vedada a divulgação de dados falsos, ambíguos e/ou que criem falsas expectativas em relação aos produtos/serviços confrontados, dado que tais comportamentos induzem o consumidor a erro com relação às vantagens proporcionadas, sendo, portanto, dever do anunciante a comprovação da veracidade quanto às informações veiculadas.

b) Comparação de caráter depreciativo
O efeito depreciativo é consequência lógica para o produto/serviço comparado e resultado característico das confrontações publicitárias. Entretanto, proíbe-se a depreciação desnecessária, gratuita ou desleal do concorrente, caracterizada pela violação da sua reputação ou integridade material.

Tais violações ocorrem quando, por exemplo, no plano da comparação, o anunciante faz comentários que vão além da apresentação dos resultados objetivos do confronto promovido, inserindo referências pejorativas relativas a circunstâncias pessoais do concorrente e que não guardam relação com os produtos/serviços comparados.

Outras situações de depreciação não moderada, e, portanto, proibida, dizem respeito à utilização de expressões ofensivas ou agressivas dirigidas ao concorrente e/ou quando o confronto descumprir quaisquer dos critérios objetivos apresentados anteriormente. Tais condutas frequentemente resultam em violação do direito marcário do titular da marca do produto comparado, haja vista o ataque inijustificado da sua reputação comercial, bem como em violação aos direitos do consumidor, que se vê privado do acesso a informações legítimas e precisas sobre os produtos comparados.

Por fim, extrapolará o caráter depreciativo da publicidade comparativa lícita o anunciante que se valer desta prática para, ao invés de apresentar dados objetivos referentes aos resultados do confronto promovido, dedicar-se mais a exprimir críticas contra o produto/serviço comparado do que exaltar os resultados positivos eventualmente obtidos pelo seu próprio produto/serviço.

ATIVIDADE PUBLICITÁRIA NO BRASIL

c) Exploração indevida da reputação da marca alheia

Conforme explanado anteriormente no capítulo referente à Lei da Propriedade Industrial, uma interpretação absolutista das garantias conferidas aos titulares de registros marcários poderia levar a conclusão de que qualquer utilização desautorizada da marca de terceiro em campanhas publicitárias configuraria crime contra registro de marca e de concorrência desleal.

Contudo, posicionamentos mais recentes dos Tribunais têm manifestado entendimento no sentido de que, cumpridos os requisitos de licitude para realização da publicidade comparativa, a mera referência à marca do concorrente não configura violação aos direitos do seu titular nem ato de concorrência desleal, haja vista que nestes casos não restaria configurado o uso "indevido" da marca.

Isso porque, cumpridos todos os requisitos de legalidade, resta claro que a intenção principal do anunciante na publicidade comparativa é distanciar-se do oponente, demonstrando a pretensa superioridade dos seus produtos/ serviços em relação aos deste último.

Contudo, existem circunstâncias em que a menção à marca alheia na publicidade comparativa não se dá com o intuito de promover o confronto construtivo entre os produtos/serviços, mas sim objetivando demonstrar a existência de equivalência entre eles, por meio da referência direta à marca do concorrente, normalmente já consolidada no mercado, com o fim de promover o produto/serviço do anunciante, em geral ocupante de posição desprivilegiada em relação ao primeiro.

Esta tentativa de equiparação do produto menos conhecido com aquele já consolidado no mercado configura exploração injustificada da reputação da marca alheia, prática esta que deve ser rechaçada por configurar utilização indevida de marca e concorrência desleal.

d) Atos de confusão quanto à origem e qualidade dos produtos ou serviços

Um dos pressupostos autorizadores da publicidade comparativa diz respeito à ausência de possibilidade de confusão entre os produtos/serviços confrontados, o que pode soar até mesmo desnecessário, uma vez que, ao promover a comparação do seu produto com o do concorrente, levando à depreciação lícita deste, soa óbvio que o anunciante não gostaria de ser confundido com o tal, sob pena de assumir para si as características negativas imputadas ao outro.

22. PUBLICIDADE COMPARATIVA E SEUS CRITÉRIOS DE ADMISSIBILIDADE

Entretanto, violações ao presente requisito decorrem, em sua maioria, de atos de má-fé do anunciante, que, no mais das vezes, traveste seus produtos/serviços com aparência semelhante ao do concorrente justamente no intuito de promover esta confusão, sendo tal situação regularmente identificada nos casos de violação de *trade-dress*, que resultam em indiscutível ato de concorrência desleal, tanto por conta do emprego de meio fraudulento, para desviar, em proveito próprio ou alheio, a clientela de alguém, como pela utilização de imitação de sinal de propaganda alheios, de modo a criar confusão entre os produtos ou estabelecimentos.

Conclusões

Da análise da Legislação Nacional, do posicionamento do Conselho Nacional de Autorregulamentação Publicitária – CONAR e das decisões proferidas pelo Poder Judiciário, constata-se ser plenamente possível a realização de peças de publicidade que promovam a comparação entre produtos/serviços concorrentes, desde que respeitados alguns preceitos legais, o que exige um estudo horizontal das leis vigentes, abrangendo a Constituição Federal, o Código de Defesa do Consumidor, a Lei da Propriedade Industrial e o Código de Autorregulamentação Publicitária.

REFERÊNCIAS

DIAS, Lucia Ancona Lopez de Magalhães. *Publicidade e direito*. 3 ed. – São Paulo: Saraiva Educação, 2018.

ABRAÃO, Eliane Yachoub (organizadora); GIMENEZ, Priscila Romero. Propriedade imaterial: direitos autorais, propriedade industrial e bens da personalidade – São Paulo: Editora Senac São Paulo, 2006.

PEREIRA, Marco Antonio Marcondes et al. Publicidade comparativa. 2009.

COELHO, Fábio Ulhoa, ALMEIDA, Marcus Elidius Michelli (organizadores); MAZZONETTO, Nathalia. Enciclopédia Jurídica da PUCSP, tomo IV, Direito Comercial (recurso eletrônico) : São Paulo: Pontifícia Universidade Católica de São Paulo, 2018

FREIRE, Joana Miguel Alves Pinto de Abreu. Constrangimentos jurídicos ao marketing: a publicidade comparativa. 2014. Tese de Doutorado.

LISBOA, Letícia Lobato Anicet; DA SILVA SANT'ANNA, Leonardo. A Publicidade Comparativa sob Aspectos da Autorregulamentação Publicitária e Consumeristas. Revista Brasileira de Direito Civil em Perspectiva, v. 2, n. 2, p. 74-89, 2016.

23.
PUFFING: UMA FERRAMENTA PUBLICITÁRIA LÍCITA?

Talita N. Sabatini Garcia
Luiz Cassio dos Santos Werneck Netto

Introdução

O apelo publicitário é uma realidade contemporânea na sociedade de consumo e apesar das inovações, bem como das ideias surpreendentes apresentadas ao mercado por publicitários ao redor no mundo, no que toca o aspecto legal, ao menos para os fins de *puffing*, em pleno século XXI, pouco se cria e muito se copia.

Desde 1983 o emprego de hipérboles publicitárias, popularmente conhecidas como *puffing* ou *puffery*, vem sendo uma discussão jurídica bastante polêmica e interessante que, ao tudo indica, está longe de ser pacificada.

Por conta do apelo desse controverso recurso, diversos empresários vêm se valendo de *claims* provocativos, como:

"O melhor bolo de chocolate do mundo[1]".
"O melhor plano de saúde é viver, o segundo melhor é Unimed[2]".
"Sabão em pó Minuano: Rende tanto que parece mágica[3]".

---

[1] O Melhor Bolo de Chocolate do Mundo – The Best Chocolate Cake in the World – claim utilizado pela marca MBCM de Portugal.

[2] A empresa de planos de saúde Unimed adotou em 2012 o claim "O melhor plano de saúde é viver. O segundo melhor é Unimed."

[3] Em 2014, a Minuano adotou o claim publicitário "Sabão em pó Minuano: Rende tanto que parece mágica", a qual não foi objeto de Representação perante o CONAR.

ATIVIDADE PUBLICITÁRIA NO BRASIL

Cativante, inteligente e virais. Esses tipos de campanhas de um lado instigam os consumidores e, de outro, causam indignação aos concorrentes e, em alguns casos, até mesmo questionamentos pelos mais diferentes órgãos de defesa do consumidor.

Aqueles que se sentem de alguma forma prejudicados questionam o *claim*, em sua grande maioria, sob o argumento de que o uso dessa ferramenta constitui publicidade abusiva, fraudulenta e/ou enganosa.

A utilização de expressões exageradas como "melhor", "mais", "primeiro", "somente", "único", dentre outras adjetivações superlativas e até mesmo lúdicas, via de regra, tem cunho comparativo e, até mesmo, concorrencial, podendo promover uma sensação de superioridade a um determinado produto ou serviço.

Aqueles que criam e se valem dessa ferramenta defendem que a sua finalidade seria obter a atenção dos consumidores por meio de excessos publicitários que, ao menos da concepção da campanha, seriam incapazes de levar ao engano mesmo ao consumidor mais desavisado. De outro lado, aqueles que questionam esse tipo de publicidade defendem que ela é abusiva, trazendo uma sensação de superioridade que não seria verdadeira e, portanto, poderia desviar indevidamente sua clientela.

Apesar de a discussão filosófica desse mecanismo ser aparentemente de fácil digestão, a prática demonstra que o tema é bastante complexo.

A linha que divide o que é *puffing* do que é publicidade abusiva ou enganosa é bastante tênue e de difícil interpretação. Afinal de contas, qual seria o limite entre o *puffing*, o princípio da veracidade e a publicidade enganosa?

O presente capítulo tem por objetivo discorrer sobre esse assunto polêmico de forma descomplicada, abordando como surgiu o *puffing*, a legislação e regulamentação nacional aplicável e precedentes nacionais e internacionais.

1. Conceito

Para entender o conceito da expressão *puffing* (ou *puffery*, em inglês), é importante inicialmente compreender sua origem, sobretudo o progressivo aumento dos investimentos empresariais nas atividades de publicidade.

Um dos primeiros casos em que surgiu a técnica do *puffing* foi discutido na Inglaterra no caso *Carlill* versus *Carbolic Smoke Ball Company*[4], 1 QB 256 na

---

[4] JACKSON. Nicola. Carlill v Carbolic Smoke Ball Co [1893] 1 QB 256. In: NICOLA, Jackson. Essential Cases: Contract Law. 2. ed. Oxford: Oxford University Press, 2019. Disponível

Corte de Apelação, julgado no ano de 1983. A empresa ré – *Carbolic Smoke Ball Company* – divulgou um anúncio em diversos jornais locais alegando que seria paga a recompensa de £100 (cem libras esterlinas Britânica) a qualquer pessoa que utilizasse o medicamento denominado *carbonic smoke ball* (bola de fumaça carbônica), três vezes ao dia durante duas semanas, de acordo com as instruções impressas fornecidas, inclusive que impediria a contração de resfriados e a gripe Influenza. Na tentativa de demonstrar a veracidade das alegações, a empresa ré também depositou no Banco Alliance £1000 (mil libras esterlinas Britânica).

Figura 1 – *Newspaper Ad for the Carbolic Smoke Ball Company.*

Fonte[5]: Advertisement in The Illustrated London News, 1893.

em: https://www.oxfordlawtrove.com/view/10.1093/he/9780191897672.001.0001/he-9780191897672-chapter-7.

[5] WIKIPEDIA. Disponível em:
https://en.wikipedia.org/wiki/Carlill_v_Carbolic_Smoke_Ball_Co#/media/File:Carbolic_smoke_ball_co.jpg.

ATIVIDADE PUBLICITÁRIA NO BRASIL

A Sra. Lili Carlill utilizou o medicamento por diversas semanas e mesmo após o uso devido acabou contraindo a gripe, momento em que reivindicou a recompensa declarada pela Carbolic Smoke Ball Company.

Quando a empresa anunciante se recursou a pagar a consumidora ingressou com uma ação judicial e a empresa ré, em suma, alegou em sua defesa cinco pontos: (i) o anúncio era uma propaganda de vendas e não tinha a intenção de ser uma oferta; (ii) não é possível fazer uma oferta ao mundo, por ser um exagero (*mere puff*); (iii) não houve notificação de aceitação; (iv) o texto do anúncio era muito vago para constituir uma oferta, uma vez que não havia limite de tempo para pegar a gripe; e, (v) não foi fornecido qualquer contraprestação, uma vez que o anúncio não especificava que o utilizador das bolas deva tê-las comprado.

Em síntese, a Corte de Apelação Inglesa considerou que a autora tinha direito à recompensa prometida uma vez que o anúncio constituía uma oferta de um contrato unilateral, inclusive que ela tinha cumprido as condições estabelecidas na oferta. Da mesma forma, a Corte pautou seu acórdão pelas seguintes razões: (i) a declaração referente ao depósito de £1000 (mil libras esterlinas Britânica) demonstrou intenção e, portanto, não foi um exagero (*mere puff*) de venda; (ii) é perfeitamente possível fazer uma oferta global; (iii) nos contratos unilaterais não há exigência de que o destinatário comunique intenção de aceitação, uma vez que a aceitação se dá pela plena execução; (iv) embora possa haver alguma ambiguidade no anúncio, isso foi capaz de ser resolvido aplicando-se um limite de tempo razoável ou limitando-o apenas àqueles que contraíram gripe enquanto ainda usavam o medicamento; e, por fim, (v) a ré teria que pagar o valor para as pessoas que usassem as bolas de medicamento, mesmo que não tivessem sido comprada por ela diretamente.

Do teor da decisão do caso em tela, surgiu uma das primeiras, se não a primeira, definição de *puffing* na história. Por mais que a decisão não tenha sido favorável, foi na defesa da empresa ré que a tese do exagero publicitário foi apresentada de forma mais contundente.

Desde então diversos são os conceitos *puffing* desenvolvidos por juristas e em precedentes judiciais. Nos Estados Unidos, onde a prática é mais recorrente, os tribunais das diferentes regiões têm definições distintas para o tema que, no fim da linha, levam há uma interpretação bastante semelhante. Seguem alguns exemplos:

400

Marketing que não é enganoso, pois ninguém confiaria em suas reivindicações exageradas[6].

Publicidade exagerada, fanfarrona e ostentativa que nenhum comprador razoável confiaria[7].

Uma alegação geral de superioridade sobre produtos comparáveis que é tão vaga que pode ser entendida como nada mais do que uma mera expressão de opinião[8].

O Federal Trade Comission (FTC) dos Estados Unidos definiu *puffing* como "um *claim* que qualquer consumidor ordinário não leve a sério[9]".

Examinando os casos práticos sobre a temática, nos parece que o entendimento geral seria no sentido de que o *puffing* se configuraria por meio da aplicação de *claims* que têm como pano de fundo o gosto ou percepção individual de cada indivíduo; um *claim* que não pode ser comprovado ou mensurado por qualquer mecanismo científico.

Qual seria o bolo mais gostoso do mundo?

E, o melhor hambúrguer do mundo?

É de conhecimento comum que quando se trata de comida, o que é mais gostoso ou melhor para uma pessoa não necessariamente é para a outra. Isso porque, o gosto dos alimentos está diretamente ligado ao paladar, cultura, experiências e hábitos alimentares de cada pessoa, sendo impossível afirmar cientificamente qual seria o bolo mais gostoso do mundo ou o melhor hambúrguer do mundo.

Um bom exemplo da impossibilidade de comprovação de o que seria o mais gostoso reside em nossa própria casa, onde somos submetidos às mesmas tradições e rotinas alimentares.

---

[6] ESTADOS UNIDOS DA AMÉRICA. U.S. Healthcare v. Blue Cross of Gr. Phil. 898 F.2d 914 (3d Cir. 1990). Data do Julgamento: 09/03/1990.

[7] ESTADOS UNIDOS DA AMÉRICA. Southland Sod Farms v. Stover Seed Co. 108 F.3d 1134 (9th Cir. 1997). Data do Julgamento: 11/03/1997.

[8] ESTADOS UNIDOS DA AMÉRICA. Pizza Hut, Inc. v. Papa John's International, Inc. 227 F.3d 489 (5th Cir. 2000). Data de Julgamento: 19/09/2000.

[9] FEDERAL TRADE COMMISION. FTC Fact Sheet: It Looks Good...But is it True?. Disponível em: https://www.consumer.ftc.gov/sites/default/files/games/off-site/youarehere/pages/pdf/FTC-Ad-Marketing_Looks-Good.pdf.

Quem nunca divergiu para definir a pizza do domingo? Qual pizza será pedida, de que pizzaria, massa grossa ou massa fina ou integral, com ou sem cebola, qual o sabor?

Essa é uma tradicional rixa de torcida de um campeonato que não tem vencedor. Não há ciência que possa definir qual seria a melhor pizza da rua, do bairro, do país e, muito menos, do mundo, pois no final das contas a melhor pizza é aquela que agrada o seu paladar!

O mesmo racional não se aplica para *claims* mensuráveis, como por exemplo no caso do esporte. Apesar de cada indivíduo entender que o seu respectivo time de futebol é o melhor do mundo, a verdade é que não importa a qualidade dos jogadores, quantos gols o time fez no campeonato ou o tamanho da sua torcida. Na prática, o melhor time é o que ganha o campeonato mundial e quanto a isso não há discussão.

Ainda, tal entendimento também se aplicaria para avaliar o *claim* de produto alimentar atrelado aos valores nutricionais, tamanho ou composição do alimento. Como esses quesitos são comprováveis por pesquisas ou critérios científicos, ao se alegar que a marca teria "o melhor bolo da cidade sem conservantes", o bolo não poderá ter qualquer espécie de conservante em quaisquer dos seus ingredientes, e isso deve ser comprovado se e quando questionado.

Se o bolo realmente não tiver conservantes, o mecanismo de *puffing* pode ser explorado. Do contrário, a publicidade é enganosa e deve ser sustada de imediato.

Na mesma linha segue o *claim* "o hambúrguer mais vendido do mundo". Apesar de difícil comprovação, com os investimentos e recursos necessários, esse *claim* pode ser comprovado ou refutado por concorrentes.

A doutrina nacional acompanha o racional defendido pelas cortes americanas, em especial sobre a aplicação do *puffing* apenas para casos de exagero publicitário:

> Tais mensagens, qualificadas como exageros publicitários ou hipérboles publicitárias inócuas – também denominadas de *puffing* –, não estão submetidas ao princípio da veracidade, pois não possuem aptidão para induzir os consumidores a erro[10].

---

[10] DIAS. Lucia Ancona Lopez de Magalhães. Publicidade e Direito. 3. ed. São Paulo.

23. *PUFFING*: UMA FERRAMENTA PUBLICITÁRIA LÍCITA?

Do exposto, analisando-se os precedentes e os argumentos explorado pelos litigantes em geral, para estes autores seria adequado tipificar como *puffing* um mecanismo publicitário exagerado que, mesmo de caráter comparativo, seria incapaz de ser comprovado ou mensurado.

2. Legislação e regulamentação aplicáveis

A legislação sobre o tema no Brasil é omissa, sendo poucos os casos apresentados ao Judiciário ou ao CONAR avaliados com base na interpretação de legislação e regulamentação esparsas.

Dentre outras disposições, o Código de Defesa do Consumidor (CDC) endossa o princípio da veracidade da publicidade[11], o qual tem por finalidade combater a promoção de publicidade enganosa e abusiva (artigo 37, parágrafo 1º, do CDC).

Ao nosso ver, para os fins da publicidade brasileira esse é um dos princípios mais relevantes a ser observado pelos anunciantes.

Além do CDC, o Código Brasileiro de Autorregulamentação Publicitária (CBAP) dispõe no seu artigo inicial que "[...] todo anúncio deve ser respeitador e conformar-se às leis do país; deve, ainda, ser honesto e verdadeiro" (artigo 1º do CBAP).

Tal diploma, como o CDC, estabelece que as alegações e comparações devem ser possuir substância, cabendo ao anunciante sempre fornecer as comprovações quando solicitado.

Partindo de tais premissas, é possível sustentar que a mensagem e o conteúdo de uma publicidade devem estar pautados em dados e alegações verdadeiros que sejam passíveis de comprovação, não podendo seu conteúdo induzir o consumidor a erro quanto ao desempenho ou resultado oferecido pelo produto ou serviço ofertado.

É evidente, portanto, que o mecanismo do *puffing* acaba por ser uma exceção a tais regras, em especial se o seu conteúdo tiver conotação comparativa de qualquer conotação.

---

[11] Art. 37, CDC: "É proibida toda publicidade enganosa ou abusiva. § 1° É enganosa qualquer modalidade de informação ou comunicação de caráter publicitário, inteira ou parcialmente falsa, ou, por qualquer outro modo, mesmo por omissão, capaz de induzir em erro o consumidor a respeito da natureza, características, qualidade, quantidade, propriedades, origem, preço e quaisquer outros dados sobre produtos e serviços. [...]"

ATIVIDADE PUBLICITÁRIA NO BRASIL

3. Precedentes relevantes

Embora pouco frequentes, as discussões sobre *puffing* são bastante interessantes em razão das particularidades do tema.

No Brasil a jurisprudência já ratificou o posicionamento aqui defendido:

> PROCESSUAL CIVIL E CONSUMIDOR. NULIDADE DE MULTA. AUSÊNCIA DE PREÇO EM PANFLETOS PUBLICITÁRIOS. PROPAGANDA ENGANOSA POR OMISSÃO. NÃO OCORRÊNCIA. PUFFING SEM PRECISÃO SUFICIENTE, INCAPAZ DE INDUZIR O CONSUMIDOR EM ERRO. POSSIBILIDADE DE IN CASU OCORRER A APRESENTAÇÃO DE PREÇOS OPORTUNO TEMPORE. 1. A análise de existência da publicidade enganosa é casuística, dependendo do produto ou do serviço. O fato de inexistir especificação de preço em anúncio publicitário não implica reconhecimento da enganosidade por omissão. Importa verificar se no anúncio foram omitidas informações essenciais, induzindo o consumidor a adquirir produto ou serviço sem saber de suas características fundamentais. 2. O anúncio publicitário "uma super oferta por um dia" não configura publicidade enganosa por omissão. In casu, o preço deverá ser apresentado opportuno tempore, tomando-se por base pesquisa de mercado efetuada no dia anterior, ou no mesmo dia, antes da abertura do estabelecimento comercial. 3. **Na hipótese dos autos, o multicitado anúncio apresenta a modalidade de publicidade conhecida como puffing, notando-se o exagero pelo emprego da palavra super, que não segue, contudo, precisão suficiente para induzir o consumidor a erro**[12]. (grifo nosso).

> CONCORRÊNCIA DESLEAL. **Publicidade comparativa. Não caracterização. Apelante Heinz que se limitou a utilizar o recurso denominado puffing, exagero publicitário aceito no ordenamento jurídico atual. Frases como "melhor em tudo o que faz" e "o ketchup mais consumido no mundo", que não acarretam demérito das marcas concorrentes. Impossibilidade de que estes claims, por outro lado, venham a influenciar no senso crítico dos consumidores, razão pela qual não há que se falar em captação indevida de clientela.** Apelada

---

[12] BRASIL. Superior Tribunal de Justiça (2. Turma). Recurso Especial nº 1.370.708 – RN 2013/0007945-3.

23. *PUFFING*: UMA FERRAMENTA PUBLICITÁRIA LÍCITA?

Unilever que, titular da marca Hellmann's, igualmente se utiliza do recurso questionado nos autos, na promoção dos seus produtos. Ato ilícito imputado à Heinz, portanto, que não se constata, o que torna desnecessário, por questão de coerência, inserir fonte de pesquisa atestando possuir ela o ketchup mais vendido do mundo. Multa diária indevida. Sentença reformada apenas para julgar improcedente a reconvenção, mantida a parcial procedência da ação principal. Recurso da Heinz provido, desprovido o da Unilever[13]. (grifo nosso).

PUBLICIDADE COMPARATIVA. Fabricantes de um mesmo produto que se utilizam de expressões voltadas a realçar o seu em campanha publicitária. Expressões aceitáveis pela falta de enganosidade, abusividade e ofensa ao concorrente. **Prática salutar e própria nessa disputa de mercado, com criatividade. Hipótese de puffing, o que é permitido.** Considerações e jurisprudência a respeito. Indeferimento de antecipação de tutela voltada à suspensão da publicidade, acertado. Recurso contra essa decisão, não provido, prejudicados os embargos de declaração[14]. (grifo nosso).

Um caso bastante interessante foi o de uma empresa de investimento, que por meio da campanha intitulada "Oi, meu nome é Betina", prometia aos consumidores alta rentabilidade em aplicações financeiras.

Motivado por reclamação de aproximadamente 40 consumidores, o CONAR abriu representação para avaliar os seguintes *claims*: "Oi. Meu nome é Bettina. Tenho 22 anos e 1.042.000 reais de patrimônio acumulado"; "Dobre seu salário em tempo recorde"; "+251 todos os dias na sua conta"; "Receba todo mês R$1.823,53 de aluguel"; "Milionário com ações" e "O dobro ou nada".

Ao receber o processo a D. Relatora de pronto deferiu medida liminar para o fim de sustar a veiculação da campanha até seu julgamento.

De acordo com a ementa do caso, em sua defesa a empresa ré teria alegado ser uma editora e não uma instituição financeira. Consta, também, que a empresa teria deixado de veicular diversos dos *claims* questionados, deixando,

---

[13] SÃO PAULO. Tribunal de Justiça do Estado de São Paulo (1. Câmara Reservada de Direito Empresarial). Apelação Cível 1004301-65.2013.8.26.0309.

[14] SÃO PAULO. Tribunal de Justiça do Estado de São Paulo (1. Câmara Reservada de Direito Empresarial). Embargos de Declaração Cível 0172476-93.2013.8.26.0000

ATIVIDADE PUBLICITÁRIA NO BRASIL

no entanto, de apesentar provas ou argumentos que justificassem os *claims* veiculados.

A relatora da representação não aceitou as explicações da defesa e propôs a sustação agravada por advertência à ré, notando a falta de qualquer comprovação das ofertas apregoadas e a desinformação e confusão capazes de provocar junto aos consumidores[15].

Mas o caso não parou por aí. O Programa de Proteção e Defesa do Consumidor (PROCON) também aplicou penalidade à empresa por entender que a campanha realizada pela anunciante seria enganosa.

Os impactos decorrentes do "exagero" promovido na sociedade foi tamanho que a CVM (Comissão de Valores imobiliários) também entrou na briga. O processo administrativo instaurado pela CVM deu ensejo ao pagamento de uma substancial penalidade, além da regulamentação da atividade da empresa[16].

Figura 2 – Matéria exame.

Adeus, Bettina: Empiricus paga R$ 4,25 milhões e aceita ser regulada

Fonte: [16]

Na contramão do caso supra, uma história de sucesso foi a campanha desenvolvida pela GVT para promover seus produtos e serviços. A empresa criou o *claim* "A escolha feliz", o qual foi desafiado pela Oi perante o CONAR[17].

---

[15] CONSELHO NACIONAL DE AUTORREGULAMENTAÇÃO PUBLICITÁRIA (CONAR). *Representação 063/19*. Relatora: Conselheira Vanessa Vilar. Julgado em: 05/2019. Disponível em: http://www.conar.org.br/processos/detcaso.php?id=521. Link de acesso da campanha publicitária: https://www.youtube.com/watch?v=guM8PhzVpF8.

[16] GODOY, Denyse. Adeus, Bettina: Empiricus paga R$ 4,25 milhões e aceita ser regulada. Exame, 11 fev. 2020. Disponível em: https://exame.com/negocios/adeus-bettina-empiricus-paga-r-425-milhoes-e-aceita-ser-regulada/.

[17] CONSELHO NACIONAL DE AUTORREGULAMENTAÇÃO PUBLICITÁRIA (CONAR). Representação 421/08. Relatora: Conselheira Renata Garrido. Julgado em: 02/2009. Dados extraídos do site: http://www.conar.org.br/processos/detcaso.php?id=735.

Figura 3 – Matéria Propmark.

Fonte: https://propmark.com.br/anunciantes/gvt-apresenta-power/.

Em sua representação a Oi solicitou que a GVT apresentasse a substância que daria suporte ao seu *claim*, sustentando que de acordo com as informações constantes do *site* da ANATEL a GVT teria o maior índice de reclamação dos consumidores, o que demonstraria, na verdade, um sentimento de infelicidade.

Na defesa a GVT argumentou que a expressão usada nas mensagens publicitárias em questão não estaria relacionada com a satisfação aferível, mas com um desejo de ordem emocional e subjetiva que não seria mensurável.

O relator da representação concordou com o argumento de que o *claim* "A escolha feliz" não requer comprovação técnica ou científica, diferentemente dos casos em que há o uso de afirmações quantitativas ou qualitativas capazes de induzir o consumidor a erro e/ou gerar situação de concorrência desleal. A representação foi arquivada por unanimidade.

Um caso interessante ocorrido nos Estados Unidos foi o da rede de pizzaria americana Papa John's [8]. Comparada com a Pizza Hut, tinha uma rede bastante tímida. Assim, para enfrentar o poder econômico de seu concorrente e ganhar mercado, a rede optou por direcionar sua comunicação à qualidade dos seus produtos.

Surgiu então o *slogan* "Better ingredients, Beet Pizza" (em português, "Melhores ingredientes, Melhor a pizza").

Figura 4 – Brandchannel.

Fonte: https://www.brandchannel.com/2015/08/18/5-questions-papa-johns-pizza-081815/.

ATIVIDADE PUBLICITÁRIA NO BRASIL

Em razão do sucesso da sua estratégia a Papa John's aplicou à sua campanha mais duas estratégias de comunicação, quais sejam: "Papa John's 'won big time' in taste tests over pizza Hut" (Papa John's "ganhou de lavada" no quesito sabor em testes contra a Pizza Hut) e que o molho da Papa John's seria melhor por usar tomates frescos e água filtrada.

Incomodada com a publicidade do concorrente, imediatamente a Pizza Hut ajuizou demanda imputando a tal campanha a condição de publicidade enganosa. Dentre seus argumentos, a Pizza Hut defendeu que possuía evidências cientificas que comprovariam que os ingredientes utilizados pela Papa John's não afetariam o sabor da pizza. Que não haveria substância no *claim* e que os consumidores sucumbiriam ao *claim* "melhores ingredientes, melhor a pizza" na hora de decidir qual pizza comprar.

Em julgamento de primeira instância foi proferida decisão concordando com os argumentos apresentados pela Pizza Hut, declarando que a publicidade seria enganosa. Tal decisão determinou a sustação do *claim* e o pagamento de indenização milionária à Pizza Hut.

Dentre as razões de convencimento de tal Tribunal, foi considerado o fato de que a campanha contava com elementos mensuráveis – resultado da água filtrada e de ingredientes frescos na qualidade da pizza e que, dessa forma, não se aplicaria o conceito de *puffing*.

A Papa John's recorreu de tal decisão argumentando que seu *slogan* seria simplesmente uma questão de opinião, um exagero publicitário que não deveria ser interpretado na sua literalidade. Argumentou que que ela, como empresa, acredita que usa ingredientes melhores, resultando em uma pizza melhor. Argumentou, também, que sua alegação não era diferente da utilizada por seu concorrente "the best pizza under one roof" (a melhor pizza sob um telhado).

O Tribunal Federal de apelação acolheu os argumentos apresentados pela Papa John's sob o argumento que não haveria prova de que os consumidores teriam confiado no *slogan* da Papa Jhon's para definir qual pizza comprar. Tal decisão declarou o *slogan* com *puffing* ao interpretar que o sabor da pizza seria algo particular e não passível de comprovação, autorizando a manutenção do *slogan* e desobrigando a Papa John's de pagar indenização à Pizza Hut.

Outro caso interessante foi a discussão entre o Uber e duas empresa de serviços de transporte *premium* "carros pretos", a XYZ Two Radio Services e Elite Limosines Plus, onde as reclamantes ajuizaram demanda sugerindo que

23. *PUFFING*: UMA FERRAMENTA PUBLICITÁRIA LÍCITA?

seriam falsos os *claims* da Uber relacionados à segurança e à relação mantida entre a Uber e seus motoristas[18].

Segundo as reclamantes, as alegações como "onde você tiver no mundo, o Uber está comprometido em conectá-los ao trajeto mais seguro nas estradas", e "desde o momento em que você solicitar um carro, até o seu destino, a experiência do Uber foi desenhada com base na sua segurança" configurariam publicidade enganosa, pois não haveria fonte ou estudo que comprovasse que os trajetos oferecidos pela Uber seriam mais seguros que os indicados por seus concorrentes.

Figura 5 – International Business Times.

Fonte: https://www.ibtimes.com/uber-safety-lawsuit-lax-ride-sharing-model-inherently-dangerous-class-action-claims-1796230.

Questionaram, também, os *claims* relacionados ao relacionamento do Uber com seus motoristas, como "quando você por parceiro da Uber, estaremos por trás". De acordo com as reclamantes, em razão das características da plataforma não haveria uma real parceria com a empresa e que, no entanto, esse

---

[18] ESTADOS UNIDOS DA AMÉRICA. XYZ Two Way Radio Serv., Inc. v. Uber Techs., Inc. 15-CV-3015 (FB) (CLP) (E.D.N.Y). Data do julgamento: 28/09/2017.

ATIVIDADE PUBLICITÁRIA NO BRASIL

tipo de declaração faria com que motoristas tendessem a formalizar uma parceria com a Uber em detrimento dos seus concorrentes.

O Tribunal de Nova York rejeitou o pedido das reclamantes por entender que, apesar do tom arrogante e auto afirmativo da publicidade, o conteúdo seria um exagero de fácil compreensão que não configura publicidade abusiva ou enganosa. Quanto ao *claim* relacionado à parceria da Uber com seus motoristas, o Tribunal igualmente rejeitou a reclamação por entender que o formato da campanha, atrelado ao real significado do termo "parceiro", configuraria apenas um eufemismo sem qualquer conotação de vínculo comercial ou de trabalho que pudesse atrair mais motoristas para sua plataforma.

Embora o Uber tenha tido sucesso nessa demanda, a empresa atualmente enfrenta questionamentos de outros concorrentes em litígios semelhantes.

Conclusões

Como se pode perceber o tema não é para amadores. A linha entre o que é *puffing* e o que é publicidade abusiva ou enganosa é bastante difícil de ser mensurada ou avaliada.

Uma ideia "inocente" que pode ser interpretada por alguns como algo criativo, um exagero facilmente percebido por todos como fantasioso; uma brincadeira para aguçar a imaginação dos consumidores, pode trazer sérias consequências ao anunciante, que vão desde a sustação da publicidade, com a consequente perda do investimento em criação e desenvolvimento da campanha, até multas milionárias reclamadas por órgão de defesa do consumidor, agencias regulamentadoras e concorrentes.

Por ser uma prática pouco usual, ainda não há jurisprudência ou doutrina robusta que possa firmar uma tendência de comportamento ou uma fórmula que dê um mínimo de orientação aos anunciantes que tenham interesse em se valer dessa prática.

Dessa forma, para aqueles que têm interesse em se valer dessa ferramenta polêmica e provocativa, é recomendada uma profunda reflexão sobre todo o contexto da campanha a ser veiculada, de forma a garantir que tanto os *claims* aplicados, quando os recursos audiovisuais empregados na campanha transmitam aos consumidores um claro e incontroverso exagero.

Na prática, o contexto da campanha e seus *claims* devem promover a valorização subjetiva, jocosa e/ou lúdica do desempenho e/ou características de um produto ou serviço, manifestando ou sugerindo um resultado que não seja mensurável e que qualquer consumidor não leve a sério na sua tomada de decisão de consumo.

Do exposto, presentes os requisitos e cautelas que configuram o *puffing*, tal atividade representará uma exceção ao princípio da veracidade e aos conceitos que configuram a publicidade enganosa e abusiva, tornando-se uma pratica lícita às campanhas publicitárias veiculadas no Brasil.

REFERÊNCIAS

[1] O Melhor Bolo de Chocolate do Mundo – *The Best Chocolate Cake in the World* – claim utilizado pela marca MBCM de Portugal.

[2] A empresa de planos de saúde Unimed adotou em 2012 o *claim* "O melhor plano de saúde é viver. O segundo melhor é Unimed."

[3] Em 2014, a Minuano adotou o *claim* publicitário "Sabão em pó Minuano: Rende tanto que parece mágica", a qual não foi objeto de Representação perante o CONAR.

[1] [2] [3] Os *claims* citados não foram objeto de representação perante o CONAR, tampouco de questionamento a esfera judiciária. Tais exemplos foram selecionados à critério dos autores, de modo que possuem caráter meramente opinativo.

[4] JACKSON. Nicola. Carlill v Carbolic Smoke Ball Co [1893] 1 QB 256. *In*: NICOLA, Jackson. *Essential Cases*: Contract Law. 2. ed. Oxford: Oxford University Press, 2019.

[5] WIKIPEDIA. Carlill v Carbolic Smoke Ball Co.

[6] ESTADOS UNIDOS DA AMÉRICA. *U.S. Healthcare v. Blue Cross of Gr. Phil.* 898 F.2d 914 (3d Cir. 1990). Data do Julgamento: 09/03/1990.

[7] ESTADOS UNIDOS DA AMÉRICA. *Southland Sod Farms v. Stover Seed Co.* 108 F.3d 1134 (9th Cir. 1997). Data do Julgamento: 11/03/1997.

[8] ESTADOS UNIDOS DA AMÉRICA. *Pizza Hut, Inc. v. Papa John's International, Inc.* 227 F.3d 489 (5th Cir. 2000). Data de Julgamento: 19/09/2000.

[9] FEDERAL TRADE COMMISION. FTC Fact Sheet: It Looks Good...But is it True?. Disponível em: https://www.consumer.ftc.gov/sites/default/files/games/off-site/youarehere/pages/pdf/FTC-Ad-Marketing_Looks-Good.pdf.

[10] DIAS. Lucia Ancona Lopez de Magalhães. *Publicidade e Direito*. 3. ed. São Paulo: Saraiva Jur, 2017. p. 334.

[11] Art. 37, CDC.

[12] BRASIL. Superior Tribunal de Justiça (2. Turma). *Recurso Especial nº 1.370.708 – RN 2013/0007945-3*. Relator: Mauro Campbell Marques. Julgado em: 28/04/2015. Publicação: DJe 01/07/2015.

ATIVIDADE PUBLICITÁRIA NO BRASIL

[13] SÃO PAULO. Tribunal de Justiça do Estado de São Paulo (1. Câmara Reservada de Direito Empresarial). *Apelação Cível 1004301-65.2013.8.26.0309*. Relator (a): Teixeira Leite. Data do Julgamento: 03/02/2016. Data de Registro: 12/02/2016.

[14] SÃO PAULO. Tribunal de Justiça do Estado de São Paulo (1. Câmara Reservada de Direito Empresarial). *Embargos de Declaração Cível 0172476-93.2013.8.26.0000*. Relator (a): Teixeira Leite. Data do Julgamento: 24/10/2013; Data de Registro. 06/11/2013.

[15] CONSELHO NACIONAL DE AUTORREGULAMENTAÇÃO PUBLICITÁRIA (CONAR). *Representação 063/19*. Relatora: Conselheira Vanessa Vilar. Julgado em: 05/2019.

[16] GODOY, Denyse. Adeus, Bettina: Empiricus paga R$ 4,25 milhões e aceita ser regulada. *Exame*, 11 fev. 2020.

[17] CONSELHO NACIONAL DE AUTORREGULAMENTAÇÃO PUBLICITÁRIA (CONAR). *Representação 421/08*. Relatora: Conselheira Renata Garrido. Julgado em: 02/2009.

[18] ESTADOS UNIDOS DA AMÉRICA. *XYZ Two Way Radio Serv., Inc. v. Uber Techs., Inc.* 15-CV-3015 (FB) (CLP) (E.D.N.Y). Data do julgamento: 28/09/2017.

24.
PRODUCT PLACEMENT NO CINEMA E NA TV

Denise Figueira

Introdução

Há algum tempo a publicidade indireta começou a dividir atenções com a publicidade tradicional ostensiva, por meio de ações como o *product placement*, em que a mensagem publicitária se apresenta ao consumidor de forma natural no contexto das cenas de novela, filme, série, ou qualquer produção audiovisual, sem que pareça uma mensagem publicitária.

Na técnica de *product placement*, tradução do inglês "colocação do produto", o personagem de um programa audiovisual, como uma série de TV, interage com produto, serviços ou marca, como objeto de cena; ou o produto, marca ou serviço é inserido na narrativa do referido programa, sempre mediante pagamento pelo anunciante, distinguindo-se, portanto, da forma de publicidade tradicional. Neste cenário, como se pode observar, a mensagem publicitária ocorre em espaço de mídia não publicitário.

Referida estratégia de marketing apresenta relevância jurídica sob a ótica do dever da transparência e identificação da mensagem publicitária, visando prevenir o consumidor de anúncios ocultos. A "colocação de produto", portanto, é permitida pela legislação vigente, desde que observados as normas e princípios estabelecidos pelo Código de Defesa do Consumidor (CDC) e o Código Brasileiro de Autorregulamentação Publicitária (CBAP), do Conselho Nacional de Autorregulamentação Publicitária (CONAR).

1. *Product placement* e *merchandising*

O *product placement* e o *merchandising* embora muitas vezes sejam usados como sinônimos possuem significados distintos.

O *merchandising* consiste em ação de promoção e divulgação de marca ou produto diretamente no ponto de venda, para informar ao consumidor sobre a existência do produto no estabelecimento, dando-lhe maior visibilidade por meio da exposição diferenciada.

No âmbito do audiovisual, um exemplo que seria considerado merchandising são os que ocorrem nos programas de TV vespertinos em que o apresentador de um programa se coloca a frente de *display* e passa a anunciar um produto.

Nada parecido com o *product placement* em que o produto é anunciado de forma natural no meio de uma cena de conteúdo audiovisual.

2. Histórico de *product placement*

A origem do *product placement* ocorreu no cinema como instrumento de financiamento de conteúdos audiovisuais, obtendo uma grande relevância econômica na produção dessas obras. Estudiosos apontam que a primeira inserção de *product placement* ocorreu no filme "Mildred Pierce", de 1945, em cena em que Crawford bebe diante da câmera um Jack Daniel's Bourbon. Esta teria sido a primeira inserção de uma marca durante a narrativa de um filme em contrapartida de pagamento. [1]

O *product placement* mais importante da história cinematográfica e que revelou a força do cinema como instrumento publicitário é o filme "E. T.", de 1982, na cena em que o garoto protagonista, na tentativa de facilitar a comunicação entre ele e o extraterreste, oferece ao extraterreste um caramelo de chocolate da marca Reese's Peices. A exibição do produto teria rendido à marca Hershey's, um aumento total do volume de venda em torno de 85%. [2]

---

[1] DIAS, Lucia Ancona Lopez de Magalhaes. *Publicidade e Direito*. 2. ed. São Paulo: Revista dos Tribunais, 2013. p. 231

[2] DIAS, Lucia Ancona Lopez de Magalhaes. *Publicidade e Direito*. 3. ed. São Paulo: Saraiva Jur, 2018. p. 231

Em seguida, do cinema, o *product placement* atingiu os mais diversos meios audiovisuais, com a exibição por meio de séries, novelas e programas audiovisuais de forma geral.

Existem vários exemplos atuais de sucesso de *product placement como* o tênis Nike, do filme "Forest Gump", o brinquedo Senhor Cabeça de Batatas, dos filmes "Toy Story", da Pixar; e a marca de panqueca Eggo, da série "Stranger Things".

Associar marcas a personagens do entretenimento passou a ser uma grande estratégia de marketing, já que a identificação e desejo do consumidor em se parecer de alguma forma com determinado personagem, faz com que queira consumir os produtos, marcas e serviços usados por ele.

No Brasil, o *product placement* é um instrumento expressivo de financiamento de conteúdos, nas novelas e filmes, como, por exemplo, o produto O.B., do filme "Se eu Fosse Você" e os produtos Ariel e Downy, do filme "Minha mãe é uma Peça".

3. Formas de *product placement*

A técnica de "colocação de produtos" em obras audiovisuais pode ocorrer de forma verbal ou visual. No *product placement* verbal, o personagem do programa faz menção a marca, produto ou serviço inserido na cena. Já no no *product placement* visual, há apenas a exibição da marca, produto ou serviço, sem que seja citado.

O *product placement* visual pode ainda se desenvolver de forma ativa ou passiva, ou seja, com o personagem interagindo ou não com o produto. No primeiro, o produto adquire um destaque na cena com interação com o personagem, enquanto, na forma visual passiva, há somente a visualização do produto, sem que seja parte ativa na cena.

4. Regulamentação do *product placement*

No Brasil, o anunciante, a marca, para a utilização de ações de *product placement,* deve observar normas e princípios estabelecidos pelo Código de Defesa do Consumidor (CDC) e o Código Brasileiro de Autorregulamentação Publicitária (CBAP), do Conselho Nacional de Autorregulamentação Publicitária (Conar), a fim de se evitar possíveis penalidades.

ATIVIDADE PUBLICITÁRIA NO BRASIL

As mensagens publicitárias devem ser claras, de modo que o consumidor possa constatar o caráter publicitário da exibição do produto, e não seja induzido a uma compreensão equivocada sobre o produto anunciado.

O *product placement*, ao ser veiculado, deve ter sua real finalidade identificada, de forma acessível ao consumidor. Desse modo, a "colocação de produto" em um filme ou série não é um ilícito em si, mas somente se esta finalidade não esteja manifestada de forma adequada. [3]

Importante reiterar que, como a exibição de mensagem publicitária por meio de *product placement* ocorre em um espaço de mídia não publicitário, como, por exemplo, em cena de um vídeo clipe, pode facilmente induzir a erro o consumidor quanto à real natureza de sua apresentação.

Parte da doutrina defende a necessidade de se utilizar "mensagens de advertência" para informar aos consumidores sobre a natureza publicitária da exibição de produto, serviço ou marca em determinado filme, obra seriada, programa de TV ou qualquer conteúdo audiovisual. Tal medida evitaria uma possível configuração do *product placement* como modalidade de publicidade oculta.

O uso das mensagens de advertência traz como premissa o dever de transparência. As mensagens de advertência podem ser feitas no início e/ou fim do programa.

O artigo 36 do Código de Defesa do Consumidor é claro ao dispor que "a publicidade deve ser veiculada de tal forma que o consumidor, fácil e imediatamente, a identifique como tal".

O Código Brasileiro de Autorregulamentação Publicitária (CONAR), mesmo não tendo força de lei, dispõe, em seu artigo 28, que "o anúncio deve ser claramente distinguido como tal, seja qual for a sua forma ou meio de veiculação."

Uma vez que as partes não cumpram com as determinações acima, estarão sujeitas às sanções o Conar.

As sanções decorrentes de decisões Conar por violações ao CBAP não são pecuniárias, mas pode manchar a imagem da marca anunciante.

Assim estabelece o artigo 50 do CBAP: "Os infratores das normas estabelecidas neste Código e seus anexos estarão sujeitos às seguintes penalidades: a. advertência; b. recomendação de alteração ou correção do Anúncio; c. recomendação aos Veículos no sentido de que sustem a divulgação do anúncio;

---

[3] DIAS, Lucia Ancona Lopez de Magalhaes. *Publicidade e Direito*. 2. ed. São Paulo: Revista dos Tribunais 2013. p. 237

d. divulgação da posição do CONAR com relação ao Anunciante, à Agência e ao Veículo, através de Veículos de comunicação, em face do não acatamento das medidas e providências preconizadas".

Já o Departamento de Proteção e Defesa do Consumidor (DPDC), pode estabelecer multa pecuniária em razão de violação ao Código de Defesa do Consumidor, fundamentando ainda sua decisão nas normas estabelecidas pelo Código Brasileiro de Autorregulamentação Publicitária (CONAR).

Além disso, poderá o Judiciário ser provocado, que, em regra, segue o entendimento do Conar, podendo, neste caso, atribuir sanções de cunho econômico ao anunciante.

4. Peculiaridades

4.1.1. A publicidade quando envolve bebida alcoólica, no Brasil, encontra limitação em legislação específica, Lei 9.294/96, alterada pela Lei 10.167/00, devendo o anunciante, também seguir as diretrizes do Conar com relação as frases a serem inseridas no conteúdo audiovisual veiculado, além de observar outras regras específicas para anúncio dessa categoria. Assim sendo, a ação de *product placement* desse tipo de produto, além da identificação da mensagem publicitária, deve conter uma das frases previstas pelo Conar, que visa o consumo moderado e a venda proibida para menores de 18 anos, nos termos da Resolução nº 01/08 Ref. Anexo "A" – Bebidas Alcoólicas, do Código Brasileiro de Autorregulamentação Publicitária, de 18/02/2008.[4]

A cantora Pabllo Vittar sofreu advertência do Conar ao lançar o vídeo clipe "Parabéns". O Conar abriu representação para avaliar a ação de *product placement* da Skyy Vodka, que aparece em cenas do vídeo clipe. O caso foi julgado no dia 5 de dezembro de 2019 e o Conar determinou que o acesso ao clipe ficasse restrito a maiores de 18 anos, em razão da presença da bebida de alto teor alcoólico nas cenas, ter sido considerada como um conteúdo inapropriado para menores de idade.[5]

---

[4] CONAR. *Código Nacional de Autorregulamentação Publicitária* (1978). Anexos A. Disponível em www.conar.org.br, acesso em 23 abril 2021. Sobre o tema, confira o capítulo *Especificidades de anúncios dos segmentos de bebidas alcoólicas e cervejas*, de autoria de José Mauro Decoussau Machado e Gustavo Gonçalves Ferrer.

[5] Este andamento consta do site CONAR. *Código Nacional de Autorregulamentação Publicitária* (1978). Representação n. 261/19, *DJ* dezembro de 2010. Disponível e www.conar.org.br, acesso em 23 abril 2021.

ATIVIDADE PUBLICITÁRIA NO BRASIL

4.1.2. O Conselho Nacional de Autorregulamentação Publicitária a partir de 2013, passou a editar novas normas éticas estabelecendo limites à prática de publicidade indireta, como *merchandising* e *product placement* para o público infantil tendo como pauta o ambiente televisivo. Isso porque, a prática de *product placement* em programas infantis, em novela infanto-juvenis se tornou mais evidente.

A Seção 11 do CBARP, art. 37, passou a prever a proibição da participação de crianças em ações de merchandising ou publicidade indireta de produtos infantis ou de elementos infantis, qualquer que seja o veículo utilizado; e a restrição da veiculação de publicidade de produtos ou serviços destinados exclusivamente a crianças aos intervalos e espaços comerciais próprios.[6][7]

Para que as ações de *product placement* sejam regulares, e, portanto, não incorram ao disposto na Seção 11 do CBARP, o Conar estabeleceu as seguintes diretrizes: "(a) o público-alvo a que elas são dirigidas seja adulto; (b) o produto ou serviço não seja anunciado objetivando seu consumo por criança; (c) linguagem, imagem, sons e outros artifícios nelas presentes sejam destituídos da finalidade de despertar a curiosidade ou atenção das crianças.[8]

Pode um produto ou marca ser exibido para contextualizar um filme ou para caracterizar um personagem, por livre iniciativa da produção da obra, e, portanto, sem qualquer finalidade publicitária de estimular o consumo de determinado produto ou serviço e sem que haja a interação com o anunciante. Neste caso, uma vez não configurada a relação comercial, não haverá

---

[6] CONAR. *Código Nacional de Autorregulamentação Publicitária* (1978). Seção 11. Disponível em www. conar.org.br, acesso em 23 abril 2021.

[7] Decisão do Departamento de Proteção e Defesa do Consumidor: "Constata-se que a própria técnica de *merchandising*, qual seja, a aparição de determinada marca, produto, ou serviço, sem as características explícitas de anúncio publicitário, em programa de televisão ou de rádio, espetáculo teatral ou cinematográfico (publicidade indireta), impossibilita, por sua natureza, que o consumidor identifique imediatamente, e sem esforços, uma ação como sendo mensagem publicitária. Desta forma, não é possível conciliar a referida ação publicitária com a vedação expressa do art. 37, parágrafo 2º, que proíbe a publicidade que se aproveite da deficiência de julgamento e experiência da criança." (Nota técnica 173/2011 – CGAJ/DPDC/SDE, acolhida pela Decisão 06/2011, j. 07/10/2011). www.defesadoconsumidor.gov.br/images/manuais/notas_tecnicas/NT_173-2011_-_Processo_Administrativo_-_SBT.pdf

[8] Não obstante esse estudo ser focado na análise de *product placement* na televisão e cinema, cabe registrar que tais restrições não têm sido aplicadas aos meios digitais e novos formatos, sendo adotado, nestes ambientes, o Guia de Publicidade por Influenciadores, com atenção especial ao item 1.1.2. Sobre publicidade infantil, recomenda-se a leitura do capítulo *Publicidade no Código de Defesa do Consumidor. Enganosa. Abusiva. Infantil e de alimentos*, de autoria de Lucia Ancona Lopes de Magalhães Dias.

product placement e, portanto, não cabe nenhuma análise jurídica de licitude em relação ao caráter publicitário do material.

Assim sendo, do ponto de vista da análise jurídica, é fundamental que o consumidor tenha conhecimento da natureza publicitária das ações de *product placement* inseridas em um conteúdo audiovisual, respeitando, a mensagem publicitária, o dever de transparência, já que esta identificação muitas vezes é oculta ou não tão clara.

REFERÊNCIAS

DIAS, Lucia Ancona Lopez de Magalhaes. *Publicidade e Direito*. 3. ed. São Paulo: Saraiva Jur, 2018.

CONAR. *Código Nacional de Autorregulamentação Publicitária*, 1978

DPDC. *Departamento de Proteção e Defesa do Consumidor.*

25.
PROMOÇÕES COMERCIAIS

Mariana Sceppaquercia Leite Galvão

Introdução

As promoções comerciais e ações de marketing que visam impulsionar as vendas de produtos e serviços bem como aumentar a visibilidade de marcas no mercado, a fim de conquistar novos clientes, estão cada vez mais em evidência no mundo corporativo, em especial em função do expressivo crescimento das redes sociais. Todavia, é preciso verificar se tais ações estão sujeitas à prévia autorização do órgão público competente, ocasião em que deve ser elaborado um regulamento e apresentada a documentação necessária, sob pena de severas sanções. Muitas questões envolvendo essa matéria são, ainda, objeto de desafios e discussões, mas alguns cuidados podem ser tomados para viabilizar essas ações com o menor risco possível.

1. Noções gerais

A distribuição gratuita de prêmios a título de propaganda, conhecida como promoção comercial, é, conceitualmente, *"um mecanismo utilizado como estratégia de marketing para determinada empresa alavancar a venda ou para divulgar de seus produtos e serviços, ou mesmo de seu nome e marca. É uma atividade que já faz parte da cultura mercadológica e se desenvolve proporcionalmente às evoluções tecnológicas e de comunicação, desde a participação por meio do envio de cartas até sua disseminação pelas redes sociais."* [1]

---

[1] POR TRÁS DA SORTE: panorama e análise do mercado de loterias e promoção comercial no Brasil/ Secretaria de Acompanhamento Fiscal, Energia e Loteria; Departamento de Estudos Econômicos, Conselho Administrativo de Defesa Econômica, Brasília, DF, 2018, p.125

A promoção comercial encontra-se disciplinada pela Lei nº 5.768/71 e pelo Decreto nº 70.951/72, sendo que o artigo 1º do referido Decreto estabelece que cabe ao Poder Público autorizar a sua realização.

Até a entrada em vigor da Lei nº 13.756/18, o Ministério da Fazenda, atualmente incorporado pelo Ministério da Economia, autorizava e fiscalizava as promoções comerciais realizadas por instituições financeiras, administradoras de cartões de crédito e seguradoras, através da SEAE, após intitulada SEFEL – Secretaria de Acompanhamento Fiscal, Energia e Loteria, sendo que a competência para autorizar e fiscalizar as promoções comerciais requeridas pelas demais empresas comerciais era delegada à Caixa Econômica Federal – CEF, por meio da REPCO – Representação de Promoções Comerciais.

Como referida lei estabeleceu a responsabilidade do Ministério da Fazenda para a análise dos pedidos de autorização, a emissão das autorizações e a fiscalização das promoções comerciais, a Caixa Econômica Federal – CEF deixou de ser o órgão responsável pela autorização e fiscalização de promoções comerciais das empresas comerciais, e essas atribuições foram transferidas para a Secretaria de Acompanhamento Fiscal, Energia e Loteria (SEFEL), do Ministério da Fazenda, que passou a ser o único órgão autorizador.

No final de 2019, a SEFEL – Secretaria de Acompanhamento Fiscal, Energia e Loteria passou a ser denominada SECAP – Secretaria de Avaliação de Políticas Públicas, Planejamento, Energia e Loteria, órgão pertencente ao Ministério da Economia.

Portanto, no Brasil, atualmente, a competência legal para conceder autorização para a realização de promoção comercial é da SECAP – Secretaria de Avaliação de Políticas Públicas, Planejamento, Energia e Loteria, órgão pertencente ao Ministério da Economia, e da Superintendência de Seguros Privados SUSEP (para títulos de capitalização).

As exceções estão previstas no artigo 3º da Lei nº 5.768/71 e no artigo 30 do Decreto nº 70.951/72, os quais dispensam de prévia autorização os concursos **exclusivamente culturais, desportivos, recreativos e artístico**, em que não há o caráter de propaganda, *in verbis*:

> *Art. 3º Independe de autorização, não se lhes aplicando o disposto nos artigos anteriores:*
>
> *I – a distribuição gratuita de prêmios mediante sorteio realizado diretamente por pessoa jurídica de direito público, nos limites de sua jurisdição, como meio auxiliar de fiscalização ou arrecadação de tributos de sua competência;*

> *II – a distribuição gratuita de prêmios em razão do resultado de concurso exclusivamente cultural artístico, desportivo ou recreativo, não subordinado a qualquer modalidade de álea ou pagamento pelos concorrentes, nem vinculação destes.*
>
> *Art. 30. Independe de autorização a distribuição gratuita de prêmios em razão do resultado de concurso exclusivamente cultural, artístico, desportivo ou recreativo, desde que não haja subordinação a qualquer modalidade de álea ou pagamento pelos concorrentes, nem vinculação destes ou dos contemplados à aquisição ou uso de qualquer bem, direito ou serviço dos contemplados à aquisição ou uso de qualquer bem, direito ou serviço.*

Da leitura dos dispositivos acima reproduzidos, nota-se a *"intenção do legislador em desburocratizar, e, com isso, estimular, os concursos destinados a premiar talentos artísticos ou esportivos, ou, simplesmente, oferecer lazer, sem conotações de mercado, salvo, naturalmente, a promoção da marca, sem quaisquer outras implicações. Percebe-se que se pensou em concursos literários, cinematográficos, em provas esportivas, gincanas, etc"* [2].

Como esclarecido no portal da SECAP – Secretaria de Avaliação de Políticas Públicas, Planejamento, Energia e Loteria (https://www.gov.br/fazenda/pt-br/acesso-a-informacao/perguntas-frequentes/regulacao/promocoes-comerciais) o propósito único do concurso cultural é o desenvolvimento da cultura, com a utilização de mecânica essencialmente recreativa, artística ou desportiva. Ex.: trabalhos literários, redação, histórias, poesias, pintura, fotografia, desenho, competições de modalidades esportivas, brincadeiras infantis e gincanas, desde que não possuam o cunho comercial de propaganda ou o fator álea/sorte.

São duas, portanto, as características que os concursos culturais, artísticos ou desportivos não podem conter: álea/sorte e propaganda. No caso desta última, inclui-se o preenchimento de cadastros cujos dados serão utilizados para propaganda futura, conforme dispõe o artigo 12 da Portaria nº 41/08.

Na época em que a Caixa Econômica Federal – CEF era a responsável pela autorização e fiscalização de promoções comerciais das empresas comerciais já eram apresentados alguns exemplos de ações que não se enquadravam como concurso cultural a exemplo de seleção e premiação de frases que contivessem o nome da empresa patrocinadora, ou algum conteúdo a ela elogioso. Aqueles concursos exclusivos para compradores ou clientes

---

[2] Disponível em https://www.gov.br/fazenda/pt-br/acesso-a-informacao/perguntas-frequentes/regulacao/promocoes-comerciais,>. Acesso em: 16 jan. 2021

ATIVIDADE PUBLICITÁRIA NO BRASIL

pré-cadastrados, ou cujos regulamentos impunham qualquer tipo de condicionalidade à participação, da mesma forma, não eram considerados culturais. Era entendido, ainda, que os concursos de obras literárias, cuja única menção ao patrocinador fosse seu nome no título ou nas chamadas, seriam, tipicamente, culturais. As provas desportivas com características similares eram consideradas, da mesma maneira, concursos esportivos isentos de pedido de autorização para realização.

Nota-se, entretanto, que até o advento da Portaria nº 41, de 2008, do Ministério da Fazenda, bem como da Portaria MF nº 42, editada em 2013 também pelo Ministério da Fazenda, não havia disciplina que pudesse esclarecer de forma exata as situações nas quais um concurso poderia ser considerado exclusivamente cultural, artístico, desportivo e/ou recreativo.

Essas portarias trouxeram conceituações que esclareceram hipóteses nas quais são descaracterizados os concursos isentos de autorização e modernizaram, ainda, as regras para adequação aos novos meios tecnológicos.

A Portaria nº 41/08 permitiu, por exemplo, a utilização de internet e SMS como meio de participação e a Portaria nº 422/13 trouxe algumas previsões relacionadas à autorização para promoções comerciais em redes sociais.

Ao realizar concursos através das redes sociais, havia o inegável intuito de elevar o número de seguidores/tráfego de uma determinada marca, propiciar a interação dos consumidores com a marca, sendo que o propósito da lei era de fomentar, exclusivamente, a cultura, a arte, o esporte e a recreação, sem qualquer apelo comercial. Isso porque as redes sociais são fonte inesgotável de publicidade, de modo que os concursos realizados através de tais plataformas acabavam por perder o caráter exclusivamente cultural, artístico, recreativo e desportivo, exigido em lei.

Dessa forma, a Portaria nº 422/13 estabeleceu, dentre outras, a regra segundo a qual fica descaracterizado como concurso exclusivamente artístico, cultural, desportivo ou recreativo o que for realizado por meio de rede social. Caso a intenção seja apenas divulgar o concurso através das redes sociais, não há necessidade de solicitar a prévia autorização. Mas caso a ação seja realizada nas plataformas de redes sociais, a prévia autorização é exigida.

A Portaria nº 422/13 também reforçou o que a legislação atinente à matéria já previa anteriormente, tornando mais claras algumas situações que envolviam concursos culturais. De acordo com a citada Portaria, algumas situações caracterizam propaganda e não podem ser entendidas como concursos culturais, devendo ser previamente autorizadas pelos órgãos responsáveis. Citam-se as seguintes: propaganda em materiais de divulgação (ressalvada a mera identificação da promotora); premiação que envolve produto ou serviço da empresa promotora; vinculação a eventos e a datas comemorativas, a exemplo de campeonatos esportivos, dia das mães, natal, dia dos namorados, dia dos pais, dia das crianças, aniversários de estado, município ou do distrito federal bem assim demais hipóteses congêneres.

Não há como negar-se, ademais, que citadas datas comemorativas favorecem o comércio, e o entendimento era no sentido que os concursos culturais (e outros) vinham sendo sempre realizados com o intuito de aumentar as vendas do período, configurando, enfim, finalidade publicitária.

Consumada, assim, a presença ou a ocorrência de ao menos um dos elementos previstos na Portaria nº 422/13, fica comprometido o caráter exclusivamente artístico, cultural, desportivo ou recreativo do concurso e faz-se necessária a formulação de pedido de autorização junto ao órgão competente para a realização da promoção comercial.

Nota-se a preferência pela realização de concursos culturais, por ser mais rápido e menos burocrático, entretanto, como visto linhas atrás, o concurso cultural encontra limites e muitas vezes torna-se mais difícil que uma promoção comercial.

2. Procedimento para o pedido de autorização

O pedido de autorização para a realização da Distribuição Gratuita de Prêmios cuja análise e autorização venha a ser de competência da SECAP – Secretaria de Avaliação de Políticas Públicas, Planejamento, Energia e Loteria passou a ser realizado eletronicamente no ano de 2017, por meio do Sistema de Controle de Promoções Comerciais (SCPC).

Esse pedido deve ser formulado junto ao órgão competente com o prazo mínimo de 40 (quarenta) dias e máximo de 120 (cento e vinte) dias de antecedência à data de início da promoção, segundo dicção do artigo 17, parágrafo 1º, da Portaria nº 41/08.

Deve ser instruído, outrossim, com alguns documentos e com o regulamento, sendo este considerado roteiro da ação promocional, onde são estabelecidas, de forma detalhada, todas as regras da ação promocional.

É importante que as ações tenham um regulamento bem elaborado, com todas as regras de participação claramente descritas, nos termos da lei, para que sejam resguardados os direitos e prevenidas as responsabilidades, evitando-se, assim, eventuais questionamentos por parte de consumidores, de órgãos de defesa dos direitos da coletividade e outros.

ATIVIDADE PUBLICITÁRIA NO BRASIL

A autorização para realização de promoção comercial é concedida, apenas, às empresas que não estejam em débito com a Previdência Social e que se encontrem com as situações regulares quanto ao recolhimento de impostos federais, estaduais e municipais, não sendo permitida a realização por pessoas físicas.

A legislação brasileira estabelece que não podem ser objeto de promoção medicamentos, armas e munições, explosivos, fogos de artifício ou estampido, fumos ou derivados, bebidas alcóolicas com teor alcoólico superior a 13º Gay Lussac bem como outros que venham a ser relacionados pelo Ministério da Fazenda.

De acordo com o disposto no artigo 11 do Decreto nº 70.951/72 não são autorizadas ações que:

- Importem em incentivo ou estímulo ao jogo de azar;
- Proporcionem lucro imoderado aos seus executores;
- Permitam aos interessados transformar a autorização em processo de exploração dos sorteios, concursos ou vale-brindes, como fonte de renda;
- Importem em distorção do mercado, objetivando, através da promoção, o alijamento de empresas concorrentes;
- Propiciem exagerada expectativa de obtenção de prêmios;
- Importem em fator deseducativo da infância e da adolescência;
- Tenham por condição a distribuição de prêmios com base na organização de séries ou coleções de qualquer espécie, tais como símbolos, gravuras, cromos, figurinhas, objetos, rótulos, embalagens, envoltórios;
- Impliquem na emissão de cupons sorteáveis ou de qualquer outro elemento que sejam impressos em formato e com dizeres e cores que imitem os símbolos nacionais e cédulas do papel-moeda ou moeda metálica nacionais ou com eles se assemelhem;
- Vinculem a distribuição de prêmios aos resultados da Loteria Esportiva;
- Não assegurem igualdade de tratamento para todos os concorrentes;
- Vierem a ser considerados inviáveis, por motivo de ordem geral ou especial.

O Decreto nº 70.951/72, no seu artigo 15, estabelece que poderão ser distribuídos como prêmios apenas mercadorias de produção nacional ou regularmente importadas, títulos da dívida pública e outros títulos de crédito que forem admitidos pelo Ministério da Economia, Fazenda e Planejamento,

25. PROMOÇÕES COMERCIAIS

unidades residenciais situadas no país, em zona urbana, viagens de turismo e bolsas de estudo.

Entrementes, a SECAP – Secretaria de Avaliação de Políticas Públicas, Planejamento, Energia e Loteria já vem aceitando como prêmio passagens aéreas e quaisquer serviços, como, dentre outros, ingressos para cinema, shows e eventos.

Ainda que não tenha sido publicada nenhuma regulamentação formal, tratam-se de inovações que trazem grande benefício às empresas, uma vez que o entendimento anterior era de que as promoções comerciais não podiam oferecer ingressos, de forma isolada, como prêmios, e exigia que as empresas oferecessem algum outro prêmio previsto na legislação além dos citados ingressos, fazendo a composição de uma espécie de *kit*.

Também era exigido que as empresas arcassem com as despesas de locomoção, hospedagem e refeições daqueles contemplados que residissem em local superior a determinada distância do evento, o que também passou a ser dispensado em função de recorrentes questionamentos do mercado, haja vista que essa exigência inviabilizava economicamente algumas promoções.

A lei veda a distribuição ou conversão de prêmios em dinheiro, entretanto, a fim de flexibilizar essa regra, a SECAP – Secretaria de Avaliação de Políticas Públicas, Planejamento, Energia e Loteria vem admitindo que a premiação seja entregue como: Cartão de Crédito/Débito sem função saque, Certificado em Barras de Ouro, Voucher/Vale Compras, depósito em CDB/Poupança Condicional com carência de 30 dias para saque ou, ainda, pagamento de prêmio pelo PayPal ou PicPay.

O valor total dos prêmios a serem distribuídos aos vencedores não poderá exceder, em cada mês, a 5% (cinco por cento) da média mensal da Receita Operacional da empresa relativa a tantos meses imediatamente anteriores ao pedido, quantos sejam os meses da promoção, conforme preceitua o artigo 35 do Decreto nº 70.951/72.

Ao dar entrada no pedido de autorização, a empresa deverá fazer o recolhimento da guia correspondente à taxa de fiscalização, a qual se constitui na remuneração prevista em lei a título de prestação do serviço público de operacionalização do processo de promoção comercial. O valor da taxa de fiscalização é estabelecido de acordo com o valor dos prêmios a serem distribuídos na promoção, a saber:

Valor dos prêmios oferecidos	Taxa de fiscalização
até R$ 1.000,00	R$ 27,00
de R$ 1.000,01 a 5.000,00	R$ 133,00
de R$ 5.000,01 a 10.000,00	R$ 267,00
de R$ 10.000,01 a 50.000,00	R$ 1.333,00
de R$ 50.000,01 a 100.000,00	R$ 3.333,00
de R$ 100.000,01 a 500.000,00	R$ 10.667,00
de R$ 500.000,01 a 1.667.000,00	R$ 33.333,00
acima de R$ 1.667.000,01	R$ 66.667,00

A fim de garantir a lisura da promoção comercial, ao final da promoção a empresa deverá prestar contas na mesma plataforma digital do processo de autorização, comprovando o efetivo cumprimento das obrigações previstas, com a demonstração da entrega dos prêmios bem como do recolhimento dos tributos devidos.

A legislação prevê infrações tanto para as empresas que realizam promoções comerciais sem a devida autorização quanto para as que descumpram o regulamento autorizado, sendo que as sanções podem consistir em cassação da autorização concedida, multa de até 100% (cem por cento) da soma dos valores prometidos como prêmios, e/ou proibição de realizar operações durante o prazo de até 02 (dois) anos, além de sanções de natureza civil e penal. As infrações são apuradas por meio de processo administrativo e são instauradas mediante fiscalização de órgãos competentes, sendo ainda comum a denúncia de empresas concorrentes.

3. Modalidades

A legislação estabelece 03 (três) modalidades visando a realização da distribuição gratuita de prêmios: sorteio, vale brinde e concurso. Prevê, também, a realização de operações assemelhadas.

A modalidade sorteio é aquela na qual aos ganhadores são distribuídos elementos sorteáveis, numerados em séries, sendo os contemplados definidos com base nos resultados das extrações da Loteria Federal ou com a combinação de números destes resultados.

O sorteio eletrônico não é permitido. Ficam vedados, portanto, sorteios randômicos, como muitos que vem sendo realizados indevidamente em redes sociais.

O vale brinde ocorre na forma de distribuição de prêmios instantâneos. As empresas autorizadas colocam o brinde, o objeto, no interior do produto de sua fabricação ou dentro do respectivo envoltório, atendendo às normas prescritas de saúde pública e de controle de pesos e medidas. Se for impraticável esse modo de atuação, admite-se a utilização de elementos contendo dizeres ou símbolos identificadores do vale-brinde correspondente, que pode ser trocado pelo prêmio nos postos de troca[3]. Nessa modalidade também são previstos os cupons raspáveis, através dos quais o consumidor deve "raspar" o cupom e então será revelado se ele faz jus a algum prêmio.

O concurso é realizado por meio de competição de previsões, cálculos, testes de inteligência, seleção de predicados ou competição de qualquer natureza. Como condição para participar do concurso pode ser exigida a apresentação ou a entrega de rótulos, cintas, invólucros, embalagens e quaisquer reclames relativos aos produtos ou ao ramo comercial da empresa autorizada, desde que não constituam série ou coleção[4].

As modalidades assemelhadas correspondem à combinação de fatores apropriados a cada uma das modalidades de distribuição gratuita de prêmios, preservando-se os conceitos originais, como meio de habilitar concorrentes e apurar os ganhadores. Como exemplo, existe a modalidade "assemelhado a concurso" baseada em teste de inteligência, no qual pode ocorrer empate entre os participantes que o responderem corretamente. Admite-se o desempate por meio de uma apuração na qual são acondicionados todos os cupons que contiverem a resposta correta em uma única urna e sorteado aleatoriamente o(s) contemplado(s)[5].

A modalidade assemelhada a concurso vem sendo a mecânica mais utilizada na realização das promoções comerciais. A modalidade assemelhada a sorteio, no entanto, vem crescendo expressivamente, muito provavelmente por ser mais adaptável aos meios virtuais[6].

---

[3] Disponível em https://www.gov.br/fazenda/pt-br/acesso-a-informacao/perguntas-frequentes/regulacao/promocoes-comerciais,>. Acesso em: 16 jan. 2021
[4] Disponível em https://www.gov.br/fazenda/pt-br/acesso-a-informacao/perguntas-frequentes/regulacao/promocoes-comerciais,>. Acesso em: 16 jan. 2021
[5] Disponível em https://www.gov.br/fazenda/pt-br/acesso-a-informacao/perguntas-frequentes/regulacao/promocoes-comerciais,>. Acesso em: 16 jan. 2021
[6] POR TRÁS DA SORTE: panorama e análise do mercado de loterias e promoção comercial no Brasil/ Secretaria de Acompanhamento Fiscal, Energia e Loteria; Departamento de Estudos Econômicos, Conselho Administrativo de Defesa Econômica, Brasília, DF, 2018, p.160/161

ATIVIDADE PUBLICITÁRIA NO BRASIL

4. "Comprou ganhou"

A operação de distribuição gratuita de prêmios comumente denominada pelo mercado de *"comprou ganhou"* foi normatizada pelo Ministério da Fazenda por meio da edição da Nota Informativa SEI nº 11/2018/COGPS/SUFIL/SEFEL-MF.

Essa Nota Informativa assinala que essa modalidade de operação tem se apresentado com características que não correspondem, apenas, a do consumidor comprar e ganhar, mas possui forma e características de promoção comercial, em que há necessidade de autorização prévia.

Ficou estabelecido que as ações que venham a envolver a distribuição gratuita de prêmios em que se consumar a presença ou a ocorrência de, ao menos, um dos elementos a seguir arrolados – além de outros – estão sujeitas à prévia autorização:

I) *ação que preveja a distribuição gratuita de prêmios com limitação ao estoque;*

II) *ação que preveja premiação aos primeiros que cumprirem o critério de participação;*

III) *ação que preveja quantidade fixa de prêmios;*

IV) *ação que estabeleça qualquer outro critério de participação, além da compra dos produtos ou serviços da promotora;*

V) *ação que seja realizada concomitantemente com promoção comercial autorizada;*

VI) *ação que seja realizada por mais de uma empresa, com benefício em detrimento de outras;*

VII) *ação que condiciona a entrega do prêmio a alguma modalidade de álea ou pagamento pelos participantes, além da compra dos produtos ou serviços da promotora.*

Muito embora não conste nenhuma informação oficial, após diversos pleitos de empresas promotoras, a SECAP – Secretaria de Avaliação de Políticas Públicas, Planejamento, Energia e Loteria revogou a maior parte das disposições da referida norma, determinando que apenas os itens I, II, III e IV acima descritos permanecem vigentes, de modo que os demais itens não mais devem ser considerados para a caracterização de ação *"compre e ganhe"* como uma promoção comercial autorizada.

Assim, o comprou-ganhou com **(a)** limitação de estoque (incisos I e III) passou a ser enquadrado como ação de vale-brinde ou assemelhada (sem incidência

430

de imposto de renda) e **(b)** distribuição de brindes aos primeiros que cumprirem as condições enquadrado como concurso (com incidência de imposto de renda).

5. Programas de fidelidade

Os programas de fidelidade oferecem vantagens para os consumidores que efetuam compras recorrentes de determinada empresa. Via de regra, os gastos são convertidos em pontos os quais, por sua vez, podem ser trocados por itens disponibilizados pela empresa, por descontos ou por outras vantagens.

Em Workshop realizado aos 25/09/2019 pela Secretaria de Avaliação, Planejamento, Energia e Loteria do Ministério da Fazenda – SECAP/ME, sobre a Simplificação e a Unificação das Regulamentações de Promoções Comerciais, foi colocado que os programas de fidelidade não estão sujeitos à autorização do Poder Público desde que não haja a inserção, em qualquer etapa/fase, de qualquer das modalidades previstas na Lei nº 5.768/71 (sorteio, concurso – ranking, vale-brinde ou assemelhadas).

6. Campanha de incentivo

A campanha de incentivo é uma estratégia que visa incentivar os colaboradores por meio do engajamento de equipes, com o reconhecimento de quem obteve os melhores resultados.

No citado Workshop realizado em Brasília aos 25/09/2019, a SECAP – Secretaria de Avaliação de Políticas Públicas, Planejamento, Energia e Loteria informou que as campanhas de incentivos realizadas para empregados diretos (CLT), assim como por vendedores/revendedores que trabalhem, exclusivamente, para a marca, não necessitam de autorização prévia.

Estão dispensadas de autorização, da mesma forma, as campanhas de incentivo que tenham como objetivo o cumprimento de metas estabelecidas, desde que não envolvam sorte ou ranqueamento para a premiação, ou seja, as que beneficiam todos aqueles que cumprirem os requisitos estabelecidos.

Diante desse entendimento, qualquer empresa está autorizada a realizar campanhas de incentivo de vendas a funcionários, independentemente de autorização prévia da SECAP – Secretaria de Avaliação de Políticas Públicas, Planejamento, Energia e Loteria, desde que observados os fatores acima.

7. Descontos e *cashback*

Os descontos concedidos em produtos não dependem de autorização prévia do Poder Público.

De outra parte, no workshop realizado em Brasília no dia 25/09/2019, a SECAP – Secretaria de Avaliação de Políticas Públicas, Planejamento, Energia e Loteria informou que se encontrava em análise as ações denominadas *cashbacks*, via das quais o consumidor que efetua determinada compra recebe de volta o valor total ou parcial pago na aquisição de produtos ou serviços ou recebe um crédito para ser utilizado em uma próxima compra de produtos ou serviços.

As ações de *cashback* vem ganhando cada vez mais força por ser mais uma forma de estimular vendas e beneficiar consumidores, embora ainda não seja de conhecimento de grande parte da população brasileira.

Essa matéria ainda está em discussão e muitos entendem que não se trata de premiação, já que não se enquadra nas previsões dispostas na Lei nº 5.768/71 e demais normas existentes, tratando-se, sim, de ação comercial do tipo *"desconto"*, concedido no ato da compra, com devolução de parte do dinheiro ou de crédito para uso em compra futura na mesma loja.

8. Internet

A incorporação da internet e das redes sociais na rotina do consumidor brasileiro favorece o interesse das empresas pela realização de promoções comerciais e concursos no ambiente *on line*, como ações de marketing digital.

Quando realizadas em redes sociais ou internet, as promoções comerciais também precisam ser submetidas à autorização da SECAP – Secretaria de Avaliação de Políticas Públicas, Planejamento, Energia e Loteria, e devem observar os mesmos requisitos estabelecidos na legislação quanto à apresentação de documentos, pagamento de taxa de fiscalização e impostos e prestação de contas.

Embora constitua-se em ferramenta publicitária que caiu no gosto popular e ganha cada vez mais força, têm sido frequentes os casos envolvendo fraudes e outros incidentes, como o uso de robôs que proporcionam votação expressiva ao fraudador, etc...

É preciso estar atento, por essa razão, à elaboração dos regulamentos, que são fundamentais para o estabelecimento de regras da ação e para garantir

25. PROMOÇÕES COMERCIAIS

maior segurança à empresa, ainda que sua duração venha a ser de poucos dias e/ou que o prêmio não seja de valor expressivo.

Também é fundamental que os profissionais da área sempre estejam atualizados para que sejam observadas as políticas das redes sociais em conjunto com as normais legais aplicáveis, mensurando eventuais riscos.

Isso porque, além de conhecer os aspectos necessários para diferenciar o concurso cultural de uma promoção comercial, para solicitar, eventualmente, a autorização prévia visando a realização da promoção, as diretrizes do Facebook, Twitter, Instagram e outras redes estabelecem regras e políticas próprias para a realização de referidos concursos e promoções em suas plataformas, orientando que as empresas promoventes incluam nos respectivos regulamentos item específico no sentido de que não possuem qualquer responsabilidade com relação à ação realizada, dentre outras condições.

Podem haver restrições, ainda, no tocante aos prêmios a serem oferecidos e sua forma de divulgação em promoção, como meio de proteção à marca, a exemplo das imposições da Apple nos Estados Unidos.

As empresas devem estar preparadas pois são responsáveis pela legalidade e cumprimento dessas ações, ao passo que os consumidores se encontram cada vez mais conhecedores e exigentes com relação a seus direitos.

É importante lembrar que da mesma forma que a interatividade da internet contribui para a divulgação da empresa e sua marca, qualquer descuido poderá ser objeto de uma disseminação indesejada, trazendo riscos para a imagem da empresa.

26.
DIREITOS INTELECTUAIS E DE PERSONALIDADE DE TERCEIROS NA DIVULGAÇÃO DE PORTFÓLIOS PESSOAIS E EMPRESARIAIS[1]

Renata de A. Botelho da Veiga Turco

Introdução

Atualmente, uma das preocupações dos profissionais do mercado publicitário, das agências de publicidade e das produtoras é a divulgação de seus Portfólios, sejam eles pessoais, sejam empresariais, em *site* próprio/homepage na Internet e/ou nas mídias sociais.

Tal preocupação se deve porque essa divulgação envolve, na maioria das vezes, Direitos Intelectuais e de Personalidade de Terceiros, que revestem-se de caráter restritivo e suas utilizações dependem de autorização prévia e por escrito de seus detentores e/ou titulares.

Assim, apesar da parca jurisprudência e doutrina a respeito desse assunto, esse artigo pretende demonstrar as possibilidades e restrições de divulgação de Portfólios Pessoais e Empresariais na área publicitária, que envolvam direitos de terceiros.

1. Direitos intelectuais e de personalidade

São considerados como Direitos Intelectuais, as criações de espírito que abrangem os Direitos Autorais e os Direitos de Propriedade Industrial.

---

[1] O presente artigo foi objeto de publicação anterior na Obra Direito do Entretenimento na Internet, publicada pela Editora Saraiva no ano de 2014, e as atualizações devidas foram realizadas para a obra em tela.

Os Direitos Autorais estão previstos na Lei nº 9.610/98 e abarcam os direitos de autor (morais e patrimoniais) e o que lhes são conexos (direitos dos artistas intérpretes ou executantes, dos produtores fonográficos e das empresas de radiodifusão). Os Direitos de Propriedade Industrial são disciplinados pela Lei nº 9.279/96 e envolvem marcas, desenhos industriais, patentes de invenção e modelos de utilidade.

Os Direitos de Personalidade são aqueles inerentes à própria pessoa, tais como, mas não se limitando: a) – direito à vida e à integridade física; b) – direito à liberdade; c) – direito à honra e à intimidade; d) – direito à identidade pessoal (nome e imagem); e e) – direito à autoria moral. Esses direitos são intransmissíveis e irrenunciáveis uma vez que pertencem única e exclusivamente a essa pessoa e encontram-se protegidos pelo artigo 5º e seus incisos da Constituição Federal e artigos 11 a 21 da Lei nº 10.406/2002, que regulou o novo Código Civil.

Os principais direitos de terceiros incidentes na divulgação de Portfólio Pessoal e/ou Empresarial, conforme abaixo será demonstrado são: marca (Direito de Propriedade Industrial); direitos de autor e os que lhe são conexos; e o direito de imagem e nome (Direitos Personalíssimos).

2. Portfólio x currículo

Por "Portfólio" entende-se o conjunto de trabalhos e/ou obras criadas realizados por um profissional ou organizado por uma empresa, para divulgação e demonstração de suas criações para terceiros interessados.

O Dicionário Houaiss[2] define o Portfólio, no âmbito da Publicidade, como "conjunto de trabalhos de um artista (designer, desenhista, cartunista, fotógrafo etc) ou de fotos de ator ou modelo, para divulgação entre clientes prospectivos, editores, etc".

Ele difere do "Currículo" propriamente dito, pois o Currículo, no caso de pessoa física, relata o histórico de sua trajetória profissional, descrevendo todos os trabalhos e/ou serviços realizados, discriminando seus diferenciais (cursos realizados, fluência em línguas, viagens, dentre outros); e no caso de pessoa jurídica, apresenta a estrutura e *expertise* desta última, como também, a relação de clientes por esta atendidos. No caso do Portfólio é demonstrada a essência da Produção, ou seja, as criações e materiais produzidos

---

[2] Dicionário Houaiss. Disponível em www.hoaiss.net. Acesso em fevereiro de 2021

26. DIREITOS INTELECTUAIS E DE PERSONALIDADE DE TERCEIROS NA DIVULGAÇÃO...

e exteriorizados, através de imagens e/ou filmagens, para divulgação para terceiros interessados. O Portfólio vem a complementar o currículo e em várias situações se sobressai sobre este último, já que demonstra a identidade visual dos materiais criados e produzidos e, na maioria das vezes, é imprescindível para que o cliente possa se decidir sobre eventual contratação.

No caso de agências de publicidade e/ou produtoras e/ou publicitários, o Portfólio é integrado pelas campanhas publicitárias realizadas e outros trabalhos de criação, ficando então evidente sua complexidade, pois o resultado final de uma campanha publicitária envolve direitos de terceiros, tais como, mas não se limitando a: a) – direito de propriedade industrial, pois se refere à marca e/ou ao produto do cliente anunciante; b) – direitos personalíssimos, quando nos materiais publicitários forem veiculadas imagem, voz, nome de terceiros; c) – direitos de propriedade intelectual, podendo haver incidência de direitos conexos, no caso de tal campanha ter contado com a participação e interpretação de artistas; e incidência de direitos autorais de terceiros, como por exemplo, do diretor, como coautor da Obra, do fotógrafo, como responsável pela fotografia da campanha, do músico, no caso de *jingles* ou de veiculação de obras de sua autoria, e assim por diante.

3. Classificação do portfólio

O Portfólio pode ser apresentado em suporte físico, quando exteriorizado em pastas contendo ilustrações, pinturas e/ou fotografias dos trabalhos realizados; em suporte móvel, através de gravação em *pen drives*, DVD's, dentre outros; e no virtual (Internet), que engloba redes, *sites*, portais, mídias sociais. Assim, poderemos classificar o Portfólio, como o "propriamente dito", que é aquele apresentado nos suportes físico e/ou móvel; e como "virtual", que é aquele inserido no ambiente virtual.

A grande diferença entre o Portfólio "propriamente dito" e o "virtual", é que o primeiro é apresentado direta e internamente ao cliente; enquanto que o segundo pode ser acessado por quaisquer terceiros dentro de um ambiente virtual, independentemente de serem clientes ou não.

4. Divulgação do portfólio virtual em mídias sociais e em site próprio/*homepage*

Com a rápida proliferação do ambiente virtual, e tendo em vista o caráter restritivo dos direitos acima referidos, surgiu o seguinte questionamento na área publicitária: É possível divulgar livremente Portfólio Pessoal ou Empresarial que contenha direitos intelectuais e/ou de personalidade de terceiros em mídias sociais ou em *site* próprio/*homepage* na Internet?

Tal indagação não é tão simples quanto parece, uma vez que, conforme será demonstrado por esse artigo, existem várias formas e meios de divulgação neste ambiente virtual.

4.1. Mídias sociais

De acordo com o site "Wikiepedia"[3]:

> Andreas Kaplan e Michael Haenlein definem mídias sociais como "um grupo de aplicações para Internet construídas com base nos fundamentos ideológicos e tecnológicos da **Web 2.0,** e que permitem a criação e troca de Conteúdo Gerado pelo Utilizador (UCG)".[1] Mídias sociais podem ter diferentes formatos como blogs, compartilhamento de fotos, videologs, scrapbooks, e-mail, mensagens instantâneas, compartilhamento de músicas, crowdsourcing, VoIP, entre outros.
>
> São exemplos de aplicações de mídia social: Blogs (publicações editoriais independentes), Google Groups (referências, redes sociais), Wikipedia (referência), MySpace (rede social), Facebook (rede social), Last.fm (rede social e compartilhamento de música), YouTube (rede social e compartilhamento de vídeo), Second Life (realidade virtual), Flickr (rede social e compartilhamento de fotos), Twitter (rede social e Microblogging), Wikis (compartilhamento de conhecimento) e inúmeros outros serviços.

Pelo conceito de mídias sociais supra descrito, verifica-se que o objetivo principal delas é a criação e a troca de conteúdo entre seus usuários. Ocorre que, no caso de Portfólios de agências de publicidade, de produtoras e de profissionais da área publicitária, a inserção e/ou divulgação do mesmo

---

[3] Wikipedia: enciclopédia livre. Disponível em pt.wikipedia.org. Acesso em fevereiro de 2021

em mídias sociais, sejam eles pessoais ou empresariais, não significa apenas e tão somente a troca de conteúdo, mas sim a possibilidade de divulgação das suas obras e/ou criações para milhares de *"pagerviews"* pertencentes às diversas comunidades. Neste sentido, uma marca desconhecida poderá, em curto espaço de tempo, tornar-se popular, e aumentar o consumo de seus produtos, levando-se em conta a velocidade de tais mídias em proliferar tais informações para consumidores e não consumidores.

As mídias sociais são tão importantes que, atualmente, tanto as agências de publicidade constituíram núcleos próprios para ações digitais, como também surgiram agências especializadas em mídias digitais, pois além de tais ações fornecerem maior visibilidade às marcas e aos produtos, o custo é menor do que nas mídias convencionais.

De acordo com o site do Jornal Contábil[4], em matéria publicada em 17 de agosto de 2020, as redes sociais tiveram um crescimento de 40% (quarenta por cento) durante a pandemia, o que possibilitou que várias empresas conseguissem se manter no mercado, gerando até novas possibilidades de emprego.

Atualmente, merecem destaque para a divulgação do Portfólio, o Instagram e o LinkedIn.

O Instagram é uma rede social online de compartilhamento de fotos e vídeos, e que permite compartilhá-los através de outras redes sociais, como Facebook, Twitter, Tumblr, Flickr, dentre outros, concedendo a interação com publicações de outras pessoas, através de comentários e curtidas. Atualmente, é muito utilizado para traçar estratégias de marketing para empresas e profissionais, concedendo acesso aos números atingidos pela divulgação de suas marcas e serviços através do chamado "Instagram Insights", que é uma ferramenta que se encontra dentro do próprio Instagram e que demonstra o alcance das publicações; o engajamento do público com elas; algumas características de audiência, tais como, número de seguidores e publicações, dentre outros dados. Ou seja, é uma ferramenta que auxilia a alcançar uma estratégia de marketing digital, para atingir futuros clientes e/ou seguidores, interessados.

O *Linkedin* é uma rede social profissional, que permite que os profissionais possam criar seus currículos, buscar empregos, fazer contatos, divulgar seus artigos, assim como, que as empresas possam divulgar suas marcas e serviços, buscar profissionais, dentre outros. Ele também tem várias ferramentas, como as *"company pages"*, que servem para as empresas divulgarem

---

[4] Rede Jornal Contábil, por Gabriel Dau. Disponível em jornalcontabil.com.br. Acesso em fevereiro de 2021

vagas, publicações, conteúdos e materiais; a Linkedin Page Analytics, que permite que se tenha acesso a performance de publicações, comportamento dos seguidores, desempenho das páginas, dentre outros.

Tendo em vista então, o caráter de informações trazidas pelas ferramentas acima e o alcance global, a divulgação do Portfólio de uma agência de publicidade (empresarial) ou de um profissional (pessoal) em mídias sociais, que contenha direitos de terceiros, fossem eles autorais, personalíssimos e/ou conexos, pode ser interpretada como contendo finalidade comercial, já que, tem o mesmo objetivo das mídias convencionais, que é o de divulgar a campanha, com uma maior rapidez e um menor custo.

Dessa forma, para que tal divulgação possa ser procedida, se faz necessária a autorização prévia e por escrito de tais detentores de direitos, não podendo então o Portfólio nesse caso ser inserido livremente nestas mídias, a não ser que o mesmo não contivesse direitos de terceiros envolvidos, ou tivesse previsão contratual a esse respeito.

Esta conclusão também fundamenta-se, no que tange: (i) – aos direitos personalíssimos, nos preceitos do artigo 5º, inciso X da Constituição Federal, que determina que "são invioláveis a intimidade, a vida privada, a honra e a imagem das pessoas, assegurado o direito a indenização pelo dano material ou moral decorrente de sua violação"; (ii) – aos direitos autorais, no artigo 4º cumulado com o artigo 49, inciso VI da Lei de Direito de Autor nº 9.610/98, que determina que os negócios jurídicos sobre os direitos autorais são interpretados restritivamente, e que se não houver especificações quanto as modalidades de utilização, o contrato será interpretado restritivamente, entendendo-se como limitada a apenas uma modalidade de utilização. No caso ainda da cessão de direitos, seja ela total, seja ela parcial, o Parágrafo Segundo do art. 50 dessa mesma Lei, exige a inclusão no seu Instrumento, do objeto e das condições de exercício quanto a tempo, lugar e preço.

O mesmo ocorre com relação aos direitos conexos. O artigo 90, incisos IV e V da Lei de Direitos Autorais referida acima, é incisivo no sentido de que, o artista intérprete ou executante tem o direito exclusivo de autorizar ou proibir, a título gratuito ou oneroso:

> IV – a colocação à disposição de público de suas interpretações ou execuções, de maneira que qualquer pessoa a elas passa a ter acesso, no tempo e no lugar que individualmente escolherem;
> V- qualquer outra modalidade de utilização de suas interpretações ou execuções.

26. DIREITOS INTELECTUAIS E DE PERSONALIDADE DE TERCEIROS NA DIVULGAÇÃO...

Em decorrência do acima, fica consignada a necessidade de se convencionar com o artista intérprete ou executante, as mídias em que as obras que contem com suas interpretações serão veiculadas, como prever os demais meios e formas de utilização de tais interpretações. O Parágrafo Segundo desse artigo 90 ainda reforça esse entendimento determinando que no tocante à voz e imagem de tal artista intérprete ou executante, quando associadas à sua atuação, também serão protegidos de acordo com o acima mencionado.

Isso já ocorre na prática, uma vez que nos contratos que envolvem a produção de campanha publicitária, e/ou mesmo, em contratação de influenciadores para realizar *posts*, *stories*, *twiters*, dentre outros em mídias sociais, o valor a ser cobrado pelos detentores de direitos, será calculado com base nas mídias que a campanha será veiculada, no prazo de tal veiculação e no Território, devendo obrigatoriamente ser discriminada cada uma das mídias, inclusive no tocante da Internet, a *sites*, portais, *banners*, mídias sociais, dentre outros. No caso das mídias sociais, a contratação ainda envolve, a possibilidade de reaplicação de posts e *stories* nas mídias sociais do cliente e o impulsionamento. O cliente não poderá manter um *post* em suas mídias, ou mesmo, reaplicar os *posts* e *stories* de um influenciador e/ou impulsionar, se não tiver autorização para tanto.

Assim, não resta dúvida, de que a solução para divulgação de Portfólio, contendo as campanhas publicitárias produzidas, em mídias sociais, como também, em outros *sites* e/ou portais e/ou meios digitais, incluindo-se nesse caso, o *site* ou *homepage* do anunciante e que não fosse o *site* próprio/*homepage* da Agência, da Produtora e/ou do Publicitário, seria a de fazer constar no contrato firmado com esses terceiros a previsão para esse uso, limitando-o ao prazo de veiculação previsto, tal qual ocorre nas mídias convencionais. Esse também é um entendimento do IV Fórum Publicitário, que será demonstrado no capítulo "Site Próprio/Homepage", e que determinou em previsão contratual, a possibilidade das campanhas publicitárias serem veiculadas, mesmo após o término do Contrato, em *fan page*/perfil, desde que sem fins lucrativos, das Agências, Produtoras e Detentores de Uso de Imagem e Voz, e não abarcando tal possibilidade de forma alguma para o cliente anunciante, pois isso significaria finalidade de lucro.

Saliente-se ainda, que esse entendimento já encontra apoio da Jurisprudência, conforme abaixo demonstrado:

> Apelação Cível n. 9102034-85.2009.8.26.0000 – São Paulo. Apelantes: Izabel Cristina Martins e Fator 5 Contratipos, Perfumaria e Cosmética Ltda. Apeladas: Fator 5 Contratipos, Perfumaria e Cosmética Ltda.

ATIVIDADE PUBLICITÁRIA NO BRASIL

e Izabel Cristina Martins. Juiz Prolator: José. Aparicio Coelho Prado Neto. TJSP (Voto n. 12.127)

Apelações Cíveis. Ação de indenização por danos morais. Preliminar de intempestividade do recurso de apelação interposto pela autora afastada. Autora que consentiu com uso de sua imagem em revista promocional da ré. Utilização indevida da imagem da autora em site eletrônico Dano inserto no próprio uso indevido e que independe de prova de prejuízo. Dano moral indenizável caracterizado. Fixação da indenização em montante razoável pelo MM. Juizo "a quo" Impossibilidade de vinculação da indenização ao salário mínimo, devendo esta ser fixada em reais, moeda corrente nacional. Incidência da correção monetária a partir desta data. Manutenção do termo inicial de incidência dos juros moratórios, o qual havia sido fixado em sentença nos termos pretendidos pela r. Recurso de apelação interposto pela autora desprovido. Recurso de apelação interposto pela ré provido em parte, t.o-s. para o fim de fixar o montante de indenização por danos morais em valor nominal, corrigido a partir dessa data.

Nega-se provimento ao recurso de apelação interposto pela autora e dá.-se parcial provimento ao recurso de apelação interposto pela ré.[5]

Processo nº 0102246-32.2004.8.26.0100 – São Paulo. Partes: Gabriela Mrozowsky Correa (menor representada por seu pai) e Drogaria Antares e Outros. Juiz Prolator: Marco Antonio Barbosa de Freitas. TJSP[6]

Pelos julgados supra, verifica-se que em ambos os casos, os Autores somente autorizaram o uso de sua imagem para o material impresso, sem ter sido previsto o uso na Internet, o que caracterizou o uso indevido. Note-se, que também, no caso de uso de imagem, após a expiração do prazo contratual, também restará comprovado o seu uso indevido. Assim, fica evidente a necessidade de obtenção de autorização para o uso da imagem de terceiros em cada uma das mídias que a campanha será veiculada.

---

[5] TJSP. Apelação Cível n. 9102034-85.2009.8.26.0000. Relatora: Des. Christine Santini. Juiz Prolator: José Aparicio Coelho Prado Neto. DJ 30/05/2012. Disponível em www.tjsp.jus.br. Acesso em 2014

[6] TJSP · Foro · Foro Central Cível da Comarca de São Paulo, SP. Processo nº 0102246-32.2004. 8.26.0100. Disponível em https://www.jusbrasil.com.br/processos/278354937/processo-n-0102246-3220048260100-do-tjsp. Acesso em 2014

26. DIREITOS INTELECTUAIS E DE PERSONALIDADE DE TERCEIROS NA DIVULGAÇÃO...

Notícia divulgada no website do Tribunal de Justiça do Distrito Federal e dos Territórios[7]:

A 1a Turma Recursal dos Juizados Especiais do Distrito Federal, por unanimidade, deu parcial provimento ao recurso do requerente, e reformou a sentença para condenar a empresa requerida ao pagamento de indenização por danos morais e materiais, em decorrência de ter utilizado, sem autorização, fotos de autoria do requerente.

O requerente ajuizou ação, na qual argumentou que a agência de viagens teria violado seus direitos autorais ao publicar, no site da empresa, na internet, imagens de sua autoria, sem a devida autorização.

A empresa apresentou contestação e defendeu que não há provas de que as imagens foram elaboradas pelo autor.

A sentença proferida pelo juiz titular do 1º Juizado Especial Cível de Taguatinga julgou improcedentes os pedidos.

Inconformado, o requerente recorreu, e os magistrados entenderam que a sentença deveria ser reformada para condenar a empresa ao pagamento de indenização por danos morais e materiais, e registraram: "2. O autor/recorrente juntou cópias das páginas de sites e da matéria publicada na Revista Viagem e Turismo (ID 2084434), demonstrando que a foto utilizada pela recorrida no Facebook e Instagram está catalogada como de sua autoria (ID 2084433) e é a mesma constante do seu sítio eletrônico e de outros. Meras ilações de que os documentos são impressões de tela não são suficientes a desconstituir o direito do autor. 3. A ré/recorrida, por seu turno, não demonstra que a foto utilizada tenha sido retirada do banco de imagens denominado "fotolia", que são devida e previamente pagas, não se desincumbindo, portanto, do seu ônus de comprovar fato modificativo, impeditivo ou extintivo do direito do autor/recorrido. 4. Com efeito, a utilização sem autorização do autor e sem a indicação da autoria da obra viola os artigos 22, 28 e 29 da Lei 9.610/98. E, uma vez demonstrado o uso indevido de trabalho fotográfico de sua propriedade, sem a sua ciência ou anuência, com o objetivo de exploração comercial, reconhece-se a violação dos direitos patrimoniais, que, segundo art. 6º da Lei 9.099/95, podem ser fixados segundo o critério de equidade.

Pje: **0702290-61.2017.8.07.0007**

---

[7] Turma dos Juizados Federais do Distrito Federal – Pje: 0702290-61.2017.8.07.0007. Disponível em www.tjdf.jus.br. Acesso em fevereiro 2021

ATIVIDADE PUBLICITÁRIA NO BRASIL

Notícia divulgada no website sedep.com.br:[8]
TJ/SP concede indenização material por uso indevido de imagem em rede social
Autor não receberá danos morais pois comemorou a publicação.

A 3ª Vara Cível Central julgou parcialmente procedente pedido de indenização formulado por autor de imagem compartilhada indevidamente por empresa do ramo de cosméticos. A indenização por danos materiais foi arbitrada em R$ 1.500. Também foi determinado que a empresa ré retirasse tal imagem da internet, precisamente do Instagram.

A utilização da imagem violou termos de uso, uma vez que a redação publicitária dava a entender que pessoas na imagem endossavam o produto anunciado, fato expressamente proibido. Por outro lado, o juiz Christopher Alexander Roisin julgou improcedente o pedido de indenização por danos morais, mesmo com orientação do Superior Tribunal de Justiça de que nestes casos o dano moral é presumido. Isso porque o próprio autor da ação comemorou o compartilhamento da imagem no perfil social de vocalista de popular banda brasileira.

"Não sofre dano aquele que comemora a veiculação de sua imagem", resumiu o magistrado. Segundo ele, o "comentário, de aprovação e regozijo, impede qualquer indenização moral, sob pena de aplaudir-se o venire contra factum proprium". Cabe recurso da decisão.

Processo nº 1000143-65.2020.8.26.0100

Também não restam dúvidas de que a veiculação da campanha publicitária, seja sob a forma de Portfólio ou não, em mídias sociais veio a complementar as mídias tradicionais, como mais uma forma de divulgação, o que denota então o caráter comercial pela veiculação de campanha nestas mídias.

4.2. *Site* próprio/*homepage*

No que se refere à disponibilização de portfólio pessoal e/ou empresarial em *site* próprio/*homepage,* que envolva direitos intelectuais e de personalidade de terceiros, também deverá ser levada em conta a forma de tal inserção e/ou divulgação.

---

[8] Disponível em www.sedep.com.br – acesso em 19/04/2021

26. DIREITOS INTELECTUAIS E DE PERSONALIDADE DE TERCEIROS NA DIVULGAÇÃO...

Algumas agências e/ou produtoras simplesmente disponibilizam seu portfólio em ícones como "portfólio"; "clientes e trabalhos"; "clássicos"; "arquivos", enquanto que outras já realizam pesquisa de resultados de determinadas campanhas, e acabam inserindo parte de seus portfólios em ícones denominados *cases*; "resultados"; dentre outros.

A mera disponibilização do portfólio em ícones como "portfólio"; "clientes e trabalhos"; "clássicos"; "arquivos", sem finalidade comercial, e com o único intuito de demonstrar e/ou relacionar o trabalho criado não implica em violação de direitos, haja vista que tal trabalho fez parte do contexto histórico dessa empresa ou desse profissional, cujo objetivo principal é a criação. Mas, essa empresa ou esse profissional não poderá influenciar que seus usuários ou quaisquer terceiros acessem tais ícones, sejam eles por meio de *banners*, e/ou por qualquer outra forma, pois assim, a finalidade comercial estaria consignada.

Atualmente, existe um consenso entre agência/produtora, cliente anunciante, artistas/modelos no sentido de que a campanha publicitária, que envolva direitos de terceiros, sejam eles direitos autorais, conexos, personalíssimos e/os de propriedade industrial, poderá integrar o portfólio para ser inserido em *homepage/site* próprio de Internet, desde que todos os envolvidos, **com exceção do cliente anunciante**, possam utilizar-se de tal campanha em seu portfólio pessoal ou empresarial e que tal divulgação não se configure em finalidade comercial (no caso do cliente anunciante não prevalece tal concessão, uma vez que a veiculação da campanha em seu *site/homepage* é considerada como tendo finalidade comercial, já que se trata da divulgação da marca/produto desse cliente anunciante).

Tal consenso foi consubstanciado no II Fórum da Produção Publicitária, que editou no ano de 2003, o Manual de Produção de Elenco para Publicidade, e teve a participação da ABA (Associação Brasileira de Anunciantes), ABAP (Associação Brasileira de Agências de Publicidade), ABRAFAMA (Associação Brasileira de Agências de Atores, Modelos, Artistas e Figurantes), ABRAFOTO (Associação Brasileira dos Fotógrafos de Publicidade), APRO (Associação Brasileira de Produção de Obras Audiovisuais), Caras do Reclame (Associação Brasileira de Atores Profissionais Caras do Reclame), SAPESP (Sindicato das Agências de Propaganda do Estado de São Paulo) e SATED SP (Sindicato dos Artistas e Técnicos em Espetáculos de Diversões do Estado de São Paulo).

Em tal Manual foram inseridos modelos de contrato, de termo de compromisso, de autorização, dentre outros, sendo que a cláusula 2.4 do Instrumento

ATIVIDADE PUBLICITÁRIA NO BRASIL

Particular de Contrato de Prestação de Serviços e Concessão de Uso de Imagem e Som de Voz, determinou que, a Agência de Publicidade, a Produtora, o Artista e/ou o Modelo poderiam,

> a critério próprio, sem limite de tempo, utilizar ou divulgar, **sem incidência de qualquer ônus**, a (s) imagem (ns) e o som (ns) de voz captados no filme e nos demais materiais publicitários, em seu portfólio (inclusive em CD-ROM); **em seu site ou homepage na Internet** (inclusive nas aplicações interativas); em concursos, exposições ou eventos institucionais (inclusive através de assessoria de imprensa); **desde que esses usos não tenham qualquer finalidade comercial**". (negritos nosso)

Esse entendimento também foi mantido nos III e IV Fórum da Produção Publicitária[9], que efetuaram algumas modificações nos documentos inseridos no Manual, mas mantiveram a cláusula 2.4, em termos semelhantes do referido Instrumento, incluindo a disponibilização de tais materiais no perfil e/ou *fan page* dos contratantes (agência/produtora/detentor de imagem e som de voz), com exceção dos clientes (porque daí sim, teria a finalidade de lucro) nas redes sociais e determinando que tais utilizações somente poderão ocorrer após o início da veiculação.

Diante do acima exposto, observa-se que apesar de constar de uma disposição contratual, já existe um entendimento que a campanha poderá ser inserida no Portfólio, inclusive no *site* ou *homepage* da Agência/Produtora, Modelos e/ou Artistas na Internet, sem limite de tempo e sem quaisquer ônus, **desde que não tenha finalidade comercial**, ou seja, essa utilização deverá ser feita apenas para informação dos trabalhos realizados.

Entende-se por "finalidade comercial", o intuito de obter vantagem econômica com a divulgação e/ou veiculação de tal campanha publicitária. Assim quando a campanha, está inserida dentro do portfólio, sendo hospedado em *site* ou *homepage* próprio, ela somente será acessada por terceiros que tenham interesse em conhecer os trabalhos criados por essa agência, produtora e/ou profissionais. A Agência, a Produtora e/ou Publicitário, neste caso, não estão de forma alguma comercializando ou divulgando o produto que consta nesta campanha, mas estão demonstrando apenas suas criações.

[9] Manual de Produção. IV Fórum da Produção Publicitária. Realização: APRO- Associação Brasileira de Produção de Obras Audiovisuais. Organizadores: ABAP. ABELE. ABRAFOTO. APRO. APROSOM.SATED. SIAESP.SICAV.SINAPRO. SP. SINDICINE. São Paulo: Maio de 2017. p. 221 e 222 e 244 e 245.

26. DIREITOS INTELECTUAIS E DE PERSONALIDADE DE TERCEIROS NA DIVULGAÇÃO...

Diferentemente porém, é o entendimento se o Portfólio contendo tais campanhas for inserido em ícones denominados como *"cases"*; "resultados"; dentre outros.

A divulgação e/ou veiculação de tal Portfólio nestes ícones poderá gerar conflito, haja visto que poderá ser considerada que a mesma contém finalidade comercial. Senão vejamos:

Tanto no ícone *"cases"*, como no ícone "resultados", a campanha publicitária, que consta do Portfólio é exibida integralmente acompanhada de um estudo que, geralmente, é dividido em 03 (três) fases: "discussão", "desafio" e "solução". Essa fases englobam desde o início da procura do cliente/anunciante da agência ou do publicitário que será o responsável pela criação da campanha publicitária ("discussão); o objetivo de tal campanha ("desafio") e o resultado final da mesma ("solução"), que demonstrará o benefício gerado pela campanha, como também o quanto essa campanha significou para o anunciante com relação ao consumo ou aquisição de seu produto.

O artigo 46, inciso V da Lei de Direito Autoral nº 9610/98, determina que não constitui ofensa aos direitos autorais, "a citação em livros, jornais, revistas ou qualquer outro meio de comunicação, de passagens de qualquer obra, para fins de estudo, crítica ou polêmica, na medida justificada para o fim a atingir, indicando-se o nome do autor e a origem da obra".

Verifica-se que neste caso, a campanha é exibida em seu todo, ou seja, não estão sendo utilizados pequenos trechos para o estudo da obra – o conceito principal continua sendo a campanha, que é acompanhada de uma explicação, conforme acima demonstrado.

Com relação, a finalidade comercial pode-se ter um dúbio entendimento nesse caso: o primeiro, é o de que não se caracteriza como finalidade comercial, a simples divulgação da campanha no Portfólio, como "case", "resultados" no site da agência ou da produtora ou ainda do publicitário, haja visto que somente se pretendeu mostrar o resultado de tal campanha, podendo então ser equiparado ao uso do Portfólio em ícones como "arquivo", "histórico"; e o segundo, é que a divulgação do Portfólio que abrange essa campanha dentro de ícones como *"case"*, "resultados" e ou similares, poderá ser interpretada como captação indireta de cliente, sendo então abarcado pelos preceitos da finalidade comercial.

O doutrinador Walter Douglas Stuber, em seu artigo "A Internet sob a ótica jurídica"[10], concede a seguinte explicação:

---

[10] STUBER, Walter Douglas. *A Internet sob a ótica jurídica*. Revista dos Tribunais n.748/98, p. 60 a 81

ATIVIDADE PUBLICITÁRIA NO BRASIL

a utilização da Internet, como forma de divulgação e transmissão de informações traz consigo uma série de problemas relacionados aos direitos de propriedade intelectual.... O acesso aos dados lançados na rede não outorga ao usuário o direito de dispor deles como melhor lhe parecer, assim como a compra de um livro não dá direito a quem comprou de copiá-lo, revende-lo ou utilizar, de forma não autorizada, de seu conteúdo, sem que sejam pagos os direitos autorais. O fato de as obras e as informações transmitidas através da Internet estarem sob a forma digital não retira delas a característica de criação humana, passiveis de proteção jurídica...

Conclui-se então, que, nesses casos, para que não seja iniciada uma discussão sobre a incidência do caráter comercial sobre tal divulgação ou não, o ideal seria solicitar autorização prévia e por escrito de todos os detentores de direitos.

Conclusões

Diante do todo o exposto, e tendo em vista o caráter restritivo da Lei de Direitos Autorais e dos artigos da Constituição que envolvem os Direitos Personalíssimos, verifica-se então que, a única possibilidade permitida de divulgação de Portfólio Pessoal e/ou Empresarial que contenha direitos intelectuais e personalíssimos de terceiros é aquela que seja feita em *site* próprio/*homepage* da Agência de Publicidade, da Produtora, do Publicitário e/ou de Modelos e Artistas, desde que não contenha qualquer finalidade comercial.

A divulgação desses Portfólios em *sites* próprios/*homepage* que tenham finalidade comercial, bem como em outros *sites*/portais, mídias sociais e demais meios digitais que não sejam aqueles descritos no Parágrafo supra, assim como, a veiculação da campanha em site e/ou rolo histórico em midias sociais de cliente/anunciante deverá ser precedida de prévia autorização por escrito de todos os detentores de direitos, devendo obedecer o prazo, a localidade e as mídias determinados na respectiva Autorização e/ou no Contrato que venha a ser elaborado para esse fim.

REFERÊNCIAS

Dicionário Houass. Disponível em www.hoaiss.net. Acesso em fevereiro de 2021

Manual de Produção. IV Fórum da Produção Publicitária. Realização: APRO- Associação Brasileira de Produção de Obras Audiovisuais. Organizadores: ABAP. ABELE. ABRAFOTO. APRO. APROSOM.SATED. SIAESP.SICAV.SINAPRO. SP. SINDICINE. São Paulo: Maio de 2017.

Rede Jornal Contábil, por Gabriel Dau. Disponível em jornalcontabil.com.br. Acesso em fevereiro de 2021

STUBER, Walter Douglas. *A Internet sob a ótica jurídica*. Revista dos Tribunais

Wikipedia: enciclopédia livre. Disponível em pt.wikipedia.org. Acesso em fevereiro de 2021

TJSP. Apelação Cível n. 9102034-85.2009.8.26.0000. Relatora: Des. Christine Santini. Juiz Prolator: José Aparicio Coelho Prado Neto. DJ 30/05/2012. Disponível em www.tjsp.jus.br. Acesso em 2014

TJSP · Foro · Foro Central Cível da Comarca de São Paulo, SP. Processo nº 0102246-32.2004.8.26.0100. Disponível em https://www.jusbrasil.com.br/processos/278354937/processo-n-0102246-3220048260100-do-tjsp

27.
O REGISTRO DE OBRA PUBLICITÁRIA PELA ANCINE

Gabriela Pires Pastore

Introdução

Para que uma obra audiovisual publicitária possa ser veiculada em território nacional, nos segmentos de mercado regulados pela Agência Nacional do Cinema – Ancine, é imprescindível que a produtora brasileira faça o registro da obra no referido órgão. E isso vale para todas as obras que sejam veiculadas no Brasil, sejam elas produzidas em território nacional, no exterior ou as estrangeiras.

A Ancine – Agência Nacional de Cinema – foi criada pela Medida Provisória nº 2.228-1/2001[1] e editada pelo Poder Executivo com a finalidade de fomentar, fiscalizar e regular as indústrias cinematográficas e videofonográficas no Brasil. Ela é independente e dotada de autonomia administrativa e financeira.

O processo de registro da obra, vale para firmar pontos importantes de toda a cadeia, nele são fornecidos informações que asseguram direitos e obrigações da produtora requerente.

Assim a Ancine, como responsável pela fiscalização e regulação do mercado audiovisual, busca zelar pelo interesse público, através de diversos instrumentos normativos, tais como Instruções Normativas, Protocolos de Entendimentos, Portarias e Deliberações, com o objetivo de estabelecer regras para o desenvolvimento da indústria do audiovisual, bem como

---

[1] Disponível em: <http://www.planalto.gov.br/ccivil_03/MPV/2228-1.htm>. Acesso em: 03 de dezembro de 2020.

ATIVIDADE PUBLICITÁRIA NO BRASIL

fiscalizar o cumprimento das obrigações previstas na legislação vigente relativa ao setor. Podemos dizer aqui que o trâmite é a maneira de fazer o projeto dentro de todas as normas legais, evitando quaisquer problemas jurídicos no futuro, seja para a produtora, seja para seu cliente.

Dentre essas obrigações, estão os registros das empresas e de obras audiovisuais, bem como o devido recolhimento da CONDECINE e o envio de documentos comprobatórios necessários para a efetivação do registro da obra junto ao órgão, o que viabiliza a veiculação da mesma publicamente.

Dessa forma, especialmente com relação ao registro de obras audiovisuais publicitárias no Brasil, atualmente, a Instrução Normativa 95/11[2] é que estabelece as normas necessárias para a devida obtenção do Certificado de Registro de Título – CRT, a qual deverá ser observada pelos responsáveis do registro da obra junto a Ancine. (<www.ancine.gov.br>).

Então vamos verificar alguns dos principais pontos para o registro de obras publicitárias audiovisuais na Ancine.

1. Desenvolvimento

O primeiro passo que a produtora brasileira, responsável pelo registro, deve observar é que deve ser registrada no órgão, conforme as determinações estabelecidas na legislação vigente, hoje, a IN 95/11, art.1º, VIII[3].

> "Art. 1º Para fins desta Instrução Normativa entende-se como:
> (...)
> VIII – Empresa Produtora Brasileira: pessoa jurídica constituída sob as leis brasileiras, com sede e administração no País, cuja maioria do capital total e votante seja de titularidade direta ou indireta de Brasileiros natos ou naturalizados há mais de 5 (cinco) anos, os quais devem exercer de fato e de direito o poder decisório da empresa."

---

[2] Disponível em: <https://www.gov.br/ancine/pt-br/acesso-a-informacao/legislacao/instrucoes-normativas/instrucao-normativa-n-o-95-de-8-de-dezembro-de-2011>. Acesso em: 01 de fevereiro de 2021.

[3] Disponível em: <https://www.gov.br/ancine/pt-br/acesso-a-informacao/legislacao/instrucoes-normativas/instrucao-normativa-n-o-95-de-8-de-dezembro-de-2011>. Acesso em: 01 de fevereiro de 2021.

Cumprido os requisitos acima descritos e demais dispositivos da Instrução Normativa específica para o registro de empresas no órgão, a produtora brasileira registrada, receberá um *login* e uma senha, estando apta a realizar os registros junto à Ancine.

Vale dizer que hoje os segmentos de mercado para registro de obra audiovisual publicitária no referido órgão são:

- Salas de exibição,
- Radiodifusão de sons e imagens,
- Comunicação eletrônica de massa por assinatura,
- Vídeo doméstico e
- Outros mercados. (*por outros mercados entende-se: vídeo por demanda, audiovisual em transporte coletivo e audiovisual em circuito restrito).

Nesse sentido, é obrigatório que a produtora efetue o registro da obra audiovisual publicitária, previamente à sua veiculação, em um ou mais segmentos para o qual se destinar.

Para tanto, primeiro a produtora deverá verificar como a obra audiovisual publicitária será classificada junto a Ancine, observando as informações e documentos que deverão ser encaminhados no ato do requerimento.

Deve-se levar em consideração que atualmente, a Ancine classifica as obras audiovisuais publicitárias como (IN 95/11, art.3º[4]):

- brasileira filmada ou gravada no Brasil;
- brasileira filmada ou gravada no Exterior ou
- estrangeira.

Então, após a produtora efetuar o requerimento do registro da obra, eletronicamente, através do portal da Ancine e efetuar o pagamento da CONDECINE a obra receberá o Certificado de Registro de Título – CRT e poderá ser comunicada publicamente, com exceção da obra audiovisual publicitária estrangeira que somente poderá ser veiculada, após a compensação do pagamento da CONDECINE.

---

[4] Disponível em: <https://www.gov.br/ancine/pt-br/acesso-a-informacao/legislacao/instrucoes-normativas/instrucao-normativa-n-o-95-de-8-de-dezembro-de-2011>. Acesso em: 01 de fevereiro de 2021.

ATIVIDADE PUBLICITÁRIA NO BRASIL

É muito importante esclarecer que a falta de pagamento da CONDECINE ou fornecimento de informações incorretas, poderá acarretar a retirada de exibição ou suspensão da comercialização da obra. Nesse sentido, a fim de evitar qualquer prejuízo ao cliente anunciante, a produtora deverá verificar atentamente as determinações da Instrução Normativa em vigor, inclusive quanto a forma de produção de cada uma das obras acima mencionadas.

Vale ainda dizer que a empresa produtora, responsável pelo registro da obra junto ao órgão, a contar da data do requerimento do registro, fica obrigada a manter em arquivo pelo prazo de 5 anos, a documentação estabelecida no art. 18 da IN 95/11[5], podendo durante esse período, a Ancine requerer a sua apresentação para fins de verificação. Todavia, tal requerimento deverá observar a razoabilidade e proporcionalidade das exigências.

Caso seja constatado qualquer irregularidade no registro ou recolhimento da CONDECINE, poderá ser instaurado um processo administrativo para apuração do descumprimento de obrigação legal, sob pena de aplicação de penalidade cabível, observados os direitos do regulado ao contraditório à ampla defesa.

1.1. Registro de obra audiovisual publicitária brasileira filmada ou gravada no Brasil

Entende-se por obra audiovisual publicitária brasileira gravada ou filmada no Brasil, aquela que:

- seja produzida por empresa produtora brasileira registrada na Ancine[6];
- realizada por diretor brasileiro ou estrangeiro residente no país há mais de 3 anos, e
- utilize para sua produção, no mínimo, 2/3 de artistas e técnicos brasileiros ou residentes no país há mais de 5 anos.

---

[5] Disponível em: <https://www.gov.br/ancine/pt-br/acesso-a-informacao/legislacao/instrucoes-normativas/instrucao-normativa-n-o-95-de-8-de-dezembro-de-2011>. Acesso em: 01 de fevereiro de 2021.

[6] §2º do artigo 1º da Medida Provisória 2.228-1/01 *"entende-se por empresa brasileira aquela constituída sob as leis brasileiras, com sede e administração no País, cuja maioria do capital seja de titularidade direta ou indireta de brasileiros natos ou naturalizados há mais de 5 (cinco) anos, os quais devem exercer de fato e de direito o poder decisório da empresa."*

Atualmente, o requerimento do registro da obra audiovisual publicitária brasileira gravada ou filmada no Brasil, deverá conter as informações contidas no art. 11 e inciso "a" da IN/95/11[7], bem como estar acompanhado do envio eletrônico de cópia dos documentos listados no art. 11, parágrafo único, inciso "a" da referida IN e estar de acordo com as normas estabelecidas na IN para sua produção.

1.2. Registro de obra audiovisual publicitária brasileira filmada ou gravada no Exterior

Entende-se por obra audiovisual publicitária brasileira gravada ou filmada no Exterior, aquela que:

- é realizada no exterior;
- produzida por empresa produtora **brasileira** registrada na Ancine[8];
- é realizada por diretor brasileiro ou estrangeiro residente no Brasil há mais de 3 anos, e
- utilize para sua produção, no mínimo, 1/3 de artistas e técnicos Brasileiros ou residentes no Brasil há mais de 5 anos.

Cumpre esclarecer que nos dias de hoje, a obra audiovisual publicitária brasileira gravada ou filmada no Exterior, deverá atender a todos os requisitos dispostos na IN 95/11[9] para a sua correta adequação, que dentre seus dispositivos, estabelece a obrigatoriedade de participação do diretor cinematográfico, artistas e técnicos utilizados na produção da obra, empregados nessas funções, em todas as etapas das filmagens, inclusive aquelas realizadas no exterior.

---

[7] Disponível em: <https://www.gov.br/ancine/pt-br/acesso-a-informacao/legislacao/instrucoes-normativas/instrucao-normativa-n-o-95-de-8-de-dezembro-de-2011>. Acesso em: 01 de fevereiro de 2021.

[8] §2º do artigo 1º da Medida Provisória 2.228-1/01 *"entende-se por empresa brasileira aquela constituída sob as leis brasileiras, com sede e administração no País, cuja maioria do capital seja de titularidade direta ou indireta de brasileiros natos ou naturalizados há mais de 5 (cinco) anos, os quais devem exercer de fato e de direito o poder decisório da empresa."*

[9] Disponível em: <https://www.gov.br/ancine/pt-br/acesso-a-informacao/legislacao/instrucoes-normativas/instrucao-normativa-n-o-95-de-8-de-dezembro-de-2011>. Acesso em: 01 de fevereiro de 2021.

ATIVIDADE PUBLICITÁRIA NO BRASIL

Assim, estando a obra de acordo com os dispositivos específicos da IN, o requerimento do registro, deverá incluir todas as informações contidas no art. 11 e inciso "b" da IN/95/11[10], bem como acompanhado do envio eletrônico de cópia dos documentos listados no art. 11, parágrafo único, inciso "b" da referida IN.

1.3. Registro de obra publicitária estrangeira

Entende-se por obra audiovisual publicitária estrangeira, aquela que:

• não se enquadra na definição de obra audiovisual publicitária brasileira.

Desse modo, a obra audiovisual publicitária estrangeira, de qualquer forma direcionada ao público brasileiro, somente poderá ser veiculada no Brasil, devidamente adaptada ao idioma português falado e escrito no Brasil, inclusive para fins de cumprimento das exigências de oferta e apresentação do produto, de acordo com o art. 31 do Código de Defesa do Consumidor – CDC[11].

> "Art. 31. A oferta e apresentação de produtos ou serviços devem assegurar informações corretas, claras, precisas, ostensivas e em língua portuguesa sobre suas características, qualidades, quantidade, composição, preço, garantia, prazos de validade e origem, entre outros dados, bem como sobre os riscos que apresentam à saúde e segurança dos consumidores.
>
> Parágrafo único. As informações de que trata este artigo, nos produtos refrigerados oferecidos ao consumidor, serão gravadas de forma indelével."

---

[10] Disponível em: <https://www.gov.br/ancine/pt-br/acesso-a-informacao/legislacao/instrucoes-normativas/instrucao-normativa-n-o-95-de-8-de-dezembro-de-2011>. Acesso em: 01 de fevereiro de 2021.

[11] Disponível em: <http://www.planalto.gov.br/ccivil_03/leis/L8078compilado.htm>. Acesso em: 01 de fevereiro de 2021.

Nesse sentido, a adaptação da obra deverá ser:

- realizada por produtora **brasileira** registrada na Ancine;
- ter supervisão de diretor brasileiro ou estrangeiro residente no país há mais de 3 anos contratado para tal, e
- contar com 2/3 do total de profissionais brasileiros ou estrangeiros residentes no Brasil há mais de 5 anos.

Cumprido todos os requisitos dispostos na legislação vigente, a produtora deverá providenciar o requerimento do registro, incluindo todas as informações contidas no art. 11 e inciso "c" da IN/95/11[12], bem enviar eletronicamente a cópia dos documentos listados no art. 11, parágrafo único, inciso "c" da referida IN.

2. Versões da obra audiovisual publicitária

Nos dias de hoje, conforme IN 95/11, art. 12[13], as versões das obras audiovisuais publicitárias, deverão ser informadas no requerimento do registro da obra audiovisual da qual derivou, devendo ser consideradas um só título, juntamente com a obra original, ficando para efeito do pagamento do CONDECINE, limitadas a:

- 5 versões no caso de obras audiovisuais publicitárias em geral;
- 50 versões no caso de obras audiovisuais publicitárias destinadas ao varejo.

Caso o limite acima seja ultrapassado, deverá ser realizado novo registro do título da obra original.

No entanto, desde que com autorização motivada, prévia e expressa da Ancine e justificativa explícita, poderão ser aceitos registros com formatos distintos do padrão convencional.

---

[12] Disponível em: <https://www.gov.br/ancine/pt-br/acesso-a-informacao/legislacao/instrucoes-normativas/instrucao-normativa-n-o-95-de-8-de-dezembro-de-2011>. Acesso em: 01 de fevereiro de 2021.

[13] Disponível em: <https://www.gov.br/ancine/pt-br/acesso-a-informacao/legislacao/instrucoes-normativas/instrucao-normativa-n-o-95-de-8-de-dezembro-de-2011>. Acesso em: 01 de fevereiro de 2021.

ATIVIDADE PUBLICITÁRIA NO BRASIL

Cumpre esclarecer que para versão de obra audiovisual publicitária, deverá ser observado cumulativamente:

"IN 95/11, Art. 1, XXXI[14] (...) a) ser edição, ampliada ou reduzida em seu tempo de duração, realizada a partir de obra audiovisual publicitária original, ou ser adaptação de obra audiovisual original, desde que restrita apenas a substituição da imagem do objeto anunciado ou letreiros;

b) ser produzida sob o mesmo contrato de produção, registrado para a obra;

c) ser baseada no mesmo roteiro e argumento da obra audiovisual publicitária original da qual derivou;

d) ser produzida para o mesmo anunciante, ainda que editada por terceiros;

e) ser editada em quantidade previamente definida no contrato de produção."

2. CONDECINE

Conforme estabelece o art. 22 da IN 95/11[15], a Contribuição para o Desenvolvimento da Indústria Cinematográfica Nacional – CONDECINE, terá por fato gerador a veiculação, produção, licenciamento e distribuição de obras audiovisuais publicitárias, por segmento de mercado a que se destinarem, ou seja um ou mais segmentos a depender da mídia negociada.

Assim, também será devida nos casos de veiculação e distribuição de obra audiovisual publicitária que for incluída em programação internacional com participação direta de agência de publicidade brasileira.

Nesse sentido, o respectivo pagamento caberá: (i) à empresa produtora, quando registro de obra audiovisual publicitária brasileira; (ii) ao detentor dos direitos de licenciamento para comunicação pública no Brasil, quando obra audiovisual publicitária estrangeira e, (iii) ao representante legal

---

[14] Disponível em: <https://www.gov.br/ancine/pt-br/acesso-a-informacao/legislacao/instrucoes-normativas/instrucao-normativa-n-o-95-de-8-de-dezembro-de-2011>. Acesso em: 01 de fevereiro de 2021.

[15] Disponível em: <https://www.gov.br/ancine/pt-br/acesso-a-informacao/legislacao/instrucoes-normativas/instrucao-normativa-n-o-95-de-8-de-dezembro-de-2011>. Acesso em: 01 de fevereiro de 2021.

e obrigatório da programadora estrangeira no País, quando em programação internacional com participação direta de agência de publicidade brasileira.

Cumpre salientar que a pessoa física ou jurídica responsável pela exibição, transmissão, difusão ou veiculação de obra publicitária que não esteja com a CONDECINE quitada, responde solidariamente pela contribuição.

Quanto a validade, a CONDECINE, será devida a cada 12 meses, por título da obra, incluindo suas 5 versões, bem como por segmento de mercado ao qual se destina, conforme valor estipulado para cada segmento, devendo haver recolhimento de nova contribuição, caso a obra audiovisual publicitária seja renovada por período excedente a esse prazo.

Os valores da CONDECINE, são definidos em regulamento pelo Poder Executivo Federal, nos termos do § 5º do art. 33 da Medida Provisória 2.228-1, de 06 de setembro de 2001[16].

REFERÊNCIAS

Material extraído da internet

ANCINE. *Instrução Normativa n. 95/2011.* Disponível em www.gov.br/ancine/pt-br, acesso em 01 fev. 2021.

PLANALTO. *Código de Defesa do Consumidor (1990).* Disponível em http://www.planalto. gov.br/ccivil_03/leis/L8078compilado.htm , acesso em 01 fev. 2021.

PLANALTO. *Medida Provisória n. 2.228-1/2001.* Disponível em http://www.planalto.gov. br/ccivil_03/MPV/2228-1.htm, acesso em 03 dez. 2020.

---

[16] Disponível em: <http://www.planalto.gov.br/ccivil_03/MPV/2228-1.htm>. Acesso em: 03 de dezembro de 2020.

28.
ADVOCACIA PREVENTIVA NO ÂMBITO PUBLICITÁRIO

Carla Cristina Rizek Munhoz

Introdução[1]

A função do advogado que atua como consultor de agências de publicidade (ou agências de *marketing*, de eventos, produtoras de audiovisual, dentre outras atividades similares) é, primordialmente, a de prevenir problemas.

Não era comum agências investirem em consultoria jurídica. O setor sempre foi bastante informal. Todavia, de uns anos para cá, os grupos de comunicação identificaram a importância desse "departamento" que, no final do dia, gera economia por meio da mitigação de riscos no desenvolvimento da atividade, refletindo diretamente na obtenção de melhores resultados.

A cultura trazida pelos grandes grupos multinacionais de comunicação, bastante profissionalizados, também tem papel essencial na valorização do trabalho jurídico, seja através da criação de um departamento, seja através da contratação de um único profissional, ou poucos, para atuarem dentro da agência de publicidade.

Contar com uma assessoria regular e cotidiana proporciona à empresa e a seus colaboradores rapidez de respostas, melhores processos internos, segurança, menos contingências e mais lucro. Definitivamente, um bom negócio!

---

[1] Compartilho com imensa alegria a experiência vivenciada como advogada consultiva no dia a dia de uma agência de publicidade. Após anos em grandes escritórios de advocacia, ambientes bastante formais, iniciei com total entusiasmo a função de consultora jurídica interna num grupo de comunicação. A experiência confirmou-se como a oportunidade tão almejada de exercer uma advocacia mais generalista e extremamente dinâmica.

ATIVIDADE PUBLICITÁRIA NO BRASIL

1. Divisão e desafios

Um dos grandes desafios enfrentados pelo advogado que dá consultoria a agência de publicidade pode vir a ser, ironicamente, a própria comunicação.

O dia a dia da atividade publicitária envolve transitar entre a subjetividade (desenvolvimento de conceitos criativos a partir de *briefings* recebidos do cliente) e muita objetividade (orçamentos, prazos, equipes, limites legais, contratos).

Com perspicácia, o advogado consegue introduzir às diversas áreas e diferentes departamentos existentes na agência o propósito de se chegar a um bom equilíbrio entre lidar com as questões objetivas e as subjetivas. Nessa tarefa, porém, costuma ser vital aprender a falar a língua dos publicitários para bem se comunicar, estreitar a relação e ganhar a confiança de seu cliente.

A estrutura clássica de uma agência de publicidade, explicando de modo singelo e abreviado, é contar com os seguintes principais departamentos: (i) Atendimento, responsável por interagir com o cliente anunciante em relação a todos os aspectos mais práticos envolvidos nessa contratação, desde prazos e cronograma de trabalho, valores e custos, contratos, e fazer a ponte entre o cliente e os demais departamentos da agência; (ii) Criação, responsável pelo desenvolvimento da ideia criativa das campanhas; (iii) Planejamento, que serve para complementar o *briefing* com pesquisas e definição de estratégias que ajudem a criação a atingir o foco desejado pelo cliente, e (iv) Mídia, que desenvolve os planos de mídia, define onde e quanto será investido em cada tipo de veículo de divulgação, para que o objetivo do cliente seja atingido.

Esses são basicamente os departamentos que desenvolvem a atividade-fim da agência, que é criar e colocar uma campanha publicitária de pé, nas ruas, no ar, impactando o público-alvo através da visibilidade do conceito criativo e mensagem que se deseja passar, vinculada ao produto/marca do cliente.

Além deles, a assessoria jurídica de uma agência deve também atender a outros departamentos e áreas de suporte: administrativo, recursos humanos, financeiro, contábil, rádio/televisão e cinema, *artbuyer*, produção, tecnologia de informação, assessoria de imprensa, para enumerar apenas alguns, dentre vários.

Nessa divisão, começam os desdobramentos dos diversos tipos de interface que o advogado consultor deve ter, pois com cada um dos diferentes departamentos há uma linguagem a ser utilizada e uma preocupação diferente a ser enfrentada.

28. ADVOCACIA PREVENTIVA NO ÂMBITO PUBLICITÁRIO

Assim, podemos dividir os desafios em dois itens principais: a melhor comunicação e os diferentes enfoques de preocupação que o consultor deve ter para atender a cada um dos departamentos e respectivas demandas.

Uma ferramenta muito interessante e extremamente contemporânea que pode ajudar na tarefa do bem comunicar é o chamado *Visual Law*, por meio da qual recursos visuais (gráficos, *storyboards*, fluxogramas, desenhos) são usados para tornar a comunicação jurídica mais acessível e compreensível pelo público leigo. Tal ferramenta costuma ser extremamente bem aceita num ambiente como o de uma agência e bastante eficaz, estreitando a relação entre equipes e jurídico.

1.1 Atendimento/negócios

A maior interação do advogado usualmente é com o Atendimento, dado que esse costuma ser o departamento que centraliza e concentra a maior parte das responsabilidades para que tudo saia dentro dos padrões de legalidade. É no e pelo Atendimento que todas as frentes de trabalho são consolidadas.

Tudo começa com o primeiro contato com o cliente/anunciante. Se não for por meio da participação em um processo de licitação pública, será por um processo de concorrência privada.

Já nessa etapa, a agência se vê envolvida com a necessidade de celebrar acordos de confidencialidade e, no caso de licitações, receber do jurídico todo o respaldo para o bom andamento do processo, mediante checagem e entrega de todos os documentos, cumprimentos de prazos e observação integral do disposto nos respectivos editais.

Ultrapassada essa primeira etapa, inicia-se o processo da negociação e celebração do contrato de prestação de serviços entre a agência e o cliente.

E aí entramos em diversas questões, não só de direito civil, considerando toda a parte de contratos, mas também em relação a questões ligadas às atividades específicas, tais como direito autoral, propriedade intelectual, normas de autorregulamentação publicitária, que incluem tanto as normas do Conselho Executivo das Normas-Padrão-CENP, como o código de autorregulamentação do CONAR e outras.

Como é sabido, um bom contrato é aquele que confere segurança às partes, equilíbrio nas disposições, evitando-se conflitos e discussões futuras. Deve ser completo, claro, principalmente em relação à descrição detalhada do escopo, prever de forma exaustiva questões atinentes a exploração de

ATIVIDADE PUBLICITÁRIA NO BRASIL

direitos de terceiros (específicas sobre cessão, licença ou autorização de uso de direitos). A forma de remuneração também é algo a ser cuidadosamente observado, tendo como base a atual legislação, bem como as normas definidas pelo setor por autorregulação.

É também do Atendimento que o jurídico recebe a solicitação para conferência sobre o acatamento dos anúncios e suas mensagens às disposições da legislação brasileira como um todo e, mais especificamente, às do Conselho Nacional de Autorregulamentação Publicitária – CONAR. Importante dar o devido destaque a essa etapa da consultoria, pois o consultor tem a obrigação de conhecer profundamente as disposições do Conselho, suas recomendações, conhecer o funcionamento do órgão, sanções que podem ser aplicadas pelo descumprimento, visando a orientar a equipe com a maior eficiência possível. Infrações às disposições do CONAR geram inevitavelmente grande desgaste ao cliente e à imagem da marca, bem como ao relacionamento entre cliente e agência, caso o descumprimento tenha sido por falha da agência na observância das normas.

O Atendimento também é quem demanda a formalização dos contratos de produção, tais como os contratos com as produtoras de audiovisual, produtoras de material gráfico, *casting*, contratação de artistas, personalidades, e diversos outros tipos de fornecedores de itens que comporão a campanha.

Cada tipo de fornecedor demanda um tipo de contrato diferente, com particularidades e especificidades.

Tais contratos são sempre um grande desafio. A preocupação do advogado na elaboração ou revisão desse tipo de contrato deve ser a de resguardar os diretos da agência, bem como a de registrar o que foi efetivamente negociado com o cliente, principalmente em relação a prazos, cessões de direitos, licenciamentos, exclusividade e sigilo. É importante lembrar que, quando se inicia o desenvolvimento de uma campanha, a demanda para formalização de todos esses contratos surge praticamente de uma vez só, concomitantemente, portanto a rapidez no retorno do aspecto formal contratual se torna uma necessidade (e um desafio).

Podemos, por fim, destacar a importância em se dar máxima atenção à questão dos direitos autorais e de propriedade intelectual, de maneira que a contratação de tais itens/parcerias na construção de uma campanha seja resguardada pela total legalidade, devendo o consultor zelar pela conferência detalhada nas contratações a respeito dos prazos envolvidos nas cessões ou licenciamento de direitos de terceiros em favor do cliente, autorizações em geral, inclusive de uso de imagem, mídias a serem utilizadas/exploradas, abrangência territorial, e demais aspectos necessários para garantir o absoluto

28. ADVOCACIA PREVENTIVA NO ÂMBITO PUBLICITÁRIO

respeito aos direitos de terceiros. Por este motivo, inclusive, incentiva-se a maior formalização da atividade, pois sem contratos formais, todos esses itens podem vir a ser questionados, e são os contratos formais, expressos, que garantem a segurança jurídica de uma campanha.

1.2. Criação/planejamento estratégico

O dia a dia da assessoria jurídica ao departamento de Criação é mais voltado às consultas sobre os limites estabelecidos pelo CONAR. E, de fato, recomenda-se não extrapolar muito esse tópico para que o profissional possa exercer com a maior liberdade possível suas ideias e criatividade. A verificação da legalidade do conceito criativo pode ser feita com cuidado e sensibilidade para que as eventuais limitações existentes do ponto de vista jurídico não se apresentem como entraves intransponíveis, sob pena de gerar um certo tipo de bloqueio criativo ao profissional e/ou prejudicar o desenvolvimento de uma ideia que poderia vir a ser muito adequada do ponto de vista conceitual.

Outra preocupação que deve nortear o trabalho do consultor jurídico é a de dar embasamento técnico a esse corpo de profissionais para que sejam afastados riscos de alegação de plágio ou de uso indevido de direito de terceiros (autoral), pois é usual que um criativo busque referências em trabalhos anteriores já desenvolvidos para determinado tema que lhe é proposto. É recomendável, portanto, que o profissional de criação conheça quais os limites para essa busca de referências como base para o seu trabalho, de modo que sejam afastados os riscos acima mencionados de plágio e uso indevido de direito de terceiros num trabalho de criação.

Consultas e buscas a registros de marcas pré-existentes no Instituto Nacional da Propriedade Industrial – INPI também devem ser costumeiras, pois uma campanha criativa para, por exemplo, o lançamento de um novo produto, desenvolvida integralmente, pronta, baseada num nome que desdobrará na futura marca do produto, nome que se descobre já existente e registrado, acaba por causar grande transtorno. Cabe aqui, porém, um parêntese que ilustra bem a postura de um advogado de agência. Tomemos como exemplo uma consulta do departamento de criação sobre a existência prévia ou não de registro no INPI de determinada marca que denominará um produto. Supondo que a resposta à busca seja positiva, ou seja, que exista registro prévio em nome de terceiro, cabe ao advogado não só informar, como aprofundar a pesquisa para saber se aquela marca está em uso, se comporta alegação de caducidade do registro, se há espaço para uma eventual negociação de aquisição dos direitos sobre a marca, quais as outras possíveis alternativas existentes, etc. Ou seja, o consultor jurídico, usando de seus conhecimentos técnicos, deve adotar sempre uma postura ativa para viabilizar os trabalhos, e não apenas apresentar o entrave jurídico de forma passiva e impeditiva.

1.3. Mídia

A consultoria ao departamento de Mídia é algo bastante interessante e, atualmente, muito dinâmico.

É nessa troca que o jurídico se envolve nos contratos, acordos e relações entre a agência e os veículos de mídia, matéria bastante específica.

Essa questão historicamente representa diversos desafios, inclusive porque o Brasil desenvolveu uma relação diferenciada entre agências de publicidade e veículos de mídia, diversa do que ocorre em vários lugares do mundo, como por exemplo a Europa, onde existem os Bureaux de Mídia, que são escritórios que atuam exclusivamente na aquisição e negociação de espaços de mídia. No Brasil, e a partir de uma regulamentação construída por diversos atores do setor, a aquisição de espaços de mídia costuma ser sempre intermediada por uma agência de publicidade[2].

O que podemos, contudo, enfatizar de maneira mais superficial e abreviada nesse momento, é o tamanho do desafio que hoje se enfrenta em razão da variedade e dinamismo com que novas tecnologias surgem e, a partir delas, novos espaços de exposição de conteúdo e anúncios.

Todos os dias praticamente surgem novos produtos/espaços para anúncios, novos formatos, novos modelos, novas relações, novos *players*, e com essa novidade toda, as respectivas implicações jurídico-comerciais, geralmente não usuais, bem como a necessidade da construção de modelos de contrato que deem amparo a tais inovações.

Quando nos embrenhamos no departamento de mídia, descobrimos que há um gigantesco e muito particular mundo por trás desse que poderia ser classificado como um dos braços da publicidade, mas que se revela como sendo um órgão vital, pois não há sentido no desenvolvimento de uma ideia

---

[2] CONSELHO EXECUTIVO DAS NORMAS PADRÃO – CENP. Normas-Padrão da Atividade Publicitária. Art. 4.3. Disponível em https://cenp.com.br/documento/normas-padrao-portugues. Acesso em 14 abr. 2021.

criativa sem que seja operacionalizada a melhor forma da disseminação de tal ideia ao público. E é este o papel do departamento de mídia de uma agência, difundir a campanha criada.

E em razão do modelo de negócio existente no Brasil, grande parte da remuneração das agências advém do desconto-padrão relacionado aos investimentos de mídia realizados pelos anunciantes[3].

1.4. Administrativo

A área administrativa, como em qualquer empresa ou atividade, demanda muitos contratos. É ela a responsável pela contratação e gestão de inúmeros tipos de fornecedores. E aqui podemos relacionar desde o contrato de locação da sede da agência, como todos os demais contratos de prestadores de serviços e fornecimento de mercadorias, itens de infraestrutura, telefonia, informática, materiais, licença de funcionamento, cadastros, etc. A partir dessa grande variedade de contratações, muitas demandas surgem, como é natural, tais como lidar com descumprimentos e inadimplementos.

Outro tópico bastante relevante relacionado a essa área são os contratos de trabalho dos próprios colaboradores da agência. Pois além das preocupações a respeito da obediência à legislação trabalhista, há outros tipos de relação, muito comuns no dia a dia da agência, como por exemplo os contratos com *free-lancers* para *jobs* específicos.

Duas, porém, são preocupações comuns a todos os tipos de relação e contratos com colaboradores: o resguardo a respeito da negociação havida dos direitos autorais e direitos de propriedade intelectual porventura envolvidos em favor da agência; e o sigilo.

Uma agência precisa poder assegurar, inclusive a seus clientes, que detém todos os direitos sobre itens relacionados aos conteúdos das campanhas criadas, à prova de qualquer questionamento. Da mesma forma, fica muito desprotegida uma agência que não consegue garantir o sigilo e a confidencialidade sobre um processo criativo e respectiva campanha antes de seu lançamento, dado que o fator surpresa e ineditismo são conhecidamente elementos de grande importância para o sucesso de uma campanha publicitária.

---

[3] CONSELHO EXECUTIVO DAS NORMAS PADRÃO – CENP. Normas-Padrão da Atividade Publicitária. Arts. 2.5 e 4.1. Disponível em https://cenp.com.br/documento/normas-padrao-portugues. Acesso em 14 abr. 2021.

ATIVIDADE PUBLICITÁRIA NO BRASIL

Conclusões

O que pode auxiliar no sucesso e melhor contribuição do advogado de uma agência de publicidade ou empresa de comunicação?

Como em toda assessoria jurídica, é extremamente salutar aprofundar-se no conhecimento dos assuntos do cliente, para compreender os desafios da atividade e do negócio publicitário como um todo, entender os objetivos e necessidades dos diferentes profissionais que atuam no dia a dia da agência e, junto com sua equipe, encontrar alternativas e soluções visando contornar entraves, sejam eles jurídicos ou não.

Provavelmente na maior parte do tempo as questões jurídicas irão se apresentar como empecilhos, cabendo ao consultor jurídico, em vez de simplesmente vetar, impedir, ou impossibilitar ações que possam representar riscos, auxiliar a viabilizá-las.

Valendo-se de seus conhecimentos técnicos, o profissional saberá identificar e apontar os riscos, mas também auxiliar a equipe a se desviar de problemas, usando igualmente de criatividade, zelando para que as decisões sejam tomadas com a maior segurança jurídica possível.

29.
VISUAL LAW COMO ALTERNATIVA PARA ATENDIMENTO JURÍDICO NO ÂMBITO PUBLICITÁRIO

Cássio Nogueira Garcia Mosse

Introdução

Os conceitos de *Legal Design* e *Visual Law*, bastante recentes, são cada vez mais objeto de debates e estudos aprofundados, pela sua relevância prática e por terem indiscutível caráter definitivo: os modos de refletir, estruturar e entregar serviços jurídicos oriundos destas novas formas de pensar o Direito vêm mudar o cenário legal e a prática dos profissionais da área de um modo irreversível.

O presente artigo busca demonstrar que o Direito é uma ciência em constante evolução, sempre correndo atrás dos avanços sociais e tecnológicos. E não apenas mais em seu conteúdo, o Direito precisa se modernizar também na forma como é pensado e prestado, na condição de serviço, aos seus usuários.

Assim, regulamentos, normas e leis que com alguma frequência se tornam ineficazes por serem ultrapassadas, um Judiciário lento e offline, advogados e escritórios com técnicas arcaicas de gestão e organização na prestação de serviços jurídicos e, seguramente, o famoso "juridiquês" vão aos poucos ficando no passado.

O Direito vai se adequando cada vez mais ao mundo 4.0, dinâmico e moderno, e aos poucos abandonando parte de sua formalidade e o apego às tradições. Ora, os próprios clientes exigem que os serviços sejam entregues de maneira ágil, familiar e *user-friendly*. As dificuldades e morosidade no Judiciário estimulam peticionamentos mais concisos, objetivos e claros. E, não se esqueça, até mesmo a grande concorrência em um mercado inflado (com mais de um milhão de advogados atuando no Brasil) exige que os profissionais se dispam dos modos inflexíveis e antiquados, caso busquem se diferenciar e prosperar.

Mais, quando são feitos recortes para nichos de mercado que estão sempre na vanguarda da inovação, como a indústria publicitária, o contraste entre o DNA do profissional jurídico e o usuário destes serviços é tão gritante que tem obrigado os operadores do Direito a mudar, e finalmente começarem a se preocupar com conceitos como o de *UX (user experience)*[1]. Afinal de contas, o trabalho jurídico prestado – qualquer que seja – é um serviço como tantos outros, e a experiência macro das pessoas usando este serviço deve ser fator preponderante em seu desenvolvimento.

E então, dentre as ferramentas e avanços trazidos no movimento de aplicações de técnicas de design no Direito, temos o *Visual Law*, que nada mais é que a preocupação em como adequar e entregar informações jurídicas, considerando os detalhes e necessidades em cada desafio específico a se solucionar e, claro, os destinatários de tais informações.

No âmbito da publicidade e propaganda, onde o "aspecto visual" é tão relevante, nada mais saudável que o Direito, em seu movimento evolutivo, passe a trazer melhores alternativas de atendimento deste público, em linha com as necessidades destes enquanto usuários de serviços jurídicos.

1. O Direito do amanhã

1.1. O Direito como ciência evolutiva

Não restam dúvidas de que o Direito, como ciência, é sempre um reflexo da sociedade. Ainda que se possa entender que o Direito – materializado em suas regras e normas – tem o condão de moldar o presente e o futuro da sociedade, certamente os movimentos sociais têm, inversamente, muito mais poder de modelar e afeiçoar a "ciência jurídica".

Pode-se dizer, assim, que o Direito é impactado pela evolução tecnológica desde sempre, sendo constantemente desafiado a estar apto a dialogar com as relações sociais e econômicas modificadas dia a dia pela inovação.

---

[1] O conceito de UX (*User Experience*), ou "experiência do usuário", relevante no mundo do design, será devidamente explanado no tópico 2.2. do presente artigo.

Não é difícil imaginar, por exemplo, a infinidade de questões jurídicas decorrentes do advento de cada uma das revoluções industriais.

A primeira revolução industrial, com suas máquinas a vapor e produção em massa, trouxe como consequência uma imensa movimentação e mudança social, e junto com estas, demandas por leis trabalhistas que antes inexistiam. A segunda revolução industrial e a eletrificação da produção exigiram mais sólidos e harmônicos regulamentos sobre o direito da propriedade intelectual, por exemplo. A terceira revolução industrial, com a inserção da tecnologia no sistema produtivo, trouxe um sem precedente número de invenções, avanços e melhorias, e a necessidade de novos olhares jurídicos sobre questões como direito ambiental e direitos humanos, apenas para citar dois campos jurídicos.

Atualmente temos inovações disruptivas que eram impensáveis algumas décadas atrás, como o *Blockchain*[2] ou os *Smart Contracts*[3], que catapultam o mundo jurídico para o ambiente online global, lado a lado com a Indústria 4.0, automatizada e virtual.

Assim, a cada pulo evolutivo da sociedade, o Direito deve se adaptar idealmente na mesma velocidade, o que por si só já é um grande desafio, dado o ritmo crescente e exponencial do desenvolvimento tecnológico. No que hoje se denomina como quarta revolução industrial, temos a transformação digital influenciando os negócios e as relações sociais, e constantemente trazendo rupturas nas bases de construção do Direito.

Para os juristas, o desenvolvimento exponencial da inovação deve ser visto como uma grande oportunidade para melhoria de sua atuação, já que passam a ser exigidas novas habilidades para lidar com cenários vindos da sociedade.

---

[2] Segundo a IBM, *blockchain* seria como "um livro contábil compartilhado e imutável que facilita o processo de registro de transações e o rastreamento de ativos em uma rede de negócios. Um *ativo* pode ser tangível (uma casa, um carro, dinheiro, terras) ou intangível (propriedade intelectual, patentes, direitos autorais e criação de marcas). Praticamente qualquer coisa de valor pode ser rastreada e negociada em uma rede de *blockchain*, o que reduz os riscos e os custos para todos os envolvidos". Mais informações em <http:// https://www.ibm.com/br-pt/blockchain/what-is-blockchain> (acesso em 19/03/2021).

[3] Os "smart contracts", ou contratos inteligentes são contratos constituídos por códigos de computador autoexecutáveis, desenvolvidos para facilitar, efetivar e proteger os negócios. Não apenas são seguros por serem escritos em uma linguagem de programação inalterável, mas também são práticos, pois têm a capacidade de processar informações referentes à negociação, e de já tomar providências conforme as regras estabelecidas em contrato. Mais informações em <https://www.thomsonreuters.com.br/pt/juridico/blog/smart-contracts-tecnologia-decisiva-na-gestao-juridica.html> (acesso em 21/03/2021).

Neste contexto, não apenas o Direito em si evolui (com novas ou melhores leis), mas novas ferramentas utilizáveis por seus operadores são criadas e passam a ser utilizadas como aliadas. Muitas delas, invariavelmente, envolvem um tema bastante específico: a linguagem e comunicação jurídica.

1.2. As formas tradicionais de comunicação jurídica

As brilhantes reflexões de Yuval Noah Harari[4] debatem de forma didática como foi justamente a linguagem escrita que permitiu que a sociedade evoluísse, ao tornar possível a transmissão do conhecimento. O que o autor denomina de Revolução Cognitiva, que teria acontecido entre 70 e 30 mil anos atrás, com o surgimento de novas forma de pensar e se comunicar, foi o que diferenciou o *Homo sapiens* dos demais animais.

Ora, com tal habilidade conquistada, o *Homo sapiens* se tornou capaz de transmitir informações mais e mais complexas, inclusive sobre coisas que sequer existiam no mundo real e palpável. Ou seja, noções como as de nações e fronteiras, ideias sobre espiritualidade e, claro, até mesmo a construção de um sistema jurídico, com todas suas regras. E na evolução da linguagem, esta foi se desenvolvendo e sendo talhada de acordo com os contextos específicos nos quais é utilizada.

No que diz respeito ao mundo jurídico, entende-se que este é fruto de uma construção histórica, e frise-se aqui que o Direito nacional possui fortes raízes no direito romano e sua prática originalmente em latim. Mais, ressalta-se que contrário à situação atual, com um número exagerado de escolas de Direito e de advogados no Brasil, historicamente o saber jurídico possuía caráter mais exclusivo e elitista, e esta foi a tônica que permeou o Direito por muitas décadas.

Como consequência destes fatos, acabou-se por convencionar que a linguagem jurídica correta seria a rebuscada e complexa, com palavras arcaicas, expressões em desuso e excessiva formalidade, em um cenário onde requinte de vocabulário acabava sendo confundido com uma postura discursiva ultrapassada – e, nos dias de hoje, não mais muito prática.

---

[4] Historiador e filósofo israelense, expoente nos estudos sobre a evolução humana (e cujas obras que inspiraram este artigo estão listadas entre as referências bibliográficas).

29. *VISUAL LAW* COMO ALTERNATIVA PARA ATENDIMENTO JURÍDICO NO ÂMBITO...

E diga-se, os profissionais jurídicos sempre exerceram seus ofícios fundamentalmente baseados nas informações de cada caso que têm em mãos, pensando em como concatenar suas ideias, como construir argumentos convincentes etc.

Aqui, ousamos colocar então o Direito como um fenômeno comunicacional, ao passo que este nada mais seria do que um conjunto de dados e atos de comunicação, se manifestando por meio de uma linguagem que está em imparável desenvolvimento, com o contínuo estabelecimento de novas normas jurídicas, que serão, então, interpretadas social e comercialmente.

É impossível pensar na comunicação jurídica de forma estanque, tanto quanto é inconcebível não olhar para a própria evolução de como os seres humanos se comunicam em suas vidas. E então, deve ser orgânico e natural, até para áreas formais como o Direito, a adaptação de sua linguagem de acordo com a nova realidade, com interações rápidas, simples e com menos barreiras.

1.3. O mundo moderno e a necessidade de adequação do Direito

Em linha com a evolução da sociedade, suas tecnologias e do próprio avanço do Direito como ciência, a forma de comunicação jurídica deve evoluir junto, para que o Direito seja compreendido por completo pelo seu usuário final (o tomador do serviço jurídico).

Em outras palavras, abandonam-se as expressões obsoletas, moderniza-se o discurso. Mais, devem ser exploradas não apenas as palavras escritas, mas também toda e qualquer ferramenta como imagens, símbolos e gráficos, para que se possibilite a plenitude desta comunicação e sua satisfatória absorção pelo receptor da mensagem.

Dentre as evoluções trazidas ao mundo jurídico, temos o aproveitamento de sistemas de tecnologia e adoção de novos métodos, processos e noções que, entre outros, obrigam o jurista a se valer de linguagem prática, clara e objetiva, em linha com o mundo 4.0 dos negócios.

E é exatamente aqui que os conceitos de *Legal Design* e a utilização do *Visual Law* emergem. Isto, pois, a forma mais tradicional de comunicação jurídica, essencialmente textual e com linguagem específica (o temido "juridiquês") muitas vezes torna o Direito inacessível. A ideia é que a ciência jurídica não seja reduzida a um amaranhado de regras e pensamentos complexos e incompreensíveis para seus usuários (que muitas vezes são leigos), mas sim que seja palatável e compreensível.

ATIVIDADE PUBLICITÁRIA NO BRASIL

Como se verá adiante, as ferramentas de *Legal Design*, como a utilização das técnicas de *Visual Law* em documentos vêm mudar isto, tornando o Direito mais democrático e acessível, ao passo que o torna mais facilmente compreensível.

1.4. Nichos específicos (como o mercado publicitário, com suas demandas e peculiaridades)

Particularmente para algumas indústrias, como a publicitária, tais ferramentas que visam modernizar a comunicação e a prestação de serviços jurídicos se tornam ainda mais relevantes e significativas. Inquestionavelmente, quanto mais dinâmico um mercado específico em análise, menos compatível este é com a comunicação complexa e técnica tradicional do mundo jurídico.

Nestes nichos os advogados são, várias vezes inclusive, vistos com maus olhos, e tal visão se justifica. Muito salutar seria, a bem da verdade, que os profissionais jurídicos passassem com maior frequência a se preocupar em entender por completo o *business* de seu cliente, para então aplicar seu saber jurídico ao pano de fundo específico.

O convite que se faz, assim, é que a aplicação do Direito não seja feita de modo arcaico, o que pode assustar ou até mesmo afugentar os usuários demandantes. Estes usuários dos serviços jurídicos, acima de tudo, precisam ver o profissional do Direito como aliado e parceiro de negócios (e de atuação preventiva).

E mais, não são muitos os advogados que compreendem, por exemplo, a dinâmica publicitária, desde o *briefing*[5] enviado pelo cliente, passando pelo valioso trabalho dos profissionais de atendimento e planejamento, do time de criação e sua criatividade, do trabalho da equipe de mídia etc., até a efetiva veiculação de uma peça publicitária, e os meandros comerciais de todas estas etapas, incluindo os contratos aplicáveis, as preocupações a se ter e os problemas mais usuais enfrentados.

---

[5] Entende-se por "briefing" o conjunto necessário de informações e instruções específicas sobre o conteúdo a ser criado em uma campanha publicitária, servindo como um real guia para a execução futura.

29. *VISUAL LAW* COMO ALTERNATIVA PARA ATENDIMENTO JURÍDICO NO ÂMBITO...

Não compreender o usuário de seus serviços é sinônimo de deficiência na comunicação, já que vão acabar sendo aplicados os mesmos modelos padronizados e antiquados, em detrimento de formas mais modernas e customizadas para se comunicar, como com elementos visuais, em perfeita sintonia com indústrias tão imagéticas quanto a publicitária.

2. A era do *legal design*

Faz-se um importante alerta de que o objeto sobre o qual este capítulo versa é novo, e está em suas fases iniciais de desenvolvimento, não só no Brasil, mas ao redor de todo o mundo. A doutrina nacional começa agora a ser construída, e os conceitos explorados são, quase em sua totalidade, importados do exterior.

De toda sorte, e com base na construção contextual do tópico anterior, é percebido que o que se entende por inovação extrapola a tecnologia em si e seus avanços. Aqui, podem ser encaixadas também novas formas de pensamento, que geram novos modos e posturas, e conjuntamente, formas de se comunicar e de prestar serviços.

A bem da verdade, muitos operadores do Direito há muito tempo já intuitivamente se aventuravam a usar elementos visuais como tabelas, infográficos e esquemas em suas petições e documentos jurídicos, ainda que de modo não estruturado, sempre que percebiam que os receptores de tais documentos não teriam facilidade na compreensão de versões puramente textuais.

O fenômeno recente, todavia, é a percepção mais aprimorada de que o estudo e aprofundamento em técnicas apropriadas de *design* para prestação do serviço e da informação jurídica permitiria melhor estruturar a aplicação destas inovadoras formas de comunicação, e mensurar seus resultados (essencialmente, pela averiguação do grau de compreensão dos documentos jurídicos por leigos na área).

E aqui, ressalta-se que não se propõe necessariamente descomplicar a complexa ciência jurídica. A revolução se dará não no Direito, mas sim na forma de prestar os serviços jurídicos, pela maneira dos juristas organizarem seu raciocínio, solucionarem problemas, escreverem documentos e se comunicarem com seus usuários finais. Ao profissional jurídico soma-se, portanto, a função de tradutor do Direito para os usuários.

Identificada então a necessidade concreta (modernização jurídica) e igualmente detectada a incrível fonte de ferramentas para tanto, o *design* assume

ATIVIDADE PUBLICITÁRIA NO BRASIL

uma posição de destaque, figurando como *skill*[6] fundamental para a inovação na prestação dos serviços jurídicos.

2.1. O *design* sendo aplicado ao Direito como forma de resolução de problemas jurídicos

Desde já, é importante relembrar que, ainda que comumente o *design* seja intuitivamente associado ao senso estético do belo, na sua base e espírito o *design* na verdade é a busca por soluções criativas a problemas. É, assim, inovação pura, com o trabalho de desenho de melhorias e otimizações a qualquer coisa que seja (inclusive a um sistema ou um processo/procedimento).

Compreendido tal conceito, entende-se que todos os seres humanos (inclusive os inseridos em contextos tradicionais, como o jurídico) podem ter habilidades de *designer*, ao passo que, em seus trabalhos e na sua realidade, podem procurar novas soluções às suas questões e cenários. Ou seja, o *design* é uma atividade criativa acessível a todos, e que busca trazer novas soluções a determinados problemas.

Abordando de forma bastante breve seu processo básico, tem-se que, para trazer este novo olhar ao problema colocado, o *designer* deve começar seu trabalho de entendimento do cenário focando no usuário (que se beneficiará da solução a ser alcançada), passando assim pelas etapas de empatia (onde se aprofundará então em quem é o usuário), a de definição (na qual se determina qual o foco do trabalho), a de idealização (o famoso *brainstorm* de como solucionar o problema), a prototipagem (que é a construção efetiva de modelos de solução) e a testagem (com a entrega destas possíveis soluções e averiguação de resultados).

Transportando isto para o mundo do Direito, naturalmente vão ficando para trás a rigidez e o formalismo dogmáticos de procedimentos e a prolixidade da comunicação jurídica, e passam a ser adotadas práticas mais colaborativas e interdisciplinares na prevenção e solução de problemas legais (com profissionais jurídicos trabalhando com outros de diversas áreas, como designers de formação, especialistas em TI, em programação etc.). Isto tudo,

---

[6] As "skills", ou habilidades, em português, estão na pauta do mundo empresarial, que não mais requer as "hard skills" de seus profissionais (o conhecimento técnico), mas sim também as "soft skills", as habilidades interpessoais e emocionais, tais como as comunicacionais, empatia, trabalho colaborativo em equipe e liderança.

frise-se, sempre com foco nos usuários, aumentando a compreensão destes sobre os temas jurídicos.

Ora, o *Legal Design* seria, assim, a plena aplicação do *design* ao mundo jurídico, transformando os sistemas e serviços legais mais centrados no ser humano, conforme esclarece HAGAN, teórica pioneira do tema. E mais, no ideal da *expert*, o *Legal Design* serve para avaliarmos e desenharmos a prática jurídica de uma maneira muito mais simples, funcional, atrativa e com boa usabilidade.

Em outras palavras, usam-se as técnicas de *design* para enfrentar os problemas legais e buscar soluções realmente inovadoras e criativas para estes, com otimização de recursos, entregas melhores e mais compreensíveis para os usuários (com o aperfeiçoamento da comunicação), criação de novos possíveis produtos e serviços jurídicos e, inclusive, democratizar o próprio acesso à Justiça.

Percebe-se, então, que o personagem central da prática jurídica se altera, e não mais ali figura o jurista – ou o Direito em si, mas sim seu usuário. Aqui reside o ponto crucial deste trabalho, que é a sensibilidade e consciência de que o modelo sistemático atual do Direito é ineficaz para as pessoas que dele se utilizam, e o *Legal Design* vem para colocar estes usuários como centro das atenções, empoderando-os.

O desafio é, portanto, melhorar a forma como os usuários do Direito se relacionam com este, aprimorando sua experiência através das técnicas e cultura experimental do *design*. Atualmente, pesquisas já demonstram que para a maior parte da população, lidar com temas jurídicos traz desconforto, insegurança e até frustração[7]. A falta de clareza, transparência, agilidade e objetividade são justamente as barreiras a se superar, com base no estudo da Experiência do Usuário.

2.2. A preocupação com o *UX (User Experience)*

A forma como as pessoas vivenciam suas relações com um produto ou serviço é o foco da atenção do *UX*, já que tão importante quanto o produto/ serviço em si, é a experiência do usuário com este.

---

[7] A pesquisa de Milene Spolador, com uma amostra ampla de pessoas de diversos backgrounds, traz uma visão abrangente sobre o motivo dos indivíduos procurarem um advogado e como estes se sentem ao precisar destes serviços. Disponível em: <https://medium.com/@m.amoriello/a-experi%C3%AAncia-dos-usu%C3%A1rios-de-servi%C3%A7os-advocat%C3%ADcios-uma-pesquisa-bf4e593e090>. (acesso em 09/03/2021)

O *UX* é, então, uma forma de abordagem oriunda do *design* e explorada para que se conheça de forma profunda o usuário de um produto/serviço, em seu comportamento, níveis cognitivos, capacidades e habilidades, contexto no qual está inserido, além de suas dores e desejos, e assim resolver seus problemas e solucionar suas necessidades, de forma interdisciplinar. Ou seja, debruça-se sobre a jornada de um usuário particularmente considerado, em seus passos e suas dificuldades, através de ferramentas como o "mapa da empatia", no qual se sintetizam informações sobre este usuário, de modo a facilitar a compreensão de seu contexto e necessidades específicas.

Para os profissionais do Direito tal prática pode ser de extrema valia, pois munidos destes dados sobre seus usuários, estes podem melhor moldar como vão fazer a entrega de um documento jurídico e escolher com destreza os recursos mais adequados para isto (por exemplo, as ferramentas visuais).

E assim, valendo-se desta abordagem do *design* e preocupando-se em observar e entender os usuários dos serviços jurídicos, passa-se a perceber que as interações destes com juristas e com o Direito em si precisa ser melhorada. Um dos caminhos mais evidentes para isto é a criação de documentos mais claros e compreensíveis, quebrando-se a tradição textual jurídica e adotando-se todo e qualquer recurso visual adequado como aliado comunicacional.

2.3. O *Visual Law* como um dos produtos do *Legal Design*: novas formas de entrega e comunicação

Partindo da premissa de que a forma clássica (com longos e complexos textos) não é mais eficaz, naturalmente os juristas passam a olhar com interesse para ferramentas visuais, que podem auxiliar na missão de facilitação da compreensão de suas mensagens pelos seus receptores (os usuários).

É indiscutível que imagens possuem uma riqueza sensorial única, e que são processadas de forma mais fácil pelo cérebro humano. Inclusive, estudos científicos[8] apontam que nosso cérebro processa imagens 60.000 vezes mais rápido do que um texto escrito. Neste contexto, os recursos visuais passam a assumir um papel de maior destaque na produção de documentos jurídicos,

---

[8] O estudioso Harris Eisenberg aduz que trabalhos visuais são mais bem recebidos, já que o cérebro humano processa e responde com muito mais facilidade os dados visuais, em comparação com qualquer outro tipo de dado. Disponível em: <https://www.t-sciences.com/news/humans-process-visual-data-better>. (acesso em 09/03/2021)

29. *VISUAL LAW* COMO ALTERNATIVA PARA ATENDIMENTO JURÍDICO NO ÂMBITO...

que começam ver imagens, desenhos, gráficos, tabelas, entre outros, incorporados em seu conteúdo.

Assim, se conceitos e fundamentos do Direito são complexos e difíceis de se entender (por vezes, até mesmo para juristas), os recursos visuais vêm para facilitar seu entendimento e democratizar o conhecimento jurídico. Sob o ponto de vista da argumentação dos advogados, os elementos visuais também são poderosos aliados, auxiliando no desenvolvimento de narrativas claras e compreensíveis, ou seja, com *storytelling* crível e eficiente, contado com palavras e itens visuais.

Isto nada mais é do que o *Visual Law*, um dos subprodutos do *Legal Design*, útil e aplicável sempre que o jurista perceber (com base em suas análises de *UX*) que precisa repensar a comunicação com seu usuário e se valer de elementos visuais, como gráficos, infográficos, diagramas, fluxogramas, vídeos etc., para tornar os documentos jurídicos mais claros, agradáveis e, acima de tudo, descomplicados.

Mais, interessante ressaltar que o "visual" se expande além de elementos visuais propriamente ditos (como imagens e símbolos), e dentre os esforços trazidos pelo *Visual Law* também temos textos mais bem diagramados e estruturados, cuidados com a disposição do texto e do tamanho de suas letras, o uso de cores, a exploração de *QR codes* (que podem ajudar a "despoluir" os textos, levando o leitor interessado a um aprofundamento através do *link*), entre outros.

Além disso, no que diz respeito ao conteúdo, é primordial que o jurista mantenha as partes textuais sem palavras repetidas e linguagem extravagante, sem muitos trechos de legislação, doutrina e jurisprudência (que poderiam ser acessados com *QR codes*) e sem informação redundante.

Realça-se, neste ponto, o fato de que o objetivo do *Visual Law* não é embelezar documentos, e sim tornar a comunicação eficiente. Também deve-se lembrar que ele não é um fim em si mesmo (nem um objetivo final), e sim um trampolim exatamente para essa melhor eficiência comunicacional e efetividade na relação entre o Direito e seu usuário, dentro deste contexto de repensar a comunicação jurídica e de se valer de elementos visuais para tanto.

Como consequência, muitas benesses podem ser percebidas, desde a evidente melhor compreensão dos temas e documentos jurídicos, mas também efeitos secundários como maior agilidade em negociações e debates comerciais, prevenção de discussões judiciais, e até um maior engajamento com os usuários, que se tornam mais colaborativos e interativos quando compreendem as situações e relações jurídicas nas quais se envolvem.

ATIVIDADE PUBLICITÁRIA NO BRASIL

Em mercados extremamente dinâmicos como o publicitário, com alta competição e absoluta necessidade de agilidade no trato de todos os assuntos, impensável que as relações com o jurídico não sejam acessíveis e objetivas. O jurista deve entender quem é seu usuário (lembrando que dentro desta indústria pode se deparar com muitos e muitos tipos diferentes) e então aplicar os conceitos de *design* para, na última camada de entrega de documentos e informações jurídicas, o fazer de forma clara e efetiva.

Na prática, sabe-se que boa parte da leitura de documentos jurídicos sequer é feita ou, se efetivamente realizada, é rasa e superficial. O mercado publicitário – mais leve e criativo, tão diferente do universo jurídico e sua complexidade, é um ótimo exemplo de como a utilização de ferramentas e recursos visuais deve ganhar um destaque crescente nos próximos anos, para a mudança deste cenário.

Os advogados que atendem os *players* desta seara devem ser assertivos, capazes de analisar as questões jurídicas e se valer de técnicas visuais para melhorar a eficácia de suas entregas, expondo opções de rotas (com os respectivos riscos e consequências) e transmitindo a informação de modo que os publicitários – e todos os demais personagens deste mundo – o compreendam.

Vale o alerta, por fim, de que nem todos os elementos textuais devem se tornar visuais. Os limites para isto serão sempre definidos pelo tipo do dado jurídico envolvido e, claro, pelas características do usuário. Ora, representações visuais muito simplistas podem levar usuários a erro ou, inversamente, se forem muito complexas, gerar tantos ruídos quanto um texto de difícil leitura traria. Pior, representações visuais tendenciosas podem ser instrumento para manipulação.

De todo modo, se os esforços de boa utilização e aplicação dos recursos do *Visual Law* forem exercício contínuo, todos se beneficiam: juristas aprimoram sua atividade e prestação de serviços, e os usuários elevam sua compreensão sobre temas antes impenetráveis.

Conclusões

Com seu apanhado histórico e contextual, o presente trabalho buscou demonstrar que o Direito é uma ciência em permanente evolução, sempre acompanhando o desenvolvimento social e econômico global. Ao mesmo tempo, o setor jurídico é conhecido pelo seu excessivo formalismo, que frequentemente se materializa nas suas formas de comunicação, com os juristas adotando discursos e posturas por vezes ininteligíveis.

Assim, ao mesmo tempo que evolui em seu aspecto material, como ciência que é, o Direito deve se modernizar em sua forma de prestação, e para isto os seus operadores podem se valer de técnicas disponíveis de *design*. Tais metodologias e ferramentas são muito úteis neste trabalho de aprimoramento da clareza das entregas e na linguagem empregada, especialmente nos documentos jurídicos produzidos (petições, contratos, pareceres etc.).

E então o *Legal Design* e o *Visual Law* surgem neste contexto, auxiliando os profissionais do Direito a estruturar e aplicar esta evolução na sua forma de atuação, e dando elementos para que estes adotem uma postura cada vez mais em linha com a de seus usuários, que recebem então melhores experiências. Novas formas de expressar o pensamento jurídico trarão, inquestionavelmente, novos processos organizacionais, novos serviços legais, novas oportunidades de formação prática e técnica e até melhor acesso à Justiça.

Mais especificamente, o *Legal Design* e o *Visual Law* aplicados na prestação de serviços jurídicos no âmbito publicitário podem ser *benchmark* para sua utilização em todos os demais mercados. Sendo uma indústria cujos produtos finais são absolutamente sensoriais, o uso de recursos visuais para comunicação pelos juristas ali se encaixa perfeitamente, pois esta já é a linguagem padrão da publicidade, e assim se garante uma excelente experiência a seus usuários, que podem desenvolver suas atividades com o suporte jurídico adequado, de forma que o compreendem.

O profissional jurídico precisa ser desafiado a "sair da caixinha", a ser propositivo e aprender a prototipar e testar, tal qual um *designer*. E quem melhor que os criativos e vanguardistas publicitários, agentes de mudança em si, a nos inspirar a criar o futuro do Direito?

n.b.: Dedico este trabalho aos meus pais, publicitários, que me ensinaram a me comunicar com a 'língua' deles, e que me apoiam incondicionalmente, até hoje, nos esforços de mudar e modernizar a linguagem jurídica. Vocês são inspiração.

ATIVIDADE PUBLICITÁRIA NO BRASIL

REFERÊNCIAS

COELHO, Alexandre Zavaglia; HOLTZ, Ana Paula Ulandowski. *Legal Design Visual Law: Comunicação entre o universo do Direito e os demais setores da sociedade.* [e-book] Thomson Reuters, 2020.

EISENER, Harris. *Humans Process Visual Data Better.* Disponível em: <https://www.t-sciences.com/news/humans-process-visual-data-better>. Acesso em: 09 mar. 2021.

FEIGELSON, Bruno; BECKER, Daniel; RAVAGANI, Giovani, coordenação. *O Advogado do Amanhã: estudos em homenagem ao professor Richard Susskind.* 1. ed. São Paulo: Thomson Reuters Brasil, 2019.

HAGAN, Margaret. *Law by Design.* Disponível em: <https://www.lawbydesign.co>. Acesso em: 09 mar. 2021.

HARARI, Yuval Noah. *Homo Deus: uma breve história do amanhã.* 1. ed. São Paulo: Companhia das Letras, 2016.

HARARI, Yuval Noah. *Sapiens: uma breve história da humanidade.* 51. ed. Porto Alegre: L&PM, 2020.

MALDONADO, Viviane Nóbrega; FEIGELSON, Bruno. *Advocacia 4.0.* 1. ed. São Paulo: Thomson Reuters Brasil, 2019.

SOUZA, Bernardo de Azevedo; OLIVEIRA, Ingrid Barbosa. *Visual Law: como os elementos visuais podem transformar o direito.* 1. ed. São Paulo: Thomson Reuters Brasil, 2021.

SPOLADOR, Milene Amoriello. *A experiência dos usuários de serviços advocatícios – Uma pesquisa.* Disponível em: <https://medium.com/@m.amoriello/a-experi%C3%AAncia-dos-usu%C3%A1rios-de-servi%C3%A7os-advocat%C3%ADcios-uma-pesquisa-bf4e593e090>. Acesso em: 09 mar. 2021.

SUSSKIND, Richard. *Tomorrow's Lawyers. An Introduction to Your Future.* Oxford University Press, 2013.

30.
AÇÕES JUDICIAIS RELACIONADAS AO MERCADO PUBLICITÁRIO

Fernanda Kac

Introdução

O mercado publicitário está em constante efervescência, especialmente em razão da acirrada disputa entre empresas para conquistar a atenção do consumidor, seja na TV, no rádio, na Internet, ou em outros meios de comunicação de massa disponíveis na sociedade em razão do avanço da tecnologia.

Não há dúvida de que a comunicação publicitária é crucial para a competição saudável entre os agentes econômicos na tentativa de influenciar a opinião do consumidor e, por essa razão, eventuais excessos podem ser questionados, inclusive judicialmente.

No Brasil, a liberdade de fazer publicidade é protegida pela Constituição Federal sob dois aspectos fundamentais: (i) como atividade econômica resguardada pela livre iniciativa, fundamento da ordem econômica, e pela livre concorrência (art. 170, *caput*, parágrafo único e inc. IV, CF[1]);

---

[1] BRASIL. Constituição Federal (1988). Disponível em: http://www.planalto.gov.br/ccivil_03/constituicao/constituicao.htm, acesso em 10 mar. 2021.
Art. 170. A ordem econômica, fundada na valorização do trabalho humano e na livre iniciativa, tem por fim assegurar a todos existência digna, conforme os ditames da justiça social, observados os seguintes princípios: (...) IV – livre concorrência;

ATIVIDADE PUBLICITÁRIA NO BRASIL

e (ii) pelo princípio da liberdade de expressão (arts. 5º, IX[2] e 220[3], CF)[4].

Entretanto, assim como acontece com outros direitos que gozam de ampla proteção constitucional, o exercício da atividade publicitária não é ilimitado. Isso porque a própria Constituição Federal prevê restrições, seja por apontar produtos potencialmente nocivos cuja propaganda comercial deve observar diretrizes específicas (como, por exemplo, o disposto no art. 220, §4º, CF[5]), seja por estabelecer que a União poderá legislar sobre propaganda comercial – e, assim, a lei federal poderá impor eventuais limitações – exercendo sua competência privativa e seguindo o devido processo legislativo (art. 22, XXIX, CF[6]).

Ademais, no caso de colisão de princípios constitucionais, o Poder Judiciário deverá ponderar o que está em jogo no caso concreto para buscar a solução mais justa de forma a harmonizar os direitos discutidos. Nesse sentido, importante recordar que o exercício da livre iniciativa também deve ser compatibilizado com os direitos dos consumidores (art. 170, V, CF[7]), razão pela qual o objetivo econômico almejado pela publicidade motivou a sua regulamentação pelo Código de Defesa do Consumidor a fim de evitar possíveis abusos.

Além do aspecto da proteção ao consumidor, a publicidade também deve respeitar os limites estabelecidos por outros direitos que podem gerar eventuais

---

[2] Constituição Federal. Art. 5º Todos são iguais perante a lei, sem distinção de qualquer natureza, garantindo-se aos brasileiros e aos estrangeiros residentes no País a inviolabilidade do direito à vida, à liberdade, à igualdade, à segurança e à propriedade, nos termos seguintes: (...) IX – é livre a expressão da atividade intelectual, artística, científica e de comunicação, independentemente de censura ou licença;

[3] Constituição Federal. Art. 220. A manifestação do pensamento, a criação, a expressão e a informação, sob qualquer forma, processo ou veículo não sofrerão qualquer restrição, observado o disposto nesta Constituição. (...)

[4] DIAS, Lucia Ancona Lopez de Magalhães. *Publicidade e direito*. 2. ed. rev. atual. e ampl. São Paulo: Revista dos Tribunais, 2013, p. 33.

[5] Constituição Federal. Art. 220. (...) § 4º A propaganda comercial de tabaco, bebidas alcoólicas, agrotóxicos, medicamentos e terapias estará sujeita a restrições legais, nos termos do inciso II do parágrafo anterior, e conterá, sempre que necessário, advertência sobre os malefícios decorrentes de seu uso.

[6] Constituição Federal. Art. 22. Compete privativamente à União legislar sobre: (...) XXIX – propaganda comercial.

[7] Constituição Federal. Art. 170. A ordem econômica, fundada na valorização do trabalho humano e na livre iniciativa, tem por fim assegurar a todos existência digna, conforme os ditames da justiça social, observados os seguintes princípios: (...)V – defesa do consumidor;

30. AÇÕES JUDICIAIS RELACIONADAS AO MERCADO PUBLICITÁRIO

conflitos, tal como o direito concorrencial (Lei nº 9.279/1996) e os direitos da personalidade (Código Civil).

Já o Estado assume o papel de agente normativo e regulador da atividade econômica, além de exercer função de fiscalização quando necessário intervir na livre iniciativa (art. 174, CF[8]), o que deve ocorrer de forma razoável e proporcional, evitando-se prejuízos ao desenvolvimento livre da sociedade.[9]

Nesse cenário, não causa estranheza que cheguem ao Poder Judiciário diversas discussões relacionadas à legalidade de propagandas veiculadas nos meios de comunicação, seja sob a ótica do próprio consumidor atingido pela propaganda, seja sob a ótica de uma empresa concorrente, ou ainda sob a ótica de órgãos e instituições que atuam na defesa dos interesses dos consumidores (ex: Procon, Ministério Público, etc).

1. Do papel constitucional do Poder Judiciário na solução de litígios

A Constituição Federal de 1988, norma suprema do Estado Brasileiro, prevê a existência dos Poderes Legislativo, Executivo e Judiciário, independentes e harmônicos entre si (artigo 2º)[10].

No que tange ao Poder Judiciário, a sua função jurisdicional pode ser conceituada como "a função de tutelar os direitos e aplicar as normas legais aos casos concretos, mediante processo regular, por intermédio de órgão judicante imparcial, com a substituição da atividade e a vontade das partes, a fim de buscar a paz social"[11]. Assim, a jurisdição pode ser entendida como "a atuação estatal visando à aplicação do direito objetivo ao caso concreto, resolvendo-se com definitividade uma situação de crise jurídica e gerando com tal solução a pacificação social".[12]

---

[8] Constituição Federal. Art. 174 Como agente normativo e regulador da atividade econômica, o Estado exercerá, na forma da lei, as funções de fiscalização, incentivo e planejamento, sendo este determinante para o setor público e indicativo para o setor privado. (...)

[9] DIAS, Lucia Ancona Lopez de Magalhães. Op. cit., p. 37-38.

[10] Constituição Federal. Art. 2º São Poderes da União, independentes e harmônicos entre si, o Legislativo, o Executivo e o Judiciário.

[11] PINA, Ketlen Anne Pontes. *Princípio constitucional da inafastabilidade do controle jurisdicional: questões atuais. In:* OLIVEIRA, Vallisney de Souza (coord.). *Constituição e processo civil.* São Paulo: Saraiva, 2008, p. 39.

[12] NEVES, Daniel Amorim Assumpção. *Manual de direito processual civil – Volume único.* 9. ed. rev. e atual. Salvador: JusPodivm, 2017, p. 59.

A partir do momento em que proibiu a autotutela, entendida como "fazer justiça com as próprias mãos", o Estado assumiu o monopólio da jurisdição e o dever de garantir a todos o direito de ação e o amplo acesso ao Judiciário.

Conforme expressamente previsto no artigo 5º, inciso XXXV da Constituição Federal, "a lei não excluirá da apreciação do Poder Judiciário lesão ou ameaça a direito", previsão também contida no artigo 3º, *caput*, do Código de Processo Civil[13], assegurando-se o direito fundamental de acesso à justiça.

Nesse contexto, estabeleceu-se que "todos têm acesso à justiça para postular tutela jurisdicional preventiva ou reparatória de um direito individual, coletivo e difuso". Assim, o direito constitucional de ação significa poder deduzir pretensão em juízo e de obter uma tutela jurisdicional adequada, provida da efetividade e eficácia que dela se espera.[14]

Dessa forma, cabe ao Poder Judiciário resolver conflitos entre cidadãos, entidades e Estado, interpretando e aplicando – em caráter definitivo – a lei em cada caso concreto com o objetivo de promover a justiça, desde que seja previamente provocado pelos interessados (Princípio da Inércia da Jurisdição).[15] Além disso, os julgamentos dos órgãos do Poder Judiciário serão públicos (salvo exceções previstas em lei), e fundamentadas todas as decisões, sob pena de nulidade (artigo 93, inciso IX, CF[16] e artigo 11, *caput*, CPC[17]).

De acordo com o artigo 926 do Código de Processo Civil, "os tribunais devem uniformizar sua jurisprudência e mantê-la estável, íntegra e coerente". Some-se a isso o fato de que a harmonização dos julgados é essencial para

---

[13] BRASIL. Código de Processo Civil (Lei nº 13.105/2015). Disponível em: http://www.planalto. gov.br/ccivil_03/_ato2015-2018/2015/lei/l13105.htm, acesso em 15 mar. 2021.
Art. 3º Não se excluirá da apreciação jurisdicional ameaça ou lesão a direito. (...)

[14] NERY JUNIOR, Nelson; NERY, Rosa Maria de Andrade. *Código de processo civil comentado*. 16 ed. rev. atual. e ampl. São Paulo: Revista dos Tribunais, 2016, p. 197.

[15] Código de Processo Civil. Art. 2º O processo começa por iniciativa da parte e se desenvolve por impulso oficial, salvo as exceções previstas em lei.

[16] Constituição Federal. Art. 93. Lei complementar, de iniciativa do Supremo Tribunal Federal, disporá sobre o Estatuto da Magistratura, observados os seguintes princípios: (...) IX todos os julgamentos dos órgãos do Poder Judiciário serão públicos, e fundamentadas todas as decisões, sob pena de nulidade, podendo a lei limitar a presença, em determinados atos, às próprias partes e a seus advogados, ou somente a estes, em casos nos quais a preservação do direito à intimidade do interessado no sigilo não prejudique o interesse público à informação;

[17] Código de Processo Civil. Art. 11. Todos os julgamentos dos órgãos do Poder Judiciário serão públicos, e fundamentadas todas as decisões, sob pena de nulidade.
Parágrafo único. Nos casos de segredo de justiça, pode ser autorizada a presença somente das partes, de seus advogados, de defensores públicos ou do Ministério Público.

30. AÇÕES JUDICIAIS RELACIONADAS AO MERCADO PUBLICITÁRIO

um Estado Democrático de Direito e também para preservar o princípio da isonomia, já que o objetivo é tratar as mesmas situações fáticas com a mesma solução jurídica.[18]

Nesse panorama, o Superior Tribunal de Justiça é a Corte responsável por uniformizar a interpretação da lei federal em todo o Brasil e, nesse aspecto, funciona como órgão destinado a julgar, em última instância, a matéria relativa ao direito federal infraconstitucional (art. 105, III, da CF[19]). Todavia, a análise minuciosa das circunstâncias fáticas de cada caso concreto é realizada exclusivamente pelas instâncias inferiores, sendo que ao STJ é vedado o reexame de matéria fático-probatória (Súmula 7 do STJ[20]).

2. Ações judiciais cíveis envolvendo temas recorrentes do mercado publicitário

As ações de conhecimento são tradicionalmente classificadas em três diferentes espécies de acordo com a tutela jurisdicional pretendida[21]:

(i) **Meramente Declaratórias:** A tutela meramente declaratória resolve uma crise de certeza e declara a existência, inexistência ou o modo de ser de uma relação jurídica, e excepcionalmente de um fato (autenticidade ou falsidade de documento, art. 19, II, do CPC);

(ii) **Constitutivas:** "A tutela constitutiva resolve uma crise da situação jurídica; ao criar, extinguir ou modificar uma relação jurídica, a sentença cria uma nova situação jurídica, resolvendo-se a crise enfrentada pela situação jurídica anterior;"

(iii) **Condenatórias:** A tutela condenatória resolve uma crise de inadimplemento e, além de reconhecer esse inadimplemento, imputa ao demandado o cumprimento de uma prestação.

---

[18] NEVES, Daniel Amorim Assumpção. Op. cit., p. 1392.

[19] Constituição Federal. Art. 105. Compete ao Superior Tribunal de Justiça: (...) III – julgar, em recurso especial, as causas decididas, em única ou última instância, pelos Tribunais Regionais Federais ou pelos tribunais dos Estados, do Distrito Federal e Territórios, quando a decisão recorrida: a) contrariar tratado ou lei federal, ou negar-lhes vigência; b) julgar válido ato de governo local contestado em face de lei federal; c) der a lei federal interpretação divergente da que lhe haja atribuído outro tribunal.

[20] STJ. Súmula 7: "A pretensão de simples reexame de prova não enseja recurso especial". Disponível em: https://www.stj.jus.br/docs_internet/VerbetesSTJ_asc.pdf, acesso em 17 mar. 2021.

[21] NEVES, Daniel Amorim Assumpção. Op. cit., p. 103-104.

ATIVIDADE PUBLICITÁRIA NO BRASIL

Entretanto, na doutrina brasileira hoje é admitida outra classificação, que considera haver cinco espécies de ações de conhecimento (classificação quinária), acrescentando mais duas modalidades[22]:

(iv) **Mandamentais:** "As ações mandamentais têm por objetivo a obtenção de sentença em que o juiz emite uma ordem, cujo descumprimento, por quem a receba, caracteriza desobediência à autoridade estatal passível de sanções, inclusive de caráter penal (o art. 330 do CP tipifica o crime de desobediência)";

(v) **Executivas *lato sensu*:** "Nas executivas *lato sensu* há, tal como nas condenatórias, uma autorização para executar. No entanto, diferentemente da regra das ações condenatórias, a produção de efeitos práticos, no mundo dos fatos, independe, na ação executiva *lato sensu*, de posterior requerimento de execução".

No que diz respeito à natureza jurídica dos resultados jurídico-materiais, a tutela jurisdicional por esse critério é dividida em duas espécies: "tutela preventiva (tradicionalmente chamada de inibitória) e tutela reparatória (ressarcitória), sendo a primeira uma tutela jurisdicional voltada para o futuro, visando evitar a prática de ato ilícito, enquanto a segunda está voltada para o passado, visando ao restabelecimento patrimonial do sujeito vitimado pela prática de um ato ilícito danoso".[23]

Sob outra ótica, a tutela jurisdicional pode ser individual ou coletiva. Enquanto a tutela jurisdicional individual é "voltada à proteção dos direitos materiais individuais, sendo fundamentalmente regulamentada pelo Código de Processo Civil, além de diversas leis extravagantes", a tutela coletiva é "voltada à proteção de determinadas espécies de direitos materiais", sendo "um conjunto de normas processuais diferenciadas (espécie de tutela jurisdicional diferenciada), distintas daquelas aplicáveis no âmbito da tutela jurisdicional individual".[24]

Introduzidas noções preliminares sobre as ações de conhecimento, destacaremos alguns tipos de ações judiciais utilizadas na discussão de temas recorrentes e relevantes do mercado publicitário.

---

[22] WAMBIER, Luiz Rodrigues; TALAMINI, Eduardo. *Curso avançado de processo civil: teoria geral do processo*, volume 1. 16. ed. reformulada e ampliada de acordo com o Novo CPC. São Paulo: Revista dos Tribunais, 2016, p. 241-242.

[23] NEVES, Daniel Amorim Assumpção. Op. cit., p. 105.

[24] Ibid., p. 114-115.

30. AÇÕES JUDICIAIS RELACIONADAS AO MERCADO PUBLICITÁRIO

a) Ação de obrigação de fazer e/ou não fazer

No que diz respeito às ações judiciais movidas contra os responsáveis pela publicidade ilícita, é possível deduzir pedidos de obrigação de fazer (retirada da publicidade veiculada em qualquer meio de comunicação, realização de contrapropaganda) e/ou de não fazer (proibição à veiculação de novas publicidades envolvendo a mesma ilegalidade e em qualquer meio de comunicação), nos termos do artigo 497 do Código de Processo Civil[25], sendo importante ressaltar que o juiz avaliará os limites do pedido inibitório no caso concreto, já que inviável a concessão de tutela inibitória genérica[26].

A propósito é relevante detalhar os aspectos processuais da tutela inibitória:

> "**Natureza jurídica da ação.** A ação prevista no CPC 497 é condenatória com caráter inibitório, e, portanto, de conhecimento. Tem eficácia executivo-mandamental, pois abre ensejo à tutela provisória (CPC 294 e ss.), vale dizer, autoriza a emissão de mandado para execução específica e provisória da tutela de mérito ou de seus efeitos e, quanto ao provimento de mérito, sua eficácia é executiva, porque o juiz, 'se procedente o pedido, determinará providências que assegurem o resultado prático equivalente ao do adimplemento' (CPC 497 *in fine*)"[27]. (grifo original)

---

[25] Código de Processo Civil. Art. 497. Na ação que tenha por objeto a prestação de fazer ou de não fazer, o juiz, se procedente o pedido, concederá a tutela específica ou determinará providências que assegurem a obtenção de tutela pelo resultado prático equivalente.
Parágrafo único. Para a concessão da tutela específica destinada a inibir a prática, a reiteração ou a continuação de um ilícito, ou a sua remoção, é irrelevante a demonstração da ocorrência de dano ou da existência de culpa ou dolo.

[26] **Nesse sentido:** "O ordenamento brasileiro possibilita a iliquidez do pedido, que será corrigida por um provimento líquido, mas não admite sua incerteza (REsp 764.820/MG, Rel. Ministro LUIZ FUX, PRIMEIRA TURMA, julgado em 24/10/2006, DJ 20/11/2006, p. 280 e REsp 423.120/ RS, Rel. Ministro RUY ROSADO DE AGUIAR, QUARTA TURMA, julgado em 05/09/2002, DJ 21/10/2002, p. 370). Afinal, 'o pedido incerto impede a defesa do réu e o próprio julgamento' (REsp 745.350/SP, Rel. Ministro M, SEGUNDA TURMA, julgado em 24/11/2009, DJe 03/12/2009)." **(STJ, REsp 1.477.729, decisão monocrática do Relator Ministro Paulo de Tarso Sanseverino, DJe 20/11/2017)**. Disponível em: https://processo.stj.jus.br/processo/revista/documento/mediad o/?componente=MON&sequencial=78175875&tipo_documento=documento&num_registro=2 01402177559&data=20171120&formato=PDF, acesso em 18 mar. 2021.

[27] NERY JUNIOR, Nelson. NERY, Rosa Maria de Andrade. Op. cit., p. 1279.

"**Tutela inibitória**. Destinada a impedir, de forma imediata e definitiva, a violação de um direito, a ação inibitória, positiva (obrigação de fazer) ou negativa (obrigação de não fazer), ou, ainda, para a tutela das obrigações de entrega de coisa (CPC 498), é preventiva e tem eficácia mandamental".[28] (grifo original)

Para a concessão da tutela específica destinada a inibir a prática, a reiteração ou a continuação de um ilícito, ou a sua remoção, é irrelevante a demonstração da ocorrência de dano ou da existência de culpa ou dolo, conforme previsão expressa do artigo 497, parágrafo único, do CPC.

Tendo em vista que o objetivo dessa ação é obrigar o réu a praticar um ato ou se abster de fazê-lo, o juiz pode, entre outras medidas, fixar uma multa – que independe de requerimento da parte e tem caráter coercitivo – e conferir prazo para o cumprimento da obrigação (arts. 536[29] e 537[30], ambos do CPC). Caso não seja cumprida a obrigação no prazo estipulado pela decisão judicial, inicia-se o período de incidência da multa, sem prejuízo de eventuais perdas e danos (art. 500 do CPC[31]).

A título exemplificativo, citamos dois casos envolvendo propaganda comparativa e propaganda enganosa, cujas ações judiciais abarcaram pedidos de obrigação de fazer ou não fazer:

"AGRAVO INTERNO NO AGRAVO EM RECURSO ESPECIAL. PROCESSUAL CIVIL. **AÇÃO DE OBRIGAÇÃO DE NÃO FAZER** C/C DANOS MORAIS. PROPRIEDADE INTELECTUAL. **PROPAGANDA COMPARATIVA**. ABUSIVIDADE E DESLEALDADE. DANOS MORAIS. QUANTUM. RAZOABILIDADE. REVISÃO DE MATÉRIA FÁTICO-PROBATÓRIA. IMPOSSIBILIDADE. SÚMULA 07/STJ. AUSÊNCIA DE FUNDAMENTOS QUE JUSTIFIQUEM

---

[28] Ibid., p. 1280.

[29] Código de Processo Civil. Art. 536. No cumprimento de sentença que reconheça a exigibilidade de obrigação de fazer ou de não fazer, o juiz poderá, de ofício ou a requerimento, para a efetivação da tutela específica ou a obtenção de tutela pelo resultado prático equivalente, determinar as medidas necessárias à satisfação do exequente. (...)

[30] Código de Processo Civil. Art. 537. A multa independe de requerimento da parte e poderá ser aplicada na fase de conhecimento, em tutela provisória ou na sentença, ou na fase de execução, desde que seja suficiente e compatível com a obrigação e que se determine prazo razoável para cumprimento do preceito. (...)

[31] Código de Processo Civil. Art. 500. A indenização por perdas e danos dar-se-á sem prejuízo da multa fixada periodicamente para compelir o réu ao cumprimento específico da obrigação.

A ALTERAÇÃO DA DECISÃO AGRAVADA. AGRAVO INTERNO DESPROVIDO." **(STJ, AgInt no AREsp 497.830/RS, Relator Ministro Paulo de Tarso Sanseverino, Terceira Turma, DJe 10/11/2016 – g.n.).**[32]

"AGRAVO REGIMENTAL NO AGRAVO EM RECURSO ESPE-CIAL. DIREITO DO CONSUMIDOR. **AÇÃO DE OBRIGAÇÃO DE FAZER. PROPAGANDA ENGANOSA.** AFASTAMENTO. IMPOSSI-BILIDADE. REVER A CONCLUSÃO DO TRIBUNAL DE ORIGEM DEMANDARIA O REEXAME DAS PROVAS DOS AUTOS. SÚMULA N. 7/STJ. REDUÇÃO DA PENALIDADE. INOVAÇÃO RECURSAL. PRECLUSÃO CONSUMATIVA. AGRAVO REGIMENTAL IMPRO-VIDO." **(STJ, AgRg no AREsp 773.774/SP, Relator Ministro Marco Aurélio Bellizze, Terceira Turma, DJe 10/12/2015 – g.n.).**[33]

Além de pedidos de obrigação de fazer e não fazer, também é possível cumular pedido indenizatório na mesma ação judicial ou formulá-lo de forma autônoma, caso o objetivo do autor da ação seja apenas obter uma indenização.

b) Ação indenizatória

O panorama das ações indenizatórias é amplo já que, para configurar a responsabilidade civil no caso concreto, é preciso levar em consideração a natureza do direito em questão e a legislação aplicável à espécie. Além disso, o objeto da ação indenizatória pode abarcar danos materiais (de ordem patrimonial) e/ou morais (extrapatrimoniais).

No caso de veiculação de publicidade ilícita, por exemplo, o consumidor poderá ajuizar ação indenizatória em razão de eventuais danos causados (materiais e morais), com fundamento no artigo 6º, inciso VII, do CDC[34].

---

[32] Disponível em: https://scon.stj.jus.br/SCON/GetInteiroTeorDoAcordao?num_registro= 201400768230&dt_publicacao=10/11/2016, acesso em 18 mar. 2021.

[33] Disponível em: https://scon.stj.jus.br/SCON/GetInteiroTeorDoAcordao?num_registro= 201502235982&dt_publicacao=10/12/2015, acesso em 18 mar. 2021.

[34] BRASIL. Código de Defesa do Consumidor (Lei nº 8.078/1990). Disponível em http://www.planalto.gov.br/ccivil_03/leis/l8078compilado.htm, acesso em 22 mar. 2021. Art. 6º São direitos básicos do consumidor: (...) VII – o acesso aos órgãos judiciários e administrativos com vistas à prevenção ou reparação de danos patrimoniais e morais, individuais, coletivos ou difusos, assegurada a proteção jurídica, administrativa e técnica aos necessitados;

ATIVIDADE PUBLICITÁRIA NO BRASIL

Nessa hipótese, o sistema que informaria a responsabilidade civil seria o objetivo, ou seja, o mesmo aplicável para toda relação de consumo, com exceção da responsabilidade civil dos profissionais liberais, que é apurada mediante a verificação de culpa (art. 14, §4º, do CDC[35]).

Dessa forma, "trata-se de sistemática fundada na teoria do risco do empreendimento e que requer apenas a comprovação do nexo causal entre a ação ou omissão do agente (veiculação de comunicação publicitária ilícita) e o dano gerado, ainda que em sua potencialidade".[36]

Esse é exatamente o posicionamento admitido pelo Superior Tribunal de Justiça:[37]

> "Tratando-se de relação consumerista, portanto, os danos uma vez causados devem ser reparados, sem que seja necessário o questionamento, tampouco a prova, de culpa por parte do causador do dano.
>
> O Código de Defesa do Consumidor estabeleceu a responsabilidade objetiva visando melhor ponderar os fatores risco e proveito, impondo o ônus decorrente aos agentes que se beneficiam da atividade causadora de risco, consoante se denota do artigo 14 do aludido diploma (...)"
>
> "A responsabilidade objetiva, decorrente do diploma consumerista, é regra geral inderrogável, somente admitindo como excludentes a inexistência de defeito e a culpa exclusiva do consumidor ou de terceiro, a ser comprovada pelo fornecedor".
>
> **(REsp 1.342.571/MG, Relator Ministro Marco Buzzi, Quarta Turma, DJe 16/02/2017).**[38]

---

[35] Código de Defesa do Consumidor. Art. 14. O fornecedor de serviços responde, independentemente da existência de culpa, pela reparação dos danos causados aos consumidores por defeitos relativos à prestação dos serviços, bem como por informações insuficientes ou inadequadas sobre sua fruição e riscos. (...) §4º A responsabilidade pessoal dos profissionais liberais será apurada mediante a verificação de culpa.

[36] DIAS, Lucia Ancona Lopez de Magalhães. Op. cit. p. 298.

[37] RECURSO ESPECIAL – AÇÃO DE INDENIZAÇÃO POR DANOS MORAIS E MATERIAIS – RELAÇÃO DE CONSUMO – PUBLICIDADE ENGANOSA - OMISSÃO DE INFORMAÇÕES – PREJUÍZOS AO CONSUMIDOR – DEVER DE INDENIZAR PELOS DANOS MATERIAIS E MORAIS – RECURSO PROVIDO

[38] Disponível em: https://scon.stj.jus.br/SCON/GetInteiroTeorDoAcordao?num_registro=201102249685&dt_publicacao=16/02/2017, acesso em 22 mar. 2021.

30. AÇÕES JUDICIAIS RELACIONADAS AO MERCADO PUBLICITÁRIO

Dessa forma, cabe ao anunciante o ônus de demonstrar judicialmente que a publicidade não é ilícita:

> "Ao fornecedor incumbe, pois, o ônus de demonstrar a veracidade ou a suficiência de suas informações, no caso da publicidade enganosa (comissiva ou omissiva), ou que fatos alegados não violam os valores sociais juridicamente protegidos, em se tratando de publicidade abusiva (art. 38, CDC). Em outras palavras, incumbe ao anunciante demonstrar a inexistência dos efeitos nocivos decorrentes da veiculação da publicidade ou que os fatos trazidos não dão causa aos danos alegados".[39]

No tocante aos efeitos civis da publicidade ilícita "a verificação de dolo ou culpa do fornecedor poderá se mostrar útil apenas como parâmetro para o arbitramento do *quantum* indenizatório, mas não para fins de responsabilidade civil, sempre existente quando demonstrada a relação de causalidade entre a publicidade e o dano".[40]

Já no caso de publicidade comparativa configurada como excessiva sob a ótica concorrencial, importante observar a proteção conferida pela Lei de Propriedade Industrial (Lei nº 9.279/1996[41]), que em seu artigo 195 define os crimes de concorrência desleal. Se a publicidade eventualmente tiver o objetivo de dificultar o desenvolvimento da empresa concorrente, pode até ser configurada como infração à ordem econômica (art. 36, §3º, IV, da Lei nº 12.529/2011[42]).

Portanto, os direitos assegurados pela LPI – que não são absolutos e irrestritos – devem ser sopesados à luz dos princípios constitucionais que permeiam a atividade publicitária, cabendo ao intérprete do Direito a análise

---

[39] DIAS, Lucia Ancona Lopez de Magalhães. Op. cit. p. 302.

[40] Ibid,. p. 298-299.

[41] BRASIL. Lei de Propriedade Industrial (Lei nº 9.279/1996). Disponível em http://www.planalto. gov.br/ccivil_03/leis/l9279.htm, acesso em 25 mar. 2021.

[42] BRASIL. Lei nº 12.529/2011. Disponível em http://www.planalto.gov.br/ccivil_03/_ato2011-2014/2011/lei/l12529.htm, acesso em 25 mar. 2021.
Art. 36. Constituem infração da ordem econômica, independentemente de culpa, os atos sob qualquer forma manifestados, que tenham por objeto ou possam produzir os seguintes efeitos, ainda que não sejam alcançados: (...) §3º As seguintes condutas, além de outras, na medida em que configurem hipótese prevista no caput deste artigo e seus incisos, caracterizam infração da ordem econômica: (...) IV – criar dificuldades à constituição, ao funcionamento ou ao desenvolvimento de empresa concorrente ou de fornecedor, adquirente ou financiador de bens ou serviços;

ATIVIDADE PUBLICITÁRIA NO BRASIL

das circunstâncias específicas do caso concreto para alcançar conclusão acerca da ilicitude ou não do anúncio publicitário questionado.[43]

Sobre o tema, ao julgar um caso de publicidade comparativa, a Terceira Turma do Superior Tribunal de Justiça – por maioria de votos – decidiu que é necessário comprovar os danos materiais sofridos (ou seja, não seriam presumidos), além de apenas mencionar – porque o tema não foi objeto de discussão no recurso especial em análise – a condenação por danos morais no valor de R$ 1.000.000,00 (um milhão de reais) pelas instâncias ordinárias em razão do reconhecimento do excesso na publicidade comparativa:

"RECURSO ESPECIAL. AÇÃO DE INDENIZAÇÃO. **PUBLICIDADE COMPARATIVA. EXCESSO CONFIGURADO. CONDENAÇÃO À ABSTENÇÃO DO USO DA PROPAGANDA E AOS DANOS MORAIS PLEITEADOS.** 1. OMISSÃO DO ACÓRDÃO RECORRIDO. INEXISTÊNCIA. 2. **PEDIDO DE CONDENAÇÃO A DANOS MATERIAIS JULGADO IMPROCEDENTE.** AUSÊNCIA DE COMPROVAÇÃO. MANUTENÇÃO DO JULGADO QUE SE IMPÕE. 3. SUCUMBÊNCIA RECÍPROCA. NÃO OCORRÊNCIA. 4. RECURSO DESPROVIDO.

(...)

2. Considerando que o caso não se trata de contrafação ou uso indevido de marca, mas, sim, de publicidade comparativa, a qual é aceita pela jurisprudência desta Corte Superior, caberia à parte autora a comprovação dos danos materiais sofridos em decorrência do abuso cometido na publicidade veiculada pelas rés, o que não ocorreu na espécie, não se tratando de hipótese de dano patrimonial presumido. (...) (g.n.)

(STJ. REsp 1.676.750/SP, Relatora Ministra Nancy Andrighi, Relator para acórdão Ministro Marco Aurélio Bellizze, Terceira Turma, DJe 20/10/2017).[44]

---

[43] **Nessa linha:** "Há, portanto, uma evidente tensão entre as normas que asseguram proteção à marca e aquelas que garantem a livre concorrência, a liberdade de expressão e o acesso à informação, de modo que, para fins de se avaliar a licitude da publicidade comparativa, os direitos assegurados pela LPI devem ser sopesados à luz dos princípios e objetivos traçados pela Constituição, incumbindo ao intérprete do Direito o exame das circunstâncias específicas da hipótese concreta a fim de alcançar conclusão acerca da licitude ou não do anúncio publicitário". **(STJ, REsp 1.668.550/RJ, Relatora Ministra Nancy Andrighi, Terceira Turma, DJe 26/05/2017).** Disponível em: https://scon.stj.jus.br/SCON/GetInteiroTeorDoAcordao?num_registro= 201401063470&dt_publicacao=26/05/2017, acesso em 29 mar. 2021.

[44] Disponível em: https://scon.stj.jus.br/SCON/GetInteiroTeorDoAcordao?num_ registro=201302963746&dt_publicacao=20/10/2017, acesso em 29 mar. 2021.

30. AÇÕES JUDICIAIS RELACIONADAS AO MERCADO PUBLICITÁRIO

Por sua vez, na hipótese de uso indevido de imagem na publicidade veiculada, o principal fundamento da ação indenizatória seria a violação ao artigo 5º, inciso X, da Constituição Federal, uma vez estabelecido pelo referido artigo que "são invioláveis a intimidade, a vida privada, a honra e a imagem das pessoas, assegurado o direito a indenização pelo dano material ou moral decorrente de sua violação". Além disso, a ação judicial teria embasamento nos artigos 12[45] e 20[46] do Código Civil, tratando-se de defesa de direitos da personalidade.

Aliás, cabe mencionar que o direito à imagem pode ser subdividido em duas acepções básicas: a) imagem subjetiva (projeção da pessoa no contexto social em que se insere); e b) imagem objetiva ou imagem-retrato (direito da pessoa ao controle sobre a sua figura). O Código Civil tratou em seu artigo 20 da imagem-retrato, mas a Constituição Federal, nos incisos V e X do art. 5º, engloba tanto a imagem subjetiva como a objetiva.[47]

Dessa forma, se a publicidade veiculada utilizar a imagem de alguém sem a sua autorização, o cidadão poderá recorrer ao Judiciário para proibir tal exposição, além de buscar reparação por danos materiais e morais.

No que diz respeito à prova do prejuízo, "a jurisprudência do Superior Tribunal de Justiça consolidou-se no sentido de que os danos morais em virtude de violação do direito à imagem decorrem de seu simples uso indevido, sendo prescindível, em tais casos, a comprovação da existência de prejuízo efetivo à honra ou ao bom nome do titular daquele direito, pois o dano é *in re ipsa* (Súmula nº 403/STJ[48])" **(STJ, AgInt no AgInt no AREsp 1.546.407/SP,**

---

[45] BRASIL. Código Civil (Lei nº 10.406/2002). Disponível em http://www.planalto.gov.br/ccivil_03/leis/2002/l10406compilada.htm, acesso em 30 mar. 2021.
Art. 12. Pode-se exigir que cesse a ameaça, ou a lesão, a direito da personalidade, e reclamar perdas e danos, sem prejuízo de outras sanções previstas em lei.
Parágrafo único. Em se tratando de morto, terá legitimação para requerer a medida prevista neste artigo o cônjuge sobrevivente, ou qualquer parente em linha reta, ou colateral até o quarto grau.
[46] Código Civil. Art. 20. Salvo se autorizadas, ou se necessárias à administração da justiça ou à manutenção da ordem pública, a divulgação de escritos, a transmissão da palavra, ou a publicação, a exposição ou a utilização da imagem de uma pessoa poderão ser proibidas, a seu requerimento e sem prejuízo da indenização que couber, se lhe atingirem a honra, a boa fama ou a respeitabilidade, ou se se destinarem a fins comerciais
[47] ASSIS NETO, Sebastião de; JESUS, Marcelo de; MELO, Maria Isabel de. *Manual de direito civil*. 6. ed. rev., ampl., e atual. Salvador: Juspodivm, 2017, p. 180.
[48] STJ. Súmula 403: "Independe de prova do prejuízo a indenização pela publicação não autorizada da imagem de pessoa com fins econômicos ou comerciais". Disponível em https://www.stj.jus.br/docs_internet/revista/eletronica/stj-revista-sumulas-2014_38_capSumula403.pdf, acesso em 02 abr. de 2021.

Relator Ministro Ricardo Villas Bôas Cueva, Terceira Turma, DJe 26/05/2020)[49].

Corroborando o entendimento de que a violação ao direito de imagem decorre do seu simples uso indevido e independe de prova do prejuízo – ou seja, nesses casos, o dano moral é presumido – também já se posicionou o Superior Tribunal de Justiça:

"DIREITO À IMAGEM. CORRETOR DE SEGUROS. NOME E FOTO. UTILIZAÇÃO SEM AUTORIZAÇÃO. PROVEITO ECONÔMICO. DIREITOS PATRIMONIAL E EXTRAPATRIMONIAL. LOCUPLE-TAMENTO. DANO. PROVA. DESNECESSIDADE. ENUNCIADO N. 7 DA SÚMULA/STJ. INDENIZAÇÃO. QUANTUM. REDUÇÃO. CIR-CUNSTÂNCIAS DA CAUSA. HONORÁRIOS. CONDENAÇÃO. ART. 21, CPC. PRECEDENTES. RECURSO PROVIDO PARCIALMENTE.

I – O direito à imagem reveste-se de duplo conteúdo: moral, porque direito de personalidade; patrimonial, porque assentado no princípio segundo o qual a ninguém é lícito locupletar-se à custa alheia.

II – A utilização da imagem de cidadão, com fins econômicos, sem a sua devida autorização, constitui locupletamento indevido, ensejando a indenização.

III – O direito à imagem qualifica-se como direito de personalidade, extrapatrimonial, de caráter personalíssimo, por proteger o interesse que tem a pessoa de opor-se à divulgação dessa imagem, em circunstâncias concernentes à sua vida privada.

IV – Em se tratando de direito à imagem, a obrigação da reparação decorre do próprio uso indevido do direito personalíssimo, não havendo de cogitar-se da prova da existência de prejuízo ou dano. O dano é a pró-pria utilização indevida da imagem, não sendo necessária a demonstração do prejuízo material ou moral.

V – A indenização deve ser fixada em termos razoáveis, não se jus-tificando que a reparação venha a constituir-se em enriquecimento sem causa, com manifestos abusos e exageros, devendo o arbitramento operar-se com moderação, orientando- se o juiz pelos critérios sugeri-dos pela doutrina e pela jurisprudência, com razoabilidade, valendo-se

---

[49] Disponível em: https://scon.stj.jus.br/SCON/GetInteiroTeorDoAcordao?num_registro=201902110492&dt_publicacao=26/05/2020, acesso em 02 abr. de 2021.

de sua experiência e do bom senso, atento à realidade da vida e às peculiaridades de cada caso. (...)."

(REsp 267.529/RJ, Relator Ministro Sálvio de Figueiredo Teixeira, Quarta Turma, DJ 18/12/2000, p. 208)[50]

"DIREITO À IMAGEM. MODELO PROFISSIONAL. UTILIZAÇÃO SEM AUTORIZAÇÃO. DANO MORAL. CABIMENTO. PROVA. DESNECESSIDADE. QUANTUM. FIXAÇÃO NESTA INSTÂNCIA. POSSIBILIDADE. EMBARGOS PROVIDOS.

I – (...).

II – Em se tratando de direito à imagem, a obrigação da reparação decorre do próprio uso indevido do direito personalíssimo, não havendo de cogitar-se da prova da existência de prejuízo ou dano, nem a conseqüência do uso, se ofensivo ou não.

III – (...).

IV – O valor dos danos morais pode ser fixado na instância especial, buscando dar solução definitiva ao caso e evitando inconvenientes e retardamento na entrega da prestação jurisdicional".

(EREsp 230.268/SP, Relator Ministro Sálvio de Figueiredo Teixeira, Segunda Seção, DJ 04/08/2003, p. 216)[51]

Tendo em vista que litígios envolvendo publicidade comparativa e uso indevido de imagem não estão relacionados a questões consumeristas, a fundamentação legal do pedido indenizatório nesses casos estaria pautada nos artigos 186[52] e 927[53] do Código Civil, que estabelecem o dever de indenizar danos decorrentes de atos ilícitos.

No tocante aos valores pleiteados em ações indenizatórias, aplica-se o disposto no artigo 944, *caput*, do Código Civil, segundo o qual "a indenização mede-se pela extensão do dano".

---

[50] Disponível em: https://scon.stj.jus.br/SCON/GetInteiroTeorDoAcordao?num_registro= 200000718092&dt_publicacao=18/12/2000, acesso em 30 mar. 2021.

[51] Disponível em: https://scon.stj.jus.br/SCON/GetInteiroTeorDoAcordao?num_registro= 200101049077&dt_publicacao=04/08/2003, acesso em 02 abr. de 2021.

[52] Código Civil. Art. 186. Aquele que, por ação ou omissão voluntária, negligência ou imprudência, violar direito e causar dano a outrem, ainda que exclusivamente moral, comete ato ilícito.

[53] Código Civil. Art. 927. Aquele que, por ato ilícito (arts. 186 e 187), causar dano a outrem, fica obrigado a repará-lo. (...)

Assim, no momento da fixação da indenização, que ostenta caráter pedagógico e repressivo, deve-se atender aos princípios da razoabilidade e proporcionalidade, além de outras diretrizes como: (i) **princípio da reparação integral** (nenhum dano deve passar sem a correspondente reparabilidade); (ii) **inadmissibilidade das indenizações tarifadas** (no texto do Código Civil de 2016 era comum o tarifamento do valor da indenização para alguns casos); (iii) **possibilidade de adequação do valor da indenização às circunstâncias do caso concreto** (juiz deve adequar a aplicação de cláusulas abertas à justiça necessária ao caso concreto); (iv) **responsabilidade patrimonial** (direito do credor sobre o patrimônio do devedor – art. 942, CC); (v) **solidariedade na reparação do dano** (quando a ofensa tiver mais de um autor – art. 942, parágrafo único, CC); e (v) **transmissibilidade dos direitos e deveres decorrentes da obrigação de indenizar** (obrigação de reparação transmite-se com a herança – art. 943, CC)[54].

c) Ação anulatória

Diante da função fiscalizadora que o Estado exerce, a publicidade considerada enganosa ou abusiva pode ensejar a aplicação de multa por órgãos de defesa do consumidor, já que a Constituição Federal determina que "o Estado promoverá, na forma da lei, a defesa do consumidor" (art. 5º, inc. XXXII).

Nesse cenário, o responsável pela publicidade apontada como ilícita poderá ajuizar ação anulatória com o objetivo de afastar a multa administrativa, em razão de (i) descumprimento de formalidades (os atos administrativos devem ser praticados respeitando determinadas regras); (ii) ausência de caráter enganoso ou abusivo da publicidade, ou (iii) eventuais exageros na fixação do valor da multa.

Em relação à discussão judicial a respeito do valor da multa, incabível a impugnação genérica, cabendo ao autor da ação anulatória comprovar sua condição econômica e demonstrar eventuais excessos, desincumbindo-se desse ônus processual.

Nesse tipo de ação, a sentença tem natureza declaratória e a anulação atinge o ato administrativo em sua origem produzindo efeitos *ex tunc*, ou seja, retroativos à data em que o ato foi emitido.

Sobre o tema, ao julgar recurso especial interposto em ação anulatória ajuizada com o objetivo de invalidar multa imposta pelo PROCON em razão

---

[54] ASSIS NETO, Sebastião de; JESUS, Marcelo de; MELO, Maria Isabel de. Op. cit., p. 875-881.

30. AÇÕES JUDICIAIS RELACIONADAS AO MERCADO PUBLICITÁRIO

de publicidade enganosa e prática abusiva, o STJ manteve a sanção administrativa sob os seguintes argumentos[55]:

(i) A configuração do ilícito civil de oferta – publicitária ou não – enganosa ou abusiva, bem como de prática abusiva, insere-se no domínio da responsabilidade civil objetiva, o que significa ser incabível a discussão sobre dolo ou culpa. Portanto, não se exige a prova da vontade de enganar o consumidor;[56]

(ii) Não haveria necessidade de verificação e comprovação de dano efetivo do consumidor, enquadrando-se *in re ipsa* a ilicitude da prática abusiva, sendo considerada presumida;

(iii) O poder de polícia de consumo – que precisa ser exercido de forma preventiva e com foco no risco de dano – é um dever estatal (artigo 5º, inciso XXXII da CF), ressaltando-se que o Código de Defesa do Consumidor dispõe ser princípio geral do microssistema a ação governamental no sentido de proteger efetivamente o consumidor (artigo 4º, inciso II, CDC[57]). Acrescenta, ainda, que o próprio CDC disciplina as sanções administrativas, prescrevendo que a União, os Estados,

---

[55] **EMENTA**: "PROCESSUAL CIVIL. DIREITO DO CONSUMIDOR. PRINCÍPIO DA TRANSPARÊNCIA. PUBLICIDADE ENGANOSA E PRÁTICA ABUSIVA. ARTIGOS 37, § 1º, 39, CAPUT, 55, §1º, E 57 DO CÓDIGO DE DEFESA DO CONSUMIDOR. PODER DE POLÍCIA DE CONSUMO. SANÇÃO ADMINISTRATIVA. APURAÇÃO DE PORTE ECONÔMICO. QUANTUM DA MULTA. REEXAME DO CONJUNTO FÁTICO-PROBATÓRIO DOS AUTOS. IMPOSSIBILIDADE. SÚMULA 7/STJ." (...) **(REsp 1.794.971/SP, Relator Ministro Herman Benjamin, Segunda Turma, DJe 24/06/2020).** Disponível em: https://scon.stj.jus.br/SCON/GetInteiroTeorDoAcordao?num_registro=201900063472&dt_publicacao=24/06/2020, acesso em 19 abr. de 2021.

[56] **Na mesma linha:**
STJ, REsp 1.329.556/SP, Relator Ministro Ricardo Villas Bôas Cueva, Terceira Turma, DJe 09/12/2014. Disponível em: https://scon.stj.jus.br/SCON/GetInteiroTeorDoAcordao?num_registro=201201240476&dt_publicacao=09/12/2014, acesso em 19 abr. de 2021;
STJ, AgRg no REsp 1.528.428/MG, Relator Ministro Herman Benjamin, Segunda Turma, DJe 18/05/2016.
Disponível em: https://scon.stj.jus.br/SCON/GetInteiroTeorDoAcordao?num_registro=201500827269&dt_publicacao=18/05/2016, acesso em 19 abr. de 2021;

[57] Código de Defesa do Consumidor. Art. 4º A Política Nacional das Relações de Consumo tem por objetivo o atendimento das necessidades dos consumidores, o respeito à sua dignidade, saúde e segurança, a proteção de seus interesses econômicos, a melhoria da sua qualidade de vida, bem como a transparência e harmonia das relações de consumo, atendidos os seguintes princípios (...)
II – ação governamental no sentido de proteger efetivamente o consumidor:

ATIVIDADE PUBLICITÁRIA NO BRASIL

o Distrito Federal e os Municípios fiscalizarão e controlarão a publicidade de produtos e serviços (art. 55, §1º, CDC[58]);

(iv) A autoridade administrativa não só poderia, como deveria atuar de ofício, lavrando auto de infração e instaurando procedimento administrativo independentemente do modo como tomou conhecimento do ilícito de consumo (art. 5º da Lei nº 9.784/99[59]);

(v) No que diz respeito ao valor fixado a título de multa pelo PROCON, a dosagem do valor da multa administrativa deve ser realizada conforme o porte econômico do contraveniente, de forma a evitar caráter irrisório ou confiscatório[60];

(vi) A pretensão recursal de rever o entendimento do Tribunal de Justiça para descaracterizar e afastar a imputação de publicidade enganosa e de prática abusiva, assim como para alterar o valor da multa fixada, demandaria revolvimento de matéria fática, o que atrairia o óbice da Súmula 7 do STJ.[61]

---

[58] Código de Defesa do Consumidor. Art. 55. A União, os Estados e o Distrito Federal, em caráter concorrente e nas suas respectivas áreas de atuação administrativa, baixarão normas relativas à produção, industrialização, distribuição e consumo de produtos e serviços.

§ 1º A União, os Estados, o Distrito Federal e os Municípios fiscalizarão e controlarão a produção, industrialização, distribuição, a publicidade de produtos e serviços e o mercado de consumo, no interesse da preservação da vida, da saúde, da segurança, da informação e do bem-estar do consumidor, baixando as normas que se fizerem necessárias.

[59] BRASIL. Lei do Processo Administrativo (Lei nº 9.784/1999). Disponível em http://www.planalto.gov.br/ccivil_03/leis/l9784.htm, acesso em 23 abr. 2021.

Art. 5º O processo administrativo pode iniciar-se de ofício ou a pedido de interessado.

[60] **No mesmo sentido:**

"Sanções administrativas apresentam, a um só tempo, *função punitiva* (= repressiva) e *função inibitória* (= dissuasiva ou pedagógica), aquela destinada à reprimenda por ato já praticado, esta com a finalidade de desencorajar comportamento ilícito futuro, do próprio infrator (= dissuasão especial) ou de terceiros (= dissuasão geral). Haverão de ser fixadas em patamar que, no caso concreto, respeite a razoabilidade, de modo a rechaçar ora o caráter exagerado ou confiscatório, ora, no outro extremo, a irrisoriedade, que destrói a credibilidade da medida e permite ao infrator computá-la como "custo normal e vão do negócio". Daí que no cálculo da multa amiúde se deve levar em conta o faturamento bruto do fornecedor, e não o lucro específico com o ato ilícito em questão, pois do contrário, na prática, se equiparam injustamente, pela via transversa, pequeno e grande empresário." **(STJ, REsp 1.419.557/SP, Relator Ministro Herman Benjamin, Segunda Turma, DJe 07/11/2016).**

Disponível em: https://scon.stj.jus.br/SCON/GetInteiroTeorDoAcordao?num_registro=201302619055&dt_publicacao=07/11/2016, acesso em 23 abr. de 2021;

[61] **Na mesma linha:**

STJ, AgInt no AREsp 870.024/SP, Relator Ministro Herman Benjamin, Segunda Turma, DJe 06/09/2016.

Em outro caso envolvendo discussão sobre publicidade enganosa, interessante observar que, embora o STJ tenha afastado a existência de ilícito administrativo, o Tribunal ressalvou que a conclusão solucionaria o litígio exclusivamente no âmbito do Direito Administrativo Sancionador, não repercutindo em eventuais processos reparatórios civis, que analisariam a matéria à luz de outros regimes e princípios (**AgRg no AgRg no REsp 1.261.824/SP, Relator Ministro Herman Benjamin, Segunda Turma, DJe 09/05/2013**).[62]

d) Ação civil pública (tutela de interesses coletivos *lato sensu*)

É certo que os danos causados pela publicidade ilícita podem ser individuais ou coletivos, a depender dos sujeitos que sofreram a lesão:

> "A configuração da publicidade ilícita, nas suas diferentes modalidades, enganosa ou abusiva, enseja o dever de reparação dos eventuais danos causados. Estes danos podem ser, em relação aos sujeitos que sofrem a lesão, individuais ou coletivos, e no que tange à natureza da lesão, materiais e/ou morais. O direito à indenização, bem como a possibilidade de cumulatividade de danos materiais e morais, decorre de previsão expressa do art. 6º, inciso VI, do CDC, que disciplina ser direito básico do consumidor 'a efetiva prevenção e reparação de danos patrimoniais e morais, individuais, coletivos e difusos' (...)"[63].

No caso de danos individuais, o próprio consumidor lesado terá legitimidade para ajuizar ação individual objetivando a reparação de danos materiais e morais, seguindo os ditames do Código de Processo Civil.

Por sua vez, no caso de danos coletivos a consumidores, cabível a ação civil pública – instrumento processual, de ordem constitucional, destinado à defesa de interesses difusos, coletivos e individuais homogêneos – disciplinada

---

Disponível em: https://scon.stj.jus.br/SCON/GetInteiroTeorDoAcordao?num_registro= 201600449106&dt_publicacao=06/09/2016, acesso em 26 abr. de 2021;

STJ, AgRg no AREsp 559.506/ES, Relator Ministro Benedito Gonçalves, Primeira Turma, DJe 17/03/2015.

Disponível em: https://scon.stj.jus.br/SCON/GetInteiroTeorDoAcordao?num_registro= 201401955440&dt_publicacao=17/03/2015, acesso em 26 abr. de 2021;

[62] Disponível em: https://scon.stj.jus.br/SCON/GetInteiroTeorDoAcordao?num_registro= 201100791323&dt_publicacao=09/05/2013, acesso em 23 abr. de 2021;

[63] DIAS, Lucia Ancona Lopez de Magalhães. Op. cit., p. 297.

ATIVIDADE PUBLICITÁRIA NO BRASIL

através da Lei 7.347/85[64], ressaltando-se que o Código de Defesa do Consumidor reforça que a defesa dos interesses e direitos dos consumidores poderá ser exercida em juízo a título coletivo (art. 81[65]), indicando, ainda, quem seriam os legitimados concorrentemente para essa finalidade (art. 82[66]), dentre eles o Ministério Público, cujas funções institucionais foram estabelecidas pelo art. 129 da Constituição Federal[67].

Nas ações civis públicas os valores devidos são destinados ao Fundo de Direito Difusos (art. 13 da Lei da Ação Civil Pública[68]), ou, no caso da defesa de direitos individuais homogêneos, o dano seria liquidado pelos consumidores individualmente (art. 81, parágrafo único, inciso III, do CDC).

Ainda sobre os pedidos que podem ser deduzidos em sede de ação civil pública, importante tecer alguns esclarecimentos sobre o artigo 3º da Lei 7.347/1985[69] (LACP):

> "Em ação civil pública é possível **cumular pedido** condenatório ao pagamento de dinheiro com outro voltado ao cumprimento de obrigação de fazer ou não fazer: "a conjunção 'ou' deve ser considerada com o sentido de adição (permitindo, com a cumulação dos pedidos, a tutela integral do meio ambiente) e não o de alternativa excludente (o que tornaria a ação civil pública instrumento inadequado a seus fins). É conclusão imposta, outrossim, por interpretação sistemática do art. 21 da mesma lei,

---

[64] BRASIL. Lei da Ação Civil Pública (Lei nº 7.347/1985). Disponível em http://www.planalto. gov.br/ccivil_03/leis/l7347orig.htm#:~:text=LEI%20No%207.347%2C%20DE%2024%20 DE%20JULHO%20DE%201985.&text=Disciplina%20a%20a%C3%A7%C3%A3o%20civil%20 p%C3%BAblica,VETADO)%20e%20d%C3%A1%20outras%20provid%C3%AAncias, acesso em 27 abr. 2021.

[65] Código de Defesa do Consumidor. Art. 81. A defesa dos interesses e direitos dos consumidores e das vítimas poderá ser exercida em juízo individualmente, ou a título coletivo. (...).

[66] Código de Defesa do Consumidor. Art. 82. Para os fins do art. 81, parágrafo único, são legitimados concorrentemente: I – o Ministério Público (...)

[67] Constituição Federal. Art. 129. São funções institucionais do Ministério Público: (...) III – promover o inquérito civil e a ação civil pública, para a proteção do patrimônio público e social, do meio ambiente e de outros interesses difusos e coletivos;

[68] Lei nº 7.347/1985. Art. 13. Havendo condenação em dinheiro, a indenização pelo dano causado reverterá a um fundo gerido por um Conselho Federal ou por Conselhos Estaduais de que participarão necessariamente o Ministério Público e representantes da comunidade, sendo seus recursos destinados à reconstituição dos bens lesados. (...)

[69] Lei nº 7.347/1985. Art. 3º A ação civil poderá ter por objeto a condenação em dinheiro ou o cumprimento de obrigação de fazer ou não fazer.

502

combinado com o art. 83 do CDC" (STJ – 1ª. T., REsp 605.323, Min. Teori Zavascki, j. 18.8.05, um voto vencido, DJU 17.10.05). No mesmo sentido: STJ – 2ª T., REsp 1.114.893, Min. Herman Benjamin, j. 16.3.10, DJ 28.2.12; STJ-RP 191/454 e RMDAU 32/123 (3ª T., REsp 1.181.820); RT 887/370 (TRF – 5ª Reg., AP 2000.81.00.013164-3) – grifo original".[70]

No julgamento de Recurso Especial relacionado à ação civil pública movida pelo Ministério Público do Estado de São Paulo envolvendo publicidade enganosa[71], o STJ reconheceu a ocorrência do dano moral difuso, que pode ser compreendido como o "resultado de uma lesão a bens e valores jurídicos extrapatrimoniais inerentes a toda a coletividade, de forma indivisível", e que "se dá quando a conduta lesiva agride, de modo injusto e intolerável, o ordenamento jurídico e os valores éticos fundamentais da sociedade em si considerada, a provocar repulsa e indignação na própria consciência coletiva."[72]

No referido acórdão foi apontado que a obrigação de promover a reparação desse tipo de dano encontra respaldo nos artigos 1º da Lei nº 7.347/1985 e 6º, VI, do CDC, bem como no art. 944 do CC e que o valor fixado a título de indenização por danos morais difusos, qual seja, R$ 1.000.000,00 (um milhão de reais) seria adequado ao nível de reprovabilidade verificado na hipótese em apreço.

---

[70] NEGRÃO, Theotonio; GOUVÊA, José Roberto Ferreira; BONDIOLI, Luis Guilherme Aidar; FONSECA, João Francisco Neves. *Código de processo civil e legislação processual em vigor.* 47 ed. atual. e reform. – São Paulo: Saraiva, 2016, p. 1005.

[71] **EMENTA:** "RECURSO ESPECIAL. DIREITO DO CONSUMIDOR. AÇÃO CIVIL PÚBLICA. PROPAGANDA ENGANOSA. VEÍCULO AUTOMOTOR. INTRODUÇÃO NO MERCADO NACIONAL. DIFUSÃO DE INFORMAÇÕES EQUIVOCADAS. ITENS DE SÉRIE. MODELO BÁSICO. LANÇAMENTO FUTURO. DANO MORAL DIFUSO. CONFIGURAÇÃO. REEXAME DA MATÉRIA. REVOLVIMENTO DE PROVAS E FATOS. IMPOSSIBILIDADE. SÚMULA Nº 7/ STJ. (...)" **(REsp 1.546.170/SP, Relator Ministro Ricardo Villas Bôas Cueva, Terceira Turma, DJe 05/03/2020).** Disponível em: https://scon.stj.jus.br/SCON/GetInteiroTeorDoAcordao?num_registro= 201500679500&dt_publicacao=05/03/2020, acesso em 04 mai. de 2021;

[72] Nesse aspecto, complementa o acórdão que "a obrigação do agressor de compensar danos morais coletivos resultantes de sua conduta possui importantes funções – dissuasória (prevenção de condutas antissociais), sancionatório-pedagógica (punição do ato ilícito) e compensatória (reversão da indenização em prol da própria comunidade direta ou indiretamente) –, essenciais para a preservação do sentimento coletivo de dignidade e de solidariedade humanas."

ATIVIDADE PUBLICITÁRIA NO BRASIL

Entretanto, o Superior Tribunal de Justiça esclarece que não é qualquer atentado aos interesses dos consumidores que pode acarretar dano moral difuso:

> "Não é qualquer atentado aos interesses dos consumidores que pode acarretar dano moral difuso. É preciso que o fato transgressor seja de razoável significância e desborde os limites da tolerabilidade. Ele deve ser grave o suficiente para produzir verdadeiros sofrimentos, intranquilidade social e alterações relevantes na ordem extrapatrimonial coletiva." **(REsp 1.438.815/RN, Relatora Ministra Nancy Andrighi, Terceira Turma, DJe 01/12/2016).**[73]

Ainda sobre a ocorrência de dano moral coletivo, assim já se posicionou o Superior Tribunal de Justiça:

> "O dano moral coletivo é aferível *in re ipsa*, ou seja, sua configuração decorre da mera constatação da prática de conduta ilícita que, de maneira injusta e intolerável, viole direitos de conteúdo extrapatrimonial da coletividade, revelando-se despicienda a demonstração de prejuízos concretos ou de efetivo abalo moral." **(REsp 1.487.046/MT, Relator Ministro Luis Felipe Salomão, Quarta Turma, DJe 16/05/2017).**[74]

> "O dano moral coletivo encarna lesão a bens imateriais de grupo de pessoas, determinado ou não, causada por afronta a valores ético-jurídicos primordiais da sociedade, nos quais se incluem dignidade humana, paz e tranquilidade sociais, tratamento isonômico, respeito à diversidade, boa-fé nas relações jurídicas, probidade administrativa e cuidado com o patrimônio público, integridade do processo eleitoral, conservação das bases ecológicas da vida, verdade na produção e na veiculação de informações.

---

[73] Disponível em: https://scon.stj.jus.br/SCON/GetInteiroTeorDoAcordao?num_registro=201400428120&dt_publicacao=01/12/2016, acesso em 27 abr. de 2021;
No mesmo sentido:
STJ, REsp 1.221.756/RJ, Relator Ministro Massami Uyeda, Terceira Turma, DJe 10/02/2012.
[74] Disponível em: https://scon.stj.jus.br/SCON/GetInteiroTeorDoAcordao?num_registro=201202275676&dt_publicacao=16/05/2017, acesso em 07 mai. de 2021;

Não se trata de dano hipotético ou fictício, pois reconhecido pelo ordenamento jurídico. Equivocado afastá-lo em reação à força retórica da crítica fácil à banalização e indústria do dano moral. Se trivialidade ou massificação ocorre é no desrespeito a direitos básicos dos consumidores pelos agentes econômicos privados – sem falar do próprio Estado. Permissividade e tolerância que historicamente se apelidaram de ousadia empreendedora, exatamente o tipo de "normalidade" que identifica o capitalismo selvagem e predatório, sem ética nem freio – a antítese da verdadeira economia de mercado –, patologias que levaram precisamente à edição do CDC."

(REsp 1.828.620/RO, Rel. Ministro Herman Benjamin, Segunda Turma, DJe 05/10/2020).[75]

Em outra ação civil pública, que discutia publicidade enganosa no âmbito da segurança alimentar, o STJ explicitou que "os danos morais coletivos configuram-se na própria prática ilícita, dispensam a prova de efetivo dano ou sofrimento da sociedade e se baseiam na responsabilidade de natureza objetiva, a qual dispensa a comprovação de culpa ou de dolo do agente lesivo, o que é justificado pelo fenômeno da socialização e coletivização dos direitos, típicos das lides de massa".

Diante da gravidade da conduta praticada pela rede de supermercados – venda de produtos alimentícios com prazo de validade expirado, deteriorados e com sobreposição de etiquetas a enganar a data de perecimento – o STJ manteve o valor arbitrado pelas instâncias ordinárias de R$ 1.000.000,00 (um milhão de reais) a título de danos morais coletivos **(REsp 1.799.346/SP, Relatora Ministra Nancy Andrighi, Terceira Turma, DJe 13/12/2019)**[76].

Conclusões

É inquestionável que a evolução da publicidade, aliada ao avanço da tecnologia e dos meios de comunicação de massa, vem fomentando novas formas de chamar a atenção do consumidor e influenciar suas escolhas. Entretanto,

---

[75] Disponível em: https://scon.stj.jus.br/SCON/GetInteiroTeorDoAcordao?num_registro=201902202437&dt_publicacao=05/10/2020, acesso em 07 mai. de 2021;

[76] Disponível em: https://scon.stj.jus.br/SCON/GetInteiroTeorDoAcordao?num_registro=201702069780&dt_publicacao=13/12/2019, acesso em 11 mai. de 2021;

a disputa ferrenha entre empresas concorrentes vem impulsionando a crescente judicialização de questões envolvendo o mercado publicitário.

Como decorrência disso, a definição da estratégia jurídica a ser adotada em cada conflito que se apresenta passa pelo estudo das ações judiciais disponíveis no sistema processual brasileiro e a escolha do tipo de ação adequada para a defesa do direito que se pretende resguardar pode ser decisiva para o sucesso da ação judicial.

Por outro lado, o cenário enfrentado pelo Poder Judiciário também é desafiador, já que solucionar litígios de forma justa e isonômica não é tarefa fácil, especialmente diante da importância dos direitos envolvidos nas ações relacionadas ao mercado publicitário (tais como livre iniciativa, liberdade de expressão, concorrencial, consumidor, etc.), bem como em razão dos diferentes entendimentos exteriorizados pelos julgadores dos Tribunais da Federação.

Nesse panorama, o Superior Tribunal de Justiça desempenha papel fundamental para uniformizar a jurisprudência do país, definindo um norte para a interpretação da lei federal na solução dos litígios.

Portanto, os agentes que atuam no mercado publicitário não só devem observar a legislação e os ensinamentos doutrinários, mas também o posicionamento da jurisprudência sobre os temas relevantes para esse segmento – já que as decisões judiciais são soberanas e representam o entendimento do Poder Judiciário sobre a aplicação da lei ao caso concreto – garantindo-se, assim, uma concorrência cada vez mais forte, consciente e saudável para a sociedade.

REFERÊNCIAS

ASSIS NETO, Sebastião de; JESUS, Marcelo de; MELO, Maria Isabel de. *Manual de direito civil*. 6. ed. rev., ampl., e atual. Salvador: Juspodivm, 2017.

BRASIL. Código Civil (Lei nº 10.406/2002). Disponível em http://www.planalto.gov.br/ccivil_03/leis/2002/l10406compilada.htm, acesso em 30 mar. 2021.

BRASIL. Código de Defesa do Consumidor (Lei nº 8.078/1990). Disponível em http://www.planalto.gov.br/ccivil_03/leis/l8078compilado.htm, acesso em 22 mar. 2021.

BRASIL. Código de Processo Civil (Lei nº 13.105/2015). Disponível em: http://www.planalto.gov.br/ccivil_03/_ato2015-2018/2015/lei/l13105.htm, acesso em 15 mar. 2021.

BRASIL. Constituição Federal (1988). Disponível em: http://www.planalto.gov.br/ccivil_03/constituicao/constituicao.htm, acesso em 10 mar. 2021.

BRASIL. Lei da Ação Civil Pública (Lei nº 7.347/1985). Disponível em http://www.planalto.gov.br/ccivil_03/leis/l7347orig.htm#:~:text=LEI%20No%207.347%2C%20

DE%2024%20DE%20JULHO%20DE%201985.&text=Disciplina%20a%20
a%C3%A7%C3%A3o%20civil%20p%C3%BAblica,VETADO)%20e%20d%C3%A1%20
outras%20provid%C3%AAncias, acesso em 27 abr. 2021.

BRASIL. Lei do Processo Administrativo (Lei nº 9.784/1999. Disponível em http://www.
planalto.gov.br/ccivil_03/leis/l9784.htm, acesso em 23 abr. 2021.

BRASIL. Lei de Propriedade Industrial (Lei nº 9.279/1996). Disponível em http://www.
planalto.gov.br/ccivil_03/leis/l9279.htm, acesso em 25 mar. 2021.

BRASIL. Lei nº 12.529/2011. Disponível em http://www.planalto.gov.br/ccivil_03/_
ato2011-2014/2011/lei/l12529.htm, acesso em 25 mar. 2021.

DIAS, Lucia Ancona Lopez de Magalhães. *Publicidade e direito*. 2. ed. rev. atual. e ampl.
São Paulo: Revista dos Tribunais, 2013.

NEGRÃO, Theotonio; GOUVÊA, José Roberto Ferreira; BONDIOLI, Luis Guilherme
Aidar; FONSECA, João Francisco Neves. *Código de processo civil e legislação processual em
vigor*. 47 ed. atual. e reform. – São Paulo: Saraiva, 2016.

NERY JUNIOR, Nelson; NERY, Rosa Maria de Andrade. *Código de processo civil comentado.*
16 ed. rev. atual. e ampl. São Paulo: Revista dos Tribunais, 2016.

NEVES, Daniel Amorim Assumpção. *Manual de direito processual civil – Volume único*. 9. ed.
rev. e atual. Salvador: JusPodivm, 2017.

PINA, Ketlen Anne Pontes. *Princípio constitucional da inafastabilidade do controle jurisdicional:
questões atuais. In:* OLIVEIRA, Vallisney de Souza (coord.). *Constituição e processo civil.*
São Paulo: Saraiva, 2008.

WAMBIER, Luiz Rodrigues; TALAMINI, Eduardo. *Curso avançado de processo civil: teoria
geral do processo*, volume 1. 16. ed. reformulada e ampliada de acordo com o Novo CPC.
São Paulo: Revista dos Tribunais, 2016.

31.
TUTELA DE URGÊNCIA COMO MEDIDA PARA SUSPENDER CAMPANHA PUBLICITÁRIA

Raquel Alexandra Romano

Introdução

Na atualidade a informação digital está ao alcance de todos os usuários da *internet* e a cada dia se dissemina de forma rápida e incontrolável. Já não é novidade que com o surgimento das novas tecnologias as campanhas publicitárias ganharam novos meios de divulgação. As propagandas deixaram de ser exibidas exclusivamente através das mídias tradicionais, como por exemplo, emissoras de rádio e televisão, além de impressos como, jornais e revistas, tornando-se multiplataformas. Com o surgimento da *internet* e por consequência das novas plataformas digitais, os anúncios alcançaram além dos *sites*, canais digitais e as redes sociais.

De maneira natural, as técnicas de publicidade e propaganda, bem como as estratégias e planejamento de marketing adaptaram-se aos novos conceitos relacionados ao consumo por meio virtual. Uma nova economia consolidou-se e demonstrou um crescimento que não pode ser desconsiderado.

A publicidade e a propaganda de produtos e serviços é uma faculdade dos fornecedores que podem optar por usá-las para divulgação de suas marcas, desde que atendam os requisitos exigidos pela lei consumeirista.

O Código de Defesa do Consumidor (Lei 8.078/90) em seus artigos 36 a 38 estabelecem os princípios da atividade publicitária como sendo a veracidade da informação, a identificação da mensagem publicitária, sem abusividade e com transparência, ou seja, deve haver condições de comprovar as afirmações constantes da propaganda. Já o artigo 4º, incisos III e IV da mesma Lei consumeirista, por sua vez, consagra o princípio da boa-fé e da lealdade publicitária.

ATIVIDADE PUBLICITÁRIA NO BRASIL

Neste sentido, sempre que um produto ou serviço seja divulgado com determinada característica em desconformidade com a Lei, em plena violação ao direito do consumidor, do anunciante e de titulares das marcas, a campanha publicitária deve ser imediatamente suspensa, sem prejuízo das perdas e danos decorrentes do ato ilícito.

Por certo que, alguns bens juridicamente tutelados não podem aguardar a decisão definitiva de um processo judicial.

O Estado tem o dever de tutelar ou proteger os direitos fundamentais através de normas, da atividade administrativa e da jurisdição. Por esta razão, existe a tutela normativa (edição de leis), tutela administrativa (atividade fático-administrativa) e tutela jurisdicional de direitos (mediante decisões judiciais).

Este estudo visa abordar o entendimento doutrinário e jurisprudencial relativo às providências e requisitos que devem ser preenchidos por aqueles que buscam o Poder Judiciário objetivando a proteção de direitos através de medidas urgentes para suspender campanhas publicitárias ilícitas.

1. A tutela cautelar e tutela antecipada no ordenamento jurídico

Objetivando proteger direitos que não podiam aguardar o encerramento de um processo judicial, o legislador introduziu em nosso ordenamento jurídico, medidas que visavam resguardar imediatamente direitos ameaçados.

Desde 1988 a Constituição Federal contempla a proteção de direitos através de tutelas de urgência com previsão expressa no **artigo 5º, inciso XXXV** da mencionada Carta da República[1], assim disciplinado: **"a lei não excluirá da apreciação do Poder Judiciário lesão ou ameaça de lesão".**

Na vigência do revogado Código de Processo Civil de 1973[2], o legislador introduziu a **tutela cautelar** que era um verdadeiro processo autônomo, de aplicabilidade acessória tanto no processo de conhecimento, quanto em uma execução, com finalidade de assegurar o resultado útil do processo até o seu encerramento, desde que presentes os requisitos genéricos autorizadores da medida, quais sejam, **a fumaça do bom direito e o perigo da demora**. Por exemplo, se o indivíduo pretendia uma reparação de danos através de ação

[1] 1988, Constituição da República Federativa do Brasil de. Atualizada até a Emenda Constitucional nº 56, de 20/12/2007. AASP 2008. p.6.
[2] CIVIL, Código de Processo. Lei nº 5.869, de 11 de janeiro de 1973, 2ª Ed. São Paulo: Atlas. 2008, p. 89.

31. TUTELA DE URGÊNCIA COMO MEDIDA PARA SUSPENDER CAMPANHA PUBLICITÁRIA

indenizatória, e ao descobrir que o infrator estava se desfazendo de bens para não ser alcançado pela execução, então, estava configurada a ameaça ao seu direito de ressarcimento. Portanto, era dever do Estado, neste caso, conceder a tutela cautelar objetivando garantir bens, para assegurar a efetividade do recebimento da indenização ao final processo.[3]

Neste sentido, cita-se o artigo 796 do Código de Processo Civil revogado:[4] **"Artigo 796. O procedimento cautelar pode ser instaurado antes ou no curso do processo principal e deste é sempre dependente."**

Ao longo dos anos, a ação cautelar passou a ser utilizada de forma atécnica na prática forense, visando à sumarização do processo de conhecimento. Diante disso, foi positivado em nosso ordenamento jurídico a técnica antecipatória no final de 1994, com a publicação da Lei 8.952/1994, a qual foi complementada pela Lei 10.444/2002.[5]

A **tutela antecipada** com a edição da Lei 8.952/94 foi ampliada para ser aplicada em todos os processos conforme previa o artigo 273 do diploma revogado[6], vez que antes era medida específica de alguns procedimentos considerados especiais. Significava um meio para satisfazer uma pretensão em razão da urgência, antecipando o resultado de forma parcial ou total, que somente seria possível obter no fim do processo judicial.

A tutela antecipada, conforme o código de processo civil revogado, permanecendo o mesmo entendimento no novo CPC que será abordado a seguir, é um pedido formulado pelo indivíduo em processo de conhecimento, na petição inicial ou em qualquer momento do feito, ficando certo que a lei não estabelece o momento que a solicitação deve ser feita na demanda, e neste caso, não ocorre à preclusão para tal pedido, basta somente que estejam presentes os requisitos necessários e exigidos para o deferimento da medida pleiteada.[7]

---

[3] MARINONI, Luiz Guilherme. Tutela de urgência e tutela de evidência: Soluções processuais diante do tempo da Justiça. 3ª Edição. Revisada e atualizada. – São Paulo: Thomson Reuters Brasil, 2019. p.123.

[4] FIGUEIREDO, Antonio Carlos. Legislação Brasileira. Código de Processo Civil. Ed. Primeira Impressão: São Paulo, 2003. p. 375.

[5] MARINONI, Luiz Guilherme. Tutela de urgência e tutela de evidência: Soluções processuais diante do tempo da Justiça. 3ª Edição. Revisada e atualizada. – São Paulo: Thomson Reuters Brasil, 2019. p.19.

[6] FIGUEIREDO, Antonio Carlos. Legislação Brasileira. Código de Processo Civil. Ed. Primeira Impressão: São Paulo, 2003. p. 156.

[7] ZAVASCKI, Teori Albino. Antecipação da tutela. São Paulo: Saraiva, 1997. p.48.

ATIVIDADE PUBLICITÁRIA NO BRASIL

Transcreve-se o artigo 273, incisos I e II do Código de Processo Civil revogado:

> "Art. 273. O juiz poderá, a requerimento da parte, antecipar, total ou parcialmente, os efeitos da tutela pretendida no pedido inicial, desde que, **existindo prova inequívoca, se convença da verossimilhança da alegação e: (Redação dada pela Lei nº 8.952, de 13.12.1994)**
> I – **haja fundado receio de dano irreparável ou de difícil reparação;** ou (Incluído pela Lei nº 8.952, de 13.12.1994)
> II – **fique caracterizado o abuso de direito de defesa ou o manifesto propósito protelatório do réu. (Incluído pela Lei nº 8.952, de 13.12.1994)."**

Note-se que com o impacto causado pela antecipação dos efeitos da tutela, que inclusive poderia ser concedida antes do prévio contraditório, o legislador estabeleceu no *caput* do mencionado artigo 273 revogado os pressupostos genéricos de cabimento da medida, que tinham que ser aplicados de forma cumulativa, ou seja, **a prova inequívoca do direito e da verossimilhança da alegação**, além do possível dano irreparável ou do abuso de direito.

Em consonância tanto com o CPC/73 revogado, quanto com o novo CPC/15, para **diferenciar a tutela cautelar** da **tutela antecipada** a doutrina destaca a satisfatividade. Ambas possuem natureza provisória, entretanto, somente a **tutela antecipada possui caráter satisfativo**, proporcionando ao indivíduo solicitante a antecipação do seu pedido que só ocorreria no final da ação judicial. Na **tutela cautelar**, o magistrado determina providências que ainda não concedem ao requerente o objeto do processo em si, porém tem a finalidade de assegurar a proteção para que ao final o resultado ainda seja útil ao autor da demanda.[8]

2. A tutela provisória no Código de Processo Civil de 2015

Com a entrada em vigor do **novo Código de Processo Civil**, o legislador trouxe importantes inovações para o sistema jurídico e para os aplicadores do Direito, dentre elas, **organizou o procedimento da tutela antecipada**

---

[8] GONÇALVES, Marcus Vinicius Rios. Direito Processual Civil esquematizado, 4ª Ed. São Paulo: Saraiva, 2014. p. 64.

e cautelar, unificando o tratamento das **tutelas provisórias na Parte Geral do Código, Livro V, Título I do CPC.**

Conceitualmente a tutela provisória pode ser definida nas palavras do doutrinador Cassio Scarpinella Bueno como:

> "É correto entender a **tutela provisória**, tal qual disciplinada pelo CPC de 2015, como o conjunto de técnicas que permite ao magistrado, na presença de determinados pressupostos, que gravitam em torno da presença de 'urgência' ou da 'evidência', prestar tutela jurisdicional, antecedente ou incidentalmente, com base em decisão instável (por isto, provisória) apta a assegurar e/ou satisfazer, desde logo, a pretensão do autor."[9]

Inobstante as mudanças, a medida cautelar foi mantida pelo legislador, retirando apenas a autonomia do procedimento.

Diante disso, as tutelas sejam elas cautelares ou antecipatórias têm seu procedimento agora definido no Livro V, denominado **Tutela Provisória,** que passou a ser gênero do qual são espécies no **Título II a 'tutela de urgência'** e no **Título III a 'tutela de evidência'** previstas no artigo 294, *caput* do mesmo Código/2015, assim descrito: "**Art. 294. A tutela provisória pode fundamentar-se em urgência ou evidência."**[10]

A '**tutela provisória de urgência'** poderá ter natureza '**antecipada'** ou '**cautelar',** e pode ser concedida em caráter '**antecedente'** ou '**incidental',** nos termos do artigo 294, parágrafo único do diploma Processual Civil, *in verbis*: "**Parágrafo único. A tutela provisória de urgência, cautelar ou antecipada, pode ser concedida em caráter antecedente ou incidental."**[11]

O **Título II** disciplina a **tutela de urgência,** sendo esta dividida em três capítulos:

O **Capítulo I:** refere-se às **disposições gerais** específicas da 'tutela de urgência'.

---

[9] BUENO, Cassio Scarpinella, Manual de Direito Processual Civil: inteiramente estruturado à luz do NOVO CPC – Lei n. 13.256/2016, Vol.Único 2ª Ed. São Paulo: Saraiva, 2016. p. 218.

[10] NEGRÃO, Theotonio. GOUVÊA, José Roberto F., BONDIOLI, Luis Guilherme A., DA FONSECA, João Francisco N., Código de Processo Civil e legislação processual em vigor, 47ª Ed. Saraiva: São Paulo, 2016. p. 361.

[11] NEGRÃO, Theotonio. GOUVÊA, José Roberto F., BONDIOLI, Luis Guilherme A., DA FONSECA, João Francisco N., Código de Processo Civil e legislação processual em vigor, 47ª Edição, 2016. p. 361.

O legislador criou as 'disposições gerais' relativas à **'tutela de urgência de natureza antecipada'** prevista nos artigos 303 e 304, e **'tutela de urgência de natureza cautelar'** nos artigos 305 a 310 todos do Código de Processo Civil.

O **Capítulo II**: trata especificamente do procedimento da tutela antecipada requerida em caráter antecedente **(tutela de urgência de natureza antecipada)**.

O **Capítulo III**: dispõe sobre o procedimento da tutela cautelar requerida em caráter antecedente **(tutela de urgência de natureza cautelar)**.

E finalmente, o **Título III** normatiza a **'tutela de evidência'** no artigo 311 do *Codex* processual Civil.[12]

3. Da tutela de urgência

3.1. Tutela Antecipada ou Cautelar

De acordo com o atual Código Processual Civil as **características** das **duas espécies de tutela provisória, cautelar e antecipada, são comuns**, vez que ambas são de caráter urgente e preparatório, ou seja, podem ser requeridas antes do processo principal, ou ainda, quando necessário poderão ser requeridas durante o trâmite de um processo já instaurado, em caráter incidental. No entanto, é fundamental **o preenchimento de alguns requisitos** que são avaliados pelo magistrado, em cognição sumária. Trata-se de um exame menos aprofundado da causa, **verificando se de fato há o direito e a urgência do pedido, tanto para a concessão da tutela antecipada quanto da cautelar.**[13]

No novo regime geral das **tutelas provisórias** o legislador deixou de considerar a "fumaça do bom direito" (*fumus boni juris*), e o "fundado receio de dano irreparável ou de difícil reparação", pressupostos previstos no artigo 273 do revogado Código de Processo de 1973. Tais expressões são tidas pela doutrina como sinônimas às atuais previstas CPC/2015.

---

[12] NEGRÃO, Theotonio. GOUVÊA, José Roberto F., BONDIOLI, Luis Guilherme A., DA FONSECA, João Francisco N., Código de Processo Civil e legislação processual em vigor, 47ª Edição, 2016. p. 379.

[13] MARINONI, Luiz Guilherme. Tutela de urgência e tutela de evidência: Soluções processuais diante do tempo da Justiça. 3ª Edição. Revisada e atualizada. – São Paulo: Thomson Reuters Brasil, 2019. p. 105.

31. TUTELA DE URGÊNCIA COMO MEDIDA PARA SUSPENDER CAMPANHA PUBLICITÁRIA

Neste sentido, destaca-se o artigo 300 do novo CPC/2015[14], que estabelece os requisitos que devem ser considerados pelo julgador e são essenciais para a concessão da medida, ou seja, os elementos que evidenciem a "probabilidade do direito alegado", bem como "o perigo de dano ou risco ao resultado eficaz da demanda": **"Art. 300. A tutela de urgência será concedida quando houver elementos que evidenciem a probabilidade do direito e o perigo de dano ou o risco ao resultado útil do processo".**

a) Probabilidade do direito

A **tutela provisória de urgência, seja cautelar ou antecipada**, fundamenta-se na existência de probabilidade do direito invocado.

A probabilidade do direito está comprometida com a prevalência do direito provável ao longo do processo. Qualquer que seja o seu fundamento, a técnica antecipatória tem como pressuposto uma convicção judicial formada a partir de uma cognição sumária, preliminar das alegações das partes.(...) Para bem valorar a probabilidade do direito, deve o juiz considerar, ainda: (i) o valor do bem jurídico ameaçado ou violado; (ii) a dificuldade de o autor provar a sua alegação; (iii) a credibilidade da alegação, de acordo com as regras de experiência (art. 375 do CPC/2015); e (iv) a própria urgência alegada pelo autor.[15]

> "A probabilidade que autoriza o emprego da técnica antecipatória para tutela dos direitos é a probabilidade lógica que é aquela que surge da confrontação das alegações e das provas com os elementos disponíveis nos autos, sendo provável a hipótese que encontra maior grau de confirmação e menor grau de refutação nesses elementos. O juiz tem que se convencer de que o direito é provável para conceder tutela provisória".[16]

Neste sentido, o autor da demanda deve convencer o juiz de que a tutela final provavelmente lhe será concedia.

---

[14] Lei nº 13.105, de 16.03.2015. Disponível em http://www.planalto.gov.br/ccivil_03/_ato2015-2018/2015/lei/l13105.htm, acesso em 05 mar. 2021.

[15] MARINONI, Luiz Guilherme. Tutela de urgência e tutela de evidência: Soluções processuais diante do tempo da Justiça. 3ª Edição. Revisada e atualizada. – São Paulo: Thomson Reuters Brasil, 2019. p. 73.

[16] MARINONI, Luiz Guilherme, ARENHART, Sérgio Cruz, MITIDIERO, Daniel, Curso de Processo Civil, Ed. Revista dos Tribunais, 1ª Ed., 2015. p. 324.

ATIVIDADE PUBLICITÁRIA NO BRASIL

b) Perigo de Dano ou Risco ao Resultado Útil do Processo

Importante também que o magistrado, antes de conceder a tutela, avalie **o perigo de dano**, ou seja, deve ser verificado se o direito que se discute sofrerá algum tipo de lesão. A conduta de uma das partes ou mesmo o fator tempo representam perigo ao direito do requerente da medida.

Já o **risco ao resultado útil do processo**, trata-se da avaliação da ameaça direta ou indireta que poderá prejudicar o direito do requerente, caso vença a ação.

Tanto o perigo de dano, quanto o risco ao resultado útil do processo, devem ser analisados de forma objetiva, verificados de forma racional, sem qualquer análise de ordem subjetiva. Portanto, evidenciada a probabilidade da ocorrência do dano ou do ato contrário ao direito, demonstrada circunstâncias que indiquem uma situação de perigo que pode gerar dano ou ilícito no curso do processo, a tutela será deferida. Em resumo, o juiz antecipará, provisoriamente, os prováveis efeitos do futuro julgamento do mérito do processo.[17]

c) Da irreversibilidade da Tutela de Urgência

O CPC de 2015 manteve a regra contida no CPC revogado, trazendo no **§3º do artigo 300 a vedação à concessão da tutela de urgência**, de natureza antecipada, quando constatado pelo Juiz o **perigo de irreversibilidade** dos efeitos da decisão a ser proferida, ou seja, "**§ 3º A tutela de urgência, de natureza antecipada, não será concedida quando houver perigo de irreversibilidade dos efeitos da decisão.**"

A decisão que antecipa efeitos da tutela é revogável (conforme art. 296 do CPC/2015; assim já o era, também de acordo com o § 4º, do art. 273 do CPC/1973 revogado). "Irreversibilidade, pois, não se liga à decisão, mas aos seus efeitos. Prepondera, na doutrina, a orientação de que não se devem considerar irreversíveis os efeitos, quando possível a composição por perdas e danos".[18]

---

[17] MARINONI, Luiz Guilherme. Tutela de urgência e tutela de evidência: Soluções processuais diante do tempo da Justiça. 3ª Edição. Revisada e atualizada. – São Paulo: Thomson Reuters Brasil, 2019. p. 221.

[18] MEDINA, José Miguel Garcia, Direito Processual Civil Moderno, Ed. Revista dos Tribunais, 2015. p. 149.

Neste sentido, o artigo 302 e seus incisos preveem o seguinte:

> "Art. 302. Independentemente da reparação por dano processual, a parte responde pelo prejuízo que a efetivação da tutela de urgência causar à parte adversa, se:
> I – a sentença lhe for desfavorável;
> II – obtida liminarmente a tutela em caráter antecedente, não fornecer os meios necessários para a citação do requerido no prazo de 5 (cinco) dias;
> III – ocorrer a cessação da eficácia da medida em qualquer hipótese legal;
> IV – o juiz acolher a alegação de decadência ou prescrição da pretensão do autor."[19]

A vedação mencionada na lei aplica-se tão somente à **tutela de urgência de natureza antecipada, pelo seu caráter satisfativo**, porquanto a **tutela de urgência cautelar, por ser apenas conservativa**, em princípio, não ostenta potencial de irreversibilidade.

O artigo 301 do CPC/2015 exemplifica algumas medidas de **urgência de natureza cautelar**:

> "Art. 301. A tutela de urgência de natureza cautelar pode ser efetivada mediante arresto, sequestro, arrolamento de bens, registro de protesto contra alienação de bem e qualquer outra medida idônea para asseguração do direito."[20]

Como se vê, as **tutelas cautelares** não garantem a si mesmas, estando sempre condicionadas a assegurar o resultado útil do processo.

Comparando-se com o sistema do Código de 1973 revogado, a tutela cautelar, embora ainda possa ser postulada na forma antecedente (artigos 305 a 310 do CPC), como novidade **agora pode ser requerida no curso do processo.**

---

[19] Lei nº 13.105, de 16.03.2015. Disponível em http://www.planalto.gov.br/ccivil_03/_ato2015-2018/2015/lei/l13105.htm, acesso em 05 mar. 2021.

[20] Lei nº 13.105, de 16.03.2015. Disponível em http://www.planalto.gov.br/ccivil_03/_ato2015-2018/2015/lei/l13105.htm, acesso em 06 mar. 2021.

ATIVIDADE PUBLICITÁRIA NO BRASIL

Com a nova legislação, o procedimento das medidas antecipatórias foi simplificado, principalmente, para as tutelas cautelares, pois conforme dito não são mais autônomas e dependentes do processo principal, ficando certo que os recursos cabíveis contra medidas que deferem ou indeferem a tutela liminar pretendida continuam sendo o agravo de instrumento e a apelação.[21]

4. Da tutela de evidência

Quanto à **tutela da evidência**, esta medida não tem uma classificação formalizada em subespécies. Poderá ser **concedida independentemente da demonstração de perigo de dano ou de risco ao resultado útil do processo.** No entanto, note-se que a sua concessão prevista nos 04 incisos do artigo 311 do CPC/2015, ocorre segundo dois critérios básicos: (a) quando o direito da parte que pleiteia a tutela é evidente, e (b) quando uma das partes está manifestamente protelando o processo ou abusando do exercício do direito de defesa, caso em que a tutela de evidência está vinculada não necessariamente à evidência do direito material pleiteado, mas à evidência de que é preciso encerrar o processo.[22]

No que se refere ao momento em que são requeridas as tutelas, cumpre mencionar que a tutela de urgência pode ser pleiteada em caráter antecedente (preparatório) ou incidente (no curso de um processo ajuizado), **já a tutela de evidência, poderá ser requerida somente incidentalmente.**

Dessa forma, nesta modalidade de tutela de evidência não existe medida em caráter antecedente, haja vista a natureza à evidência, a pretensão está relacionada com a antecipação da sentença de forma que, desde o início do processo, o pedido já foi feito com a finalidade de obter uma sentença de mérito e sem urgência.

As inovações trazidas, no que diz respeito à tutela provisória, atendem aos princípios da economia processual, da instrumentalidade das formas e da celeridade.[23]

---

[21] FERRES, Da Silva Ribeiro, Leonardo, Tutela Provisória, Tutela de urgência e tutela da evidência do CPC/1973 ao CPC/2015, Coleção Liebman, Revista dos Tribunais. 2016. p. 201.

[22] MARINONI, Luiz Guilherme. Tutela de urgência e tutela de evidência: Soluções processuais diante do tempo da Justiça. 3ª Edição. Revisada e atualizada. – São Paulo: Thomson Reuters Brasil, 2019. p. 287.

[23] FERRES, Da Silva Ribeiro, Leonardo, Tutela Provisória, Tutela de urgência e tutela da evidência do CPC/1973 ao CPC/2015, Coleção Liebman, Revista dos Tribunais. 2016. p. 98.

5. Julgados relacionados ao tema

Desde a entrada em vigor do Código de Processo Civil os magistrados e demais operadores do Direito procuraram adaptar-se as mudanças e as interpretações, muitas vezes equivocadas dos artigos da lei.

Neste sentido, o **Fórum Permanente de Processualistas Civis (FPPC)**, encontro de representantes de vários Estados que realizam debates de vários temas processuais, trataram também sobre as alterações do Novo Código de Processo Civil, e criaram **enunciados que são reconhecidos pela jurisprudência**, muitos relativos às tutelas de urgência. Tais enunciados são de importante contribuição para a matéria, buscando sempre orientar, considerando a razoabilidade e o respeito aos princípios constitucionais, haja vista que, especialmente nas medidas liminares o assunto é de grande complexidade.[24]

A seguir, relevante também demonstrar algumas decisões judiciais que concederam parcial ou totalmente o pedido de tutela de urgência, todas relacionadas a Campanhas Publicitárias.

5.1. Casos de deferimento da Tutela de Provisória

a) No caso em tela, trata-se de pedido de Tutela Antecipada requerida em Caráter Antecedente (artigo 303 do CPC), objetivando a sustação imediata de campanha publicitária, e a remoção do conteúdo veiculado no canal do *Youtube*, de titularidade da Ré. Portanto, comprovado pelos Autores a hospedagem em perfil no sítio eletrônico *Youtube* do Réu, de vídeo comparativo entre os produtos comercializados pelas partes, que poderiam induzir os consumidores a erro **(probabilidade do direito)**, bem como, provado **o risco de dano irreparável ou de difícil reparação ante as proporções decorrentes de tal ato**, pois as informações estavam disponíveis a um número indeterminado de pessoas, com evidente mácula à imagem dos Autores. Tutela de urgência deferida e confirmada em Sentença proferida pela 44ª Vara Cível do Fórum Central da Comarca da Capital do Estado de São Paulo. Aguardando julgamento de recurso de Apelação pelo Tribunal de Justiça de São Paulo.[25]

---

[24] FPPC. Enunciados aprovados pelo Fórum Permanente de Processualistas Civis. 2016. Disponível em https://www.legale.com.br/uploads/023fdd63cbbdf91ccff44580d1009184.pdf, acesso em 15 mar. 2021.

[25] TJSP. Apelação, processo 1077659.35.2018.8.26.0100. 2ª Câmara Reservada de Direito Empresarial. Disponível em https://esaj.tjsp.jus.br/esaj/portal.do?servico=190090, acesso em 21 mar. 2021.

b) Trata-se de Agravo de instrumento em Ação de obrigação de não fazer c/c reparação de danos e pedido de tutela antecipada de urgência. Tutela de urgência concedida para determinar que as Rés se abstenham de usar/vincular determinada palavra a anúncios e/ou campanhas publicitárias da concorrente no site de pesquisas Google, através da ferramenta "AdWords". **Presença dos requisitos para a concessão da medida – Configuração de risco de dano irreparável ou de difícil reparação (CPC, art. 300).** Decisão mantida. Recurso desprovido.[26]

c) Trata-se de Agravo de instrumento contra Tutela provisória antecedente. Liminar para obrigar a Ré a modificar campanha de lançamento de nova maionese, exposta em feira voltada aos profissionais da área supermercadista, atacadista, distribuidores e fornecedores de supermercados, sob alegação de publicidade comparativa abusiva – Interesse recursal subsistente, a despeito do encerramento do evento em que veiculada a publicidade. **Presença dos requisitos para concessão da tutela de urgência na origem.** Somente na ação de origem será possível aferir-se, com precisão, a existência ou não de dados objetivos de comparação e da veracidade do conteúdo da publicidade comparativa que a Agravante pretende continuar a veicular. Decisão recorrida mantida. Recurso desprovido.[27]

5.2. Caso de deferimento parcial da Tutela de Provisória e posterior revogação

a) Neste caso, trata-se de Ação Cominatória com pedido de Antecipação dos efeitos da Tutela e indenização por dano material e moral, contra campanha publicitária da Ré que induz o consumidor a associar a peça publicitária à marca da Autora, para posteriormente revelar que se trata de sua concorrente Ré, valendo-se de slogan que remete a marca da Autora, o que torna implícita a comparação. Por outro lado, o magistrado não verificou ser a campanha uma propaganda enganosa na utilização de embalagem com o distintivo novo, tão-somente pelo fato de que após alguns meses passou a adotar na sua

---

[26] TJSP. Agravo de Instrumento, processo 2016166-15.2019.8.26.0000, 2ª Câmara Reservada de Direito Empresarial. Disponível em https://esaj.tjsp.jus.br/esaj/portal.do?servico=190090, acesso em 22 mar. 2021.

[27] TJSP. Agravo de Instrumento, processo 2112175-73.2018.8.26.0000, 2ª Câmara Reservada de Direito Empresarial. Disponível em https://esaj.tjsp.jus.br/esaj/portal.do?servico=190090, acesso em 20 mar. 2021.

31. TUTELA DE URGÊNCIA COMO MEDIDA PARA SUSPENDER CAMPANHA PUBLICITÁRIA

embalagem e meios publicitários, sendo que não há controvérsia de que houve redução de gordura e sódio em relação ao presunto anteriormente vendido. **Presentes os requisitos, tutela antecipada parcialmente deferida** pela 33ª Vara Cível do Fórum Central da Comarca da Capital do Estado de São Paulo, para fim de que a Ré deixe de veicular a campanha publicitária, sob pena de multa diária. Sentença de improcedente pela ausência de comprovação da propaganda enganosa, **revogada a tutela concedida**, decisão confirmada pelo Tribunal de Justiça do Estado de São Paulo.[28]

5.3. Caso de Indeferimento da Tutela de Provisória

a) No caso em apreço, trata-se de Agravo de Instrumento contra decisão que **indeferiu o pedido de tutela provisória**. O agravante recorreu da decisão alegando que criou o ritmo "150 BPM". Alega que registrou a partitura musical com os acordes na Biblioteca Nacional, e que participou de várias filmagens que foram utilizadas sem sua anuência, reiterando que não autorizou o uso de sua imagem para campanha publicitária milionária para promover bebida do verão com o nome e ao som de seu ritmo. **Requer a concessão de tutela de evidência ou tutela de urgência.** No caso sub judice, porém, inobstante os indícios de eventual prejuízo ao nome e à imagem do recorrente, diante da publicidade apontada na inicial, é crível que não mais se verifica a urgência na retirada do material publicitário, pois sequer continua a ser veiculado, de forma que o pleito formulado neste recurso não mais se mostra útil ao fim que, na época da sua interposição, se destinaria. A mesma conclusão se dá quanto ao pedido de tutela de evidência, porquanto, ainda que o agravante traga documentos indicativos da criação do ritmo "150 BPM", e da vinculação da imagem do DJ à sua criação, as partes agravadas estão munidas de documentos que, ainda que impugnados pelo agravante, geram a dúvida razoável a obstar concessão da tutela de evidência. Dessa forma, diante do conjunto probatório, ausentes, por ora, os requisitos presentes no Código de Processo Civil, **mantendo-se, pois, o indeferimento da tutela**.[29]

---

[28] TJSP. Apelação, processo 1067726-43.2015.8.26.0100, 2ª Câmara de Direito Empresarial. Disponível em: https://esaj.tjsp.jus.br/esaj/portal.do?servico=190090, acesso em 22 mar. 2021.

[29] TJSP. Agravo de Instrumento, processo 0000260-82.2020.8.26.0000, 2ª Câmara Reservada de Direito Empresarial. Disponível em https://esaj.tjsp.jus.br, acesso em 23 abr. 2021.

ATIVIDADE PUBLICITÁRIA NO BRASIL

Conclusões

Com este estudo verificou-se a importância da tutela provisória no dia-a-dia dos operadores do direito, visando reduzir os efeitos do tempo do processo, pois, expor uma situação ao tempo que leva o processo de conhecimento para composição da decisão de mérito pode trazer sérios riscos, como danos irreparáveis. Portanto, preenchidos os requisitos descritos na lei, a tutela de urgência, seja ela cautelar ou antecipada será deferida.

REFERÊNCIAS

1988, Constituição da República Federativa do Brasil de. Atualizada até a Emenda Constitucional nº 56, de 20/12/2007. AASP 2008.

BUENO, Cassio Scarpinella, Manual de Direito Processual Civil: inteiramente estruturado à luz do NOVO CPC – Lei n. 13.256/2016, Vol. Único 2ª Ed. São Paulo: Saraiva, 2016.

CIVIL, Código de Processo. Lei nº 5.869, de 11 de janeiro de 1973, 2ª Ed. São Paulo: Atlas. 2008.

FERRES, Da Silva Ribeiro, Leonardo, Tutela Provisória, Tutela de urgência e tutela da evidência do CPC/1973 ao CPC/2015, Coleção Liebman, Revista dos Tribunais. 2016.

FPPC. Enunciados aprovados pelo Fórum Permanente de Processualistas Civis. 2016. Disponível em https://www.legale.com.br/uploads/023fdd63cbbdf91ccff445 80d1009184.pdf, acesso em 15 mar. 2021.

FIGUEIREDO, Antonio Carlos. Legislação Brasileira. Código de Processo Civil. Ed. Primeira Impressão: São Paulo, 2003.

GONÇALVES, Marcus Vinicius Rios. Direito Processual Civil esquematizado, 4ª Ed. São Paulo: Saraiva, 2014.

Lei nº 8.078, de 11.09.1990. Disponível em http://www.planalto.gov.br/ccivil_03/leis/ l8078compilado.htm, acesso em 03 mar. 2021.

Lei nº 13.105, de 16.03.2015. Disponível em http://www.planalto.gov.br/ccivil_03/_ ato2015-2018/2015/lei/l13105.htm, acesso em 05 e 06 mar. 2021.

MARINONI, Luiz Guilherme, ARENHART, Sérgio Cruz, MITIDIERO, Daniel, Curso de Processo Civil, Ed. Revista dos Tribunais, 1ª Ed., 2015.

MARINONI, Luiz Guilherme. Tutela de urgência e tutela de evidência: Soluções processuais diante do tempo da Justiça. 3ª Edição. Revisada e atualizada. – São Paulo: Thomson Reuters Brasil, 2019.

MEDINA, José Miguel Garcia, Direito Processual Civil Moderno, Ed. Revista dos Tribunais, 2015.

NEGRÃO, Theotonio. GOUVÊA, José Roberto F., BONDIOLI, Luis Guilherme A., DA FONSECA, João Francisco N., Código de Processo Civil e legislação processual em vigor, 47ª Ed. Saraiva: São Paulo, 2016.

ZAVASCKI, Teori Albino. Antecipação da tutela. São Paulo: Saraiva, 1997.

32.
A CÂMARA NACIONAL DE ARBITRAGEM E MEDIAÇÃO NA COMUNICAÇÃO COMO MEIO DE SOLUÇÃO DE CONFLITOS EM PUBLICIDADE

Paulo Gomes de Oliveira Filho

Introdução

As especificidades da publicidade e as relações comerciais entre os participantes da indústria da comunicação, recomendam que os litígios daí decorrentes sejam dirimidos por profissionais com expertise no setor, motivo porque a Câmara Nacional de Arbitragem e Mediação na Comunicação, com a adoção de equidade e dos princípios gerais de direito, seja o caminho mais rápido, seguro e menos oneroso para que as partes litigantes obtenham a solução de seus conflitos.

1. Origem da Câmara Nacional de Arbitragem e Mediação na Comunicação – CNA

A publicidade não se desenvolve única e exclusivamente nas agências de publicidade. Ela é permeada com a participação de uma gama expressiva de pessoas físicas e jurídicas na sua concepção, composição, produção, divulgação e veiculação.

Grande parte dessas pessoas físicas e jurídicas, na realização de suas atividades para comporem a obra final publicitária – seja esta um singelo anúncio, seja uma grande campanha publicitária – a par de suas obrigações que daí decorrem, também podem ser titulares de direitos autorais, conexos, personalíssimos e outros.

ATIVIDADE PUBLICITÁRIA NO BRASIL

Numa rápida e incompleta indicação das partes que direta ou indiretamente são abrangidas pela publicidade estão:

(i) O anunciante – empresa, entidade ou indivíduo que utiliza a propaganda;

(ii) O publicitário: o profissional que atua individualmente ou como componente das equipes de uma agência de publicidade na criação, no planejamento, no atendimento, no planejamento de mídia, na pesquisa e em outros setores;

(iii) A agência de publicidade: empresa criadora/produtora de conteúdos impressos, digitais e audiovisuais especializada nos métodos, na arte e na técnica publicitárias;

(iv) O veículo de divulgação: qualquer meio de divulgação visual, auditiva, audiovisual ou digital;

(v) O fornecedor de Serviços Especializados em Publicidade: pessoa física ou jurídica especializada e tecnicamente capacitada a fornecer os serviços ou suprimentos necessários ao estudo, concepção e execução da publicidade, em complementação às atividades da agência de publicidade.

Como fornecedores de serviços, exemplificativamente, estão produtoras cinematográficas/audiovisuais, produtoras digitais, produtoras de som/fonográficas, produtoras gráficas, estúdios fotográficos, elenco/artistas, modelos profissionais e não profissionais, maestros, músicos, compositores, intérpretes e executantes.

Sendo a atividade publicitária complexa, com expressiva diversidade de profissionais e empresas participando da sua composição ou dela usufruindo, cada qual procurando obter as melhores condições para suas respectivas participações, os conflitos daí oriundos são recorrentes.

Em razão da falta de regulamentação específica para o segmento de produção de serviços especiais, o número de conflitos era, há alguns anos atrás, muito significativo, o que motivou que entidades representativas da indústria da comunicação realizassem o I Fórum de Produção Publicitária em 2005 e renovado sequencialmente, o quarto e último ocorrido em 2019.

Quando da realização do II Fórum de Produção Publicitária, dele participaram entidades representativas dos Anunciantes, das Produtoras de Audiovisuais, das Produtoras Fonográficas Publicitárias, dos Fotógrafos, dos Publicitários, dos Artistas e Modelos Profissionais, das Agências de

32. A CÂMARA NACIONAL DE ARBITRAGEM E MEDIAÇÃO NA COMUNICAÇÃO COMO MEIO...

Modelos e de Atores, dos Técnicos na Produção Audiovisual e das Agências de Publicidade.

Esse II Fórum teve duração de dezoito meses, durante os quais tais entidades debateram as normas legais, assim como as regras convencionais de mercado, para estabelecer, de forma absolutamente unânime, as melhores práticas nas relações comerciais e profissionais entre todos.

Quando da realização já do III Fórum em 2015, com a participação nos debates, discussões e decisões (as quais sempre eram tomadas, obrigatoriamente, de forma unânime), além de serem destacados os pontos fundamentais dessas relações comerciais, foram elaborados "contratos-padrão" para todos os trabalhos a serem desenvolvidos pelos participantes na concepção e produção publicitária, envolvendo todos os *players* desses segmentos.

Tais modelos, como "contratos-padrão", não tiveram, como não têm, caráter impositivo, sendo a prática do livre mercado adotada como condição básica pelas entidades representativas da indústria da comunicação, que reconheceram que o papel orientador é a sua mais importante função.

Foi nesse Fórum que surgiu a ideia da indústria da comunicação – à qual pertence a publicidade – de constituir uma Câmara de Arbitragem e Mediação na Comunicação para solução de pendências entre as partes, acelerando, dessa forma, a solução dos conflitos, além de que os julgamentos seriam realizados por profissionais do setor e indicados pelas partes litigantes.

As entidades que compuseram o Fórum de Produção Publicitária e posteriormente a Câmara Nacional de Arbitragem e Mediação na Comunicação – CNA, foram a Associação Brasileira de Anunciantes – ABA, a Associação Brasileira de Agências de Publicidade – ABAP, a Associação Brasileira das Empresas Locadoras de Equipamentos e Serviços Audiovisuais – ABELE, a Associação Brasileira de Fotógrafos – ABRAFOTO, a Associação dos Profissionais de Propaganda – APP, a Associação Brasileira de Produção de Obras Audiovisuais – APRO, a Associação Brasileira das Produtoras de Fonogramas Publicitários – APROSOM, o Sindicato dos Artistas e Técnicos em Espetáculos de Diversões no Estado de São Paulo – SATED, o Sindicato da Indústria Audiovisual do Estado de São Paulo – SIAESP, o Sindicato dos Trabalhadores na Indústria Cinematográfica do Estado de São Paulo – SINDCINE, o Sindicato das Agências, Agentes Autônomos e Empresários de Atores, Atrizes, Autores, Diretores, Modelos, Músicos e Demais Personalidades do Mercado Publicitário dos Estados de São Paulo e Rio de Janeiro – SINAG/SINSAGE e o Sindicato das Agências de Propaganda do Estado de São Paulo – SINAPRO SP.

Os contratos-padrão elaborados foram:

a) Contrato de prestação de serviços publicitários Agência x Cliente Anunciante;
b) Contratos de produção de audiovisual com orçamento por administração e orçamento fechado;
c) Contrato de produção de som;
d) Contrato de produção fotográfica;
e) Contrato de prestação de Serviços Artísticos e concessão de direitos conexos pelo uso de imagem, nome e som de voz por atores/modelos.

Em todos os contratos-padrão adotou-se cláusula compromissória arbitral, pela qual as partes contratantes elegem a arbitragem para solução dos conflitos decorrentes dessas contratações, com a indicação específica da Câmara Nacional de Arbitragem e Mediação na Comunicação – CNA, para solucionar os conflitos referidos.

Tais contratos foram adotados pelo mercado publicitário, notadamente o paulista, o que ensejou um substancial aumento de procedimentos instaurados pela Câmara, mediante requerimento das partes interessadas.

A Câmara Nacional de Arbitragem e Mediação na Comunicação foi constituída pelas entidades supra referidas, sendo que, por decisão unânime das mesmas, como fundadoras da Câmara, optou-se pela Associação dos Profissionais de Propaganda – APP como entidade que acolheria física e estatutariamente a Câmara, tendo como membros fundadores as referidas entidades e, como aderentes, outras entidades que vêm adotando a Câmara para solução dos conflitos decorrentes do relacionamento comercial e profissional em seus segmentos, tais como a Central de Outdoor, o Sindicato dos Produtores de Som do Estado de São Paulo, o Sindicato das Agências e Agentes de Artistas e Modelos – SINPROMODEL, os Sindicatos das Agências de Propaganda do Estado de Minas Gerais, do Paraná e de Pernambuco, bem como a Federação Nacional das Agências de Propaganda – FENAPRO.

2. A atividade publicitária

A publicidade no Brasil vem de longa data, mas só passou a ser regulamentada em 1957, através do Código de Ética dos Profissionais de Propaganda, instituído pelo I Congresso Brasileiro de Propaganda.

32. A CÂMARA NACIONAL DE ARBITRAGEM E MEDIAÇÃO NA COMUNICAÇÃO COMO MEIO...

Com a edição da Lei n° 4.680 de 18 de junho de 1965, o Código Ético dos Profissionais de Propaganda foi incorporado ao sistema legal por força do artigo 17 da citada lei que dispôs: "A atividade publicitária nacional será regida pelos princípios e normas do Código de Ética dos Profissionais da Propaganda, instituído pelo Congresso Brasileiro de Propaganda, realizado em outubro de 1957, na cidade do Rio de Janeiro".

Desde o início da atividade publicitária no Brasil, adotou ela, fundamentalmente, a autorregulação, iniciando pelo Código de Ética dos Profissionais de Propaganda, instituindo Normas-Padrão da Atividade Publicitária, posteriormente alterada pelas atuais Normas-Padrão, em dezembro de 1998, instituídas estas pelo CENP – Conselho Executivo das Normas-Padrão da Atividade Publicitária, normas essas convencionais, mas que também foram incorporadas ao sistema legal por força do Decreto n° 4563/2002, que deu nova redação ao artigo 7º do Decreto n° 57.690/66:

> "Artigo 7º. Os serviços de propaganda serão prestados pela Agência mediante contratação, verbal ou escrita, de honorários e reembolso das despesas previamente autorizadas, tendo como referência o que estabelecem os itens 3.4 a 3.6, 3.10 e 3.11 e respectivos subitens, das Normas-Padrão da Atividade Publicitária, editadas pelo CENP – Conselho Executivo das Normas-Padrão, com as alterações constantes das Atas das Reuniões do Conselho Executivo datadas de 13 de fevereiro, 29 de março e 31 de julho, todas do ano de 2001 e registradas no Cartório do 1º. Ofício de Registro de Títulos e Documentos e Civil de Pessoa Jurídica da cidade de São Paulo, respectivamente sob n° 263447, 263446 e 282131."

A chamada legislação da propaganda é composta pela Lei n° 4.680/65, pelo seu Decreto regulamentador n° 57.690/66, pelo Decreto n° 4.563/2002 e convencionalmente pelas Normas-Padrão da Atividade Publicitária.

Essa legislação e as normas convencionais dispõem sobre o exercício da profissão de publicitário, como também sobre a relação comercial entre Anunciantes (inclusive do setor público), Agências de Publicidade, Veículos de Divulgação e Produtores de Serviços Especiais de Publicidade.

A citada legislação e normas convencionais não esgotam as normas legais que, direta e indiretamente, também dispõem sobre a atividade publicitária, bem como sobre direitos e obrigações dos participantes da criação e produção publicitária e dos que as utilizam, como é o caso dos Anunciantes.

O Código Civil Brasileiro dispõe, por exemplo, dos chamados direitos personalíssimos como a imagem, o nome, a voz, amplamente utilizados em publicidade.

ATIVIDADE PUBLICITÁRIA NO BRASIL

A Lei n° 9.610/98 dispõe sobre direitos autorais e conexos, que permeiam toda a criação publicitária decorrente da participação de extenso rol de titulares desses direitos.

O Código de Defesa do Consumidor dispõe sobre a publicidade abusiva e enganosa.

Em suma, a publicidade, por ser uma das atividades que mais utilizam direitos de terceiros, enseja a ocorrência de litígios entre os que a elaboram; os que desenvolvem técnica e artisticamente produtos publicitários como filmes, fotos, conteúdos; os que participam da sua criação e produção e os que a utilizam institucional ou comercialmente.

Para reduzir os litígios entre Anunciantes, Agências, Produtores de Serviços Especiais e Elenco, o Fórum de Produção Publicitária desenvolveu os citados contratos-padrão, rigorosamente atendendo as disposições legais e convencionais que norteiam todas as atividades publicitárias e notadamente, as relações comerciais e, além disso, foram aprovadas, por unanimidade, por todas as entidades representativas dos diversos setores da publicidade, inclusive os Anunciantes, o que colaborou na redução substancial dos litígios, a partir de então.

Ainda assim, dada a sua amplitude, a publicidade ainda enseja a ocorrência de volume expressivo de litígios, que são submetidos ao poder judiciário, como também à via arbitral e, neste caso, notadamente através da Câmara Nacional de Arbitragem e Mediação na Comunicação – CNA.

3. Conflitos recorrentes na publicidade

Em atividade há alguns anos, a Câmara Nacional de Arbitragem e Mediação na Comunicação – CNA tem recebido casos em que os assuntos mais recorrentes são os apresentados a seguir de forma apenas exemplificativa.

3.1. Titularidade e uso das obras publicitárias

Como é sabido, a atividade publicitária é bastante complexa, iniciando-se pela atuação da agência na criação de peças e campanhas, passando pelas fases de produção externa, realizadas pelas empresas já citadas exemplificativamente e posteriormente sendo divulgadas e veiculadas pelos veículos de divulgação e por outras formas denominadas usualmente como não-mídia.

530

32. A CÂMARA NACIONAL DE ARBITRAGEM E MEDIAÇÃO NA COMUNICAÇÃO COMO MEIO...

Em cada fase desse *iter* a ser percorrido, direitos e obrigações são assumidos por cada um dos participantes no desenvolvimento da publicidade.

Se de um lado a agência de publicidade tem a titularidade autoral patrimonial das criações desenvolvidas sob sua iniciativa, organização e responsabilidade, por outro, a agência deve verificar se os fornecedores de serviços especiais tomaram as cautelas legais quanto à higidez no uso de direitos de terceiros, tais como autorais, conexos e personalíssimos, respondendo por eventuais falhas e omissões na obtenção de prévia autorização de uso de seus titulares.

Atente-se que a obra publicitária, como obra do espírito humano, está submetida ao pálio da lei dos direitos autorais (Lei n° 9.610/98) e, portanto, insta que se saiba a quem pertencem os direitos autorais morais e patrimoniais dessa obra.

A criação publicitária se encontra sob a proteção da lei autoral quando apresenta como função a satisfação de objetivos estéticos, não importando a intenção do autor ou a sua utilização. Desde que contenha os elementos de originalidade e criatividade e, portanto, objetivamente, em condições de satisfazer a exigências estéticas, terá a proteção autoral.

Inicia-se com a criação das peças e campanhas publicitárias na agência, com a participação fundamental dos profissionais de criação.

Tal como as demais obras intelectuais, a publicidade pode decorrer da criação individual de uma única pessoa ou mais de uma.

Como obra individual, o criativo da agência, autor único da obra publicitária, seja como autônomo, seja como funcionário da agência, será o único titular dos direitos autorais morais e patrimoniais sobre a obra criada. Como regra, nessas condições, há a cessão do criador à agência de publicidade, sua contratante, dos direitos autorais patrimoniais, de forma total e definitiva, até pelo prazo de proteção da obra pela lei autoral.

Mas quando não há cessão desses direitos, o autor da obra, mesmo sendo funcionário ou prestador de serviços da agência, mantém a titularidade autoral.

Quando a obra publicitária é realizada por duas ou mais pessoas cujos trabalhos se confundem e com a iniciativa, organização e responsabilidade da agência de publicidade, a titularidade autoral patrimonial pertence à agência, nos termos do artigo 17 da Lei 9.610/98.

Igualmente, nessas condições, sendo a agência a titular autoral patrimonial das obras publicitárias criadas sob a sua iniciativa, organização e responsabilidade, ela pode autorizar a utilização das citadas obras, pelo seu cliente

ATIVIDADE PUBLICITÁRIA NO BRASIL

para o qual foram criadas, durante o prazo de vigência do contrato de prestação de serviços publicitários.

Após esse prazo ou encerramento do contrato, o cliente está impedido de utilizar qualquer das criações da agência que a ele não tenham sido formalmente cedidas, seja pelas disposições da Lei n° 9.610/98, seja por força do disposto no artigo 9º, inciso V, do Decreto n° 57.690/66.

Como os contratos de prestação de serviços entre agência e seus clientes-anunciantes podem ser verbais ou escritos e a cessão de direitos autorais não se presume, os conflitos decorrentes da utilização das peças e campanhas publicitárias após o encerramento da relação negocial entre agências e clientes são recorrentes.

3.2. A produção publicitária e seus titulares

Nos contratos de produção cinematográfica/audiovisual publicitária, a produtora de audiovisual é apresentada como Contratada, sendo contratante o Cliente-Anunciante, representado no contrato pela Agência de Publicidade, a qual age por conta e ordem daquele.

Fica destacado no contrato que a produção da obra audiovisual será desenvolvida sobre o roteiro elaborado pela Agência, a qual é a titular dos direitos autorais patrimoniais.

Pela produção do filme, a Produtora é titular dos direitos conexos, pelo que ficam estabelecidos o prazo de concessão de uso da obra produzida, o território para veiculação, as mídias a serem utilizadas, o tempo de duração do filme a ser produzido e suas versões, o produto/serviço a ser divulgado, o valor da produção englobando os custos de produção com a direção, técnicos, locações de equipamentos e de locais de filmagens, elenco e outros, bem como da remuneração da produtora e os critérios para renovação de uso da obra.

Além da produção audiovisual propriamente dita, também ocorre paralelamente a produção de som (trilha musical, contratação de maestros/músicos/intérpretes, cessão de direitos de obras musicais e de fonogramas, etc) que, com a mixagem, compõe com a produção audiovisual, a obra final.

Também nos contratos com as produtoras de som, as mesmas disposições estabelecidas no contrato com as produtoras de imagem são repetidas: prazo de veiculação, mídias, territórios, custos da produção, remuneração e critérios para renovação de uso da obra.

32. A CÂMARA NACIONAL DE ARBITRAGEM E MEDIAÇÃO NA COMUNICAÇÃO COMO MEIO...

Tanto no caso da produção do filme, quanto na produção sonora, as contratações dos profissionais que participam desses trabalhos (imagem e som) são realizadas respectivamente pelas Produtoras de Imagem (audiovisual) e de Som.

Os custos dessa produção técnica e artística estão englobados nos orçamentos das citadas produtoras e fazem parte do preço dos serviços executados.

A responsabilidade pelas contratações dos diretores, técnicos, artistas, modelos, intérpretes, executantes e outros para a execuções de tais serviços são dessas referidas produtoras, as quais agem em seus próprios nomes.

Igualmente, nos contratos com esses profissionais, notadamente os que envolvem atuação artística (interpretação, execução), são estabelecidas também as mesmas condições de uso de seus direitos, na obra publicitária final: prazo de veiculação, mídias, territórios, critérios para renovação da concessão de uso.

A mídia contratada é da responsabilidade do Cliente-Anunciante, que o faz por intermédio da agência de publicidade que o atende.

No término do prazo de vigência de todos esses contratos, que normalmente são os mesmos para todos os contratos (produtoras de imagem e de som, elenco, intérpretes e executantes), para que haja a reutilização dos direitos concedidos por prazo e finalidade determinados, necessariamente deve haver a formalização de novo contrato, o que, eventualmente, não ocorre, e então a reutilização se dá de forma irregular, o que pode ensejar a instauração do litígio pelo uso ilegal dos direitos das partes atingidas.

Em todos esses contratos–padrão do Fórum de Produção Publicitária, como se destacou, adotou-se a cláusula compromissória arbitral, estabelecendo que o litígio seja dirimido através da Câmara Nacional de Arbitragem na Comunicação – CNA.

3.3. Responsabilidade nas utilizações de obras sonoras/musicais em publicidade

Nas obras publicitárias eletrônicas, incluindo as digitais, são utilizadas normalmente obras musicais pré-existentes, trilhas e jingles compostos por compositores, maestros e músicos.

Muitas vezes são utilizadas obras musicais pré-existentes como referências para a composição de novas obras.

ATIVIDADE PUBLICITÁRIA NO BRASIL

Em todos esses casos é de fundamental importância o cuidado na verificação da titularidade autoral da obra musical pré-existente, seja para a obtenção de licença para sua utilização, seja para sua adaptação, inclusive com alterações musicais e da letra, sob pena de se cometer plágio ou contrafação.

É a agência de publicidade quem faz a intermediação na contratação de fornecedores externos de serviços especiais, como as produtoras de imagem, de som , fotógrafos, elenco, intérpretes, executantes e outros, e sendo ela, na definição legal (art. 3º da Lei nº 4.680/65) a "pessoa jurídica e especializada na arte e técnica publicitárias que, através de especialistas, estuda, concebe, executa e distribui propaganda aos Veículos de Divulgação, por ordem e conta de Clientes-Anunciantes, com o objetivo de promover a venda de produtos e serviços, difundir ideias ou instituições colocadas a serviço desse mesmo público".

É dela a responsabilidade na verificação da regularidade no uso de obras musicais pré-existentes ou na criação de obras novas pela Produtora de Som, devendo exigir desta última a comprovação da autorização obtida quanto ao uso e adaptações de obras já existentes, assim como a originalidade na criação de obra nova, utilizadas na composição da obra publicitária final.

Não sendo ela também conhecedora suficiente de obras musicais para avaliar previamente a regularidade de sua utilização pelas produtoras de som, impõe-se à Agência os cuidados na redação do contrato com as produtoras de som para que estas declarem e comprovem formalmente, sob as penas da lei, que estão autorizadas, mediante licenciamento, ao uso e ou adaptação de obra musical pré-existente e que a nova obra musical por elas concebida é original e não infringe direitos de terceiros.

Os questionamentos jurídicos a respeito da utilização da obra musical sem autorização de seus titulares e, principalmente, a ocorrência ou não de plágio e ou contrafação em publicidade, são reiterados e os litígios que daí resultam são em grande número.

3.4. Infrações quanto ao uso de direitos personalíssimos em publicidade

Um dos temas mais discutidos na Câmara Nacional de Arbitragem e Mediação na Comunicação – CNA é o que diz respeito ao uso da imagem, nome, voz de pessoas, inclusive atores e modelos, profissionais ou não, em publicidade.

32. A CÂMARA NACIONAL DE ARBITRAGEM E MEDIAÇÃO NA COMUNICAÇÃO COMO MEIO...

É inquestionável que a publicidade utiliza intensamente atores e modelos – e mesmo pessoas comuns – na apresentação de produtos e serviços na publicidade, seja em testemunhais ou não. Basta lembrar que atualmente, na mídia digital, os chamados influenciadores arregimentam milhares de pessoas nas suas manifestações.

Em se tratando também de direitos conexos a participação dessas pessoas, aplica-se aos contratos de prestação de serviços artísticos e a concessão de uso desses direitos, o disposto no artigo 4º da lei autoral (Lei nº 9.610/98), que estabelece que todo negócio que envolva direitos autorais e conexos deve ser interpretado restritivamente. Ou seja, só podem ser utilizados tais direitos nas condições estabelecidas pelo contrato. Não há uma interpretação elástica.

Igualmente, em se tratando de atores e ou modelos profissionais, aplicam-se as disposições da Lei nº 6.533/78, que regula a atividade dos artistas e técnicos em espetáculos públicos.

Assim, nos contratos firmados com qualquer pessoa, notadamente atores/modelos, deve ficar estabelecido qual o objeto da prestação de serviços (posar para filmes, fotos, participar de locuções, atuar como influenciador), assim como conceder o uso de sua imagem, nome, voz, na divulgação publicitária institucional, assim como de marcas, produtos e serviços. E em tais contratos se determinam e limitam o objeto (publicidade de determinado anunciante), a remuneração, o prazo de veiculação, as mídias (impressas, eletrônicas, digitais, alternativas), o número de inserções, o território, a concessão ou não de exclusividade, as penalizações por eventuais infrações de qualquer das partes contratantes e a eventual possibilidade de renovação dessas concessões.

Os questionamentos que mais ocorrem nesses casos são os de reutilização desses direitos após o vencimento do contrato original ou o desbordamento dos meios utilizados para divulgação dos produtos/serviços objeto do contrato, sem que novo ajuste ocorra entre as partes.

Levando em consideração que atores/modelos vivem da exploração de suas imagens artísticas e que o período de sua vida artística é fugaz, a exploração comercial desses seus direitos deve se dar nos limites do contrato firmado, sob pena de causar-lhes expressivos danos de ordem moral, como patrimonial.

4. A Câmara Nacional de Arbitragem e Mediação na Comunicação – CNA, como meio de solução de conflitos na publicidade

A CNA, conforme seu Estatuto e Regulamentos de Arbitragem e Mediação, adota a equidade para seus julgamentos, sem deixar de aplicar os princípios gerais de direito.

Nessas condições, é de vital importância que os árbitros tenham expertise nos assuntos e matérias que irão julgar.

Para atender essa condição quanto à necessidade dos árbitros terem expertise sobre as matérias em discussão, as entidades que compõem a CNA indicam os profissionais que comporão o quadro de árbitros e mediadores, levando em consideração, portanto, as matérias que envolvam comunicação e, mais especificamente, publicidade, das quais sejam experts os profissionais indicados para a composição do quadro de árbitros e mediadores, sem prejuízo, entretanto, que as próprias partes indiquem árbitros e ou mediadores que não componham o referido quadro.

A CNA, levando em consideração a matéria a ser discutida e a expertise dos profissionais que compõem o quadro de árbitros, apresenta às partes em litígio os nomes de seis profissionais, dos quais as partes escolherão um deles, se de comum acordo. Na inocorrência dessa indicação comum, cada parte indicará um dos seis profissionais apresentados pela Câmara, cabendo aos dois árbitros indicados pelas partes indicarem um terceiro, dentre os demais profissionais constantes dessa indicação da Câmara. Na também inocorrência de indicação de um terceiro nome, pelos árbitros já indicados pelas partes, caberá ao presidente da CNA a nomeação do terceiro nome.

Os procedimentos são rápidos – não ultrapassam a seis meses – e contra a decisão arbitral não cabe recurso, como dispõe a Lei 9.307/96.

As custas dos procedimentos, assim como a remuneração dos árbitros e mediadores, são fixadas em tabela da CNA, cujos valores são sensivelmente inferiores aos das custas judiciais, permitindo amplo acesso dos interessados a essa forma de solução de conflitos.

A tendência constatada de escolha da CNA para dirimir litígios em publicidade mostra a importância na adoção da Câmara Nacional de Arbitragem e Mediação para solução dos conflitos no campo da comunicação.

33.
O SISTEMA DE AUTORREGULAMENTAÇÃO PUBLICITÁRIA NO BRASIL: A ATUAÇÃO DO CONAR NA ANÁLISE DE CAMPANHAS PUBLICITÁRIAS

Juliana Nakata Albuquerque

Introdução

Um grupo de atuantes em determinado segmento se reúne em torno de um escopo definido, em geral a correção de problemas na respectiva área ou, ainda, a consecução de determinados fins coletivos relacionados ao desenvolvimento sustentável das atividades. Para a realização do objetivo estatuído, concordam em agir de acordo com prescrições, programas ou um conjunto de princípios e regras.

O pacto de autorregulação[1], em suas diversas áreas e etapas, tem como fundamento a inteligência de funcionamento interno, necessariamente considerando as relações travadas entre os envolvidos, os resultados e os impactos das atividades exercidas.

Esta abordagem, embora de longa data especialmente na auto-organização de categorias profissionais, vem ganhando propulsão mundial em áreas fundamentais, o reconhecimento e o encorajamento por autoridades nacionais e internacionais, expansão atribuída a uma série de elementos contemporâneos que reclamam meios alternativos de organização para dirimir controvérsias e atingir determinados objetivos.

Em particular na área das comunicações comerciais, o modelo é consolidado; no Brasil, à semelhança do grande número de países de economia

---

[1] Os termos autorregulação e autorregulamentação são usados como sinônimos por grande parte da doutrina e no presente texto, abrangendo as atividades do ciclo regulatório: produção normativa por códigos voluntários, implementação, monitoramento de seu cumprimento, manejo de queixas, aplicação de medidas corretivas e sanções e solução de disputas.

de mercado[2], a regulação do conteúdo da publicidade ocorre por meio do sistema misto de controle, baseado em regulação pública e autorregulamentação.

A larga adoção da autorregulamentação no âmbito das comunicações, em grande parte, é atribuída à tensão evidente entre o controle externo e a liberdade de expressão, no reconhecimento do **direito à liberdade** como pilar do Estado de Direito e como vertente fundamental da condição humana, por

[2] De acordo com a rede internacional ICAS, os regimes de autorregulamentação da publicidade estão atualmente estruturados em 51 países: África do Sul (*ARB The Advertising Regulatory Board*); Alemanha (*DW WBZ Deutscher Werberat Zentrale zur Bekämpfung unlauteren Wettbewerbs e.V*); Austria (*ÖWR Österreichischer Werberat – Austrian Advertising Council*); Argentina (*CONARP Consejo de Autorregulación Publicitaria*); Australia (*Ad Standards*); Emirados Árabes (*ABG Advertising Business Group*); Brasil (CONAR – Conselho Nacional de Autorregulamentação Publicitária); Bélgica (*JEP Jury d'Ethique Publicitaire*); Bulgária (*NCSR National Council for Selfregulation*); Canadá (*Ad Standards*); Chile (*CONAR Consejo de Autorregulación y Ética Publicitaria*); Chipre (*Cyprus Advertising Regulation Organisation*); Colombia (*Autocontrol Colombia*); Coreia (*KARB Korea Advertisingh Review Board*); Equador (*SAC Special Advertisement Committee*); El Salvador (*CNP Consejo Nacional de la Publicidad*); Espanha (*Autocontrol*); Eslovênia (*SOZ Slovenian Advertising Chamber*); Eslováquia (*RPR Rada Pre Reklamu*); Estados Unidos da América (*BBB NP – BBB National Programs*); França (*Autorité de Régulation Professionnelle de la Publicité*); Filipinas (*ASC Advertising Standards Council*); Finlândia (*Mainonnan eettinen neuvosto/The Council of Ethics in Advertising Finland Liiketapalautakunta/ The Board of Business Practice Finland*); Grécia (*Advertising Self-Regulation Council*); Hungria (*ÖRT Önszabályozó Reklám Testület/ Hungarian Advertising Self Regulatory Board*); Indonesia (*DPI Dewan Periklanan Idonesia/ Indonesian Advertising Council*); Irlanda (*ASAI The Advertising Standards Authority for Ireland*); India (*The Advertising Standards Council of India*); Italia (*IAP Istituto dell'Autodisciplina Pubblicitaria*); Japão (*JARO Japan Advertising Review*); Luxemburgo (*CLEP Commision Luxembourgeoise pour l'Ethique en Publicité*); Malasia (*CMCF Communications and Multimedia Content Forum of Malaysia*); México (*CONAR Consejo de Autorregulación y Ética Publicitaria*); Países Baixos (*SRC Stichting Reclame Code*); Nova Zelândia (*ASA Advertising Standards Authority*); Noruega (*MFU Matbransjens Faglige Utvalg (the Food and Drink Industry Professional Practices Committee*); Peru (*CONAR Consejo Nacional de Autorregulación Publicitaria*); Paraguai (*CERNECO Centro de Regulacion, Normas y Estudios de la Communicacion*); Polônia (*RR Zlląnjek StollarnjLJεnjeń Rada Reklamy*; Portugal (*ARP Auto Regulação Publicitaria*); Reino Unido (*ASA The Advertising Standards Authority/Clearcast*); República Checa (*RPR Rada Pro Reklamu*); Romênia (*RAC Romanian Advertising Council*); Russia (*AMI Advertising Council*); Sérvia (*NAESO National Association for Ethical Standards in Advertising*); Suécia (*RO Reklamombudsmannen*); Singapura (*ASAS Advertising Standards Authority of Singapore*); Suíça (*Schweizerische Lauterkeitskommission/ Commission Suisse pour la Loyauté*); Turquia (*ROK The Advertising Self-Regulatory Board*); Uruguai (*CONARP Consejo Nacional de Autorregulación Publicitaria*); Zimbabue (*ASAZIM The Advertising Standards Authority of Zimbabwe*). Em diversos outros países existem também iniciativas de constituição de regimes de autorregulamentação. Nos países asiáticos, a lista completa das entidades consta no documento *Advertising Self-Regulation in Asia and Australia*, Sankaran Ramanathan. Asian Federation of Advertising Associations (AFAA) e International Advertising Association (IAA). 2011. Disponível em: https://icas.global/wp-content/uploads/2011_04_Ad_SR_Asia_Australia. pdf. Acesso em: 05 mar. 2021.

33. O SISTEMA DE AUTORREGULAMENTAÇÃO PUBLICITÁRIA NO BRASIL: A ATUAÇÃO...

meio da qual se realiza a existência da pessoa na dimensão de singularidade (pela expressão da subjetividade: pensamento, espírito e criatividade) e na dimensão de pluralidade[3], em que a coabitação no mundo assegura a existência de cada um e é constituída por meio da relação de comunicação.

É com base na envergadura do direito à liberdade de expressão e no seu espaço na cidadania, na participação nos debates e nos processos de decisão, que se discutem sistemas compatíveis de regulação, com precedência[4] do autocontrole, por sua origem no livre arbítrio, no ideal ético que confia a cada indivíduo a capacidade de exercer juízos sobre os próprios atos e por eles se responsabilizar.

A compreensão do controle da publicidade, objeto do presente título, abrange, portanto, o conhecimento do corpo de normas que disciplinam as comunicações comerciais e o exame do sistema misto também apoiado em autorregulamentação. Assim, ao relacionar os princípios materiais, será analisada esta abordagem combinada de regulação pública e privada, com as informações sobre as diretrizes e as atividades do ciclo de autorregulamentação

---

[3] Nas palavras de Hannah Arendt, "[...] a língua dos romanos – talvez o povo mais político que conhecemos – empregava como sinônimas as expressões 'viver' e 'estar entre os homens' (*inter homines esse*) ou 'morrer' e 'deixar de estar entre os homens' (*inter homines esse desinere*)". ARENDT, Hannah. *A condição humana*. Tradução de Adriano Correia. 13. ed. Rio de Janeiro: Forense, 2014, p. 9-10. Na mesma obra, a autora aponta a pluralidade também sob o aspecto da existência de diversos seres únicos, de modo que 'ninguém jamais é igual a qualquer outro que viveu, vive e viverá' (p. 10), que coabitam no mundo (p. 302).

[4] De acordo com o parecer (2015/C 291/05)177 do *Comité Económico e Social Europeu sobre autorregulação e corregulação*, de autoria do Relator Jorge Pegado Liz, a posição dos regimes de autorregulação e corregulação no quadro jurídico comunitário deve ser abordada à luz da interpretação dos princípios da subsidiariedade e da proporcionalidade, previstos no art. 5º do Tratado da União Europeia e Tratado sobre o funcionamento da União Europeia – 2010/C 83/01 – TUE e no seu protocolo n. 2. Neste sentido, o princípio da subsidiariedade previsto no Tratado da União Europeia estabelece o nível de intervenção mais pertinente, para que as decisões sejam tomadas o mais próximo possível do cidadão, em escalonamento que prioriza a camada mais próxima como apta à intervenção. EUROPEAN COMMISSION. *Parecer do Comité Econômico e Social Europeu sobre Autorregulação e corregulação no quadro legislativo comunitário* (2015/C 291/05), Rel. Jorge Pegado Liz. 2014. Disponível em: https://eur-lex.europa.eu/legalcontent/EN/TXT/?uri=uriserv: OJ.C_.2015.291.01.0029.01. ENG&toc=OJ:C:2015:291:TOC. Acesso em: 05 mar. 2021; PARLAMENTO EUROPEU. Protocolo relativo à aplicação dos princípios da subsidiariedade e da proporcionalidade, 2015). Introdução, Definição. Disponível em: https://eur-lex.europa.eu/legal-content/PT/TXT/?uri=legissum:ai0017. Acesso em: 05 mar. 2021; PARLAMENTO EUROPEU. *O princípio da subsidiariedade* – fichas técnicas sobre a União Europeia. Disponível em: https://www.europarl.europa.eu/RegData/etudes/fiches_techniques/2013/010202/04A_FT(2013)010202_PT.pdf. Acesso em: 05 mar. 2021.

conduzidas pelo Conselho Nacional de Autorregulamentação Publicitária (CONAR).

Na descrição da estrutura e das atividades da entidade, será verificada sua integração à sistematização realizada pela doutrina e por autoridades, acerca dos regimes de autorregulação, com o comparativo internacional. Muito além da indicação de tendências ou de referências externas, a relevância do estudo internacional atende à necessidade de soluções regulatórias harmônicas em áreas de notória transnacionalidade, como ocorre na tecnologia e das comunicações, em que a interoperabilidade dos sistemas de controle representa um atributo de suporte à inovação e ao desenvolvimento, ao evitar o isolamento ou barreiras regulatórias ao trânsito transfronteiriço das atividades. Portanto, a análise do quadro maior, por meio das entidades internacionais que reúnem os órgãos de autorregulamentação dos diversos países, proporciona compreensão ampla sobre os esquemas e os parâmetros acerca do conteúdo das comunicações comerciais.

Ao final, serão trazidos ao debate os desafios contemporâneos nas áreas da publicidade que vêm demandando atenção e o questionamento sobre a perspectiva de ambiente seguro e ético da comunicação comercial.

1. A autorregulamentação e os regimes na área da publicidade

De acordo com o parecer[5] do Comitê Econômico e Social Europeu em cotejo da matéria, o conceito de autorregulação deriva da psicologia comportamental, que a descreve conceitualmente como o esforço deliberado de controle para orientar ou alterar um comportamento, constituindo ferramenta inibitória de impulsos ou de determinada resposta prepotente para refrear a incidência de falhas ou distorções ou, ainda, no sentido da consecução de determinado objetivo. Baseia-se, dessa forma, também em formulações filosóficas[6], da autonomia (regulação intrínseca), em oposição à heteronomia

---

[5] EUROPEAN COMMISSION. *Parecer do Comitê Econômico e Social Europeu sobre Autorregulação e corregulação no quadro legislativo comunitário.* (2015/C 291/05), Rel. Jorge Pegado Liz. 2014. Disponível em: https://eur-lex.europa.eu/legalcontent/EN/TXT/?uri=uriserv: OJ.C_.2015.291.01.0029.01. ENG&toc=OJ:C:2015:291:TOC. Acesso em: 05 mar. 2021.

[6] SANDEL, Michel J. *Justiça, o que é a coisa certa a fazer.* 6. ed. Tradução de Heloísa Matias e Maria Alice Máximo. Rio de Janeiro: Civilização Brasileira, 2012, cap. 5. "O que importa é o motivo – Immanuel Kant", p. 133-174. Michel Sandel descreve as formulações de Kant sobre a "autonomia da vontade" como a base para a criação de nossas próprias regras, de forma que os princípios éticos

33. O SISTEMA DE AUTORREGULAMENTAÇÃO PUBLICITÁRIA NO BRASIL: A ATUAÇÃO...

(regulação por forças extrínsecas), como a fonte de regras próprias. Teorias contemporâneas e empíricas vêm reformulando estes conceitos, em particular as ideias sobre a autodeterminação (*Self Determination Theory SDT* [7]), reconhecendo a distinção entre a autonomia e a independência, de forma que um ato autônomo não é isolado e livre de contingências externas, mas se insere e está inter-relacionado com o ambiente e com o grupo, em *status* de interdependência em relação ao entorno. Portanto, na autonomia ocorre o exercício da vontade orientada por motivação intrínseca, inter-relacionada às forças extrínsecas e fundada no pensamento sobre o valor das ações e das interações.

Esta base do sistema de autorregulação constitui, assim, atividade bastante relevante para o livre arbítrio, uma vez que pressupõe que pelo menos duas respostas diferentes foram possíveis em determinada situação e se exerceu a vontade de provocar uma e não a outra. Ao mesmo tempo incrementa a liberdade, uma vez que, ao impedir uma resposta prepotente, é criada a opção de fazer outra coisa.

Referidos atributos de autonomia mediante o reconhecimento das inter--relações e de base no livre-arbítrio contribuíram para difundir na área da comunicação comercial a criação de organismos de autorregulamentação (conhecidos pela sigla internacional *Self-Regulatory Organization – SRO*), movimento que teve início a partir de 1930[8], com o pioneiro órgão francês criado em 1935, *L'Autorité de régulation professionnelle de la publicité* (ARPP). A partir daí, seguiram-se o canadense *Ad Standards*, em 1950 e, nos anos 1960, as entidades do Reino Unido *Advertising Standars Authority* (ASA); dos Países Baixos, *Stichting Reclame Code* (SCR); da Itália, *Istituto dell'Autodisciplina Pubblicitaria* (IAP) e de El Salvador, *Consejo Nacional de la Publicidad* (CNP).

---

não deveriam ser derivados das inclinações humanas, de forma que as necessidades e predisposições egoístas deveriam ser sacrificadas em favor de critérios objetivos como o imperativo categórico, ou seja, agir de forma consistente com uma regra que trataríamos como uma lei universal.

[7] ARVANITIS, Alexios. *Autonomy and morality*: a self-determination theory discussion of ethics. 2017. Disponível em: https://philarchive.org/archive/ARVAAM. Acesso em: 05 mar. 2021.

[8] Histórico de criação das entidades de autorregulamentação nos diversos países descritos na base de dados global. ICAS SRO *FactBook – Global SRO Database*. 2019. International Councul for Ad Self-Regulation. Disponível em: https://icas.global/2019-edition-of-the-global-sro-database-now-available/. Acesso em: 05 mar. 2021.

ATIVIDADE PUBLICITÁRIA NO BRASIL

1.1. O regime brasileiro de autorregulamentação da publicidade: o Código Brasileiro de Autorregulamentação Publicitária e o CONAR

No Brasil, o movimento ganhou corpo no final da década de 1970, por meio da aprovação do Código Brasileiro de Autorregulamentação Publicitária[9], com o escopo da busca da ética na publicidade. É de se reconhecer, ainda, fator concorrente na motivação da adoção do Código, impulsionada por grave risco, quando o então governo federal intentava sancionar uma lei criando controle preliminar a toda propaganda, em forma de censura prévia, exigindo a submissão e a aposição de carimbo "de acordo" antes da divulgação de cada peça publicitária.

A ideia de autorregulação no Brasil, inspirada no modelo britânico, ganhou força pelas mãos dos grandes nomes da publicidade brasileira, dentre eles, Caio Domingues e Mauro Salles, como os principais redatores do Código, acompanhados pelos representantes de agências de publicidade, anunciantes e veículos de comunicação Petrônio Correa, Luiz Fernando Furquim de Campos e Dionísio Poli, que contaram com a colaboração do representante da Associação Nacional de Jornais (ANJ), João Luiz Faria Netto, responsável pela configuração das linhas inaugurais do arcabouço institucional. O movimento levou as autoridades a reconhecerem o compromisso de auto-organização e arquivarem o projeto de censura.

Aprovado o Código, foi então necessário estabelecer os mecanismos para aplicá-lo e para tanto estabelecida, inicialmente, a Comissão Nacional de Autorregulamentação Publicitária, comandada por Saulo Ramos e Geraldo Alonso.

Dois anos após a aprovação do Código e do início das atividades da Comissão, foi instituída uma entidade autônoma, o Conselho Nacional de Autorregulamentação Publicitária (CONAR), criado em 1980, e estruturado sob a coordenação do diretor executivo à época, Gilberto Leifert que, acompanhado por representantes do mercado das comunicações, e, posteriormente, do diretor à época Edney Narchi, estabeleceram um sistema de autorregulamentação independente, com os atributos elementares ao exercício das atividades do ciclo de controle privado[10].

---

[9] O Código Brasileiro de Autorregulamentação Publicitária foi aprovado no III Congresso Brasileiro de Propaganda em 1978.
[10] Atividade de atualização normativa, a implementação das regras, monitoramento, manejo de queixas, os mecanismos de aplicação das regras e solução de disputas, instrumentos de avaliação e transparência.

542

33. O SISTEMA DE AUTORREGULAMENTAÇÃO PUBLICITÁRIA NO BRASIL: A ATUAÇÃO...

Nos meios especializados, esses atributos necessários aos regimes de autorregulação são hoje bastante reconhecidos; tendo sido sistematizados a partir da forte expansão dos mecanismos da espécie nos diversos países e da constatação da necessidade de contar com a capacidade de ação de agentes econômicos e atores em determinado setor para solucionar grandes problemas contemporâneos (marcados pelo volume, alta dispersão, velocidade e complexidade) e para a consecução de objetivos públicos. Estas assunções propulsionaram diversas requisições e endossos aos sistemas de autorregulação por autoridades nacionais e internacionais[11], encorajamento acompanhado da indicação de elementos de integridade.

Em particular, três instâncias internacionais vêm aprofundando as pesquisas, com a metodologia dos requisitos e o encorajamento de adoção pelos Estados membros: as Nações Unidas[12], a Organização para Cooperação

---

[11] Os códigos de conduta e regimes de implementação, monitoramento, tem recebido seção própria em documentos centrais de regulação pública, em especial na área das comunicações, estando previsto na principal Diretiva Europeia sobre conteúdo de comunicação comercial: *AudioVisual Media Service Directive* (AVMSD), que requisita aos Estados membros a adoção ou o encorajamento da autorregulação ou corregulação; no regulamento geral europeu de proteção de dados GDPR, entre outros. A legislação brasileira de proteção de dados (Lei n. 13.709/18) também prevê, no art. 50, regimes privados de implementação. Existe uma série de endossos legais e acordos entre autoridades públicas de diversos países e os regimes de autorregulação.

[12] Recomendação de adoção de códigos voluntários e regimes de autorregulação para o desenvolvimento dos negócios e para a proteção do consumidor, indicações acompanhadas do aporte de atributos tido como fundamentais para os regimes. Em particular pelas conferências: United Nations Centre for Trade Facilitation and Electronic Business (Uncefat). E-Commerce Self-Regulatory Instruments – Recomendação n. 32, 2001. Disponível em: https://www.unece.org/fileadmin/DAM/cefact/recommendations/rec32/rec32_ecetrd277.pdf.
Acesso em: 05 mar. 2021; e United Nations Conference on Trade and Development (Unctad), nos documentos *Guidelines for Consumer Protection*. 2015. Disponível em: https://unctad.org/en/PublicationsLibrary/ditccplpmisc2016d1_en.pdf. Acesso em: 05 mar. 2021. Itens 30 e 31 e *Manual de Proteção do Consumidor da UNCTAD*. 2018. Disponível em: https://unctad.org/en/Publications Library/ditccplp2017d1_en.pdf. Acesso em: 05 mar. 2021. No referido Manual são apontados para a salvaguarda da integridade dos sistemas os atributos a seguir: compromissos adicionais às normas públicas; regime dotado de autonomia; representatividade (significativa do setor); participação de membro fora da indústria na governança; organização independente (especialistas e representantes de consumidores); com influência na preparação do código; objetivos claros e indicadores para mensurar consecução; procedimento de manejo de queixas claro e adequado (regras procedimentais); sistema de solução de disputas independente; monitoria; previsão de sanções; publicidade (decisões, indicativos e relatórios); adequado financiamento; e capacidade de atualização periódica diante da necessidade dos regulados e consumidores.

ATIVIDADE PUBLICITÁRIA NO BRASIL

e Desenvolvimento Econômico (OCDE)[13] e as autoridades Europeias[14] (Conselho, Comissão e Parlamento), movimento partilhado por diversos governos nacionais.

De forma geral, os requisitos e salvaguardas indicadas pelas autoridades são similares, relacionados às dimensões de legitimidade dos regimes. A Organização para a Cooperação e o Desenvolvimento Econômico (OCDE) apontou quadro bastante completo, abaixo sumarizado:

- autonomia do regime;
- representatividade (significativa do setor);
- clareza dos objetivos estatuídos;
- alinhamento aos interesses públicos (podendo reforçar o apoio pelas autoridades);
- presença de indicadores de performance e correlação entre medidas e objetivos;
- conhecimento pelos regulados, tanto sobre a necessidade da regulação, quanto sobre o teor dos princípios;
- monitoramento, avaliação e prestação de contas;
- manejo de queixas (com acesso simplificado);
- mecanismo de solução de disputas;
- instrumentos de imposição das medidas, com previsão de sanções/ medidas corretivas;
- participação de especialistas e representantes na sociedade civil;

[13] Atributos descritos nos documentos: ORGANIZATION FOR ECONOMIC CO-OPERATION AND DEVELOPMENT (OECD). Report – alternatives to traditional regulation. 2002. Disponível em: https://www.oecd.org/gov/regulatorypolicy/42245468.pdf. Acesso em: 05 mar. 2021; e ORGANIZATION FOR ECONOMIC CO-OPERATION AND DEVELOPMENT (OECD). Industry self-regulation – role and use in suport consumer interests (OCDE), maio de 2015. Disponível em: http://www.oecd.org/officialdocuments/publicdisplaydocumentpdf/?cote=DSTI/CP(2014)4/FINAL&docLanguage=En. Acesso em: 05 mar. 2021.

[14] No âmbito do grupo estratégico sobre configuração do futuro digital da Comissão Europeia é mantido quadro detalhado sobre o papel da autorregulação e corregulação (SRCR) no processo político, que resultou na recomendação dos "princípios para uma melhor autorregulação e corregulação", elaborados em 2013 e atualizados em 2018. Disponíveis em: https://ec.europa.eu/digital-single-market/en/community-practice-better-self-and-co-regulation-cop. Acesso em: 05 mar. 2021, formando-se ainda uma base de dados de regimes europeus de auto e corregulação, o inventário amplo não exaustivo de todos os sistemas em operação naquela região. *The Database on Self-and Co-Regulation Initiatives*. Disponível em: https://www.eesc.europa.eu/policies/policyareas/enterprise/database-self-and-co-regulation-initiatives. Acesso em: 05 mar. 2021.

33. O SISTEMA DE AUTORREGULAMENTAÇÃO PUBLICITÁRIA NO BRASIL: A ATUAÇÃO...

- conhecimento pelo público, sobre os compromissos assumidos pelos operadores no setor (programas/códigos setoriais voluntários);
- transparência nas operações e impactos (por meio de inclusão de múltiplas partes, discussões públicas, publicidade de decisões e relatórios);

Especificamente na área da comunicação comercial, os atributos estruturais e procedimentais dos regimes são também indicados e detalhados em recomendações e relatórios elaborados principalmente pelas entidades *European Advertising Standards Alliance* (EASA[15]) e *International Council for Ad Self-Regulation* (ICAS[16]). É de se notar que, embora metodologicamente reunidos apenas em período mais recente, desde a sua origem a entidade brasileira de autorregulamentação da publicidade, à semelhança das congêneres de outros países, enfrentou a necessidade da adoção dos citados elementos fundamentais para a configuração apoiada em representatividade do segmento, participação, procedimento justo e transparência aptos a conferir legitimidade às atividades de regulação privada. Neste sentido, foi estabelecida a estrutura

---

[15] Requisitos descritos nos documentos: *The EASA Statement of Common Principles and Operating Standards of Best Practice – European Advertising Standards Alliance*. Disponível em: https://www.easa-alliance.org/products-services/publications/best-practice-guidance. Acesso em: 05 mar. 2021; *The EASA Best Practice Self-Regulatory Model – European Advertising Standards Alliance*. Disponível em: https://www.easa-alliance.org/sites/default/files/EASA%20Best%20Practice%20Self-Regulatory%20Model.pdf. Acesso em: 05 mar. 2021; e *Advertising Self-Regulation Charter – European Advertising Standards Alliance*. Disponível em: https://easa-alliance.org/about-easa/charter. Acesso em: 05 mar. 2021. Na Carta de compromisso do órgão europeu constam como requisitos necessários dos *Self-Regulatory Organizations* (SROs): 1. Cobertura abrangente por sistemas autorreguladores de todas as formas de publicidade e todos os profissionais; 2. Financiamento adequado e sustentado pela indústria de publicidade proporcional aos gastos com publicidade em cada país; 3. Códigos abrangentes e eficazes de prática publicitária com base nos códigos globalmente aceitos de prática publicitária e de marketing da Câmara de Comércio Internacional (ICC) aplicáveis a todas as formas de publicidade. 4. Ampla consulta às partes interessadas durante o desenvolvimento do código; 5. A devida consideração do envolvimento de leigos independentes e não governamentais no processo de adjudicação de reclamações; 6. Administração eficiente e dotada de recursos dos códigos e tratamento das reclamações sobre os mesmos de forma independente e imparcial por um órgão de autorregulação criado para o efeito; 7. Tratamento rápido e eficiente de reclamações sem nenhum custo para o consumidor; 8. Fornecimento de aconselhamento e treinamento para profissionais da indústria a fim de elevar os padrões; 9. Sanções e fiscalização eficazes, incluindo a publicação de decisões, combinadas com um trabalho eficiente de conformidade e monitoramento de códigos. Conscientização efetiva do sistema de autorregulação por parte da indústria e dos consumidores.

[16] Requisitos apontados no documento *International Guide to Developing a Self-Regulatory Organization* – International Council for Ad Self Regulation (ICAS). Disponível em: https://icas.global/wp-content/uploads/2017_12_12_ICAS_SRO_Guide.pdf. Acesso em: 05 mar. 2021.

ATIVIDADE PUBLICITÁRIA NO BRASIL

do CONAR como foro isento e independente em relação aos agentes econômicos regulados e aos poderes públicos, a partir da criação de entidade dotada de autonomia, divisão de funções em instâncias; escopos claros; representatividade do mercado das comunicações, de especialistas e da sociedade civil; participação e procedimento justo previsto para a tomada de decisões; e publicidade das atividades, resultando na adoção de todos os elementos indicados pelas referidas autoridades. A integridade do regime brasileiro com relação aos elementos fundamentais foi também verificada em estudo coordenado por Maria Tereza Sadek, intitulado *Análise do sistema brasileiro de autorregulamentação da publicidade*[17], que incluiu o exame dos requisitos indicados pela Organização da Cooperação e Desenvolvimento Econômico (OCDE) e pelas entidades de metarregulação na área da publicidade (ICAS e EASA).

Importante pontuar que embora ocorra nos foros internacionais, a descrição de atributos de integridade possui a natureza de melhores práticas. As diversas autoridades e entidades reconhecem que é em âmbito nacional, dentro dos respectivos quadros jurídicos e em cada segmento que o autocontrole ganha vida, por meio de desenhos tão variados quanto as línguas, culturas, economias e realidades de cada país. Os organismos transnacionais evidenciam os pontos comuns, os problemas partilhados e os desafios convergentes, em formulação tida como unidade por meio da diversidade, em que o respeito às diferenças e particularidades locais integra o preceito fundamental de liberdade.

2. Os princípios que disciplinam o conteúdo da publicidade

Conforme estatuído no Código Brasileiro de Autorregulamentação Publicitária (CBAP) e em menções descritivas da entidade, a ética publicitária se baseia nos seguintes preceitos:

> – todo anúncio deve ser honesto e verdadeiro e respeitar as leis do país;
> – deve ser preparado com o devido senso de responsabilidade social, evitando acentuar diferenciações sociais;
> – deve ter presente a responsabilidade da cadeia de produção junto ao consumidor;

---

[17] Pesquisa realizada em fevereiro de 2020, coordenada por Maria Tereza Sadek, em contribuição à Consulta Pública sobre Publicidade Infantil feita pela Secretaria Nacional do Consumidor (SENACON, Processo n. 08012.002887/2019-61), do Ministério da Justiça e Segurança Pública.

33. O SISTEMA DE AUTORREGULAMENTAÇÃO PUBLICITÁRIA NO BRASIL: A ATUAÇÃO...

– deve respeitar o princípio da leal concorrência e
– deve respeitar a atividade publicitária e não desmerecer a confiança do público nos serviços que a publicidade presta[18].

O pressuposto do respeito à legislação nacional, como dispositivo inaugural do CBAP, indica o posicionamento da autorregulamentação em face do controle público, necessariamente em harmonia e configurando camada normativa adicional[19] de aplicação do Código pactuado[20].

Neste sentido, o quadro do controle do teor da publicidade parte da regulação pública, com fundamento na Constituição Federal de 1988, que traça os princípios que regem a propaganda comercial e o regime público de controle, por meio de lei federal[21]. A possibilidade de se estabelecer regras materiais acerca do conteúdo da propaganda está abordada na Constituição Federal de 1988, subordinada expressamente ao princípio de reserva legal (art. 22, XXIX – competência legislativa privativa da União) e mediante o previsto no capítulo V do Título VIII (Da ordem Social), dedicado à Comunicação Social. Nele, o art. 220 do texto constitucional consagra o princípio da livre manifestação do pensamento e vedação à censura, incluindo a propaganda comercial na modalidade de proteção e prevendo para ela controle por meio de legislação federal, na medida e forma estipuladas no § 3º, II, e no § 4º:

> Art. 220. A manifestação do pensamento, a criação, a expressão e a informação, sob qualquer forma, processo ou veículo não sofrerão qualquer restrição, observado o disposto nesta Constituição [...] § 3º Compete à lei federal: II – estabelecer os meios legais que garantam à pessoa

---

[18] Indicados no Código Brasileiro de Autorregulamentação Publicitária e em seção histórica no *site* do CONAR. Disponível em: www.conar.org.br. Acesso em: 5 mar. 2021.

[19] Conforme apontado no manual da UNCTAD sobre proteção do consumidor *Manual on Consumer Protection UNCTAD* (2018), no item VI – *Business conduct*, C. *Self-and co-regulation*, as regras estabelecidas nos Códigos de Autorregulação devem ir além da lei, prevendo medidas e proteção adicionais, também para não conduzir ao equivocado entendimento de que o cumprimento das normas públicas é voluntário.

[20] Cabe fazer remissão ao diagrama acerca da hierarquia das normas públicas e privadas a partir dos ensinamentos de Tercio Sampaio Ferraz Junior, em sua obra *Publicidade, ética e liberdade. O trabalho do CONAR pelo respeito na propaganda*. São Paulo: CONAR, 2018. O texto, de autoria de Ari Schneider (p. 35), impõe registrar que a hierarquia das normas indica a necessária prevalência. Porém não implica na ordem de implementação; o controle privado é reconhecido como camada mais próxima e, pelo princípio da subsidiariedade, pode ter precedência na solução de diversas controvérsias.

[21] BRASIL. Constituição Federal (1988). "Art. 22. Compete privativamente à União legislar sobre: [...] XXIX – propaganda comercial"; Art. 220, "§ 3º – Compete à lei federal: [...]".

ATIVIDADE PUBLICITÁRIA NO BRASIL

e à família a possibilidade de se defenderem de programas ou programações de rádio e televisão que contrariem o disposto no art. 221, bem como da propaganda de produtos, práticas e serviços que possam ser nocivos à saúde e ao meio ambiente [...].

Sobre tal disposição, a precisa observação de Tercio Sampaio Ferraz Junior para quem o princípio determina que o Estado propicie as condições ao exercício de escolhas por parte da pessoa e da família. Observa, claramente, que não cabe a ele próprio, Estado, substituir a formulação das escolhas de informações, do que pode ou não ser divulgado e na tomada de decisões:

[...] o inciso II do par. 3º do art. 220 da Constituição Federal incumbe ao legislador federal estabelecer os meios legais que garantam à pessoa e à família a possibilidade de se defenderem [...] da propaganda de produtos (e de práticas e serviços) que possam ser nocivos à saúde e ao meio ambiente. Claramente não cabe à lei substituir-se à pessoa e à família nessa defesa, mas dar-lhes os meios para defesa.

[...] Cabe ao Estado dar-lhe os meios legais para exercer o juízo sobre as coisas, mas não pôr-se em seu lugar, para dizer o que sua consciência distingue e aprova ou desaprova. Se o Estado tutela a consciência e a sua expressão, a condição humana é degradada pelo dirigismo próprio dos regimes totalitários. O Estado que tutela, que censura, destitui o cidadão do lado censurado, da possibilidade de responsabilizar-se pelos seus atos; do lado do que supostamente protege, destitui-o da capacidade de julgar [...][22].

Amparando-se neste quadro de papel instrumental, a legislação federal esparsa estabelece: i) regras gerais, preponderantemente por meio do Código de Defesa do Consumidor (Lei n. 8.078/1990), sobre a identificação da natureza publicitária, apresentação segura de uso, vedação à enganosidade e abusividade; a cadeia de responsabilidade; e ii) regras específicas, a principal delas por meio da Lei n. 9.294/1996[23], que regulamenta o preceito constitucional na matéria (art. 220, § 4º, da Constituição Federal). Outros diplomas

---

[22] FERRAZ JUNIOR, Tercio Sampaio. *Garantias constitucionais à liberdade de expressão comercial.* Parecer mediante consulta do Conselho Nacional de Autorregulamentação Publicitária, CONAR, 2000, p. 12.

[23] c/c regulamento e alterações subsequentes, em especial o Decreto n. 2.018/1996 e a Lei Federal n. 10.167/2000.

33. O SISTEMA DE AUTORREGULAMENTAÇÃO PUBLICITÁRIA NO BRASIL: A ATUAÇÃO...

podem incidir sobre o conteúdo dos anúncios, em particular o Código Civil[24], a legislação sobre direitos autorais[25] e propriedade industrial[26], a regulamentação de promoções e sorteios[27], do comércio eletrônico[28], o Marco Civil da Internet[29] e a Lei Geral de Proteção de Dados Pessoais[30].

2.1. Código Brasileiro de Autorregulamentação da publicidade: normas éticas que orientam o conteúdo das comunicações comerciais

Tendo como pressuposto que o teor da publicidade deve cumprir a legislação, as normas de autorregulamentação estabelecem valores que orientam o conteúdo da comunicação comercial, camada adicional de compromissos (consolidados em normas) e detalhamento do modo de conformidade com os princípios. Além dos importantes preceitos éticos, são previstas regras gerais relativas à identificação da natureza publicitária, à veracidade, à vedação à discriminação e ao apoio no medo ou na violência, à responsabilidade social e ambiental e ao cuidado com o público infantil. Há regras também para categorias específicas, preponderantemente relacionadas às informações essenciais nas respectivas categorias, para amparar a melhor decisão de consumo.

O Código, desde 1980, inaugurou, ainda, uma importante sistemática, admitindo a presunção de boa-fé com a inversão do ônus da prova[31],

---

[24] BRASIL. Código Civil (2002).

[25] Lei Federal n. 9.610/1998.

[26] Lei Federal n. 9.279/1996.

[27] Lei Federal n. 5.768/1971, com alterações da Lei n. 14.027/2020 e Decreto n. 70.951/1972.

[28] Lei Federal n. 13.543/2017 (acrescenta dispositivo à Lei n. 10.962/2004, que dispõe sobre a oferta e as formas de afixação de preços de produtos e serviços para o consumidor); Decreto n. 7.962/2013 (regulamenta a Lei n. 8.078/1990 para dispor sobre a contratação no comércio eletrônico); Decreto n. 10.271/2020 (dispõe sobre a execução da Resolução GMC n. 37/2019, do Grupo Mercado Comum, que dispõe sobre a proteção dos consumidores nas operações de comércio eletrônico); e "OCDE Recomendação do Conselho de Proteção ao Consumidor no Comércio Eletrônico". 2016. Instrumento com adesão pelo Brasil.

[29] Lei Federal n. 12.965/2014.

[30] Lei Federal n. 13.709/2018.

[31] Como observado por Gilberto Leifert, "da mesma forma que a Justiça reconhece a presunção de inocência, no processo ético do Conar admite-se a presunção de boa-fé. Se o anunciante faz uma afirmação, entende-se que ele o fez de boa-fé e terá de comprová-la perante o Conselho de Ética. Um detalhe: o Código de Autorregulamentação surgiu mais de dez anos antes do Código de Defesa do Consumidor. Desde 1980, quando as Câmaras de Ética foram instaladas, adotou-se no Conar a chamada "inversão do ônus da prova". Quem é obrigado a demonstrar a veracidade do

ATIVIDADE PUBLICITÁRIA NO BRASIL

considerando que o dever de veracidade das informações publicitárias abrange a necessidade do anunciante comprovar e fundamentar perante o Conselho de Ética os atributos apregoados nos anúncios.

A autorregulamentação ganha corpo em constantes vetores pedagógicos[32] e de aplicação das regras, por meio de representações éticas; processos administrativos que possuem tramitação[33] simplificada e célere, garantindo os direitos fundamentais de defesa, do contraditório e a motivação das decisões.

As apurações ocorrem de ofício, a partir de monitoramento, mediante pedidos de autoridades públicas, requerimentos de entidades não governamentais, representação de empresas concorrentes e queixas de consumidores, estas últimas representando a extensa maioria[34] de casos instaurados para o exame de potenciais irregularidades no teor da publicidade, provendo ao consumidor acesso facilitado e gratuito.

A velocidade de análise, necessária diante da natureza do objeto (rápida disseminação das peças publicitárias), pode ser acompanhada tanto pela tramitação célere, como pela possibilidade de concessão de tutela de urgência, com liminar para sustar imediatamente a veiculação de campanhas publicitárias, suspensões que são posteriormente submetidas ao órgão colegiado, o Conselho de Ética da entidade. As medidas[35] disponíveis visam corrigir a infração detectada nos anúncios, podendo ser recomendada a alteração ou a sustação da peça publicitária. Além disso, o teor das decisões serve para a compreensão dos parâmetros éticos da comunicação comercial, de forma que os responsáveis pelo anúncio ficam cientes da necessidade de respeitá-los também em futuras peças publicitárias.

que afirma no anúncio é o anunciante. À luz do Código de Autorregulamentação, o consumidor tem direito de saber se a afirmação contida é verdadeira ou não. Se existe uma suspeita fundada de que a afirmação pode não ser verdadeira, incumbe a quem afirmou comprovar. O Código de Defesa do Consumidor adotou o mesmo princípio em 1990". SCHNEIDER, Ari. *Publicidade, ética e liberdade*. O trabalho do CONAR pelo respeito na propaganda. São Paulo: CONAR, 2018.

[32] No reconhecimento do requisito indicado, apontado pela OCDE, de que "o conhecimento pelos regulados, tanto sobre a necessidade da regulação quanto sobre o teor dos princípios", é importante apoio à eficácia do autocontrole; diversas instâncias de debates, seminários e ações são travadas para discussão sobre os impactos das mensagens publicitárias. Demais disso, a entidade provê o serviço denominado *copy advice* – orientação prévia não vinculativa sobre determinada peça publicitária, feita mediante solicitação dos responsáveis.

[33] Rito previsto no Regimento Interno do Conselho de Ética. CONAR. Disponível em: www.conar. org.br. Acesso em: 08 abr. 2021.

[34] CONAR. *Seção 'Estatísticas'*. Disponível em: www.conar.org.br. Acesso em: 08 abr. 2021.

[35] Previstas no art. 50 do Código Brasileiro de Autorregulamentação Publicitária.

33. O SISTEMA DE AUTORREGULAMENTAÇÃO PUBLICITÁRIA NO BRASIL: A ATUAÇÃO...

O deslinde dos casos pode, ainda, ocorrer por conciliação, método em que as próprias partes buscam medidas corretivas voluntariamente incorporadas, solução também ágil, simplificada e efetiva na correção rápida de potenciais problemas relatados nas publicidades.

Os relevantes mecanismos de efetividade da decisão partem do compromisso assumido voluntariamente e do apelo à correção e à responsabilidade dos envolvidos na divulgação da mensagem, do poder dissuasório pela repercussão de publicidade reprovada (*name and shame mechanism*, embora importante ressaltar que cada decisão restringe-se ao respectivo caso concreto e ao conteúdo de peça publicitária específica) e da adesão de veículos de comunicação comprometidos com o ambiente de comunicação comercial confiável e ético.

Conclusões

Um aspecto importante apontado para a autorregulação consiste na maior capacidade de acompanhar o ritmo das mudanças, especialmente pela inserção de princípios éticos e por configurar camada mais próxima aos atores e às atividades desenvolvidas.

Em particular no segmento das comunicações e da tecnologia da informação, este papel é fundamental diante da aceleração das transformações, com reconhecida necessidade de nova abordagem regulatória. Neste sentido, visando manter a atividade concernente à agilidade do contexto, foi criado no CONAR o Grupo de Trabalhos (GT) para o âmbito digital.

A primeira proposta do GT foi aprovada em dezembro de 2020: o Guia de Publicidade por Influenciadores Digitais, medida necessária diante da relevância do marketing de influência, pelo volume e impacto na decisão de compra do consumidor. Trata-se de orientação para a aplicação das regras em vigor ao teor da publicidade gerada por usuários notórios das redes sociais. O quadro reúne, assim, os elementos contemporâneos que desafiam a relevância da regulação: volume, velocidade e transnacionalidade (engajamento com perfis estrangeiros e, não raro, influenciadores célebres voltados ao público brasileiro residem em outros países), indefinição dos papéis dos diversos participantes pela cadeia de comunicação interativa (compartilhamento, engajamento, viralização) e diversidade (conteúdo heterogêneo e diversos formatos de publicidade).

Considerando esta nova configuração, foram agrupadas as principais situações e recomendadas medidas para cada parte, proporcionais aos papéis

ATIVIDADE PUBLICITÁRIA NO BRASIL

desempenhados. O Guia tem como base o quadro jurídico em vigor no país, porém, com referência declarada no detalhado estudo da regulação internacional na matéria, para gerar solução harmônica. Acompanhando as estratégias de regulação inteligente e relevância em âmbito digital, possui um item dedicado às boas práticas e à campanha educativa, em vetor preventivo que busca a capacidade de toda a cadeia no benefício comum do conteúdo comercial correto e ético.

Outros desafios e transformações se apresentam incessantemente, especialmente com as perspectivas de uso de conteúdos sintéticos pouco distinguíveis em relação às pessoas e modelos reais (como os *virtual human influencers* ou *computer generated influencer* – CGI), ou de uso de inteligência artificial para planejar, destinar e ajustar conteúdos publicitários automaticamente personalizados (por exemplo, o formato de publicidade em assistentes de voz – *conversational voice advertising* – em *AI voice assistants*).

Conforme revelou o estudo do Observatório Audiovisual do Conselho Europeu, sobre Inteligência Artificial no Setor Audiovisual[36], a velocidade do desenvolvimento tecnológico sempre ultrapassará os esforços dos reguladores; por isso, fica cada vez mais evidente a necessidade de se inserir princípios éticos como norteadores das inovações, de forma que os debates sobre ética digital (*digital ethics*[37]) têm sido considerados a nova fronteira para a regulação neste âmbito.

Referidas inovações podem aperfeiçoar a apresentação de conteúdos relevantes e úteis ao consumidor e ao mercado. Porém, também podem trazer riscos ao deixar de prover as informações essenciais, com possibilidade de levar a erro sobre importantes decisões de consumo.

Diante da larga escala dos efeitos da tecnologia, do seu vasto uso, se consolida a consciência da necessidade de engajamento na adoção de compromissos éticos tangíveis, o que marcará decisivamente o rumo destes desenvolvimentos, da confiança e do ambiente das comunicações comerciais.

---

[36] EUROPEAN AUDIVISUAL OBSERVATORY. *Council of Europe*. Artificial intelligence in the audiovisual sector. Authors: Mira Burri, Sarah Eskens, Kelsey Farish, Giancarlo Frosio, Riccardo Guidotti, Atte Jääskeläinen, Andrea Pin, Justina Raizytè, IRIS Special. Strasburg, 2020.
[37] EUROPEAN AUDIVISUAL OBSERVATORY. *Council of Europe*. Artificial intelligence in the audiovisual sector. Authors: Mira Burri, Sarah Eskens, Kelsey Farish, Giancarlo Frosio, Riccardo Guidotti, Atte Jääskeläinen, Andrea Pin, Justina Raizytè, IRIS Special. Strasburg, 2020. Chapter 2. The Stuff AI dreams are made of big data. Andrea Pin, p. 60 e Chapter 6. AI in advertising: entering Deadwood or using data for good?. Justina Raizytè. P. 119 – 146.

REFERÊNCIAS

ARENDT, Hannah. *A condição humana*. Tradução de Adriano Correia. 13. ed. Rio de Janeiro: Forense, 2014.

ARVANITIS, Alexios. *Autonomy and morality*: a self-determination theory discussion of ethics. 2017. Disponível em: https://philarchive.org/archive/ARVAAM. Acesso em: 05 mar. 2021.

BEISHEIM, Marianne; DOMGWERTH, Klaus. 2005: procedural legitimacy and private transnational governance. Are the good ones doing better? SFB-Governance *Working Paper Series*, n. 14, June 2008. Disponível em: https://www.polsoz.fuberlin.de/polwiss/forschung/international/atasp/publikationen/4_artikel_papiere/137_2008_MB_SFB_WP14/sfbgov_wp14_en.pdf. Acesso em: 05 mar. 2021.

CAFAGGI, Fabrizio; RENDA, Andrea. *Measuring the effectiveness of private regulatory organizations*. 2014. Disponível em: https://ssrn.com/abstract=2508684. Acesso em: 05 mar. 2021.

CAFAGGI, Fabrizio. Private regutalion in Europen private law. *EUI Working Papers*. Robert Shuman Centre for Advanced Studies, 2009.

CAFAGGI, Fabrizio; RENDA, Andrea. *Public and private regulation* – the dovenschmidt quarterly, Edição 2012. Disponível em: https://www.elevenjournals.com/tijdschrift/doqu/2012/1/DOQU_2012_001_001_003/fullscreen. Acesso em: 05 mar. 2021.

DI PIETRO, Maria Sylvia Zanella. *Direito regulatório* – temas polêmicos. 2. ed. Belo Horizonte: Fórum, 2009.

EASA. *Advertising self-regulation charter*. Disponível em: https://easaalliance.org/sites/default/files/SR_CHARTER_ENG_0.pdf. Acesso em: 05 mar. 2021.

EUROPEAN COMMISSION. *Principles for better self-and co-regulation*. Disponível em: https://ec.europa.eu/digital-single-market/sites/digital-agenda/files/CoP%20-%20Principles%20for%20better%20self-%20and%20co-regulation.pdf. Acesso em: 05 mar. 2021.

EUROPEAN COMMISSION. *Parecer do Comité Económico e Social Europeu sobre Autorregulação e corregulação no quadro legislativo comunitário*. (2015/C 291/05), Rel. Jorge Pegado Liz. 2014. Disponível em: https://eur-lex.europa.eu/legalcontent/EN/TXT/?uri=uriserv:OJ.C_.2015.291.01.0029.01.ENG&toc=OJ:C:2015:291:TOC. Acesso em: 05 mar. 2021.

EUROPEAN STANDARDS ADVERTISING ALLIANCE (EASA). *Best practice selfregulatory model*. 2004. Disponível em: https://www.easaalliance.org/sites/default/files/EASA%20Best%20Practice%20Self-Regulatory%20Model.pdf. Acesso em: 05 mar. 2021.

EUROPEAN STANDARDS ADVERTISING ALLIANCE (EASA). *Statement of common principles and operating standards of best practice*. 2002. Disponível em: https://www.easaalliance.org/sites/default/files/EASA%20Common%20Principles%20and%20Operating%20Standards%20of%20Best%20Practice.pdf. Acesso em: 05 mar. 2021.

EUROPEAN AUDIVISUAL OBSERVATORY. **Council of Europe**. Artificial intelligence in the audiovisual sector. Authors: Mira Burri, Sarah Eskens, Kelsey Farish, Giancarlo Frosio, Riccardo Guidotti, Atte Jääskeläinen, Andrea Pin, Justina Raizytè, IRIS Special. Strasburg, 2020.

FERRAZ JUNIOR, Tercio Sampaio. *Garantias constitucionais à liberdade de expressão comercial*. Parecer mediante consulta do Conselho Nacional de Autorregulamentação Publicitária (CONAR), 2000.

GRAZ, Jean-Christophe; GRAZ ANDREAS, Nölke. *Limits to the legitimacy of transnational private governance*. Paper prepared for the CSGR/GARNET. Conference pathways to legitimacy? The future of global and regional governance, University of Warwick, 17-19, September 2007. Disponível em: https://warwick.ac.uk/fac/soc/pais/research/researchcentres/csgr/csgrevents/conferences/conference2007/papers/noelke.pdf. Acesso em: 05 mar. 2021.

ICAS SRO *FactBook – Global SRO Database*. 2019. International Councul for Ad Self-Regulation. Disponível em: https://icas.global/2019-edition-of-the-global-sro-database-now-available/. Acesso em: 05 mar. 2021.

INTERNATIONAL COUNCIL FOR AD SELF-REGULATION – ICAS. *Diretrizes para influenciador nas mídias sociais*. Disponível em: https://icas.global/advertising-self regulation/ influencer-guidelines/. Acesso em: 05 mar. 2021.

INTERNATIONAL COUNCIL FOR AD SELF-REGULATION – ICAS. *Global factbook of advertising auto-regulatory organizations*. 2018. Disponível em: https://icas.global/ wpcontent/uploads/2018_Global_SRO_Factbook.pdf. Acesso em: 05 mar. 2021.

INTERNATIONAL COUNCIL FOR AD SELF-REGULATION – ICAS. *International guide to developing a self-regulatory organization* – practical advice on setting up and consolidating an advertising self-regulatory system. 2017. Disponível em: https://icas.global/ wp-content/uploads/2017_12_12_ICAS_SRO_Guide.pdf. Acesso em: 05 mar. 2021.

MENA, Sébastien; PALAZZO, Guido Palazzo. Input and output legitimacy of multistakeholder initiatives. City, University of London Institutional Repository Business Ethics Quarterly, 22(3), p. 527-556. Disponível em: https://openaccess.city.ac.uk/id/eprint/4274/6/Manuscript_BEQ_ACCEPTED_VERSION.pdf. Acesso em: 05 mar. 2021.

ORGANIZATION FOR ECONOMIC CO-OPERATION AND DEVELOPMENT (OECD). *Diretrizes da OCDE para a proteção do consumidor no contexto do comércio eletrônico*. 1999. Atualizado em 2016. Parte 2 – princípios de implementação, n. 53, v. Disponível em: http://www.oecd.org/sti/consumer/ECommerce-Recommendation-2016.pdf. Acesso em: 05 mar. 2021.

ORGANIZATION FOR ECONOMIC CO-OPERATION AND DEVELOPMENT (OECD). *Industry self-regulation* – role and use in suport consumer interests (OCDE), maio de 2015. Disponível em: http://www.oecd.org/officialdocuments/publicdispl

33. O SISTEMA DE AUTORREGULAMENTAÇÃO PUBLICITÁRIA NO BRASIL: A ATUAÇÃO...

aydocumentpdf/?cote=DSTI/CP(2014)4/FINAL&docLanguage=En. Acesso em: 05 mar. 2021.

ORGANIZATION FOR ECONOMIC CO-OPERATION AND DEVELOPMENT (OECD). *Report* – alternatives to traditional regulation. 2002. Disponível em: https://www.oecd.org/gov/regulatory-policy/42245468.pdf. Acesso em: 05 mar. 2021.

PARLAMENTO EUROPEU. *O princípio da subsidiariedade* – fichas técnicas sobre a União Europeia. Disponível em: https://www.europarl.europa.eu/RegData/etudes/fiches_techniques/2013/010202/04A_FT(2013)010202_PT.pdf. Acesso em: 05 mar. 2021.

RAMANATHAN, Sankaran. *Advertising self-regulation in Asia and Australasia.* Published by Asian Federation of Advertising Associations and International Advertising Association, Asia Pacific, 2011.

SADEK, Maria Tereza (coord.) Análise do sistema brasileiro de autorregulamentação da publicidade. *Pesquisa apresentada em contribuição à consulta pública sobre publicidade infantil* – Secretaria Nacional do Consumidor (SENACON), Processo n. 08012.002887/2019-61 – Ministério da Justiça e Segurança Pública, fev. 2020.

SANDEL, Michel J. *Justiça, o que é a coisa certa a fazer.* 6. ed. Tradução de Heloísa Matias e Maria Alice Máximo. Rio de Janeiro: Civilização Brasileira, 2012.

SCHALLER, Susanne. *The democratic legitimacy of private governance an analysis of the ethical trading initiative* (INEF Report 91). 2007. Disponível em: https://core.ac.uk/download/pdf/71735042.pdf. Acesso em: 05 mar. 2021.

SCHNEIDER, Ari. *Publicidade, ética e liberdade.* O trabalho do CONAR pelo respeito na propaganda. São Paulo: CONAR, 2018.

SINGLE MARKET. *Observatory of the European Economic and Social Committee* (EESC). The database on self- and co-regulation initiatives. Disponível em: https://www.eesc.europa.eu/policies/policy-areas/enterprise/database-self-and-co-regulationinitiatives. Acesso em: 05 mar. 2021.

UNITED NATIONS CENTRE FOR TRADE FACILITATION AND ELECTRONIC BUSINESS (UN/CEFACT) – E-commerce self-regulatory instruments – Recomendação n. 32, 2001. Disponível em: https://www.unece.org/fileadmin/DAM/cefact/recommendations/rec32/rec32_ecetrd277.pdf. Acesso em: 05 mar. 2021.

UNITED NATIONS CONFERENCE ON TRADE AND DEVELOPMENT (UNCTAD). *Guidelines for consumer protection*, 2015. Disponível em: https://unctad.org/en/PublicationsLibrary/ditccplpmisc2016d1_en.pdf. Acesso em: 05 mar. 2021.

UNITED NATIONS CONFERENCE ON TRADE AND DEVELOPMENT (UNCTAD). *Manual on consumer protection*, 2018. Disponível em: https://unctad.org/en/PublicationsLibrary/ditccplp2017d1_en.pdf. Acesso em: 05 mar. 2021.

34.
A AUTORREGULAÇÃO ÉTICO-COMERCIAL NO MERCADO PUBLICITÁRIO BRASILEIRO – ASPECTOS HISTÓRICOS E TÉCNICOS DO MODELO DE NEGÓCIOS PUBLICITÁRIOS

Ernesto Makoto Morita

Introdução

A atividade publicitária brasileira possui uma longa história de sucesso de um setor que sempre se pautou no diálogo e na conciliação de interesses, para construir bases sólidas de regulamentação de seus negócios, envolvendo seus principais atores: anunciantes, agências de publicidade e veículos de comunicação/divulgação.

A publicidade brasileira baseia-se em um sistema normativo bastante peculiar e único, construído por normas legais e por normas de autorregulação com dois objetos distintos: o primeiro deles destinado ao conteúdo da mensagem publicitária, cujo exercício é promovido pelo CONAR – Conselho Nacional de Autorregulamentação Publicitária e o outro destinado à regulamentação ética dos relacionamentos comerciais, promovida pelo CENP – Conselho Executivo das Normas-Padrão. Em ambos os casos, agências de publicidade, anunciantes e veículos de comunicação/divulgação, representados por entidades de atuação nacional, cada qual no seu segmento[1], livremente convencionaram, respectivamente, pela pactuação do Código Brasileiro de Autorregulamentação Publicitária e das Normas-Padrão da Atividade Publicitária.

---

[1] ABA – Associação Brasileira de Anunciantes; ABAP – Associação Brasileira de Agências de Publicidade; FENAPRO – Federação Nacional das Agências de Propaganda; ABERT – Associação Brasileira de Emissoras de Rádio e Televisão; ABTA – Associação Brasileira de Televisão por Assinatura; ANER – Associação Nacional de Editores de Revistas; ANJ – Associação Nacional de Jornais; Central do Outdoor.

No campo comercial, foco deste artigo, essa história teve início com a publicação do Código de Ética dos Profissionais da Propaganda em 1957, incorporado pela lei 4.680/65 (art.17), de lá pra cá, houve a publicação de Decretos regulamentadores e, finalmente, em 1998, houve a publicação das atuais Normas-Padrão da Atividade Publicitária, instrumento de autorregulação e incentivo às melhores práticas e respeito ético, e que desde 2002 foram incorporadas ao Decreto Federal nº 57.690/66.

As normas previstas em lei federal são aplicáveis em toda e qualquer situação, para todos os agentes do mercado, e independem de vontade de acatamento; as normas de autorregulação aplicam-se aqueles que desejam seus benefícios e sujeitam-se ao permanente compromisso dos agentes do mercado, reafirmado por meio da convivência no CENP – Conselho Executivo das Normas-Padrão.

1. O sistema normativo brasileiro – leis e convenções

Como é sabido, o sistema normativo brasileiro está construído sobre uma base sólida de práticas convencionadas, muito antes de qualquer legislação sobre o tema. Já em 1957, em um encontro dos profissionais da propaganda, foi lançado o Código de Ética dos Profissionais da Propaganda, recentemente atualizado pela Associação dos Profissionais da Propaganda (2014), precursor das primeiras Normas-Padrão que passariam a nortear o mercado publicitário brasileiro. Tempos depois, com a promulgação da lei 4.680/65, de autoria do então deputado Almino Affonso, a própria legislação reconheceu o conteúdo já existente sobre a matéria, incorporando-o no art. 17 da lei.

Somam-se a esse sistema normativo, os Decretos Federais 57.690/66 e 4.563/02, os quais regulamentam a lei 4.680/65, as atuais Normas-Padrão da Atividade Publicitária de 1998, além da Lei 12.232/10, que trata das licitações e contratações de serviços publicitários pela Administração Pública, em que ratifica a própria legislação de regência (lei 4.680/65) e reconhece a autorregulação preconizada nas Normas-Padrão, quando trata da certificação de agências de publicidade e da remuneração estabelecida pelo chamado "desconto-padrão de agência".

A Lei nº 4.680/65 é o marco regulatório do mercado brasileiro de publicidade e dispõe sobre o exercício da profissão de publicitário e agenciador de propaganda, definindo, ainda, os principais agentes que compõem essa indústria: o publicitário, o agenciador, a agência de publicidade e os veículos de comunicação. Além disso, estabelece as regras de remuneração, os direitos e deveres de cada um deles, inclusive no que se refere ao atendimento dos clientes-anunciantes.

Para o objetivo deste artigo, importa dedicar tempo ao que hoje conhecemos como modelo brasileiro de publicidade, no que tange ao relacionamento ético-comercial mantido entre agências de publicidade, anunciantes e veículos de comunicação.

Segundo a lei, as agências de publicidade são pessoas jurídicas especializadas na arte e técnica publicitária, as quais, por intermédio de especialistas, estudam, concebem, executam e distribuem propaganda aos veículos de divulgação, por ordem e conta dos clientes, no intuito de promover a venda de produtos ou serviços, difundir ideias ou informar o público. Já os veículos de divulgação, para o legislador, são quaisquer meios de comunicação visual ou auditiva capazes de transmitir propaganda ao público, desde que reconhecidos pelas entidades ou órgãos de classe.

Quando se trata da remuneração das agências de publicidade, a Lei nº 4.680/65 estabelece um desconto remunerador, que tem caráter obrigatório e deve ser fixado pelos veículos, com exclusividade às agências, com base em uma lista de preços que deve ser pública e única, aplicada em igualdade de condições a quaisquer compradores.

Além disso, a Lei 4.680 se ocupa de traçar as eventuais penalidades que podem ser aplicadas em caso de descumprimento e de que forma a fiscalização pode ser exercida. Por se tratar de legislação de cunho trabalhista, tal encargo ficou destinado ao extinto Ministério do Trabalho, por meio de suas delegacias regionais, o que, atualmente, não possui nenhum cunho prático, fato que tornou a necessidade da autorregulação como importante ferramenta de organização do mercado.

A Lei nº 12.232/2010 trata da contratação de serviços publicitários pela Administração Pública, por intermédio de agências de publicidade, mas também dá outras providências. Trata-se de legislação federal aplicável a todas as esferas, além disso, reconhece a validade e vigência atual da Lei nº 4.680/65 e estabelece que, de forma complementar, assim como a Lei nº 8.666/93, ela será também aplicada aos procedimentos licitatórios e contratos deles decorrentes.

Como já mencionado, esta lei reconhece importantes dispositivos da autorregulação baseada nas Normas-Padrão da Atividade Publicitária, um deles prevê no art. 4º, §1º que o certificado de qualificação técnica emitido pelo CENP ou outra entidade legalmente reconhecida também como

ATIVIDADE PUBLICITÁRIA NO BRASIL

fiscalizadora e certificadora de agências de propaganda é requisito para que uma agência de publicidade possa participar de licitações ou firmar contratos com a administração pública. Prevê, também, que, além do certificado, apenas poderão ser contratadas agências de publicidade cujas atividades sejam regidas justamente pela Lei nº 4.680/65.

Já o art. 19 estabelece que, para fins de interpretação da legislação de regência, os valores do desconto-padrão de agência (terminologia das Normas-Padrão da Atividade Publicitária adotada pelo legislador), que são devidos pela concepção, execução e distribuição de propaganda, constituem receita da agência de publicidade e não deverão em nenhuma hipótese ser faturados e contabilizados como receita própria pelos veículos de divulgação, inclusive se o repasse do desconto-padrão for efetivado por meio do veículo, completando a vedação da Lei nº 4.680/65 quanto ao repasse, para o anunciante, daquela remuneração fixada pelo veículo à agência.

O Decreto nº 57.690 regulamentou a Lei nº 4.680/65 e de certo modo, teve o condão de estabelecer as premissas do que seriam os compromissos ético-comerciais nas relações entre agências, anunciantes e veículos, isto porque os interesses, embora muitas vezes divergentes, puderam encontrar um denominador comum, estabelecendo papéis, direitos e deveres de parte a parte.

O Decreto nº 4.563/02 trouxe mudanças, pois passou a reconhecer importantes dispositivos da autorregulação ético-comercial preconizados nas Normas-Padrão de 1998, incluindo-os ao art. 7º do Decreto nº 57.690/66, devendo ser aplicados nas relações entre agências de publicidade, anunciantes públicos e privados e veículos de comunicação. Entre outros pontos, são reconhecidos a possibilidade de reversão do desconto-padrão de agência, tal como previsto no Anexo B das Normas-Padrão, bem como o reconhecimento, no caso das contratações do setor público, de anunciantes da mesma esfera de Poder como departamentos de um único anunciante, sendo eles a União, Estados e Municípios[2].

---

[2] Normas-Padrão da Atividade Publicitária, item 3.11 – Nas contratações com o setor público, os anunciantes de cada Poder e Esfera Administrativa serão considerados como departamentos de um só anunciante, para efeito de aplicação dos dispositivos econômicos destas Normas-Padrão, ainda que os contratos sejam celebrados separadamente com cada órgão, autarquia, empresa, fundação, sociedade de economia mista ou outro tipo de entidade governamental.

2. Perspectiva do *compliance* instituído por autorregulação ético-comercial

O modelo brasileiro de publicidade, traz em seu condão, a prerrogativa dos serviços que são contratados pelos anunciantes, junto às agências de publicidade. O art. 3º da lei 4.680/65, como já exposto anteriormente, prevê o chamado modelo *full service* de atuação, pois compreende todas as etapas dos trabalhos na agência, até a distribuição da mídia junto aos veículos de comunicação/divulgação. A remuneração da agência tem dois aspectos, um que envolve uma negociação privativa com o cliente-anunciante, e é paga por este, pelo trabalho criativo e pela supervisão da produção externa (ex.: gráficas e produtoras), já pela distribuição e intermediação técnica da mídia, a remuneração, paga via contratantes, é fruto de um desconto remunerador previsto em lei, fixado pelos veículos sobre o valor negociado da publicidade. O valor mínimo desse desconto, nominado desconto-padrão[3], recomendado pelas Normas-Padrão, é de 20% para as agências que possuam o Certificado de Qualificação Técnica emitido pelo CENP, portanto, aplicado no ambiente autorregulado.

A lei federal criou o desconto que faz parte da remuneração das agências de propaganda, cujo valor é fixado pelos veículos (art. 11 da Lei nº 4.680/65 e art. 19 da Lei nº 12.232/10), vedando que ele seja concedido a quem não seja agência (parágrafo único do art. 11 da Lei nº 4.680/65).

Como já destacado, a legislação federal deu força de lei ao Código de Ética dos Profissionais da Propaganda (art. 17 da Lei nº 4.680/65) e incorporou ao rol das proibições legais a transferência do desconto-padrão para a empresa anunciante (item I, 8, do Código de Ética citado).

A agência, independentemente de outros deveres contratuais, obriga-se, em virtude do desconto-padrão, a manter permanente estudo do mercado de mídia e a conceder aos veículos de comunicação efetivo *del credere*, cobrando em nome deles as contas relativas à veiculação da publicidade e repassando os valores aos veículos sem que deles se utilize, nos prazos fixados.

A existência do desconto-padrão está condicionada ao pagamento, pelo anunciante, da veiculação da publicidade. Antes disso, é mera citação, como referência, de seu valor. Somente no momento em que o veículo é pago é que

---

[3] O Desconto Padrão de Agência: é a remuneração da Agência de Publicidade pela concepção, execução e distribuição de propaganda, por ordem e conta de clientes anunciantes, na forma de percentual previsto nas Normas-Padrão, calculado sobre o valor da mídia efetivamente negociado, ou seja, já deduzidos os descontos comerciais.

a agência passa a fazer jus a sua remuneração, passando, de fato e de direito, a ser credora daquele valor. O desconto-padrão é de exclusiva propriedade da agência, fato esclarecido, de forma interpretativa, por lei federal (art. 19, Lei nº 12.232/10).

A agência tem o compromisso de negociar os melhores preços e condições comerciais em favor de seus clientes-anunciantes. Todo e qualquer desconto comercial será revertido em favor do anunciante. Se não o fizer, a agência estará infringindo normas legais e convencionais da propaganda. A existência do desconto-padrão está condicionada ao pagamento, pelo anunciante, da veiculação da publicidade.

É livre a negociação contratual entre agência e anunciante. No entanto, para assegurar o equilíbrio contratual, a relação deve evitar práticas antieconômicas e anticoncorrenciais e, no caso do desconto-padrão, respeitar as disposições legais e vedar sua transferência a terceiros. Para que a agência atue por ordem e conta do cliente-anunciante, é necessário que esteja devidamente credenciada por este, respeitadas todas as formalidades previstas na nossa legislação cível.

A autorregulação da publicidade é compromisso voluntário, empresas e pessoas não são obrigadas a aderir ao regime de autorregulação, porque, pela Constituição da República, ninguém será obrigado a fazer ou deixar de fazer algo senão em virtude de lei. O ambiente de autorregulação previsto pelas normas que criaram o CENP estabelece parâmetros, referências, indicações, recomendações de modo a dar celeridade e segurança às transações.

O CENP atua em nome de suas mantenedoras e com base em princípios por intermédio do seu Conselho de Ética, buscar sempre a mediação e conciliação das partes envolvidas em procedimentos éticos e, em casos em que isso não reste frutífero, arbitrar as recomendações previstas no ambiente de autorregulação.

Neste aspecto, a decisão declaratória de *non compliance* objetiva informar que aqueles compromissos assumidos frente às Normas-Padrão da Atividade Publicitária podem não estar sendo cumpridos na sua integralidade, propiciando um caminho nebuloso em descompasso com os princípios concorrenciais e de isonomia, afetando negativamente as relações comerciais.

É importante destacar que esta decisão está fundamentada no aspecto etimológico do termo *compliance*, que na tradução significa "em conformidade", e não tem a pretensão de caracterizar aspectos anticorrupção, tal como amplamente ligado à legislação específica, no Brasil e no mundo.

Nesse ambiente, estar ou não *compliance* não se confunde com poder ou não atuar no mercado, pois essa liberdade, garantida constitucionalmente, não é – e nem poderia ser – subtraída pela autorregulação ou por qualquer entidade privada tuteladora de normas de autorregulação livremente adotadas.

3. A autorregulação ético-comercial no Brasil e o CENP

No contexto da autorregulação publicitária, o Conselho de Ética do CENP é o órgão responsável por promover a mediação, conciliação e, nos casos em que restem infrutíferas, a arbitragem, para a composição e adequação aos compromissos assumidos frente às Normas-Padrão da Atividade Publicitária.

O rito previsto no regimento interno do Conselho de Ética estabelece que as eventuais infrações ético-comerciais passem por essas duas etapas, para tanto, existem as Câmaras de Mediação e Conciliação e as Câmaras de Arbitragem. Em ambos os casos, tem-se por princípio, o respeito à ampla defesa e contraditório, sendo que os próprios membros do mercado são responsáveis por essa análise, vale dizer, representantes de agências, anunciantes e veículos se reúnem para a análise daquele fato apresentado. Deve-se ressaltar que o Conselho de Ética não possui nenhum poder de polícia, não aplica multas ou ações coercitivas, pois essas são prerrogativas do Estado.

Diferentemente do CONAR, a atuação do Conselho de Ética é matéria tratada sob sigilo, uma vez que se refere a relações comerciais entre agências, anunciantes e veículos, sendo assim, suas decisões são dirigidas única e exclusivamente às partes envolvidas naquela eventual infração ética, sendo dado conhecimento aos veículos de comunicação/divulgação, já que são estes os responsáveis pela fixação do desconto remunerador das agências.

Conclusões

O presente artigo não tem a pretensão de exaurir o tema, mas tão somente apresentar os fundamentos históricos e técnicos que norteiam a atividade publicitária brasileira, no que tange aos compromissos estabelecidos em ambiente de autorregulação ético-comercial.

Procurou-se demonstrar como agências de publicidade, anunciantes e veículos de comunicação/divulgação sempre tiveram por premissa buscar um denominador comum, por meio do diálogo aberto e democrático, com o objetivo de estabelecer regramentos que pudessem mitigar qualquer assimetria negocial, considerando o poderio econômico diverso e capilarizado que existe Brasil afora.

Para zelar e promover esse ambiente de melhores práticas e as próprias Normas-Padrão da Atividade Publicitária, foi criado o CENP, que desde 1998 é responsável por essa tarefa de servir como centro de referência e estudo sobre a autorregulação e o modelo brasileiro de publicidade.

Nesse contexto, colocou-se aqui os principais pontos que sustentam esse modelo e de que forma o mercado publicitário se organizou para manutenção de um ambiente, embora de extrema concorrência, saudável e de equilíbrio a todos os seus agentes, independentemente de sua força econômica, inclusive com a chegada das multinacionais e dos veículos de comunicação dedicados ao ambiente de internet.